中华经典名著
全本全注全译丛书

李先耕◎译注

群书治要 二

中华书局

目录

第二册

卷十一 ……………………………… 923

史记(上) ……………………………… 923

　本纪 ……………………………… 925

　世家 ……………………………… 995

卷十二 ……………………………… 1014

史记(下) ……………………………… 1014

　列传 ……………………………… 1014

　循吏传 ……………………………… 1070

　酷吏传 ……………………………… 1072

　滑稽传 ……………………………… 1074

吴越春秋 ……………………………… 1083

卷十三 ……………………………… 1089

汉书(一) ……………………………… 1089

卷十四 ……………………………… 1092

汉书(二) ……………………………… 1092

　志 ……………………………… 1093

卷十五 ……………………………… 1187

汉书(三) ……………………………… 1187

传 ·························· 1188

卷十六 ···················· 1269

汉书（四） ··················· 1269

传 ·························· 1270

卷十七 ···················· 1344

汉书（五） ··················· 1344

传 ·························· 1345

卷十八 ···················· 1431

汉书（六） ··················· 1431

传 ·························· 1432

卷十九 ···················· 1504

汉书（七） ··················· 1504

传 ·························· 1505

卷二十 ···················· 1575

汉书（八） ··················· 1575

卷二十一 ·················· 1576

后汉书（一） ················· 1576

本纪 ······················· 1577

皇后纪序 ··················· 1603

列传 ······················· 1623

卷二十二 ·················· 1669

后汉书（二） ················· 1669

传 ·························· 1669

卷十一

史记（上）

【题解】

《史记》是我国第一部纪传体通史。司马迁以其家世史官，秉父遗教修史，写下《史记》，"述故事，整齐其世传"，记录了汉以前三千年的历史。"网罗天下放失旧闻，考之行事，稽其成败兴坏之理，凡百三十篇，亦欲以究天人之际，通古今之变，成一家之言。"他对此书也是格外珍惜，说道："仆诚已著此书，藏之名山，传之其人通邑大都，则仆偿前辱之责，虽万被戮，岂有悔哉！"

司马迁，字子长，夏阳（今陕西韩城）人，约生于汉景帝中元五年（前145），卒于汉武帝征和三年（前90）左右。王国维《太史公行年考》认为司马迁大约卒于汉昭帝始元元年（前86），享年60岁。司马迁生活的武帝时期，当西汉全盛之时。据《史记·太史公自序》，司马氏自唐虞至周，都是世代相传的史官和天文家，以"序天地"为业。

司马迁的少年时代，"耕牧河山之阳"。他在山环水绕的自然环境里成长，既被山川的清淑之气所陶冶，又体验了民间生活。十岁，司马迁随父至长安，得向大儒孔安国以及贾谊、董仲舒的后人、弟子等学习。家学渊源既深，复从名师受业，得其启发诱导，获益不浅。此时，当汉王朝国势强大、经济繁荣、文化兴盛之时。张骞出使西域，卫青、霍去病大破匈奴，汉武帝设立乐府……司马迁在京城里开阔了眼界，丰富了见闻，热情迸发。"二十而南游江、淮,上会稽,探禹穴,窥九嶷,浮于沅、湘,北涉汶、泗,讲业齐、鲁之都,观夫子之遗风,乡射邹、峄,厄困蕃、薛、彭城,过梁、楚以归。"回到长安以后,三十岁为郎中,随汉武帝到过平凉、崆峒;三十六岁出使巴蜀,最南到了昆明。

元封元年(前110),"天子始建汉家之封(封禅)",步骑十八万,旌旗千余里,浩浩荡荡。司马迁的父亲司马谈是史官,本应从行,但"留滞周南,不得与从事,发愤且卒。子迁适反,见父于河洛之间。太史公执迁手而泣,曰:'予先,周室之太史也。自上世尝显功名,虞夏,典天官事;后世中衰,绝于予乎! 汝复为太史,则续吾祖矣。今天子接千岁之统,封泰山,而予不得从行,是命也夫,命也夫! 予死,尔必为太史;为太史,毋忘吾所欲论著矣!'"司马迁遵照父亲的遗志,赶到泰山参加封禅,随后沿着东海,绕道长城塞外回到长安。

元封三年(前108),司马迁三十八岁时,为太史令,有机会阅览汉朝宫廷所藏的图书、档案以及各种史料。他与公孙卿、壶遂定《太初历》改历。太初元年(前104),此历书完成,他就动手编写《史记》,是年四十岁。

天汉三年(前98),司马迁四十八岁,书未成而遭李陵之祸。李陵出塞攻打匈奴战败被俘,司马迁替李陵辩护,触怒了汉武帝,被投下狱,武帝杀李陵全家,处司马迁官刑。官刑大辱,污及先人,见笑亲友。狱中,他又备受凌辱:"交手足,受木索,暴肌肤,受榜棰,幽于圜墙之中,当此之时,见狱吏则头抢地,视徒隶则心惕息。"(司马迁《报任安书》)几送性命,然为著《史记》,忍辱负重,苟且偷生,希图出现转机。

太始元年(前96)汉武帝改元,大赦天下。司马迁五十岁,出狱后作中书令(由宦官担任的掌管文书奏事的官)。他把主要精力用于写书,至征和二年(前91)全书完成,共130篇、五十二万六千五百余字。这场灾祸,让他更清醒地认识到统治集团的暴虐和封建专制制度的弊病,他的思想发生了重大变化,著作中也便增加了批判的思想。

《史记》首创纪传体,兼有编年体和纪事本末体之长。所谓纪传体,就是以记载各类人物的活动为中心的史书体例。全书分五体：

1.本纪：十二篇，记载的主要对象是历代帝王或最高当权者。记事方法以帝王或最高当权者在位的时间编年，记载各帝王或最高当权者在位时代的国家大事。2.表：十篇，分为三类：即世表、年表、月表。所谓"表"，就是用表格的方式，记载各重要历史事件发生的时间。3.书：八篇，分专题记载各种典章制度。原本"八书"有散佚。此八篇中，《历书》谈历法，《律书》论六律（《律书》相当于《兵书》）。4.世家：三十篇，主要记载诸侯世系。其编次之体，与本纪不殊，但为与天子传记区分而假以此称。而在实际的写作中，司马迁也有通变破例的作法。如对陈涉、孔子、刘濞、刘长、刘安、刘赐等人，或贬或抑，则是根据他们历史功绩作出的变通和破例。5.列传：七十篇，记述各个时期将相大臣及各阶层代表人物的事迹，以表现各个时期的社会内容。列传分专传、合传、类传、民族传四种。专传，指专为某人立的传。合传，指合两个或两个以上的人于一个"列传"中。类传，指以类相从而立的传，如《儒林列传》《循吏列传》等。民族传，指为边疆少数民族及相邻的亚洲许多古国立的传。

《群书治要》《史记》部分节录自本纪、世家、列传三类，表与书两类由于文例关系没有节录。所节录的《史记》是唐以前南朝宋裴骃注释的《史记集解》本，分为上下两卷，其中《史记》（上）辑录了本纪和世家中的内容，《史记》（下）则辑录了列传部分的内容。

本纪^①

黄帝者^②，少典之子^③，姓公孙，有熊国君^④，少典之子也。名曰轩辕。生而神灵，弱而能言^⑤，幼而徇齐^⑥，徇，疾也。齐，速也。言圣德幼而疾速也。长而敦敏，成而聪明。神农氏世衰^⑦，诸侯相侵伐，而神农氏弗能征。于是轩辕乃习用干戈⑧，修德振兵⑨，以与炎帝战于阪泉之野⑩。阪泉，地名。三战，然后得其志⑪。蚩尤作乱⑫，乃杀蚩尤而代神农氏，是为黄帝。

【注释】

①本纪：纪，即记。"本纪"是纪传体史书中帝王的传记，本其事而记之，所以叫本纪。

②黄帝者：本段节录自《五帝本纪》。黄帝，传说是中原各族的共同祖先。

③少典：传说中原始社会末期部落首长。其部落活动于今陕西、河南一带，称少典氏。

④有熊：国名。今人以为是黄帝的部落名，位于今河南新郑。

⑤弱：指年幼，年少。

⑥徇齐：疾速，引申指敏慧。徇，通"侚"。

⑦神农氏：古史传说中的人物。姜姓，少典之子。史亦称"烈山氏""列山氏""连山氏"。或说即炎帝。相传他用木制作耒耜，教民种植五谷。又尝百草，作医书以疗民疾，还开始饲养家畜、从事原始制陶业、进行纺织、设立集市等。

⑧习用：频繁使用。干戈：武器，这里指战争。干，盾牌。戈，一种类似于戟的可钩可砍的长柄进攻武器。

⑨振兵：整顿军队。

⑩阪泉：地名，在今河北涿鹿附近。

⑪得其志：指实现其志愿。

⑫蚩尤：传说中原始社会末期部落首长，骁勇善战。相传蚩尤和炎帝同属一个部落。

【译文】

黄帝是少典的儿子，姓公孙，是有熊国国君，少典的儿子。名叫轩辕。生下来就显出聪明神异，很小就能说话，年幼就很聪慧，徇，是快疾的意思。

齐，是迅速的意思。这是说黄帝的圣德在幼年就飞速成长。少年时期非常勤勉，成年后明察事理。神农氏的时代衰弱，诸侯互相越境攻击，而神农氏却不能征讨。于是轩辕频繁使用武力演习，修养德行整顿军队，跟炎帝在阪泉郊野作战。阪泉是地名。三次作战，然后取得胜利。蚩尤发动叛乱，于是就杀掉蚩尤，代替神农氏，这就是黄帝。

东至于海①，西至于空桐②，山名也，在陇右③。南至于江，北逐荤粥④，猃狁也⑤。邑于涿鹿之阿⑥。迁徙往来无常处，以师兵为营卫⑦。置左右大监⑧，监于万国。举风后、力牧、常先、大鸿以治民⑨。顺天地之纪⑩，时播百谷⑪。劳勤心力耳目，节用水火材物。有土德之瑞⑫，故号黄帝。《帝王世纪》曰⑬："神农氏衰，蚩尤氏叛，不用帝命。黄帝于是修德抚民。始垂衣裳⑭，以班上下⑮。刳木为舟⑯，剡木为楫⑰，舟楫之利，以济不通⑱。服牛乘马⑲，以引重致远。重门击柝⑳，以待暴客㉑。断木为杵㉒，掘地为臼㉓，杵臼之用，以利万人。弦木为弧㉔，剡木为矢，弧矢之利，以威天下。诸侯咸叛神农而归之。讨蚩尤氏，禽之于涿鹿之野。诸侯有不服者，从而征之，凡五十二战，而天下大服。俯仰天地，置众官，故以风后配上台㉕，天老配中台㉖，五圣配下台㉗，谓之三公。其余地典、力牧、常先、大鸿等㉘，或以为师㉙，或以为将，分掌四方，各如己视，故号曰黄帝四目㉚。又使岐伯尝味草木㉛，典医疾㉜，今经方《本草》之书咸出焉㉝。其史仓颉㉞，又象鸟迹，始作文字。自黄帝以上，穴居而野处㉟，死则厚衣以薪，葬之中野。结绳以治。及至黄帝，为筑宫室，上栋下宇㊱，以待风雨，而易以棺椁，制以书契㊲，百官以序，万民以察，神而化之，使民不倦。后作《云门》《咸池》之乐㊳，《周礼》所谓《大咸》者也㊴，于是人事毕具。黄帝在位百年而崩，年百一十岁矣。或传以为仙，或言寿三百年，故宰我疑以问孔子^⑩。孔子曰：'民赖其利，百年而崩；民畏其神，百年而亡；民用其教，百年而移。故曰三百年。'"

【注释】

①东至于海：本段节录自《五帝本纪》。

②空桐：山名，即崆峒山，在今甘肃平凉附近。

③陇右：泛指陇山以西地区。古代以西为右，故名。约当今甘肃六盘山以西，黄河以东一带。

④荤粥（xūn yù）：我国古代北方匈奴族的别称。

⑤猃狁（xiǎn yǔn）：我国古代北方少数民族，多以为即匈奴族。

⑥涿鹿：山名，在今河北涿鹿一带。阿：指山下。

⑦师兵：军队，营卫，指军营护卫。

⑧大监：古代官名，主管监察。

⑨风后：上古传说中黄帝的臣子，即风姓部落的首领，主司天文。力牧：据说为黄帝手下的大将军，力大无比，在涿鹿之战中战胜蚩尤。常先：传说是黄帝身边的大臣，他发明了很多狩猎工具，其中包括战鼓。大鸿：黄帝的大臣，鬼臾区号大鸿，死后葬在雍，即故鸿冢。

⑩纪：纲纪，准则。

⑪时：指按农时季节。百谷：谷类的总称。百，举成数而言，谓众多。

⑫土德：五德之一。古代阴阳家把金、木、水、火、土五行看成五德，认为历代王朝各代表一德，按照五行相克或相生的顺序，交互更替，周而复始。认为土胜者为得土德。

⑬《帝王世纪》：专述帝王世系、年代及事迹的一部史书，所叙上起三皇，下迄汉魏，载录了许多《史记》及两《汉书》阙而不备的史事，有很高的史料价值。作者皇甫谧，幼名静，字士安，晚年自号

玄晏先生，安定朝那（今甘肃灵台）人。

⑭垂衣裳：指确定衣服制度，向天下显示礼法。

⑮班：分等列序。或云通"辨"，区别，辨别。

⑯刳（kū）：挖，挖空。

⑰剡（yǎn）：削，刮。楫：船桨。短曰楫，长曰棹。

⑱济：流通，贯通，补益。

⑲服牛乘马：役使牛马驾车。

⑳击柝（tuò）：敲梆子巡夜。柝，梆子。

㉑暴客：强盗，盗贼。

㉒杵（chǔ）：舂米、捣东西时用的圆木棒，由上细下粗的坚木做成。

㉓臼（jiù）：舂米的器具，用石头或木头制成，中间凹下。

㉔弦：弓弦，这里指安上弓弦。弧：木弓。

㉕上台：泛指三公、宰辅。

㉖天老：相传是黄帝的辅臣。

㉗五圣：不详，也应是黄帝的辅臣。

㉘地典：不详，也应是黄帝的臣子。

㉙师：官名，如师氏掌辅导王室、教育贵族子弟以及朝仪得失之事。

㉚四目：指能观看四方的眼睛。《尚书·舜典》："询于四岳，辟四门，明四目，达四聪。"孔传："广视听于四方，使天下无壅塞。"孔疏："明四方之目，使为己远视四方也。"

㉛岐伯：上古时期著名医学家。今传《素问》基本上是黄帝岐伯问答，来阐述医学理论。

㉜典：主持。

㉝经方：中医称汉代以前的方剂。《本草》：《神农本草经》的省称，古代著名药书。

㉞仓颉：《史记》据《世本》以为是黄帝时的史官，传说中的汉字创造者。

㉟野处：栖息野外。指上古时期人们学会构建房屋之前的居住方式。

㊱上栋下宇：指官室的基本结构形式。栋，房屋的正梁。宇，屋檐。

㊲书契：指文字。

㊳《云门》：周代"六舞"之一，用于祭祀天神。相传为黄帝时所作。《咸池》：古乐曲名，据说为黄帝之乐，尧增修沿用。

㊴《大咸》：周代"六舞"之一，相传本为尧时的乐舞。又称"咸池"。《周礼·春官·大司乐》："以乐舞教国子，舞'云门''大卷''大咸'。"郑玄注："大咸，咸池，尧乐也。"

㊵宰我：即宰予，字子我。春秋末鲁国人，孔子弟子。

【译文】

黄帝向东到达海边，向西到了空桐山，是山名，在陇右。向南到了长江，北边驱逐了荤粥，是猃狁。在涿鹿山下修筑城邑。他的队伍往来迁移没有固定处所，用军队作为营地护卫。设置了左、右大监，监察各个诸侯国。举荐提拔了风后、力牧、常先、大鸿来治理民众。顺应天地的准则，按农时播种谷物。他教导人们做事要用心尽力，节俭利用水火及各种材料物品。黄帝在位时，出现"土德"之瑞，所以号称黄帝。《帝王世纪》说："神农氏衰弱，蚩尤氏叛乱，不听从帝命。黄帝于是修治德行安抚民众，确定衣服制度，分别上下尊卑顺序。挖空树木做成舟船，砍削木头做成船桨，利用船只，用来补救交通不便。役使牛马，负载重物行至远方。城中设置了重重大门，让人敲梆子巡夜，来对付强盗抢劫。截断木头做成木杵，挖掘土地形成坑臼，用杵臼捣米，造福天下百姓。安上弓弦做成木弓，削尖木头做成木箭，弓箭的锐利，威震天下。诸侯都背叛了神农而归向黄帝。讨伐蚩尤氏，在涿鹿郊野擒获了他。有不服从的诸侯，接着征讨他，一共五十二次作战，天下全都顺服了。前俯瞰地，后仰观天，仿效设置百官，所以把风后配给上台，天老配给中台，五圣配给下台，叫做三公。其余的如地典、力牧、常先、大鸿等人，有的担任师，有的担任将，分别掌管四方，经营各地，如同黄帝亲自巡视治理，所以号称黄帝四目。又让岐伯品尝草木，主持医疗疾病，现在的经方、《本草》经都出自他。他的史官仓颉，取象鸟兽的足迹，开始创作文字。在黄帝以前，人们住在洞穴里，栖息在野外，死了就厚厚地埋上柴草，葬在野外。在绳子上打结记事。等到了黄帝之时，人们建筑房屋，上有正梁，下有房檐，用来遮风挡雨，而埋葬改用棺木，制作了文字，各种职官有了次序，万民都可观察，神奇灵异感化民众，使民众没有倦怠。后来又创作了《云门》《咸池》的音乐，是《周礼》所说的《大咸》音乐。从此人力能够做到的事情都具备了。黄帝在位一百年后去世，年纪一百一十岁了。有人传说他成为仙人，有人说他寿命三百岁，所以宰我疑惑地去问孔子。孔子说：'民众依赖他的恩惠，足足有一百年；他死了以后，民众敬服他的神灵，也足有一百年；此后民众遵循他的教令，也足有一百年。所以说黄帝统治了三百年。'"

　　帝颛顼高阳者①，黄帝之孙，昌意之子也②。养材以任地③，载时以象天④，依鬼神以制义⑤，治气以教化，絜诚以祭祀⑥。北至于幽陵⑦，南至于交阯⑧，西济于流沙⑨，东至于蟠木⑩。东海中有山焉，名度索。上有大桃树，屈蟠三千里也。动静之物，大小之神，日月所照，莫不砥属⑪。砥，平也，四远皆平而来服属也。《帝王世纪》曰："帝颛顼平九黎之乱⑫，使南正重司天以属神⑬，火正黎司地以属民⑭。于是民神不杂，万物有序。"

【注释】

①帝颛顼（zhuān xū）高阳者：本段节录自《五帝本纪》。颛顼，上古帝王名，"五帝"之一，号高阳氏。相传为黄帝之孙、昌意之子。生于若水，居于帝丘。十岁佐少昊，十二岁而冠，二十登帝位，在位七十八年。

②昌意：传说中人名，为黄帝之子。相传黄帝娶西陵国之女为正妃，生二子玄嚣、昌意。

③养材：指养育材物，如栽培五谷、树木。任地：指按照土地的不同情况征收赋税。

④载时：指按四时季节行事。象：效法，仿效。

⑤鬼：人神曰鬼，指祖先神。神：天神曰神，指天、地、山川诸神。制
　　义：指制定尊卑之义。

⑥絜诚：指洁身诚意。絜，通"洁"。

⑦幽陵：地名，即后来九州中的幽州，在中原东北。

⑧交趾：古地区名，泛指五岭以南。汉武帝时为所置十三刺史部之
　　一，辖境相当今广东、广西大部和越南的北部、中部。东汉末改为
　　交州。

⑨济：今本《史记》作"至"。流沙：戈壁沙漠，当在今西北地区。

⑩蟠木：传说中的山名，一说即扶桑。

⑪砥属：平定归服。

⑫九黎：中国上古传说族群，居住在黄河中下游。共有九个部落，每
　　个部落有九个氏族，蚩尤是他们的大酋长。

⑬南正：上古官名。

⑭火正：古代掌火之官。

【译文】

帝颛顼高阳是黄帝的孙子，昌意的儿子。他因地制宜养育栽培树木
五谷，根据天象运行确定四季，依照鬼魂神灵的指示制定尊卑之义，调理
阴阳五行教化人民，整饬清洁身心进行祭祀。向北到达幽陵，向南到达
交趾，向西到达流沙，向东到达蟠木。东海中有座山，名字叫做度索。山上有
大桃树，屈曲蟠折三千里。所有鸟兽草木，大大小小的山川神灵，太阳月亮
照临的地方，没有不平定归服的。砥，是平的意思，四方边远地区都被平定，前
来归属。《帝王世纪》说："帝颛顼平定九黎的叛乱，让南正重管理天上所属的神灵，
火正黎管理地上所属的民众。从此民跟神不相掺杂，万物都有了秩序。"

帝喾高辛者①，高阳、高辛，皆所兴地名也。颛顼与喾，以字
为号，上古质故也。黄帝之曾孙也。生而神灵②，聪以知远，明

以察微。仁而威，惠而信，修身而天下服。取地之财而节用之③，抚教万民而利诲之，历日月而迎送之④，明鬼神而敬事之。其色郁郁⑤，其德嶷嶷⑥，其动也时，其服也士。日月所照，风雨所至，莫弗从服。《帝王世纪》曰："帝喾以人事纪官，故以句芒为木正⑦，祝融为火正⑧，蓐收为金正⑨，玄冥为水正⑩，后土为土正⑪，是五行之官分职而治。"

【注释】

①帝喾（kù）高辛者：本段节录自《五帝本纪》。帝喾，高辛氏，名俊（一作"夋""夒"），黄帝的曾孙，上古时期部落联盟首领。

②神灵：神异。

③财：通"材"，原材，材料。

④历日月而迎送之：这是说制作历法，分辨月相与太阳轨道，以便确定迎送仪式。

⑤郁郁：仪态端庄盛美的样子。

⑥嶷嶷：形容道德高尚。

⑦句（gōu）芒：古代传说中的主木之官，又为木神名。木正：古代五行官之一，主木。

⑧祝融：帝喾时的火官，后尊为火神。火正：古代掌火之官。

⑨蓐收：传说中的西方神名，司秋。金正：五行官之一。

⑩玄冥：传说中的水神。水正：五行官之一。

⑪后土：土神。土正：五行官之一。

【译文】

帝喾高辛，高阳、高辛，都是他们兴起之地的名字。颛顼和喾，把字当作号，是因为上古时质朴的缘故。是黄帝的曾孙。他出生就很神异，聪明睿智能了解远方的事情，明察细微征兆。他仁爱而又威严，惠爱而又诚信，修养自身而天下臣服。他能够依不同节令从大地获取物资来使用,教导百姓如何更便利地生产生活,根据日月运行规律制定历法并按时举行对日月节气的祭祀之礼,辨明鬼神并虔诚地侍奉它们。他的神情肃穆宽和,他的德行高尚完美,他的举动符合天时,他的服装如同士人。凡是日月照临的地方,风雨所至的地方,没有不服从他的。《帝王世纪》说:"帝尝用人力行事统纪百官,所以任用句芒当木正,用祝融当火正,蓐收当金正,玄冥当水正,后土当土正,这样五行之官分别职位进行治理。"

　　帝尧放勋①,其仁如天,其智如神。就之如日②,望之如云。富而不骄,贵而不舒③。《帝王世纪》曰:"帝尧置欲谏之鼓,命羲、和四子羲仲、羲叔、和仲、和叔分掌四时方岳之职④,故名征⑤,天下大和,百姓无事。有五老人,击壤于道⑥,观者叹曰:'大哉尧之德也!'老人曰:'日出而作,日入而息,凿井而饮,耕田而食,帝力何有于我哉!'墨子以为尧堂高三尺⑦,土阶三等。茅茨不剪⑧,采椽不斫⑨;夏服葛衣⑩,冬服鹿裘⑪。"

【注释】

①帝尧放勋:本段节录自《五帝本纪》。尧,姓伊祁,号放勋,五帝之一,黄帝后裔。二十岁代挚为天子,定都平阳。晚年禅位于舜。

②就:靠近,依随。

③舒:傲慢。

④羲、和:羲氏、和氏的并称。传说尧曾命羲仲、羲叔、和仲、和叔两对兄弟分驻四方,以观天象,并制历法。四时:指一年四季的农时。方岳:四方之山岳。古指东岳泰山、西岳华山、南岳霍山(一指衡山)、北岳恒山。后因称任专一方之重臣为"方岳"。

⑤征:通"惩",警戒,惩罚。

⑥击壤：古代的一种游戏。把一块前面宽、后面尖的鞋子状的木片侧放地上，在三四十步处用另一块木片去投掷它，击中的就算得胜。原义是人民吃得饱，有闲暇游戏，后用为称颂太平盛世之典。

⑦墨子：名翟，春秋战国之际宋国人。墨家学派的创始人，战国时期著名的思想家。

⑧茅茨：茅草盖的屋顶。亦指茅屋。

⑨采椽：栎木或柞木椽子。

⑩葛衣：用葛的纤维制成的布做成的夏衣。

⑪鹿裘：鹿皮做的大衣。常用为丧服及隐士之服。

【译文】

帝尧号放勋，他的仁爱像上天，他的智慧如神灵。人们像万物朝向太阳一样亲附他，像大旱之望云雨一样企盼他。他富裕却不骄傲，高贵却不傲慢。《帝王世纪》说："帝尧设置想要劝谏的鼓，命令羲氏、和氏的四个儿子羲仲、羲叔、和仲、和叔分别掌管四季四岳的职务，所以给谏鼓命名叫做'征'。天下大为和谐，百姓相安无事。有五位老人在道路上做击壤游戏，观看的人感叹说：'尧的德行太伟大了！'老人说：'太阳出来后就去劳作，太阳落山后就去休息，开凿井水来获得饮用水，耕种田地来获取食物，帝王的力量对我又有什么用啊！'墨子认为，尧的大堂高度只有三尺，夯土台阶只有三级，茅草屋不修剪，柞木椽子不砍去树皮，夏天穿葛衣，冬天穿鹿皮大衣。"

虞舜名曰重华①。父瞽叟顽②，母嚚③，弟象傲④，皆欲杀舜。舜顺适不失子道⑤，以孝闻。于是尧乃以二女妻舜⑥，以观其内⑦；使九男与处，以观其外。二女不敢以贵骄，九男皆益笃⑧。舜耕历山⑨，历山之人皆让畔⑩；渔雷泽⑪，雷泽上人皆让居；陶河滨，河滨器皆不苦窳⑫。窳，病也。一年而所居成聚⑬，二年成邑，三年成都⑭。于是尧乃试舜五典、百官⑮，皆治。以揆百事^⑯,莫不时序^⑰。流四凶族^⑱,以御螭魅^⑲。尧乃使舜摄行天子政^⑳。尧崩,天下归舜。《帝王世纪》曰:"舜立诽谤之木^㉑。论曰:孔子称:古者三皇、五帝,设防而不犯,故无陷刑之民。是以或结绳而治,或象画而化^㉒,自庖牺至于尧、舜^㉓,神道设教^㉔,可谓至政,无所用刑矣。夫三载考绩^㉕,黜陟幽明^㉖,善无微不著,恶无隐不章,任自然以诛赏,委群心以就制,故能造御乎无为,运道于至和,百姓日用而不知,含德若自有者也。《诗》云:'上天之载,无声无臭^㉗。'其斯之谓乎?"

【注释】

①虞舜名曰重华:本段节录自《五帝本纪》。虞舜,妫姓,名重华,因其先国于虞,故称虞舜。

②瞽叟(gǔ sǒu):舜的父亲,因双目失明故称瞽叟。瞽,失明的人,盲人。

③嚚(yín):愚蠢而顽固。

④象:舜异母弟。

⑤顺适:顺从,迎合。子道:子女对父母应遵循的道德规范。

⑥妻:以女嫁人。

⑦内:指家中。

⑧笃:笃厚忠诚。指九男事舜都更加惇厚谨敬。

⑨历山:山名,所在说法不一。相传是舜躬耕之地。

⑩让畔:这是说由于舜帝的德化,种田人在田界处互相谦让,不计较对方多占有耕地。畔,田界。《韩非子》:"历山之农相侵略,舜往耕,期年,耕者让畔。"

⑪雷泽:古泽名,本名雷夏泽,在今山东菏泽东北。传说舜帝曾在此捕鱼。

⑫苦窳（gǔ yǔ）：粗糙质劣。苦，通"盬"，粗劣。

⑬聚：村落。

⑭二年成邑，三年成都：邑、都，指人民聚居之处。大曰都，小曰邑。泛指村落、城镇。

⑮五典：五常之教，即父义、母慈、兄友、弟恭、子孝。

⑯揆（kuí）：掌管，管理。

⑰时序：承序，承顺。是说有条理。

⑱四凶：相传为尧舜时代四个恶名昭彰的部族首领。《左传·文公十八年》："舜臣尧，宾于四门，流四凶族，浑敦、穷奇、梼杌、饕餮，投诸四裔，以御螭魅。"

⑲螭魅（chī mèi）：古谓能害人的山泽之神怪。亦泛指鬼怪坏人。

⑳摄行：代理行使职权。摄，代理。

㉑诽谤之木：供百姓书写政治缺失的状如华表的立木。

㉒象画：用画画服饰来象征刑罚，即象刑。《尚书大传》："唐虞象刑，犯墨者蒙皂巾，犯劓者赭其衣，犯膑者以墨幪其膑处而画之，犯大辟者布衣无领。"

㉓庖（páo）牺：即伏羲。

㉔神道设教：利用神鬼之道进行教化。

㉕三载考绩：指每三年按一定标准考核官吏的成绩。

㉖黜陟幽明：黜退昏愚的官员，晋升贤明的官员。黜，贬黜。陟，上升。幽明，指善恶、贤愚。

㉗上天之载，无声无臭：引自《诗经·大雅·文王》。臭，气味。

【译文】

虞舜名叫重华。他的父亲瞽叟愚顽，后母愚蠢而暴虐，异母弟象傲慢，他们都想杀死舜。但是舜还是恭顺地侍奉父母，不失为子之道，以孝道而闻名。于是尧就把两个女儿嫁给舜做妻子，从而观察他管理家族内部事务的能力；让九个儿子跟他在一起，观察他处理外部事务的能力。

二女不敢因出身高贵而骄傲，九男也都更加笃厚忠诚。舜在历山耕种，历山的人都谦让田界；在雷泽捕鱼，雷泽上的人都谦让住处；在黄河河滨制陶，河边的陶器都很精致结实不易坏。疧，疵病。只需要一年，舜居住的地方就能成为村落，二年就能成为城邑，三年就能成为都邑。于是尧就试着让舜制定人伦"五常"，治理百官，舜处理得都很好。让他管理各种事务，都有条不紊。流放了四大凶族，抵御了魑魅鬼怪。尧就让舜代理处理天子的政事。尧去世后，天下归属于舜。《帝王世纪》说："舜树立了书写政治缺失的诽谤之木。评论说：孔子称古代的三皇五帝，设立了军队守卫但没有人犯法，所以没有陷入刑罚的百姓。因此，不管是用绳索打结来治理，还是用象刑来加以教化，从伏羲到尧舜，利用鬼神之道来教化管理百姓的，可以称得上最高的清明政治，不需要用刑罚来管理国家。三年一次的考核成绩，黜退昏庸无能的官员，晋升贤能的官员，使善行无论大小都能得到彰显，使恶行无论大小都无处隐藏，让他们自然地表现来进行赏罚，顺从人心来确定管理制度。所以能成就无为而治的太平局面，运用道德教育使天下和谐，以至于百姓在生活中依照道德行事而自己却没有察觉到，就好像道德是自己本身所具备的一样。《诗经》中说：'上天生成化育万物，没有声音没有味道。'说的大概就是这样的事吧？"

夏禹名曰文命①。当尧之时，洪水滔天。舜登用②，乃命禹平水土③。劳身焦思④，居外十三年，过家门不敢入。薄衣食⑤，致孝于鬼神；卑宫室，致费于沟洫⑥。以开九州⑦，通九道⑧，陂九泽⑨，度九山⑩，行相地宜所有以贡⑪。东渐于海⑫，西被于流沙⑬，朔南暨⑭，朔，北方也。声教讫于四海⑮。于是帝锡禹玄圭⑯，以告成功于天下。于是大平治⑰，帝舜荐禹于天。舜崩，遂即天子位，国号曰夏后。十七世，帝履癸立⑱，是为桀，不务德而武伤百姓，百姓弗堪。汤修德，诸侯皆归汤。汤遂伐桀，桀走鸣条⑲，南夷地名⑳。遂放而死。

【注释】

①夏禹名曰文命：本段节录自《夏本纪》。夏禹，传说中建立夏朝的君王。姒姓，名文命，鲧之子。又称大禹、夏禹、戎禹。原为夏后氏部落领袖，奉舜命治理洪水，疏通江河，兴修沟渠，发展农业。据传治水十三年中，三过家门不入。后被选为舜的继承人，舜死后即位，建立夏王朝。后世视为圣王。

②登用：进用。

③平：平治，治理。

④劳身焦思：形容身体和精神都很辛劳。焦思，焦苦思虑。

⑤薄：使单薄、菲薄，节俭。

⑥沟洫：田间水道，借指农田水利。

⑦九州：古代中国的地理区划。据《尚书·禹贡》记载是冀、兖、青、徐、扬、荆、豫、梁、雍。

⑧九道：九州的道路。

⑨陂（bēi）：指筑堤防。九泽：九州的湖泊。

⑩九山：九州的大山。

⑪相地：观察土地肥瘠或地形地物。相，仔细看。

⑫东渐：向东流入。渐，进。

⑬被：及，延及。流沙：指西域地区。

⑭朔：北方。暨：至，到。

⑮声教：声威教化。讫：通"迄"，到，至。四海：犹言天下，全国各处。

⑯玄圭：一种黑色的玉器，上尖下方，古代用以赏赐建立特殊功绩的人。

⑰大平：即太平。

⑱履癸：即桀，姒姓，夏后氏，名癸，一名履癸。谥号桀，史称夏桀。夏朝最后一位君主，是历史上有名的暴君。

⑲鸣条：古地名，相传商汤伐夏桀战于此地。《集解》孔安国曰："地在安邑之西。"郑玄曰："南夷地名。"

⑳南夷：指南方非中原部族。又指南方边远地区。

【译文】

夏禹名叫文命。帝尧统治时，洪水滔天。舜被举用，就命令禹治理水土。禹劳碌奔波，殚精竭虑，离家在外十三年，路过自家门口都不进去。禹自己穿衣吃饭很节俭，敬奉鬼神却很丰厚；自己住着简陋的房屋，却不惜斥巨资修筑沟渠。区划九州土地，疏通各处水道，修筑湖泽堤坝，测量各大山系，巡视各地的特产来确定其贡赋多少。东至大海，西至沙漠，从北到南，朔，是北方。名声教化达到天下各地。于是帝舜赐给禹玄圭，诏告天下禹治水成功。从此天下太平，帝舜向上天举荐禹作为继承人。舜去世后，禹就登上天子位，国号叫夏后。传了十七代，帝履癸即位，这就是桀。他不修养德行而滥用武力伤害百姓，百姓不能忍受。汤立德修身，诸侯都归附于汤。汤于是征伐桀，桀逃跑到鸣条，是南夷地名。终于在逃亡中死去。

汤始居亳①，征诸侯。为夏方伯，得专征伐②。葛伯不祀③，汤始伐之。汤曰："予有言：人视水视形，视民知治不。"伊尹曰④："明哉！言能听，道乃进。君国子民⑤，为善者在王官。勉哉，勉哉！"汤出，见野张网四面，祝曰⑥："自天下四方，皆入吾网。"汤曰："嘻，尽之矣！"乃去其三面，祝曰："欲左，左；欲右，右；不用命⑦，乃入吾网。"诸侯闻之，曰："汤德至矣，及禽兽。"当是时，夏桀为虐政淫荒，汤乃伐桀，践天子位⑧。

【注释】

①汤始居亳：本段节录自《殷本纪》。汤，子姓，名履，又称成汤、成唐、武汤、武王、天乙等。商朝的开国之君。亳，古都邑名，是商汤

的都城，相传有南亳、景亳、西亳三处。

②为夏方伯，得专征伐：为夏朝一方诸侯之长，专门负责征讨诸侯。方伯，殷周时代一方诸侯之长。

③葛伯：夏朝时葛国国君。夏末，商汤居亳，与葛国相邻，商汤以葛伯不祭祖神、冤杀儿童为名，伐灭葛国，自此开始灭夏战争。

④伊尹：商汤大臣。名伊，一名挚，尹是官名。相传生于伊水，故名。是汤妻陪嫁的奴隶，后助汤伐夏桀，被尊为阿衡。汤去世后历佐二王，后太甲即位，因荒淫失度，被伊尹放逐到桐宫，三年后迎之复位。

⑤君国：指居君位而御其国。子民：爱护人民，治民。

⑥祝：祷告。

⑦用命：听从命令，执行命令。

⑧践：特指登基，继承帝位。

【译文】

汤开始住在亳，征伐诸侯。汤是夏朝的方伯，拥有征伐诸侯的专权。葛伯不祭祀祖先，汤开始征伐他。汤说：“我曾经说过：人从水中可以看见自己的形貌，观察黎民可以得知治理的成败。”伊尹说：“英明啊！能够听取他人的善言，治国的水平才能精进。要君临天下，子视万民，就得让为善的人都各在其位。努力吧，努力吧！”汤出行，看见田野中捕猎的人四面张网，还祷告说：“愿来自四方的禽兽，都落进我的网里。”汤说：“噫，这不就一网打尽了！”于是他让除去三面的网，祷告说：“想往左，就往左；想往右，就往右；不愿听命的，才落入我的罗网。”诸侯听后说：“汤的仁德真是无以复加了，连禽兽都能蒙受他的恩泽。”在这时候，夏桀施行暴政，耽于逸乐放荡纵欲，汤于是征伐夏桀，登上天子位。

帝太戊立①，伊陟为相②。伊陟，伊尹子也。亳有祥桑穀共生于朝③，一暮大拱④。祥，妖怪也。二木合生，不恭之罚。太戊惧,问伊陟,曰:"臣闻妖不胜德。帝之政,其有阙与⑤? 帝其修德。"太戊从之,而祥桑枯死。殷复兴,故称中宗。

【注释】

①帝太戊立:本段节录自《殷本纪》。太戊,甲骨文作大太戊、天戊。子姓,名密,商代国君。任用伊陟、巫咸等人治理国政,商国势复兴,诸侯归顺。死后被尊为中宗。

②伊陟:商朝大臣,据说是伊尹的儿子。

③祥:凶宅,妖异。桑榖(gǔ):桑树和榖树。榖,即楮树。共:指两棵合生。

④大拱:形容粗大。拱,两手合围。

⑤阙:缺误,疏失。

【译文】

帝太戊即位,伊陟做了国相。伊陟是伊尹的儿子。亳都出现了妖异,桑树和楮树共生在朝堂之上,一夜之间就长得有两手合围那么大。祥,是妖怪。两棵树合生,是对不恭敬的惩罚。太戊很恐惧,问伊陟,伊陟说:"我听说妖异胜不了有德之人。帝王您的政事,是不是有什么缺陷? 您还是修养德行吧。"太戊听从了,那棵连生的怪树很快枯死了。殷朝复兴,所以太戊称为中宗。

帝辛立①,天下谓之纣②。帝纣资辨捷疾③,闻见甚敏;材力过人④,手搏猛兽⑤;智足以拒谏,饰非之端;矜人臣以声⑥,以为皆出己之下。好酒淫乐,嬖于妇人⑦。爱妲己⑧,有苏氏美女也。妲己之言是从。于是使师涓作新淫声⑨,北里之舞⑩,靡靡之乐⑪;厚赋税,以实鹿台之钱⑫,鹿台,在朝歌城中也。而盈巨桥之粟⑬;巨桥,鹿水之大桥也,有漕粟⑭。

益收狗马奇物，充仞宫室；益广沙丘苑台^⑮，沙丘，在巨鹿东北。多取野兽飞鸟置其中；慢于鬼神，以酒为池，悬肉为林，使男女倮^⑯，相逐其间，为长夜之饮。百姓怨望，而诸侯有叛者，于是纣乃重辟刑，有炮烙之法^⑰。膏铜柱^⑱，加之炭上，令有罪者行焉，辄堕炭中，妲己笑，名曰炮烙之刑也。

【注释】

①帝辛立：本段节录自《殷本纪》。帝辛，子姓，名受，一作辛，商朝最后一位君主，帝乙少子。

②纣：《谥法》曰："残义损善曰纣。"

③资辨：利口善辩。

④材力：勇力，膂力。

⑤挌（gé）：击，格斗。

⑥矜：骄矜，自傲。

⑦嬖：宠爱。妇人：古代士之妻称妇人。

⑧妲己：商纣王的宠妃。有苏氏女，己姓。周武王灭商时被杀。

⑨师涓：商纣的乐官，名涓。淫声：淫邪的乐声。

⑩北里之舞：与朝歌北鄙之音相配的舞蹈。

⑪靡靡之乐：指柔弱、颓靡的音乐。古人认为这种音乐不只让听众委靡颓废，更能令国力削减。

⑫鹿台：古台名，是殷纣王贮藏珠玉钱帛的地方。故址在今河南汤阴朝歌。

⑬巨桥：是商纣王用于存储粮食的仓库，故址在今河南鹤壁。

⑭漕粟：通过水道运送粮食。

⑮沙丘：地名，在今河北广宗。相传殷纣王在此广筑苑台，作酒池肉林，淫乐通宵。战国赵武灵王被围，饿死于沙丘宫；秦始皇巡视途中病逝于沙丘平台。

⑯倮（luǒ）：赤身露体。

⑰炮烙：相传是殷纣王所用的一种酷刑。

⑱膏：涂抹使之滑润。

【译文】

帝辛即位，天下称他纣。帝纣天资明辨敏捷，听闻广博机敏，勇力过人，可以徒手击杀猛兽；才智足够用来拒绝劝谏，口才足以帮他粉饰是非；喜欢以才能骄矜群臣，用名声压倒天下，认为所有人都不如自己。他嗜好喝酒荒淫嬉乐，贪恋女色。喜爱妲己，是有苏氏美女。对妲己的话言听计从。于是让乐官师涓制作新奇淫邪的乐声，用北里的猥亵之舞配合这种靡靡之乐；加重赋税，来充实鹿台的宝库，鹿台，在朝歌城中。粮食装满巨桥的粮库；巨桥，是鹿水上的大桥，有通过水道运送来的粮食。大肆搜刮狗马和珍奇宝物，塞满宫中房舍；扩建沙丘的园林楼台，沙丘，在巨鹿东北。捕获大量的野兽飞鸟，投放其中；怠慢鬼神祭祀，把酒倒进池子，把肉悬挂成林，让男女裸身追逐嬉戏，进行通宵宴饮。对此百姓怨恨不已，有叛乱的诸侯，于是纣就加重刑罚惩处，发明炮烙的刑罚。把油脂涂抹在铜柱上，放在炭火上烧，命令犯罪的人走在上面。人一下子就掉进炭火中，妲己看到了就笑起来。命名叫炮烙之刑。

以西伯昌、九侯、邺县有九侯城。鄂侯为三公①。九侯有好女②，入之纣。九侯女不憙淫③，纣怒，杀之，而醢九侯④。鄂侯争之强，并脯鄂侯⑤。西伯昌闻之，窃叹。纣囚西伯羑里⑥。河内汤阴有羑里城。西伯之臣闳夭之徒⑦，求美女、奇物、善马以献纣。纣乃赦西伯，用费中为政⑧。费中善谀、好利，殷人弗亲。又用恶来⑨，善毁谗，诸侯以此益疏，多叛纣。微子数谏不听⑩，乃遂去。比干强谏⑪，纣怒，剖比干，观其心。箕子惧⑫，乃详狂为奴，纣又囚之。周武王于是遂率诸侯伐纣[13]，纣走，衣其宝玉衣，赴火而死。武王遂斩纣头，悬之白旗，杀妲己，殷民大悦。

【注释】

①以西伯昌、九侯、鄂侯为三公：本段节录自《殷本纪》。西伯昌，周文王姬昌。西伯，商纣任命的西方诸侯之长，可专征伐。九侯，一作"鬼侯"，是商纣的大臣，与姬昌、鄂侯同为商纣的三公。鄂侯，商纣的大臣。

②好女：漂亮的女儿。

③憙（xǐ）：喜爱，爱好。

④醢（hǎi）：古代酷刑。将人剁成肉酱。

⑤脯（fǔ）：指使之成为干肉。

⑥羑（yǒu）里：古城名，在今河南汤阴北。也作"牖里"。

⑦闳夭：西周开国功臣，跟散宜生、太颠、鬻子等共同辅佐西伯姬昌，是西伯昌的四友之一。

⑧费中：也作"费仲"，纣王佞臣。

⑨恶来：又称恶来革，商纣王的大臣。蜚廉之子，以勇力而闻名。

⑩微子：周代宋国的始祖。名启，殷纣王的异母庶兄，封于微（今山东梁山西北）。因见纣淫乱将亡，数谏纣不听，遂出走。周武王灭商，复其官。周公承成王命诛武庚，乃命微子统率殷族，奉其先祀，封于宋。

⑪比干：商纣王的叔父，官少师。因屡次劝谏纣王，被剖心而死。强谏：极力诤谏。

⑫箕子：商朝大臣，纣王的叔父。官太师，封于箕。在商亡后出走，据说到了朝鲜。

⑬周武王：姬姓，名发，周文王姬昌之子，西周王朝的开国君主。

【译文】

他任用西伯姬昌、九侯、邶县有九侯城。鄂侯担任三公。九侯有个漂亮女儿，献给了纣。九侯的女儿不喜欢淫荡，纣发怒杀了她，把九侯剁成肉酱。鄂侯为此事跟帝纣争辩，言词激烈，帝纣杀了鄂侯，还把他制成肉干。西伯昌听说了，私下叹息。纣就把他囚禁在羑里。河内汤阴有羑里城。西伯的臣子闳夭等人，寻找美女、珍奇宝物、良马献给纣。纣于是赦免了西伯，任用费中来执政。费中善于阿谀奉承，喜好钱财，殷人都不肯亲近他。纣又任用恶来，恶来好进谗言诋毁他人，诸侯因此更加疏远了，很多背叛纣的。微子屡次劝谏，纣不听，微子就离开了。比干极力谏诤，纣愤怒了，剖开比干胸膛看他的心脏。箕子惧怕了，于是就假装疯癫做了奴仆，纣又囚禁了他。周武王于是就率领诸侯讨伐纣，纣逃走，穿着他的宝玉衣跳到火里而死。武王就砍下纣的头颅挂在白旗上面，杀死了妲己，殷朝民众非常高兴。

周后稷名弃①，好耕农，天下得其利，有功，封于邰②。曾孙公刘修后稷之业③，民赖其庆④。古公复修后稷、公刘之业⑤，积德行义，国人皆戴之⑥。古公卒，季历立⑦。季历卒，子昌立⑧，是为西伯。西伯遵后稷、公刘之业，则古公之法⑨，敬老慈少，礼下贤者，日中不暇食以待士，士以此多归之，诸侯皆来决平⑩。于是，虞、芮之人有狱⑪，不能决，乃如周。入界，耕者皆让畔⑫，民俗皆让长⑬。虞、芮皆惭，俱让而去。诸侯闻之，曰："西伯盖受命之君也⑭。"

【注释】

①周后稷名弃：本段节录自《周本纪》。周：地名。在陕西岐山南。为周的发祥地。后稷：周之先祖。相传姜嫄践天帝足迹怀孕生子，因曾弃而不养，故名之为"弃"。虞舜命为农官，教民耕稼，称

为"后稷"。

②邰（tái）：古国名。周始祖后稷至公刘定居于此。在今陕西武功。

③公刘：周族领袖，传为后稷的曾孙。他迁徙豳地（今陕西旬邑）定居，不贪享受，致力于发展农业生产。

④庆：福泽。

⑤古公：即古公亶父。姬姓。上古周部落的领袖，周文王祖父。为戎、狄族所逼，他率周族由豳迁至岐山下的周原（今陕西岐山北），建筑城邑房屋，设立官吏，改革戎狄风俗，开垦荒地，发展农业，使周族逐渐强盛起来，奠定了周人灭商的基础。修：循，遵循。

⑥国人：古代指居住在大邑内的人。

⑦季历：姬姓，一作公季、王季，周太王少子，周文王之父。

⑧昌：即周文王姬昌。

⑨则：仿效，效法。《易·系辞上》："河出图，洛出书，圣人则之。"

⑩决平：指公平断案。

⑪虞、芮：二国名。相传两国有人曾因争地兴讼，到周求西伯姬昌平断。

⑫让畔：指古代由于圣王的德化，种田人互相谦让，在田界处让对方多占有土地。畔，田界。

⑬让长：礼让长者。

⑭受命：承受天命。

【译文】

周始祖后稷名叫弃，他喜好农耕，天下人都因此受益，因此立下了功劳，封在邰。他的曾孙公刘遵循后稷的事业，民众都依赖他的福泽。古公又遵循后稷、公刘的事业，积累德行，践行仁义，国人都爱戴他。古公去世，季历即位。季历去世，他的儿子昌即位，这就是西伯。西伯遵循后稷、公刘的事业，效法古公的方法，尊敬老人，慈爱孩童，礼貌谦虚地对待贤人，每天忙到正午还顾不上吃饭，因此士人纷纷投奔他，诸侯也都来找他裁决是非曲直。这个时候，虞国人和芮国人有诉讼案件，不能判决，他们就来到周。他们进入周的边界,看到耕种的人互相推让田界,人民都以谦让年长者为美德,虞、芮两国的人感到惭愧,都谦让离去。诸侯听到后,说:"西伯大概是承受天命的君主啊。"

武王即位①,太公望为师②,周公旦为辅③,召公、毕公之徒左右王师④,修文王绪业⑤。闻纣昏乱暴虐滋甚,于是伐纣。纣师皆倒兵以战⑥,武王遂入斩纣。散鹿台之钱,发巨桥之粟,以振贫弱⑦;封诸侯,班赐殷之器物⑧;纵马于华山之阳⑨,放牛于桃林之墟⑩;偃干戈⑪,振兵释旅⑫,入曰振旅也。示天下不复用。

【注释】

①武王即位:本段节录自《周本纪》。武王,周武王姬发,是周文王次子。

②太公望:姜姓,吕氏,俗称姜太公。师:指太师。

③周公旦:周文王之子,排行第四,亦称叔旦,史称周公旦。他是周武王之弟,武王死后,其子成王年幼,由他摄政当国。

④召(shào)公:姬姓,名奭。采邑在召(今陕西岐山西南),称召伯、召公。与周公同佐武王灭商,封于燕。成王时任太保,主陕以西地区之政。毕公:名高,是周文王第十五子,周武王姬发异母弟,周武王灭商朝后,受封毕地(在今陕西),史称毕公高,是毕国与毕姓始祖。左右:支配,控制。王师:天子的军队,国家的军队。

⑤绪业:事业,遗业。

⑥倒兵:转武器向己方攻击。

⑦振:救济。

⑧班赐:颁赐,分赏。

⑨华山:山名,五岳之西岳。在陕西华阴,北临渭河平原,属秦岭东段。又称太华山。

⑩桃林:在今河南灵宝以西、陕西潼关以东地区。墟:大丘,山。

⑪偃:使停息。

⑫振兵:整顿部队。

【译文】

周武王即位,让太公望当太师,周公旦为辅佐,召公、毕公这些人掌管周王室的军队,继承文王的遗业。知道纣越发昏乱暴虐,于是就出兵伐纣。纣的部队都倒转武器攻击自己一方,武王于是就攻入敌方斩杀了纣。散发了鹿台所藏的钱、巨桥储藏的粮食来赈济贫民老弱;分封诸侯,把殷商的祭祀器物分别赐给诸侯;放马于华山南麓,放牛于桃林荒野;放下武器,解散军队,军队回营叫振旅。向天下显示不再动用武力。

成、康之际①,天下安宁,刑措四十余年不用。措者,置也。民不犯法,无所置刑也。穆王即位②,将征犬戎③,祭公谋父谏④,祭,畿内之国,为王卿士。谋父,字也。曰:"不可。先王耀德不观兵⑤。戢而时动⑥,动则威;观则玩⑦,玩则无震。震,惧也。先王之于民也,茂正其德而厚其性⑧,阜其财求而利其器用⑨,明利害之乡,乡,方也。以文修之,使务利而避害,怀德而畏威,故能保世以滋大⑩。

【注释】

①成、康之际:本段及以下几段均出自《周本纪》。成、康之际,即周成王与周康王时期。史称其时天下安宁,刑措不用,故用以称至治之世。成,即周成王姬诵,周武王姬发之子,西周第二位君主。周成王继位时年幼,由周公旦辅政,亲政后,营造新都洛邑、大封

诸侯,还命周公东征、编写礼乐,加强了西周王朝的统治。康,即
周康王姬钊,周成王姬诵之子,西周第三位君主。

②穆王:姬满,周昭王之子,西周第五位君主。

③犬戎:古族名。戎人的一支,即畎戎,又称畎夷、犬夷、昆夷、绲夷
等。商周时在北方游牧。

④祭(zhài)公谋父:周王室卿士,周公后人,因封邑在祭,所以称为
祭公。祭,古国名,姬姓,始封之君为周公之子。原为畿内(古称王
都及其周围千里以内的地区)之国,后东迁,在今河南郑州东北。

⑤耀德:指崇尚道德。观兵:显示兵力。

⑥戢(jí):收藏兵器。

⑦玩:轻慢,忽略。

⑧茂:通"懋",劝勉。

⑨阜:指使之丰厚、富有。财求:财货。求,通"赇"。

⑩保世:指保持爵禄、宗族或王朝的世代相传。

【译文】

　　周成王、康王之时,天下安宁,刑罚搁置四十多年没有使用。措,是
放置的意思。民众不犯法,没地方使用刑罚。周穆王即位,将要征伐犬戎。祭
公谋父劝谏,祭,是王都附近的国家,是周王的卿士;谋父,是他的字。说:"不行。
先王崇尚道德不显示武力。平时积蓄兵力,只在必要时刻才动用,一经
动用就有威力;平时炫耀多了就是穷兵黩武,穷兵黩武就会没有威力。
震,是惧怕的意思。先王对于民众,劝勉匡正他们的德行,使他们性情淳
厚;增加他们的财物,改良他们的器具;给他们申明利害,乡,是方向。用
礼法文德来教导他们,让他们趋利避害,感念君王恩德而畏惧惩罚,所以
能保有王业世代相传,一代代更加强大。

　　"昔我先王世后稷以服事虞、夏①,奕世载德②,不忝前
人③。至于文王、武王,昭前之光明而加之以慈和④,事神保

民，无不欣喜。商王帝辛大恶于民，庶民不忍，欣戴武王⑤，以致戎于商牧。非务武也，勤恤民隐而除其害也⑥。

【注释】

①服事：承担公职。虞、夏：指有虞氏之世（即舜帝之时）和夏代。

②奕世：累世，代代。载德：积德。

③忝：羞辱，有愧于。

④昭：显扬，显示。

⑤欣戴：欣悦拥戴。

⑥勤恤：忧悯，关怀。民隐：民众的痛苦。

【译文】

"从前我们先王世代相承主管农业，事奉有虞氏、夏后氏，世代积累德行，无愧于前人。到了文王、武王，进一步发扬光大先人的业绩，再加上仁慈和睦，敬事神明，保护人民，没人不欢欣喜悦。商王帝辛对民众犯下大恶，民众不能忍受，于是欣喜地拥戴武王，因此发动了对殷商的牧野之战。因此先王并不是刻意要动武，而是关怀民众的痛苦，为他们除去祸害。

"夫先王之制，邦内甸服①，邦外侯服②，侯卫宾服③，此总言之也。侯，侯圻④。卫，卫圻。夷蛮要服，戎狄荒服⑤。甸服者祭，供日祭也⑥。侯服者祀，供月祀也⑦。宾服者享⑧，供时享也⑨。要服者贡⑩，供岁贡也⑪。荒服者王⑫。《诗》云"莫敢不来王"也⑬。日祭，月祀⑭，时享⑮，岁贡⑯，终王⑰。

【注释】

①邦内：国都郊外四周五百里以内。甸服：古制称离王城五百里的区域。服，古代指王畿以外的地方。

②侯服：古代王城外围，按距离远近划分的区域之一。周制称王城
　　周围方千里以外的方五百里的地区。

③侯卫：借指自侯服至卫服之间的诸侯。卫服，按《周礼·夏官·职
　　方氏》，是王畿以外二千五百里之地。

④圻：指畿，京畿。古称天子直辖之地。亦指京城所领的地区。

⑤夷蛮要服，戎狄荒服：夷、蛮、戎、狄，是中原四方非中原部族，分别
　　是东夷、南蛮、西戎、北狄。要服，距王畿二千里之地。荒服，距王
　　畿二千五百里之地。

⑥日祭：指祭祀先祖父、先父。

⑦供：侍奉，伺候。月祀：指祭祀曾祖、高祖。

⑧宾服：《汉书》作"绥服"。即侯服以外方圆五百里的地区。

⑨时享：太庙四时的祭祀。古代帝王臣民都行时享之礼。

⑩要服：这里指宾服以外的五百里地区。

⑪岁贡：古代诸侯或属国每年向朝廷进献礼品。

⑫荒服：要服以外的五百里地区。

⑬莫敢不来王：引自《诗经·商颂·殷武》。

⑭月祀：古代指每月对曾祖、高祖的祭祀。

⑮时享：太庙四时的祭祀。古代帝王臣民都行时享之礼。

⑯岁贡：古代诸侯或属国每年向朝廷进献礼品。

⑰终王：指荒服朝拜天子。王，朝见天子。

【译文】

"先王定下的制度，国都内离王城五百里是甸服，国都外方千里外是
侯服，自侯服到卫服之间的诸侯全都服从。这是总括起来说的。侯，是侯圻。
卫，是卫圻。东夷、南蛮居住在要服，西戎、北狄居住在荒服。住在甸服的
部族要供给祭祀天子父亲、祖父的祭品，供给日祭。住在侯服的部族要供
给祭祀天子曾祖、高祖的祭品，供给月祀。居住在宾服侯卫之地的部族要
供给时享，供给时享的祭品。居住在要服的部族要贡献每年的贡品，供给岁

贡的贡品。居住在荒服的部族每一代都要来朝拜天子。《诗经》里讲：'没有胆敢不来朝拜天子的。'每日祭祀父亲、祖父，每月祭祀曾祖和高祖，每个季度祭祀远祖宗庙，每年献享于坛，天子去世，新天子即位后接受远方部族尊长的进见。

"先王之顺祀^①，《外传》云^②：'先王之训也^③。'有不祭则修意^④，先修志意，以自责也。有不祀则修言。言，号令也。有不享则修文，文，典法也。有不贡则修名，名，谓尊卑职贡之名号也。有不王则修德，远人不服，则修文德以来之也。序成而有不至则修刑。序成，谓上五者次序已成，不至，则有刑罚也。于是有刑不祭，伐不祀，征不享，让不贡，告不王。于是有刑罚之辟，有攻伐之兵，有征讨之备，有威让之命，有文告之辞。布令陈辞而有不至^⑤，则增修于德，无勤民于远。是以近无不听，远无不服。

【注释】

①顺祀：谓顺昭穆次序而祭祀。

②《外传》：即《国语》。

③训：典式，准则。

④修意：修正心志意念，指内省自责。

⑤布令：颁布命令，发布政令。陈辞：发布命令。

【译文】

"按照先王的遗训，《外传》说：'先王的训令。'近畿王族有不参加日祭的，天子就修治志意以示自责，先修正思想，再来自我反省。如有诸侯不参加月祀的，天子就检查自己的号令与言论，言，是号令。如有诸侯不参加时享的，天子就整顿政令教化。文，是典法。如有蛮夷不按年进贡的，天子就进一步端正名分，名，指尊卑守职朝贡的名称。如有夷狄不来参加周王丧礼的，新天子就要修治自己的道德修养，远方的人不归服，就要修养文德招徕他们。以上这些都做到了，仍然有不来的才会使用刑罚。序成，指以上五样按次序已经完成，不来，就要有刑罚了。因而才有对不参加日祭者的刑罚，对不参加月祀者的讨伐，对不按时享者的征讨，对不按年进贡者的谴责，对不来参加葬礼者的警告。因而也才有刑罚的各种规定，才有讨伐的军队，才有征讨的各种武器，才有严厉谴责的命令，才有陈明利害的告谕文辞。颁发命令还有不来的，天子就要增加修养德行，不要让民众到远方劳苦。因此近处没有不听从的，远处没有不归服的。

"今犬戎氏以其职来王①。天子曰：'予必以不享征之，且观之兵②。'无乃废先王之训而几顿乎③！"王遂征之，得四白狼、四白鹿以归。自是荒服者不至④，诸侯有不睦者。

【注释】

①职：职守，即前述"终王"之职。

②观之兵：指显示兵力。

③几顿：危败。

④荒服者：指居住在荒服的部族。

【译文】

"现今犬戎氏按照职守来朝拜天子。天子说：'我一定要因为它没有守职而讨伐它，而且要显示兵力。'恐怕是要废弃了先王的训诫，您将会遭遇危险失败吧！"穆王于是征讨，得到四只白狼、四只白鹿归来。从此荒服的部族不来，诸侯也有不和睦的了。

厉王即位①，好利，近荣夷公②。芮良夫谏曰③："王室其将卑乎？夫荣公好专利而不知大难④。夫利，百物之所生也，天地之所载也，而有专之，其害多矣。天地百物皆将取焉，何可专也？所怒甚多，而不备大难。以是教王，王其能久乎？夫王人者，将导利而布之上下者也⑤，使神人百物无不得极⑥。极，中也。犹日怵惕⑦，惧怨之来。今王学专利，其可乎？匹夫专利⑧，犹谓之盗，王而行之，其归鲜矣。荣公若用，周必败。"王不听，卒以荣公为卿士，用事。

【注释】

①厉王即位：本段节录自《周本纪》。厉王，周厉王姬胡。

②荣夷公：西周时期诸侯国荣国国君。他得到厉王宠信，曾教唆厉王对山林川泽的物产实行"专利"，由天子直接控制，不准平民进山林川泽谋生。

③芮良夫：西周时期周朝的卿士，曾劝阻周厉王任用荣夷公为卿士，但遭到拒绝。

④专利：专擅财利。专，独占，独享。

⑤布：施予，布施。

⑥极：中，中正的准则。

⑦怵惕：戒惧，惊惧。

⑧匹夫：古代指平民中的男子。亦泛指平民百姓。

【译文】

周厉王即位，他喜好财利，亲近荣夷公。芮良夫劝谏说："周王室恐怕要衰落了吧？荣公喜好专擅财利而不知道会导致大灾难。财利，是千百种物类产生的，本由天地自然生成，如果有人独享它，那害处就大了。天地间的千百种物资人人都能取用，怎么能够独自享用呢？这样将触怒众人，却不防备大祸难。用这些东西来教唆君王，君王的统治还能长久吗？作为天下人的君王，应当把惠利分享给天神和百姓，使得神、人、百物各得其所。极，是中的意思。这还要每天戒惧，害怕招来怨恨。现今君王您却去学独享财利，难道这样做可以吗？平民百姓专擅独享财利，还被称为盗贼，君王您这样做，恐怕归服您的人就会很少了。荣公倘若得到任用，周朝必然败亡。"厉王不听，最终让荣公当了卿士，让他主持国家大事。

王行暴虐侈傲①，国人谤王。召公谏召穆公也。曰："民不堪命矣！"王怒，得卫巫，卫国之巫。使监谤者，以告则杀之。其谤鲜矣，诸侯不朝。王益严，国人莫敢言，道路以目②。以目相眄而已③。王喜，告召公曰："吾能弭谤矣④，乃不敢言。"召公曰："是鄣之也⑤。防民之口，甚于防水。水壅而溃⑥，伤人必多。民亦如之。是故为水者决之使导，为民者宣之使言⑦。故民之有口，犹土之有山川也，财用于是乎出；犹其有原隰衍沃也⑧，衣食于是乎生。口之宣言也，善败于是乎兴⑨。夫民虑之心，而宣之口，成而行之。若壅其口，其与能几何？"王不听，于是国莫敢出言。三年，乃相与叛，袭王。王出奔于彘⑩。

【注释】

①王行暴虐侈傲：本段节录自《周本纪》。侈傲，骄纵。
②道路以目：路上相见以目示意，不敢交谈。多表示政治黑暗暴虐。
③眄（miǎn）：斜视，不用正眼看。
④弭（mǐ）：止息。
⑤鄣：同"障"，堵塞，阻隔。
⑥壅：堵塞，阻挡。溃：水冲破堤防。

⑦宣：指宣泄抒发怨气。

⑧原隰（xí）：平原和湿地。衍沃：平坦肥美的土地。

⑨善败：指国政的善恶成败。

⑩彘（zhì）：古地名。故址在今山西霍州东北。

【译文】

厉王行为暴虐骄纵，住在国都的人指责厉王。召公劝谏是召穆公。说："民众忍受不了您的政令了！"厉王大怒，找到卫国的一名巫师，是卫国的巫师。让他监视毁谤者，只要是巫师报告上来的人，厉王就把他们杀掉。于是指责稀少了，诸侯也没人来朝见。厉王更加严厉。国都没人敢说话，人们路上碰到也只能用目光示意。用眼睛斜着看罢了。厉王欢喜，告诉召公说："我能够制止民众的指责了，他们都不敢说话了。"召公说："这是你堵住了民众的嘴。堵住民众的嘴，比堵住洪水危害更大。水道壅塞溃决，伤人必定很多。堵住民众的嘴也会这样。因此治水的人主动挖开堤防引导水流，治理民众的人主动宣泄怨气让他们说话。所以说民众有口，就好像大地有山川一样，财物从这里出产；就好像大地有平原和湿地等不同的地形一样，人类的衣食由此而来。能让人们畅所欲言，国家政事才能办好。百姓怎么想就怎么说，考虑成熟后就采纳推行。倘若阻塞民众的嘴，这样怎么能长治久安呢？"厉王不听，于是举国没有人敢说话。三年之后，国人一起背叛，袭击厉王。厉王逃奔到彘地。

宣王即位①，修政②，法文、武、成、康遗风③，诸侯复宗周。

【注释】

①宣王即位：本段节录自《周本纪》。宣王，即周宣王，名静，又作"靖"。周厉王姬胡之子。

②修政：修明政教。

③遗风：前代或前人遗留下来的风教。

【译文】

周宣王即位，修明政教，效法文王、武王、成王、康王留下来的风教，诸侯又重新把周王朝当做宗主国。

幽王嬖爱褒姒①，欲废后②，并去太子，用褒姒为后，以其子伯服为太子。褒姒不好笑，幽王欲其笑万方，故不笑③。幽王为举烽火④，诸侯悉至，至而无寇，褒姒乃大笑。幽王欲悦之，为数举烽火。其后不信，益不至⑤。王之废后去太子也，申侯怒⑥，乃与缯、西夷犬戎共攻王⑦。王举烽火征兵，兵莫至。遂杀幽王骊山下⑧。

【注释】

①幽王嬖爱褒姒（bāo sì）：本段节录自《周本纪》。幽王，周幽王姬宫湦（shēng），"湦"又作"涅""湼"。周宣王姬静之子，母姜后。前781—前771年在位。嬖爱，宠爱。褒姒，褒国女子，姒姓，周幽王第二任王后，太子姬伯服的生母。

②后：指幽王的王后申后。申侯之女，姜姓。太子宜臼之母。

③故：还是，仍然。

④举：指点燃升起。

⑤益：逐渐。

⑥申侯：申国（今河南南阳）之君。其女原为周幽王王后，生子宜臼，被立为太子。后被周幽王所废，宜臼逃奔申国。申侯联合东方的缯国和西方的犬戎进攻幽王。前771年，幽王被犬戎杀死，西周覆亡。

⑦缯：古国名，姒姓，相传为夏禹后裔。西夷：位于我国西部的部族。即畎戎，亦称"畎夷""昆夷""绲夷"。殷周时游牧于泾渭流域即

今陕西彬州、岐山一带,为殷周西边之劲敌。

⑧骊山:在陕西西安临潼东南。

【译文】

周幽王宠爱褒姒,想要废掉王后,一并废掉太子,让褒姒当王后,让她的儿子伯服当太子。褒姒不喜欢笑,幽王用尽各种方法想让她笑,她还是不笑。幽王为她点燃烽火,诸侯都赶来了,到了却没有发现敌寇,褒姒于是大笑。幽王想让褒姒高兴,几次为她点燃烽火。后来诸侯不相信了,逐渐不来了。幽王废掉申后和宜臼的太子地位,使得申后的父亲申侯大怒,于是联合缯侯、西夷犬戎一起攻打幽王。幽王点燃烽火征调诸侯来救,却没有救兵前来。于是幽王被杀死在骊山下。

秦缪公与晋惠公合战^①,为晋军所围。于是岐下食善马者三百人^②,驰冒晋军解围^③,遂脱缪公,而反生得晋君。初,缪公亡善马,岐下野人共得而食之者三百余人^④。吏逐得,欲法之^⑤。缪公曰:"君子不以畜产害人。吾闻食善马肉不饮酒伤人。"乃皆赐酒而赦之。三百人者,闻秦击晋,皆求从。从而见缪公窘,亦皆推锋争死^⑥,以报食马之德。于是缪公虏晋君以归。

【注释】

①秦缪公与晋惠公合战:本段节录自《秦本纪》。秦缪公,一作秦穆公。嬴姓,名任好,秦德公少子,春秋时期秦国国君,春秋五霸之一。晋惠公,姬姓,名夷吾,晋献公之子,晋文公之弟,春秋时期晋国君主。合战,交战。

②岐下:古地名,是周人祖先古公所迁居处,在今陕西岐山附近。

③冒:侵犯,冲犯。

④野人：上古谓居国城之郊野的人。与"国人"相对。

⑤法：法办。

⑥推锋：冲锋，进兵。推，通"摧"。

【译文】

秦缪公跟晋惠公交战，被晋军包围。这个时候，在岐下吃掉好马的三百人，飞驰而来冲向晋军为缪公解围，于是缪公脱困，反而活捉了晋惠公。当初，缪公丢失了好马，岐下乡野三百多人一起抓住马并把它吃掉了。官吏追捕抓住了他们，想要法办。缪公说："君子不会因为牲畜而杀人。我听说，吃好马肉不喝酒，是会伤人的。"于是赐给所有人酒，赦免了他们。这三百人听说秦国要迎击晋军，都要求跟从出征。他们看到缪公陷入窘境，就都冲锋陷阵，拼死力战，来报答缪公宽赦他们吃马的恩德。于是缪公俘虏晋国国君回国。

戎王使由余于秦①，缪公示以宫室、积聚。由余曰："使鬼为之，则劳神矣；使人为之，亦苦民矣。"缪公怪之，问曰："中国以诗书礼乐法度为政，然尚时乱②，今戎夷无此，何以为治，不亦难乎！"由余笑曰："此乃中国所以乱也。夫自上圣黄帝作为礼乐法度，身以先之，仅以小治。及其后世，日以骄淫，阻法度之威，以责督于下③。下疲极，则以仁义怨望于上④。上下交争怨而相篡弑，至于灭宗，皆以此类也。夫戎夷不然。上含淳德以遇其下⑤，下怀忠信以事其上。一国之政，犹一身之治。不知所以治，此真圣人之治也。"

【注释】

①戎王使由余于秦：本段节录自《秦本纪》。戎王，西戎的君主。由余，一作"繇余"。晋国人，因曲沃武王伐晋流亡到了戎地。戎王

听说缪公贤能,所以派由余到秦国考察。

②尚:尚且。

③责督:责罚督查。

④怨望:怨恨,心怀不满。

⑤淳德:醇厚的德行。

【译文】

戎王派遣由余出使到秦国,秦缪公向他展示宫室和集聚的资财。由余说:"假使是鬼神干的,那么鬼神够劳累的了;假使是人干的,那么人也够辛苦的了。"缪公感到奇怪,问道:"中原用诗书礼乐法度治理国政,尚且时时发生混乱,如今戎夷没有这些,那靠什么来治理,不也太难了吧?"由余笑着说:"这就是中原混乱的原因。自从上圣黄帝制作了礼乐法度,率先垂范,仅仅能做到小治。到了后代,上位者日益骄奢淫逸,依仗法度的威严,去苛责下民。下民疲惫到了极点,那就会怨恨上位者的不仁不义。上下交相怨恨,于是就有篡位弑君以至于宗族灭绝,许多事情就是这样造成的。戎夷却不是这样,身居上位的人胸怀淳厚之德对待属下,处于下位的民众也怀有忠信之心事奉其上。治理一国之政犹如调理身体一样,虽然不知道怎么治理但却治理得很好,这才是真正的圣人之治。"

于是缪公退而问内史廖曰①:"孤闻'邻国有圣人,敌国之忧也'。今由余贤,寡人之害,将奈何?"廖曰:"戎王处僻匿②,未闻中国之声③。君试遗其女乐④,以夺其志⑤;为由余请,以疏其间。君臣有间,乃可虏也。"缪公曰:"善。"因以女乐二八遗戎王⑥。戎王受而悦之。于是秦乃归由余。由余数谏,不听,遂去降秦。缪公以客礼礼之,用由余谋伐戎王,益国十二,开地千里,遂霸西戎。

【注释】

①于是缪公退而问内史廖曰：本段节录自《秦本纪》。内史，官名，
　西周始置，协助天子管理爵、禄、废、置等政务，春秋时沿置。

②僻匿：指偏远闭塞。

③中国之声：指中原的音乐歌舞。

④女乐：歌舞伎。

⑤夺：消除，剥夺。

⑥遗（wèi）：馈赠，送给。

【译文】

于是缪公退朝问内史廖说："我听说'邻国有圣人，是敌国的忧患'。
现今由余贤能，也是我的心头之患，该怎么办？"廖说："戎王身处偏僻闭
塞的地方，没有听过中国的音乐。君主您试试送给他歌舞伎，消磨他的
心志；再替由余请求延期返戎，来扩大他们君臣的隔阂。君臣有了隔阂，
戎王就可以俘虏了。"缪公说："好。"于是把十六位歌舞伎送给戎王。戎
王接受之后非常喜欢。于是秦国才让由余回到西戎。由余屡次劝谏，戎
王不听，由余就离开西戎投降秦国。缪公用招待宾客的礼节礼遇他，采用
由余的计谋征伐戎王，增加了十二个附属国，开拓了千里国土，于是称霸
西戎。

　　秦始皇帝①，庄襄王子也②，名政③。二十六年，初并天
下，自号曰"皇帝"。事皆决于法，刻削无仁恩④。收天下
兵，聚之咸阳⑤，销以为钟鐻、金人十二⑥，置廷宫中。每破
诸侯，写放其宫室⑦，作之咸阳北坂上⑧，在长安西北，别名渭
城。南临渭，自雍门在高陵县⑨。以东至泾、渭⑩，殿屋、复道、
周阁相属⑪。所得诸侯美人、钟鼓，以充入之。

【注释】

①秦始皇帝：本段节录自《秦始皇本纪》。秦始皇帝，战国时秦国君
　　主，秦王朝建立者。嬴姓，名政。秦庄襄王之子。公元前246—前
　　210年在位。灭六国，建立中国历史上第一个统一王朝。废除分
　　封制，改行郡县制。修筑长城，统一法律、度量衡、货币、文字。

②秦庄襄王：又称秦庄王，嬴姓，初名异人，后改名为楚（一作子
　　楚），秦孝文王之子，秦始皇之父，战国时期秦国国君。

③名政：《史记正义》："始皇以正月旦生于赵，因为政，后以始皇讳，
　　故音征。"

④刻削：苛刻，严酷。

⑤咸阳：在今陕西咸阳，秦朝都城。

⑥钟鐻（jù）：即钟虡，饰以猛兽形象的悬乐钟的格架。这里指青铜
　　编钟。金人：指将铜制的兵器融化后铸成铜像。

⑦写放：亦作"写仿"，模仿。

⑧咸阳北阪：大约在今陕西咸阳的咸阳塬上窑店镇北部的阶地上。
　　《集解》徐广曰："在长安西北，汉武时别名渭城。"

⑨雍门：宫名，遗址在今陕西咸阳塔儿坡。《集解》徐广曰："在高陵县。"

⑩泾：渭河的支流，在陕西中部。也称泾河。渭：黄河最大的支流，
　　源出甘肃鸟鼠山，横贯陕西中部，至潼关入黄河。

⑪复道：楼阁或悬崖间有上下两重通道，称复道。周阁：回环的楼
　　阁。相属（zhǔ）：相接连。

【译文】

　　秦始皇帝，是秦庄襄王的儿子，名叫政。秦王政二十六年，刚刚兼并
天下，给自己定称号为"皇帝"。处事都依法决断，苛刻严酷没有恩德仁
惠。收缴天下的兵器，集中到咸阳，熔铸成十二个支撑悬挂大钟架子的
人形支柱，安放在宫廷之中。每灭掉一个诸侯国，就按着被灭国家的宫
殿样式，在咸阳城北的山坡上仿建，在长安西北，别名叫渭城。南临渭水，从

雍门在高陵县。以东到泾水、渭水，殿宇之间有空中复道相通，环形长廊相连。从各诸侯国掳来的美人、钟鼓，都安置在这些宫殿里面。

三十二年^①，燕人卢生奏录图书^②，曰："亡秦者胡也。"胡，胡亥^③，秦二世名也。秦见图书，不知此为人名，反备北胡^④。始皇乃使将军蒙恬发兵三十万人^⑤，北击胡。

【注释】

①三十二年：本段节录自《秦始皇本纪》。

②卢生：燕国方士，受始皇派遣入海寻求仙人不死药。图书：即图谶。古代方士或儒生编造的河图、符命等有关王者受命征验的书籍，多为隐语、预言。始于秦，盛于东汉。这种书除了有文字之外，常有图画、符号以预言吉凶。

③胡亥：秦始皇少子，秦朝第二位皇帝，前210—前207年在位。

④胡：古代称北方和西方的民族如匈奴等。

⑤蒙恬：秦朝著名将领。

【译文】

秦王政三十二年，燕人卢生奏上所记录的图谶，说："灭亡秦的人是胡。"胡，是胡亥，秦二世的名。秦人见到图谶，不知道是人名，反而防备北方的胡人。始皇就派遣将军蒙恬发兵三十万人，向北攻击胡人。

三十四年^①，始皇置酒咸阳宫，仆射周青臣曰^②："他时秦地不过千里，赖陛下神灵明圣^③，平定海内，日月所照，莫不宾服。以诸侯为郡县，人人自安乐，无战争之患，传之万世。自上古不及陛下威德。"始皇悦。博士齐人淳于越进曰^④："臣闻殷、周王千余岁，封子弟功臣，自为枝辅^⑤。今陛下有海内，而子弟为匹夫，卒有田常、六卿之臣⑥，无辅弼，何以相救哉？事不师古，而能长久者，非所闻也。今青臣又面谀，以重陛下之过，非忠臣也。"

【注释】

①三十四年：本段节录自《秦始皇本纪》。

②仆射（yè）：官名。秦始置为皇帝侍卫，汉以后因之。周青臣：秦始皇时博士仆射。

③神灵：威灵，圣明。明圣：明达圣哲。

④博士：古代学官名。六国时有博士，秦因之，汉文帝置一经博士，武帝时置五经博士，职责是教授、课试，或奉使、议政。淳于越：秦博士，齐人。

⑤枝辅：辅佐，辅弼。

⑥田常、六卿之臣：以喻包藏祸心、意图架空国君甚至篡位的权贵大臣。田常，即田恒，汉人避文帝讳改书曰"田常"。因其祖先本陈人，故也称"陈常"。春秋后期的齐国权臣，曾发动政变杀了齐简公，立齐平公，齐国姜氏诸侯从此形同傀儡，为其田氏子孙篡夺齐国奠定了基础。六卿：指晋国范氏、中行氏、知氏、韩氏、赵氏、魏氏六卿。他们长期在晋国掌权，后六家相互兼并，最后由韩、赵、魏三家瓜分了晋国。

【译文】

秦王政三十四年，始皇在咸阳宫中设置酒宴，仆射周青臣说："从前秦国领土不过千里，依靠陛下的威严明达，平定天下。日月照临的地方，没有谁不臣服。把各国诸侯的领土设置为郡县，人人安居乐业，不再有战争之忧，这种功业将会流传万世。自古以来没人比得上陛下的威德。"始皇喜悦。博士齐人淳于越进谏说："臣子我听说，殷、周称王一千多年，分封子弟功臣为诸侯，作为自己的辅佐。现今陛下您拥有整个天下，但是子弟却是普通平民,如果日后万一出现像田常、六卿那样的逆臣,朝廷孤立无援,谁来相救呢?做事不以古为师而能维持长久的,我不曾听说过。现今周青臣又当面阿谀逢迎,来加重陛下的过失,不是忠臣。"

始皇下其议^①。丞相斯曰^②:"五帝不相复^③,三代不相袭^④,各以治,非其相反,时变异也。今陛下创大业,建万世之功,固非愚儒所知也。且越言乃三代之事,何足法也?今诸生不师今而学古,以非当世,惑乱黔首^⑤。闻令下,则各以其学议之,入则心非,出则巷议,率群下以造谤^⑥。如此弗禁,则主势降于上,党与成乎下。禁之便^⑦。臣请史官非秦记皆烧之^⑧。天下敢有藏《诗》《书》、百家语者,悉诣守、尉杂烧之^⑨;有敢偶语《诗》《书》^⑩,弃市^⑪;禁民聚语,畏其谤也。以古非今者,族;吏见知不举,与同罪;令下三十日不烧,黥为城旦^⑫。若欲有学法令,以吏为师。"

【注释】

①始皇下其议:本段节录自《秦始皇本纪》。

②斯:李斯,本为楚人,入秦后,先为吕不韦舍人,后为秦长史,最后为秦朝丞相。

③五帝:上古传说中的五位帝王,说法不一。这里沿用《史记》的说法,即黄帝(轩辕)、颛顼(高阳)、帝喾(高辛)、唐尧、虞舜。

④三代:指夏、商、周。

⑤黔首:古代称平民,老百姓。

⑥造谤:诽谤,无中生有,说人坏话,毁人名誉。

⑦便:有利,适宜。

⑧秦记:秦国的史书。

⑨守：指郡守，郡的长官，主一郡之政事。尉：指县尉，秦汉县令、县长下置县尉，掌一县治安。杂：集中。

⑩偶语：相聚议论或窃窃私语。

⑪弃市：本指受刑罚的人皆在街头示众，民众共同鄙弃之，后以"弃市"专指死刑。

⑫黥（qíng）：古代肉刑之一，也称墨刑，在犯人脸上刺字后涂以墨。城旦：古代刑罚名，一种筑城四年的劳役。

【译文】

　　始皇把他的意见交付下面讨论。丞相李斯说："五帝的制度不相重复，三代的制度不相因袭，但各自都得到治理，不是后代一定要与前代相反，这是时代变化的缘故。现今陛下开创大业，建立了万世不朽的功勋，本来就不是愚蠢的儒生所能知道的。况且淳于越说的是三代的事情，哪里值得效法呢？现今这些读过书的儒生不研究现实而去学习古代，用这些来指责现行制度，蛊惑百姓。他们听到有法令下达，就各用自己的学说来妄加议论，入朝时就在内心非议，出朝后便去巷议街谈，领着一群下民造谣诽谤。像这样还不禁止，那么皇帝的威信就要扫地，下面的朋党就会形成。禁止他们才是有利的。我请求史官把凡不是秦国的典籍都烧掉。天下胆敢私藏《诗经》《尚书》以及诸子百家言论的，都要送到郡守、县尉那里集中烧毁；有胆敢相聚议论《诗经》《尚书》等经书的，在闹市处死示众；禁止民众聚集谈论，畏惧他们毁谤。用古代非议否定当今的，灭族；官吏知情却没有检举的，跟他们罪过相同；命令颁布三十天还敢持书不烧的，脸上用墨刺字罚做筑城四年的苦役。倘若想要学习法令，就以官吏为老师。"

　　三十五年①，作前殿阿房②，东西五百步③，南北五十丈，上可以坐万人，下可以建五丈旗。周驰为阁道④，自殿下直抵南山⑤。表南山之颠以为阙⑥，为复道，自阿房渡渭，属之咸阳，以象天极阁道⑦，绝汉抵营室也⑧。隐宫徒刑者七十余万人⑨，分作阿房宫，或作骊山⑩。发北山石椁⑪，乃写蜀、荆地材⑫，皆至关中⑬。计宫三百，关外四百余。于是立石东海上，以为秦东门。因徙三万家骊邑⑭，五万家云阳⑮，皆复不事十岁⑯。

【注释】

①三十五年：本段节录自《秦始皇本纪》。

②阿房：是秦帝国修建的新朝宫。位于今陕西西安西郊，始建于秦始皇三十五年（前212）。

③步：古长度单位，周代以八尺为步，秦代以六尺为步。

④周驰：曲折绵延。阁道：即复道，双层的空中通道。

⑤南山：指终南山，属秦岭山脉，在今陕西西安南。

⑥表南山之颠以为阙：即在南山的最高峰，建起上有楼观的大门。表，作为标志。阙，宫门、城门两侧的高台，中间有道路，台上起楼观。

⑦天极：即中宫天极星，也就是紫宫后十七星。阁道：星名，属奎宿。阁道六星在王良星北边，是飞阁之道。

⑧汉：天汉，银河。营室：星名。即室宿，二十八宿之一。

⑨隐宫徒刑者：即受过宫刑和徒刑的人。

⑩骊山：在陕西临潼东南，因古骊戎居此得名，秦始皇葬于骊山之阿。

⑪椁：古代套于棺外的大棺。

⑫写：输送。蜀：古国名。在今四川西部。荆：即荆州，古九州之一。在荆山、衡山之间。

⑬关中：古地域名，或泛指函谷关以西战国末秦故地。今指陕西渭河流域一带。

⑭骊邑：古地名。在今陕西临潼。

⑮云阳：秦县名。在今陕西淳化西北，其地有秦朝的离宫。

⑯不事：不缴纳赋税并免除徭役。

【译文】

　　秦始皇三十五年，建造阿房宫前殿，东西长五百步，南北长五十丈，上面可以坐下一万人，下面可以树立五丈高的旗帜。环殿建有空中通道，此道从殿下直达终南山。他在终南山的两个山头立表，让它们作为朝宫门前的双阙。又修建空中通道从阿房北渡渭水，一直与咸阳连接，以此象征天上的阁道星越过天河直抵营室宿。当时被征调前来充当劳役的隐宫刑徒共有七十余万人，他们一半建造阿房宫，一半建造骊山的始皇陵。开发北山的石材制作棺椁，又输送蜀地、荆地的木材，都运到关中。关中共计有三百座宫殿，关外还有四百多。于是在东海边上树立巨石，作为秦国的东门。又迁移民户三万家到骊邑，五万家到云阳县，免除他们十年的赋税和劳役。

　　卢生说始皇曰①："臣等求芝、奇药、仙者，常弗遇，类物有害之者②。人主所居，而人臣知之，则害于神。愿上所居宫，无令人知，然后不死之药，殆可得也。"于是始皇乃令咸阳之旁二百里内宫观二百七十，复道、甬道相连③，帷帐钟鼓美人充之，案署不移徙④。行所幸，有言其处者罪死。自是后，莫知行所在。

【注释】

①卢生说始皇曰：本段节录自《秦始皇本纪》。卢生，秦方士。下文侯生也是方士。

②类：类似，像。物：指人。

③甬道：楼房之间有棚顶、两旁有墙或其他障蔽物的驰道或通道。

④案署不移徙：指始皇帝的宫殿群各个殿室都登记着门牌号数，不
　准改变。案，登记。署，记录。

【译文】

卢生劝秦始皇说："我们这些臣子去寻求灵芝、奇药、仙人，常常遇不
到，很像是有什么东西从中捣乱。人主所居之处被臣属知道，就会影响
神仙的到来。希望君上居住的宫殿，不要让别人知道，那样不死之药就
大概可以得到了。"于是始皇就命令把咸阳附近的二百七十座宫阙都用
空中通道、带棚顶的甬道互相连接，把大量的帷帐、钟鼓、美女都安置在
里面，各种布置不得移动。始皇驾临的地方，如果有人泄露，罪当处死。
从此之后，没有人知道始皇去到哪里。

侯生、卢生相与谋曰①："始皇为人，天性刚戾，以为自
古莫及己。专任狱吏，狱吏得亲幸。博士虽七十人，特备员
弗用②。乐以刑杀为威，天下畏罪持禄，莫敢尽忠。上不闻
过而日骄，下慑伏谩欺以取容③。天下之事，无小大，皆决于
上，贪于权势至如此，未可为求仙药。"于是乃亡去。

【注释】

①侯生、卢生相与谋曰：本段节录自《秦始皇本纪》。
②备员：充数，凑备。谓居官有职无权或无所作为。
③慑伏：因畏惧而屈服。谩欺：欺诳。取容：讨好别人以求自己安身。

【译文】

侯生、卢生一起谋划说："始皇为人，天性刚愎自用，残暴至极，认为
自古以来没有人赶得上自己。他一心任用治狱之吏，治狱之吏都备受宠
幸。博士虽说有七十人，仅仅是充数而没有得到任用。喜欢用严刑酷法
维持树立威严，官吏们害怕获罪，只想守住爵位，没有人敢竭诚尽忠。皇

帝不知道过失而日益骄傲,臣子畏惧屈从,欺瞒讨好求得安身。天下的
事情,不论大小,都取决于君上。他贪恋权势到了如此地步,不能为他寻
找仙药。"于是就逃亡了。

　　始皇闻亡①,乃大怒曰:"卢生等,吾尊赐之甚厚,今乃
诽谤我也。诸生在咸阳者,或为訞言②,以乱黔首。"于是使
御史悉案问诸生③,诸生传相告引,犯禁者四百六十余人,皆
坑之咸阳,使天下知之,以惩后。长子扶苏谏④,始皇怒,使
扶苏北监蒙恬于上郡⑤。

【注释】

①始皇闻亡:本段节录自《秦始皇本纪》。

②訞(yāo)言:惑乱人心的话,邪说。

③御史:官名,秦为御史大夫的属官,有纠察弹劾之权。案问:审问。

④扶苏:秦始皇长子。因劝谏坑术士一事触怒秦始皇,始皇将其派
　　到上郡监军。前210年,秦始皇在巡游途中病逝,死前诏令扶苏
　　即位。赵高和李斯等人害怕扶苏登基后对他们不利,于是阴谋让
　　始皇少子胡亥登基,矫诏赐死扶苏。

⑤监:指任监军。上郡:古郡名,为秦初三十六郡之一,郡治在肤施
　　县(今陕西延安南)。

【译文】

　　始皇听说他们逃亡,就大怒说:"卢生等人,我尊重他们,赏赐丰厚,
可他们现在居然也诽谤我。在咸阳的那些书生,有人散布流言,惑乱百
姓。"于是派御史把这些书生一一审讯。他们相互揭发,相互牵引,最后
始皇帝亲自圈定触犯法禁的四百六十多人,把他们全部活埋于咸阳,并
告示天下,以惩前毖后。长子扶苏劝谏,始皇大怒,让扶苏到北方上郡那

里给蒙恬当监军。

　　三十六年①，荧惑守心②。有坠星下东郡③，至地为石，黔首或刻其石曰："始皇帝死而地分。"始皇闻之，遣御史逐问，莫服，尽取石旁居人诛之。三十七年，始皇出游，丞相斯、少子胡亥从，至平原津而病④。病益甚，乃为玺书⑤，赐公子扶苏，曰："与丧会咸阳而葬⑥。"始皇崩，赵高乃与胡亥、李斯阴谋⑦，更诈为始皇遗诏，立子胡亥为太子，赐扶苏、蒙恬死。

【注释】

①三十六年：本段节录自《秦始皇本纪》。

②荧惑守心：指火星停留在心宿内的现象。古人认为这预兆着天下将有大变乱。荧惑，指火星。因隐现不定，令人迷惑，故名。守，即停留，古代指某一星辰进入别的星辰的天域。心，星名。二十八宿之一，东方苍龙七宿的第五宿，有星三颗。其主星亦称商星、鹑火、大火、大辰。

③坠星：陨星，陨石。东郡：郡名。秦置，约当今河南东北部和山东西部部分地区。

④平原津：黄河渡口名。在秦平原县西。秦平原县在今山东平原西南，西靠当时北流的黄河。

⑤玺书：秦以后专指皇帝的诏书。

⑥丧：指丧车。

⑦赵高：嬴姓，赵氏。任中车府令，兼行符玺令事。秦始皇死后，赵高发动政变，立始皇幼子胡亥为秦二世，自任郎中令。前208年又设计害死李斯，继之为秦朝丞相。第三年他迫秦二世自杀，另

立子婴为秦王。不久被子婴设计杀掉，诛夷三族。

【译文】

三十六年，出现火星停留在心宿的现象。有流星坠落在东郡，到地面后变成石头，有百姓在上面刻字说："始皇帝死而地分。"始皇听说，派遣御史逐个审问，没有人服罪，于是便把陨石周围的居民全都抓起来杀掉。三十七年，始皇巡游天下，丞相李斯、小儿子胡亥跟从。到平原津始皇生了病。病情日益严重，于是就立下诏书，赐给公子扶苏，说："回咸阳来，迎接我的灵车，处理丧葬事宜。"始皇去世，赵高就跟胡亥、李斯暗中密谋，伪造始皇的遗诏，立胡亥为太子，赐死扶苏、蒙恬。

二世皇帝元年①，赵高为郎中令②，掌宫殿门户。任用事③。二世与高谋曰："先帝巡行郡县以示强，威服海内。今晏然不巡行，即见弱，无以臣畜天下④。"二世东行郡县，遵用赵高，乃阴与高谋曰："大臣不服，官吏尚强，及诸公子必与我争，为之奈何？"高曰："臣固愿言，而未敢也。先帝之大臣，皆天下累世名贵人也，积功劳世以相传久矣。今高素小贱，陛下幸称举⑤，令在上位，管中事⑥。大臣鞅鞅⑦，特以貌从臣，其心实不服也。今上出，不因此时案郡县守尉有罪者诛之⑧，上以振威天下，下以除上生平所不可者。今时不师文而决于武力，愿陛下遂从时无疑⑨，即群臣不及谋矣。明主收举余民⑩，贱者贵之，贫者富之，远者近之，则上下集而国安矣⑪。"二世曰："善。"乃行诛大臣及诸公子，以罪过连逮⑫，无得立者⑬，而六公子戮死于杜⑭。群臣谏者，以为诽谤。大吏持禄取容，黔首振恐。

【注释】

①二世皇帝元年：本段节录自《秦始皇本纪》。

②郎中令：官名。始置于秦，为九卿之一，掌宫廷侍卫。

③任：委任，信任。用事：指执政，当权。

④臣畜：把普天下的人都畜养为自己的奴仆。意即统治天下。臣，
　奴仆。

⑤称举：称誉举荐。

⑥中事：朝廷或宫廷中的事情。

⑦鞅鞅：因不平或不满而郁郁不乐。鞅，通"怏"。

⑧案：按察，审理。

⑨从时：顺从时宜。

⑩收举：收集提拔。

⑪集：一致。

⑫连逮：牵连拘捕。

⑬立：幸免。

⑭磔：特指杀死人后陈尸示众。杜：地名，在今陕西西安东南。

【译文】

　　二世皇帝元年，赵高任郎中令，掌管宫殿门户。执掌朝政大权。二世
跟赵高谋划说："先帝当年常常出巡各地，以显示强大，慑服天下。如今
我安然不动，不去巡游，就显得软弱无力，无法统治天下。"二世向东巡
视各郡县，遵信任用赵高，于是暗地里跟赵高谋划说："大臣们心中不服，
官吏们势力还很强大，诸公子必然会与我争夺权力，该怎么办呢？"赵高
说："我原本想说，但是不敢说。先帝的大臣，都出自负有名望的权贵之
家，累世功勋，代代相传，为时已久。我赵高向来位低名贱，如今陛下宠
幸我，抬举我，让我高居上位，掌管宫中事务。大臣们怏怏不乐，只是表
面上顺从我，其实内心并不服气。现在您外出巡行，何不趁着这一时机
查办一批有罪的郡、县长官，把他们杀掉，这样做上能威震天下，下能铲

除您平生不满的人。现在不能师法文治而要决于武力，希望陛下抓紧时机不要迟疑，让群臣百官来不及想对策。您这英明的君主可以收揽起用遗民，低贱的使他高贵，贫穷的使他富有，疏远的亲近他，这样就会上下辑睦，国家安定。"二世说："好。"于是就边巡行边诛杀大臣以及诸公子，假借罪名互相株连，无人能够幸免。始皇帝的六个儿子被处死在杜县。群臣中有敢劝谏的都被认为是诽谤朝廷。大臣为保住禄位，只能讨好他们来保全自身，百姓震惊恐惧。

戍卒陈胜等反①，山东郡县②，皆杀其守尉令丞反③，以应陈涉，不可胜数也。谒者使东方来④，以反者闻。二世怒，下吏⑤。后使者至，上问，对曰："群盗，郡守尉方逐捕，今尽得，不足忧。"上悦。

【注释】

①戍卒陈胜等反：本段节录自《秦始皇本纪》。戍卒，戍守边疆的士兵。

②山东：崤山或华山以东地区，又称关东。亦指战国时秦以外的六国。

③守尉：郡守和郡尉。令：指县令，一县之行政长官。丞：佐官名，此应指县丞，秦汉于诸县置丞，以佐令长。

④谒者：官名，始置于春秋、战国时，秦汉因之。掌宾赞受事，即为天子传达。

⑤下吏：交付司法官吏审讯。

【译文】

戍守边疆的士兵陈胜等人反叛，崤山以东的各个郡县，也都杀死郡守、郡尉、县令、县丞等长官反叛，来响应陈涉，多到不可胜数。有个谒者从东方出使归来，把东方造反的事情上报给二世。二世大怒，把他交给司法官吏审讯。此后再有使者回来，二世皇帝再问，使者就回答道："那都是一些毛贼,郡守、郡尉正在追捕,很快就会全部抓获,不足为虑。"二世皇帝很高兴。

三年^①,章邯等围钜鹿^②,邯等数却,二世使人让邯,邯使长史欣请事^③。赵高弗见,又弗信。欣恐,亡去。欣见邯曰:"赵高用事于中,将军有功亦诛,无功亦诛。"邯等遂以兵降诸侯。

【注释】

①三年:本段节录自《秦始皇本纪》。

②章邯:秦朝著名将领。秦二世时任少府,为秦王朝最后一员大将。在钜鹿之战中被楚将项羽击败后,率秦军主力向项羽投降,被项羽封为雍王。后被汉王刘邦击败,自杀。钜鹿:秦郡名。郡治钜鹿县,在今河北平乡西南。

③长史:将军的属官。欣:即司马欣,秦朝长史。原为秦栋阳狱掾,曾捕项梁,后释之。后任长史,佐章邯击败陈胜。不久从章邯降楚,为上将军。项羽入关中,封为塞王。后被汉军击败,自杀。请事:请示,述职。

【译文】

秦二世三年,章邯等将领围攻钜鹿,章邯等人几次退却。二世派人责问章邯,章邯派长史司马欣回朝请示。赵高不接见,又不相信他。司马欣害怕了,逃跑离开。司马欣见到章邯说:"赵高在朝中执政,将军有功也要被杀,没功也要被杀。"章邯等人就领兵投降诸侯联军。

赵高欲为乱^①,恐群臣不听,乃先设验^②,持鹿献于二世曰:"马也。"二世笑曰:"丞相误耶?谓鹿为马。"问左右,左右或言马,以阿顺赵高;或言鹿,高因阴中以法。后群臣畏高。高前数言"关东盗无能为",及项羽虏将王离等^③,自关以东大氐尽叛^④,高恐二世怒,诛及其身,乃谢病不朝见^⑤。

【注释】

①赵高欲为乱:本段节录自《秦始皇本纪》。

②设验:指安排检验,采取检验的手段。

③项羽:名籍,字羽,秦末起义领袖。钜鹿之战中统率楚军大破秦军,秦亡后自封西楚霸王,"楚汉之争"中败于刘邦,自刎而死。王离:秦朝名将王翦之孙,秦朝后期著名将领。秦末农民起义爆发后,与章邯一起统率秦兵与起义军作战。钜鹿之战中杀项梁,后被项羽击败,被俘而死。

④关:指函谷关。大氐:大抵,大都。

⑤谢病:托病引退或谢绝宾客。

【译文】

赵高想要作乱,害怕群臣不听从他,于是就先安排检验。他牵来一头鹿献给二世说:"这是马。"二世笑着说:"丞相错了吧?把鹿说成马。"赵高便问左右大臣,大臣们有的说是马来阿谀迎合赵高,有的说是鹿。凡是说是鹿的,赵高就假借法律暗中对他们加以陷害。从此群臣都畏惧赵高。赵高先前曾多次说过"关东的盗贼不会有什么作为",等到项羽俘虏了大将王离等人,从函谷关往东差不多全都叛乱了,赵高害怕二世愤怒,诛杀自己,于是就谎称有病不朝见皇帝。

二世梦白虎啮其骖马杀之^①,心不乐,怪问占梦^②,卜泾水为祟^③。二世乃齐望夷宫^④,欲祠泾,沈四白马^⑤,使使责让高以盗贼事。高惧,乃阴与其壻咸阳令阎乐、其弟赵成谋⑥，使郎中令为内应⑦，诈为有大贼，令乐召发吏卒追。乐将吏卒千余人至望夷宫，前即二世，数曰："足下骄恣，诛杀无道，天下叛足下，足下其自为计。"二世曰："丞相可得见否？"乐曰："不可。"二世曰："吾愿得一郡为王。"弗许。又曰："愿为万户侯。"弗许。曰："愿与妻子为黔首，比诸公子⑧。"阎乐曰："臣受命于丞相，为天下诛足下，足下虽多言，臣不敢报。"二世自杀。

【注释】

①二世梦白虎啮其骖马杀之：本段节录自《秦始皇本纪》。

②占梦：占卜以判断梦的吉凶。

③卜：指古人用火灼龟甲，根据裂纹来预测吉凶。后泛称用各种形式预测吉凶。祟：鬼神的祸害。古人以为想象中的鬼神常出没而祸害人。

④齐：斋戒。望夷宫：秦宫名，故址在今陕西泾阳。

⑤沈：同"沉"。古代祭川泽曰沉。因向水中投祭品，故名。

⑥壻：即女婿。阎乐：秦人，赵高女婿，曾任咸阳令。赵成：秦朝郎中令，宰相赵高的弟弟，后被子婴所杀。

⑦郎中令：官名。秦始置，为郎中长官，掌宫廷戍卫，侍从皇帝左右，职甚亲重。汉初沿置。

⑧比：指一样待遇。

【译文】

二世梦见白虎咬自己的骖马，马被咬死。他心里不高兴，感到奇怪去问占梦师，占卜说是泾水水神作祟。二世于是在望夷宫斋戒，想要祭祀泾水水神，沉入四匹白马，派使者拿有关盗贼的事情责问赵高。赵高惧怕，于是暗中跟他的女婿咸阳令阎乐、弟弟赵成谋划，让郎中令作为内应，谎称有大群盗贼，命令阎乐召来官兵追杀。阎乐领兵一千多人进了望夷宫，上前靠近二世，数落他说："你骄傲放纵，肆意诛杀，昏庸无道，天下人都背叛你了，你自作打算吧。"二世说："能不能见丞相？"阎乐说："不行。"二世说："我想要一个郡称王。"不允许。又说："想当万户侯。"不允许。说："想和妻子儿女成为平民，跟诸公子一样。"阎乐说："我受丞相之命，替天下人来处死你，你即使说再多，我也不敢报告。"二世自杀。

　　赵高乃立二世之兄子公子婴为秦王^①。令子婴斋，当庙见^②，受玉玺^③。斋五日，子婴称病不行，高自往曰："宗庙重事，王奈何不行？"子婴遂刺杀高于斋宫，三族高家^④，以徇咸阳。

【注释】

①赵高乃立二世之兄子公子婴为秦王：本段节录自《秦始皇本纪》。子婴，秦二世胡亥的侄子。赵高杀二世，立他为秦王。在位四十六天。刘邦攻破咸阳，子婴投降。后为项羽所杀。

②庙见：古代嗣君即位或封建诸王必拜谒祖庙，叫做庙见。

③玉玺：专指皇帝的玉印。始于秦。

④三族：指一人犯罪而诛其三族。三族即父母、兄弟、妻子。

【译文】

　　赵高就立了二世兄长的儿子公子婴当秦王。让子婴斋戒，到宗庙参拜祖先，接受秦王印玺。斋戒五天后，子婴谎称有病不去，赵高亲自前往说："拜见宗庙是大事，大王为什么不去呢？"子婴就在斋宫刺杀了赵高，并诛杀了赵高三族，在咸阳宣示于众。

　　子婴为秦王四十六日^①，沛公破秦军至霸上^②。子婴奉天子玺符,降轵道旁③。诸侯兵至,项籍杀子婴及秦诸公子宗族,遂屠咸阳,烧其宫室,虏其子女,收其珍宝货财,诸侯共分之。

【注释】

①子婴为秦王四十六日:本段节录自《秦始皇本纪》。

②沛公:即汉高祖刘邦。霸上:即灞上,在今陕西西安。因在霸水西高原上得名。《集解》应劭曰:"霸水上地名,在长安东三十里。古名滋水,秦穆公更名霸水。"

③轵道:亭名。在当时霸陵,今陕西西安东北。

【译文】

子婴当了秦王四十六天,刘邦击破秦军来到霸上。子婴捧着天子的玉玺符印,在轵道旁投降。诸侯军队到来,项籍杀了秦王子婴以及秦国的诸公子及其宗族,屠戮咸阳,焚烧宫殿劫掠妇女儿童,搜刮珍宝财物,跟诸侯共同瓜分。

太史公曰①:"秦自穆公以来,稍蚕食诸侯②,竟成始皇③。始皇自以为功过五帝,地广三王,而羞与之侔④。足己不问⑤,遂过而不变⑥。二世受之,因而不改⑦,暴虐以重祸。子婴孤立无亲,危弱无辅。三主惑而终身不悟,亡不亦宜乎? 当此时也,世非无深虑知化之士也⑧,然所以不敢尽忠拂过者⑨,秦俗多忌讳之禁,忠言未卒于口而身为戮没矣⑩。故使天下之士,倾耳而听⑪,重足而立⑫,钳口而不言⑬。是以三主失道,忠臣不敢谏,智士不敢谋,天下已乱,奸不上闻,岂不哀哉!

【注释】

①太史公曰:本段及以下几段均出自此篇论赞。这是司马迁对本篇文章的说明或议论,继承《左传》《国语》"君子曰"进行评论的方式,开后世史书论赞之先河。太史公,是司马迁的自称,因其为太史令。

②稍:逐渐。蚕食:蚕食桑叶,喻逐渐侵占。

③竟:终。

④侔:齐等,相当。自本句之后,是司马迁引用贾谊《过秦论》之言。依本书引文惯例还是节录。

⑤足己:自满自足,自以为是。

⑥遂过:顺成过失,掩饰过失。

⑦因:因袭。

⑧知化:指通晓事物变化之理。

⑨拂(bì)过:辅助君主纠正过失。拂,通"弼"。

⑩戮没:杀戮。

⑪倾耳:指侧着耳朵静听。

⑫重(chóng)足而立:叠足而立,不敢迈步。形容非常恐惧。重足,指叠足站立。

⑬钳口:闭口。钳,夹住,约束。

【译文】

太史公说:"秦自缪公以来,逐渐蚕食诸侯之地,最终成就了秦始皇帝。始皇帝自以为功德超过了五帝,国土广大于三王,因而羞与他们并列。他自满自足,耻于下问,即使有错也不改正。秦二世承袭父过,因循不变,残暴肆虐,加重了祸患。子婴处境孤立,无亲人援手;生性脆弱,又没有贤臣辅佐。这三位君主都终身执迷不悟,灭亡不也是应该的吗?这个时候,世上不是没有深谋远虑、知权达变的人士,然而他们都不敢竭尽忠诚,纠正过失,就是因为秦朝的风俗有许多禁令禁忌,往往忠言还没说完,人头已经落地。因此让天下的士人,侧耳静听,叠足而立,小心翼翼闭口不言。因此这三位君主丧失了治国的原则,忠臣不敢劝谏,智士不敢策划,天下已经混乱,奸邪的事情没有人报告,这难道还不悲哀吗!

"先王知雍蔽之伤国也^①,故置公、卿、大夫、士,以饬法设刑而天下治。其强也,禁暴诛乱,而天下服。其弱也,五伯征而诸侯从^②。其削也,内守外附而社稷存。故秦之盛也,繁法严刑而天下振^③;及其衰也,百姓怨而海内叛矣。故周得其道,千余岁不绝。秦本末并失,故不长久。由此观之,安危之统^④,相去远矣。野谚曰^⑤:'前事之不忘,后事之师。'是以君子为国,观之上古,验之当世,参以人事,察盛衰之理,审权势之宜,去就有序,变化应时,故旷日长久而社稷安矣。

【注释】

①雍蔽:蒙蔽,隔绝。雍,通"壅"。

②五伯:即五霸。

③振:震恐。

④统:总体。

⑤野谚:俚语,俗话。

【译文】

"先王知道消息壅塞、上下蒙蔽会伤害国家,所以设置了公、卿、大夫、士等官员,来整饬国法设置刑律,使天下太平。国势强盛时,能够禁止残暴,讨伐叛乱,天下归服。国势减弱时,有五霸代替天子征讨,诸侯顺从。国势衰削时,内有所守,外有所附,社稷得以保存。而秦朝强盛时,苛法严刑,天下震恐;等它衰落时,百姓怨愤,海内叛离。周朝设置的五个爵级符合治国之道,传国一千余年而不断绝。秦朝本末兼失,所以不能久长。由此看来,使国家安定或使国家危亡的纲纪区别太大了。俗话说:'前事不忘,后事之师。'因此君子治理国家,要观察上古的得失,验证以当代的情况,并参酌人情事理,观察兴盛衰亡的道理,审视运用权势的标准,做到取舍有序,变化随时,所以能够旷日持久而江山社稷安定了。

　　"秦孝公据殽函之固①,拥雍州之地②,君臣固守而窥周室,有席卷天下、包举宇内、囊括四海之意③,并吞八荒之心④。当是时,商君佐之⑤,内立法度,务耕织,修守战之备,外连衡而斗诸侯⑥,于是秦人拱手而取西河之外⑦。惠王、武王蒙故业⑧,因遗册⑨,南兼汉中⑩,西举巴、蜀⑪,东割膏腴之地,收要害之郡。诸侯恐惧,会盟而谋弱秦,不爱珍器重宝肥美之地,以致天下之士,合从缔交⑫,缔,结也。相与为一。

【注释】

①秦孝公:秦献公之子,战国时期秦国国君,前361—前338年在位。殽(yáo)函:殽山和函谷关的并称。相当于今陕西潼关以东至河南新安一带。

②雍州:古九州之一,在今陕甘一带。

③宇内:指整个中国。

④八荒:八方荒远的地方。

⑤商君:即商鞅,战国时期法家代表人物。卫国国君的后裔,姬姓公孙氏,故又称卫鞅、公孙鞅。因在河西之战中立功,获封商於十五邑,号为商君,故称之为商鞅。

⑥外连衡而斗诸侯:战国时张仪游说齐、楚、燕、韩、赵、魏六国共同事奉秦国,称"连衡",与苏秦游说六国联合抗秦叫"合纵"相对。

⑦拱手：极言轻易。西河：即西河郡，战国魏置。辖境相当今陕西华
　　阴以北、黄龙以南、洛河以东、黄河以西地区。

⑧惠王：即秦惠文王，名驷，秦孝公之子，战国时期秦国国君。武王：
　　又称秦武烈王、秦悼武王，名荡，秦惠文王之子，秦国国君。蒙：蒙
　　受，继承。故业：指祖上传下的基业、家业。

⑨遗册：指前人所遗下的谋策。册，通"策"。

⑩汉中：战国楚郡，楚怀王时置，因汉水而得名。辖境相当今陕西东
　　南角至湖北西北角地区。秦惠文王又置，治南郑（今陕西汉中东）。

⑪巴、蜀：今四川、重庆一带。

⑫缔交：结盟。

【译文】

"秦孝公凭借着崤山、函谷关的险固，拥有着雍州肥沃的土地，君臣牢固地守卫着疆域，窥视着周王室。他有席卷天下、包举宇内的意图，囊括四海、吞并八荒的雄心。这个时候，商鞅辅佐他，对内建立法制，致力于耕种织布，修治攻防武备；对外实行连衡策略，使东方诸侯自相争斗。于是秦人很容易就取得了魏国西河郡的土地。惠王、武王继承了原有的事业，沿袭既定的策略，向南兼并汉中，向西取得巴、蜀，向东割取肥沃土地，收获要害郡县。诸侯恐惧，联合会盟策划削弱秦国，不吝啬珍奇贵重的宝物和肥沃的土地来网罗天下的士人；实行合纵结盟，缔，是结的意思。互相连接成一体。

"当是时，齐有孟尝①，赵有平原②，楚有春申③，魏有信陵④。此四君者，皆明智而忠信，宽厚而爱人，尊贤而重士，约从离衡⑤，并韩、魏、燕、赵、宋、卫、中山之众⑥。于是六国之士，有甯越、徐尚、苏秦、杜赫之属为之谋⑦，陈轸、楼缓、苏厉、乐毅之徒通其意⑧，吴起、孙膑、田忌、廉颇之朋制其

兵⑨。常以十倍之地⑩，百万之众，叩关而攻秦⑪。秦人开关延敌⑫，九国之师逡巡而不敢进⑬。秦无亡矢遗镞之费⑭，而天下诸侯已困矣。于是从散约解，争割地而奉秦。秦有余力而制其弊，因利乘便⑮，宰割天下⑯，分裂河山，强国请服，弱国入朝⑰。

【注释】

①孟尝：孟尝君田文，"战国四公子"之一。齐国贵族，曾为齐国宰相，门下有食客数千。

②平原：平原君赵胜，"战国四公子"之一。赵武灵王之子，赵惠文王之弟。

③春申：春申君黄歇，"战国四公子"之一。楚国大臣，曾任楚相。

④信陵：信陵君魏无忌，"战国四公子"之一。魏昭王少子，魏安釐王的异母弟。

⑤约从：相约合纵。《索隐》曰："言孟尝等四君皆为其国共相约结为纵，以离散秦之横。"离衡：指战国时以齐国为首的关东六国相约结盟，粉碎秦国的"连衡"策略。

⑥韩、魏、燕、赵、宋、卫、中山：这七国都是当时秦国东方的诸侯国，其中宋、卫、中山已微弱甚至灭亡。实际跟秦并称的东方六国是韩、魏、赵、燕、齐、楚。众：指军众。

⑦甯越：战国时中牟人。据称用武能以力取胜，用文能以德取胜。徐尚、杜赫：未详，当为战国谋士。苏秦：字季子，战国时期纵横家，主张合纵攻秦。

⑧陈轸：战国时期齐国人，纵横家。楼缓：赵国人，战国时期纵横家，秦赵联盟的策动者。前后侍奉赵武灵王和秦昭襄王两位著名的君王，投秦后多次损害赵国。苏厉：战国时著名谋士，苏秦之弟。

乐毅：战国时燕国名将。

⑨吴起：战国时期卫国人，兵家代表人物。他历仕鲁、魏、楚三国，通晓兵、法、儒三家思想，在内政、军事上都有极高的成就。孙膑：战国时期军事家，是孙武的后代。田忌：战国时期齐国名将。廉颇：战国时赵国名将。

⑩常：通"尝"，曾经。

⑪叩关：攻打关卡。

⑫延敌：迎击敌人。

⑬逡巡：徘徊不进，滞留。

⑭遗镞（zú）：损失箭和箭头，比喻军事上的细微损失。镞，箭头。

⑮因利乘便：凭借有利的形势或条件。

⑯宰割：支配，分割。

⑰入朝：指属国前来谒见天子。

【译文】

"这个时候，齐国有孟尝君，赵国有平原君，楚国有春申君，魏国有信陵君。这四位公子，都聪明睿智，忠实诚信，宽大厚道，爱惜人才，尊敬贤能，重视士人，建立合纵盟约，分离连衡政策，合并韩、魏、燕、赵、宋、卫、中山诸国的军队。当时六国的士人，有甯越、徐尚、苏秦、杜赫等人为他们谋划，陈轸、楼缓、苏厉、乐毅等人互通信息，吴起、孙膑、田忌、廉颇等人统兵作战。他们曾仗着十倍于秦的地盘，多达百万的军队，叩击函谷关攻打赢秦。秦人打开关卡迎击敌人，九国的军队徘徊不敢进攻。秦军没有一箭一镞的耗费，天下诸侯就已经陷入困境了。于是合纵解散，盟约作废，各国争着割让土地，事奉秦国。秦国有余力利用他们的失败，趁着这一有利形势，宰割天下的诸侯，割取他们的山河，迫使强国请求臣服，弱国入朝拜觐。

"及至秦王，续六世之余烈①，孝公、惠文王、武王、昭王、孝文王、庄襄王②。振长策而御宇内③，吞二周而亡诸侯④，履至尊而制六合⑤，执棰拊⑥，_{拊，拍也。一作'谪朴'⑦。}以鞭笞天下，威振四海。南取百越之地⑧，北筑长城，胡人不敢南下而牧马，士不敢弯弓而报怨⑨。于是废先王之道，焚百家之言，以愚百姓。隳名城⑩，杀豪俊，收天下之兵⑪，聚之咸阳，销锋铸鐻，以为金人十二，以弱黔首之民。然后斩华为城，_{断华山为城也。}因河为津⑫，据亿丈之城，临不测之溪⑬，以为固。良将劲弩守要害之处⑭，信臣精卒陈利兵而谁何⑮。_{何，犹问也。}秦王之心，自以为关中之固，金城千里⑯，子孙帝王万世之业也。秦王既没，余威振殊俗⑰。

【注释】

①余烈：遗留下来的功绩、功业。

②秦昭王：又称秦昭襄王，名则，又名稷，秦惠文王之子，战国时期秦国国君，前306—前251年在位。秦孝文王：亦称安国君，是战国时期秦国国君，秦昭襄王次子，秦庄襄王之父。秦庄襄王：又称秦庄王，秦国国君。本名异人，后改名为楚，一作"子楚"。秦孝文王之子，秦始皇之父。

③长策：长鞭，常比喻威势。策，马鞭。

④吞二周：指灭掉周国分裂而成的东周、西周。西周于前256年被秦昭王所灭，东周于前249年被庄襄王所灭，今皆系于始皇名下，与事实不符。

⑤至尊：至高无上的地位。多指君、后之位。六合：指天下。

⑥棰：鞭子，马鞭。拊：拍，击打。

⑦谪朴：今通行本"谪"作"搞"。搞朴，或作"敲朴"，都是打人的木棍，长的叫敲，短的叫朴。

⑧百越：我国古代南方越人的总称。分布在今浙、闽、粤、桂等地，因部落众多，故总称百越。亦指百越居住的地方。

⑨弯弓：挽弓，拉弓。

⑩隳：毁坏，废弃。

⑪兵：武器。

⑫津：渡口。

⑬溪：指护城河。

⑭劲弩：强劲的弓弩，比喻装备精良。

⑮谁何：盘诘查问。

⑯金城：铜铸的城墙，比喻城池坚固。

⑰殊俗：指风俗、习俗不同的地区。

【译文】

"等到了秦王政，继续六代君王遗留下来的功业，是孝公、惠文王、武王、昭王、孝文王、庄襄王。挥动长鞭，驾驭整个中国，吞并了东西二周，灭亡了各个诸侯国，登上至尊地位，统治了整个天下，手持马鞭拍击拊，是拍的意思。一作'櫑朴'。鞭打天下，声威震动四海。向南夺取了百越的土地，在北方修筑长城，胡人不敢南下放牧牛马，六国士人不敢拉开弓箭报复仇怨。于是废弃先王的治国之道，焚烧诸子百家的论著，来愚弄百姓。他毁坏名城，杀死豪杰俊才，收罗天下的兵器，聚集在咸阳，销毁兵器，熔铸钟鐻，制成十二个金人形状的支柱，以此削弱百姓的反抗力量。然后劈开华山作为城墙斩断华山作为城墙，利用黄河设置渡口，据守高达亿丈的城池，下临深不可测的溪流，作为坚固的城邑。优秀的将领、强劲的弩手把守要害之地，忠实的大臣、精锐的士卒亮出锋利的武器盘查行人。何，相当于问。秦王的心里认为关中地方坚固，就像千里长的铜铸城墙，是让子孙万代成为帝王的伟业。秦王死后，他的余威还震慑着风俗迥异的边远地区。

　　"陈涉^①，瓮牖绳枢之子^②，以绳系户枢，瓦瓮为窗也。甿隶之人^③，甿，民。才能不及中人，非有仲尼、墨翟之贤，陶朱、猗顿之富^④，蹑足行伍之间^⑤，而倔起什佰之中^⑥，首出十长佰长中也。率疲散之卒，将数百之众，斩木为兵，揭竿为旗^⑦，天下云集响应，赢粮而景从^⑧，山东豪俊遂并起，而亡秦族矣。

【注释】

①陈涉：名胜，字涉，阳城（今河南登封东南）人。秦末农民起义首领。雇农出身，为人有大志。秦末赋役繁重，刑政苛暴，陈涉联合吴广率领戍卒发动大泽乡起义，占据陈郡称王，建立张楚政权，成为反抗暴秦起义的先驱。次年兵败被杀。

②瓮牖（wèng yǒu）：用破瓮之口作窗户，指赤贫之家。瓮，同"瓮"。绳枢：以绳系户枢，形容贫家房舍之陋。枢，门轴。

③甿（méng）隶：农夫与皂隶。泛指社会地位低下的人。

④陶朱：即陶朱公，春秋时越国大夫范蠡的别称。他辅佐越王勾践灭吴，以越王不可共安乐，弃官远去，居于陶，称朱公。以经商致巨富。猗顿：战国时大富商。

⑤蹑（niè）足：置身，参与。行伍：我国古代兵制，五人为伍，五伍为行，用来指军队。

⑥什佰：指军中十夫长、百夫长。

⑦揭：举。

⑧赢粮：担负粮食，引申指携带粮食。景从：像影子随从形体。景，同"影"。

【译文】

　　"陈涉，是用破瓮当窗户、用绳子绑门轴的赤贫人家的孩子，是用绳绑门轴，瓦瓮当窗户。是当农夫皂隶的人。甿，是农民。才能赶不上中等人，没有仲尼、墨翟的贤智,没有陶朱、猗顿的富有。置身在军队的行列中,崛起在十夫长百夫长的队伍里,是指首先出现在十夫长、百夫长之中。率领几百名疲惫散漫的士卒,砍削木头当武器,举起竹竿当旗帜。天下百姓纷纷响应,云集在一起,人们自己携带粮食,如影随形般追随他。殽山以东的豪杰俊才就一并起事,灭亡了秦朝。

　　"且夫天下非小弱也。雍州之地、殽函之固自若①。陈涉之位,非尊于齐、楚、韩、魏之君;锄櫌棘矜②,以鉏柄及棘作矛樴也。櫌,椎块椎也。非铦于长铩矛戟③;长刃矛也。适戍之众④,非抗于九国之师;深谋远虑,行军用兵之道,非及向时之士也。然而成败异变⑤,功业相反。试使山东之国与陈涉度长絜大、絜束之絜⑥。比权量力,则不可同年而语矣⑦。然秦以区区之地,千乘之权⑧,招八州而朝同列⑨,百有余年矣。然后以六合为家,殽、函为宫,一夫作难而七庙堕⑩,身死人手,为天下笑者,仁义不施,而攻守之势异也。

【注释】

　　①自若:一如既往,依然如故。

　　②锄櫌(yōu):泛指农具。锄,翻土、除草的农具。櫌,农具名。状如槌,用以击碎土块,平整土地和覆种。棘矜(qín):以棘木棒当矛用。棘,酸枣树。矜,矛戟柄。

　　③铦(yǎn):锋利。长铩(shā):古兵器名,有长刃的矛。

　　④适(zhé)戍:指谪罚戍边。适,通"谪"。

　　⑤异变:指变化不同。

　　⑥絜(xié):用绳量度筒形物体的粗细,引申为衡量。

　　⑦同年而语:把不同的人或不同的事放在一起谈论或看待,即相提

并论。

⑧千乘：指拥有一千辆兵车的诸侯国，在春秋时期是中等诸侯国。

⑨八州：指中国全土。我国自古有九州之称，这里指九州中除去秦国雍州之外的八州。

⑩七庙：泛指帝王供奉祖先的宗庙，代指王朝。

【译文】

"况且统一了天下的秦王朝并没有弱小啊。雍州、崤山函谷关跟从前一样牢固。陈涉的地位，并不是比齐、楚、韩、魏各国的君主更尊贵；拿的锄头把和枣木棒，用锄头把和酸枣树作矛柄。櫌，槌碎土块的锤子。并不比长刀矛戟更锋利；铩，是长刃矛。受到谪罚戍边的士卒，没法和九国的军队匹敌；深谋远虑、行军作战的谋略，也远远不及先前各国的谋士。但是成功失败各不相同，功劳业绩完全相反。假使让崤山以东的各个国家跟陈涉测量长短大小，絜是絜束（用绳子束住）的絜。衡量权势力量，那根本不能相提并论。然而秦国凭着区区的雍州之地、千乘之国的威权，招致地位等同的八州诸侯前来朝拜，有一百多年了。然后一统天下，以崤山、函谷关为宫墙，一人作乱而秦朝供奉祖先的宗庙就被毁坏，君主死于他人之手，被天下人耻笑，这是因为不实施仁义、攻打与防守天下的形势发生了变化的缘故。

"秦兼诸侯，南面称帝①，天下之士，斐然向风②。元元之民③，冀得安其性命，莫不虚心而仰上④。当此之时，守威定功，安危之本在于此矣。秦王怀贪鄙之心，行自奋之智⑤，不信功臣，不亲士民，废王道，立私权，禁文书而酷刑法，先诈力而后仁义，以暴虐为天下始。孤独而有之⑥，故其亡可立而待。借使秦王计上世之事，并殷、周之迹⑦，以制御其政，后虽有淫骄之主，而未有倾危之患也。故三王之建天下,名号显美^⑧,功业长久。

【注释】

①南面:古代以坐北朝南为尊位,故天子、诸侯见群臣,或卿大夫见
　　僚属,皆面南而坐。帝位面朝南,故代称帝位。

②斐然向风:翩然地闻风归向。斐然,翩然,轻快貌。

③元元之民:众百姓,善良的百姓。元元,善良。

④虚心:一心向往。

⑤自奋:自以为是,妄自尊大。

⑥有之:指拥有天下。

⑦并:据有,兼有。

⑧显美:显耀而美好。

【译文】

　　"秦兼并诸侯,登上帝位,天下士人,迅速地闻风归向。善良的百姓
都希望能安身立命,没有谁不虚心景仰皇上。在这个时候,保持威势,巩
固功业,国家安危的根本就在于此。秦王政心存贪婪卑鄙,妄自尊大,奋
其私智,不相信功臣,不亲近士人民众,废弃王道,树立个人威权,禁止文
字图籍流传,使用严酷刑法,先欺诈武力而后仁义道德,把残暴苛虐作为
统治天下的开端。秦王孤身无辅却拥有天下,所以它的灭亡指日可待。
假使秦王能考虑先前朝代的事绩,顺着商、周的道路,来制定实行自己的政
策,以后即使有荒淫骄横的君主,也不会出现倾覆危亡的祸患。所以夏、
商、周三代建立的天下,因为懂得其中的道理,所以名号显美,功业长久。

　　"今秦二世立,天下莫不引领而观其政^①。夫寒者利短
褐^②,小襦也^③。而饥者甘糟糠^④,天下之嗷嗷^⑤,斯新主之资
也。此言劳民之易为仁也。向使二世有庸主之行,而任忠

贤，臣主一心而忧海内之患，缟素而正先帝之过⑥，裂地分民以封功臣之后，建国立君以礼天下，虚囹圄而免刑戮⑦，除去收帑污秽之罪⑧，使各反其乡里，发仓廪，散财币，以振孤独穷困之士，轻赋少事，以佐百姓之急，约法省刑，以持其后，使天下之人皆得自新，更节修行，各慎其身，塞万民之望，而以威德与天下，天下集矣⑨。即四海之内，皆欢然各自安乐其处，唯恐有变，虽有狡猾之民⑩，无离上之心，则不轨之臣无以饰其智⑪，而暴乱之奸止矣。

【注释】

①引领：伸颈远望，多用来形容期望殷切。

②短褐：粗布短衣，是贫贱者或僮竖之服。

③襦：短衣或短袄。襦有单、复，单襦近乎衫，复襦则近袄。

④糟糠：酒糟、谷皮等粗劣食物，贫者用来充饥。

⑤嗷嗷：哀鸣声，哀号声。

⑥缟素：穿着白色丧服，指居丧期间。

⑦囹圄（líng yǔ）：监狱。

⑧收帑：指一人犯法，妻子连坐、没为官奴婢的刑罚。污秽：指卑污的刑罚。

⑨集：安定太平。

⑩狡猾：诡诈刁钻。

⑪不轨：指叛乱。

【译文】

"现今秦二世胡亥即位，天下人无不引领伸颈，急切观望他的政策。受冻的人穿上粗布短袄就感到满意，是小短衫。挨饿的人吃到糠糟就觉得甜美，天下百姓的饥寒呼号，正是新皇帝实施新政的凭借。这就是说在饥苦的百姓那里,容易博得仁者的名声。假使秦二世具有一般君主的德行,任用忠臣贤能,君臣同心,忧念天下百姓的苦难,服丧期间就纠正先帝的过失,划分土地民众来分封功臣的后代;建立诸侯国、册立新君主来礼遇天下人士;释放犯人、免除刑罚杀戮、废除妻子儿女连坐等卑污的刑罚,让犯人各自返回乡里;打开仓库、散发钱财来赈济孤独无援陷入穷困的人;减轻赋税、减少劳役来解决百姓的燃眉之急;简化法律条文、减轻刑罚。继续施行以后,让天下的人都有自新的机会,变更节操,修养德行,谨慎修身,满足民众的愿望,以威信仁德对待天下人,天下人就归附了。倘若四海之内的百姓都能欢欢喜喜,各自安居乐业,唯恐动乱,即使有诡诈刁钻的人,民众也不会有背叛君上的心思,那么图谋叛乱的臣子就没有办法掩饰他的狡计,暴乱的奸谋也就止息了。

"二世不行此术,而重之以无道①,更始作阿房之宫②,繁刑严诛,赋敛无度,天下多事,百姓困穷,然后奸伪并起③,而上下相遁,蒙罪者众,而天下苦之。自君卿以下④,至于众庶,人怀自危之心,咸不安其位,故易动也。是以陈涉不用汤、武之贤,不借公侯之尊,奋臂于大泽,而天下响应者,其民危也。故先王见始终之变⑤,知存亡之机,是以牧民之道,务在安之而已。天下虽有逆行之臣⑥,必无响应之助矣。故曰:'安民可与行义⑦,而危民易与为非⑧。'此之谓也。贵为天子,富有天下,身不免于戮杀者,正倾非也⑨。是二世之过也。"

【注释】

①重:重复,接续。

②更始:重新开始,除旧布新。

③奸伪:指诡诈虚假的人或事。

④君卿：公卿。

⑤始终：指事情的本末或原委。

⑥逆行：指背逆君主。

⑦安民：指处于安定状态中的民众。

⑧危民：指处于危难状态中的民众。

⑨正倾：纠正倾覆危险。

【译文】

"二世不实行这样的方针，反而更加暴虐无道，再度修建阿房宫，刑律繁多，刑罚严酷，赋税搜刮没有限度，天下劳役繁重，百姓穷困，于是奸诈邪伪之事一起爆发，上下互相隐瞒，获罪的人众多，天下人都感到痛苦。自君卿以下直到庶民百姓，人人心中自危，都不安心自己的处境，所以很容易动摇。因此陈涉不必具有商汤、周武王的贤能，不用凭借公侯的尊贵，在大泽乡振臂一呼天下就响应，是因为民众处在危难之中啊。所以先王洞察事物从始至终的变化，知道国家存亡的契机，因此统治民众的原则，在于尽力使他们安定而已。这样，天下即使出现倒行逆施的臣子，也必定不会得到民众的响应和帮助。所谓'安定中的民众可以实行仁义，危难之中的民众容易为非作歹'，说的就是这种情况啊。秦二世贵为天子，富有天下，自己却不免于被杀，原因就是没有纠正倾覆的危险。这就是二世的过失。"

世家

齐釐公同母弟夷仲年死①。其子曰公孙无知②，釐公爱之，令其秩服奉养比太子③。襄公立④，绌无知秩服⑤，无知怨。数欺大臣群弟，子纠奔鲁⑥，管仲、召忽傅之⑦；小白奔莒⑧，鲍叔傅之⑨。及雍林人杀无知⑩，高、国先阴召小白于莒⑪。鲁亦发兵送子纠,而使管仲将兵遮莒道⑫,射中小白带钩⑬。小白已立,欲杀管仲。鲍叔曰:"君将治齐,则高傒与叔牙足矣⑭。君且欲霸王⑮,非管夷吾不可。"于是桓公厚礼以为大夫,任政⑯,齐人皆悦。于是始霸焉。

【注释】

①齐釐(xī)公同母弟夷仲年死:本段节录自《齐太公世家》。齐釐公,一作齐僖公,姜姓,名禄甫,齐前庄公之子,春秋时期齐国国君。夷仲年,又称齐仲年,季仲年,齐釐公同母弟。夷仲年与齐釐公关系密切,夷仲年死后,其子公孙无知秩服奉养如同太子。

②公孙无知:齐前庄公之孙,夷仲年之子,齐釐公的侄子,齐襄公和齐桓公的堂兄弟,春秋时期齐国公族。前686年,公孙无知联合连称、管至父弒杀齐襄公,自立为君,史称齐前废公。当初公孙无知对大夫雍廪无礼,因此雍廪怨恨他。前685年,公孙无知到雍林游玩,雍廪趁机袭杀公孙无知。公孙无知死后,齐桓公回国即位。

③秩服:指爵禄与服饰的等级。秩,俸禄。奉养:指生活待遇。

④襄公:齐襄公,名诸儿,齐僖公长子,齐桓公异母兄。

⑤绌:通"黜",贬退,排斥,废除。

⑥子纠:春秋时齐国人,齐襄公之弟,齐桓公之兄。

⑦管仲:名夷吾,字仲。曾辅佐公子纠,因鲍叔牙推荐,被齐桓公任命为卿,尊为仲父。在齐进行改革,齐国得以振兴,齐桓公成为春秋五霸之首。召忽:春秋时齐国人。少负才名,胸有大志,被公子纠聘为师傅。齐国内乱,公子小白与公子纠争位,当时公子纠身边近臣是召忽和管仲。召忽对公子纠忠心耿耿,誓不与桓公为伍,拔剑自刎,以身殉主;管仲则回到齐国当了宰相。傅:辅佐,教导。

⑧小白:即齐桓公,姜姓,吕氏,名小白,春秋五霸之首,前685—前

643年在位。莒(jǔ):西周初期建立的小国名。始都计斤,春秋初年迁都于莒,即今山东莒县。

⑨鲍叔:即鲍叔牙,春秋时齐国大夫。少与管仲友善,齐乱,助公子小白(即齐桓公)夺位。向齐桓公力荐管仲,齐国得以称霸诸侯。

⑩雍林:地名,或即渠丘(今山东安丘)。《左传》等书作人名,即齐大夫雍廪。

⑪高、国:即齐国两大贵族高敬仲、国懿仲。高傒,字敬仲(一说是谥号),春秋齐国世臣,在卿大夫中声望最高。公元前686年公孙无知等作乱,杀齐襄公自立,高傒等用计诛除乱党,并拥立公子小白为齐桓公。国懿仲,字仲,春秋时期齐国大夫。齐襄公去世后,联合上卿高傒平定内乱,拥戴齐桓公即位,位列上卿。

⑫遮:拦截。

⑬带钩:束腰革带上的钩。一端曲首,背有圆钮。或作动物形,或铸有花纹,多用铜制。

⑮霸王:霸与王。古称有天下者为王,诸侯之长为霸。

⑯任政:执政。

【译文】

齐釐公的同母弟弟夷仲年死了。夷仲年的儿子名叫公孙无知,釐公宠爱他,给他的爵禄、服饰的等级以及生活的待遇都和太子一样。齐襄公即位后,废除了公孙无知的俸禄、服饰等待遇,因此公孙无知非常怨恨他。襄公还屡次欺骗大臣,所以他的弟弟公子纠逃到鲁国,管仲、召忽辅佐他;次弟小白逃往莒国,鲍叔牙辅佐他。到了雍林,其地有人杀死了无知。高氏、国氏两姓大族便暗中派人到莒国召请公子小白回国。鲁国也派兵护送公子纠回国,并派遣管仲另带军队拦住莒国通道,管仲的箭射中小白的衣带钩。公子小白被立为国君后,打算杀死管仲。鲍叔牙说:"您如果只想治理齐国,有高傒和我也就够了。您如果想成就霸王之业,那就非得管仲不可。"于是桓公赏管仲以厚礼,并拜管仲为大夫,主持政务,齐国人人欢悦。于是齐桓公开始成为诸侯的霸主。

管仲病①,桓公问曰:"群臣谁可相者?"管仲曰:"知臣
莫如君。"公曰:"易牙何如②?"对曰:"杀其子以适君③,非
人情也,不可。"公曰:"开方何如④?"对曰:"背亲以适君,
非人情也,难近。"卫公子开方也。公曰:"竖刁何如⑤?"对
曰:"自宫以适君,非人情也,难亲。"管仲死,而桓公不用管
仲言,卒近用三子,三子专权。桓公卒,易牙与竖刁,因内宠
杀群吏,群吏,诸大夫也。内宠,内官之有权宠者。而立公子无诡
为君⑥。太子昭奔宋⑦。桓公病,五公子各树党争立。及桓
公卒,宫中空,莫敢棺。桓公尸在床上六十七日,尸虫出于户。

【注释】

①管仲病:本段节录自《齐太公世家》。

②易牙:即雍巫,齐桓公的宠臣,善调味。据说他曾烹子为羹献给齐
  桓公。

③适:顺从,投合。

④开方:卫懿公之子,见齐国称霸遂仕于齐,为齐桓公宠臣。

⑤竖刁:一作"竖貂",齐桓公的近臣。

⑥公子无诡:又名无亏,齐桓公与长卫姬之子,被齐桓公许诺为太
  子。齐桓公死后,易牙竖刁废太子昭,立他为国君,但不到三个月
  便被人杀死。

⑦太子昭:即齐孝公,齐桓公之子,母郑姬。

【译文】

管仲病了,桓公问他:"群臣之中谁能担任国相?"管仲说:"没有比
国君更了解臣下的。"桓公说:"易牙怎么样?"回答说:"杀死自己的孩子

来迎合国君，不符合人情，不行。"桓公说："开方怎么样？"回答说："悖逆自己的双亲来迎合国君，不符合人情，难以亲近。"说的是卫公子开方。桓公说："竖刁怎么样？"回答说："阉割自己以迎合国君，不符合人情，不能亲信。"管仲去世后，桓公不采用管仲的进言，最终亲近任用这三个人，这三人掌握了齐国的大权。桓公死了，易牙跟竖刁任用有宠信的宦官杀死众大夫，群吏，是指众大夫。内宠，是指宦官中有权受宠的人。立公子无诡为齐国国君。太子昭跑到宋国。此前桓公病重，五位公子各自结党争权。等到桓公死去，宫中没人主管，没有谁敢装殓桓公尸体入棺。桓公的尸体停在床上六十七天，尸体上的蛆虫爬出门外。

　　周公旦者①，周武王弟也，封于鲁。成王使其子伯禽代就封于鲁②。周公戒伯禽曰："我文王之子、武王之弟、成王之叔父，我于天下，亦不贱也。然我一沐三捉发，一饭三吐哺③，起以待士，犹恐失天下之贤人。子之鲁，慎无以国骄人④。"

【注释】

①周公旦者：本段节录自《鲁周公世家》。周公旦，姬姓，名旦，文王之子，周武王之弟。因采邑在周，称为周公。武王死后辅佐成王。

②成王：即周成王，姬姓，名诵，周武王之子。即位时年纪尚幼，由周公旦辅佐。伯禽：姬姓，字伯禽，亦称禽父。周公旦长子，周朝诸侯国鲁国第一任国君。当时周公旦受封鲁国，但因其在镐京辅佐周成王，故派伯禽代其受封鲁国。

③一沐三捉发，一饭三吐哺（bǔ）：洗头时多次没洗完就抓起头发停下，吃饭时多次没吃完就中止。比喻政务繁忙，礼贤下士。沐，洗头发。三，泛指多次。吐哺，吐出口中所含的食物。

④以国骄人：指认为自己是有封国的国君而看不起别人。骄人，傲视他人，对别人显示骄矜。

【译文】

周公旦是周武王的弟弟,封在鲁。周成王让周公的儿子伯禽代替周公到鲁国受封。周公告诫伯禽说:"我是文王的儿子、武王的弟弟、成王的叔父,我在国家的地位可以说是不低了。但是我洗一次澡要好几次握住散开的头发,吃一次饭要好几次停止进食,起身来接待宾客。即便如此,我还担心失掉天下的贤人。你到鲁国去,一定要小心谨慎,不要因为自己是国君而傲视慢待别人。"

武公与长子括、少子戏朝宣王^①。宣王爱戏,欲立为鲁大子^②。仲山父谏曰^③:"废长立少,不顺;不顺,必犯王命;犯王命,必诛之。故出令不可不顺也。令之不行,政之不立。令不行,则政不立也。今天子建诸侯,立其少,是教民逆也。若鲁从之,诸侯效之,王命将有所壅^④;言先王立长之命,将壅塞不行也。若弗从而诛之,是自诛王命也。先王之命立长,今鲁亦立长,若诛之,是自诛王命也。诛之亦失,不诛亦失,诛之诛王命,不诛则王命废也。王其图之。"弗听,卒立戏为太子,是为懿公^⑤。括之子伯御^⑥,攻弑懿公。宣王伐鲁,杀伯御。自是后,诸侯多叛王命。

【注释】

①武公与长子括、少子戏朝宣王:本段节录自《鲁周公世家》。武公,即鲁武公,姬姓,名敖,鲁献公之子,西周时鲁国国君。朝,指诸侯定期朝见天子,报告封国情况。

②大子:即太子。

③仲山父:一作"仲山甫",周宣王的大臣。

④王命:帝王的命令,诏谕。壅:壅塞,阻塞。

⑤懿公：即鲁懿公，姬姓，名戏，鲁武公少子。

⑥伯御：即鲁废公，姬姓，鲁武公长子公子括的儿子。

【译文】

鲁武公跟大儿子姬括、小儿子姬戏朝见周宣王。宣王喜爱姬戏，想要立他为鲁国太子。仲山父劝谏说："废弃长子立幼子，是不合礼制的；不合礼制，必然触犯王命；触犯王命，必定要被征讨。所以颁发命令不能不合礼制。如果王令行不通，政权的威力就无法树立起来。命令不能执行，那么国政就不能确立。现在天子封建诸侯，却立诸侯的小儿子为太子，是教导民众背逆。倘若鲁国这样做了，诸侯都会仿效，天子的命令就会阻塞不行；这是说先代君王定下的立嫡长子的命令，就会遭到阻塞不能实行。倘若不服从先王命令而受到讨伐，就等于您自己讨伐先王的训命。先代天子命令立长子为太子，现在鲁国也立长子为太子，假若惩处他，是自我惩处天子的命令。讨伐他有错，不讨伐他也有错，惩处他是惩处先代天子的命令，不惩处他那就是废弃现今天子的命令。君王您还是考虑一下吧。"宣王不听，最终立姬戏为太子，这就是鲁懿公。姬括的儿子伯御攻打杀死懿公。周宣王讨伐鲁国，杀死伯御。从此之后，很多诸侯背叛周天子的命令。

燕昭王于破燕之后即位①，卑身厚币②，以招贤者。谓郭隗曰③："齐因孤之国乱而袭破燕④。孤极知燕小力少，不足报。然得贤士与共国，以雪先王之耻，孤之愿也。先生视可者，得身事之⑤。"郭隗曰："王必欲致士，先从隗始。况贤于隗者，岂远千里哉！"于是昭王为隗改筑宫而师事之⑥。乐毅自魏往⑦，邹衍自齐往⑧，剧辛自赵往⑨，士争趋燕。燕王遂以乐毅为上将军，与秦、楚、三晋合谋以伐齐⑩。齐兵败，湣王出亡于外⑪。燕兵独追北，入至临淄⑫，尽取齐宝，烧其宫室宗庙。齐城之不下者，唯独聊、莒、即墨⑬，其余皆属燕。昭王卒。惠王为太子时^⑭，与乐毅有隙^⑮，及即位，疑毅，使骑劫代将^⑯。乐毅亡走赵。齐田单以即墨击败燕军^⑰，骑劫死，燕兵引归，齐悉复得其故城。

【注释】

①燕昭王于破燕之后即位：本段节录自《燕召公世家》。燕昭王，姬姓，名职，战国时燕国国君。燕王哙之子。子之之乱平定后，由于原先的太子平被杀，昭王由赵武灵王派送重兵回国即位。

②卑身：指谦恭，逊让。厚币：丰厚的礼物。币，币帛。古人用束帛作为馈赠和祭祀的礼物，后来泛指车、马、玉、帛等各种礼物。

③郭隗（wěi）：战国中期燕国大臣，是著名贤者。

④孤：古代诸侯君王的自称。国乱：指燕国子之之乱。燕王哙废太子姬平，而禅位于国相子之，导致发生内乱。

⑤身事之：亲身事奉他。

⑥宫：房屋。

⑦乐毅：战国后期杰出的军事家，魏国乐羊之后。辅佐燕昭王振兴燕国。

⑧邹衍：齐国人，阴阳家代表人物。

⑨剧辛：赵国人，战国时期著名燕国将领。

⑩三晋：指韩、赵、魏三国。

⑪湣王：齐湣王。本名田地，齐宣王之子，齐国第六任国君，又称闵王。秦、燕及三晋联军大举进攻齐国，齐军大败，齐湣王出逃。

⑫临淄：齐国国都，故城在今山东淄博。

⑬聊：齐国城邑，即聊城，在今山东聊城西北。莒：春秋时邑名。原为莒国领地，后属鲁，又属齐。在今山东莒县。即墨：齐邑，在今山东平度东南。

⑭惠王：燕惠王。姬姓，燕昭王之子，战国时期燕国国君。

⑮有隙：有嫌隙，有怨恨。

⑯骑劫：战国时期燕国将领。燕惠王中了齐国的反间计，任命骑劫
　　代替乐毅为将，大败。

⑰田单：战国时齐将。齐国危亡之际，田单坚守即墨，用反间计，使
　　燕惠王以骑劫代乐毅，大败燕军，收复失地。封为安平君。

【译文】

　　燕昭王在燕国被攻破之后登上王位，他用谦恭的姿态，拿出丰厚的礼物来招揽贤才。他对郭隗说："齐国趁着我国的内乱袭击攻破我国。我非常了解燕国国小力少，没有报仇的能力。但是要能得到贤才，我就跟他共同治理国家，来洗雪先代君王的耻辱，这是我的愿望。先生物色到这样的人才，我愿意亲身事奉他。"郭隗说："君王您一定要招揽人才，先从我这儿开始吧。如果我都能得到您的重用，那些比我强的人难道还会嫌千里为远而不来投奔吗？"于是燕昭王给郭隗改建住宅，把他当做老师来事奉。于是乐毅从魏国来到，邹衍从齐国来到，剧辛从赵国来到，士人争先恐后投奔燕国。燕王就任命乐毅为上将军，跟秦国、楚国、三晋联合策划讨伐齐国。齐国兵败，齐愍王逃奔国外。燕军独自追逐齐国败军，进入齐国国都临淄，掠走了齐国的宝藏，焚烧了齐国的宫殿宗庙。齐国城邑没被攻下的只有聊、莒、即墨，其余都归了燕国。燕昭王去世。燕惠王当太子时，跟乐毅有嫌隙，等到即位当了国君，怀疑乐毅，就让骑劫代替乐毅当统帅。乐毅逃亡赵国。齐国田单在即墨击败燕国军队，骑劫阵亡，燕军撤退，齐国收复了原来的全部城邑。

　　微子开者①，纣之庶兄也②。纣既立，不明，淫乱于政，微子数谏。箕子者③，纣亲戚也。纣为象箸，箕子叹曰："彼为象箸，必为玉杯；为玉杯，则必思远方珍怪之物而御之矣④。舆马宫室之渐自此始，不可振也⑤。"纣为淫泆⑥，箕子谏，不听，乃被发详狂⑦。王子比干见箕子谏不听⑧，乃直言

谏纣。纣怒曰:"吾闻圣人之心有七窍,信有诸乎?"乃遂杀王子比干,刳视其心⑨。微子曰:"人臣三谏不听,则其义可以去矣。"于是遂行。周公诛武庚⑩,乃命微子代殷后,奉其先祀曰宋⑪。

【注释】

①微子开者:本段节录自《宋微子世家》。微子开,子姓,宋氏,名启。后世因避汉景帝刘启之讳称微子开,也称为宋微子。是商王帝乙的长子、商纣王帝辛的长兄。

②庶兄:父亲姬妾所生之兄。《索隐》曰:"《尚书》亦以为殷王元子而是纣之兄。按,《吕氏春秋》云:'生微子时母犹为妾,及为妃而生纣。故微子为纣同母庶兄。'"

③箕子:商朝大臣,商纣王的叔父。官太师,封于箕。

④御:进食,食用。

⑤振:救。

⑥淫泆:恣纵逸乐。

⑦被:同"披"。详(yáng)狂:装疯。详,假装。

⑧比干:商纣王的叔叔,是殷商王室的重臣。

⑨刳(kū):剖开。

⑩武庚:商纣王之子。周武王即位后,封武庚管理商朝的旧都殷(河南安阳)。后与管叔、蔡叔等叛乱,兵败被杀。

⑪先祀:指对祖先的祭祀。

【译文】

微子开是商纣王的庶兄。纣王即位成为君王之后,政治不清明,政事荒淫无道,微子屡次劝谏。箕子是纣王的亲戚。纣王制作了象牙筷子,箕子感叹说:"他这时候制作象牙筷子,接下去必定会制作玉杯;制造了玉杯,就一定想得到远方珍贵奇异的物品供自己享用。从此就会逐渐追求车马宫室的奢华，国家将不可振兴了。"纣王恣纵逸乐，箕子劝谏，纣王不听，箕子就披散头发假装发疯。王子比干看到纣王不听箕子的劝谏，就耿直地劝谏纣王。纣王大怒说："我听说圣人的心有七窍，真有这么回事吗？"于是杀死王子比干，剖开尸体看他的心脏。微子说："臣子多次劝谏而君主不听从，从道义上讲，臣子就可以离开了。"于是就走了。周公诛杀武庚之后，就命令微子替代武庚，作为殷朝的后裔祭祀殷商的祖先，名叫宋国。

　　唐叔虞者^①，周成王弟也。成王与叔虞戏，削桐叶为珪以与叔虞^②，曰："以此封若。"史佚因请择日立叔虞^③。成王曰："吾与之戏耳。"史佚曰："天子无戏言，言则史书之，礼成之，乐歌之。"于是遂封叔虞于唐。

【注释】

①唐叔虞者：本段节录自《晋世家》。唐叔虞，周武王之子，周成王同母弟，周朝诸侯国晋国始祖。唐，古国名。在今山西翼城西，相传为尧的后裔，后被周成王所灭。《索隐》曰："太叔以梦及手文而名曰虞，至成王诛唐之后，因戏削桐而封之。叔，字也，故曰唐叔虞。而唐有晋水，至子燮改其国号曰晋侯。然晋初封于唐，故称晋唐叔虞也。"

②珪：瑞玉，上圆下方，形若笏板，常作祭祀、朝聘之用。古代封爵授土时，赐珪以为信，后因以代指官位。

③史佚：史官，名佚。

【译文】

　　唐叔虞是周成王的弟弟。成王跟叔虞玩耍，把梧桐树叶削成玉珪的样子交给叔虞，说："我用这个分封你。"史佚于是请求选择日期封立叔虞。成王说："我是跟他开玩笑呢。"史佚说："天子没有开玩笑的话，说了史官就要记录下来，按礼仪完成它，用音乐歌咏它。"于是就把叔虞封在唐。

　　赵烈侯好音①，谓相国公仲连曰②："寡人有爱，可以贵之乎？"公仲曰："富之可，贵之则否。"烈侯曰："然。夫郑歌者枪、石二人③，吾赐之田，人万亩。"公仲曰："诺。"不与。居一月，烈侯从代来④，问歌者田。公仲曰："求，未有可者。"有顷，烈侯复问，公仲终不与，乃称疾不朝。番吾君常山有番吾县⑤。自代来，谓公仲曰："君实好善，未知所持⑥。今公仲相赵，于今四年，亦有进士乎⑦？"公仲曰："未也。"番吾君曰："牛畜、荀欣、徐越皆可。"公仲乃进三人。及朝，烈侯复问："歌者田何如？"公仲曰："方使择其善者。"牛畜侍烈侯以仁义⑧，约以王道⑨。明日⑩，荀欣侍，以选练举贤⑪，任官使能⑫。明日，徐越侍，以节财俭用，察度功德⑬。所与无不充⑭，君悦。烈侯使使谓相国曰："歌者之田且止。"官牛畜为师⑮，荀欣为中尉⑯，徐越为内史⑰，赐相国衣二袭⑱。单复具为一袭也。

【注释】

①赵烈侯好音：本段节录自《赵世家》。赵烈侯，战国时赵国国君。名籍，献侯之子。

②公仲连：战国初期赵国人，赵烈侯时担任相国，帮助赵烈侯进行改革。

③郑歌者：来自郑国的歌手。按，"郑声"是当时的通俗流行歌曲，"郑歌者"应当是擅长演唱郑声的歌手。

④代：古国名。在今河北蔚县东北。

⑤番吾君：番吾的封君。番吾，赵邑名。在今河北平山东南。

⑥所持：所要掌握的。持，把握。

⑦进士：荐举贤士。

⑧侍：陪从或伺候尊长。

⑨约：约束，检束。

⑩明日：第二天。

⑪选练：选拔训练。

⑫使能：任用有才能者。

⑬查度：观察估量。

⑭所与无不充：要让被任用的人，没有一个不是人尽其才的。与，肯定，赞成。充，适当。

⑮师：太师。

⑯中尉：主管京城治安的官员。

⑰内史：京城及城郊的行政长官。

⑱袭：量词，衣服成套称为袭。

【译文】

赵烈侯喜爱音乐，他对相国公仲连说："我有喜爱的人，能让他尊贵起来吗？"公仲连说："让他们富裕是可以的，尊贵那就不可以了。"烈侯说："好。有来自郑国的歌手枪、石二人，我赐给他们田地，每人一万亩。"公仲连说："是。"但是没给。过了一个月，烈侯从代地回来，问赏赐给歌手田地的情况。公仲连说："正在找地，还没有合适的。"过了不久，烈侯又问，公仲连始终没给，于是就自称有病不上朝。番吾君常山（恒山）郡有番吾县。从代地来，对公仲连说："国君其实喜欢善政，只是不知道怎样实行。现今您担任赵国国相已经四年了，曾经荐举过士人为官吗？"公仲连说："还没有。"番吾君说："牛畜、荀欣、徐越都可以。"公仲连于是举荐了这三人。等到上朝的时候，烈侯又问："歌手的田地怎么样了？"公仲连说："正在派人寻找好的地方。"牛畜便用仁义侍从烈侯，用王道约束烈侯。第二天，荀欣侍从，建议精选起用贤才，任用官员要选择有能力的人。第三天，徐越侍从，建议节约财物，俭省用度，考察评估官吏们的功绩德行。所任用升迁的人没有一个不恰当，烈侯高兴了。烈侯派使者对相国说："给歌手赐田的事暂时停止。"任命牛畜为太师，荀欣为中尉，徐越为内史，赐给相国两套衣服。单衣夹衣都有叫一袭。

　　魏文侯受子夏经艺①，客段干木②，过其闾③，未尝不轼也④。秦尝欲伐魏，或曰："魏君贤人是礼，国人称仁，上下和合⑤，未可图也。"文侯由此得誉于诸侯。文侯谓李克曰："先生尝教寡人曰：'家贫则思良妻，国乱则思良相。'今所置非成则璜⑥，文侯弟名成也。二子何如？"对曰："君不察故也。居视其所亲，富视其所与，达视其所举⑦，穷视其所不为⑧，贫视其所不取，五者足以定之矣，何待克哉？"文侯曰："寡人相定矣。"李克曰："魏成子为相矣。"翟璜忿然作色曰⑨："以耳目之所睹记，臣何负于魏成子？西河之守⑩，臣之所进也。君内以邺为忧⑪，臣进西门豹⑫。君谋欲伐中山⑬，臣进乐羊⑭。中山已拔，无使守之，臣进先生。君之子无傅，臣进屈侯鲋⑮。臣何以负于魏成子！"李克曰："且子之言克于子之君者，岂将比周以求大官哉⑯？且子安得与魏成子比乎？魏成子以食禄千钟⑰，什九在外，什一在内，是以东得卜子夏、田子方、段干木⑱。此三人者，君皆师之。子所进五人者，君皆臣之。子恶得与魏成子比也？"翟璜逡巡再拜曰⑲："璜，鄙人也，失对，愿卒为弟子矣。"

【注释】
　　①魏文侯受子夏经艺：本段节录自《魏世家》。魏文侯，战国时魏国

建立者。姬姓,名斯。周威烈王时,与韩、赵列为诸侯。即位后,任用贤人,改革政治,使魏国势富强,成为战国初期的强国。受:受业,跟随老师学习。子夏:即卜商,字子夏,孔门十哲之一。经艺:儒家经书的统称。古称六经为"六艺"。

②段干木:战国初年魏国名士。师子夏,友田子方,为孔子再传弟子。因其三人皆出于儒门,又先后为魏文侯师,故被后人称为"河东三贤"。

③闾:里巷的大门。

④轼:古代设在车箱前供立乘者凭扶的横木。这里用如动词,指伏轼致敬。

⑤和合:和睦同心。

⑥成:魏成子。姬姓,魏氏,名成。魏文侯的弟弟,任魏相。璜:翟璜,亦名翟触,战国初期魏国国相,辅佐魏文侯,助其灭了中山国,爵至上卿。

⑦达:通达。

⑧穷:困窘。

⑨作色:变了脸色,指发怒。

⑩西河:指西河郡。魏取今陕西黄河沿岸地,在黄河西岸大荔、澄城、韩城一带置西河郡。

⑪邺:古都邑名。春秋齐桓公始筑,战国魏文侯建都于此,旧址在今河北临漳西南。

⑫西门豹:战国时期魏国人。魏文侯时任邺令,是著名的政治家、水利家。

⑬中山:指中山国。是白狄所建立的国家,因城中有山而得名。在今河北定州、唐县一带,后为赵所灭。

⑭乐羊:亦作"乐阳",战国时魏将。因翟璜推荐,魏文侯任为将军。

⑮屈侯鲋:战国时魏国人,有贤名。

⑯比周：结党营私。比，勾结。周，亲密。

⑰千钟：极言俸禄多。古以六斛四斗为一钟，一说八斛为一钟，又谓十斛为一钟。

⑱田子方：名无择，字子方，战国初人。拜孔子学生子夏为师，以道德学问闻名于诸侯。

⑲逡巡：却行恭顺的样子。

【译文】

魏文侯跟从子夏学习儒家经典，他以贵客之礼对待段干木，每次经过段干木的里门时，没有不曾伏轼致敬的。秦国曾经想攻伐魏国，有人说："魏国国君礼遇贤人，国人称颂他的仁德，上下和睦，团结一心，不可图谋。"文侯因此在诸侯之中享有盛誉。文侯对李克说："先生曾经教导我说：'家中贫穷就想要得到贤妻，国家昏乱就想要得到贤相。'如今要任命国相，不是魏成子就是翟璜，是魏文侯弟弟，名叫成。你觉得这两个人谁更合适？"回答说："这是您没有留心观察的缘故。平常时看他亲近的人，富裕时看他结交的人，通达时看他举荐的人，困窘时看他不干什么，贫穷时看他不拿什么，有这五条就足够确定了，何必等我说呢？"文侯说："我的国相确定了。"李克说："魏成子当国相了。"翟璜气愤地变了脸色说："就凭耳目的所见所闻，我哪里比不上魏成子？西河郡郡守吴起，是我举荐的。君主忧虑邺城的治理问题，我举荐了西门豹。国君想要征伐中山国，我举荐了乐羊。攻下中山国之后，没有官员镇守，我举荐了先生您。国君的太子没有合适的师傅，我举荐了屈侯鲋。我哪里比不上魏成子？"李克说："你把我举荐给国君，难道就是为了结党营私、谋求做大官吗？况且你怎么能跟魏成子比呢？魏成子俸禄有一千钟，十分之九用在外面，十分之一用在家中，因此从东方得到了卜子夏、田子方、段干木。这三位贤者，国君都尊为师。您所举荐的五个人，国君都当臣。您怎么能跟魏成子比呢？"翟璜醒悟了，倒退着恭顺地说："我是个粗鄙的人，话说得不对，希望终身能成为您的弟子。"

　　齐威王初即位①，九年之间，诸侯并伐，国人不治。于是威王召即墨大夫②，语之曰："自子之居即墨也，毁言日至。然吾使人视即墨，田野开，民人给③，官无留事，东方以宁④。是子不事吾左右以求誉也。"封之万家。召阿大夫⑤，语之曰："自子之守阿，誉言日闻，然使使视阿，田野不开，民贫苦。昔日赵攻甄⑥，子弗能救；卫取薛陵⑦，而子弗知。是子以币厚吾左右以求誉也⑧。"是日，烹阿大夫⑨，及左右尝誉者皆并烹之。遂起兵西击赵、卫，败魏于浊泽⑩。于是齐国震惧，人人不敢饰非⑪，务尽其诚，齐国大治。诸侯闻之，莫敢致兵于齐。

【注释】

①齐威王初即位：本段节录自《田敬仲完世家》。齐威王：田姓，名因齐，桓公之子，战国时期齐国国君。善于纳谏用能，励志图强。

②即墨大夫：即墨的主管官员。即墨，战国时齐国邑名，在今山东平度东南。

③给（jǐ）：丰裕，富足。

④东方：即墨在齐国国都临淄以东。

⑤阿：齐国邑名，在今山东东阿。

⑥甄：古邑名，战国时属齐国。在今山东菏泽鄄城北。

⑦薛陵：当是薛国贵族墓地。又指古薛国，今山东滕州东南有薛城，即其故地。

⑧厚：指重重贿赂。

⑨烹：指古代用鼎镬煮人的酷刑。

⑩浊泽：古邑名。在今山西运城西南。战国曾为魏地。

⑪饰非：粉饰掩盖错误。

【译文】

　　齐威王刚刚登上王位,九年之中,诸侯都来讨伐,百姓不得安宁。于是威王召见即墨大夫,跟他说:"自从您到即墨,毁谤你的言论我每天都有耳闻。但是我让人到即墨视察,看到田野都已开垦,百姓生活富足,官员没有积压的公务,齐国东方因此而安宁。这是你不会逢迎我的左右以求得赞扬啊。"于是封他为万户侯。召见阿大夫,对他说:"自从您管理阿邑,赞扬的话语天天传来,但是我让人视察阿邑,田野没有开垦,民众贫苦不堪。前些日子赵国攻打甄邑,您不能挽救;卫国夺取薛陵,您竟然不知道。这是因为您重重贿赂我的左右来求得赞誉的缘故啊。"当天就用鼎煮了阿大夫,并把左右曾经吹捧过他的人也都一起烹杀。于是起兵向西攻击赵国、卫国,在浊泽打败魏国军队。于是齐国震惊惧怕,谁都不敢粉饰掩盖错误,务求竭尽忠诚,齐国繁荣太平。诸侯听说后,没有敢对齐国用兵的。

　　二十四年①,与魏王会田于郊②。魏王问曰:"王亦有宝乎?"威王曰:"无有。"梁王曰:"若寡人国小也,尚有径寸之珠照车前后各十二乘者十枚,奈何以万乘之国而无宝乎?"威王曰:"寡人之所以为宝与王异。吾臣有檀子者③,使守南城④,则楚人不敢为寇东取,泗上十二诸侯皆来朝⑤。吾臣有盼子者⑥,使守高唐⑦,则赵人不敢东渔于河⑧。吾吏有黔夫者⑨,使守徐州⑩,则燕人祭北门,赵人祭西门,齐之北门,西门也,言燕、赵之人,畏见侵伐,故祭以求福也。徙而从者七千余家。吾臣有种首者⑪,使备盗贼,则道不拾遗。将以照千里,岂特十二乘哉!"梁惠王惭,不怿而去。

【注释】

①二十四年：本段节录自《田敬仲完世家》。二十四年即齐威王二十四年（前333）。

②魏王：指魏惠王，也称为梁惠王。

③檀子：齐国臣子。姓檀，子是美称。

④南城：齐国邑名，在今山东平邑。

⑤泗上十二诸侯：指战国时梁、楚、齐、赵、韩、鲁、卫、曹、宋、郑、许十二国的君主。泗上，泛指泗水北岸的地域。泗，古水名，源于今山东泗水东，四源并发，故名。

⑥盼子：即田盼。齐国将领，亦称齐盼子或田盼。是齐国屡立战功、威镇邻国的名将。

⑦高唐：为齐国五都之一，在今山东高唐。

⑧渔：捕鱼。河：指黄河。

⑨黔夫：齐国官员。

⑩徐州：本古九州之一，此时当为齐邑名。

⑪种首：齐官员名。或言即墨大夫田种首。

【译文】

　　齐威王二十四年，齐威王跟魏惠王在郊野田猎。魏惠王问："君王您也有宝物吧？"齐威王说："没有。"魏惠王说："像我们这样的小国，还有十颗直径一寸、能照亮前后十二辆车的夜明珠，像齐国这样的万乘之国，怎么能没有宝物呢？"齐威王说："我所理解的宝物跟君王您不同。我有个大臣檀子，让他把守南城，楚国人不敢向东入寇，泗水流域十二个国家的诸侯都来朝拜。我有个大臣盼子，让他把守高唐，赵国人不敢到黄河捕鱼。我有个官吏黔夫，让他把守徐州，燕国人就遥对着北门祭祀，赵国人就遥对着西门祭祀，是齐国的北门、西门，这是说燕国、齐国人害怕被齐国入侵攻打，所以用祭祀来求得福佑。搬迁跟随他的有七千多家。我有个大臣种首，让他防备盗贼，就会路不拾遗。这些都将光照千里，难道仅仅十二辆车吗？"梁惠王羞惭了，很不高兴地离开了。

卷十二

史记（下）

【题解】

　　《史记》（下）节录自列传部分，计管仲、晏平仲、韩非、司马穰苴、孙武、吴起、甘茂、白起、乐毅、廉颇与蔺相如、赵奢、李牧、屈原、豫让、李斯、田叔十七人以及《循吏传》中的公仪休，《酷吏传》《滑稽传》中的优孟、优旃、西门豹等人。《群书治要》节录诸人，以政治家与军事将帅为主。如司马穰苴、孙武、吴起、白起、乐毅、廉颇、赵奢、李牧等八人都是历史上有名的将领。而政治家大都是明察时政，同时具有仁义、忠烈、廉耻、机智等美德，对后人有所教益的人。但本卷也节录了导致秦朝灭亡的李斯和赵高。这样的亡国奸臣的所作所为，与前面的正人直士的崇高品德，就从两方面提供了历史的经验教训：要长治久安，一定要以仁义为主，否则会让国家陷入危亡之境。

列传

　　管仲夷吾者^①，颍上人也。少时常与鲍叔牙游^②，鲍叔知其贤。管仲贫困，常欺鲍叔^③，鲍叔终善遇之。已而鲍叔事齐公子小白^④，管仲事公子纠^⑤。及小白立，公子纠死，管仲囚焉。鲍叔遂进管仲。管仲既用，任政于齐^⑥，桓公以霸，九合诸侯⑦，壹匡天下⑧，管仲之谋也。鲍叔既进管仲，以身下之，子孙世禄于齐⑨，常为名大夫。世不多管仲之贤⑩，而多鲍叔能知人也。

【注释】

①管仲夷吾者：本段节录自《管晏列传》。管仲，管氏，名夷吾，字仲。少时生活贫苦，后经鲍叔牙力荐，担任齐国上卿，辅佐齐桓公成为春秋时期的第一位霸主。

②鲍叔牙：又称鲍叔，春秋时齐国大夫，以知人及笃于友谊闻名。游：交游，结交。

③欺：欺骗，欺诈。此处意为占便宜。

④公子小白：即齐桓公，名小白，春秋时齐国第十五位国君，"春秋五霸"之首。

⑤公子纠：春秋时齐国人，齐襄公之弟，齐桓公之兄。

⑥任政：执政。

⑦九：虚指多。合：会盟。

⑧壹匡天下：使天下得到匡正。

⑨世禄：世代享有的爵禄。

⑩多：称赞。

【译文】

管仲名叫夷吾，是颍上人。小时候跟鲍叔牙交游，鲍叔知道他有才。管仲贫困，经常占鲍叔便宜，鲍叔始终对他很好。后来，鲍叔去事奉公子小白，管仲去事奉公子纠。等到小白即位为齐桓公，公子纠死去，管仲被囚禁。鲍叔就向齐桓公举荐了管仲。管仲被任用之后，主持齐国国政，桓公因此称霸，多次会盟诸侯，一举匡正天下，这都是靠着管仲的谋略。鲍叔荐举了管仲之后，自己甘愿官居管仲之下，子子孙孙世代在齐国享有禄位，大多是齐国有名的大夫。世人不称赞管仲的贤能，而称赞鲍叔能了解人才。

晏平仲婴者^①，莱人也^②，莱者，今东莱地也^③。事齐灵公、庄公、景公^④，以节俭力行重于齐。其在朝，君语及之则危言^⑤，语不及则危行^⑥；国有道则顺命，无道则衡命^⑦。以此三世显名于诸侯。太史公曰："吾读《晏子春秋》，详哉其言之也^⑧。至其谏说，犯君之颜，此所谓'进思尽忠，退思补过'者哉^⑨！"

【注释】

①晏平仲婴者：本段节录自《管晏列传》。晏平仲婴者，即晏婴，名婴，字仲，谥号平，夷维（今山东高密）人，春秋时期齐国大夫。传世有《晏子春秋》，为战国时人搜集有关他的言行编辑而成。

②莱：在今山东东北部。汉代设东莱郡，治掖县（在今山东莱州）。

③东莱：郡名。汉景帝时分胶东国而置，其地在今山东烟台、威海一带。

④齐灵公：春秋时齐国国君，齐顷公子，名环，前581—前554年在位。庄公：齐国国君，齐灵公子，名光，前553—前548年在位。景公：齐国国君，齐庄公异母弟，名杵臼，大夫崔杼杀死庄公后，立其为君，前547—前490年在位。

⑤危言：相当于慎言，指不说自己的功劳才能。

⑥危行：相当于慎行，指小心地行动。

⑦衡命：违逆命令。

⑧详：繁多，周详。

⑨进思尽忠，退思补过：引自《孝经·事君章》。《孝经注疏》曰："此明贤人君子之事君也。言入朝进见，与谋虑国事，则思尽其忠节。若退朝而归，常念己之职事，则思补君之过失。"

【译文】

晏平仲,名叫婴,是莱地人,莱,是现今东莱这个地方。他先后事奉齐灵公、庄公、景公,因为提倡节俭,身体力行,受到齐国人的敬重。他在朝廷上的时候,国君话语谈到他,他就谨慎谦虚不说自己的功劳;如果话语没有谈到他,他就小心谨慎地行动;国政清明有道,他就顺从命令;国政昏暗无道,他就违逆命令。因此,他在齐灵公、庄公、景公三代,名声显扬于各国诸侯。太史公说:"我读《晏子春秋》,书中所言已经很详细了。至于他劝谏的言辞,敢于冒犯国君颜面,这就是《孝经》所说的'在朝廷竭尽忠诚,退朝后反思补救过失'的人啊!"

韩非者①,韩之诸公子也②。作《孤愤》《五蠹》《内外储》《说林》《说难》十余万言③。人或传其书至秦。秦王见之曰:"嗟乎! 寡人得见此人与之游,死不恨矣④!"秦因急攻韩,韩王乃遣非使秦。秦王悦之,未信用。李斯、姚贾害之⑤,毁之曰:"韩非,韩之诸公子也。今王欲并诸侯,非终为韩不为秦,此人情也。今王不用,久留而归之,此自遗患也,不如以过法诛之⑥。"秦王以为然,下吏治非。李斯使人遗非药⑦,使早自杀。韩非欲自陈,不得见。王后悔,使人赦之,非已死矣。

【注释】

①韩非者:本段节录自《老子韩非列传》。韩非,法家主要代表人物,出身韩国贵族,与李斯同师事荀卿。曾上书谏韩王,不见用。发愤著《孤愤》《五蠹》《说难》等。后入秦,被李斯、姚贾陷害,自杀于狱中。著有《韩非子》。

②公子:古代称诸侯庶子,别于世子,也泛称诸侯之子。

③《孤愤》：韩非的名篇，是写正直有才能的人不见容于世的愤慨。
《五蠹》：这篇文章首先指出古今社会的巨大差异，然后指出儒侠
等五种人是社会的蛀虫，必须严惩。蠹，蛀虫。《内外储》：即《内
外储说》六篇，文章用大量事例论述了其法、术、势相结合的法治
理论。《说林》：分上、下两篇，是传说故事集。《说难》：主要指的
是游说进言的困难与应对策略。

④恨：遗憾。

⑤李斯：字通古，楚国上蔡（今河南驻马店上蔡）人。荀子的学生，
秦代著名的政治家、文学家和书法家。曾任秦国国相。姚贾：战
国时秦国大臣，得到秦王嬴政的礼遇和赏识，拜为上卿，封千户。
害：妒忌。

⑥过法：超出常规的刑法。

⑦遗：送交，给。药：指毒药。

【译文】

韩非，是韩国的公子之一。他写作了《孤愤》《五蠹》《内外储》《说
林》《说难》等著作十几万字。有人把他的书传到了秦国，秦王见到后说：
"哎呀！我要是能见到这个人并且跟他交游，就是死了也不遗憾了。"秦国
于是急迫地进攻韩国，韩王就派遣韩非出使秦国。秦王喜欢他，还没有相
信任用他。李斯、姚贾陷害他，诋毁他说："韩非，是韩国的公子。现今大
王您想要兼并诸侯，韩非最终还是向着韩国而不会为秦国效力，这是人之
常情。现在大王您不任用他，留他很久再放回去，这是给自己留下祸患，不
如以超出常规的刑法杀掉他。"秦王认为他说得对，把韩非下狱交给狱吏
处理。李斯让人送给韩非毒药，让他早点自杀。韩非想亲自向秦王陈述辩
解，但是见不到秦王。秦王后来后悔了，让人去赦免韩非，韩非已经死了。

司马穰苴者①，田完之苗裔也②。齐景公时③，晋伐阿、
甄④，而燕侵河上⑤，齐师败绩⑥。景公患之。晏婴乃荐田

穰苴。景公以为将军,将兵扞燕、晋之师^⑦。穰苴曰:"臣素卑贱,君擢之闾伍之中^⑧,加之大夫之上,士卒未附,百姓不信,愿得君之宠臣、国之所尊以监军,乃可。"于是景公使庄贾往。穰苴既辞,与庄贾约曰:"且日日中会于军门^⑨。"穰苴先驰至军,立表下漏待贾^⑩。

【注释】

①司马穰苴者:本段节录自《司马穰苴列传》。司马穰苴,又称田穰苴,春秋末期齐国将领。因功被封为大司马,后因齐景公听信谗言,田穰苴被罢黜,不久抑郁发病而死。

②田完:即陈完,春秋时陈国公族,陈厉公之子。陈完为避祸跑到齐国,改姓田氏,并被齐桓公任为卿,官为工正,主做器械。是战国时期田氏齐国的始祖。苗裔:子孙后代。

③齐景公:姜姓,吕氏,名杵臼,齐灵公之子,齐庄公之弟,春秋时期齐国君主。

④阿(ē):齐邑名。即今山东东阿。甄:古邑名。战国属齐国。在今山东菏泽鄄城北。

⑤河上:黄河岸边之地。

⑥败绩:指军队溃败。

⑦扞(hàn):抵御,抵抗。

⑧闾伍:闾、伍均为古代民户编次的单位,后来用闾伍指平民居所。

⑨且日:今本《史记》为"旦日"。明天,第二天。

⑩立表下漏:设置日晷、漏刻以计时。表,圭表的组成部分,为直立的标杆,用以测量日影的长度以计时。漏,古代计时器,即漏壶。

【译文】

司马穰苴,是田完的后代。齐景公时,晋国征伐阿邑、甄邑。燕国入侵齐国的河上之地,齐国军队溃败。景公非常担忧。晏婴于是就荐举田穰苴。景公任命他做将军,领兵抵御燕国、晋国的军队。穰苴说:"我素来地位低下,您从平民中把我提拔起来,地位在大夫之上,士兵们未必会服从,百姓们也不会信任,希望能派一个君上宠信、国家敬重的大臣,来做监军才可以。"于是景公让庄贾前去。穰苴已经辞别,跟庄贾约定说:"明天中午在军营大门会见。"第二天,穰苴先驱车到达军营,立好表杆、定好漏壶计算时刻等待庄贾。

贾素骄贵^①,亲戚左右送之,留饮,夕时乃至。穰苴曰:"何后期为?"贾谢曰:"大夫亲戚送之,故留。"穰苴曰:"将受命之日,则忘其家;临军约束,则忘其亲;援枹鼓之急^②,则忘其身。今敌深侵,邦内骚动,士卒暴露于境,君寝不安席,食不甘味,百姓之命皆悬于君,何谓相送乎?"于是遂斩庄贾以徇^③。三军之士皆振栗^④,然后行。士卒次舍、井灶、饮食、问疾、医药^⑤,身自拊循之^⑥。悉取将军之资粮享士卒,平分粮食,最比其羸弱者^⑦。三日而后勒兵,病者求行,争奋赴战。晋师闻之,为罢去;燕师闻之,渡易水而解^⑧。于是追击之,遂取所亡故境而归,立为大司马。

【注释】

①贾素骄贵:本段节录自《司马穰苴列传》。

②援枹(fú)鼓:敲响战鼓以进军。枹,鼓槌。

③徇:宣示于众。

④三军:指全军。振栗:颤抖。

⑤次舍:宿营之地。问疾:探问疾病。

⑥拊循：安抚，抚慰。

⑦最：特别，尤其。比：指同等待遇。羸弱：瘦弱。

⑧易水：河名。在河北西部。源出易县境，入南拒马河。按，《史记》
　　原文为"水"，当指黄河。

【译文】

　　庄贾素来骄横傲慢，加上亲戚僚属为他饯行，留他喝酒，晚上才来到。穰苴问："为什么误期晚到？"庄贾道歉说："大臣、亲戚送行，所以停留了一会儿。"穰苴说："将领从接受命令的那一刻开始，就要忘掉自己的家；面向军队宣布军纪后，就要忘掉自己的亲人；拿起鼓槌敲响战鼓之时，就要忘掉自身。现今敌寇深入国土，国内动荡不安，士兵露宿边境，国君寝不安席，食不甘味，百姓的性命都维系在你的手上，还讲究什么饯别送行呢？"于是杀死庄贾示众。全军士兵都吓得颤抖，然后出行。行军途中，士兵们安营扎寨、挖井立灶、饮水吃饭、探病吃药等事，田穰苴都亲自过问。把将军的物资粮食全都拿出来让士兵享用，自己和士兵吃同样的口粮，而且是和那些吃得最少的瘦弱士兵一样。三天后指挥军队出战，有病的士兵都请求出行，争先恐后奋勇作战。晋军听说后，撤兵离去；燕军听说后，渡过黄河北撤离开。齐军追击，于是收复了之前被侵占的全部失地而后归来，后来穰苴被立为大司马。

　　孙武者①，齐人也，以兵法见于吴王阖庐②。阖庐曰："子之十三篇③，吾尽观之矣，可小试勒兵乎④？"对曰："可。"阖庐曰："可试以妇人乎？"曰："可。"于是许之，出宫中美人⑤，得百八十人。孙子分为二队，以王之宠姬二人，各为队长。令之曰："汝知而心与左右手背乎？"妇人曰："知之。"孙子曰："前，则视心；左，则视左手；右，则视右手；后，则视背。"妇人曰："诺。"乃设铁钺⑥，三令而五申之⑦。于是鼓之右^⑧，妇人大笑。孙子曰："约束不明^⑨，申令不熟，将之罪也。"复三令而五申之。鼓之左，妇人复大笑。孙子曰："约束不明，申令不熟，将之罪也。既已明而不如法者^⑩，吏士之罪也。"乃欲斩左、右队长。吴王从台上观，见且斩爱姬，大骇，趣使下令曰："寡人已知将军能用兵矣。寡人非此二姬，食不甘味，愿勿斩也！"孙子曰："臣已受命将，将在军，君命有所不受。"遂斩队长二人以徇^⑪。用其次为队长，于是复鼓之。妇人左右、前后、跪起，皆中规矩绳墨^⑫，无敢出声者。于是孙子使使报曰："兵已整，唯王所欲用之，虽赴水火犹可也。"吴王曰："将军罢休就舍，寡人不愿下观。"孙子曰："王徒好其言，不能用其实。"于是阖庐知孙子能用兵也，卒以为将。西破楚入郢^⑬，北威齐、晋，显名诸侯。

【注释】

①孙武者：本段节录自《孙子吴起列传》。孙武，字长卿，春秋末期齐国人，田完后裔。春秋时期著名的军事家，被尊称为"兵圣""孙子"。

②吴王阖庐：一作阖闾，名光，春秋末期吴国君主，前514—前496年在位。

③十三篇：《正义》曰："《七录》云：'《孙子兵法》三卷。'按，十三篇为上卷，又有中、下二卷。"十三篇为《始计》《作战》《谋攻》《军形》《兵势》《虚实》《军争》《九变》《行军》《地形》《九地》《火攻》《用间》。

④勒兵：治军，操练或指挥军队。

⑤美人：妃嫔的称号。

⑥铁钺（fū yuè）：是斫刀和大斧，本来是腰斩、砍头的刑具，这里指帝王赐予的专征专杀之权。

⑦三令而五申：再三命令与告诫。申，申诫，告诫。

⑧鼓：指击鼓使进。

⑨约束：指军法，规章。

⑩如法：指按军法行动。

⑪徇（xùn）：示众。

⑫中：符合。规矩绳墨：规、矩，校正圆形、方形的两种工具；绳墨，木匠画直线所用的工具。比喻标准法度。

⑬郢：古邑名。春秋战国时楚国都城，在今湖北江陵纪南城。按：楚昭王十年吴师入郢，二年后昭王迁都于鄀；惠王即位之初曾迁都于鄢；顷襄王二十一年陷于秦，遂迁都于陈；考烈王十年曾迁都于钜阳，二十二年又迁都于寿春。凡上所述楚迁都之处，均称郢。

【译文】

孙武，是齐国人，由于擅长兵法被吴王阖庐接见。阖庐说："您的十三篇兵法我全都看过了，您可以小规模地试着为我操演一下吗？"孙武回答说："行。"阖庐说："能不能用妇人试试呢？"回答说："行。"于是允许尝试操练，选出宫中美女一共一百八十人。孙子把她们分成两队，让吴王的两个宠姬任两队队长。命令她们说："你们知道自己的心口、左右手，还有背部吗？"妇人回答说："知道。"孙子说："向前，那就是自己心口的方向；向左，那就是左手的方向；向右，那就是自己右手的方向；向后，那就是背部的方向。"妇人说："是。"孙子就摆出铁、钺等军中的刑具，再三命令告诫她们。于是击鼓命令她们向右，妇人大笑。孙子说："这是我还没把动作要领讲明白，没把军令讲清楚，是将领的责任。"他又把刚才宣布过的要领、军令讲了几遍。击鼓命令她们向左，妇人又大笑。孙子说："要领讲得不明白，军令讲得不清楚，是将领的责任。已经明白却不按要求去做，是军官和士兵的责任。"于是就要斩杀左、右队长。吴王在台上观看,见到要杀自己的爱姬,大为惊骇,急忙派人传令说:"我已经知道将军善于用兵了,我要没有这两位爱姬,吃饭都不香,希望别杀了她们!"孙子说:"我已经接受命令率领军队,将领在军中,可以不接受君王的命令。"就斩杀两位队长示众。让排次位的担任队长,于是再击鼓命令她们。妇人向左、向右、向前、向后、跪坐、起立,一切都谨遵规矩,没有敢出声的。于是孙子派使者报告吴王说:"士兵已经训练整顿好了,听凭君王您的任用,即使赴汤蹈火也可以做到。"吴王说:"将军停下回房间休息吧,我不想下去看了。"孙子说:"君王只是喜好我的文章,不能用它付之于实践呀。"从此阖庐知道孙子善于用兵,最终请孙武做了吴国的将军。吴王阖庐能够西破强楚,攻入郢都,又北上威震齐、晋,显名于诸侯,这里面有孙武的功劳。

吴起者^①,卫人也。魏文侯以为将^②,与士卒最下者同衣食。卧不设席^③,行不骑乘,亲裹粮^④,与士卒分劳。卒有病疽者^⑤,吴起为吮之。卒母哭之,人曰:"子卒也,而将军自吮其疽,何哭为?"母曰:"不然也。往年吴公吮其父,其父战不旋踵^⑥,而遂死于敌。今又吮此子,妾不知其死处矣,是以哭之。"文侯既卒,事武侯^⑦。武侯浮西河而下^⑧,中流顾而谓起曰:"美哉山河之固,此魏国之宝也!"起对曰:"在德不在险。昔三苗氏^⑨,左洞庭而右彭蠡^⑩,德义不修,而禹灭之。夏桀之居,左河、济^⑪,右太华^⑫,伊阙在其南^⑬,羊肠在其北^⑭,羊肠坂,在大原。修政不仁,而汤放之。殷纣之国,左孟门^⑮,右太行^⑯,常山在其北^⑰,大河经其南,修政不德,武王杀之。由此观之,在德不在险。若君不修德,船中之人,尽敌国也。"武侯曰:"善。"

【注释】

①吴起者：本段节录自《孙子吴起列传》。吴起，卫国人，战国初期军事家、政治家、改革家。历仕鲁、魏、楚三国，通晓兵家、法家、儒家思想，在内政、军事上都有极高的成就。与孙武并称"孙吴"。其所著《吴子》在中国古代军事典籍中占有重要地位。

②魏文侯：名斯，一名都，魏桓子之孙。战国时期魏国开国君主。

③设席：铺设席褥。

④裹粮：即裹糇粮，指携带熟食干粮，以备出征或远行。

⑤疽：指局部皮肤肿胀坚硬的毒疮。

⑥旋踵：掉转脚跟。形容奋勇向前。

⑦武侯：即魏武侯，战国时魏国国君。姬姓，魏氏，名击。文侯之子。前396—前370年在位，为魏国较强大时期，攻占大片领土。

⑧浮：水上航行。西河：河名。古称黄河南北流向的部分为西河。

⑨三苗氏：古民族名。相传原分布在江、淮、荆州一带。

⑩洞庭：即洞庭湖。彭蠡：即今鄱阳湖，在江西北部。

⑪河、济：黄河、济水。这里指今河南温县东，其地为黄河与济水的分流处。

⑫太华：即西岳华山，在陕西华阴南，因其西有少华山，故称太华。

⑬伊阙：山名。在今河南洛阳南。因两山相对如阙门，伊水流经其间，故名。

⑭羊肠：古坂道名。以其萦曲如羊肠，故名。在今山西晋城南。

⑮孟门：古山名。在今河南辉县西，春秋时为晋国要隘。

⑯太行：山名。在山西高原与河北平原间，从东北向西南延伸。西缓东陡，受河流切割，多横谷，为东西交通孔道，古有"太行八陉"之称。

⑰常山：即古恒山。在今河北曲阳西北。

【译文】

吴起，是卫国人。魏文侯任命他做将领，他跟最下等的士兵穿一样的衣服，吃一样的饭。他睡觉不垫席垫子，出行不骑马乘车，亲自背着干粮，跟士兵分担劳苦。士兵有生了疽疮的，吴起用嘴为他吸疮里的脓。士兵的母亲痛哭，有人说："你的儿子是个小兵，将军亲自给他吮吸疽疮，还哭什么？"母亲说："不是的。以前吴将军也这样为孩子的父亲吸过疮脓，他父亲打起仗来只管向前冲，结果死在敌人手中。现在吴将军又替这孩子吸疮脓，我不知道他会死在哪里，所以痛哭。"文侯去世后，吴起事奉武侯。武侯乘船沿着西河向下游航行，走到中途，回头看着吴起说："这险要的山川形势是多么壮丽，这是魏国的珍宝啊！"吴起回答说："国家强盛在于实行德政，而不在于山川形势的险要。从前三苗，左边是洞庭湖，右边是鄱阳湖，不修行德行仁义，被禹消灭了。夏桀的住处，左边是黄河、济水，右边是华山，南方是伊阙关口，北边是羊肠险塞，羊肠坂在太原。他为政不仁，被汤放逐。殷纣的国都，左边是孟门山，右边是太行山，恒山在它的北边，黄河从它南边流过，但由于殷纣不实行德政，被武王杀死。由此看来，国家的强固，是在于修德政而不在天险。倘若君王您不修养德行，船中的人，全都会成为敌国之人。"武侯说："你说得对！"

甘茂者^①，下蔡人也^②。秦武王以为左丞相^③，谓茂曰："寡人欲容车通三河以窥周室^④，而寡人死不朽矣。"茂曰："请之魏，约以伐韩^⑤，而令向寿辅行^⑥。"茂谓向寿："子归，言之于王曰：'魏听臣矣，然愿王勿伐也。'"寿归，以告王，王迎茂于息壤^⑦。茂至，王问其故。对曰："宜阳^⑧，大县也，虽名曰县，其实郡也。今王倍数险^⑨，行千里攻之，难。昔曾参之处费^⑩，鲁人有与曾参同姓名杀人，人告其母曰：'曾参杀人。'其母织自若也。顷然，一人又告，其母尚织自若也。顷然，一人又告之，其母投杼下机^⑪，逾墙而走。夫以曾参之贤，与其母信之也，三人疑之，其母惧焉。今臣之贤不若曾参，王之信臣又不如曾参之母信曾参也，疑臣者非特三人，臣恐大王之投杼也。始张仪西并巴、蜀之地[12]，北开西河之外，南取上庸[13]，天下不以多张子而贤先王[14]。魏文侯令乐羊将而攻中山[15]，三年而拔之。乐羊返而论功[16]，文侯示之谤书一箧[17]。乐羊再拜稽首曰：'此非臣功，主君之力也。'今臣羁旅之臣[18]，樗里子、公孙奭二人者[19]，挟韩而议[20]，王必听之。王欺魏而臣受公仲侈之怨也[21]。"王曰："寡人不听也，请与子盟[22]。"卒使茂将兵伐宜阳。五月而不拔，樗里子、公孙奭果争之。武王召茂，欲罢兵。茂曰："息壤在彼[23]。"王曰："有之。"因大悉起兵，使茂击之，遂拔宜阳。韩襄王使公仲侈入谢[24]。

【注释】

①甘茂者：本段节录自《樗里子甘茂列传》。甘茂，战国中期秦国名将，秦国左丞相。学百家之说，得秦惠文王任用，后卒于魏国。

②下蔡：古邑名。在今安徽凤台。

③秦武王：又称秦武烈王、秦悼武王，嬴姓，名荡，秦惠文王之子，前310—前307年在位。秦武王身高体壮，孔武好战，采取一系列措施增强国力。他喜好比武角力，举鼎时折足而死。

④容车：说法不一，一说指道路狭窄，仅能通过一辆车子。沈川曰："欲容车之广，通三川之路也，不必须广。"一说为《后汉书·祭遵传》李贤注："容车，容饰之车，象生时也。"则"容车"是丧葬时运载死者衣冠及画像的车。三河：即三川。三条河流的总称，即今河南洛阳黄河南北一带，春秋战国以黄河、洛河、伊水为三川。

⑤约：以语言或文字订立共同应遵守的条件。

⑥向寿：秦惠文王的王后、秦昭襄王的母亲宣太后娘家亲戚，战国时期秦国将领。少与昭襄王相处共长，得太后宠。使楚，楚以向寿贵重于秦而厚待之。

⑦息壤：地名。秦邑，当在今陕西咸阳东。

⑧宜阳：战国为韩邑。韩景侯由宜阳迁都阳翟之后，在宜阳建县。在今河南宜阳。

⑨倍：通"背"，经过，跨越。数险：正义曰："谓函谷及三崤、五谷。"

⑩曾参：字子舆，鲁国人，著名的思想家，孔子弟子，儒家学派的重要代表人物。处：居住，居于。费：古地名。春秋鲁邑，在今山东费县西北。

⑪杼：织机的梭子。

⑫张仪：战国时期纵横家，魏国贵族后裔。助秦惠文君称王，以连横游说各国，抵抗齐楚的合纵政策。巴、蜀：指中国西南以四川盆地为主及其周边附近地区，秦汉设巴、蜀二郡。

⑬上庸：古地名。汉末至南朝梁有上庸郡，治上庸，即今湖北竹山县西南。

⑭多：称赞。先王：指秦惠文王。

⑮乐羊：乐毅先祖，战国时期魏国将领。中山：古国名。春秋末年鲜虞人所建，在今河北定州、唐县一带，后为赵所灭。

⑯论功：评定功劳之大小。

⑰谤书：诽谤和攻讦他人的书函。箧（qiè）：收藏东西的小箱子。

⑱羁旅：寄居异乡。

⑲樗（chū）里子：又称严君疾，是战国中期秦国将领，秦孝公庶子。因足智多谋，绰号"智囊"。公孙奭（shì）：秦国贵族，又作公孙郝、公孙赫、公孙衍，深受秦王亲幸。

⑳挟：持，抓住。

㉑公仲侈：姓公仲，名侈，一名公仲朋，是韩国宰相，韩宣惠王时期得

到重用,力主结好秦国连横,后秦韩交恶后,率军坚守宜阳,失败后重新与秦国交好,并为韩国取得了重要城市武遂,后参与储君之争,抵御了楚国的进攻。

㉒盟:泛指发誓、起誓。

㉓息壤在彼:正义曰:"甘茂归至息壤,与秦王盟,恐后樗里子、公孙奭伐韩,今二子果争之。武王召茂欲罢兵,故甘茂云息壤在彼邑也。"息壤,指息壤之盟。

㉔韩襄王:姬姓,韩氏,名仓,战国时期韩国君主。

【译文】

甘茂,是下蔡人。秦武王任命他做左丞相,对甘茂说:"我什么时候能打开一条哪怕只能通过一辆车子的窄路,到三川一带去看看周朝都城,即使死了也不遗憾了。"甘茂说:"请允许我去魏国,与魏国相约去攻打韩国,请允许向寿陪我一同前往。"甘茂对向寿说:"你回去对君王说:'魏国已经听从甘茂的话了,但是希望君王不要讨伐韩国。'"向寿回去,把这话告诉秦王,秦王到息壤去迎接甘茂。甘茂到了,秦王问他为什么不攻打韩国。甘茂回答说:"宜阳,是一个大县,虽然名字叫县,其实跟一个郡一样。现在您要背对险要之地,行军千里去进攻,这是很困难的。从前曾参住在费地,鲁国有个跟他同名的人杀了人,有人告诉他的母亲说:'曾参杀人了。'他的母亲还是神情自若地织布。过了一会儿,一个人又来告诉她,她还是神情自若地织布。过了一会儿,一个人又来告诉她,她扔了梭子离开织布机,翻过墙跑了。凭着曾参的贤德与母亲对他的深信不疑,结果三个人的话让她产生了怀疑,让她害怕了。现今我的贤明赶不上曾参,君王您对我的信任又赶不上曾参母亲对她儿子的信任,怀疑我的又不仅仅是三个人,我担心有一天您也要扔掉梭子啊。当初张仪向西兼并巴、蜀,向北开拓西河之外,向南取得上庸,天下不因此称赞张仪而是认为先王贤明。魏文侯命令乐羊领兵攻打中山,用了三年时间打下来,乐羊回来论功请赏,文侯给他看了一箱子毁谤他的书信。

乐羊两次下拜叩首说:'灭掉中山不是我的功劳,而是全靠大王的大力支持啊。'现今我只是一个寄居他乡的臣子,如果樗里子和公孙奭二人以韩国国力强盛为理由来同我争议攻韩的得失,您肯定就会听信他们。这样一来您就背叛了魏王,而我也会受到韩相公仲侈的怨恨。"秦王说:"我不会听他们的话,我可以和你盟誓!"就让甘茂领兵攻打宜阳。打了五个月没打下来,樗里子、公孙奭果然提出反对意见。秦武王召见甘茂,想要撤兵。甘茂说:"息壤之盟还在那里呢。"秦王说:"确实有。"就增派大量军队,让甘茂去攻打宜阳,终于攻下宜阳。韩襄王让公仲侈到秦国谢罪求和。

　　白起者^①,郿人也^②,善用兵,事秦昭王^③。昭王使白起为上将军,前后斩首虏四十五万人。赵人大震,使苏代厚币说秦相应侯曰^④:"武安君所为秦战胜攻取者七十余城,南定鄢郢、汉中^⑤,北禽赵括之军^⑥,虽周、召、吕望之功^⑦,不益于此矣。今赵亡,秦王王,则武安君必为三公,君能为之下乎?虽无欲为之下,固不得已矣。秦尝攻韩,围邢丘^⑧,困上党^⑨,上党之人皆反为赵^⑩,天下不乐为秦民之日久矣。今亡赵^⑪,北地入燕,东地入齐,南地入韩、魏,则君之所得民亡几何人。故不如因而割之,无以为武安君功也。"于是应侯言秦王曰:"秦兵劳,请许韩、赵之割地以和,且休士卒。"王听之,皆罢兵。武安君由是与应侯有隙。秦复发兵,使王陵攻赵^⑫。陵战少利。秦王欲使武安君代陵将,武安君言曰:"秦虽破长平军,而秦卒死者亦过半,国内空。遂远绝河山而争人国都^⑬,赵应其内,诸侯攻其外,破秦军必矣。不可。"秦王强起武安君,武安君遂称病笃。应侯请之,不起。

于是免为士伍，迁之阴密⑭。属安定。武安君病，未能行。秦王乃使人遣白起，不得留咸阳中。武安君既行，出咸阳西门十里，至杜邮⑮。秦昭王与应侯群臣议，曰："白起之迁，其意尚怏怏不服⑯，有余言。"秦王乃使使者赐之剑自裁。武安君遂自杀。秦人怜之，乡邑皆祭祀焉。

【注释】

①白起者：本段节录自《白起王翦列传》。白起，又名公孙起，战国时期秦国名将，战功赫赫，被封为武安君。

②郿：春秋周邑，后为秦县名，县治在今陕西眉县东北。

③昭王：秦昭王，又称秦昭襄王，名则，又名稷，战国时期秦国国君，秦惠文王之子，前306—前251年在位。上将军：行军作战时军中的主帅。

④苏代：战国时纵横家，是苏秦族弟。应侯：即范雎，字叔，魏国人，秦国宰相，因封地在应城，所以又称应侯。

⑤鄢郢：春秋楚文王定都于郢，惠王之初曾迁都于鄢，仍号郢。因以鄢郢指楚都。汉中：即汉中郡，治南郑（今陕西汉中）。

⑥禽：通"擒"，俘获，杀死。赵括：赵国名将马服君赵奢之子。赵括熟读兵书，但缺乏战场经验，不懂得灵活应变。长平之战中，四十余万赵兵尽降，后被秦军坑杀。

⑦周、召：亦作周、邵，周成王时共同辅政的周公旦和召公奭的并称。两人分陕而治。吕望：即姜子牙，亦作姜尚，商末周初人。名尚，一名望，字子牙，或单呼牙，别号飞熊。因其先祖辅佐大禹平水土有功被封于吕，故以吕为氏，也称吕尚。

⑧邢丘：古邑名。战国属魏。在今河南温县东。

⑨上党：山西东南部的一个古地名，是由群山包围起来的一块高地，

东部依太行山与华北平原为界，西部依太岳山和中条山与晋南接壤。秦始皇统一天下，分为三十六郡，上党是其中一郡。而上党之国指中原诸国。

⑩为：帮助。

⑪亡：无，没有。

⑫王陵：战国时期秦国将军。秦昭襄王四十八年（前259），任五大夫，发兵攻打赵邯郸，以战不善免职。

⑬绝：横渡，跨越。

⑭阴密：县名。汉武帝以古密须国都阴密取名，属安定郡，故治在今甘肃灵台。

⑮杜邮：古地名，战国属秦，又名杜邮亭，在今陕西咸阳东。

⑯怏怏：不服气或闷闷不乐的神情。

【译文】

白起，是郿县人，善于用兵，事奉秦昭王。昭王让白起当上将军进攻赵国，前前后后一共斩首俘虏四十五万人。赵国人大为震惊，让苏代带着重金游说秦国宰相应侯范雎说："武安君为秦国作战，胜利攻取了七十余座城池，南方平定了鄢郢、汉中，北方消灭赵括大军，即使周公、召公、吕望的功劳，也不比他多。现今如果赵国灭亡，秦王称王统一天下，那么武安君必定成为三公，您能甘居他之下吗？即使不想在他之下，恐怕也不行了。秦国曾经进攻韩国，包围邢丘，围困上党，上党的民众反而帮助赵国，天下的老百姓早就不愿意做秦国的臣民了。如今灭了赵国，北部土地归入燕国，东部土地归入齐国，南部土地归入韩国、魏国，那么您得到的民众又有多少呢？所以不如顺应形势逼迫赵国割地求和，不要让武安君再立新功啊。"于是应侯对秦王说："秦国军队疲劳，请允许韩国、赵国割地求和，而且还能让士卒得到休整。"秦王听从了，双方都停战。武安君从此跟应侯有了嫌隙。秦国又重新发兵，让王陵攻打赵国。王陵作战成效不大。秦王想要让武安君代替王陵领兵，武安君说："秦国虽然击破赵国的长平军，但是秦军士兵死伤也超过半数，国内空虚。还要远远地跨越山河争夺人家的国都，赵国作为内应，各个诸侯从外进攻，一定会击破秦军。这是不行的。"秦王强迫武安君就任，武安君声称病重。应侯范雎再次请他，他也不肯起身就任。于是免除武安君的封号，将其削职为普通士卒，发配到阴密。属于汉朝安定郡。武安君因身体有病，不能行动。秦王就派人遣送白起，不准他留在咸阳城中。武安君已经走了，出了咸阳西门十里地，到了杜邮。秦昭王跟应侯还有群臣商议，说："白起被发配，他的心中很不服气，还有没说尽的话语。"秦王就派使者赐给白起一把剑自杀。武安君于是自杀。秦人怜惜他，许多乡邑都祭祀他。

　　乐毅闻燕昭王屈身下士[①]，先礼郭隗以招贤者[②]。毅为魏使燕，遂委质为臣[③]，昭王以为亚卿[④]。时齐湣王强[⑤]，自矜，百姓弗堪[⑥]。于是昭王使毅约赵、楚、魏以伐齐。昭王悉起兵，使毅为上将军，并护赵、楚、韩、魏、燕之兵以伐齐[⑦]，破之济西[⑧]。诸侯兵罢归，而毅独追入临菑[⑨]，尽取齐宝财物输之燕。昭王大悦，封乐毅于昌国[⑩]。齐七十余城皆为郡县以属燕，唯独莒、即墨未服[⑪]。会燕昭王卒。惠王自为太子时[⑫]，尝不快于毅，及即位，齐之田单闻之[⑬]，乃纵反间于燕曰[⑭]："齐城不下者两城耳。然所以不早下者，闻乐毅与燕新王有隙，欲连兵且留齐[⑮]，南面而王齐[⑯]。齐之所患，唯恐他将之来。"惠王固已疑毅，得齐间，乃使骑劫代将而召毅[⑰]。毅知惠王之弗善代之，遂西降赵。齐田单遂破骑劫，尽复得齐城。

【注释】

①乐（yuè）毅闻燕昭王屈身下士：本段节录自《乐毅列传》。乐毅，字永霸，魏将乐羊后裔，战国时燕国名将。帅燕国等五国联军攻打齐国，连下七十余城，创造了中国古代战争史上以弱胜强的著名战例。后因受燕惠王的猜忌，无奈投奔赵国，被封为望诸君。屈身，降低身份，委屈自身。下士，屈身交接贤士。

②郭隗：战国时期燕国谋士。燕昭王为其建黄金台，并把他当作老师来尊重。结果乐毅、邹衍、剧辛及其他有才能的人皆来归附燕国，燕国因此强大起来。

③委质：向君主献礼，表示献身。引申为臣服、归附。

④亚卿：周制，卿分上、中、下三级，次者为中卿，又称亚卿。

⑤齐湣王：本名田地，齐宣王之子，齐国第六任国君，又称闵王。前323年即位，在位四十年。

⑥弗堪：受不了。堪，受得了。

⑦护：总领，统辖。

⑧济西：古济水以西，即今山东聊城、茌平、高唐一带，时为齐国西部国土。

⑨临菑（zī）：齐国故都，在今山东淄博临淄区。

⑩昌国：古邑名。又名昌城，战国齐地，后入燕，在今山东淄博东南。

⑪莒（jǔ）：春秋时邑名。原为莒国领地，后属鲁，又属齐。在今山东莒县。即墨：古地名。在今山东平度东南。战国时为齐邑。

⑫惠王：燕惠王，姬姓，燕国国君，燕昭王之子，前279—前272年在位。

⑬田单：战国时齐国名将。田单坚守即墨，以火牛阵击破燕军，收复七十余城，因功被任为相国，被封为安平君。

⑭反间：诱使敌方的间谍或其他人反为我用，制造其内讧而伺机取胜。

⑮连兵：联合兵力，集结军队。

⑯南面：以指居帝王或诸侯之位。王：用如动词，称王。

⑰骑劫：燕国将领。在大将乐毅逃亡之后，燕惠王任命骑劫代替乐毅为将。前279年，田单在即墨城以火牛阵大败燕军，骑劫也在此战中阵亡。

【译文】

乐毅听说燕昭王降低身份交接贤士，先礼遇郭隗来招揽贤才。乐毅正替魏国出使燕国，于是就归附成为臣子，昭王任命他做了亚卿。当时齐湣王强横，骄傲自大，百姓都受不了。于是燕昭王让乐毅联合赵国、楚国、魏国去攻打齐国。燕昭王发动了全部军队，让乐毅为上将军，统一指挥赵、楚、韩、魏、燕五国联军去讨伐齐国，在济水以西击破齐军。诸侯军队都撤走，而乐毅独自领兵追到临淄，把齐国的财宝物资全都运回燕国。燕昭王非常高兴，把乐毅封在昌国。齐国七十多座城池都成为燕国的郡县，只有莒、即墨没有归服。这时赶上燕昭王去世。燕惠王当太子的时候，曾经跟乐毅闹过不愉快，等到他即位成为燕王，齐国的田单听说了，就对燕国使者用反间计说："齐国没有攻下的只有两座城池，但是没有早日攻下的原因，听说是乐毅跟新即位的燕王有矛盾，乐毅故意留着这两个城邑，使自己得以留在齐国，好伺机做齐国的国王。齐国现在担心的就是燕国派别的将领来。"燕惠王原本就怀疑乐毅，听到齐国间谍的话，就让骑劫代替乐毅任将领，而召回乐毅。乐毅知道燕惠王不会善待自己，就向西投降赵国。齐国田单于是击破骑劫，收复了齐国的全部城邑。

　　廉颇者①，赵之良将也。蔺相如者②，赵人也。赵王与秦王会渑池③。秦王饮酒酣，曰："寡人窃闻赵王好音，请奏瑟④。"赵王鼓瑟⑤。秦御史前书曰⑥："某年某月，秦王与赵王会饮，令赵王鼓瑟。"相如前曰："赵王窃闻秦王善为秦声⑦，请奉盆缶以相乐⑧。"秦王怒，不许。于是相如前进缶，因跪请。秦王不肯击缶。相如曰："五步之内，相如请得以颈血溅大王矣！”左右欲刃相如，相如张目叱之，左右皆靡⑨。于是秦王不怿⑩，为壹击缻。相如顾召赵御史书曰："某月，秦王为赵王击缻。"秦之群臣曰："请以赵十五城为秦王寿⑪。"相如亦曰："请以秦之咸阳为赵王寿。"秦王竟酒，终不能加胜于赵。既罢归国，以相如功大，拜为上卿，位在廉颇之右⑫。

【注释】

①廉颇者：本段节录自《廉颇蔺相如列传》。廉颇，战国时赵国名将。

②蔺相如：战国时赵国上卿，赵国著名的政治家、外交家。

③赵王：赵惠文王。秦王：秦昭王。会：盟会。渑池：在今河南渑池西。战国时为渑池邑，先后属郑、韩、秦。

④瑟：拨弦乐器，形似古琴，但无徽位，有五十弦、二十五弦、十五弦等数种，今瑟有二十五弦、十六弦两种。

⑤鼓：演奏。

⑥御史：官名。春秋战国时期列国皆有御史，为国君亲近之职，掌文书及记事。

⑦秦声：秦地音乐。李斯所谓"击瓮叩缶、弹筝搏髀，而呼呜呜快耳者，真秦声也"（颜师古注）。

⑧缻：同"缶"。盛酒浆的瓦器，也指瓦质的打击乐器。

⑨靡：倒退。

⑩怿（yì）：喜悦，快乐。

⑪为……寿：当时的祝酒词，指向尊长敬酒或馈赠财物，以祈祝健康长寿。

⑫之右：相当于之上，当时以右为尊。

【译文】

　　廉颇,是赵国的优秀将领。蔺相如,也是赵国人。赵王跟秦王在渑池盟会。秦王酒兴正浓时,说:"寡人听说赵王喜好音乐,请鼓瑟助兴吧。"赵王奏瑟。秦国的御史记载说:"某年某月,秦王跟赵王盟会饮酒,让赵王鼓瑟。"相如上前说道:"我们赵王也听说秦王精通秦国音乐,请让我捧上瓦瓴来娱乐一下。"秦王生气,不答应。于是蔺相如递上盆缻,双手捧到秦王面前,跪请秦王演奏。秦王不肯击缻。蔺相如说:"五步之内,我就能用自己脖颈的热血溅到大王身上了。"秦王左右亲信想要用刀砍蔺相如,相如瞪眼呵斥,左右都吓得倒退。于是秦王很不高兴,敲击了一下缻。相如回头召来赵国御史记载说:"某年某月,秦王给赵王敲击缻。"秦国的群臣说:"请赵王用十五座城池来向秦王献礼。"相如也说:"请秦王把秦国的首都咸阳拿来向赵王献礼。"直到宴会结束,秦王始终没能占赵王什么便宜。盟会结束之后回国,因为相如功劳大,任命他当了上卿,地位在廉颇之上。

　　颇曰①:"我为赵将,有攻城野战之功②,而蔺相如徒以口舌为劳,而位居我上,且相如素贱人,吾羞,不忍为之下。"宣言曰:"我见相如,必辱之。"相如闻,每朝常称病。已而相如出,望见廉颇,引车避匿。于是舍人相与谏曰③:"臣所以去亲戚而事君者,徒慕君之高义也④。今君与廉君同列,廉君宣恶言,而君畏匿之,恐惧殊甚,且庸人尚羞之,况于将相乎!臣等不肖⑤,请辞去。"相如固止之曰:"公之视廉将军,孰与秦王?"曰:"不若也。"相如曰:"夫以秦王之威,而相如廷叱之,辱其群臣,相如虽驽⑥,独何畏廉将军哉?顾吾念之,强秦之所以不敢加兵于赵者,徒以吾两人在也。今两虎斗,其势不俱生。吾所以为此,先公家之急,而后私雠也。"颇闻之,肉袒负荆^⑦,因宾客至相如门,谢罪曰:"鄙贱之人,不知将军宽之至此也。"卒相与欢,为刎颈之交^⑧。

【注释】

①颇曰:本段节录自《廉颇蔺相如列传》。

②野战:交战于旷野。

③舍人:战国及汉初王公贵人私门之官。相与:共同,一起。

④高义:行为高尚合于正义。

⑤不肖:不成材,不像样,用为自谦。

⑥驽:比喻低劣无能。

⑦肉袒:去衣露体。古代在祭祀或谢罪时表示恭敬和惶惧。负荆:
　背负荆条,指愿意接受杖打。

⑧刎颈之交:指友谊深挚,是可以共生死的朋友。

【译文】

廉颇说:"我是赵国的将军,有攻占城池、旷野拼杀的功劳,而蔺相如不过靠着耍耍嘴皮,居然地位在我之上,况且蔺相如原本出身低贱,我感到羞耻,难以忍受屈居在他之下。"扬言说:"我看见蔺相如,一定要侮辱他。"相如听说后,总是称病不去上朝。不久,相如出门,望见廉颇,赶紧掉转车头回避。于是相如的舍人一起劝谏他说:"我们离开亲人来事奉您,就是仰慕您高尚的节义。现今您跟廉将军同列,廉将军放出狠话要侮辱您,可您畏惧藏匿,怕成这个样子,平常人尚且为此感到羞愧,何况是位居将相的人呢? 我们不成材,请允许让我们告辞离去。"相如坚决挽留他们说:"诸位认为廉将军和秦王相比,谁更厉害?"回答说:"廉将军不如秦王。"相如说:"秦王威势那么大,我尚且敢在秦国朝廷上当面叱责他,羞辱他的大臣,我虽然驽钝,为什么单单畏惧廉将军呢? 只不过是我想到,强大的秦国不敢出兵攻打赵国的原因,就只因为我们两个人在啊。现在如果我们两虎相争,势必不能共存。我这样做的原因,就是因为以国家利益为先，个人恩怨在后。"廉颇听说后，脱掉衣服袒露身体，背负荆条，让门客领着到蔺相如门前，请罪说："我这个狭隘浅陋的人，想不到您的胸怀宽广至此。"从此两人交好，成为同生共死的交情。

　　赵奢者①，赵之田部吏也②。收税而平原君家不肯出③，奢以法治之，杀平原君用事者九人。平原君怒，将杀奢，因说曰："君于赵为贵公子④，今纵君家而不奉公则法削，法削则国弱，国弱则诸侯加兵，诸侯加兵，是无赵也，君安得有此富乎？以君之贵，奉公如法则上下平，上下平则国强，国强则赵固。而君为贵戚，岂轻于天下邪？"平原君以为贤，言之王。王用之治国赋，国赋大治，民富而府库实。秦伐韩，军阏与⑤。王乃令奢将，救之。大破秦军。惠文王赐奢爵号为"马服君"⑥。

【注释】

①赵奢者：本段节录自《廉颇蔺相如列传》。赵奢，战国时代赵国名将，赵武灵王之子，封为"马服君"。

②田部吏：征收田赋的官吏。

③平原君：即赵胜，"战国四公子"之一，赵武灵王之子，赵惠文王之弟。因贤能而闻名，号平原君。

④公子：古代称诸侯之庶子，以别于世子，亦泛称诸侯之子。

⑤军：驻军。阏（yù）与：战国时韩邑，后属赵，在今山西和顺。

⑥马服君：指赵奢。赵封其名将赵奢于马服，赐号为"马服君"。后以"马服"指赵奢。马服，战国赵地，在今河北邯郸西北。

【译文】

赵奢，是赵国管理征收农田赋税的官吏。他征收租税时，平原君家不肯交租,赵奢就按法律制裁,杀死了平原君家中管事的九个人。平原君大怒,将要杀死赵奢,赵奢对平原君说:"您在赵国是贵公子,现在纵容您家不奉公守法,那么法令就会削弱,法令削弱那么国家就会衰弱,国家衰弱那么诸侯就会发兵攻打,诸侯攻打,这就会使赵国灭亡,您还能有这样的财富吗?像您这样地位高贵的人,如能奉公守法,全国上下都会觉得公平,上下觉得公平那么国家就会强大,国家强大那么赵国牢固。您是赵国的贵戚,难道还担心被天下人轻视吗?"平原君认为他贤明,就把他举荐给赵王。赵王任命赵奢管理国家赋税,结果整个国家的赋税工作非常公平合理,百姓富足,国库也充实起来。秦国征伐韩国,驻军阏与。赵王让赵奢领兵,去救韩国。赵奢大败秦军。惠文王封赵奢为"马服君"。

孝成王立①。秦与赵兵相距长平②,使廉颇将,固壁不战。秦之间言曰③:"秦之所恶,独畏赵奢之子赵括为将耳。"赵王因以括为将,代廉颇。括自少时学兵法,言兵事,以天下莫能当。尝与其父奢言兵事,奢不能难,然不谓之善。括母问其故,奢曰:"兵,死地也,而括易言之④。使赵不将括则已,若必将之,破赵军者必括也。"及括将行,其母上书曰:"括不可使将。"王曰:"何以?"对曰:"始妾事其父,时为将,身所奉饭而进食者以十数,所友者以百数,大王及宗室所赏赐者,尽以与军吏士大夫⑤,受命之日,不问家事。今括一旦为将,东向而朝⑥,军吏无仰视之者,王所赐金帛,归藏家,而日视便利田宅可买者。王以为何如其父⑦?父子异心,愿王勿遣。"王曰:"母置之⑧,吾已决矣。"终遣之。括既代廉颇,悉更约束,易置军吏⑨。秦将白起闻之,纵奇兵⑩,射杀括。数十万之众遂降秦,秦悉坑之。

【注释】

①孝成王立：本段节录自《廉颇蔺相如列传》。孝成王，即赵孝成王，
　名丹，赵惠文王之子，赵国第十任君主。前265年即位，在位21年。

②相距：对峙。距，通"拒"。长平：古城名，故址在今山西高平西
　北。战国时秦白起曾大败赵括，坑杀赵降卒四十余万于此。

③间：间谍。

④易：轻易。

⑤军吏：泛指军中的将帅官佐。士大夫：指将士。

⑥东向：面向东。古代以东为尊位。

⑦何如其父：相当于如其父何，跟他父亲比怎么样。

⑧母：对妇女的敬称。这里指赵括的母亲。

⑨易置：改设，更换，改变位置。

⑩纵：通"总"，统率。奇兵：出乎敌人意料而突然袭击的军队。

【译文】

　　孝成王立为赵王。秦国跟赵国军队在长平对峙，赵国派廉颇领兵，廉颇固守军营壁垒不出战。秦国的间谍传播谣言说："秦国所害怕的，只是赵奢的儿子赵括当将军罢了。"赵王于是让赵括做将军，替代廉颇。赵括小时候学兵法，谈论军事，认为天下没人能赶得上自己。曾经跟他父亲赵奢谈论军事，赵奢也论不过他，但还是不认为赵括有真本事。赵括母亲问他原因，赵奢说："领兵打仗，是决定生死的大事，可赵括说得太轻巧了。假使赵括不领兵还倒罢了，如果一定让他领兵，让赵国军队溃败的必定是赵括。"等到赵括要走时，他母亲上书说："不能让赵括当将领。"赵王问："为什么？"回答说："当初我侍奉他父亲，他父亲正做赵国的将军，每天亲自捧着饮食恭敬对待的有几十人，像朋友一样对待的有上百人，大王跟宗室贵族给的赏赐，全都给了军中属下将士，一旦受任，就不再过问家中事务。现今赵括刚刚当了将领，就面向东接受朝拜，军中官吏没有人敢抬头看他，大王赏赐的金钱绸帛，他都带回家里收藏，天

天留意哪儿有良田美宅,发现合适的就买下来。大王认为他与他父亲相比如何? 父子截然不同啊,希望大王不要派他去。"赵王说:"您做母亲的别管了,我已经决定了。"最终还是派遣赵括出征。赵括代替廉颇后,将原来的军法制度全都改了,还更换了军中的将领。秦将白起听说后,调遣一支奇兵进攻,射杀了赵括。赵军几十万士卒于是就投降了秦军,秦军把他们全都活埋了。

李牧者[1],赵之北边良将也。常居代、雁门[2],备匈奴[3]。日缮士[4],习骑射,谨烽火,多间谍,厚遇战士。为约曰:"匈奴即入盗,急入收保[5],有敢捕虏者斩。"如是数岁,亦不亡失。然匈奴以李牧为怯,虽赵边兵亦以为吾将怯。赵王让牧[6],牧如故。赵王怒,召之,使他人代将。岁余,匈奴每来,出战,战数不利,失亡多,边不得田畜。复请牧,牧固称疾。赵王乃复强起使将兵,牧曰:"王必用臣,如前乃敢奉令。"王许之。牧至如故约。匈奴数岁无所得,终以为怯。边士日得赐而不用,皆愿得一战。于是悉勒习战[7]。大纵畜牧,人民满野。匈奴小入,佯北不胜[8],以数千人委之[9]。单于闻之[10],大率众来入。牧多为奇陈[11],张左右翼击之,大破杀匈奴十余万骑。破东胡[12]。单于奔走,匈奴不敢近赵边。

【注释】

①李牧者:本段节录自《廉颇蔺相如列传》。李牧,战国时期的赵国名将。战国末期,李牧是赵国赖以支撑危局的唯一良将,素有"李牧死,赵国亡"之称。

②代:古国名。在今河北蔚县东北,建于战国以前,前475年为赵襄

子所灭。后为代郡。雁门：位于山西代县。战国赵地。秦置郡，
今山西北部皆其地。

③匈奴：我国秦汉时期北方的游牧民族，有山戎、猃狁等名称。

④飨（xiǎng）士：用酒食款待士兵，犒劳士卒。

⑤收保：指古代边境上设置的兼有储藏物资和防卫作用的小城堡。
保，同"堡"。

⑥让：责备，责让。

⑦勒：约束，统率。

⑧佯北：假装打败。

⑨委：委弃，舍弃。

⑩单（chán）于：汉时匈奴君长的称号。

⑪陈：同"阵"。军伍行列，战斗队形。

⑫东胡：我国古代的少数民族。因居匈奴之东，所以叫东胡。春秋、
战国时，南邻燕国，后为燕所破，迁于今西辽河上游一带。秦末东
胡强盛，后为匈奴冒顿单于击败，余众退居乌桓山和鲜卑山，分别
称乌桓、鲜卑。后亦为我国东北地区少数民族的泛称。

【译文】

李牧，是赵国守卫北部边境的名将。经常驻扎在代地、雁门一带，
防备匈奴。每天用酒食款待士兵，训练军士骑马射箭，留意烽火的讯息，
多多选派侦察人员去打探敌情，非常爱护士兵。跟他们约定："假使匈
奴入寇，就迅速进入边关城堡防守，谁要是敢擅自出去捉拿敌人立即斩
首。"这样过了几年，也没有伤亡损失。但是匈奴认为李牧胆怯，就是边
境士兵也认为自己的将领胆怯。赵王责备李牧，李牧依然如故。赵王生
气了，召回他，让别人代替他领兵。过了一年多，匈奴每次进犯，赵军就
出兵交战，战斗屡屡失利，损失伤亡太多，导致边境不安，百姓无法安心
耕种、放牧。赵王没有办法，只好再请李牧回来，李牧推辞有病。赵王
就又勉强李牧让他领兵，李牧说："大王您如果非要用我，就允许我还和

之前一样,这样我才敢受命。"赵王答应了。李牧到边地后,又恢复了原来的各项制度。匈奴几年没有什么收获,始终认为李牧胆怯。边境士兵天天得到赏赐而没有用武之地,都希望能够打一仗。于是全都操演练习战斗。李牧让百姓大肆放牧,漫山遍野都是人。这时有小股匈奴人马进犯,李牧假装失败,故意把几千人丢弃给匈奴。匈奴单于知道了,领着大队人马入寇。李牧布下奇阵,张开左右两翼攻击,大破匈奴,杀死几十万骑兵。又击破东胡。单于逃跑,匈奴不敢靠近赵国边境了。

屈原者①,名平,楚之同姓也。为楚怀王左徒②。博闻强志③,明于治乱,娴于辞令④。入则与王图议国事,以出号令;出则接遇宾客⑤,应对诸侯。王甚任之。上官大夫与之同列⑥,而心害其能。怀王使平造为宪令⑦,平属草藁未定⑧,上官大夫见而欲夺之,平不与。因谗之曰:"王使屈平为令,众莫弗知,每一令出,屈平伐其功,以为'非我莫能为'也。"王怒而疏平。平疾王听之不聪也⑨,谗谄之蔽明也⑩,邪曲之害公也,方正之不容也,故忧愁幽思而作《离骚》⑪。平既绌⑫,其后秦大破楚师,怀王入秦而不反⑬。平虽放流,眷顾楚国⑭,冀幸君之一悟⑮,俗之一改也。令尹子兰卒使上官大夫短原于顷襄王⑯,顷襄王怒而迁之,迁于江南。遂自投汨罗以死⑰。汨水在罗,故曰"汨罗"。原既死之后,楚日以削,竟为秦所灭。

【注释】

①屈原者:本段节录自《屈原贾生列传》。屈原,名平,字原,楚国诗人、政治家。早年受楚怀王信任,任左徒、三闾大夫,兼管内政外

交大事。因遭贵族排挤诽谤,被先后流放至汉北和沅湘流域。楚国郢都被秦军攻破后,屈原自沉于汨罗江,以身殉国。屈原开创了"楚辞"这一诗歌样式,对后世文学具有极大影响,代表作有《离骚》《九章》《天问》《九歌》等篇。

②楚怀王:名槐,楚威王之子,楚顷襄王之父,前328—前299年在位。左徒:楚国官名,为贵族任职。

③博闻强志:见闻广博,记忆力强。强志,记忆力强。志,同"识"。

④娴:娴熟。辞令:应对的言辞。

⑤接遇:接待。宾客:春秋、战国时多用称他国派来的使者。

⑥上官大夫:战国时楚国大臣。为人奸佞,妒贤忌能,因忌屈原之才,屡向楚怀王进谗言,使屈原被疏远。一说即靳尚。同列:朝班位次相同。也指地位相同的人。

⑦造:起草。宪令:法令。

⑧属(zhǔ):撰写,纂辑。草藁(gǎo):初拟的文稿或画稿等。

⑨疾:忧虑。

⑩谗谄:指好谗谮谄谀之人。

⑪幽思:深思,沉思。

⑫绌:通"黜",贬退,排斥,废除。

⑬怀王入秦而不反:楚怀王执政后期,与秦昭襄王会盟于武关,秦昭襄王将其扣押,胁迫其割地,三年后楚怀王客死于秦。

⑭眷顾:垂爱,关注。

⑮冀幸:侥幸,希冀。

⑯令尹:春秋战国时楚国执政官名,相当于宰相。子兰:兰,也作阑,战国时楚国大臣,楚怀王之子。楚怀王三十年(前299),秦昭王诱骗楚怀王去秦会盟,屈原等大臣反对,他却力劝怀王前去。怀王被扣后,顷襄王接位,子兰任令尹,掌握楚国军政大权。他与上官大夫诬害屈原,迫使屈原流放江南。短:指揭发过失,指摘缺点。

颒襄王：即楚颒襄王，楚怀王之子。做太子时，在秦国当人质，后逃
　　回楚国，楚怀王被困于秦后，于前298年继位，是为楚颒襄王。

⑰汨罗：水名，湘江支流，在湖南东北部。

【译文】

屈原，名平，是楚国国君的同姓。他在楚怀王时官居左徒。屈原见
闻广博，记忆力强，深明国家治乱兴衰的道理，擅长应对言辞。进入朝廷
就跟楚怀王计划商讨国家政事，拟定发布政令；走出朝廷就接待宾客，
周旋于诸侯之间。楚怀王很信任他。上官大夫跟他同朝为官，内心却妒
忌他的贤能。楚怀王让屈平起草宪令，屈平撰写草稿还没完成，上官大
夫看见就想抢夺，屈平不给。上官大夫就进谗言说："大王让屈平起草
法令，群臣没有不知道的，每一道法令颁布后，屈平就自夸他的功劳，说
'除了我谁也起草不了'。"楚王一怒之下疏远了屈平。屈平忧虑楚王偏
听偏信，痛恨谗佞小人混淆视听，痛恨奸邪之徒妨害公正，而正直的人难
以为世所容，所以满怀忧愁创作了《离骚》。屈平被贬斥后，秦军大败楚
军，楚怀王去秦国而没能回来。屈平虽然流放在外，但仍关注着楚国，希
望怀王有朝一日能够醒悟，国家风俗能够改变。令尹子兰就让上官大夫
在颒襄王面前指摘屈原的过失，颒襄王一怒之下把屈原再次流放了，放逐
到江南。于是屈原投汨罗江自杀而死。汨水在罗县，所以叫"汨罗"。屈原死
了之后，楚国日渐衰落，最终为秦国所灭。

豫让者①，晋人也，故尝事范氏及中行氏②，而无所知
名。去而事智伯，智伯甚尊宠之。及智伯伐赵，赵襄子与
韩、魏合谋灭智伯③，三分其地。襄子漆智伯头以为饮器。
豫让遁逃山中，变名易姓为刑人④，入宫涂厕，欲以刺襄子。
襄子如厕，心动，执问涂厕之刑人，豫让内持刀兵，曰："欲
为智伯报仇！"左右欲诛之。襄子曰："彼义人也⑤，吾谨避

之耳。"释去之。居顷之，豫让又漆身为厉⑥，吞炭为哑，行乞于市，其妻不识。行见其友，其友识之，曰："以子之材，委质而臣事襄子⑦，襄子必近幸子。近幸子乃为所欲，顾不易邪？何乃残身苦形，欲以求报襄子，不亦难乎！"豫让曰："既已委质臣事人而杀之，是怀二心以事君也。且吾所为者，极难耳！然所以为此者，将以愧天下后世之为人臣怀二心以事其君也⑧。"顷之，襄子当出，豫让伏于所当过之桥下⑨。襄子至桥马惊，曰："此必是豫让也。"使人问之，果豫让也。于是赵襄子数豫让曰："子不尝事范、中行氏乎？智伯尽灭之，而子不为报仇，反委质臣于智伯。智伯亦已死矣，而子独何以为之报仇之深也？"豫让曰："臣事范、中行氏，范、中行氏皆众人遇我⑩，我故众人报之。至于智伯，国士遇我⑪，我故国士报之。"

【注释】

①豫让者：本段节录自《刺客列传》。豫让，姬姓，毕氏，晋国人，是晋国正卿智伯的家臣。

②范氏：春秋晚期晋国六大家族之一，晋国名臣士会之后。士会被封于范，故后人姓范氏。豫让所事奉的"范氏"为范吉射。中行氏：春秋晚期晋国六大家族之一，晋国名臣荀林父之后。荀林父曾将中行（晋国中军），故后人姓中行氏。豫让所事奉的"中行氏"为荀寅。

③赵襄子：名无恤，亦作毋恤，谥号为襄子，晋国名臣赵衰、赵盾之后。韩：韩氏，西周初年，周公把唐地封给虞，其子燮更国号为晋。春秋初期，曲沃武公封姬万于韩，姬万曾孙韩厥以封邑为氏。魏：

魏氏，春秋时，毕公高的后裔毕万辅佐晋献公，晋献公封毕万于魏地，前445年传至十二世孙魏斯，于三家分晋事件自立为诸侯，即魏文侯。

④刑人：受刑之人，古代多以刑人充服劳役的奴隶。

⑤义人：言行符合正义或道德标准的人。

⑥厉：生癞疮，指对漆毒性过敏长的漆疮。

⑦委质：犹言"委身"。质，身体。一说，"质"通"贽"，即见面礼。

⑧愧：使羞愧。

⑨伏：隐藏，埋伏。

⑩众人遇我：用一般人的方式对待我。

⑪国士：一国中才能最优秀的人物。

【译文】

豫让，是晋国人，原来曾经事奉过范氏及中行氏，但始终也没有得到重用。豫让离开他们之后又去事奉智伯，智伯非常尊重宠信他。等到智伯征伐赵氏，赵襄子跟韩氏、魏氏联合用计谋灭掉了智伯，三家瓜分了他的领地。赵襄子把智伯的头颅涂上漆做成饮酒器皿。豫让逃跑到山中，改名换姓，装作服役的刑徒，到赵襄子宫中去涂抹厕所的墙，身上暗藏匕首，想要刺杀赵襄子。赵襄子上厕所，突然心里一动，就派人把抹厕所墙的刑徒抓起来审问，结果发现了豫让藏在身上的匕首，豫让说："我要为智伯报仇！"左右亲信想要杀了豫让。襄子说："他是个义士，我小心躲开他就是了。"于是便释放了他。过了不久，豫让又把全身抹上漆，像长了癞疮的样子，吞火炭烫哑了嗓子，在市场上乞讨，他的妻子也认不出他来。豫让在路上遇见一位朋友，朋友认出是他，说："凭着你的才能，如果假装去服事赵襄子，襄子一定亲近宠信你。一旦他亲近宠爱你，你再下手还不容易吗？何必像这样毁坏身体，让自己遭罪，通过这种方法来向赵襄子复仇，也太难了吧？"豫让说："已经投身给人效力了，又去杀人家，这是心怀二心来事奉君主啊。我知道现在这个做法极难！但我之所以如此,就是要让后世那些怀着二心服事主子的人感到惭愧。"不久,襄子打算外出,豫让预先埋伏在他将要经过的桥底下。襄子到桥边,马忽然受惊,襄子说:"桥下一定是豫让。"让人讯问,果真是豫让。于是赵襄子责备豫让说:"你不是也曾经事奉过范氏、中行氏吗?智伯把他们全都消灭了,可你没有替他们报仇,反而当智伯的臣子。智伯也已经死去,你为什么却单单这么卖力地为智伯复仇呢?"豫让说:"我事奉范氏、中行氏,范氏、中行氏都把我当普通人对待,所以我就像对普通人那样对待他们。至于智伯,他把我当成国士,我就用国士的方式报答他。"

　　李斯者①,楚上蔡人也②,为丞相。始皇出游会稽③,斯及中车府令赵高皆从④。始皇有二十余子,长子扶苏以数直谏⑤,使监兵上郡⑥,蒙恬为将⑦。少子胡亥从⑧。始皇帝至沙丘⑨,疾甚,令赵高为书赐公子扶苏曰:"以兵属蒙恬⑩,与丧会咸阳而葬⑪。"书已封,未授使者,始皇崩⑫。于是斯、高相与谋,诈为受始皇诏,立子胡亥为太子,更为书赐扶苏剑以自裁⑬,将军恬赐死。至咸阳发丧⑭,太子立为二世皇帝,以赵高为郎中令⑮,常侍中用事⑯。

【注释】

①李斯者:本段节录自《李斯列传》。李斯,字通古,战国末期楚国人。曾跟随荀子求学,后为秦王嬴政的谋士。秦统一六国后担任丞相,主张加强专制主义中央集权的统治。始皇帝死后,与赵高矫诏迫扶苏自杀,立胡亥为帝。秦末农民起义爆发后,劝二世更为法律,行"督责之术",加强君权。后被赵高诬为谋反,腰斩。

②上蔡:古地名,在今河南驻马店上蔡。是古蔡国所在地。

③出游:这里指出巡,即皇帝外出巡行。会稽:郡名。秦置,在今江

苏东部及浙江西部地。

④中车府令：官名。秦代始置，掌皇帝车舆。赵高：秦朝宦官。始皇卒，唆使胡亥与丞相李斯矫诏赐死始皇长子扶苏，立胡亥为二世。任郎中令，居中用事，诛戮宗室大臣。陈胜、吴广起义后，又诬杀李斯，为中丞相，封武安侯。赵高杀二世，立子婴，卒为子婴所杀。

⑤扶苏：秦始皇长子，曾谏阻坑杀诸儒生，始皇怒，使北监蒙恬军。始皇死，赵高、李斯矫命赐死。

⑥监兵：监军，监督军队的官员。上郡：战国秦置，治所在肤施（今陕西延安南）。时蒙恬驻兵于此。

⑦蒙恬：秦将。始皇时领兵三十万北逐匈奴，修筑万里长城。

⑧胡亥：秦始皇第十八子，公子扶苏之弟，秦朝第二位皇帝，即秦二世，亦称二世皇帝，前210—前207年在位。

⑨沙丘：古地名，在今河北邢台广宗。秦始皇巡视途中病逝于沙丘平台。

⑩属：委托，交付。

⑪丧：指载有始皇灵柩的丧车。

⑫崩：指皇帝去世。

⑬自裁：自杀。

⑭发丧：办理丧事。

⑮郎中令：官名，始置于秦，为九卿之一，掌宫廷侍卫。

⑯侍中：为正规官职外的加官之一，常侍从皇帝左右，出入宫廷，与闻朝政。用事：执政，当权。

【译文】

李斯，是楚国上蔡人，任秦国丞相。秦始皇出游到会稽，李斯及中车府令赵高一同跟随。始皇有二十多个儿子，长子扶苏因为多次向始皇直言进谏，被始皇派到上郡监督军队，蒙恬在那里担任将军。始皇的小儿子胡亥也随同出行。秦始皇到达沙丘，病得很严重，就命令赵高替他写诏书给公子扶苏说："把军队交给蒙恬，赶快到咸阳参加葬礼，然后安葬。"诏书已密封好，还没有交给使者送出，始皇就去世了。于是，李斯与赵高密谋，假装接受秦始皇诏命，立胡亥为太子。他们另外又伪造了一封遗诏给扶苏，赐予宝剑令他自杀，同时也把将军蒙恬赐死。回到咸阳为秦始皇办理丧事，太子被立为二世皇帝，即秦二世，赵高则被任命为郎中令，常常在宫中侍奉秦二世，掌握了实权。

二世燕居^①，乃召高与谋，谓高曰："夫人生世间也，譬犹骋六骥过决隙也^②。吾既已临天下矣^③，欲悉耳目之所好，穷心志之所乐，以安宗庙而乐万姓，长有天下，终吾年寿，其道可乎？"高曰："此贤主之所能行，而昏乱主之所禁也。臣请言之，愿陛下少留意焉^④。夫沙丘之谋，诸公子至大臣皆疑焉，而诸公子尽帝兄，大臣又先帝之所置也。今陛下初立，此其属意怏怏^⑤，皆不服，恐为变。且蒙恬已死，蒙毅将兵居外^⑥，臣战战栗栗^⑦，唯恐不终。且陛下安得为此乐乎？"二世曰："为之奈何？"赵高曰："严法而刻刑，令有罪者相坐^⑧，诛至收族^⑨；灭大臣而远骨肉，贫者富之，贱者贵之；尽除去先帝之故臣，更置陛下之所亲信者近之。此则阴德归陛下^⑩，害除而奸谋塞，群臣莫不被润泽、蒙厚德，陛下则高枕肆志宠乐矣^⑪。计莫出于此。"二世然高之言，乃更为法律。群臣、诸公子有罪，辄下高，令治之，诛杀大臣蒙毅等。公子十二人，戮死咸阳市^⑫，十公主矺死于杜^⑬，相连坐者不可胜数^⑭。

【注释】

①二世燕居:本段节录自《李斯列传》。燕居,退朝而处,闲居。

②骋:奔驰,奔跑。骥:骏马。决隙:空隙。

③临:监视,监临。引申为统治、治理。

④少:稍,略。留意:关心,注意。

⑤属（zhǔ）意:意向集中或倾向于某人或某事。快快:不服气或闷闷不乐的神情。

⑥蒙毅:蒙恬之弟,为秦始皇上卿,有忠信之名,后被赵高唆使二世而处死。

⑦战战栗栗:敬畏戒慎的样子。

⑧相坐:指一人有罪,连坐他人。

⑨收族:指收捕罪犯的家族。

⑩阴德:暗中做的有德于人的事。

⑪高枕:枕着高枕头,谓无忧无虑。肆志:快意,随心,纵情。宠乐:指尊荣安乐。

⑫戮:指陈尸示众。

⑬矺（zhé）:古代一种分裂肢体的酷刑,又称车裂。杜:春秋时国名。故址在今陕西西安东南。

⑭连坐:旧时一人犯法,其家属亲友邻里等连带受处罚。

【译文】

二世闲居无事,就召见赵高跟他谋划,对赵高说:"活在世上,就好像赶着六匹骏马冲过空隙一样短暂。我已经当了皇帝,就想尽量满足耳目的一切欲望,享受尽我所能想到的一切乐趣,使国家安宁,百姓安乐,永保江山,以享天年,这种想法可以吗?"赵高说:"这对贤明的君主来说是能做到的,对昏乱的君主来说就是禁忌。现在我冒昧地说一句不怕杀头的话,请您稍加留意。对于沙丘的计谋,各位公子以至大臣都有怀疑,而各位公子都是陛下的兄长,大臣又是先帝所任命的。现今陛下刚刚即位，这些人心中都怨恨不服，恐怕会发生变乱。尽管蒙恬已经死去，蒙毅还领兵在外，我整日战战兢兢唯恐不得善终。陛下您又怎么能享受这种快乐呢？"二世说："那怎么办呢？"赵高说："推行严刑峻法，谁犯罪就株连他的亲朋一起处死，直至灭族；消灭朝廷重臣，疏远您的骨肉亲人，让原本贫穷的人富起来，让原本低贱的人高贵起来；将先帝原来的臣子全部除掉，更换成陛下您所亲信的人，让他们在身边。这样就使他们在心中暗暗对您感恩戴德，根除了祸害而杜绝了奸谋，群臣上下没有人不蒙受您的恩泽、承受您的厚德，陛下您就可以高枕无忧，纵情享乐了。没有比这更好的主意了。"二世认为赵高说得对，于是就重新立法。朝廷大臣和公子们犯了罪，就交给赵高审讯，下令惩治，于是大臣蒙毅等被杀。十二位公子在咸阳街头被斩首示众，十位公主在杜县被车裂而死，由此被牵连的人不计其数。

公子高欲奔①，恐收族，乃上书曰："先帝无恙时，臣入则赐食，出则乘舆②；御府之衣③，臣得赐之；中厩之宝马④，臣得赐之。臣请从死，愿葬郦山之足⑤。"书上，胡亥大悦，召赵高而示之，曰："此可谓急乎⑥？"高曰："人臣当忧死不暇，何变之得谋？"胡亥可其书，赐钱十万以葬。法令诛罚，日益刻深⑦，群臣人人自危，欲叛者众。又作阿房之宫⑧，治直道驰道⑨，赋敛愈重，戍徭无已。于是楚戍卒陈胜、吴广等乃作乱⑩。斯数欲请间谏⑪，二世不许。而二世责问斯曰："吾有私议而有所闻于韩子也⑫，曰：'尧之有天下，堂高三尺，茅茨不剪⑬，虽逆旅之宿不勤于此矣⑭。粢粝之食⑮，藜藿之羹⑯，饭土匦⑰，啜土铏⑱，虽监门之养不觳于此矣⑲。禹凿龙门⑳，疏九河㉑，手足胼胝㉒，面目黎黑㉓，臣虏之劳不烈于此矣。'然则夫所贵于有天下者,岂欲苦形劳神^㉔,身处逆旅之宿,口食监门之养,手持臣虏之作哉?此不肖人之所勉也,非贤者之所务也。夫所谓贤人者,必将能安天下而治万民也。今身且弗能利,将恶能治天下哉! 故吾愿肆志广欲^㉕,长享天下而无害,为之奈何?"

【注释】

①公子高欲奔:本段节录自《李斯列传》。公子高,秦始皇嬴政之子。奔,败逃,逃亡。

②乘舆:古代特指天子和诸侯所乘坐的车子。

③御府:帝王的府库。

④中厩:宫中的车马房。

⑤骊山:在今陕西临潼东南,秦始皇陵墓所在地。

⑥急:指公子高急迫之中的应对。

⑦刻深:苛刻,严酷。

⑧阿房之宫:即阿房宫,秦宫殿名。遗址在今陕西西安。

⑨治:从事,进行。这里指修建。直道驰道:直道和驰道。直道,古道路名,秦朝时期联结关中平原与河套地区的主要通道。驰道,古代供君王行驶车马的道路。

⑩戍卒:戍守边疆的士兵。陈胜:字涉,秦末农民起义的领袖。吴广:字叔,秦末农民起义领袖。

⑪请间:指请求在空隙之时言事,不想当众说出。

⑫私议:指个人的看法或主张。韩子:指韩非。

⑬茅茨不剪:指崇尚俭朴,不事修饰。茅茨,茅草盖的屋顶,亦指茅屋。

⑭逆旅:客舍,旅馆。勤:劳倦,辛苦。

⑮粢粝(zī lì)之食:粗劣的饭食。粢,谷物。粝,糙米。

⑯藜藿之羹:泛指粗劣的饭菜。藜,也叫灰藋、灰菜。一年生草本植物。嫩叶可食,老茎可为杖。藿,豆叶,嫩时可食。

⑰土瓯(guǐ):盛饭的陶器。瓯,同"簋"。簋是古代祭祀宴享时盛黍稷的器皿。

⑱啜(chuò):食,饮。土鉶(xíng):古代盛羹的陶鼎,两耳三足,有盖。

⑲监门:守门小吏。觳(què):俭薄,简陋。

⑳龙门:在山西河津西北和陕西韩城东北。黄河至此,两岸峭壁对峙,所以命名龙门。

㉑九河:禹时黄河的九条支流,近人多认为是古代黄河下游许多支流的总称。

㉒手足胼胝(pián zhī):手掌脚底因长期劳动摩擦而生的茧子。

㉓黎黑:指脸色黑。

㉔形:形体,身体。

㉕肆志:快意,纵情。广:扩张。

【译文】

公子高想要逃跑,害怕连累家族,于是上书说:"先帝没病的时候,我入朝就会得到赏赐的饭食,离开时就有天子乘坐的车子;皇帝内府中的衣服,先帝曾赐给过我;宫中马厩里的宝马,先帝也曾赐给过我。我请求追随先帝去死,希望把我埋葬在骊山的脚下。"书奏上,胡亥很高兴,召见赵高给他看,说:"这大概就叫走投无路了吧?"赵高说:"当臣子就应该叫他们像这样担心死都来不及,哪里还能图谋造反呢?"胡亥批准了公子高的请求,赐给他十万钱予以安葬。秦朝的法令刑罚越来越严苛残酷,群臣上下人人自危,想造反的很多。秦二世又建造阿房宫,修整直道、驰道,税收越来越重,戍守徭役没完没了。于是楚地戍守边疆的士兵陈胜、吴广就发动叛乱。李斯多次想寻求时机言事劝谏,二世不允许。二世反而责备李斯说:"我有个看法是从韩非子那里听来的,说是:

'尧拥有天下的时候,殿堂台基高不过三尺,屋顶的茅草不用剪齐,即使客店的住宿也不比这更艰苦。用粗米做饭,用野菜做汤,用土钵吃饭,用土罐喝水,即使是看门人的生活也不会比这更清寒了。夏禹开凿龙门,疏浚九河,手脚都磨出了茧子,面孔漆黑,即便是奴仆的劳苦也不会比这更厉害。'然而一个把统治天下看得无比尊贵的人,其目的难道就是想劳心费力,住旅店一样的住所,吃看门人吃的食物,干奴隶干的活计吗?这些事都是才能低下的人才努力去干的,而不是贤明者所追求的。所谓贤人,必须是能够安定天下、治理万民的人。如果连自己都不能过好,那又怎么能治理好天下呢!所以我希望能尽情纵欲,长久地享有天下而没有祸害,该怎么办呢?"

　　斯子由为三川守①,群盗吴广等西略地,过去弗能禁。李斯恐惧,不知所出,乃阿二世意②,欲求容③,以书对曰:"夫贤主者,必且能全道而行督责之术者④。督责之,则臣不敢不竭能以徇其主矣⑤。臣主之分定,上下之义明,则天下贤不肖,莫敢不尽力竭任,以徇其君矣。是故主独制于天下,而无所制也,能穷乐之极矣。贤明之主也,可不察耶!故申子曰'有天下而不恣睢⑥,命之曰以天下为桎梏'者⑦,无他焉,不能督责,而顾以其身劳于天下之民,若尧、禹然,故谓之'桎梏'也。夫不能修申、韩之明术,行督责之道,专以天下自适也,而徒务苦形劳神,以身徇百姓,则是黔首之役⑧,非畜天下者也,何足贵哉!夫以人徇己,则己贵而人贱;以己徇人,则己贱而人贵。故徇人者贱,而所徇者贵,自古及今,未有不然者也。

【注释】

①斯子由为三川守：本段及以下几段均出自《李斯列传》。由，即李由，秦朝将军。丞相李斯的长子，尚秦公主，曾任三川郡郡守，驻守洛阳，与刘邦作战时阵亡。三川，秦郡名，郡治洛阳，在今河南洛阳东北。

②阿(ē)：曲从，迎合。

③求容：取悦。容，容色，好的脸色。

④全道：指完满地掌握为君之道。督责：督察责罚，督促责备。

⑤徇：通"殉"，为某一种目的而死。

⑥申子：即申不害，郑国京(今河南荥阳)人。他专攻黄老之术，是战国时期法家重要人物之一，以术著称，著有《申子》。恣睢(suī)：放任自得的样子。

⑦桎梏(zhì gù)：刑具，脚镣手铐。

⑧黔首：古代称平民，老百姓。

【译文】

李斯的儿子李由担任三川郡郡守，群起造反的吴广等人向西攻占土地，通过了三川郡而李由不能阻止。李斯害怕了，不知如何是好，于是就迎合二世的心意，想要求得宽免，便上书回答秦二世说："贤明的君王，必将是能够全面掌握为君之道，又对下推行督责之术的君主。推行督责之术，那么臣子就不敢不竭尽所能为君主献身。君主臣下的名分既然确定，上下关系的准则也明确了，那么天下不论是有才德的还是没有才德的人，没有谁敢不尽心竭力来为君主效命。因此君主才能专制天下而不受任何约束，这样他就可以享尽一切乐趣了。贤明的君主，怎能看不清这一点呢！所以申子说'占有天下却不懂得纵情恣欲，那就叫把天下当成了镣铐'这话，没有别的原因，是说不能责罚臣下，自己反而辛辛苦苦为天下百姓操劳，就像尧、禹那样，所以叫'镣铐'。如果不能学习申子、韩非子精明的权术，实行督促责罚的方法，一心让天下来使自己舒服快活,反而劳心费力去为百姓干事,那是老百姓的仆役,而不是统治天下的人,又有什么尊贵的呢! 让他人献身给自己,那么自己尊贵而他人卑贱;让自己献身给他人,那么自己卑贱而他人尊贵。所以献身他人的人卑贱,被献身的人尊贵,从古到今,没有不是这样的。

"凡古之所为尊贤者,为其贵也;而所为恶不肖者,为其贱也。夫尧、禹以身徇天下者也,可谓大缪矣①。谓之为'桎梏',不亦宜乎? 不知督责之过也。故韩子曰'慈母有败子,而严家无格虏'者②,何也? 则能罚之加焉必也。故商君之法③,刑弃灰于道者④。夫弃灰,薄罪也,而被刑,重罚也。彼唯明主为能深督轻罪。夫轻罪且督深,而况有重罪乎? 故民弗敢犯也。

【注释】

①大缪:同"大谬",大错。

②格虏:强悍不驯的奴仆。

③商君:即商鞅。

④刑弃灰于道者:殷代对弃灰于道者断其手,商鞅之法对弃灰于道者处黥刑。刑,判刑。弃灰,把灰烬弃在路上。

【译文】

"凡是古代所说的尊重贤能的人,是因为他尊贵;而厌恶不贤能的人,是因为他卑贱。尧、禹把自己献身给天下,可以说是大错特错。把它叫'镣铐',不也很合适吗? 这都是不能推行督责的过错。所以韩非曾说过'慈爱的母亲会养出败家的儿子,而严厉的主人家中没有强悍的奴仆'这种话,这是为什么呢? 这是由于能做到有过必罚。所以商鞅的法律规定,在道路上撒灰的人就要判刑。撒灰于道是轻罪,而加之以刑是重罚。只有英明的君主才能重重地督责轻微的罪过。轻微的罪责尚且要重重地惩罚，何况犯有重罪呢？所以民众不敢犯法。

"明主圣王之所以能久处尊位，长执重势[1]，而独擅天下之利者[2]，非有异道也，能独断而审督责[3]，必深罚，故天下弗敢犯也。今不务所以不犯，而事慈母之所以败子也，则亦不察于圣人之论矣。凡贤主者，必将能拂世摩俗[4]，而废其所恶，立其所欲。故生则有尊重之势，死则有贤明之谥也。是以明君独断，故权不在臣也。然后能灭仁义之涂，掩驰说之口，困烈士之行[5]，塞聪掩明，内独视听。故外不可倾以仁义烈士之行[6]，而内不可夺以谏说忿争之辨。故能荦然独行恣睢之心[7]，而莫敢逆。若此，然后可谓能明申、韩之术，而修商君之法。法修术明而天下乱者，未之有也。故督责之术设，则所欲无不得矣。群臣百姓，救过不给[8]，何变之敢图？若此则帝道备，而可谓能明君臣之术矣。虽申、韩复生，弗能加也。"书奏，二世悦。

【注释】

①重势：指令人畏重的威势。
②独擅：独自据有。
③独断：凭自己的主见决断事情。审：详究，细察。
④拂世：违背世情。摩俗：改变世俗。摩，磨砺，磨擦。
⑤烈士：有节气有壮志的人。
⑥倾：倾心，改变。
⑦荦（luò）然：卓绝的样子，明显的样子。

⑧救过不给：相当于救过不赡，补救过失都来不及。

【译文】

"英明的君主之所以能长久安居君主位置，长久执掌令人畏惧的权势，独自垄断天下之利，并非他们有什么特殊的办法，而是在于他们能独断专行，严格督促责罚，一定重重惩罚罪过，所以天下人不敢犯法。如今不致力于采取让人不敢犯罪的措施，而去推行慈母养成败家子的做法，那也是没有明白圣人的理论呀。凡是贤明的君主必然会违背潮流对抗流俗，废弃他所厌恶的法令，建立他所希望的法令。所以在世就有至尊的权势，去世就有贤明的谥号。因此英明的君主独裁专断，使权力不落入大臣手中。只有这样，才能斩断鼓吹仁义的途径，堵住游说之士的嘴巴，压制烈士死节的行为，闭目塞听，任凭自己的心意独断专行。这样他在外就不会被仁义节烈的行为所动摇，在内也不会被劝谏争论的言辞所迷惑。这样他才能够独断专行地为所欲为，没有人敢违抗他。像这样，就可以说是明白了申子、韩非子的权术，修明了商君的法令。学会了法令权术而天下大乱的事情，我从来没有见过。因此确立了督责之术，那么想要的就没有得不到的了。群臣百姓，补救自己的过失都来不及，哪里还敢图谋变乱呢？像这样帝王之道就具备了，就可以算是掌握了驾驭群臣的权术。即使申子、韩非子重生，也不能超越了。"书奏上，二世喜悦。

　　于是行督责益严①，税民深者为明吏。二世曰："若此则可谓能责矣。"刑者相半于道②，而死人日成积于市，杀人众者为忠臣。二世曰："若此则可谓能督矣。"初，赵高为郎中令，所杀及报私怨众多，恐大臣入朝奏事毁恶之，乃说二世曰："天子所以贵者，但以闻声，群臣莫得见其面，故号曰'朕'③。且陛下富于春秋④，未必尽通诸事，今坐朝廷，谴举有不当者⑤，则见短于大臣⑥，非所以示神明于天下。且陛下深拱禁中⑦，与臣及侍中习法者待事⑧，事来有以揆之⑨。如此则大臣不敢奏疑事，天下称圣主矣。"二世用其计，乃不坐廷见大臣，居禁中。

【注释】

①于是行督责益严：本段节录自《李斯列传》。

②相半：各半，相等。

③故号曰"朕"："朕"的本义为朕兆，指事物发生前的征兆，是看不见的，赵高从字义上附会、欺骗秦二世，使群臣见不到皇帝，以便他弄权。实则先秦时人不分贵贱都自称"朕"，至秦始皇规定"朕"为皇帝专用自称。

④富于春秋：指年轻，年少，是说未来之光阴尚多。春秋，指时日、岁月。

⑤谴举：责罚或荐举，指赏罚之事。

⑥短：指揭发过失，指摘缺点。

⑦深拱：高拱，相当于敛手安居，无为而治。禁中：指帝王所居宫内。

⑧侍中：古代职官名。秦始置，两汉沿置，为正规官职外的加官之一。因侍从皇帝左右，出入宫廷，与闻朝政，逐渐变为亲信贵重之职。

⑨揆（kuí）：管理，掌管。

【译文】

于是实施督促责罚日益严厉，征收民众赋税多的就被认为是贤明的官吏。二世说："像这样就可以说是善于实行督责了。"路上的行人有一半是受过刑的，街上每天都堆积着被处死者的尸体，杀人多的被认为是忠臣。二世说："像这样就可以说是善于实行督责。"当初，赵高担任郎中令的时候，杀死以及为了报私仇而陷害的人众多，他害怕大臣在朝廷上奏事的时候攻击他，于是对二世："天子之所以高贵，群臣只能够听到他的声音，不能见到他的面容，所以自称为'朕'。况且陛下您还年轻，未必各种事情都懂，现今坐在朝廷上，赏罚如果有不合适的，就会被大臣批评,这样就不能向天下人显示您的圣明了。而且陛下您深居宫中,跟我以及那些出入宫中熟悉法令的侍中处理事务,有什么事情就处理好。像这样那么大臣就不敢上报不真实的情况,天下就会称颂您是圣主了。"二世采用他的计策,就不再坐在朝廷上接见大臣,只呆在宫中。

　　赵高常侍中用事①,事皆决于高。高闻斯以为言,乃见丞相曰:"关东群盗多,今上急益发繇治阿房②,聚狗马无用之物。臣欲谏,为位贱。此真君侯之事③,君何不谏?"斯曰:"固也,吾欲言之久矣。今时上不坐朝廷,上居深宫,吾所欲言者,不可传也,欲见无间④。"高谓曰:"君诚能谏,请为君侯上间语君。"于是赵高待二世方宴乐,妇女居前,使人告丞相:"上方间,可奏事。"丞相至宫门上谒,如此者三。二世怒曰:"吾常多闲日,丞相不来,吾方宴私,丞相辄来请事。丞相岂少我⑤?且固我哉⑥?"赵高因曰:"此殆矣!夫沙丘之谋,丞相与焉。今陛下已立为帝,而丞相贵不益,此其意亦望裂地而王矣。且陛下不问臣,臣不敢言。丞相长男由为三川守,楚盗陈胜等皆丞相傍县之子⑦,以故楚盗公行,过三川,城守不肯击。高闻其文书相往来,未得其审,故未敢以闻。且丞相居外,权重于陛下。"二世以为然。欲案丞相⑧,恐其不审⑨,乃使人案验三川守与盗通状。

【注释】

①赵高常侍中用事:本段节录自《李斯列传》。

②发繇(yáo):征派徭役。繇,通"徭",徭役。

③君侯:秦汉时称列侯而为丞相者。李斯时为丞相,爵为通侯,所以

　　用此称呼。

④间：机会。

⑤少：轻视。

⑥固：固陋，鄙陋。

⑦傍县：邻县。傍，旁边，侧近。

⑧案：通"按"，查办，审理。

⑨审：真实。

【译文】

　　赵高经常在皇帝身边处理事务，政事都取决于赵高。赵高听说李斯要进言，于是就去见李斯说："函谷关以东地区盗贼很多，但现在皇帝急切地征发徭役修建阿房宫，搜集狗马等没用的玩物。我想要劝谏，因为地位卑贱而不敢。这真是丞相您的职责，您为什么不劝谏呢？"李斯说："原本就该如此，我早就想劝谏了。现在君上不上朝，呆在深宫里面，我想要进言，没人传达，想要见面没有机会。"赵高对他说："您真的能够劝谏的话，请允许我在皇上有空闲时通知您。"于是赵高趁二世正在喝酒取乐，宫女在前面的时候，让人告诉丞相："君上正有空闲，可以上奏谈论事情。"丞相到宫门请求谒见，像这样一连三次。二世生气地说："我平常空闲的时候，丞相不过来，我刚刚要宴饮休息，丞相就来上奏谈事。丞相难道是看轻我呢，还是认为我浅薄呢？"赵高趁机说："这就危险了。沙丘的密谋，丞相是参加了的。现今陛下已经登上皇位，而丞相的地位没有提高，这样看来他的意图是想要得到土地分封为王了。况且陛下不问我，我也不敢说。丞相的长子李由是三川郡郡守，楚地盗贼陈胜等人都是丞相邻县的人，因此楚地盗贼才敢公然行动，经过三川，郡守也不肯攻击他们。我听说他们还有书信往来，但还没调查清楚，所以没敢报告您。况且丞相在外面，权力比陛下您还要大。"二世认为赵高说得对。想要查办审理丞相，又担心情况不真实，就让人查验三川郡郡守跟盗贼相通的情况。

　　斯闻之^①，因上书言高短曰："臣闻之，臣疑其君，无不危国；妾疑其夫，无不危家。今高有邪佚之志、危反之行^②，陛下不图，臣恐其为变也。"二世曰："何哉？夫高，故宦人也，然不为安肆志，不以危易心，洁行循善，自使至此。以忠得进，以信守位，朕实贤之，而君疑之，何也？且朕少失先人，无识不习治，而君又老，恐与天下绝矣。朕非属赵君，当谁任哉？且赵君为人精廉强力^③，下知民情，上能适朕，君其勿疑。"李斯曰："不然，夫高故贱人也，无识于理，贪欲无厌^④，求利不止，烈势次主^⑤，求欲无穷，臣故曰殆。"二世乃私告赵高。高曰："丞相所患者独高，高已死，丞相欲为田常所为^⑥。"于是二世责斯与子由谋反状，皆收捕宗族宾客。

【注释】

①斯闻之：本段节录自《李斯列传》。

②邪佚：邪僻恣纵。危反：阴谋叛乱。危，通"诡"。

③精廉：清廉。强力：坚忍有毅力。

④无厌（yàn）：不能满足。厌，满足。

⑤烈势：威猛之势。

⑥田常：即田恒，汉人避文帝讳改书曰"田常"，因其祖先本陈人，故也称"陈常"。春秋后期的齐国权臣，曾发动政变杀了齐简公，立齐平公，齐国姜氏诸侯从此形同傀儡，为其田氏子孙的篡夺齐国奠定了基础。

【译文】

　　李斯听说，就上书检举赵高的过失道："我听说，臣子的权势如果和君主相当，那就必然要危害国家；小妾的权势如果和丈夫相当，那就必然要危害家庭。现在赵高有邪僻的心意、阴谋叛乱的行为，陛下不想法对付，我担心他会发动变乱。"二世说："为什么这么说？赵高原本是个宦官，但他不因为处境安逸就为所欲为，不因为处境危险就改变忠心，行为高洁，修身行善，靠自己的努力走到今天这个地位。因为忠心得以升职，因为诚信才保住禄位，我确实认为他贤明，您却怀疑他，这是为什么？况且我年幼时失去父亲，没有见识，不熟悉治理国家的事务，而您又老了，恐怕我会失去对天下的控制。我不把国事托付给赵高，还应任用谁呢？况且赵高为人清廉，坚忍有毅力，对下了解民情，对上合我心意，您就别怀疑了。"李斯说："不是的。赵高原来是个卑贱的人，不明事理，贪得无厌，求利不止，威势仅次于陛下您，但他追求权势地位的欲望没有止境，所以我说很危险。"二世私下告诉了赵高。赵高说："丞相所担忧的只有我，如果我死了，丞相就会做田常所做的事情。"于是二世搜取李斯跟儿子李由谋反的情况，抓捕了李斯所有的宗族门客。

高治斯①，榜掠千余②，不胜痛，自诬服③。斯所以不死者，自负有功，实无反心，上书自陈，幸二世之寤。高使吏弃去弗奏，曰："囚安得上书！"使其客十余辈，诈为御史、谒者、侍中④，更往覆讯斯⑤。斯更以其实对，辄使人复榜之。后二世使人验斯，斯以为如前，终不敢更言，辞服⑥。奏当上⑦，二世喜曰："微赵君，几为丞相所卖。"具斯五刑⑧，论腰斩咸阳市⑨，遂夷三族⑩。

【注释】

①高治斯：本段节录自《李斯列传》。

②榜掠：拷打。

③诬服：指无罪却服罪。

④御史：国君的亲近臣子，掌管文书及记事。谒者：掌宾赞受事，为

国君上传下达。

⑤更：连续，接续。

⑥辞服：服罪，认罪屈服。

⑦奏当：审案完毕向皇帝奏闻处罪意见。当，判罪。

⑧五刑：五种轻重不等的刑法。秦汉时，五刑为黥（黥面刺字）、劓（挖去鼻子）、斩左右趾、枭首、菹（剁成肉酱）其骨肉。

⑨论：定罪。

⑩夷：灭。三族：指父族、母族、妻族。

【译文】

赵高审讯李斯，严刑拷打上千次，李斯不堪忍受痛苦的折磨，含冤招认了。李斯之所以不自杀，是觉得自己有功劳，又确实没有造反之心，于是上书为自己辩护，希望二世醒悟。赵高让官吏把这些全部丢弃不上呈，说："囚犯哪里能够上书！"让他的门客十几人，装成二世的御史、谒者、侍中，接连前去提审李斯。李斯改口说实情，就让人再拷打。后来二世派人查验李斯一案，李斯以为跟以前一样，最终不敢更改供词，承认了罪状。赵高向二世奏闻，二世高兴地说："要是没有赵高，差点被丞相出卖了！"李斯被判处五刑，在咸阳集市腰斩，三族的人都被处死了。

李斯已死①，二世拜高为中丞相，事无大小辄决于高。高自知权重，乃献鹿谓之马。二世问左右："此乃鹿也？"左右曰："马也。"二世惊，自以为惑，乃召太卜令卦之②。太卜曰："陛下春秋郊祀③，奉宗庙鬼神，斋戒不明④，故至于此。可依盛德而明斋戒。"于是乃入上林斋戒⑤。日游弋猎⑥，有行人，二世自射杀之。高乃谏二世，天子无故贼杀不辜人⑦，此上帝之禁，天且降殃，当远避宫以禳之⑧。二世乃出居望夷之宫⑨。留三日，高劫令自杀也⑩。

【注释】

①李斯已死：本段节录自《李斯列传》。

②太卜：官名，秦汉有太卜令，主持卜卦。

③郊祀：古代于郊外祭祀天地，南郊祭天，北郊祭地。

④斋戒：古人在祭祀前沐浴更衣、整洁身心，以示虔诚。

⑤上林：苑囿名，即上林苑，为皇帝射猎、游乐之处，旧址在今陕西西安西及鄠邑区、周至界。

⑥弋（yì）猎：射猎，狩猎。

⑦贼杀：杀害。辜：罪。

⑧禳（ráng）：指除去邪恶或灾异。

⑨望夷之宫：望夷宫，秦代宫名。故址在今陕西泾阳东南，因东北临泾水以望北夷，故名。

⑩劫：威逼，胁迫。

【译文】

李斯死后，二世任命赵高为中丞相，事情不论大小都由赵高决定。赵高自知权重，于是就献上一头鹿，称它为马，二世问左右亲信："这不就是鹿吗？"左右亲信说："是马呀。"二世吃惊，以为自己糊涂了，就召见太卜让他卜卦。太卜说："陛下在春秋两季举行郊祀，供奉宗庙鬼神时，斋戒不虔诚洁净，所以发生这种情况。可以依照圣明的君主之仪再斋戒一次。"于是二世进入上林宫斋戒。他每天巡游打猎，有个路人进了上林苑，秦二世亲手将他射死了。赵高就劝谏二世，天子无缘无故杀害无罪的人，这是天帝的禁忌，上天会降下灾祸，应当远离皇宫来除去邪恶。于是二世就离开住在了望夷宫。住了三天，赵高威逼二世自杀。

田叔者①，赵人也。赵王张敖以为郎中②。高祖过赵，贯高等谋弑上③，发觉。诏捕赵王，赵有敢随王者罪三族。唯孟舒、田叔等④，自髡钳⑤，随王至长安。敖得出，叔为汉中守^⑥。文帝召叔问曰^⑦："公知天下长者乎？"叔曰："故云中守孟舒长者^⑧。"上曰："先帝置舒云中十余年矣，虏曾一入，舒不能坚守，无故士卒战死者数百人。长者固杀人乎？"叔曰："是乃孟舒所以为长者也。汉与楚相距^⑨，士卒疲弊。匈奴冒顿新服北夷^⑩，来为边害，孟舒知士卒疲弊，不忍出言，士争临城死敌，如子为父、弟为兄，以故死者数百人。孟舒岂故驱战之哉！是乃孟舒所以为长者也。"于是上曰："贤哉孟舒！"复以为云中守。景帝以田叔为鲁相^⑪。鲁王好猎，相常从入苑中^⑫，王辄休相就馆舍^⑬，相出常暴坐^⑭，待王苑外。王数使人请相曰："休。"终不休，曰："我王暴露苑中^⑮，我独何为就舍！"鲁王以故不大出游。

【注释】

①田叔者：本段节录自《田叔列传》。田叔，字子卿，战国时齐国田氏的后代。汉初为赵国郎中，文、景时，历任汉中郡守、鲁相，以廉直著称。

②张敖：西汉诸侯王，赵王张耳之子，妻子是刘邦独女鲁元公主，其女张嫣为汉惠帝刘盈皇后。郎中：官名，掌管门户、车骑等事，内充侍卫，外从作战。

③贯高：赵国相国。贯高图谋刺杀刘邦，阴谋败露后，他揽罪于己，保护赵王。高祖被其感动，赦免贯高和赵王。贯高自以救助赵王的使命已经完成，就断颈自杀了。

④孟舒：曾经在赵王张敖危难之时，与田叔等十余人自带刑具，去长安赴难。高祖拜他为云中守，后将他坐罪免官。文帝立，官复原职。

⑤髡（kūn）钳：古代刑罚，指剃去头发，用铁圈束颈。

⑥汉中：指汉中郡，郡治在南郑，即今陕西汉中。

⑦文帝：即汉文帝刘恒，高祖之子，初封代王。吕后死，大臣诛诸吕，迎立为帝。轻徭薄赋，与民休息，提倡农耕，经济渐次恢复，社会日趋安定。景帝因之，史称"文景之治"。

⑧云中：古郡名。原为战国赵地，秦时置郡，治所在云中县，今内蒙古托克托东北。

⑨楚：国名。秦楚之际，自秦二世元年（前209）至汉六年（前201）。八年之间，先陈胜起兵于蕲，在陈县（今河南淮阳）建立张楚政权，自号楚王；后襄强、景驹及熊心（即怀王）亦自号楚王；汉元年，项羽自立为西楚霸王，都下邳（今江苏睢宁西北）；汉六年国除。

⑩冒顿（mò dú）：秦汉之际匈奴族的杰出首领，前209—前175年在位。

⑪景帝：汉景帝刘启，汉文帝刘恒嫡长子，西汉第六位皇帝。鲁相：景帝子鲁恭王刘馀之相。

⑫苑：古称养禽兽、植林木的地方，多指帝王或贵族的园林。

⑬就：归，返回。馆舍：接待宾客住宿之所。

⑭暴（pù）：暴露在日光风雨中。

【译文】

　　田叔，是赵国人。赵王张敖任命他做郎中。汉高祖经过赵国时，贯高等人阴谋刺杀皇帝，被发觉。下诏令抓捕赵王，赵国有敢于跟随赵王的，株连三族。只有孟舒、田叔等人，自己剃去头发，脖子套上铁圈，跟随赵王到长安。张敖被赦出狱，田叔担任云中郡郡守。汉文帝召见田叔问他："你知道天下德高望重的长者吗？"田叔说："原来的云中郡郡守孟舒是位长者。"皇帝说："先皇让孟舒担任云中郡郡守十几年了，胡人曾经攻入一次，孟舒不能坚守，毫无理由地让士兵战死了几百人。长者原来是杀人的人吗？"田叔说："这正是我说孟舒是长者的原因。汉朝曾长期跟西楚对抗，士兵已经疲惫不堪。匈奴冒顿新近收服北疆各个部族，前来进犯我们的边郡，孟舒知道士兵疲惫，不忍心发令让他们出战，士兵争着上城跟敌人死战，就像儿子为了父亲，弟弟为了兄长，因此战死几百人。孟舒难道是故意驱赶他们作战吗！这就是我说孟舒之所以是长者的理由。"于是皇帝说："孟舒真是贤德啊！"重新任命孟舒当云中郡郡守。汉景帝任命田叔当鲁国国相。鲁王喜好田猎，国相田叔曾跟从进入林苑里，鲁王就让国相到馆舍休息，国相就从林苑出来在露天坐着，在外面等待鲁王。鲁王屡次派人请国相说："休息吧。"田叔始终不去休息，说："我的君王在林苑里面没有遮蔽，我怎么能独自进入馆舍呢！"鲁王因此不再大举出外游猎。

循吏传^①

太史公曰^②："法令所以导民也，刑罚所以禁奸也。文武不备^③，良民惧然身修者^④，官未尝乱也。奉职循理，亦可以为治，何必威严哉^⑤！"公仪休为鲁相^⑥，奉法循理，无所变更，百官自正。使食禄者不得与下民争利^⑦，受大者不得取小^⑧。客有遗相鱼者，不受也。客曰："闻君嗜鱼，遗君鱼，何故不受也？"相曰："以嗜鱼，故不受也。今为相，能自给鱼；今受鱼而免，谁复给我鱼者？吾故不受也。"食茹而美^⑨，拔其园葵而弃之^⑩；见其家织布好，而疾出其家妇^⑪，燔其机^⑫，云："欲令农士、工女安所雠其货乎^⑬？"

【注释】

①循吏传：本段节录自《循吏列传》。循吏，守法循理的官吏。

②太史公：汉司马谈为太史令，子迁继之，《史记》中皆称太史公。一般认为，太史令掌天文图书等，古代主天官者皆上公，故沿旧名而称之，后世多以太史公称司马迁。

③文武：文德与武功，文治与武事。

④惧然：戒惧小心的样子。

⑤威严：权势。

⑥公仪休：春秋时期鲁国宰相。因为廉政、守法而流传后世。

⑦食禄者：享有俸禄的官员。

⑧受大者：享受国家大恩的人。取小：指向民众索取小利。

⑨茹：蔬菜的总名。

⑩葵：即冬葵，我国古代重要蔬菜之一。

⑪出：遗弃，休弃。家妇：指妻子。

⑫燔（fán）：焚烧。

⑬农士：指务农的人。工女：古代指从事蚕桑、纺织、缝纫等工作的女子。雠（chóu）：出售，亦指相等，相匹敌。

【译文】

　　太史公司马迁说："法令是用来引导民众向善的，刑罚是用来禁止人们作恶的。国家的法令刑罚不完备，善良的百姓也会小心地修养自身，这是因为官员不曾胡乱作为的缘故。只要官吏奉公尽职，按规则办事，也可以把国家治理好，何必用严刑峻法呢！"公仪休担任鲁国宰相，尊奉法令，按原则行事，对旧有章程不做改动，百官自觉端正了品行。让有俸禄的官员不能跟下层民众争夺利益，享有国家大恩的人不能向民众谋取小利。有一位宾客给公仪休送鱼，公仪休不接受。宾客说："听说您喜欢吃鱼，所以送给您鱼，为什么不接受呢？"公仪休说："因为喜欢吃鱼，所以不能接受。现今我是宰相，自己买得起鱼；今天接受你的鱼，就会因此免职，今后谁还会送我鱼？我因此不接受。"公仪休吃了自己园中的菜觉得味道很好，就把园中的葵菜拔出来扔掉；看见自己家中妇人布匹织得好，赶快把她休了，把织机烧毁，说："如果做官的都自己种菜织布，让菜农和织妇去哪儿卖他们的货呢？"

酷吏传①

孔子曰②:"导之以政,齐之以刑,民免而无耻。导之以德,齐之以礼,有耻且格③。"格,正。老氏称:"法令滋章,盗贼多有④。"太史公曰:"信哉是言也! 法令者,治之具,而非制治清浊之源也⑤。昔天下之网尝密矣,然奸伪萌起,其极也,上下相遁⑥,至于不振。当是之时,吏治若救火扬沸⑦,非武健严酷,恶能胜其任而愉快乎! 言道德者,溺于职矣⑧。故曰'听讼,吾犹人也,必也使无讼乎'⑨,'下士闻道大笑之'⑩,非虚言也。汉兴,破觚而为圆⑪,觚,方。斫雕而为朴⑫,网漏于吞舟之鱼,而吏治烝烝⑬,不至于奸,黎民艾安⑭。由是观之,在彼不在此。"在道德,不在严酷也。

【注释】

①酷吏传:本段节录自《酷吏列传》。酷吏,指滥用刑法残害人民的官吏。

②孔子:名丘,字仲尼,春秋末期鲁国人,儒家的创始者。《论语》一书,记有他的谈话及与门人的问答。

③"导之以政"几句:引自《论语·为政》。导,劝导。政,政令,政策。齐,整治,整理。这里指思想或行动一致,同心协力。免,逃避,逃脱。格,纠正,匡正。

④法令滋章,盗贼多有:引文见《老子·五十七章》。章,彰明。

⑤制治:统治,治理政务。清浊:比喻人事的优劣、善恶、高下等。

⑥遁:欺骗。

⑦吏治:官吏的作风和治绩。救火扬沸:指洒沸水救火。比喻治标不治本,祸患难除。

⑧溺于职：失职，不尽职。

⑨"听讼"几句：引自《论语·颜渊》。听讼，听理诉讼，审案。

⑩下士闻道大笑之：引自《老子·四十一章》。下士，才德差的人。
　　闻道，听到某种道理。

⑪破觚（gū）而为圆：削去棱角，改方为圆。比喻去严刑峻法而从简
　　易。觚，指器物的边角、棱角。

⑫斫雕：去掉雕饰。也指斫理雕弊之俗。

⑬烝（zhēng）烝：纯一宽厚的样子。

⑭艾（yì）安：指民生安定，宇内承平。艾，通"乂"，安宁。

【译文】

　　孔子说："用政令来引导百姓，用刑法来约束百姓，百姓只求避免犯罪，但没有羞耻心。要是用道德来引导百姓，用礼制来约束百姓，那么百姓就会有羞耻心，而且会改正过错。"格，是改正的意思。老子说："法令越是繁杂，盗贼就越多。"太史公司马迁说："这话讲得真对啊！法令，是治理国家的工具，而不是解决社会问题的根本办法。从前秦朝的法网很严密，但是奸巧诈伪的事情却层出不穷，最严重的时候，上下互相欺骗，以至于国家衰败。当时，法官办案就像抱着薪柴救火，扬起热水制止沸腾一样，以为如不采取强硬严酷的手段，怎么能胜任职守而苟安一时呢！这宣扬道德治国的人，一定会失职的。所以孔子说'审理案件，我跟别人一样，我可以让社会上不再发生诉讼案件'，老子说'才德低劣的人听到大道就会加以嘲笑'，这些话不是假的。汉朝兴起，削去一切棱角，觚，是方的。对秦朝法律做了较大变动，如同砍掉外部的雕饰，露出质朴自然的本质一样，法网稀疏得能漏掉吞食舟船的大鱼，但是官吏的作风和治绩正直宽厚，无人作奸犯科，百姓安定。由此看来，治理在于道德教化而不在于严刑峻法。"在于道德，不在于严酷。

滑稽传①

优孟者②,楚优人也③。庄王之时④,有爱马,衣以文绣⑤,置之华屋之下,席以露床⑥,啖以枣脯⑦。马病肥死,使以大夫礼葬之。下令,有谏者死。优孟入门大哭曰:"马者,王之所爱也,以楚国堂堂之大,何求不得,而以大夫礼葬之,薄,请以人君礼葬之。以雕玉为棺,文梓为椁⑧,发卒穿圹⑨,老弱负土,庙食太牢⑩,奉以万户。诸侯闻之,皆知大王贱人而贵马。"王曰:"寡人过一至此乎!为之奈何?"孟曰:"请为大王六畜葬之人腹肠⑪。"于是王乃使以马属大官⑫,无令天下久闻也。

【注释】

①滑(gǔ)稽传:本段节录自《滑稽列传》。滑稽,指能言善辩,言辞流利。后指言语、动作或事态令人发笑。

②优孟:春秋时期楚国宫廷艺人,以优伶为业,名孟,荆州人,从小善辩,擅长表演,常谈笑讽谏时事。

③优人:古代以乐舞、戏谑为业的艺人。

④庄王:即楚庄王,又称荆庄王,芈姓,熊氏,名旅,一作侣、吕,楚穆王之子,春秋时期楚国国君,春秋五霸之一。

⑤文绣:刺绣华美的丝织品或衣服。

⑥露床:指铺设竹席的凉床。

⑦啖(dàn):吃。枣脯:枣子制成的果干。

⑧文梓:有文理的梓树,为良木美材。椁(guǒ):古代套于棺外的大棺。

⑨圹(kuàng):墓穴。这里指开掘墓地。

⑩庙食:指死后立庙,受人奉祀,享受祭飨。太牢:古代祭祀,牛羊豕

三牲具备谓之太牢。

⑪六畜：指马、牛、羊、鸡、狗、猪。亦泛指各种牲畜。

⑫大官：即太官，官名，秦有太官令、丞，属少府。两汉因袭，掌管皇帝膳食及燕享之事。

【译文】

优孟，是楚国的乐工。楚庄王在世的时候，有匹爱马，他给马穿上华美的衣服，安放在漂亮的房屋里面，脚下垫着没有帷帐的大床，喂它吃枣干。马由于吃喝太好最后肥死了，楚庄王让人用大夫的礼仪安葬它。下令说，有敢来劝阻葬马的人，一律处死。优孟进门大哭说："这匹马是大王喜欢的，凭着我楚国堂堂大国的地位，要什么没有？却仅用大夫的礼仪安葬它，太薄待它了，请用君王的礼仪安葬它。用雕刻着花纹的玉石做内棺，用漂亮的梓木做外棺，征发士兵挖掘墓穴，让老人小孩都来背土修筑陵墓，给它立庙，用一牛、一羊、一猪来祭祀，以万户之邑的赋税收入来供奉它。诸侯听说，都知道大王您看不起人却尊重马。"庄王说："我的过失这么严重了吗！怎么办？"优孟说："请大王您用对待六畜的方法把它埋葬在人的肚肠里头。"于是庄王就让人把马交给太官令，不让天下人张扬此事了。

　　楚相孙叔敖死①，其子穷困负薪②。孟即为敖衣冠，抵掌谈语③。抵掌，谈说之容则也④。岁余，像孙叔敖。王大惊，以为叔敖复生也，欲以为相。孟曰："楚相不足为也⑤。如孙叔敖之为楚相，尽忠为廉以治楚，楚得以霸。今死，其子无立锥之地⑥，贫困负薪，以自饮食。楚相不足为也。"于是庄王谢优孟，乃召叔敖子，封之寝丘⑦。

【注释】

①楚相孙叔敖死：本段节录自《滑稽列传》。孙叔敖，春秋时期楚国
　　名臣，楚庄王时担任令尹。

②负薪：背负柴草，指从事樵采之事。

③抵掌：击掌，表示奋激。抵，或作"抵"。

④容则：相当于容典，礼容之典则。

⑤不足为：不值得做。

⑥立锥之地：插立锥尖的地方。极言地方之小。

⑦寝丘：古地名，在今河南沈丘东南。

【译文】

　　楚国宰相孙叔敖死去，他的儿子很穷困，靠砍柴过活。优孟就制作
了孙叔敖的衣帽，模仿孙叔敖击掌谈笑的样子。抵掌，是指言谈的样子。一
年后，模仿得很像孙叔敖了。楚王见到大吃一惊，认为是孙叔敖重生了，
想要让他当宰相。优孟说："楚国的宰相不值得做呀，像孙叔敖当楚国宰
相，忠贞廉洁治理楚国，楚国因此成为霸主。现在他死了，他的儿子甚至
没有立足之地，穷得靠着打柴养活自己。楚国的宰相不值得做呀。"于
是庄王向优孟道歉，随后召见孙叔敖的儿子，把他封在寝丘。

　　优旃者①，秦倡侏儒也②。善为笑言，然合大道。秦始
皇帝议欲大苑囿③，东至函谷关④，西至雍、陈仓⑤。优旃曰：
"善。多纵禽兽于其中⑥，寇从东方来，令麋鹿触之足矣⑦。"
始皇以故辍止⑧。二世立，又欲漆其城。优旃曰："善。漆城
虽于百姓愁费，然佳哉！漆城荡荡⑨，寇来不能上。即欲就
之，易为漆耳，顾难为荫室⑩。"于是二世笑之，以其故止。

【注释】

①优旃（zhān）者：本段节录自《滑稽列传》。优旃，秦国的一位歌舞艺人，个子矮小，善于说笑话，但笑话中有深刻的道理。

②倡：古代表演歌舞杂戏的艺人。侏儒：身材异常短小者。

③苑囿：古代畜养禽兽供帝王玩乐的园林。

④函谷关：古关名，在今河南灵宝。因其关在深谷中，深险如函，故名。

⑤雍：即雍县，治所在今陕西凤翔南。陈仓：县名，秦置，治所在今陕西宝鸡。

⑥纵：放。

⑦触：用角顶撞。

⑧辍（chuò）止：停止。

⑨荡荡：光亮明净的样子。

⑩荫室：指阳光照射不到的阴暗屋舍，如窑洞、地窖之类。按：生漆是中国特产，其特性是不能日晒、不能烘烤，只能在阴凉潮湿的空间中慢慢阴干。因此，阴干这一步骤一般都在地下室进行。

【译文】

优旃，是在秦国宫廷当歌舞艺人的侏儒。他善于说笑话，但是往往跟大道相合。秦始皇曾和臣下商量，想扩大猎场向东达函谷关，向西达雍县和陈仓。优旃说："好啊。多放些鸟兽到园林里去，敌人从东方来，让麋鹿用角去顶就够了。"始皇因此停止扩大猎场的计划。二世即位，又想用漆漆城墙。优旃说："好啊。油漆城墙虽然使百姓破费受苦，但这确实做得好！城墙漆得光又亮，敌人来了爬不上。漆好城墙倒是不难，搭棚子晾干它可就难了。"于是二世笑了，油漆城墙因此作罢。

魏文侯时①，西门豹为邺令②。邺三老、廷掾③，常岁赋敛百姓，收取其钱，得数百万，用其二三十万为河伯娶妇④，与祝巫共分其余钱⑤。人家有好女者⑥，持女逃亡。以故城中益空无人,又困贫。俗曰:"不为河伯娶妇,水来漂没⑦。"
至为河伯娶妇,送女河上。豹往会之曰:"是女不好,烦大
巫妪入报⑧,更求好女,后日送之。"即使吏卒共抱大巫妪,
投之河中。有顷曰:"巫妪何久也? 弟子趣之⑨!"复以弟子
一人投河中。有顷曰:"弟子何久也?"复使投之。凡投三
弟子也。豹曰:"巫妪弟子,女子也,不能白事⑩,烦三老为
入白之。"复投三老。豹曰:"巫妪、三老不来奈何?"欲复
使掾趣之。皆叩头,破额血流。豹曰:"若皆罢归去。"吏民
大惊恐,从是已后,不敢言为河伯娶妇。豹发民凿十二渠,
引河水灌田。民烦苦不欲。豹曰:"民可与乐成⑪,不可与
虑始⑫。今虽患苦,然期令子孙思我。"至今皆得水利⑬,民
人以给足⑭。故豹为邺令,泽流后世⑮,无绝已时。子产治
郑⑯,民不能欺;子贱治单父⑰,人不忍欺;西门豹治邺,人不
敢欺。三子之才能,谁最贤哉? 辨治者当能别之⑱。

【注释】

①魏文侯时:本段节录自《滑稽列传》。魏文侯,名斯,一名都,战国
　　时期魏国开国君主,前445—前396 年在位。
②西门豹:战国时期魏国人。魏文侯时任邺令,是著名的政治家、水
　　利家。邺:邺城,在今河北临漳西南,当时属魏国。
③三老:古代掌教化之官,乡、县、郡均曾先后设置。廷掾(yuàn):
　　县令的属吏。
④河伯:传说中的黄河河神。
⑤祝巫:古代称祭主赞词者为祝,事鬼神者为巫。
⑥好:指女子貌美。

⑦漂没：冲毁，冲没。

⑧巫妪：巫婆。

⑨趣（cù）：督促，催促。

⑩白事：陈说事情，禀告公务。白，禀报，陈述。

⑪乐成：成功。

⑫虑始：谋划事情的开始。

⑬水利：指兴修水利带来的利益。

⑭给足：丰富充裕。

⑮泽：指施加恩德。

⑯子产：公孙氏，名侨，字子产，又字子美，春秋后期的郑国贤相。

⑰子贱：即宓子贱，鲁国人，是孔子的学生，曾在鲁国担任单父宰，鸣琴不下堂，能任人而治。孔子称之曰君子。后因以喻有治绩的郡县或官员。单（shàn）父：邑名，在今山东菏泽单县。

⑱辨治：辨别治绩，考察治绩。

【译文】

魏文侯在位时，西门豹任邺县县令。以前邺地的三老、廷掾常年都向老百姓征收赋税，收取的款额达几百万之多，他们从中用掉二三十万为河神娶妻，然后就与主祭者、巫婆一同分掉剩余款项。这种风俗导致本地有漂亮女儿的人家，都带着女儿逃到外地去了。因此，城内人口越来越少，百姓生活日益贫困。当地风俗传说："如果不为河神娶妻，河水就会冲没村庄。"等到为河神娶妻的日子，选好的女子被送到河边。西门豹也前往参与此次盛会，他说："这个女子不漂亮，烦请大巫婆到河神那里禀报一下，就说要另找一个漂亮女子，后天再把她送来。"当即让随行的吏卒抬起大巫婆投入河中。过了一会儿，西门豹说道："巫婆怎么去了这么久还不回来？派其弟子去催促一下吧！"于是，就把巫婆的一名弟子投进河中。又过了一会儿，西门豹说："弟子怎么又去了那么久？"再将一个弟子投进河中。一共投下三个弟子。西门豹说："巫婆及她的弟子全是女人，不能向河神禀报明白，烦请三老下去禀报。"于是，又把三老投进河中。西门豹说："巫婆、三老都不回来，怎么办？"想要派三老的下属去催促。他们都吓得跪地叩头求饶，磕得头破血流。西门豹说："既然你们都不想继续为河神娶妻，那就回去吧！"当地的官员和百姓都非常惊慌害怕，从此之后，再没有人敢说要为河神娶妻。西门豹在当地发动民众开凿十二条渠道，引河水灌溉农田。起初老百姓嫌劳苦，都不愿去干。西门豹说："普通百姓，只可以和他们分享成功后的利益，而不能在事情开始时与他们做长远的谋划。今天他们虽然嫌苦不想凿渠，但期望他们的子孙今后能想起我。"直到现在，邺地的百姓都能享受治水的好处，生活能够自给自足。因此，西门豹担任邺县县令，恩泽流传到后世，没有穷尽。子产治理郑国，民众谁也没法欺骗他；子贱治理单父，民众不忍欺骗他；西门豹治理邺县，民众不敢欺骗他。他们三人的才能，谁最好呢？考究治绩的人应当能区别开来。

　　魏文帝问群臣^①："三不欺^②，于君德孰优？"大尉锺繇、司徒华歆、司空王朗对曰^③："臣以为君任德^④，则臣感义而不忍欺^⑤；君任察，则臣畏觉而不能欺；君任刑，则臣畏罪而不敢欺。任德感义，与夫导德齐礼，有耻且格等，同归者也。孔子曰：'为政以德，譬如北辰，居其所，而众星拱之^⑥。'考以斯言，论以斯义，臣等以为不忍欺，不能欺。优劣之县在权衡^⑦，非徒低昂之差，乃钧铢之觉也^⑧。且前志称：'仁者安仁，智者利仁，畏罪者强仁^⑨。'校其仁者，功则无以殊；核其为仁者，则不得不异。安仁者，性善者也；利仁者，力行者也；强仁者，不得已者也。三仁相比，则安者优矣。《易》称：'神而化，使民宜之^⑩。'若君化然也。然则安仁之化，与夫强仁之化，优劣亦不得不相悬绝也。然则三臣之不欺虽同，所以不欺异，则纯以恩义崇不欺，与以威察成不欺，既不得同概而比量，又不得错综而易处^⑪。"

【注释】

①魏文帝问群臣：以下为《集解》的注释。魏文帝，曹丕，字子桓，豫州沛国谯县（今安徽亳州）人。魏武帝曹操之子，曹魏开国皇帝，220—226年在位。

②三不欺：《索隐》案："此三不欺自古传记先达共所称述，今褚先生因记西门豹而称之以成说也。《循吏传》记子产相郑，仁而且明，故人不能欺之也。子贱为政清净，唯弹琴，三年不下堂而化，是人见思，故不忍欺之。豹以威化御俗，故人不敢欺。其德优劣，锺、华之评寔为允当也。"

③大尉：即太尉，官名，秦至西汉设置，为全国军政首脑，与丞相、御史大夫并称三公，东汉时太尉与司徒、司空并称三公。锺繇：字符常，颍川长社（今河南长葛东）人。曹魏时著名书法家、政治家。司徒：官名，周时为六卿之一，称地官大司徒，掌管国家的土地和人民的教化，东汉时改称司徒。华歆：字子鱼，平原高唐（今山东禹城）人。汉末魏初时名士，曹魏重臣。司空：官名，周为六卿之一，掌管工程，汉改御史大夫为大司空，与大司马、大司徒并列为三公，后去大字为司空，历代因之。王朗：本名王严，字景兴，东海郯（今山东临沂郯城西北）人。汉末至三国曹魏时期重臣、经学家。

④任：任用，使用。

⑤感义：被道义感动。

⑥"为政以德"几句：引自《论语·为政》。北辰，北极星。

⑦权衡：称量物体轻重的器具。权，秤锤。衡，秤杆。

⑧钧铢：都是古代重量单位，三十斤为钧，一两的二十四分之一为铢。这里比喻相差悬殊。觉：感知，觉察。

⑨"仁者安仁"几句：引自《礼记·表记》。

⑩神而化，使民宜之：引自《周易·系辞下》。现行版本的原文是"神而化之，使民宜之。"

⑪错综：交错综合。易处：指互换位置。

【译文】

魏文帝问群臣："三不欺，就君主的德行来说，哪一种最好？"太尉锺繇、司徒华歆、司空王朗回答说："我们认为君王用德行来感化人，那么臣子被道义感动而不忍心欺骗；君王用明察来驾驭人，那么臣子害怕被觉察而不能欺骗；君王用刑罚威慑人，那么臣子畏惧罪过而不敢欺骗。用德行、道义感化人，跟用道德来引导民众，用礼制来感化民众，这样民众就会有羞耻心，而且会改正过错，这是同一类的。孔子说：'用德政来治理国家，会像北极星那样，安然处在自己的位置上，别的星辰都环绕着它。'用这段话来考察，用这种道义来评判的话，我们认为不忍心欺骗，不能够欺骗。权衡比较它们的优劣，不仅仅是一点高低的差异，而是有巨大的不同。况且前人又说：'仁德的人安于仁，明智的人利用仁，畏惧罪罚的人勉强行仁。'比较这几种仁，它的功用没有差异；审核行仁的目的、手段，那就有很大的差异了。安于仁的人，是本性善良的人；利用仁的人，是努力实践的人；勉强行仁的人，是不得已没办法的人。三种仁者相比，那么安于仁的人最优秀。《周易》说：'神妙地潜移默化，让民众非常适宜。'就好像君王教化民众那样。既然如此，那么安于仁的教化，跟那勉强行仁的教化，优劣相差就不能不悬殊了。既然如此，那么三位臣子的不欺虽然相同，但为什么不欺的缘故却是不同的，那么纯粹用恩义推崇不欺骗，跟用威权明察而不欺骗，既不能一概混同来相提并论，也不能前后错乱而颠倒次序。"

吴越春秋

【题解】

　　《吴越春秋》,东汉赵晔撰,是一部以记述春秋战国时期吴、越两国史事为主的史学著作,记叙了吴国自太伯至夫差、越国自无余至勾践的史事。于旧史所记外,增入不少民间传说,颇富文学趣味,有补充正史缺漏的史料价值。本书著录于《隋书·经籍志》和《唐书·经籍志》,两书皆云赵晔撰,十二卷。但今本只有十卷,估计是有所残佚,如本书所节录的夫差事迹第一段就不见于今本。魏徵等人节录此两段旨在告诫君主应安于帝位,以仁德治国,不可好战,否则必有祸患。

　　赵晔,东汉学者,字长君,会稽山阴(今浙江绍兴)人。早年为县吏,弃官去犍为郡资中(今四川资阳)拜经学大师杜抚为师,学习韩诗。州官召补从事,不去,死在家中。撰写了《吴越春秋》《诗细历神渊》等著作。

　　　吴王夫差闻孔子与子贡游于吴[①],出求观其形,变服而行,为或人所戏而伤其指。夫差还,发兵索于国中,欲诛或人。子胥谏曰[②]:“臣闻昔上帝之少子[③],下游青泠之渊[④],化为鲤鱼,随流而戏,渔者豫沮射而中之[⑤]。上诉天帝[⑥]。天帝曰:‘汝方游之时,何衣而行?’少子曰:‘我为鲤鱼。’上帝曰：'汝乃白龙也，而变为鱼，渔者射汝，是其宜也，又何怨焉！'今夫大王弃万乘之服⑦，而从匹夫之礼⑧，而为或人所刑，亦其宜也。"于是，吴王默然不言。

【注释】

①夫差：春秋时期吴国末代国君，阖闾之子，前495年—前473年在位。其父为勾践所伤而死，他登位之初，励精图治，大败勾践，使吴国达到鼎盛。在位后期，生活奢华无度，对外穷兵黩武，屡次北上与齐晋争锋。黄池之会，勾践趁虚攻吴，吴国一蹶不振。公元前473年，勾践灭吴，夫差自刎。子贡：即端木赐。春秋末年卫国人，孔门十哲之一，以言语闻名。有干济才，曾任鲁国、卫国之相，还长于经商。

②子胥：即伍子胥。名员，字子胥，春秋末期楚国人，吴国大夫、军事家。以封于申，也称申胥。

③上帝：天帝。

④青泠之渊：水名，见于《庄子·让王》："（北人无择）因自投清泠之渊。"泠，清凉，冷清。

⑤豫沮：或作豫且、余且，春秋时宋国人，以捕鱼为业。

⑥上诉：指向神祇、君王或官府诉说冤情。

⑦万乘：指帝王。

⑧匹夫：古代指平民男子，也泛指平民百姓。

【译文】

吴王夫差听说孔子跟子贡到吴国出游，想出去看看他们的样子，就改换服装出行，被人戏耍而且弄伤了手指。夫差回去后，派军队在国都大肆搜捕，想要诛杀那个人。伍子胥劝谏说："我听说从前天帝的小儿子到下界名叫青泠之渊的水域游玩，变化成鲤鱼，随着水流嬉戏，被捕鱼人豫沮射中。他回到天宫向天帝控诉。天帝说：'你方才出游的时候，穿着

什么衣服出行?'小儿子说:'我变成鲤鱼的样子。'上帝说:'你是白龙,
却变化成鱼,捕鱼人射你,这是应该的,又有什么可埋怨的!'现今大王
您脱掉了帝王的服装,跟从平民的礼俗,被别人弄伤,也是合情合理的。"
于是吴王默不作声。

　　吴王夫差兴兵伐齐,堀为渔沟①,通于商、鲁之间②,北
属之沂③,西属之济④,欲以会晋⑤。恐群臣之谏也,乃令于
邦中曰:"寡人伐齐,敢有谏者死。"太子友乃风谏⑥,以发激
吴王之心⑦。以清朝时⑧,怀丸挟弹⑨,从后园而来,衣洽履
濡⑩。吴王怪而问之曰:"何为如此也?"友曰:"游于后园,
闻秋蝉之鸣⑪,往而观之。夫秋蝉,登高树,饮清露,其鸣悲
吟⑫,自以为安,不知蚚蜋超枝缘条⑬,申要举刃⑭,缳其形
也⑮。夫蚚蜋,愈心财进⑯,志在利蝉,不知黄雀徘徊枝叶⑰,
欲啄之也。夫黄雀,但知伺蚚蜋,不知臣飞丸之集其背也⑱。
但臣知虚心⑲,念在黄雀,不知阱埳在于前⑳,掩忽陷坠于深
井也㉑。"王曰:"天下之愚莫过于斯。知贪前之利,不睹其
后之患也。"对曰:"天下之愚非但直于是也,复有甚者。"王
曰:"岂复有甚于是者乎?"友曰:"夫鲁守文抱德㉒,无欲于
邻国,而齐伐之。齐徒知举兵伐鲁,不知吴悉境内之士、尽
府库之财,暴师千里而攻之也㉓。吴徒知逾境贪敌往伐齐,
不知越王将选其死士,出三江之口㉔,入五湖之中㉕,屠灭吴
国也。臣窃观祸之端㉖,天下之危,莫过于斯也。"王喟然而
叹,默无所言,遂往伐齐,不用太子之谏。越王勾践闻吴王
北伐㉗,乃帅军溯江以袭吴㉘,遂入吴国,焚其姑苏之台㉙。

【注释】

①渔沟：水道名。或言在今江苏淮安。今本作"阑沟"。

②商：指宋国。周灭商后，把商的旧都附近地区分封给微子启以奉商祀，称宋国。鲁：即鲁国。首封国君为周公旦之子伯禽，国都曲阜。

③属（zhǔ）：连接。沂：古水名，即大沂河。源出山东沂山，南流经沂水、临沂、郯城等地。

④济（jǐ）：济水。源出河南济源，流经河南、山东入渤海。

⑤会：会盟。晋：指春秋时期的诸侯国晋国。故址在今山西、河北南部、陕西中部及河南西北部。

⑥太子友：姬友，春秋时期吴国的太子，吴王夫差的儿子。风（fēng）谏：用委婉曲折的语言规劝君主或长辈、上司。风，通"讽"，劝告。

⑦发激：引发刺激。

⑧清朝：清晨。

⑨挟：夹在腋下或指间。弹：弹弓。

⑩洽（qià）：浸润，沾湿。履：鞋。濡：浸渍，沾湿。

⑪秋蝉：即寒蝉，较一般蝉为小，青赤色。

⑫悲吟：哀叹，悲歌。

⑬蚑蛝：螳螂，昆虫名。超：跳跃，跃登。

⑭要：同"腰"。刃：指螳螂镰刀状的前脚。

⑮缳：据天明本眉批，当为"搏"字。捕捉。

⑯愈心财进：据天明本眉批，当为"翕心而进"。小心翼翼地前进。

⑰徘徊：往返回旋，来回走动。

⑱飞丸：用弹弓射击的弹丸。集：至，到。

⑲虚心：一心向往。

⑳阱垎：陷阱，地牢。阱，捕野兽用的陷坑。垎：同"陷"。

㉑掩忽：奄忽，迅速，倏忽。

㉒守文：本指遵循文王法度，后泛指遵循先王法度。抱德：持守德行。

㉓暴（pù）师：指军队在外，蒙受风雨霜露。

㉔三江之口：指江苏吴江北，吴淞江、娄江、东江分流处。

㉕五湖：古代吴越地区湖泊，具体说法不一。一说贡湖、游湖、胥湖、梅梁湖、金鼎湖；韦昭曰："胥湖、蠡湖、洮湖、滆湖，就太湖而五。"虞翻云："太湖之水通五道，谓之五湖。"

㉖端：发端，开端。

㉗勾践：春秋末期越国国君。曾败于吴王夫差，入吴为质。后卧薪尝胆，整顿内政，灭亡吴国，成为霸主。

㉘溯：逆水而上。

㉙姑苏台：在姑苏山上，相传为吴王夫差所筑。

【译文】

吴王夫差兴兵征伐齐国，在宋、鲁之间挖掘渔沟水道，北边连接沂水，西边连接济水，想要跟晋国会盟。夫差害怕群臣劝谏，于是就在国内下令说："我要去征伐齐国，胆敢劝谏的人处死！"太子友于是用委婉含蓄的劝谏方式去启发吴王。他在清晨时分怀揣弹丸、手持弹弓，从后园出来，衣裳鞋子都湿了。吴王感到奇怪，就问他说："怎么弄成这个样子？"太子友说："刚才在后园游玩，听到秋蝉鸣叫，就前去观看。秋蝉爬上高高的大树，喝着清凉的露水，发出长长的悲吟声，它自以为很安全，不知道螳螂跳上树枝沿着枝条，伸展腰身，举起前脚的刀刃，正在靠近它的身体。螳螂小心翼翼，只想顺利地捕蝉，不知道黄雀徘徊在树荫中，想去啄螳螂。黄雀只知道窥伺螳螂，不知道我射出的弹丸就要到达它的脊背。我专心致志，只想着黄雀，不知道陷阱就在前面，一下子就坠落到深深的坑中。"吴王说："天下没有比这更愚蠢的事情了。只知道贪图眼前的利益，看不到后面的祸患。"太子友回答说："天下还有比这更愚蠢的事情。"吴王说："难道还有比这个更厉害的吗？"太子友说："鲁国遵循先王法度，坚持德教，对邻国没有贪欲，但是齐国却攻打它。齐国只知道攻打鲁国，不知道吴国动员全国的士兵，拿出国库中所有的钱财，跋涉千里去攻打它。吴国只知道越过国境去攻打齐国，不知道越王就要选拔不怕死的勇士，从三江口出来，进入五湖之中，要屠杀灭绝吴国。我私下里观看祸患的发端，天下没有比这个更危险的了。"吴王长长地叹了口气，默不作声，于是前去征伐齐国，没有采纳太子的劝谏。越王勾践听到吴王北伐，就率领大军逆着长江而上偷袭吴国，于是攻入吴国国都，焚烧了吴王的姑苏台。

卷十三

汉书(一)

【题解】

《汉书》,又称《前汉书》,中国纪传体西汉断代史。共一百篇,八十万字,包括十二帝纪、八表、十志、七十传,后人划分为一百二十卷。主要作者班固(32—92),字孟坚,东汉扶风安陵(今陕西咸阳东)人,是著名的历史学家和文学家。

班固之父班彪是两汉之际著名学者,史学家,著有《史记后传》六十余篇,班固在父亲去世后,以《史记后传》叙事未详,乃潜心继续撰述,终成《汉书》,与《史记》并称。汉章帝时,班固以文才深得器重。建初四年(79)十一月,章帝下诏诸儒大会白虎观,讲论五经异同,班固以史官身份出席会议,并兼记录。会后他按章帝的旨意,将会议记录整理成《白虎通德论》,集当时经学之大成。汉和帝永元元年(89),班固随大将军窦宪出征匈奴,任中护军。大败匈奴后,登燕然山,班固作铭,刻石记功。永元四年(92),窦宪因擅权失势被杀,班固受到连累而免官。后又为仇家洛阳令种(chóng)兢所逸,被捕入狱,死在狱里,时年六十一岁。班固还著有诗、赋、铭、诔、颂、书、记、文、论议等四十余篇,以《两都赋》《典引》最有名。《昭明文选》的第一篇即是《两都赋》。

班固编纂《汉书》的过程相当曲折。汉明帝永平元年(58),班固开始在家编纂《汉书》,后来被明帝知道了,以私自改作国史罪,将他逮捕入狱。他弟弟班超上书,说明他著述《汉书》的意图,明帝才释放了他。因赞赏他的才能,明帝任他为兰台令史,负责典校图籍、治理文书,并命他继续编纂《汉书》。历时二十多年,班固基本上完成了这部著作,只有八表和《天文志》尚未完成。此后其妹班昭续补八表,马续补修了《天文志》。

班固写《汉书》,凡汉武帝以前的史实,基本上根据《史记》。武帝以后的,则是在他父亲班彪所写的《史记后传》六十五篇的基础上,经过采集史料,搜辑异闻,重新加工整理而成的。全书记事起自汉高祖元年(前206),止于王莽地皇四年(23),是我国的第一部纪传体断代史。《汉书》把《史记》的"本纪"省称"纪";"书"改曰"志";"列传"简称为"传";又不用"世家",《史记》世家诸人一律编入"传"。这些变化,对后来的纪传体史书影响很大。《汉书》还第一次创立了《古今人表》和《百官公卿表》。《汉书》的志规模宏大,内容丰富,又创立了《刑法志》《五行志》《地理志》《艺文志》,在篇目上有所创新,扩大了历史研究领域,因而受到后人的推誉。

班固的《汉书》是从正统观念出发来叙述并评价历史人物的,不像《史记》那样具有战斗精神和进步观点。但另一方面,班固能够尊重客观历史事实,做到了实录,这就客观地反映出当时的社会现实,从而暴露了社会的矛盾以及统治阶级的腐朽和罪恶。有些篇反映人民的疾苦,对人民表示一定的同情,这是值得肯定的。

《汉书》语言凝练,结构谨严,对人物的描绘也很细腻,所以过去一些学者往往把《汉书》和《史记》并称。《汉书》对后代的史学起了一定的示范作用,对于传记文学也有一定的影响。

历来为《汉书》作注的人很多。早在东汉末年,服虔、应劭就给《汉书》做过音义。目前通行的《汉书》,有唐颜师古的注本和清王先谦的《汉书补注》。现代学者杨树达的《汉书窥管》,陈直的《汉书新证》均有参考价值。

《群书治要》节录《汉书》最多，共八卷，但亡佚首尾二卷，现存六卷。

原缺。

卷十四

汉书(二)

【题解】

本卷选自《汉书》的第三部分——志,节录了包括卷二十二《礼乐志》、卷二十三《刑法志》、卷二十四《食货志》、卷三十《艺文志》的若干内容。四篇"志"的安排按照《汉书》原文的次序。首推"礼乐",以显"礼乐之用为急",着重梳理了汉代礼乐的发展脉络,表明了礼乐是人类构成群体社会的基础,治国必须重视礼乐,应先礼乐而后刑法。次为"刑法",说明"刑法所以助治也",其中特意保留了《汉书·刑法志》原引荀子论刑的观点,对于古今用刑轻重、"象刑"真伪问题进行了分析,表明了刑不可省,以刑辅德方可大治的观点。三为"食货",分别论说"食"与"货"的起源,概括西汉的农业、货币及经济制度的发展变迁,着重阐述农业是国家经济的根本,以及国家不可与民争利的观点。最后是"艺文",分为两部分。第一部分类似"序",阐述了两个观点:第一,汉继秦后,重视文献书籍的搜集整理,"建藏书之策,置写书之官";第二,读书学问是为了立德,抨击了汉末过分重视章句而不识大体,及"安其所习,毁所不见,终以自蔽"的治学弊病。第二部分历记诸子的起源和主要观点,对其优长与弊病给予准确中肯评价。

志①

六经之道同归②，而礼乐之用为急。治身者斯须忘礼③，则暴嫚入之矣④；为国者一朝失礼，则荒乱及之矣⑤。人函天地阴阳之气⑥，有喜怒哀乐之情。天禀其性而不能节也⑦，圣人能为之节而不能绝也，故象天地而制礼乐，所以通神明、立人伦、正情性、节万事者也⑧。

【注释】

①志：本卷标题"志"元和活字本、镰仓本均无，据天明本加。

②六经之道同归：本段节录自《礼乐志》。六经，指《诗》《书》《礼》《乐》《易》《春秋》六部儒家经典。同归，一致。

③治身者：修身者。斯须：片刻。

④暴嫚：同"暴慢"，凶暴傲慢。嫚，傲慢。

⑤荒乱：混乱，错乱。

⑥函：包含，容纳。颜师古注："函，包容也。"

⑦禀：赋予，给予。颜师古注："禀，谓给授也。"

⑧神明：指人的精神，心思。人伦：人与人之间的关系，特指尊卑长幼之间的等级关系。情性：性格，情意。《孟子·滕文公上》："人之有道也，饱食煖衣，逸居而无教，则近于禽兽。圣人有忧之，使契为司徒，教以人伦：父子有亲，君臣有义，夫妇有别，长幼有叙，朋友有信。"

【译文】

六经的道理宗旨是一致的，礼乐的运用最为急迫。修身的人如果片刻忘记了礼，凶暴傲慢就会侵入内心；治理国家的人一旦失去了礼，就会陷入混乱。人蕴含天地阴阳的气息，有着喜怒哀乐的情感。上天赋予人本性而不能节制,圣人能够节制却不能断绝,所以取象天地而制定礼乐,用它来沟通人的精神、建立人与人之间最重要的正确关系、端正每一个人的性格情意、节制所有的事情。

　　哀有哭踊之节①,乐有歌舞之容,正人足以副其诚②,邪人足以防其失。故婚姻之礼废③,则夫妇之道乖,而淫僻之罪多④;乡饮之礼废⑤,则长幼之序乱,而争斗之狱繁;祭祀之礼废⑥,则骨肉之恩薄,而背死忘先者众;朝聘之礼废⑦,则君臣之位失,而侵陵之渐起⑧。故孔子曰:"安上治民,莫善于礼;移风易俗,莫善于乐⑨。"礼节民心,乐和民声⑩,政以刑之⑪,刑以防之。礼乐政刑,四达而不悖,则王道备矣⑫。

【注释】

①哀有哭踊之节:本段节录自《礼乐志》。哭踊,丧礼仪节。边哭边顿足。颜师古注:"踊,跳也。哀甚则踊。"

②正人:正直的人,正派的人。副:相称,符合。

③婚姻之礼:婚姻的礼节。古代包括纳采、问名、纳吉、纳征、请期、亲迎六礼。

④淫僻:亦作"淫辟",放荡淫乱。《礼记·经解》:"故昏姻之礼废,则夫妇之道苦,而淫辟之罪多矣。"

⑤乡饮:即乡饮酒礼。周代乡学三年业成大比,考其德行道艺优异者,荐于诸侯。将行之时,由乡大夫设酒宴以宾礼相待,叫做乡饮酒礼。

⑥祭祀:天明本眉批及今本《汉书·礼乐志》作"丧祭"。古丧礼,葬后之祭称丧祭。

⑦朝聘:古代诸侯亲自或派使臣按期朝见天子或霸主。

⑧侵陵：亦作"侵凌"，侵犯欺凌。渐：端倪，迹象。

⑨"安上治民"几句：引自《孝经·广要道章》，语序有所不同。原
　文作："移风易俗，莫善于乐；安上治民，莫善于礼。"邢昺疏："欲
　移易风俗之弊败者，莫善于听乐而正之；欲身安于上、民治于下
　者，莫善于行礼以帅之。"移风易俗，扭转风气，改变习俗。

⑩和：和谐，调和。民声：民众的声音。指人民的要求和愿望。

⑪刑：天明本眉批："刑之之'刑'作'行'。"今本《汉书·礼乐志》
　作"行"。

⑫王道：儒家提出的一种以仁义治天下的政治主张。与霸道相对。

【译文】

哀痛有边哭边跺脚的礼节，欢乐有边歌边舞的仪容，正派君子足以
体现诚信，奸邪小人足以防止过失。所以说，婚姻之礼如果废弃，那么夫
妇之道就会乖离，放荡淫乱的罪行就会增多；乡饮酒礼如果废弃，那么长
幼的秩序就会混乱，相互争斗的案件就会繁多；祭祀之礼如果废弃，那么
骨肉亲情就会淡薄，背叛死者忘记祖先的人就会增多；朝聘之礼如果废
弃，那么君臣的地位就会错乱，侵犯欺凌的迹象就会出现。所以孔子说：
"要安定君主治理民众，没有比礼法教化更好的了；转移风气改变习俗，
没有比音乐教化更好的了。"礼是节制民众内心的，乐是和谐民众声音
的，用政教来实行，用刑罚来防止。礼乐政刑，四者通达而不相悖，那么
王道政治就具备了。

乐以治内而为同①，同于和乐也。礼以修外而为异②；尊
卑为异。同则和亲，异则畏敬；和亲则无怨，畏敬则不争。揖
让而天下治者③，礼乐之谓也。王者必因前王之礼，顺时宜
有所损益，即民心稍稍制作④，至太平而大备。周监二代⑤，
礼文尤具⑥，事为之制，曲为之防⑦，故称礼经三百，威仪三

千⑧。于是教化浃洽⑨,民用和睦,灾害不生,祸乱不作,囹圄空虚⑩,四十余年。及其衰也,诸侯逾越法度,恶礼制之害己,去其篇籍⑪,遭秦灭学,遂以乱亡。

【注释】

①乐以治内而为同:本段节录自《礼乐志》。《礼记·乐记》:"正声感人而顺气应之,顺气成象而和乐兴焉。"内,指内心。同,颜师古引李奇曰:"同于和乐也。"和乐,和谐的音乐。

②外:指行为。异:颜师古引李奇曰:"尊卑为异也。"

③揖让:指礼乐文德。

④稍稍:逐渐,渐次。制作:指礼乐等方面的典章制度。

⑤监(jiàn):通"鉴",借鉴,参考。二代:指夏商两代。

⑥礼文:指礼乐仪制。

⑦曲:指小事。《礼记·中庸》:"其次致曲。"郑玄注:"曲,犹小小之事也。"

⑧威仪:指古代祭享等典礼中的动作仪节及待人接物的礼仪。

⑨浃(jiā)洽:普遍沾润,遍及。颜师古注:"浃,彻也;洽,霑也。"

⑩囹圄:监狱。

⑪篇籍:指书籍,典籍。

【译文】

乐用来修治内心,让所有人的内心安和趋同;与和谐的乐声相同。礼用来修治外在行为,尊卑不同的人行为不同;有尊贵卑贱的差异。安和趋同那就和谐相亲,尊卑不同那就有所敬畏;和谐亲近就没有怨恨,尊敬畏惧就不会争夺。礼乐文德使天下太平,说的就是礼乐的作用。君王必须依据前代君王的礼制,顺应时代的适宜而有增有减,适应民众心理逐渐制定礼乐制度,到了天下太平之时礼乐也就一切完备了。周的礼制借鉴了夏商两代,礼乐仪制尤为完备,为大事规定制度,对小事有所防备,所以号称礼经仪制三百条，典礼动作仪节、待人接物的礼仪三千条。于是教化普遍沾润，民众因此和睦，灾害不发生，祸乱不兴起，监狱空虚，这样延续了四十多年。到了周朝衰弱的时候，诸侯违反法度，厌恶礼制危害自己，除去记载礼制的书籍，及至遭遇秦朝灭绝儒学，于是典籍就散乱亡佚了。

汉兴，拨乱反正①，日不暇给②，犹命叔孙通制礼仪③，以正君臣之位。高祖悦而叹曰④："吾乃今日知为天子之贵也。"遂定仪法，未尽备而通终。至文帝时⑤，贾谊以为⑥："汉承秦之败俗，弃礼义，捐廉耻，而大臣特以簿书不报期会为故⑦，至于风俗流溢⑧，恬而不怪⑨。夫移风易俗，使天下回心而向道，类非俗吏之所能为也⑩。立君臣，等上下，使纲纪有序，六亲和睦⑪，此非天之所为，人之所设也。人之所设，不为不立，不修则坏⑫。"乃草具其仪⑬，天子悦焉。而大臣绛、灌之属害之⑭，故其议遂寝⑮。

【注释】

①汉兴，拨乱反正：本段节录自《礼乐志》。拨乱反正，治理混乱的局面，使恢复正常。

②日不暇给：形容事情太多，时间不够用。颜师古注："给，足也。言事务殷多，日日修造，尚不能足，故无暇也。"

③叔孙通：初为秦博士。后归附项梁、项羽，再转投汉军，汉王刘邦拜其为博士，号稷嗣君。刘邦统一天下后，叔孙通制定朝仪，因功拜奉常，其弟子也都进封为郎。惠帝即位，制定汉宗庙仪法。

④高祖：汉高祖刘邦。汉朝开国皇帝。景帝时改庙号为"太祖"，谥号"高皇帝"。

⑤文帝：汉文帝刘恒，前180—前157年在位。汉高祖刘邦第四子，

母薄姬,汉惠帝刘盈之弟。庙号"太宗",谥号"孝文皇帝"。

⑥贾谊:西汉初年著名政论家、文学家。

⑦大臣特以簿书不报期会为故:颜师古注:"特,但也。簿,文簿也。故,谓大事也。言公卿但以文案簿书报答为事也。"簿书,册籍,指官署中重要的公文、文案。报,回复。期会,指在规定的期限内实施政令,多指有关朝廷或官府的财物出入。故,事,事情。

⑧风俗:相沿积久而成的风气、习俗。流溢:放佚。

⑨恬:安然,满不在乎。颜师古注:"恬,安也,谓心以为安。"

⑩类:率,皆,大抵。

⑪六亲:贾谊《新书·六术》篇,以父、昆弟、从父昆弟、从祖昆弟、从曾祖昆弟、族兄弟为六亲。

⑫修:修养,维护。

⑬草具:初步制定,草拟。颜师古注:"草,谓创立其事也。"

⑭绛、灌:绛侯周勃与颍阴侯灌婴的并称。均佐刘邦而建功封侯。二人起自布衣,鄙朴无文,曾谗嫉陈平、贾谊等。属:侪,辈,同一类人。

⑮寝:止息,废置。

【译文】

汉朝兴起,治理混乱的天下,让它恢复正常,天天都忙不过来,还让叔孙通制定礼仪,来确定端正君臣的位置。高祖高兴地感叹说:"我今天才知道天子的尊贵啊。"于是就确定礼仪法度,但没有完备而叔孙通就去世了。到了文帝时,贾谊认为:"汉承续了秦朝的败坏习俗,丢掉了礼义,捐弃了廉耻,大臣只把地方官员没有按期回复重要公文当做大事,至于风俗放荡散逸,却态度安然毫不奇怪。移风易俗,让天下民众扭转心意一心向道,这大概不是世俗官吏所能做的。确立君臣地位,确定上下等级,使法度纲常运行有序,六亲和睦,这也不是上天的规定,而是人为设置的。既然是人为设置的,那么不作为就不能设立,不维护就会毁坏。"

于是就草拟了有关礼仪，天子喜悦。但大臣周勃、灌婴等人破坏，所以这些建议就搁置起来了。

　　至武帝即位①，议立明堂②，制礼服。会窦太后不悦儒术③，其事又废。后董仲舒言④："王者承天意以从事，故务德教而省刑罚⑤。今废先王之德教，独用执法之吏治民，而欲德化被四海⑥，故难成也。是故古之王者，莫不以教化为大务，立大学以教于国⑦，设庠序以化于邑⑧。教化已明，习俗已成，天下尝无一人之狱矣。至周末世，大为无道，秦继其后，又益甚之。今汉继秦之后，虽欲治之，无可奈何。法出而奸生，令下而诈起，如以汤止沸，沸愈甚而无益。譬之琴瑟不调⑨，甚者必解而更张之⑩，乃可鼓也⑪。为政而不行，甚者必变而更化之，乃可理也。故汉得天下以来，常欲以善治，而至今不能胜残去杀者⑫，失之当更化而不能更化也。"是时上方征讨四夷，锐志武功，不暇留意礼文之事⑬。

【注释】

①至武帝即位：本段节录自《礼乐志》。武帝，汉武帝刘彻，前140—前87年在位，庙号"世宗"，谥号"孝武皇帝"。

②明堂：古代帝王宣明政教的地方。凡朝会、祭祀、庆赏、选士、养老、教学等大典，都在此举行。《孟子·梁惠王下》："夫明堂者，王者之堂也。"

③窦太后：即孝文帝皇后窦氏，清河郡观津县（今河北武邑）人，据说名猗房。汉惠帝时窦氏被吕太后赐予代王刘恒。刘恒即位，是为汉文帝，窦氏被立为皇后。文帝去世后为太后。窦太后在景帝

朝与武帝前期都有较大影响力,在一定程度上干预朝政。汉武帝
建元六年(前135),窦太后去世,与汉文帝合葬霸陵。

④董仲舒:今文经学大师。他系统地提出了"天人感应""大一统"
的思想,主张"罢黜百家,独尊儒术",为汉武帝所采纳。

⑤务:致力。德教:道德教化。省:减少,削减。刑罚:刑指肉刑、死
刑,罚指以金钱赎罪,后泛指依照法律对违法者实行的强制处分。

⑥德化:指用德行感化。被:覆盖。

⑦大学:即太学,古代设于京城的最高学府。其名始于西周。《大戴
礼记•保傅》:"帝入太学,承师问道。"国:国都。

⑧庠序:指学校。颜师古注:"庠序,行礼养老之处也。"

⑨琴瑟不调:琴瑟合奏时,声音没有调整和谐。琴,乐器名,指古琴,
传为神农创制。琴身为狭长形,木质音箱,面板外侧有十三徽。
古人把琴当作雅乐。瑟,拨弦乐器,春秋时已流行,常与古琴或笙
合奏。瑟形似古琴,但无徽位。

⑩更张:重新张设。

⑪鼓:演奏。

⑫胜残去杀:实行仁政,使残暴的人化而为善,因而可以废除刑杀。
《论语•子路》:"善人为邦百年,亦可以胜残去杀矣。"何晏《论
语集解》:"王曰:'胜残,残暴之人使不为恶也;去杀,不用刑杀
也。'"

⑬礼文:指礼乐仪制。

【译文】

到武帝登上皇位,商议建立明堂,制定礼服。适逢窦太后不喜欢儒
术,这事情就又废止。后来董仲舒建言:"帝王上承天意办理事务,所以
致力于德行教化而减轻刑罚。现今废弃先王的德行教化,只用执法官员
来治理民众,却想要用德行感化覆盖天下,所以难以成就太平治世。因
此古代的君王,没有不把教化作为最重要的事务的,在京城设立太学进

行教化,在郡县设立学校进行教化。教化已经昌明,风俗已经养成,天下曾经出现监狱中没有一个人的情况。到了周王朝的末期,统治极为无道,秦朝继周末之后,又更加严重。现今汉朝继承秦朝之后,虽说想要治理,却没有什么好办法。法律颁布却奸邪产生,命令下达却欺诈出现,好像扬起热水来制止沸腾,水沸腾得更厉害而没有改善。就比如琴瑟合奏时,声音没有调整和谐,严重时必须解开琴弦重新张设调整,才可以演奏。处理国政而不能成功,严重时必须变革改制,才可以治理。所以从汉朝得到天下以来,尽管经常想要很好地治理天下,却直至今天还不能使残暴的人化为善良,因而废除刑杀,其失误就在于应当变革而没有变革呀。"这时,武帝正征讨四方,一心一意建立武功,而没有闲暇注意礼乐仪制。

　　至宣帝时①,琅邪王吉为谏大夫②,又上疏言:"欲治之主不世出③,公卿幸得遭遇其时,未有建万世之长策,举明主于三代之隆者也④。其务在于簿书断狱听讼而已⑤,此非太平之基也。"上不纳其言。至成帝时⑥,刘向说上⑦:"宜兴辟雍⑧,设庠序,陈礼乐,隆《雅》《颂》之声,盛揖让之容,以风化天下。如此而不治,未之有也。或曰,不能具礼⑨。礼以养人为本,如有过差,是过而养人也。刑罚之过,或至死伤。今之刑,非皋陶之法也⑩,而有司请定法⑪,削则削,笔则笔⑫,救时务也⑬。至于礼乐,则曰不敢,是敢于杀人,不敢于养人也。夫教化之比于刑法,刑法轻,是舍所重而急所轻也。且教化所恃以为治⑭,刑法所以助治也。今废所恃而独立其所助,非所以致太平也。"成帝以向言下公卿议,丞相、大司空奏请立辟雍⑮。营表未作⑯,遭成帝崩。世祖受命中兴^⑰,即位三十年,四夷宾服^⑱,政教清明,乃营立明堂、辟雍。明帝即位^⑲,躬行其礼,威仪既盛美矣。然德化未流洽者^⑳,以其礼乐未具,群下无所诵说,而庠序尚未设之故也。

【注释】

①至宣帝时:本段节录自《礼乐志》。宣帝,汉宣帝刘询,前74—前49年在位。原名刘病已,汉武帝刘彻曾孙,戾太子刘据之孙,史皇孙(母为史良娣)刘进之子。庙号"中宗",谥号"孝宣皇帝"。

②琅邪:郡名,约在今山东半岛东南部,治东武(在今山东诸城)。王吉:字子阳,西汉时琅邪皋虞(今山东即墨西)人,官至博士谏议大夫。谏大夫:官名。汉武帝元狩五年(前118),置谏大夫,无定员,掌议论。东汉改称"谏议大夫"。

③世出:应时出现。

④三代:指夏商周三朝。

⑤断狱:审理和判决案件。听讼:听理诉讼,审案。

⑥成帝:汉成帝刘骜,前32—前7年在位。谥号"孝成皇帝"。成帝时西汉走向衰落。

⑦刘向说上:今本《汉书·礼乐志》原文作:"成帝时,犍为郡于水滨得古磬十六枚,议者以为善祥,刘向因是说上。"刘向,字子政,原名更生,刘邦异母弟楚元王刘交四世孙。汉宣帝时,为谏大夫。汉元帝时,任宗正。以反对宦官弘恭、石显下狱,旋得释。后又以反对恭、显下狱,免为庶人。汉成帝即位后,任光禄大夫,改名为"向",官至中垒校尉。曾奉命领校秘书,所撰《别录》,是我国最早的图书分类目录,大多亡佚。今存《新序》《说苑》《列女传》等书,其《五经通义》有清人马国翰辑本。

⑧辟(bì)雍:本为西周天子所设大学,校址圆形,围以水池,前门外有便桥。其学有五,南为成均,北为上庠,东为东序,西为瞽宗,中

为辟雍。其中以辟雍为最尊,故统称之。《五经通义》:"天子临辟雍者何? 所以行礼乐,宣教化,教导天下之人,使为士君子,养三老,事五更,与诸侯行礼之处也。"辟,通"璧"。

⑨具礼:具备礼仪,安排仪式。

⑩皋陶:传说中虞舜时的司法官,以执法公正闻名。

⑪有司:主管官员。

⑫削则削,笔则笔:该删的就删去,该写的就写上去。削,删改时用刀削刮简牍。笔,书写记录。

⑬时务:当世大事。

⑭恃:依赖,凭借。

⑮丞相:为百官之首,协助君主治理全国政务。汉高祖即位,置一丞相,高祖十一年(前196)改名"相国"。惠帝、高后置左右丞相,以右丞相为上。文帝二年(前178)复置一丞相。哀帝元寿二年(前1)改名大司徒。大司空:官名。汉成帝时,改御史大夫为大司空,哀帝时曾复旧称,后再改为大司空,与大司徒、大司马并称三公,成为共同负责最高国务的长官。

⑯营表:古代建造宫室时测量地基,立表以确定位置,叫做营表。

⑰世祖:东汉光武帝刘秀,字文叔,25—57年在位。建武元年(25),刘秀称帝,都洛阳,史称"后汉",亦称"东汉"。庙号"世祖",谥号"光武皇帝"。受命中兴:此指"光武中兴"。受命,受天之命。中兴,中途振兴、转衰为盛。

⑱四夷:古代华夏族对四方少数民族的统称,亦泛指外族、外国。宾服:归顺,服从。

⑲明帝:汉明帝刘庄,57—75年在位。字子丽,初名刘阳。庙号"显宗",谥号"孝明皇帝"。

⑳流洽:流遍,遍及。

【译文】

到宣帝的时候，琅邪人王吉担任谏大夫，又上疏说："想要天下太平的君主不会每一世都会出现，是因为公卿大臣有幸遭遇到这样的时世，却没有人能建树确保万代的长远计策，来辅佐英明君主达到三代盛世的境界。他们只会致力于公文断案诉讼罢了，这不是天下太平的根基。"宣帝没有采纳他的建言。到了成帝时，刘向对成帝说："应该兴建辟雍太学，设置地方学校，陈设礼乐，尊崇《雅》《颂》等雅乐，提倡各种礼仪，用来教育感化天下。像这样还治理不好天下的，是从来不曾有过的。有人说，现在不能完满地具备礼仪。礼是把养育人作为根本的，如果有过失差错，这是有过失但还能养育人。刑罚的过失，有时会至于死伤。今天的刑法，不是皋陶的刑法，而主管官员请求确定法律，该删削就删削，该书写就书写，这是为了挽救时势。可说到礼乐，那就推脱说不敢制定，这就是说敢于杀人，却不敢养育人。教化与刑法相比，刑法轻微，那这就是舍弃重要的却急于从事轻微的。况且治理天下依赖教化，刑法是用来辅助的工具。现今废弃所依赖的却只树立辅助，这不是用来获得太平的方法呀。"成帝把刘向的建言交给公卿大臣商议，丞相和大司空上奏请建立辟雍太学。刚开始测量还没有立表确定位置，就碰上成帝去世而终止。世祖光武帝承受天命中兴汉朝，即位三十年，四方边远部族归服，政治教化清明，于是营建明堂、辟雍。明帝即位，亲自在明堂、辟雍践行古礼，礼仪动作已经盛大美善了。但是德行化育还没能遍及天下，是因为礼乐还不完备，群臣没有教导诵读，而学校还没有普遍设置的缘故啊。

夫人宵天地之貌^①，宵，化也，言禀天地气化而生也。怀五常之性，仁、义、礼、智、信也。聪明精粹^②，精，细也。粹，淳也。有生之最灵者也。爪牙不足以供嗜欲^③，趋走不足以避利害^④，无毛羽以御寒暑^⑤，必将役物以为养，用智而不恃力，此所以为贵也。故不仁爱则不能群⑥,不能群则不胜物,不胜物则养不足。群而不足,争心将作,上圣卓然先行敬让博爱之德者⑦,众心悦而从之。从之成群,是为君矣;归而往之,是为王矣。

【注释】

①夫人宵(xiào)天地之貌:本段节录自《礼乐志》。宵,通"肖",相似。应劭曰:"宵,类也。头圆象天,足方象地。"孟康曰:"宵,化也,言禀天地气化而生也。"

②精粹:精细淳美。

③爪牙:人的指甲和牙齿。嗜欲:嗜好与欲望。

④利害:偏指害。

⑤寒暑:偏指寒。

⑥群:会合,构成群体。

⑦上圣:至圣。指德智超群的人。卓然:卓越的样子。先行:先实行,先进行。敬让:恭敬谦让。博爱:指广泛地爱一切人。

【译文】

人秉承天地的容貌,宵,是化育的意思,是说人是禀受天地之气化育生成的。心怀仁、义、礼、智、信这五常的本性,五常是仁、义、礼、智、信。耳聪目明精细粹美,精,是细的意思。粹,是淳厚的意思。是最具有灵性的生命。人的指甲牙齿不足以满足自己的嗜好欲望,奔跑速度不足以躲避残害,又没有兽毛鸟羽来抵御寒冷,必须驾驭使用外物来供养自己,凭借智慧而不依赖力量,这就是人高贵的原因。所以不仁爱就不能构成群体社会,不能构成群体社会就不能胜过外物,不能胜过外物就没有足够的供养。构成了群体社会但是供给不足,争抢的心理就会发生,德智超群的圣人卓然特立率先实施恭敬谦让广博泛爱的德行,民众就会心悦诚服地跟从他。跟从他形成群体社会,这就成为君主了;归服投奔他,这就成为天子了。

《洪范》曰①:"天子作民父母,为天下王。"圣人取类以正名②,而谓君为父母。明仁爱德让,王道之本也。爱待敬而不败,德须威而久立,故制礼以崇敬,作刑以明威也。圣人既躬明哲之性③,必通天地之心,制礼作教,立法设刑,动缘民情而则天象地④,故因天秩而制五礼⑤,因天讨而作五刑⑥。上刑用甲兵⑦,其次用斧钺⑧;中刑用刀锯⑨,其次用钻凿⑩;薄刑用鞭扑⑪。大者陈诸原野⑫,小者致诸市朝⑬,其所繇来者上矣⑭。自黄帝有涿鹿之战⑮,颛顼有共工之陈⑯。共工主水官,秉政作虐,故颛顼伐之也。唐、虞之隆⑰,至治之极,犹流共工、放驩兜、杀三苗、殛鲧⑱,然后天下服。夏有甘扈之誓⑲,殷、周以兵定天下。古人有言⑳:"天生五材㉑,民并用之,废一不可,谁能去兵?"鞭扑不可弛于家㉒,刑罚不可废于国,征伐不可偃于天下㉓。用之有本末,行之有逆顺耳。

【注释】

①《洪范》曰:本段节录自《刑法志》。《洪范》,《尚书》篇名,旧传为箕子向周武王陈述的天地大法。提出了帝王治理国家必须遵守的九种根本大法,即"洪范九畴"。洪,大。范,法。

②取类:指取用类似事物以说明本体,等于说比喻。正名:辨正名称、名分,使名实相符。

③躬:本身具有。颜师古注:"躬,谓身亲有之。"明哲:明智,洞察事理。

④则天象地:指以天地为法,治理天下。象,效法,仿效。

⑤天秩:上天安排的秩序品级。五礼:古代的五种礼制。即吉礼、凶礼、军礼、宾礼、嘉礼。吉礼是五礼之冠,主要是对天神、地祇、人鬼的祭祀典礼;嘉礼是和合人际关系,沟通、联络感情的礼仪,如

饮食、婚冠、贺庆之礼等；宾礼是邦国间的外交往来及接待宾客的礼仪活动；军礼是师旅操演、征伐之礼；凶礼是指用于吊慰家国忧患方面的礼仪活动。

⑥天讨：上天的惩治。五刑：五种轻重不等的刑法：墨（刺字）、劓（割去鼻子）、髌（去髌骨）或斩左右止（脚）、宫（阉割男子生殖器，破坏妇女生殖机能）、大辟（杀头）。《汉书·刑法志》："汉兴之初……尚有夷三族之令。令曰：'当三族者，皆先黥、劓、斩左右止、笞杀之、枭其首、菹其骨肉于市。其诽谤詈诅者，又先断舌。'故谓之具五刑。"

⑦上刑用甲兵：《汉书·刑法志》原文作"大刑用甲兵"。张晏曰："以六师诛暴乱。"上刑，重刑。

⑧斧钺：斧与钺，泛指兵器，也指斩刑。韦昭曰："斩刑也。"

⑨刀锯：刀和锯，是古代刑具，也用来代指刑罚。韦昭曰："刀，割刑。锯，刖刑也。"

⑩钻：钻去髌骨。凿：刺上墨字。韦昭曰："钻，髌刑也。凿，黥刑也。"

⑪薄刑：轻罪，轻刑。鞭扑：指用鞭子或棍棒抽打。颜师古注："扑，杖也。"韦昭曰："鞭，官刑也。扑，教刑也。"

⑫大者：指上文的上刑。

⑬市朝：指士以下的尸体陈设在市场，大夫以上的尸体陈设在朝廷。

⑭繇（yóu）来：来源。繇，通"由"。上：指久远。

⑮黄帝：五帝之首，被尊为中华人文初祖。据说他是少典之子，本姓公孙，后改姬姓。居轩辕之丘，号轩辕氏，建都于有熊，亦称有熊氏。涿（zhuō）鹿之战：传说距今约四千六百余年前，黄帝部族联合炎帝部族，跟蚩尤所进行的一场大战。

⑯颛顼（zhuān xū）：上古五帝之一，号高阳氏。相传为黄帝之孙、昌意之子，生于若水，居于帝丘。在位七十八年。共工：又称共工

氏，中国古代神话中的水神，掌控洪水。陈：同"阵"，战役。

⑰唐、虞：唐尧与虞舜的并称。尧舜时代是古人认为的太平盛世。
隆：今本《汉书·刑法志》作"际"。

⑱犹流共工、放驩兜、杀三苗、殛鲧：出自《尚书·舜典》："流共工
于幽洲，放驩兜于崇山，窜三苗于三危，殛鲧于羽山，四罪而天下
咸服。"共工和驩兜、三苗、鲧在尧帝时并称"四凶"，在舜执政期
间被流放到边远各地。驩兜，相传为尧舜时的部落首领。三苗，
古国名，据称是缙云氏之后，为诸侯，号"饕餮"。殛，流放，放逐。
鲧，传说中古代部落酋长名，号崇伯，禹之父。曾奉尧命治水，因
筑堤堵水，九年未治平，被舜流放，一说是被杀死在羽山。

⑲甘扈之誓：指夏启与有扈战于甘之野，作《甘誓》，事见《尚书·甘
誓》。颜师古注："谓启与有扈战于甘之野，作《甘誓》，事见《夏
书》。扈国，今鄠县是也。甘即甘水之上。"誓，指告诫、约束将士
的言辞。

⑳古人有言：引文见《左传·襄公二十七年》。这是宋卿子罕说的话。

㉑五材：指金、木、水、火、土。

㉒弛：舍弃。

㉓偃：止息。

【译文】

《洪范》说："天子作为民众的父母，成为天下的王。"圣人取类似事
物来进行比喻用来使名实相副，因而把君王称作父母。这说明仁爱德
让，是王道政治的根本。仁爱需要尊敬才不会败坏，德行需要威严才能
长久树立，所以制作礼来表示崇敬，制作刑来表明威严。圣人既然具有
明智的心性，必定通晓天地的心意，制作礼教、设立刑法，举动顺应民情，
效法天地治理天下，所以根据上天的秩序制定吉、凶、军、宾、嘉等五礼，
根据上天的惩治制定五刑。重刑是动用军队消灭暴乱，其次是使用斧钺
斩首；中刑是动用刀锯等刑具切割砍断，其次是钻去髌骨，刺上墨字；轻

刑是用鞭子棍棒抽打。最重的刑罚尸骸遍布原野,轻的把尸体陈列在市场朝廷,这种处置由来已久。就是黄帝也有在涿鹿与蚩尤的战争,颛顼有与共工的战役。共工是主管水的官,主持政事暴虐,所以颛顼讨伐他。尧舜之际,是最太平的时代,尚且还流放共工、放逐驩兜、驱逐三苗、流放鲧,然后天下服从。夏朝有与有扈氏作战的甘誓,殷、周都动用军队打仗平定天下。古人说过:"上天产生金、木、水、火、土五材,民众全都使用,哪一个也不能废弃,谁又能去掉战争?"家中不能舍弃鞭子棍棒,国家不能废止刑罚,天下不能止息征战讨伐。只不过使用有主次,实施有顺逆罢了。

孔子曰①:"工欲善其事,必先利其器②。"文德者③,帝王之利器;威武者,文德之辅助也。夫文之所加者深,则武之所服者大;德之所施者博,则威之所制者广。三代之盛④,至于刑措兵寝者⑤,以其本末有序⑥,帝王之极功也⑦。

【注释】

①孔子曰:本段节录自《刑法志》。

②工欲善其事,必先利其器:语见《论语·卫灵公》。工匠想要做好他的工作,一定要先使工具精良。比喻要做好一件事,准备工作非常重要。

③文德:指礼乐教化,与武功相对。

④三代:指夏、商、周三朝。

⑤刑措兵寝:颜师古注:"刑错兵寝,皆谓置而弗用也。"刑措,置刑法而不用。措,放置。寝,止息。

⑥本:文德。末:武力。

⑦极功:最大之功。

【译文】

孔子说:"工匠想要把事做好,必定要先让器具精良。"礼乐教化这些文德,是帝王精良的器具;军威武器这些武力,是文德的辅助。文德施加的范围越深,那么武力所征服的地方越大;文德所施加的范围愈大,那么武力能控制的范围也就愈广。夏、商、周三代的兴盛,以至于能达到刑罚无用、战争不起的局面,就是因为做到本末有序的缘故,这是帝王最极致的功绩啊。

春秋之时①,王道寝坏②,礼乐不兴,刑罚不中。陵夷至于战国③,韩任申子④,秦用商鞅⑤,连相坐之法⑥,造参夷之诛⑦;增加肉刑⑧,大辟有凿颠、抽胁、镬亨之刑⑨。至于始皇,兼吞战国,遂毁先王之法,灭礼义之官⑩,专任刑罚,躬操文墨⑪,而奸邪并生,赭衣塞路⑫,囹圄成市⑬,天下愁怨,溃而叛之。

【注释】

①春秋之时:本段节录自《刑法志》。春秋,时代名。孔子《春秋》记事,从周平王四十九年(前722),至周敬王三十九年(前481),计二百四十二年,史称春秋时代。今多以周平王东迁至周敬王去世(前770—前476)共二百九十五年,为春秋时代。

②寝坏:逐渐废弃,逐渐败坏。

③陵夷:由盛到衰,衰颓,衰落。战国:时代名。古人多以自周威烈王二十三年(前403)韩、魏、赵三家分晋列为诸侯起,至秦始皇统一六国(前221)止。现在多以周元王元年(前475)至秦始皇二十六年(前221)为战国时代。

④申子:即申不害,战国时期法家重要代表人物之一。韩昭侯时,入

韩为相十五年。内修政教,外应诸侯,使韩国治兵强,诸侯莫敢侵犯。主张法治,尤重"术",即君主驾驭使用大臣的手腕权术。著有《申子》。

⑤商鞅:战国时期法家代表人物,卫国国君的后裔,姬姓公孙氏,故又称卫鞅、公孙鞅。后因在河西之战中立功获封商於十五邑,号为商君,故称之为商鞅。

⑥相坐:一人犯法,其家属亲友邻里等与犯罪者有一定关系的人连带受处罚。

⑦参(sān)夷:旧王朝诛灭三族的酷刑。颜师古注:"参夷,夷三族。"参,通"三"。夷,诛灭,屠杀。

⑧肉刑:残害肉体的刑罚。古指墨、劓、刖、宫、大辟等。

⑨大辟:死刑。《尚书·吕刑》:"大辟疑赦,其罚千锾。"孔安国传:"死刑也。"孔颖达疏:"《释诂》云:'辟,罪也。'死是罪之大者,故谓死刑为大辟。"凿颠:凿开头颅,酷刑之一。押胁:今本《汉书·刑法志》作"抽胁"。天明本眉批:"押作抽。"抽胁,古代酷刑之一。抽去其肋骨致死。镬(huò)亨:古代用鼎镬煮杀人的酷刑。颜师古注:"鼎大而无足曰镬,以鬻人也。"亨,通"烹"。

⑩官:官府。

⑪躬操:颜师古注:"躬,身也。操,执持也。"文墨:刑律判状。

⑫赭衣塞路:形容犯人很多。赭衣,古代囚衣。使用赤土染成赭色。塞路,充塞道路。

⑬图圄成市:监牢里就像是市场一样。形容罪犯很多。图圄,牢狱。

【译文】

春秋时代,王道政治逐渐败坏,礼乐教化不再兴盛,刑罚也不合适。这样衰落直到战国时代,韩国任用申子,秦国任用商鞅,采用一人犯法亲戚邻里连带处罚的相坐条文,制作了诛灭三族的酷刑;增加了残害肉体的刑罚,死刑有凿开头颅、抽取肋骨,用鼎镬煮死人等酷刑。到了秦始皇,兼并战国诸侯,于是毁弃先代圣王的法律,废除主管礼义的官府,只任用刑罚,始皇亲自判决案件,于是奸诈邪恶一并发生,穿着囚衣的罪犯堵塞道路,监狱里的罪囚拥挤的如同集市,天下忧愁怨恨,国家崩溃民众背叛。

　　高祖初入关^①,约法三章^②,蠲削烦苛^③,兆民大悦^④。其后四夷未附,兵革未息,三章之法不足以御奸。于是相国萧何捃摭秦法^⑤,取其宜于时者,作律九章^⑥。当孝惠、高后时^⑦,萧、曹为相^⑧,填以无为^⑨,是以衣食滋殖^⑩,刑罚用希^⑪。及孝文即位,躬修玄默^⑫,劝趣农桑^⑬,减省租赋。将相皆旧功臣,少文多质^⑭,惩恶亡秦之政^⑮。论议务在宽厚,耻言人之过失。化行天下,告讦之俗易^⑯。吏安其官,民乐其业,蓄积岁增,户口浸息^⑰,风流笃厚^⑱,禁罔疏阔^⑲。选张释之为廷尉^⑳,罪疑者予民^㉑。是以刑罚大省,至于断狱四百,有刑措之风。

【注释】

①高祖初入关:本段节录自《刑法志》。高祖初入关,刘邦进入关中,秦王子婴投降。关,关中,泛指函谷关以西战国末秦故地。

②约法三章:《史记·高祖本纪》:"与父老约,法三章耳:杀人者死,伤人及盗抵罪。"

③蠲(juān)削:减免。烦苛:指繁杂苛细的法令。

④兆民:古称天子之民,后泛指众民,百姓。

⑤萧何:秦末为沛县(今江苏沛县)主吏(一作"主吏掾"),追随刘邦起兵反秦。后辅佐刘邦推翻秦朝,打败项羽,建立汉朝,功第一,为相国。捃摭(jùn zhí):采取,采集。

⑥作律九章：指制作《九章律》，也称《汉律九章》，是相国萧何依照秦法，适应新形势，颁行的法典。包括盗律、贼律、囚律、捕律、杂律、具律、户律、兴律、厩律九篇。前六篇大体与秦律相同，源于李悝的《法经》。后三篇新增关于户口、赋役、兴造、畜产、仓库等项的规定。原文已经失传。

⑦孝惠：汉惠帝刘盈，前195—前188年在位。汉高祖刘邦与吕后之子。谥号"孝惠皇帝"。高后：刘邦的皇后吕雉。字娥姁（xū），通称"吕后"，或称"汉高后""吕太后"等。砀郡单父县（今山东菏泽）人。是中国历史上有记载的第一位皇后和皇太后。

⑧萧：萧何。曹：曹参（cān），字敬伯，西汉开国功臣。继萧何为相国，一遵萧何约束，有"萧规曹随"之称。

⑨填（zhèn）：通"镇"，安定，镇定。无为：指清静虚无，顺应自然。

⑩滋殖：增加，增长，增生。

⑪希：同"稀"。

⑫玄默：指清静无为。

⑬趣（cù）：督促，催促。农桑：农耕与蚕桑。

⑭文：文采。质：质朴。

⑮惩恶：惩戒憎恶。

⑯告讦（jié）：责人过失或揭人阴私，告发。颜师古注："讦，面相斥罪也。"

⑰浸息：指逐渐生息繁殖。浸，逐渐。

⑱风流：风尚习俗。笃厚：忠实厚道。

⑲禁罔：指张布如网的禁令法律。罔，原指渔猎所用之网，喻法网。疏阔：不周密。

⑳选：量才授官、铨选。张释之：字季，堵阳（今河南南阳）人，以执法公正著称。廷尉：官名。秦始置，九卿之一，掌刑狱。汉初因之，秩二千石。

㉑罪疑者予民：颜师古注："从轻断。"

【译文】

汉高祖刚刚进入关中，就跟关中父老约定三条法令，减免繁杂苛细的法令，百姓非常高兴。后来四方边境的少数民族没有归附，战争没有停息，三条法令不够用来制止奸邪。于是相国萧何采取秦朝法律，吸取其中适宜当时情况的部分制定了《九章律》。当惠帝、高后时，萧何、曹参担任相国，用清静无为休养生息，因此民众吃穿富裕，刑罚稀少。孝文帝登上皇位，自身修养清静无为，鼓励督促农耕蚕桑，减少田租赋税。当时文武将相都是以前的开国功臣，缺少文采都很质朴，憎恶惩戒已经灭亡的秦朝的政治措施。他们对人或事物的意见都致力于宽厚，把说道他人过失当成耻辱。教化风行天下，告发他人的习俗改变了。官员安于职守，民众快乐地从事自己的职业，积蓄年年增加，户口逐渐蕃息，风尚习俗笃诚淳厚，禁令法律宽大稀疏。文帝选派张释之担任廷尉，罪行有疑问的从轻发落。因此刑罚大大减少，甚至一年中案件只有四百起，有搁置刑法的风气。

即位十三年①，齐大仓令淳于公有罪当刑②。其少女缇萦上书曰："妾父为吏，齐中皆称其廉平，今坐法当刑③。妾伤夫死者不可复生④，刑者不复属⑤，虽后欲改过自新，其道无由也。妾愿没入为官婢⑥，以赎父刑罪，使得自新。"书奏天子，天子怜悲其意，遂下令曰："盖闻有虞氏之时⑦，画衣冠异章服以为戮⑧，民不犯，何治之至⑨！今法有肉刑三黥、劓二⑩，刖左右趾合一，凡三也。而奸不止，其咎安在？非乃朕德之薄，而教不明与？吾甚自愧！故夫训道不纯而愚民陷焉⑪。《诗》曰：'凯悌君子，民之父母⑫。'今人有过，教未施而刑已加焉，或欲改行为善，而道无由至，朕甚怜之。夫刑

至断支体⑬，刻肌肤，终身不息，何其刑之痛而不德也！岂称
为民父母之意哉？其除肉刑，有以易之。"

【注释】

①即位十三年：本段节录自《刑法志》。十三年，此指汉文帝十三
　年，前167年。

②齐：汉初诸侯国，治今山东临淄。始置于汉高祖四年（前203）二
　月，之后或置或废，或削，最终于前110年齐怀王去世后不再复
　置。大仓令：即太仓令，汉大司农属官，管理太仓诸官之长。太仓
　是朝廷的总粮仓。令，官名，历代中央最高机关及某些下属机关
　的主官。淳于公：淳于意，姓淳于，名意，他曾任齐太仓令，精医
　道。当：判处。刑：指肉刑。

③坐法：犯法获罪。

④妾：古时对女性奴隶的称谓，后亦为女子自称的谦词。

⑤复属（zhǔ）：言恢复原状。复，恢复，康复。属，复原。

⑥没入：指没收财物、人口等入官。官婢：古时因罪没入官府作奴婢
　的女子。

⑦有虞氏：古部落名，传说其首领舜受尧禅。此指舜。

⑧画衣冠：传说上古有象刑，即以异常的衣着象征五刑表示惩戒。
　章服：有识别符号的衣服。戮：惩罚，羞辱。

⑨至：极致。

⑩肉刑三：指，黥刑（刺字）、劓刑（割去鼻子）、刖刑（砍断左右脚）
　三种。

⑪训道（dǎo）：教诲开导。道，开导，教导。颜师古注："道，读曰
　导。"纯：美善。

⑫凯悌君子，民之父母：语见《诗经·大雅·泂酌》。凯悌，即恺悌，和
　乐平易。

⑬支：同"肢"。

【译文】

　　文帝即位的第十三年，齐国的太仓令淳于意犯了罪，判决处以肉刑。他的小女儿缇萦上书说："我的父亲做官，齐国的人们都称颂他清廉公平，现今犯法被判处以肉刑。我伤痛那些死去的人不能复生，遭受肉刑的人不能复原，即使他们想改过自新，也没有办法了。我愿意被没入官府做奴婢，以此来赎免我父亲的刑罚，使他能够改过自新。"她的上书奏明天子，天子怜悯哀伤她的心意，于是就下令说："听说有虞氏的时候，对犯人是穿上画有不同标志符号的衣服作为惩罚，民众都不犯罪，这是政治清明到了极点！现在的法律有三种肉刑，黥刑和劓刑二种，砍断左右脚的刖刑算一种，一共三种。而违法犯罪屡禁不止，过失在哪里呢？难道不是我的德行浅薄，教化不够彰明吗？我非常惭愧！所以是我教诲开导的方法不完美，使得无知小民深陷其中。《诗经》说：'和乐平易的君子呀，是民众的父母。'现今人犯了过错，还没有进行教化而刑罚就已经施行了，有人想要改正过失做好事，却没有办法做到，我很可怜他们。刑罚至于截断肢体，刻刺肌肉皮肤，终身不能复原，这种刑罚是多么痛苦而没有德行呀！这难道是作为民众父母的意志吗？除去肉刑，用其他方法代替。"

　　善乎①！孙卿之论刑也②，曰："世俗之为说者，以为治古无肉刑③，有象刑④，是不然矣。以为治古则人莫触罪邪⑤？岂独无肉刑哉，亦不待象刑矣。以为人或触罪矣，而直轻其刑，是杀人者不死，而伤人者不刑也。罪至重而刑至轻，民无所畏，乱莫大焉。凡制刑之本，将以禁暴恶⑥，且惩其末也⑦。杀人者不死，伤人者不刑，是惠暴而宽恶也。故象刑非生于治古，方起于乱今也⑧。所以有象刑之言者，近起今人恶刑之重，故遂推言古之圣君但以象刑，天下自治也。凡爵列官职⑨,赏庆刑罚⑩,皆以类相从者也。一物失称⑪,乱之端也。德不称位,能不称官,赏不当功⑫,刑不当罪,不祥莫大焉⑬。夫征暴诛悖⑭,治之盛也⑮。杀人者死,伤人者刑,是百王之所同,未有知其所由来者也。故治则刑重⑯,乱则刑轻⑰,犯治之罪固重,犯乱之罪固轻也。《书》云'刑罚世重世轻'⑱,此之谓也。"《书》所谓"象刑惟明"者⑲,言象天道而作刑,安有菲屦赭衣者哉⑳?

【注释】

①善乎:本段节录自《刑法志》。

②孙卿:即荀子,名况,字卿,战国末赵国人,时人尊称荀卿,汉时因避汉宣帝刘询讳,故又称孙卿。曾三次出任齐稷下学宫祭酒,后为楚兰陵(今山东临沂)令,荀子对儒家思想有所发展,对重新整理儒家典籍也有相当显著的贡献。其论述刑法引自《荀子·正论》。

③治古:古之治世,指古代升平社会。

④象刑:仅用与众不同的服饰加之犯人以示辱,叫做象刑。

⑤触罪:犯罪。

⑥暴恶:残暴凶恶。

⑦末:《荀子》原文作"未"。杨倞注:"未,谓将来。"

⑧乱今:指混乱的当代。

⑨爵列:即爵位。

⑩赏庆:奖赏。

⑪失称:不相当。

⑫当(dàng):适宜,适当,适合。

⑬不祥:不善。

⑭悖:指叛逆,叛乱。

⑮盛：天明本眉批"盛作威"，今本《汉书·刑法志》原文作"威"。

⑯刑重：指用重刑使民众不敢犯罪。

⑰刑轻：指犯罪的人多无法重判。杨倞曰："治世刑必行，则不敢犯，故重。乱世刑不行，则人易犯，故轻。"李奇曰："世所以治者，乃刑重也；所以乱者，乃刑轻也。"

⑱刑罚世重世轻：语见《尚书·吕刑》。是指刑罚会因时代的变化而在程度上有轻重的不同。

⑲象刑惟明：颜师古注："《虞书·益稷》曰：'咎繇方祗厥叙，方施象刑惟明。'言敬其次叙、施其法刑皆明白也。"

⑳菲屦（fèi jù）：草或麻编成的鞋。菲，通"扉"，草鞋。

【译文】

孙卿对用刑的论述说得真好啊！他说："世俗间的说法，认为古代的升平社会是没有肉刑的，只有运用不同服饰表示侮辱的象刑，这是不对的。认为古代的升平社会没人犯罪吗？那何止仅仅是没有肉刑，其实象刑也用不着了。如果认为有人犯罪，却只是从轻判刑，这就是杀人的人不用处死，伤害人的人也不用判刑了。罪行非常大刑罚却很轻，民众无所畏惧，祸乱没有比这个更大的了。大凡制定刑罚的根本，是用来禁止残暴凶恶，而且防患于未然。杀人的人不处死，伤人的人不判刑，这是对残暴的人给予恩惠而宽纵罪恶。所以说象刑不是产生于升平的古代，而正是兴起于混乱的当代。有象形这种说法的原因，是源于今人厌恶刑罚的酷重，所以就往回推论古代的圣明君王仅仅用象刑，天下就自然太平了。凡是爵位官职，奖赏刑罚，都是按照类别等级从属排列。一件事物不相当，就是祸乱的开端。德行跟爵位不相称，能力跟官职不相称，奖赏不符合功绩，刑罚不符合罪责，没有比这更大的不善了。征讨暴乱镇压叛逆，是治理的威慑。杀人的人处死，伤人的人判刑，这是百代君王所相同的，没有谁知道它的由来源头。所以政治清明的时代因为敢于犯罪的人少刑罚就重，政治昏乱的时代因为犯罪的人多到无法重判刑罚就轻，在清平时代犯罪本来就严重,在昏乱时代犯罪本来就轻微。《尚书》说'刑罚有的世代重有的世代轻',说的就是这个呀。"《尚书》所说的"象刑惟明",就是说效法天道制作刑法,哪里有用穿上草鞋囚服就代替刑罚的呢?

　　孙卿之言既然[1],又因俗说而论之曰:禹承尧、舜之后,自以德衰而制肉刑。汤、武顺而行之者,以俗薄于唐、虞故也[2]。今汉承衰周暴秦极弊之流俗[3],已薄于三代,而行尧、舜之刑,是犹以靷羁而御駻突[4],以绳系马领曰靷。駻突,恶马也。违救时之宜矣。且除肉刑者,本欲以全民也,今去髡钳一等[5],转而入于大辟。以死罔民[6],失本惠矣。故死者岁以万数,刑重之所致也。至乎穿窬之盗[7],忿怒伤人,男女淫佚[8],吏为奸臧[9],若此之恶,髡钳之罚又不足以惩也。故刑者岁十万数,民既不畏,又曾不耻,刑轻之所生也。故俗之能吏,公以杀盗为威,专杀者胜任[10],奉法者不治,乱名伤制,不可胜条。是以网密而奸不塞,刑繁而民愈嫚[11]。必世而未仁[12],百年而不胜残[13],诚以礼乐阙而刑不正也。岂宜惟思所以清原正本之论[14],删定律令,撰二百章[15],以应大辟。其余罪次[16],于古当生,今触死者,皆可募行肉刑[17]。及伤人与盗,吏受赇枉法[18],男女淫乱,皆复古刑,为三千章。诋欺文致[19],微细之法,悉蠲除。如此,则刑可畏而禁易避,吏不专杀,法无二门,轻重当罪,民命得全,合刑罚之中,殷天人之和[20],顺稽古之制[21],成时雍之化[22]。成、康刑措,虽未可致,孝文断狱,庶几可及也。

【注释】

①孙卿之言既然：本段节录自《刑法志》。

②薄：指人心、世道、纲纪等衰微。唐、虞：这里指尧、舜。

③极弊：极其衰败。流俗：社会上流行的风俗习惯。多含贬义。

④靮（jī）羁：马缰绳和络头。御：驾驭。骒（hàn）突：指凶悍的马。

⑤髡（kūn）：古代剃发之刑。钳：古刑罚，以铁器钳束人的颈项、手、足。

⑥罔民：欺骗陷害百姓。《孟子·梁惠王上》：“及陷于罪，然后从而刑之，是罔民也。”赵岐注：“是由张罗罔以罔民者也。”

⑦穿窬（yú）：挖墙洞和爬墙头。指偷窃行为。窬，通“逾”，翻越。

⑧淫佚：淫荡，淫乱。

⑨奸臧：指不法受贿。臧，同“赃”，贪污受贿或窃取之财。

⑩专杀：擅自杀人。

⑪嫚（màn）：亵渎，轻侮。

⑫世：指经过三十年。《论语·子路》：“如有王者，必世而后仁。”邢昺疏：“三十年曰世……必三十年仁政乃成。”

⑬胜残：遏制残暴的人，使之不能作恶。

⑭清原正本：从源头上清理，从根本上整顿。

⑮撰二百章：《尚书·吕刑》有“大辟之属二百”之说。

⑯次：指位次的等级，等第。

⑰募行肉刑：指选择死刑或宫刑。李奇曰：“欲死邪，欲腐邪？”

⑱赇（qiú）：贿赂的财物。枉法：指歪曲和破坏法律。

⑲诋欺：毁谤丑化。文致：粉饰，掩饰。这里指舞文弄法，致人于罪。

⑳殷：正，定。李奇曰：“殷亦中。”

㉑稽古：考察古事。

㉒时雍：指时世太平。

【译文】

孙卿的言论已经这样了，又借世俗说法论述说：禹承接尧、舜之后，自己认为德行衰减而制定肉刑。商汤、周武王顺承实施，是认为习俗比唐尧、虞舜时更为衰弱的缘故啊。现今汉朝承接衰弱的周朝和残暴的秦朝败坏已极的风俗习惯，已经比夏、商、周三代更为衰弱，却要实施唐尧、虞舜的刑罚，这就像用缰绳笼头去驾驭凶悍的马一样，用绳索绑在马的脖颈上叫靷。驸突，是凶恶的马。是违背挽救时世的适宜方法。况且去除肉刑，本来想的是保全民众，现今去掉了剃发的髡刑、钳束的钳刑这种等级的刑罚，反而会转入死刑。用死刑来陷害民众，失去了原本的恩惠了。所以处死的人每年以万计，这是重刑所导致的呀。至于那些挖洞翻墙的盗贼，发怒伤人，男女淫乱，官吏不法受贿，像这些罪恶，髡刑钳刑等刑罚又不足以惩治了。所以每年受刑的人以十万计，民众既不畏惧，又竟然不以为耻，这是刑轻的缘故啊。所以世俗认为的能干官吏，公然把杀死盗贼当作威严，把擅自杀人当作胜任工作，按照法律办事的人却被看成不会治理，扰乱刑名伤害法制，这样的行为数都数不过来。因此法网严密而堵不住奸邪，刑罚繁多民众却更加轻慢。经过一世三十年的时间还是没有成就仁政，经过一百年也不能遏制残暴的人，正是因为礼乐缺位刑罚不够正当的缘故。这难道还不应该思考如何从源头上治理，从根本上整顿，删削确定法律条令，增减古法编撰刑律，跟死刑相对应。其余不同程度的犯罪，在古代不判死刑，在现今触犯死刑的，都可以募集钱财赎罪减为肉刑。至于伤人和盗窃，官吏受贿歪曲破坏法律，男女淫乱，都恢复古代的刑法，制定出更细致明确的法规。涉及诋毁丑化、舞文弄法而陷人于罪，一些细微的法条，统统免除。这样，刑罚就令人畏惧，禁令就容易避开，官吏不得擅自杀人，法律没有两样，轻罪重罪判决适当，民众生命得以保全，符合刑法的中正，符合天人相合的要求，顺应考察古代的制度，造就太平时世的风化，像周成王、周康王那样刑罚实际搁置的局面，即使不能达到，但像文帝一年断案四百例的情况，差不多能够赶上了。

《洪范》八政^①，一曰食，二曰货。二者，生民之本，兴自神农之世^②，"斫木为耜，煣木为耒，耒耨之利，以教天下"^③，"日中为市，致天下之民，聚天下之货，交易而退，各得其所"^④，而货通食足，然后国实民富而教化成。黄帝以下"通其变，使民不倦"^⑤。殷、周之盛，《诗》《书》所述，要在安民^⑥，富而教之也。故《易》称："天地之大德曰生，圣人之大宝曰位。何以守位曰仁，何以聚人曰财^⑦。"财者，帝王所以聚人守位，养成群生^⑧，治国安人之本也。是以圣王域民^⑨，筑城郭以居之，制井庐以均之^⑩，开市肆以通之^⑪，设庠序以教之。士、农、工、商^⑫，四民有业。圣王量能授事，四民陈力受职^⑬，故朝无废官^⑭，邑无傲民^⑮，地无旷土^⑯。

【注释】

①《洪范》八政：本段节录自《食货志上》。八政，八种政务。《尚书·洪范》原文说："一曰食，二曰货，三曰祀，四曰司空，五曰司徒，六曰司寇，七曰宾，八曰师。"指民食、财货、祭祀、管理居民、管理教育、治理盗贼、管理朝觐、管理军事。"食"和"货"本指粮食和钱财、货物，在古代用以称国家财政经济。

②神农：传说中的太古帝王名。据《史记·补三皇本纪》载，炎帝又号神农氏，姜姓，以火德王，故曰炎帝。因最早教民耕种，故称神农。

③"斫（zhuó）木为耜（sì）"几句：语见《周易·系辞下》。斫木为耜，砍削木料来制作耜。斫，用刀斧等砍或削。耜，耒下铲土的部件。煣（róu），用火烤木材使弯曲或伸直。颜师古注："煣，屈也。"耒（lěi），古代一种可以脚踏的木制翻土农具。耒耨（nòu），犁与锄。亦泛指农具。

④"日中为市"几句：语见《周易·系辞下》。

⑤通其变,使民不倦:语见《周易·系辞下》。李奇曰:"器币有不便于时,则变更通利之,使民乐其业而不倦也。"

⑥安民:安定人民生活,安抚人民。

⑦"天地之大德曰生"几句:引文见《周易·系辞下》。

⑧养成:养育而且使他成长。

⑨域:指划分区域而居。

⑩井庐:古代井田制,八家共一井,这里指井田和房舍。《周礼·考工记·匠人》:"九夫为井,井间广四尺。"郑玄注:"此畿内采地之制。九夫为井,井者,方一里,九夫所治之田也。"庐,泛指简陋居室。颜师古注:"井田之中为屋庐。"

⑪市肆:市场,市中店铺。

⑫士、农、工、商:古代所谓四民。士,智者,贤者。后泛指读书人,知识阶层。

⑬陈力:贡献、施展才力。受职:接受上级委派的职务。

⑭废官:指有职而无其官,或有官而不称职。

⑮傲(áo)民:游民。傲,同"敖",出游。今本《汉书·食货志》作"敖民"。

⑯旷土:荒芜的土地。

【译文】

《洪范》所说的八种政务,第一是管理民食,第二是管理财货。这两样,是养育人民的根本,是从神农时代开始兴起的,"砍削树木做成耜,烧烤木材使其弯曲做成耒,有了合适的农具,用来教化天下","在中午开设市场,召来天下民众,聚集天下货物,交易之后离开,各自都得到了想要的东西",财货流通食物足够,然后国家充实民众富裕教化成功。从黄帝以后,"变革前人发明的器物、制度,使民众用起来不致厌倦"。殷朝、周朝的兴盛,如同《诗经》《尚书》所记述的,主要就在于安定民众生活,让他们富裕从而教化他们,所以《周易》说:"天地最大的德行是生养,圣人最大的宝物是地位。用什么来保有地位，是仁；用什么来聚集人民，是财富。"财富，是帝王用来聚集人民保有地位，养育民众，治理国家安定人民的根本。因此圣明的君王给民众划分区域，修筑城市让他们居住，修建井田庐舍平均分配，设置市场店铺来流通财货，开办学校来教育民众。读书人、农民、工人、商人，这四种民众都有自己的职业。圣明的君王衡量他们的能力授予官职，民众施展自己的才力接受职位，所以朝廷里没有不称职的官员，城邑中没有流浪的游民，大地上没有荒芜的土地。

孔子曰^①："导千乘之国，敬事而信，节用而爱人，使民以时^②。"故民皆劝功乐业^③，先公而后私。民三年耕，则余一年之畜^④。衣食足而知荣辱，廉让生而争讼息^⑤。余三年食，进业曰登^⑥，再登曰平^⑦，三登曰泰平，然后王德流洽^⑧，礼乐成焉。又曰："籴甚贵伤民，甚贱伤农，民伤则离散，农伤则国贫。故甚贵与甚贱，其伤一也。善为国者，使民毋伤而农益劝^⑨。"

【注释】

①孔子曰：本段节录自《食货志上》。

②"导千乘之国"几句：语见《论语·学而》。意谓治理一个千乘之国，要敬慎地处理政事，要讲诚信；要节省费用，爱护官员；使用民力时，要根据农事的忙闲合理调配。导，今本《汉书·食货志上》作"道"，治理。千乘之国，拥有一千辆兵车的诸侯国。按，春秋时代，作战以及收取赋税都以兵车为单位，所以国家的强弱都用兵车数目来计算。到孔子之时千乘已经不是大国。人，指官员。民，指民众。时，农时。

③功：指农功。业：指本业。

④畜：积蓄。

⑤廉让：清廉逊让。

⑥进业：使事业有所发展。颜师古注引郑玄曰："进上百工之业也。
　　或曰进上农工诸事业。"登：成熟，丰收。

⑦平：古代官员考核政绩，任内连续丰收，余六年食，谓之平。

⑧王德：今本《汉书·食货志上》作"至德"。流洽：流遍，遍及。

⑨"籴（dí）甚贵伤民"几句：此为李悝的话。今本《汉书·食货志
　　上》作："是时李悝为魏文侯作尽地力之教，以为地方百里，提封
　　九万顷……又曰：籴甚贵伤民，甚贱伤农。民伤则离散，农伤则国
　　贫。故甚贵与甚贱，其伤一也。善为国者，使民毋伤而农益劝。"
　　籴，买进谷物。

【译文】

孔子说："治理拥有千辆兵车的诸侯国，就应当严肃认真做事讲求
信用，节省开支爱护官员，役使民众应该顺应农时。"所以民众都努力从
事农功乐于干好本业工作，首先做好公家的事然后做私家的事。民众耕
作三年，就能剩余一年的积蓄。吃的穿的充足了就知道荣誉耻辱，有了
清廉逊让争端诉讼就会止息。剩余三年的粮食，使事业有所发展就叫
"登"，两次登就叫"平"，三次登就叫"泰平"，这样之后君王的德行普及，
礼乐政治就成功了。又说："买进谷物太贵了伤害平民，太贱了伤害农
民，民众受到伤害那就会离散，农民受到伤害那就会让国家贫困。所以
太贵太贱，造成的伤害是一样的。善于治理国家的人，使民众不会受到
伤害，而农民更加努力。"

　　文帝即位①，躬修俭节，思安百姓。时民近战国，背本
趣末②，贾谊说上曰③："筦子曰④：'仓廪实知礼节⑤。'民不
足而可治者，自古及今，未之尝闻。古之人曰：'一夫不耕，
或受之饥；一女不织，或受之寒⑥。'生之有时，而用之无度，

则物力必屈⑦。古之治天下，至纤至悉也，故其蓄积足恃。今背本而趋末，食者甚众，是天下之大残也⑧；淫侈之俗⑨，日日以长，是天下之大贼也⑩。残贼公行，莫之或止，生之者甚少，而靡之者甚多，天下财产，何得不蹶哉⑪！世之有饥穰⑫，天之行也，天之行气，不能常孰⑬。禹、汤被之矣。即不幸有方二三千里之旱，国胡以相恤⑭？卒然边境有急⑮，数十万之众，国胡以馈之⑯？兵旱相乘⑰，天下屈，有勇者聚徒而横击，并举而争起矣，乃骇而图之，岂将有及乎？夫积贮者⑱，天下之大命也⑲，苟粟多而财有余，何为而不成？以攻则取，以守则固，以战则胜。怀敌附远⑳，何招而不至？今殴民而归之农㉑，皆著于本，使天下各食其力，末技游食之民转而缘南亩㉒，则畜积足而人乐其所矣。可以为富安天下，而直为此禀禀也㉓，禀禀，危也。窃为陛下惜之！"于是上感谊言，始开藉田㉔，躬耕以劝百姓㉕。

【注释】

①文帝即位：本段节录自《食货志上》。

②背本趣（qū）末：指弃农务商。我国古代以农为本、商为末。趣，趋向，归向，奔向。

③贾谊说上曰：按，此即贾谊《论积贮疏》。

④筦子：即管子。管仲，春秋著名的政治家、军事家。辅佐齐桓公成为春秋时期的第一位霸主。

⑤仓廪实知礼节：语见《管子·牧民》。人民的生活富裕了，才能够有礼法的观念。仓廪，贮藏谷米的仓库。

⑥"一夫不耕"几句：语见《管子·轻重甲篇》。与原文略有出入。

　　本句不说管子，而言"古之人"，是欲行文变化。

⑦物力：可供使用的物资。屈：断绝，穷尽。

⑧残：毁坏，破坏。

⑨淫侈：奢侈，浪费过度。

⑩贼：败坏，毁坏。《孟子·梁惠王下》："贼仁者谓之贼，贼义者谓之
　　残。"

⑪蹶：竭尽，穷尽。

⑫饥穰：饥荒与丰收。

⑬孰：同"熟"，庄稼丰收，五谷有收成。

⑭恤：周济，救济。

⑮卒（cù）：突然。今作"猝"。

⑯馈：输送粮食等。

⑰相乘：相加，相继。

⑱积贮：积聚储存。

⑲大命：大事。

⑳怀敌：怀柔敌人。附远：使远方的人归附。

㉑殴（qū）：同"驱"，驾驭，驱使。

㉒末技：古指工商业。游食：指居处不定，到处谋食。缘南亩：走向田
　　间，从事农业。缘，绕着，沿着。此处有趋向之意。南亩，谓农田。
　　南坡向阳，利于农作物生长，古人田土多向南开辟，故称南亩。

㉓禀禀（lǐn）：危殆，阽危。禀，通"懔"。

㉔始开藉（jí）田：《汉书·文帝纪》："夫农，天下之本也，其开藉田，
　　朕亲率耕，以给宗庙粢盛。"藉田，古代天子、诸侯征用民力耕种
　　的田。每逢春耕前，天子、诸侯躬耕藉田，以示对农业的重视。
　　藉，通"籍"。

㉕躬耕：这里是指古代帝王亲自率领大臣在藉田举行耕种仪式以劝
　　农。《礼记·月令》："（孟春之月）天子亲载耒耜……帅三公、九

卿、诸侯、大夫躬耕帝籍。天子三推,三公五推,卿、诸侯九推。"

【译文】

文帝即位后,亲自实施节俭,思考怎样让百姓安定。当时民众习俗接近战国时期,背离根本的农业而趋向非根本的工商业,贾谊劝说文帝道:"管子说:'仓库充实了才知道礼节。'民众食用不足而能够实现成功治理的,从古到今,都没有听说过。古人说:'一个男人不耕地,就有人要挨饿;一个女人不织布,就有人受寒。'物资产生有时间的限制,如果使用没有限度,就必定供不应求。古人治理天下,安排得很具体周到,所以国家的积贮足以应付开销。现在脱离农桑本业而从事工商业的人太多了,这是危害天下的一大流弊;追求奢侈的风俗,越来越泛滥,这是危害天下的一大公害。流弊与公害公开施行,没有人能够制止,生产的很少,消费的很多,天下的财产,怎么能不枯竭呢!世上有灾年和丰年,这是上天运行的规律,天气的运行,不能永远丰收。夏禹、商汤都曾遭遇过灾荒。假使不幸有方圆二三千里的大旱,国家拿什么来救济?边境突然有敌人入侵,几十万人的军队,国家拿什么粮食输送?兵灾天灾相继袭来,天下物资断绝,有悍勇的人聚集徒众猛烈冲杀,一起争相起事,这才惊骇地想办法对付,难道还来得及吗?积蓄储存,这是国家的大事,只要粮食多财货足,做什么不能成功?用来进攻就获取,用来防守就牢固,用来作战就胜利。这样怀柔敌人让远方部族归附,招谁谁不来?现在驱使民众回归农业,都依附于根本,使天下人自食其力,那些工商流民回转到农田上来,那么积蓄充足人民就乐得其所了。本来可以做到富裕安定天下,竟然弄到这样危险,稟稟,是危险的意思。我私下里替陛下您惋惜!"于是文帝被贾谊的话所感动,开始设立藉田,亲自耕种来勉励百姓。

晁错复说上曰[①]:"圣王在上而民不冻饥者,非能耕而食之,织而衣之也,为开其资财之道也。故尧、禹有九年之水,汤有七年之旱,而国无捐瘠者[②],捐,谓民饥也。或谓贫乞者为捐也。以畜积多而备先具也③。今海内为一，土地民人之众，不避汤、禹④，加以无天灾，而畜积之未及者，何也？地有遗利，民有余力，生谷之土未尽垦，山泽之利未尽出，游食之人未尽归农也。民贫，则奸邪生。贫生于不足，不足生于不农，不农则不地著⑤，不地著则离乡轻家⑥。民如鸟兽，虽有高城深池⑦，严法重刑，犹不能禁也。夫寒之于衣，不待轻煖⑧；饥之于食，不待甘旨⑨；饥寒至身，不顾廉耻。人情一日不再食则饥⑩，终岁不制衣则寒。夫腹饥不得食，肤寒不得衣，虽慈母不能保其子，君安能以有民哉！明主知其然也，故务民于农桑⑪，薄赋敛⑫，广蓄积，以实仓廪⑬，备水旱，故民可得而有也。

【注释】

①晁错复说上曰：本段节录自《食货志上》。按，此即晁错《论贵粟疏》，以下几段皆出自此文。晁错，颍川（今河南禹州）人，西汉政治家。汉文帝时，任太常掌故，后历任太子舍人、博士、太子家令；景帝即位后，任内史，后迁御史大夫。晁错进言削藩，以吴王刘濞为首的七国诸侯以"请诛晁错以清君侧"为名，举兵反叛。景帝听从袁盎之计，腰斩晁错于东市。

②捐瘠：指因饥饿而死。孟康曰："肉腐为瘠。捐，骨不埋者。或曰，捐谓民有饥相弃捐者。或谓贫乞者为捐。"颜师古注："瘠，瘦病也。言无相弃捐而瘦病者耳。"

③具：备办，准备。

④不避：不让，不亚于。

⑤地著：指附着于土地，定居于一地。颜师古注："地著，谓安土也。"

⑥轻家：把家看得很轻。

⑦城：城墙。池：护城河。

⑧轻煖（xuān）：轻软而暖和。煖，暖和。

⑨甘旨：甜美。旨，美味，味美。

⑩再食：吃两顿饭。

⑪务民：使民众致力于。

⑫赋敛：田赋，税收。

⑬仓廪：粮仓。廪，同"廪"，谷仓。

【译文】

　　晁错又劝说文帝道："英明的君主在上而民众冻不着饿不着的原因，并不是君主能亲自耕作供给百姓食物，亲自织布为百姓做衣服，而是能给民众开辟获取资财的道路。所以尧、禹遭遇九年的大水灾，汤遭遇七年的大旱灾，但是国内没有因饥饿而死的人，捐，是指民众饥饿。有人说贫穷乞讨叫做捐。是因为积蓄多而且有事先防备灾荒的准备啊。现今海内统一，土地人口数目，不亚于商汤、夏禹的时代，再加上没有天灾，但是积蓄却赶不上，这是为什么呢？是因为土地有未开发的潜力，民众有未使完的劳力，生长谷物的土地没有全部开垦，山泽产生的利益没有全部利用，脱离土地游荡为生的人没有全部回归农耕。民众贫困，那么奸诈邪恶就会产生。贫困产生于食用不充足，食用不充足产生于不农耕，不农耕民众就不会附着于土地，民众不附着于土地那就会轻易离开家乡。民众如同鸟兽那样迁徙，即使有高大的城墙深深的护城河，严酷的法律沉重的刑罚，还是不能禁止。寒冷之时对于衣服，不要求轻软暖和；饥饿之时对于食物，不要求甘甜美味；遭遇饥寒交迫，就顾不上廉耻。人之常情一天不吃两顿饭就会饥饿，整年不制作衣服就会寒冷。肚子饿了得不到食物，身上寒冷穿不上衣服，即使是慈母也保不住她的儿子，那么君主又怎么能保有民众呢？英明的君主知道情况是这样，所以致力于让民众从事农耕蚕桑，轻收赋税，扩充积蓄，来充实粮仓，防备水旱灾害，所以可以获得并保有民众。

　　"民者，在上所以牧之，趋利如水走下，四方无择也。夫珠玉金银，饥不可食，寒不可衣，然而众贵之者，以上用之故也。其为物轻微易臧①，在于把握，可以周海内而无饥寒之患。此令民易去其乡，盗贼有所劝，亡逃者得轻资也②。粟米布帛生于地，长于时，聚于力，非可一日成也；数石之重③，中人不胜，不为奸邪所利，一日弗得而饥寒至。是故明君贵五谷而贱金玉。今农夫，春耕夏耘④，秋获冬藏，伐薪樵⑤，给徭役⑥，春不得避风尘，夏不得避暑热，秋不得避阴雨，冬不得避寒冻，四时之间⑦，无日休息，又私自送往迎来⑧，吊死问疾⑨，养孤长幼在其中⑩。勤苦如此，尚复被水旱之灾，急政暴虐，赋敛不时，朝令而暮改。当其有者，半贾而卖⑪，无者取倍称之息⑫，取一偿二为倍称。于是有卖田宅、鬻子孙以偿责者矣⑬。而商贾大者，积贮倍息，小者坐列贩卖⑭，操其奇赢⑮，日游都市，乘上之急，所卖必倍⑯。故其男不耕耘，女不蚕织，衣必文采⑰，食必粱肉⑱；无农夫之苦，而有仟伯之得⑲。因其富厚，交通王侯，力过吏执⑳，以利相倾㉑；千里游遨，冠盖相望㉒。此商人所以兼农人，农人所以流亡者也。

【注释】

①臧（cáng）：同"藏"，收藏，隐藏。

②轻资：便于携带的财物。

③石（dàn）：计算重量的单位。一百二十斤为一石。

④夏耘：夏天锄田除草。耘，除草。

⑤薪樵：柴火。

⑥徭役：古代官方规定的平民（主要是农民）成年男子在一定时期
　　内或特殊情况下所承担的一定数量的无偿社会劳动。一般有力
　　役、军役和杂役。历代以来，繁多而苛严。

⑦四时：四季。

⑧私自：自己。

⑨吊死问疾：吊祭死者，慰问病人。吊，指祭奠死者或对遭丧事及不
　　幸者给予慰问。

⑩孤：孤独老人。长幼：抚养幼儿成长。

⑪"急政暴虐"几句：元和活字本、天明本文字如此，而镰仓本作
　　"急政暴贼，有者半贾而买"，无"赋敛不时朝令而暮改当其"十
　　一字。今按天明本、元和活字本处理。急政，催征赋税。政，同
　　"征"。暴虐，肆虐，残害。或云，虐，疑为"赋"之误。王念孙曰：
　　景祐本"暴虐"作"暴赋"。王先谦曰：唐写本作"暴赋"。按，镰
　　仓本之"贼"字或为"赋"字之误。不时，随时，临时。朝令而暮
　　改，早晨才发出的征税令，当天晚上就要求改变。或云，改，疑为
　　"得"之误。王念孙曰："改"本作"得"，言急征暴赋，朝出令而暮
　　已得，非谓其朝令而暮改也。当，遇到，值。贾（jià），同"价"。

⑫倍称：加倍偿还，借一还二。

⑬鬻（yù）：卖。责：同"债"。

⑭坐列：指坐在店铺内。颜师古注："列者，若今市中卖物行也。"

⑮奇赢：指商人所获的赢利。颜师古注："奇赢，谓有余财而畜聚奇
　　异之物也。一说，奇谓残余物也。"

⑯乘上之急，所卖必倍：颜师古注："上所急求，则其价倍贵。"乘，利
　　用，凭借。

⑰文采：华美的纺织品或衣服。颜师古注："文，文绘也。帛之有色
　　者曰采。"

⑱粱肉：精美的膳食。

⑲仟伯之得：千钱与百钱。借指盈余、利息。仟，通"千"。伯，通"百"。仟伯，也写作"阡陌"，田间小道。

⑳力过吏埶(shì)：富商的权势超过了官吏。埶，同"势"。

㉑以利相倾：依靠钱财争权夺利，互相排挤。相倾，相互竞争，彼此排挤。

㉒千里游遨，冠盖相望：千里漫游，往来不绝。游遨，遨游，漫游。冠盖，官员或富豪的冠服和车乘，泛指仕宦或富豪。

【译文】

"对于民众，在于君主用什么方式统治他们，他们趋向利益就像水向低下处流一样，并不会选择东西南北。珍珠玉石金子银子，饥饿不能吃，寒冷不能穿，然而大家都看重它，是因为君主使用的缘故啊。它们作为宝物体积轻微容易收藏，握在手中，可以周游天下而不必担忧饥寒。这就让民众轻易离开故乡，让盗贼得到鼓励，逃亡的人能有容易携带的财物。谷子稻米麻布绸帛生产需要土地，成长需要时间，聚集需要人力，不是一天能够成功的；几石的重量，中等人拿不动，不能被奸诈邪恶的人利用，但对人来说，一天得不到就会挨饿受冻。因此英明的君主看重五谷而轻视金玉。现今农夫，春天耕种夏天锄草，秋天收获冬天储藏，砍伐薪柴，供给徭役，春天不能躲避风沙尘土，夏天不能躲避酷暑炎热，秋天不能躲避阴天下雨，冬天不能躲避天寒地冻，四季之中，没有一天休息，另外自己迎送往来，吊唁死丧，问候疾病，抚养孤独老人，抚养幼儿成长都要靠农耕的收益。像这样辛勤劳苦，还要遭受水旱灾害，官府急征暴敛，不按时征收赋税，早上刚下命令晚上就更改。农民有粮时只得半价卖出，无粮时不得不向人借贷任其取加倍的利息，借走一份偿还两份叫倍称。于是出现了有人卖掉田地宅院甚至子孙来还债的情况。而那些商人，大的囤积放贷，赚取成倍的利息；小的设摊贩卖，拿着多余的物资、利润，每天游逛都市，利用朝廷急需，出卖货物获得加倍的利益。因此他们男人不耕种除草，女人不养蚕织布，衣服一定是漂亮华美，食物一定是精致美味；没有农夫的辛苦，却有丰厚的利润。凭借富裕，他们可以与王侯交往沟通，势力超过官吏，依靠钱财来相互竞争；漫游千里，华服豪车络绎不绝。这就是商人兼并农民土地，农民不得不流亡的原因啊。

"今法律贱商人，商人已富贵矣；尊农夫，农夫已贫贱矣。故俗之所贵，主之所贱也；吏之所卑，法之所尊也。上下相反，好恶乖迕①，而欲国富法立，不可得也。方今之务，莫若使民务农而已矣。欲民务农，在于贵粟②；贵粟之道，在于使民以粟为赏罚。今募天下入粟县官③，得以拜爵，得以除罪。如此，富人有爵，农民有钱，粟有所渫矣④。夫能入粟以受爵，皆有余者也，取于有余，以供上用，则贫民之赋可损⑤，所谓损有余补不足，令出而民利者也。顺于民心，所补者三：一曰主用足，二曰民赋少，三曰劝农功⑥。爵者，上之所擅，出于口而无穷；粟者，民之所种，生于地而不乏。夫得高爵与免罪，人之所甚欲也。使天下人入粟于边，以受爵免罪，不过三岁，塞下粟必多矣。"

【注释】
①乖迕：抵触，违逆。颜师古注："迕，违也。"
②贵粟：以粮食为贵重之物。这是古代奖励农业生产的重要措施。粟，谷子，这里指粮食。
③县官：朝廷，官府。
④渫（xiè）：散，发散，发泄。颜师古注："渫，散也。"
⑤损：减少。
⑥农功：农事。

【译文】

"现今法律压制商人,但商人已经富裕高贵了;推尊农夫,农夫却已经贫困低贱了。所以世俗认为高贵的,却是君主所轻贱的;官吏所轻贱的,却是法律所尊崇的。上下相反,喜好厌恶互相矛盾,却想要国家富裕法律确立,这是不可能获得的。当今的任务,没有比让民众致力于农业更重要的了。想要让民众致力于农业,就在于重视粮食;重视粮食的方法,在于让民众用粮食求赏免罚。现在号召天下人只要向官府交纳粮食,就能够获得爵位,就能够免除罪罚。像这样,富裕的人有爵位,农民有金钱,粮食也能得到分散。能够交纳粮食获得爵位的,都是粮食有余的人,从有余的人那里取得,供给君主使用,那么贫民的赋税就可以减少,这就是所说的减少有余的来补助不足的,命令一发出民众就能获得利益啊。顺应民心,能够补益的有三方面:第一是君主用度充足,第二是民众赋税减少,第三是鼓励农业生产。爵位,是只有君主掌握的,从君主口中发出没有穷尽;粮食,是民众所种植的,生长在土地上不会缺乏。获得高等爵位跟免除罪罚,是人们非常希望得到的。如果让天下人交纳粮食送到边塞,用来得到爵位免除罪罚,不超过三年,边塞的粮食必定会很多了。"

于是文帝从错之言①,令民入粟边,各以多少级数为差②。至武帝之初,七十年间,国家无事③,都鄙廪庾尽满④,而府库余财⑤。京师之钱累百巨万⑥,贯朽而不可校⑦。校,数也。太仓之粟,陈陈相因⑧,充溢露积于外,腐败不可食。众庶街巷有马⑨,阡陌之间成群,守闾阎者食粱肉⑩,为吏者长子孙,居官者以为姓号,仓氏、庾氏是也。人人自爱而重犯法⑪,先行谊而黜愧辱焉⑫。于是罔疏而民富。

【注释】

①于是文帝从错之言：本段节录自《食货志上》。

②级数：等级的序次。《汉书·食货志上》原文作："于是文帝从错之言，令民入粟边，六百石爵上造，稍增至四千石为五大夫，万二千石为大庶长，各以多少级数为差。"

③无事：没有变故。事，多指战事。

④都鄙：京城和边邑。廪庾（lǐn yǔ）：粮仓。

⑤府库：国家贮藏财物、兵甲的处所。

⑥累：堆集，积聚。巨万：极言数目之多。颜师古注："巨，大也。大万，谓万万也。"

⑦贯朽：穿钱的绳子朽断，形容积钱多而经久不用。贯，串钱的绳索。校：计数，计算，查点。

⑧陈陈相因：指陈谷逐年增积。

⑨众庶：众民，百姓。

⑩闾阎：里巷内外的门。后多借指里巷。

⑪自爱：自己爱护自己，自重。重犯法：不愿轻易触犯法律。重，指不轻易，难。

⑫行谊：品行，道义。谊，义，道义。黜：贬斥。愧辱：羞辱。这里指耻辱的行为。

【译文】

于是文帝听从晁错的话，让民众把粮食输送到边塞，各自凭借数量多少得到不同等级的爵位。到了武帝初年，七十年间，国家没有战事，京城跟边邑的粮库全都装满，仓库里有剩余的财物。京师的钱累及亿万，穿钱的绳子都腐朽了没办法计数。校，计数的意思。国家总库里的粮食，陈粮压着陈粮，装满了只好露天放在外面，有的腐败了都不能吃了。百姓的街巷有马匹，田野之间成群结队，把守里巷大门的也吃上好米肥肉，小吏任职能养育子孙，官员可以把官职当成姓氏名号，仓氏、庾氏，就是这样。人人珍惜自己名节把犯法看得很重，把道义放在首位，排斥耻辱的行为。在这时法网稀疏民众富裕。

　　是后①，外事四夷②，内兴功利③，役费并兴，而民去本，天下虚耗④，人民相食。武帝末年，悔征伐之事，乃封丞相为富民侯⑤，以赵过为搜粟都尉⑥，教民代田⑦，用力少而得谷多。至昭帝时⑧，流民稍还，田野益辟⑨，颇有蓄积。

【注释】

①是后：本段节录自《食货志上》。

②外事四夷：此指对四夷作战。事，指战事。

③功利：指眼前的功效和利益，多含贬义。此指武帝时期推行的盐铁官营、算缗、告缗等利益之事。

④虚耗：空竭。

⑤封丞相为富民侯：汉武帝晚年，后悔因江充谮杀卫太子据，又后悔征伐连年，正好车千秋上书为卫太子鸣冤，于是擢升他为大鸿胪，数月后又代刘屈氂为丞相，封富民侯。取"大安天下，富实百姓"之意。

⑥赵过：京兆人，西汉农学家，推广代田法。搜粟都尉：又名治粟都尉，汉武帝时设置的一种军职，专管征集军粮之事，不常置。

⑦代田：赵过在畎田法基础上发展而成的一种轮作法。将一亩地分为三份，每年轮流耕种，以保养地力，获得较高的收成。古代曾通行于北方干旱地带。

⑧昭帝：刘弗陵，前87—前74年在位。汉武帝少子，即位时年仅八岁。昭帝时继续实行武帝晚年的政策，与民休息。始元六年（前81）召开"盐铁会议"，废除了酒类专卖和关内铁官，对相关政策

进行了调整，西汉王朝衰退趋势得以扭转，史称"百姓充实，四夷宾服"。谥号为"昭帝"。

⑨田野益辟：田地的开垦增多了。田野，指田地。辟，开垦。

【译文】

此后，由于对外与四方边境部族交战，对内推行盐铁官营、算缗等功利手段，劳役耗费一起兴作，于是民众离开根本的农业，天下财力枯竭，甚至出现了人吃人的事情。武帝末年，后悔当初的征战，就封丞相车千秋为富民侯，让赵过担任搜粟都尉，教导民众使用代田法耕作，用的劳力少而获得谷物多。到昭帝的时候，流散的百姓渐渐返回，田野开辟得更多，粮食积蓄也有了一些。

宣帝即位①，用吏多选贤良②，百姓安土，岁数丰穰，谷至石五钱，农人少利。时大司农中丞耿寿昌奏言③："籴三辅、弘农、河东、上党、太原郡谷足供京师④，可以省关东漕卒过半⑤。"天子从其计。寿昌遂白令边郡皆以谷贱时增价而籴⑥，谷贵时减价而粜，名曰"常平仓"⑦。民便之。上乃赐寿昌爵关内侯⑧。至元帝时⑨，乃罢常平仓。哀帝即位⑩，百姓訾富⑪，虽不及文、景，然天下户口最盛。平帝崩⑫，莽遂篡位⑬。因汉承平之业⑭，匈奴称藩⑮，百蛮宾服，舟车所通，尽为臣妾⑯，府库百官之富，天下晏然。莽一朝有之，而其意未满，狭小汉家制度⑰，以为疏阔⑱。宣帝始赐单于印玺，与天子同，而西南夷钩町称王⑲，莽乃遣使易单于印绶⑳，贬钩町为侯。二方始怨，侵犯边境。莽遂兴师，发三十万众，欲同时十道并出，壹举灭匈奴，海内扰矣㉑。又动欲慕古，不度时宜㉒，分裂州郡，改职作官。下令更名，天下田曰"王田",奴婢曰"私属",皆不得卖买;其男口不满八,而田过一井者㉓,分余田与九族乡党㉔。犯令,法至死。制又不定,吏缘为奸,天下嚣嚣然㉕,陷刑者众㉖。

【注释】

①宣帝即位:本段节录自《食货志上》。

②贤良:古代选拔统治人才的科目之一。由郡国推举文学之士充选。亦为"贤良文学""贤良方正"的简称。

③大司农中丞:亦作"大司农丞",为汉九卿之一大司农属官,掌总署曹事,秩千石。大司农,或称"大农"。秦时提高其地位为九卿之一,称治粟内史。汉景帝后元年(前143)改称大农令,武帝太初元年(前104)始称大司农。秩中二千石,主管财政经济。耿寿昌:汉宣帝时任大司农中丞,在西北设置"常平仓",用来稳定粮价兼作为国家储备粮库。

④三辅:西汉治理京畿地区的三个职官的合称。亦指其所辖地区。汉初京畿官称内史,景帝二年(前155)分置左、右内史,与主爵中尉(后改都尉)合称三辅。武帝太初元年(前104)更名主爵都尉为右扶风,右内史为京兆尹,左内史为左冯翊,治所皆在长安城中。弘农:郡名,治弘农(今河南灵宝东北故函谷关城)。辖境相当今河南新安、嵩县、淅川以西地区及陕西终南山、华山以东地区。河东:郡名,治安邑(今山西夏县北)。辖境相当今山西沁水以西,山西、河南间黄河以北,山西、陕西间黄河以东,霍山以南地区。上党:郡名,治长子(今山西长子西南)。辖境相当今山西沁水流域以东,榆社、和顺以南一带。太原:郡名,治晋阳(今山西太原西南)。秦时辖境相当今山西五台、阳泉以西,霍山以北,黄河以东,管涔山、五台山以南地区。汉初因之,后时废时置。武帝时,辖境较秦时为小,西部仅达今吕梁山。

⑤关东:指函谷关、潼关以东地区。漕:水道运输,这里指经由黄河、
渭河等河道的水运粮食。

⑥白:陈述,告语。

⑦常平仓:古代为调节米价而设置的一种仓廪,在谷贱时用较高价
籴入,谷贵时减价粜(tiào)出,平衡米价而名。

⑧关内侯:秦汉二十等爵位中第十九等,仅低于彻侯(即列侯,亦称
通侯)。有其号,但无封国。封有食邑若干户,有按规定户数征
收租税之权。

⑨元帝:汉元帝刘奭,前49—前33年在位。汉宣帝刘询之子,谥号
"孝元皇帝"。

⑩哀帝:汉哀帝刘欣,前7—前1年在位。汉元帝庶孙。在位时天灾
频频,朝政更为腐败,民众苦不堪言。谥号"孝哀皇帝"。

⑪訾(zī)富:指资财富足。訾,通"赀"。

⑫平帝:即刘衎,前1—5年在位。原名刘箕子,汉元帝庶孙。九岁
即位,王莽以安汉公辅政擅权。因怨恨王莽,被毒杀。一说病卒。
谥号"孝平皇帝"。

⑬莽:王莽,字巨君,魏郡元城(今河北大名)人。西汉孝元皇后王
政君之侄,以外戚掌权,平帝死,自称假皇帝。次年立刘婴为帝,
初始元年(8)称帝,改国号为新,年号始建国。附会《周礼》,托
古改制,造成社会秩序极度混乱和动荡。不久,赤眉、绿林军起,
王莽死于乱中,新朝遂告灭亡。

⑭承平:治平相承,太平。

⑮称藩:自称藩属,向大国或宗主国承认自己的附庸地位。藩,指属
国或属地。

⑯臣妾:泛指统治者所役使的民众和藩属。

⑰狭小:浅陋。引申为鄙陋。

⑱疏阔:粗略,不周密。师古注:"莽以汉家制度为秦疏阔,而更之令

狭小。"

⑲西南夷钩町（qú dīng）称王：西汉昭帝时西南夷酋长毋波平叛有功，封钩町王。西南夷，汉时对分布在今甘肃南部、四川西部、南部和云南、贵州一带的少数民族的总称。钩町，古国名、县名。先秦、秦时分布在今右江上游驮娘江和西洋江流域。汉武帝元鼎六年（前111）于此置句町县，治所约在今云南广南境内。此指钩町王毋波。

⑳莽乃遣使易单于印绶：西汉制作的单于印印文是"匈奴单于玺"，王莽将印文改成了"新匈奴单于章"。"章"的等级比"玺"要低，前面还加上"新"字，表示匈奴是新的臣下。

㉑扰：扰动，混乱。

㉒度（duó）：推测，计算。

㉓一井：指一百亩。按，井田相传是古代的一种土地制度。以方九百亩为一里，划为九区，形如"井"字，故名。其中为公田，外八区为私田，八家均私百亩，同养公田。

㉔九族：指同族。乡党：同乡，乡亲。

㉕嗸嗸（áo）：众口愁怨声。

㉖陷刑：谓犯罪。

【译文】

　　宣帝即位后，任用官吏多是从贤良科目中选拔，百姓安居，连年丰收，谷子价格低到一石只要五钱，农民利润很少。当时大司农中丞耿寿昌上奏说："买进三辅、弘农、河东、上党、太原等郡的粮食足够供应京都，这样可以减省超过一半的关东漕运的士卒。"天子听从了他的计策。耿寿昌就禀告让边境的郡都在谷物贱的时候加价买入，贵的时候减价卖出，命名叫"常平仓"。民众都对此感到便利。宣帝于是赐给耿寿昌关内侯的爵位。到元帝的时候，废除了常平仓。哀帝即位，百姓都很富足，虽然赶不上文帝、景帝时，但是天下户口最多。平帝去世，王莽篡位。承接了汉朝太平的基业，匈奴自称藩属，各土著部族也都服从，车船所到之处，都是汉朝臣民，国家仓库和官府仓库都充裕，天下安定。王莽一下子拥有天下，心中却没有满足，认为汉朝制度简陋，有许多疏漏。宣帝当初赐给匈奴单于印玺，跟天子相同，而西南夷钩町称钩町王，王莽就派遣使者改变单于的印玺，把钩町贬称为侯。匈奴、钩町开始怨恨，侵犯边界。王莽于是兴兵，征发三十万士卒，想要十路同时进兵，一举消灭匈奴，天下开始混乱了。他又动不动就要仰慕古代，不考虑时代合不合适，重新划分州郡，改变官职名称。下令更改的名称，天下的田地叫"王田"，奴婢叫"私属"，都不能买卖；家中男子不满八口，但田地超过一百亩的，要把多余的田地分给同族同乡。违反禁令，都要按法律处死。他的制度又变化不定，官吏借此做奸恶的事，天下人叫苦埋怨，落入刑罚的人很多。

　　凡货①，金钱布帛之用，夏、殷以前，其详靡记云。太公为周立九府圜法②，圜即钱也③。退④，又行之于齐。至管仲相桓公⑤，通轻重之权⑥，曰⑦："岁有凶穰⑧，故谷有贵贱；令有缓急，故物有轻重。所缓则贱，所急则贵。人君不理，则蓄贾游于市⑨，乘民之不给⑩，百倍其本矣。计本量委则足矣⑪，然而民有饥饿者，谷有所藏也。民有余则轻之⑫，故人君敛之以轻⑬；民不足则重之，故人君散之以重⑭。民轻之之时，为敛籴之；重之之时，官为散之。凡轻重敛散之以时，即准平⑮。故大贾蓄家⑯，不得豪夺吾民矣⑰。"

【注释】

①凡货：本段节录自《食货志下》。货，货币。

②太公为周立九府圜（yuán）法：《汉书・食货志下》："太公为周立九府圜法：黄金方寸而重一斤；钱圜函方，轻重以铢；布、帛广二尺

二寸为幅，长四丈为匹。"这是用行政手段保证财货的均衡流通和合理出入，从而使钱币聚散适宜，无积滞，无匮乏。太公，即太公望，周初人。姜姓，吕氏，名尚。俗称姜太公。九府，周代掌管财币的机构。圜法，代表货币制度。

③圜即钱也：这是李奇注，颜师古不赞成，注云："此说非也。周官太府、玉府、内府、外府、泉府、天府、职内、职金、职币皆掌财币之官，故云九府。圜谓均而通也。"

④退：指回到所分封的齐国。

⑤桓公：齐桓公，姜姓，名小白，齐襄公之弟。前685年于齐国内乱中夺取政权。任管仲为相，稳定国内形势，发展经济，增强国力，成为春秋五霸之首。

⑥轻重：我国历史上关于调节商品、货币流通和控制物价的理论。《管子》有《轻重篇》论述最详。权：权宜，变通。

⑦曰：引文见《管子·国蓄》。

⑧岁有凶穰：年景有荒年和丰年。岁，指年景。凶穰，荒年与丰年。

⑨蓄贾（gǔ）：囤积居奇的富商。游于市：指活动于市场。

⑩不给：供给不足，匮乏。

⑪计本：计算原本的出产。量委：衡量积蓄。

⑫轻：贱，不贵重。

⑬敛之以轻：指低价收购。敛，指收购储藏。

⑭散之以重：指高价抛售。

⑮准平：均衡，均平。

⑯大贾：大商人。蓄家：蓄藏财货颇多之家。

⑰豪夺：仗势强夺。

【译文】

大凡货币，如金、钱、布、帛的作用，在夏、殷之前，是没有详细记载的。太公给周朝设置了掌管财币的九府和币制，圜就是钱。回到封地齐国，又在齐国实施。等到管仲辅佐齐桓公，疏通了调节商品货币流通和控制物价的渠道，他说："年成有丰歉，所以谷物价格有贵贱；政令有缓急，所以物资需求有多少。需求缓慢的就贱，需求急促的就贵。国君要是不处理，那么囤积居奇的富商在市场上活动，趁着民众供给不足的时候，用百倍于本金的价格出售。计算粮食出产及积蓄是足够的，但还是有饥饿的民众，那就是因为谷物被一些人储藏起来的缘故。民众物资有余就轻贱它，所以国君用较低的价格收购；民众物资不足就重视它，所以国君用较高的价格抛售。民众轻贱它的时候，就收购买入它；民众重视它的时候，官府就抛售分散它。凡是轻贱贵重收购抛售都按照时机进行，这就能均衡物资钱币。所以那些囤积居奇的大商人，就不能对我们的民众强抢豪夺了。"

秦兼天下①，币为二等：黄金以溢为名②，二十两为溢，秦以溢为一金，汉以一斤为一金也。钱质如周钱，文曰"半两"③。汉兴，以为秦钱重难用，更令民铸荚钱④。如榆荚也。孝文为钱益多而轻，更铸四铢⑤，文为"半两"，除盗铸钱令。贾谊谏曰⑥："夫事有召祸而法有起奸。今令细民人操造币之执⑦，各隐屏而铸作⑧，因欲禁其厚利微奸⑨，虽黥罪日报⑩，报，论。其执不止。为法若此，上何赖焉？又民用钱，郡县不同。法钱不立⑪，吏急而壹之乎，则大为烦苛，而力不能胜；纵而弗呵乎⑫，则市肆异用，钱文大乱⑬。苟非其术，何乡而可哉⑭？今农事弃捐而采铜者繁，奸钱日多⑮，五谷不为多。民采铜铸钱，废其农业，故五谷不为多。善人怵而为奸邪⑯，怵诱动心于奸邪也。愿民陷而之刑戮⑰，刑戮甚不祥⑱，奈何而忽⑲！"上不听。是时，吴以诸侯即山铸钱⑳，富埒天子㉑，后卒叛逆㉒。邓通㉓，大夫也，以铸钱财过王者。故吴、邓钱布天下。

【注释】

①秦兼天下：本段节录自《食货志下》。

②溢：通"镒（yì）"，古代重量单位。合二十两，一说二十四两。

③文曰"半两"：钱币的正面有"半两"的字样。文，金属钱币正面的文字。半两，秦始皇统一中国后，以半两钱为全国统一的铸币。每枚重量为当时的半两，即十二铢。铢是古代衡制中的重量单位。为一两的二十四分之一。汉初所铸的钱，重量虽陆续减轻，仍称半两。

④荚钱：颜师古注引如淳曰："如榆荚也。"榆荚钱的简称，又名五分钱。汉初一种轻而薄的钱币。钱重三铢，文为"汉兴"二字。

⑤四铢：即四铢钱，亦省称"四铢"。

⑥贾谊谏曰：以下引文见《谏除盗铸钱令》。

⑦细民：小民，平民。执：同"势"，此指权利。

⑧隐屏：掩藏隐蔽。

⑨厚利微奸：指以奸巧作弊来牟取厚利。微奸，小奸，隐藏的邪恶。

⑩黥罪日报：指天天有人被判处黥刑。黥罪，在罪人脸上刺字，涂以墨，故又称墨刑。日报，天天审判定罪。报，根据犯罪者罪行的轻重大小，依法判处相应的刑罚。颜师古引郑氏曰："报，论。"

⑪法钱：古代指形式、币材、重量等合于法定标准的铸币。颜师古注："法钱，依法之钱也。"

⑫纵而弗呵（hē）：谓放任而不管制。呵，指呵斥阻止。颜师古注："呵，责怒也。"

⑬钱文：指钱币。

⑭乡：通"向"，方向。

⑮奸钱：私铸的钱币。

⑯怵（xù）：诱导，诱惑。颜师古引李奇曰："怵，诱也。"

⑰愿民：朴实善良的百姓。愿，质朴，恭谨。颜师古注："愿，谨也。"
　　刑戮：受刑罚或被处死。

⑱祥：善。今本《汉书·食货志下》作"详"。详、祥古通。

⑲忽：轻忽，忽视。颜师古注："忽，忽忘也。"

⑳吴：前195年，刘邦平定英布叛乱后，改已故荆王刘贾所封的荆国
　　为吴国，封侄子刘濞为吴王，统辖东阳、鄣郡、吴郡等东南三郡五
　　十三城，都广陵（今江苏扬州）。

㉑埒（liè）：等同，比并。

㉒叛逆：指在汉景帝三年（前154），刘濞率吴、楚、赵等七国发动叛
　　乱，史称"七国之乱"，后被击败，刘濞被杀，封国被撤销。

㉓邓通：蜀郡南安（今四川乐山）人，汉文帝男宠，凭借与汉文帝的
　　亲密关系，广开铜矿铸钱，富甲天下。

【译文】

秦朝兼并天下，货币分为两种，黄金论镒，二十两是一镒，秦朝把一镒黄金作为一金，汉朝把一斤黄金作为一金。钱币的质地如同周朝一样，上面的文字是"半两"，相当于十二铢。汉朝兴起，认为秦朝的钱币太重难以应用，重新让民众铸造荚钱。跟榆荚一样薄。文帝造的钱更多更轻，重新铸造的钱重量是四铢，文字还是"半两"，废除了惩治私自盗铸钱币的法令。贾谊劝谏说："有的事情会招致祸患，有的法令会引起奸邪。现今让平民人人持有铸造钱币的权力，就会各自隐秘地铸造，这时又想要禁止他们用奸巧的手段谋取厚利，即使天天判处黥刑惩罚，报，是判处的意思。也势必不能制止。像这样制定法令，君主又能依赖什么来治理呢？又，民众使用钱币，各个郡县都不相同。法定钱币不确立，官吏着急想统一呢，但是十分麻烦苛细，力量不能胜任；放纵不管呢，那么市场商肆用钱不一样，钱币就会大乱。如果这些办法都不行，那么怎么办才好呢？现今抛弃农业而去开采铜矿的人很多，私人造的钱一天比一天多，五谷

粮食却不增加。民众开矿炼铜铸钱,荒废农业,所以粮食不增多。善良的人受到诱惑而成为奸邪,因引诱而对奸邪之事动心。朴实善良的民众陷入法网而遭受刑罚甚至处死,遭受刑罚处死很不吉利,怎么能忽视呢!"文帝不听。这时候,吴国以诸侯国的身份依山铸钱,富裕等同天子,后来终于叛逆。邓通,本是大夫,靠铸钱财富超过诸侯王。所以吴国、邓通的钱布满天下。

  武帝因文、景之蓄①,忿胡、粤之害②,即位数年,严助、朱买臣等招来东瓯③,事两粤④,江淮之间萧然烦费矣⑤。唐蒙、司马相如开西南夷⑥,凿山通道千余里,以广巴蜀⑦,巴蜀之民罢焉⑧。彭吴穿秽栢、朝鲜⑨,置沧海郡,则燕齐之间靡然发动⑩。及王恢设谋马邑⑪,匈奴绝和亲,侵扰北边,兵连而不解,天下共其劳。干戈日滋,行者赍⑫,居者送,中外骚扰相奉⑬,财赂衰耗而不澹⑭。入物者补官,出货者除罪,选举陵夷⑮,廉耻相冒⑯,武力进用⑰,法严令具⑱,兴利之臣,自此而始⑲。

【注释】

①武帝因文、景之蓄:本段节录自《食货志下》。文,即汉文帝刘恒。景,即汉景帝刘启。

②胡:指匈奴。粤:指南粤国(也作南越国),位于中国南部地区的一个政权。秦末南海郡尉赵佗乘秦亡之际,于前204年正式建立南越国,自号南越武王,前112年夏,汉武帝出兵十万发动对南越国的战争,并于前112年冬灭亡南越国。

③严助:本名庄助,《汉书》为避东汉明帝刘庄的讳,遂改称严助。西汉中期会稽郡吴县(今江苏苏州)人,是著名辞赋家。建元三

年（前138），闽越兵围东瓯，东瓯向汉朝告急，太尉田蚡力主不救，严助和他辩论并取得上风，汉武帝最终出兵援救。严助与朱买臣、淮南王刘安交好，而刘安谋反，严助受牵连被诛。朱买臣：字翁子，一作翁之，西汉会稽吴县（今江苏苏州）人。经同乡严助推荐，拜为中大夫。东越多次反叛，朱买臣向汉武帝献平定东越的计策，获得信任，出任会稽太守，约一年后，因平定东越叛乱的军功升官为主爵都尉，列于九卿，后因诬陷御史大夫张汤事发被汉武帝在长安处斩。招来：招抚。东瓯：古族名，越族的一支，相传为越王勾践的后裔，分布在今浙江南部瓯江、灵江流域。前192年，汉廷封欧摇为东海王，都东瓯，世称东瓯王。建元三年（前138），闽越攻东瓯，汉军兵至，闽越撤兵。东瓯不堪闽越侵扰，遂向汉朝请求举国迁徙中国。武帝准许，东瓯王率领族属军队四万多人北上，被安置在江淮流域的庐江郡（今安徽舒城），并被降封为广武侯，东瓯国从此被并入汉朝。

④事：指战事。两粤：指南越和闽越两小国。南越国都城在今广州。闽越是汉初东越人建立的小国，都城旧说在今福州，今多认为在福建武夷山。自建元六年（前135）汉对闽越用兵，元鼎五年（前112）对南越用兵，元鼎六年（前111）在南越设南海、苍梧等九郡，当年又对东越用兵，元封元年（前110）东越降。两越战事前后二十余年。

⑤萧然：骚然，扰乱骚动的样子。烦费：大量耗费。

⑥唐蒙：初为番阳（今江西鄱阳东北）令。在武帝时，上书建议开通夜郎道，被任为中郎将，奉命出使夜郎，说服夜郎侯多同归汉。汉在其地设置犍为郡。司马相如：字长卿，蜀郡成都人，西汉辞赋家。汉武帝任命相如为中郎将，令持节为通西南夷事宣慰巴蜀，使得邛、筰、冉、駹、斯榆的君长都请求成为汉王朝的臣子。于是拆除了旧有的关隘，使边关扩大，西边到达沫水和若水，南边到

达牂(zāng)牁,以此为边界,开通了灵山道,在孙水上建桥,直通
邛、莋。西南夷:汉朝对分布于今云南、贵州和四川西南部广大地
区少数民族的总称。汉武帝元光五年(前130)至汉明帝永平十
二年(69),于其地置犍为、牂牁、越嶲、沈黎、武都、汶山、益州和
永昌等八郡。

⑦巴蜀:是指四川盆地及其附近地区,东部为巴,西部为蜀。

⑧罢(pí):疲敝,疲困。

⑨彭吴穿秽貊、朝鲜:颜师古注:"彭吴,人姓名也。本皆荒梗,始开
通之也,故言穿也。"彭吴,汉武帝时的大臣。秽貊,即秽貉,古时
东夷国名。《史记·匈奴列传》:"是时汉东拔秽貉、朝鲜以为郡。"
张守节正义:"即玄菟、乐浪二郡。"沧海郡,又名苍海郡,地在今
朝鲜与韩国分治的江原道。元朔元年(前128),汉武帝在辽东塞
外置沧海郡,三年后即罢撤。

⑩燕齐:指战国时燕国和齐国所在地。燕国,疆域约有今河北北部、
辽宁西南部及山西东北角。齐国,相当今山东泰山以北黄河流域
及胶东半岛地区。靡然:犹言"纷然",劳扰的样子。

⑪王恢设谋马邑:武帝元光二年(前133),王恢设谋伏兵马邑欲袭
匈奴,未成。王恢,武帝时将领。数为边吏,熟悉匈奴情况。建元
元年(前140),匈奴请和亲,他与韩安国廷争,反对和亲。元光元
年(前134),武帝命他为将屯将军,出兵击匈奴。他在马邑埋伏
下三十万汉军,又阴使马邑豪绅聂翁壹为反间,诱匈奴入塞,单于
信之。不久,单于率军十万人至武州塞(今山西朔州北至大同西
一带),发觉有埋伏,急退。汉武帝怒其不出击匈奴辎重,欲诛之,
恢自杀而死。马邑,在今山西朔州一带。

⑫行者:指征夫。赍(jī):携带衣食等物。颜师古注:"赍,谓将衣食
之具以自随也。"

⑬骚扰:动乱,社会不安定。奉:供应。

⑭财赂：钱财货物。澹（shàn）：通"赡"，满足，供给。

⑮选举：古代指选拔举用贤能。此指选官制度。陵夷：衰颓，衰落。

⑯冒：蒙混。颜师古注："冒，蒙也。"

⑰武力进用：以武力为进身之阶。进用，选拔任用。

⑱具：完备，完全。

⑲兴利之臣，自此而始：指桑弘羊、东郭咸阳、孔仅等提倡牟利之臣，从此开始掌权用事。

【译文】

武帝凭借文帝、景帝的积蓄，对匈奴、南粤的祸害深为愤怒，即位几年后，让严助、朱买臣去招抚东瓯，对两粤作战，长江淮河之间扰乱骚动耗费极大。唐蒙、司马相如开拓西南夷，凿开山道一千多里，来扩大巴蜀地区，巴蜀的民众疲惫不堪。彭吴开拓秽柏、朝鲜，设置了沧海郡，燕齐一带就劳扰不堪了。等到王恢设计在马邑伏击匈奴，匈奴断绝和亲，侵扰北部边疆，战争接连不断没有缓解，天下共同为此劳苦。战争一天比一天多，出征的人带着衣服粮食，没出征的人输送物资，中央与地方都受到骚扰，共同供应战争需要，钱财货物耗尽不能满足供给。奉献物资的补为官员，拿出钱币的免除罪名，官吏的选拔制度受到破坏，人们都不顾廉耻，勇武有力者得到任用，法令也越来越严酷，越来越细致。这时候，以开发财源为能事的臣子，从此开始上位用事。

其后，卫青岁以数万骑出击匈奴①，遂取河南②，筑朔方郡③。时又通西南夷道，作者数万人，千里负担馈饷④，率十余钟致一石⑤。钟，六石四斗。置沧海郡，筑卫朔方⑥，转漕甚远⑦，自山东咸被其劳⑧，费数十百巨万⑨，府库并虚。乃募民能入奴婢以终身复⑩，为郎增秩，及入羊为郎⑪，始于此。此后，卫青比岁将十余万众击胡⑫，斩捕首虏之士受赐黄金二十余万斤^⑬，而汉军士马死者十余万，兵甲转漕之费不与焉。于是经用赋税既竭^⑭，不足以奉战士。有司请令民得买爵及赎禁锢、免赃罪^⑮，大者封侯、卿大夫^⑯，小者郎。吏道杂而多端^⑰，官职耗废。

【注释】

①其后，卫青岁以数万骑出击匈奴：本段节录自《食货志下》。卫青，字仲卿，河东平阳（今山西临汾）人，汉武帝第二任皇后卫子夫的弟弟。汉武帝在位时官至大司马大将军，封长平侯。他治军严明，能与士卒同甘共苦，一生共七次率军出击匈奴，本部无一败绩，为解除匈奴对边郡的威胁和开拓汉朝北部疆域做出了重要贡献。元封五年（前106），卫青病故，汉武帝为纪念他的彪炳战功，让其陪葬茂陵，"起冢像卢山（阴山）"，谥号"烈侯"。

②河南：秦汉时代称今河套以南地区。其地秦时已置郡，后中原大乱，其地为匈奴所取。至元朔二年（前127），卫青击退匈奴，将其夺回。

③朔方郡：西汉元朔二年（前127）置。治所朔方，在今内蒙古杭锦旗北。东汉末废。

④馈饷（xiǎng）：运送粮饷。

⑤率：大概，一般。钟：古容量单位。春秋时齐国公室的公量，合六斛四斗。之后亦有合八斛及十斛之制。一斛合一石。

⑥筑卫朔方：颜师古注："既筑其城，又守卫之。"

⑦转漕：转运粮饷。古时陆运称转，水运称漕。

⑧山东：秦汉时指崤山或华山以东广大地区。

⑨数十百巨万：颜师古注："数十万乃至百万万。"

⑩复：指免除徭役或赋税。

⑪入羊为郎：指当时大畜牧主卜式屡屡向朝廷捐献财物，被武帝任命为中郎之事。郎，官名。始于战国，秦汉沿置，有议郎、中郎、侍郎、郎中等，员额无定。均属于郎中令（后改为光禄勋），为皇帝的侍从官员。

⑫比岁：连年。

⑬首虏：首级和俘虏。

⑭经用赋税既竭：《汉书·食货志下》："于是大司农陈臧钱经用，赋税既竭，不足以奉战士。"颜师古注："言常用之钱及诸赋税并竭尽也。"经用，指日常储备。

⑮赎：用钱物或其他代价换回人身或抵押品。禁锢：指禁止做官或参与政治活动。免赃罪：《汉书·食货志下》作"免减罪"，谓免罪与减罪。

⑯大者：指军功大的人。下文"小者"，指军功较小的人。今本《汉书·食货志下》在"大者"前有"军功多用超等"句。

⑰吏道：做官的途径。

【译文】

　　之后，卫青每年率几万骑兵出击匈奴，于是夺取了河南地，修建了朔方郡。当时又修建通往西南夷的道路，劳作的有几万人，粮饷要转运千里送达，大概十几钟才能送到一石。一钟是六石四斗。设置了沧海郡，修筑守卫朔方郡，从很远的地方转运粮饷，从崤山以东，民众都蒙受劳役之苦，花费了数十上百亿，国家和地方的仓库都空虚了。于是就招募民众向官府交纳奴婢，交纳的就能够终身免除徭役或赋税，当郎官的可以增加俸禄或升官，及至献羊可以做郎官，就是从此时开始的。之后，卫青连年率领十几万人攻击匈奴，赏赐斩首及捕获俘虏的士卒的黄金达二十多万斤，汉军士卒马匹死了十几万，兵马转运的费用还不计算在内。于是国家日常储备用尽，赋税已经枯竭，不够用来奉养战士。有关官员请求让民众能够花钱买爵位以及抵销禁止做官的处罚和免除贪污受贿罪，军功大的封侯、卿大夫,小的封郎官。当官的途径繁杂多端,以致有些官职接近于无用。

　　票骑仍再出击胡①,大克获②。浑邪王率数万众来降③,皆得厚赏。衣食仰给县官④,县官不给,天子乃损膳,解乘舆驷⑤,出御府禁藏以澹之⑥。费以亿计,县官大空。富商贾财或累万金,而不佐公家之急⑦,于是天子与公卿议,更造钱造币以澹用,而摧浮淫并兼之徒⑧。于是以东郭咸阳、孔仅为大司农丞⑨,领盐铁事⑩。而桑弘羊贵幸侍中⑪,故三人言利事析秋豪矣⑫。法既益严,吏多废免,皆谪令伐棘上林⑬,作昆明池⑭。其明年,大将军、票骑大出击胡,赏赐五十万金,军马死者十余万匹,转漕车甲之费不与焉。是时财匮,战士颇不得禄矣。诸贾人末作贳贷⑮,及商以取利者,虽无市籍⑯,各以其物自占⑰,率缗钱二千而筭一⑱。轺车一筭⑲,商贾人轺车二筭,商贾人有轺车,使出二筭,重其赋也。船五丈以上一筭。匿不自占,占不悉⑳,戍边一岁,没入缗钱。有能告者,以其半畀之㉑。是时,豪富皆争匿财,唯卜式数求入财以助县官㉒。天子乃超拜式为中郎㉓,赐爵左庶长、田十顷㉔,布告天下,以风百姓。

【注释】

①票骑仍再出击胡:本段节录自《食货志下》。票骑,即骠骑,指霍去病。西汉名将。卫青的外甥,霍光的同父异母兄长。霍去病十八岁为剽姚校尉,率领八百骑兵深入大漠,两次功冠全军,封冠军侯。十九岁时升任骠骑将军。元狩四年(前119),霍去病与卫青

率军深入漠北,消灭匈奴左贤王部主力,追击直至狼居胥山与姑衍山。战后加拜大司马骠骑将军。元狩六年(前117),霍去病病逝,年仅二十四岁。武帝赐谥号"景桓",陪葬茂陵。

②克获:指战胜并有所掳获。

③浑邪王率数万众来降:据《史记·匈奴列传》云:"单于怒浑邪王、休屠王居西方,为汉所杀虏数万人,欲召诛之。浑邪王与休屠王恐,谋降汉。汉使骠骑将军往迎之。浑邪王杀休屠王,并将其众降汉,凡四万余人,号十万。"浑邪是匈奴的一个部落,浑邪王指浑邪部落的首领。

④仰给:依赖。县官:朝廷,官府。

⑤解乘舆驷:卸掉皇帝车上的马。乘舆,皇帝的车驾。驷,原指一车四马,这里即指拉车的马。

⑥御府禁藏:指帝王府库所藏之财物。御府,帝王的府库。禁藏,帝王官中的库藏。

⑦佐:助。

⑧摧:抑制。浮淫:指轻薄淫逸。并兼:合并,并吞。此指兼并土地。

⑨东郭咸阳:姓东郭,名咸阳。大盐商出身。武帝时与孔仅同任大农丞,领盐铁事,主管盐铁专卖。并到全国各地设立盐铁官府,以盐铁家富者为吏。孔仅:以冶铁为业,利累千金。武帝时与东郭咸阳同为大农丞,领盐铁事,主管盐铁专卖。

⑩领盐铁事:兼理国家煮盐、冶铁的事务。领,汉代以后,以地位较高的官员兼理较低的职务,谓之领,也称录。

⑪桑弘羊:西汉理财专家,深得汉武帝赏识,历任大农丞、大农令、搜粟都尉兼大司农、御史大夫等要职。制订并实行盐铁酒专卖政策,推行平准、均输等经济措施。主张积极抵抗匈奴的侵扰,组织屯垦边郡。汉武帝的顾命大臣之一。弘,天明本作宏。镰仓本、元和活字本、今本《汉书》作弘,据改。贵幸:位尊且受君王宠信。

侍中：侍从皇帝左右，出入宫廷，与闻朝政。后逐渐变为亲信贵重的官职。秦、汉均有侍中之官。

⑫析秋豪：谓精明细致如察秋毫。析，分析，辨析。秋豪，鸟兽在秋天新长出来的细毛。豪，通"毫"。

⑬棘：泛指有芒刺的草木。上林：秦汉时皇家官苑。秦始建，汉初荒废，至汉武帝时重新扩建。规模宏伟，宫室众多，有多种功能。故址在今陕西西安及周至、鄠邑界。

⑭昆明池：汉武帝元狩三年（前120）于长安西南郊所凿，以习水战，池周围四十里，广三百三十二顷。宋以后湮没。

⑮末作：指工商业。赀（shì）贷：借贷，指高利贷者。

⑯市籍：商贾的户籍。秦汉时施行重农抑商政策，凡在籍的商贾及其子孙，与罪吏、亡命等同样待遇。汉时又规定凡有市籍的商贾不得坐车和穿丝绸衣服，其子孙不得做官。

⑰自占：自行估计。颜师古注："占，隐度也，各隐度其财物多少，而为名簿送之于官也。"

⑱缗（mín）钱：指以千文结扎成串的铜钱，汉代作为计算税课的单位。后泛指税金。算：通"算"，指征税计钱多少的单位。按汉律，一百二十钱为一算。顾炎武《钱法论》："汉律：人出算百二十钱，是口赋之入以钱……商贾缗钱四千而一算，三老、北边骑士轺车一算，商贾轺车二算，船五丈以上一算，是关市之入以钱。"

⑲轺（yáo）车：只驾一马的轻便车。

⑳占不悉：自报的资本不实，不够数。悉，全，全数上报。

㉑畀（bì）：给。

㉒卜式：河南郡（今河南洛阳）人，以牧羊为业，经营致富。汉武帝时，因见匈奴入侵，他向朝廷表示，愿意捐出一半家财防卫边关。武帝欲授以官职，他以"自小牧羊，不习仕宦"为由拒绝。又曾捐出二十万钱救济家乡的贫民。朝廷得悉其善举，以重金赏赐，

并任他为中郎。卜式却把赏金全数资助官库。后又赐爵关内侯。元鼎中期,卜式出任御史大夫。因反对官营盐铁,且不擅长于文章,结果被贬为太子太傅,又转任为丞相。

㉓超拜:超级升授官职。中郎:官名,秦置,汉沿用。担任宫中护卫、侍从。属郎中令,分五官、左、右三中郎署,各署长官称中郎将,省称中郎。

㉔左庶长:秦汉二十等爵的第十级。

【译文】

　　骠骑将军霍去病两次出击匈奴,大胜匈奴掳获很多。浑邪王率领几万人来投降,都得到重赏。吃穿都仰仗朝廷,朝廷供给不足,武帝就减省自己的膳食费用,解下所乘马车的马匹,拿出宫中御用府库的收藏来供给。费用要以亿来计算,朝廷大为亏空。富裕商人的钱财有的累计万金之多,却不拿出来帮助公家应急,于是天子跟公卿计议,重新制造钱币来供给用度,摧折打击那些轻薄淫逸大肆兼并的人。于是让东郭咸阳、孔仅当大司农丞,兼领盐铁专营事务。桑弘羊地位尊贵而且受皇帝宠幸侍从皇帝左右,所以这三个人谈赢利之事可以说是算计到了最细微的程度。法令已经日益严酷,官吏多数废弃罢免,都贬谪到上林苑伐木砍柴,挖掘昆明池。第二年,大将军卫青,骠骑将军霍去病大举出击进攻匈奴,赏赐五十万金,军马死了十几万匹,转运车辆盔甲的费用还不计入。这时钱财匮乏,很多战士得不到军饷。那些商人、工人、高利贷者,以及经商谋利的人,虽然没有商人户籍,各自自行估计财物交税,一般税金为二千收取一百二十钱。一匹马拉的轻便车税金一百二十钱,商人的轻便车二百四十钱,商人有轻便车,让他交出二百四十钱税金,加重他的赋税。船只超过五丈的税金一百二十钱。隐匿不自我估算上报,估算上报不详尽的,戍守边疆一年,罚没财产充当税金。有能够告发的人,拿出罚没财产的一半奖励给他。这时,富豪都争相隐匿财产,只有卜式多次请求交纳钱财来帮助朝廷。天子于是越级升授卜式为中郎,赐给他左庶长的爵位、田地十顷,公布天下,来给百姓做榜样。

　　自造白金五铢钱后五岁①,而赦吏民之坐盗铸金钱死者数十万人。其不发觉相杀者②,不可胜计。赦自出者百余万人③,然不能半自出矣。犯法者众,吏不能尽诛。于是遣博士褚大、徐偃等分行郡国④,举并兼之徒。而御史大夫张汤方贵用事⑤,减宣、杜周等为中丞⑥,义纵、尹齐、王温舒等用惨急苛刻为九卿⑦,直指夏兰之属始出⑧,而大农颜异诛矣⑨。自是后有腹非之法比⑩,而公卿大夫多谄谀取容⑪。

【注释】

①自造白金五铢钱后五岁:本段节录自《食货志下》。白金,汉武帝自元狩四年(前119)冬造银锡白金,即银锡合金之银币。五铢钱,汉武帝元狩五年(前118)始铸,重五铢,上篆"五铢"二字。自汉历魏、晋、六朝至隋皆续有铸造,唯形制大小不一。唐武德四年(621)废。

②发觉:被发现觉察,暴露,败露。

③自出:自首。

④博士:官名。职责是教授、课试,或奉使、议政。褚大:董仲舒弟子,官至梁相。徐偃:曾向西汉经学大师申公习《诗》,初为博士,后拜胶西中尉。分行:分别巡行。郡国:郡和国的并称。汉初,兼采封建及郡县之制,分天下为郡与国。郡直属中央,国分封诸王、侯,封王之国称王国,封侯之国称侯国。南北朝仍沿郡、国并置之制,至隋始废国存郡。后亦以"郡国"泛指地方行政区划。

⑤御史大夫:秦置,汉因之,为御史台长官,地位仅次于丞相,掌管弹劾纠察及图籍秘书,与丞相、太尉合称三公;丞相缺位时,往往即

由御史大夫递升。后改称大司空，司空。张汤：武帝时酷吏。因在审理陈皇后巫蛊狱和淮南王、衡山王、江都王谋反事件中追究穷治，受到武帝赏识，累迁太中大夫、廷尉、御史大夫。张汤用法苛刻严峻，其权势隆贵远在丞相之上。后御史中丞李文、丞相长史朱买臣以及赵王等人告发和诬陷张汤，张汤被迫自杀。死后家产不过五百金，皆得自俸禄及皇帝赏赐。用事：执政、当权。

⑥减宣：武帝时酷吏。曾在河东太守府任职，后征召为大厩丞，逐渐升任。在处理主父偃和淮南王造反案件时，充分利用法律条文深究罪责，诛杀多人。因敢于判决疑难案件而备受称赞。他屡次被免官又屡次被起用，先后担任御史及中丞将近二十年。杜周：字长孺，武帝时酷吏。出身小吏，后被推荐为廷尉史（廷尉属官），官至御史，因其执法严峻，奏事称旨，得到武帝的赏识，同减宣更替任御史中丞十余年。杜周任廷尉时，极严刻之能事，京师监狱所捕之人多至六七万乃至十余万人。又因"逐捕桑弘羊、卫皇后昆弟子刻深，天子以为尽力无私"，升任御史大夫。中丞：汉代御史大夫下设两丞，一称御史丞，一称中丞。中丞居殿中，故以为名。外督部刺史，内领侍御史，受公卿章奏，纠察百僚，其权颇重。《汉书·百官公卿表上》："御史大夫……有两丞，秩千石。一曰中丞，在殿中兰台，掌图籍秘书，外督部刺史，内领侍御史员十五人，受公卿奏事，举劾按章。"

⑦义纵：武帝时酷吏。少时为群盗。其姊义姁以医术得宠于武帝母王太后，经太后荐举，任中郎。不久补上党郡中一县令，颇有政绩。后历任长陵令、长安令、河内都尉、南阳太守，在任执法严明，不避贵戚豪强，办案重于杀戮。至定襄，一次报杀四百余人，郡中吏民皆不寒而栗。复征入为右内史。元鼎元年（前116）因反对告缗法被杀。尹齐：武帝时酷吏。初为刀笔吏，后迁御史。跟随张汤办事，汤多次夸奖他勇于查访案情。武帝派他督捕盗贼，斩

伐不避贵戚。元鼎三年（前114），任中尉。因缺少文才，翌年，坐法抵罪。后复为淮南都尉。病卒，家财不值五十金。所诛灭淮阳豪族甚多，及死，仇家欲烧其尸，其妻被迫逃亡。王温舒：武帝时酷吏。少时曾以盗墓为生。初为亭长。后为廷尉张汤属吏，得张汤提拔，任御史，迁广平都尉。又迁河内太守。任职期间，逮捕郡内豪强一千余家，大肆杀戮，以致"流血十余里"。武帝以为能，元狩四年（前119）召为中尉。太初元年（前104），汉伐大宛，诏征官吏从军，他隐匿属吏不行，为人告发，又加受贿等罪，被捕下狱，依法当族诛，遂自杀。惨急：严刻峻急。九卿：古代中央政府的九个高级官职。汉以太常、光禄勋、卫尉、太仆、廷尉、大鸿胪、宗正、司农、少府为九卿。

⑧直指：汉武帝时朝廷设置的专管巡视、处理各地政事的官员。也称直指使者，因出巡时穿绣衣，故又称"绣衣直指"，或称"直指绣衣使者"。《百官公卿表》云："侍御史有绣衣直指，出讨奸猾，治大狱。武帝所制，不常置。"夏兰：苏林曰："夏兰，人姓名。"

⑨大农：即大司农。颜异：初为济南亭长，汉武帝时期以廉直奉公累迁大司农。元狩六年（前117），汉武帝与张汤商议发行"白鹿皮币"，武帝征求大司农颜异意见，颜异提出了不同看法，武帝大为不悦。张汤本与颜异有仇隙，后来有人告发颜异发表异议，武帝让张汤审理颜异一案，以腹诽之罪诛之。

⑩腹非：即腹诽，指口里不言，心中讥笑。《史记·平准书》："（颜）异与客语，客语初令下有不便者，异不应，微反唇。（张）汤奏当异九卿见令不便，不入言而腹诽，论死。自是之后，有腹诽之法。"法比：法律条例。

⑪谄谀：谄媚，阿谀。取容：讨好别人以求自己安身。

【译文】

自从元狩四年冬铸造白金和五铢钱之后五年，赦免因盗铸金钱判死刑的官吏和百姓有几十万人。那些应判死罪而没有明确罪证的,无法计算。赦免自首的一百多万人,但是没有自首的还有一半。犯法的人众多,官吏不能全部惩治。于是派遣博士褚大、徐偃等人分头巡视各郡与诸侯国,检举兼并他人土地田产的人。御史大夫张汤正尊贵当权,减宣、杜周等担任御史中丞,义纵、尹齐、王温舒等人因为严酷峻急苛刻做了九卿,直指夏兰一伙人开始四出巡视,而大司农颜异被杀。从此有了腹诽罪这样的法律条令,因而公卿大夫等多数谄媚逢迎以求自保。

天子既下缗钱令而尊卜式①,百姓终莫分财佐县官,于是告缗钱纵矣②。杨可告缗遍天下③,中家以上大氐皆遇告④。得民财物以亿计,奴婢以千万数,田大县数百顷,小县百余,宅亦如之。于是商贾中家以上大氐破,民偷甘食好衣⑤,不事蓄藏之业,而县官以盐铁缗钱之故,用少饶矣。是时越欲与汉用船战逐⑥,水战相逐。乃大修昆明池,列馆环之;治楼船⑦,高十余丈。作柏梁台⑧,高数十丈。宫室之修,由此日丽。

【注释】

①天子既下缗钱令而尊卜式:本段节录自《食货志下》。

②于是告缗钱纵矣:汉武帝于元鼎三年(前114)十一月下令百姓告发偷漏缗钱者,称之为告缗。告缗制度延续近十年,直到官营盐铁酒均输获利,国家财政有明显好转,才停止执行。告缗钱,即告缗,指告发富户隐匿财产,逃漏税款。告,告发,检举。《史记·酷吏列传》:“出告缗令,锄豪强并兼之家。”张守节正义:“武帝伐四夷,国用不足,故税民田宅、船乘、畜产、奴婢等,皆平作钱数。每千钱一算,出一等,贾人倍之。若隐不税,有告之,半与告人,余半

入官。"纵,放开。颜师古注:"纵,放也。放令相告言也。"

③杨可:汉武帝时官员。主持告缗事。

④中家:中产之家。大氐:大抵,大都。

⑤偷(tōu):苟且,怠惰。颜师古注:"偷,苟且也。"

⑥越:此指南越。欲与汉用船战逐:汉朝建立后,曾派陆贾两次出使,说服了南越王臣附于汉。武帝即位后,欲使南越进一步臣服如内诸侯,故引发了南越与汉的战争。战逐,战斗驰逐。

⑦楼船:有楼的大船,古代多用作战船。

⑧柏梁台:汉代台名。故址在今陕西长安西北长安故城内。《三辅黄图·台榭》:"柏梁台,武帝元鼎二年春起。此台在长安城中北阙内。"

【译文】

　　天子下达征税的缗钱令而推尊卜式之后,但百姓始终没有人分出财物来帮助朝廷,于是告发检举隐匿缗钱的"告缗"就放开实行了。杨可主持的"告缗"浪潮遍及天下,中等以上人家大抵都遭遇告发。朝廷得到的民众财物要用亿来计算,奴婢要用千万计算,大县田地几百顷,小县一百多顷,宅院也是这样。于是中产以上的商人大抵破产,民众苟安于眼前的美食好衣,不积蓄储藏,而朝廷由于盐铁官营和告缗的缘故,用度稍稍宽裕了。这时南越国想要跟汉朝用战船作战,指在水中战斗追逐。于是朝廷大举修建昆明池,成列的馆舍环绕它;制造楼船,有十几丈高。又修建柏梁台,有几十丈高。宫室的修建,从此日趋华丽。

　　明年①,天子始巡郡国②,公卿白议封禅事③,而郡国皆豫治道④,修缮故宫,储设共具而望幸⑤。明年,南越反⑥,西羌侵边⑦。天子因南方楼船士二十余万人击越⑧,发三河以西骑击羌⑨,又度河筑令居⑩。初置张掖、酒泉郡⑪,而上郡、朔方、西河、河西开田官⑫，斥塞卒塞上候斥卒也⑬。六十万人戍田之。中国缮道馈粮⑭，远者三千余里。边兵不足⑮，乃发武库工官兵器以澹之⑯。齐相卜式上书⑰，愿父子死南粤。天子下诏褒扬，赐爵关内侯，黄金四十斤，田十顷。布告天下，天下莫应。列侯以百数⑱，皆莫求从军。至饮酎⑲，少府省金⑳，省视诸侯金有轻重。而列侯坐酎金失侯者百余人㉑。乃拜卜式为御史大夫。式既在位，见郡国多不便县官作盐铁器㉒，或强令民买之，而船有筭，因孔仅言船筭事。上不说㉓。然兵所过县，县以为訾给毋乏而已㉔，不敢言轻赋法矣㉕。

【注释】

①明年：本段节录自《食货志下》。明年，指元鼎四年（前113）。

②始巡郡国：开始到各郡、各诸侯国视察。巡，巡察，视察。

③白：禀告，陈述。封禅：古代帝王祭天地的大典。在泰山上筑土为坛，报天之功，称封；在泰山下的梁父山上辟场祭地，报地之德，称禅。

④豫：预先。治道：指修建驰道。驰道是古代供君王行驶车马的道路。也泛指供车马驰行的大道。

⑤储设共（gōng）具而望幸：今本《汉书·食货志下》作："及当驰道县，县治官储，设共具，而望幸。"是说在驰道经过的县，都准备物资，陈设酒食，希望天子能够驾临此地。储，此指供帝王享用的物资储备。共具，用来摆设酒食的器具，亦指酒食之类。望幸，希望皇帝到来。

⑥南越反：元鼎五年（前112），南越相吕嘉反，杀其王、太后及汉使者。

⑦西羌侵边：元鼎五年（前112），西羌与匈奴勾结，十余万人攻故安（今甘肃兰州南）、抱罕（今甘肃临夏东北）。西羌，部族名，出自三苗，是羌族的别支，三代以后居于河西、赐支河和湟河之间。秦

汉时以农业和畜牧业为主。

⑧楼船士：西汉百姓为正卒，按各地情况而定担负之任务，中原为材官（步兵），北方为骑士（骑兵），南方为楼船（水军）。

⑨三河：汉代以河内、河东、河南三郡为三河，即今河南洛阳黄河南北一带。

⑩令（lián）居：古地名。西汉置县，治所在今甘肃永登西北，地当湟水流域通向河西走廊的要冲。

⑪张掖：汉郡名。治觻得（今甘肃张掖西北）。位于今甘肃西北部，河西走廊中段。元鼎六年（前111），置张掖郡，取"张国臂掖，以通西域"之意。酒泉：汉郡名。治禄福（今甘肃酒泉）。元狩二年（前121）置酒泉郡，是河西四郡中最早设立的一郡。

⑫上郡：汉郡名。治肤施（今陕西绥德）。朔方：汉郡名。治朔方县（今内蒙古杭锦旗西北黄河南岸）。西河：汉郡名。汉武帝元朔四年（前125）分上郡北部置西河郡。治平定（今内蒙古鄂尔多斯东南）。河西：古地区名。指今甘肃、青海两省黄河以西，即河西走廊与湟水流域。开田官：指当时上述四地区普遍设立的主持屯田的田官。颜师古注："开田，始开屯田也。斥塞，广塞令却。初置二郡，故塞更广也。以开田之官广塞之卒戍而田也。"

⑬斥塞卒：开拓边塞的士卒。斥，开拓，扩大。

⑭中国：指中原。缮：修补。馈粮：运送粮食。

⑮边兵：边塞上需用的兵器。兵，兵器。

⑯武库：储藏兵器的仓库。工官：主管铸造兵器的官署。汉代在蜀郡等地置工官，主管造武器、日用金属器及各种手工艺品。

⑰齐相卜式：汉武帝认为卜式朴实忠厚，拜为齐王太傅，又转任为齐国相。

⑱列侯：爵位名，秦制爵分二十级，彻侯位最高。汉承秦制，为避汉武帝刘彻讳，改彻侯为"通侯"或"列侯"。

⑲至饮酎（zhòu）：到了祭宗庙行饮酎之礼的时候。汉律，每年八月，天子以酎酒祭宗庙，诸侯王、列侯都按规定献金助祭，称为酎金。饮酎，喝反复多次酿成的醇酒。一种正尊卑的古礼。酎，反复多次酿成的醇酒。

⑳少府：掌山海地泽之税，以供宫廷使用，为皇帝私府，兼管皇帝衣食器用、医药娱乐丧葬等事宜。九卿之一。经过汉武帝对财政机构的调整，少府的主要税收来源为：少府所掌园池苑囿、山地荒野的假税，私营工、商营业税，关卡税，七至十四岁儿童所交纳口赋的二十钱等。其财政开支为：天子及宫廷费用、天子祭祀及赏赐费用等。省金：检察列侯所献酎金之质量和数量。

㉑列侯坐酎金失侯者百余人：《汉书·武帝纪》："（元鼎五年）九月，列侯坐献黄金酎祭宗庙不如法夺爵者百六人，丞相赵周下狱死。"

㉒见郡国多不便县官作盐铁器：今本《汉书·食货志下》作："见郡国多不便县官作盐铁，器苦恶，贾贵。"不便，不利。

㉓说：同"悦"。

㉔然兵所过县，县以为赡给毋乏而已：然而军队所经过的县城，也只是为其提供给养不令缺乏而已。此"兵"者，指前去镇压南方叛乱的军队。赡给，资助供给。赡，通"赆"。

㉕轻赋法：语义不明。《史记·平准书》作"擅赋法"。《史记集解》引徐广曰："擅，一作经。经，常也。惟取用足耳，不暇顾经常法则也。"意谓只要能供应充足，不再顾及正常的法令。此"轻"字当为"经"字之误。

【译文】

第二年，天子开始巡行各郡与诸侯国，公卿禀告商议封禅事宜，各个郡国都事先修整驰道，修缮原有的宫殿，驰道沿路各县储备物资，设置酒食，希望皇帝驾临。第二年，南越反叛，西羌入侵边境。天子凭借南方水军二十多万人进击南越，征发三河以西的骑兵攻击羌人，又渡过黄河修筑令居县城。开始设置张掖、酒泉郡，而上郡、朔方、西河、河西开垦田地，设置屯田农务官，派出边塞士兵是指边塞上放哨侦查的士兵。六十万人屯田。从中原修缮道路运输粮食，路远的有三千里。边疆兵器不够，于是就发放武库和工官的兵器来补充。齐相卜式上书说，希望父子出征南粤效死疆场。天子颁下诏书褒扬，赐给他关内侯的爵位，黄金四十斤，田地十顷。向天下宣告，天下没有人响应。列侯数以百计，都没有人要求从军。到了举行饮酎礼，少府检查诸侯献金，检查诸侯所献的酎金的重量成色。而诸侯中因为奉献酎金不合格失去侯爵的有一百多人。于是任命卜式担任御史大夫。卜式就职后，发现各郡国大多感到朝廷盐铁官营有不便之处，有的强迫民众购买，而船要收算赋，于是就让孔仅进言船收算赋的事情。皇帝不高兴。但是军队经过的县，只能勉强提供军需而使部队不缺用度，不敢说什么遵照正常法令。

元封元年①，卜式贬为太子太傅②。而桑弘羊为治粟都尉③，领大农。乃请置大农部丞数十人④，分部主郡国⑤，各往往置均输盐铁官⑥，尽笼天下之货⑦，名曰"平准"⑧，不复告缗⑨。民不益赋，天下用饶。于是弘羊赐爵左庶长，黄金者再百焉⑩。是岁小旱，上令百官求雨。卜式言曰："县官当食租衣税而已，今弘羊令吏坐市列⑪，贩物求利，烹弘羊，天乃雨。"久之，拜弘羊为御史大夫。昭帝即位，诏郡国举贤良文学士⑫，问以民所疾苦、教化之要，皆对愿罢盐铁、酒榷、均输官⑬，毋与天下争利，示以节俭，然后教化可兴。乃罢酒酤⑭。宣、元、成、哀、平五世，亡所变改。

【注释】

①元封元年：本段节录自《食货志下》。元封元年，前110年。此年

四月，汉武帝封禅泰山，因而改元元封，以当年十月为元年。元封
元年改元也是有史记载第一次有诏书的年号。元封，汉武帝年号
（前110—前105）。

②太子太傅：官名。太子的师傅。秩二千石。太子对其执弟子之礼。

③治粟都尉：官名，不常设。刘邦为汉中王时，韩信曾任此职，约为
军中负责经济事务的中下级军官。桑弘羊为治粟都尉，领大农，
管理全国盐铁事务。

④大农部丞：大农属下的官员。部丞，古代中央各部的辅佐之官。

⑤分部：指部署，分派。主：掌管。

⑥均输：汉武帝实行的一项经济措施。在大司农属下置均输令、丞，
统一征收、买卖和运输货物。盐铁官：古代掌管盐铁生产经营的
官员。

⑦笼：控制，垄断。

⑧平准：西汉武帝时桑弘羊为调节物价、取得财政收入而采取的商
业经营政策。元封元年（前110）实行。在京师设置商品仓库，
控制天下货物，贱即买，贵则卖，适时平抑物价，这样朝廷可以获
利，而商人不能获取暴利，"故曰平准"。

⑨不复告缗：今本《汉书·食货志下》作："弘羊又请令民得入粟补
吏，及罪以赎。令民入粟甘泉各有差，以复终身，不复告缗。"

⑩再百：二百。

⑪市列：市场中的店铺。

⑫贤良文学：汉代选拔官吏的科目之一。始于武帝时，简称贤良或
文学。

⑬酒榷：古代政府所行的酒类专卖制度。

⑭酒酤：此指酒类专卖。

【译文】

元封元年，卜式被贬为太子太傅。桑弘羊担任治粟都尉，兼领大司

农事务。桑弘羊于是请求设置大农部丞几十人，分部主管各个郡国，郡国到处设置均输官、盐官、铁官，垄断天下货物，命名叫"平准"，不再实施告缗。民众不增加赋税，天下用度丰饶。于是桑弘羊被赐予左庶长的爵位，黄金二百斤。这年小旱灾，武帝让官员们求雨。卜式进言说："朝廷吃穿用度应当只靠租税，现今桑弘羊让官吏坐在市场商铺里面，靠贩卖物资谋利，烹杀桑弘羊，上天就会下雨。"过了很久，任命桑弘羊为御史大夫。昭帝即位，下诏命令各郡与诸侯国推举贤良文学士人，问他们民生疾苦、教化要点，他们都回答说希望罢免盐铁、酒类专卖以及均输官，不要与天下百姓争夺利益，向百姓展示节俭，然后教化就可以兴起了。于是废止了酒类专卖。宣帝、元帝、成帝、哀帝、平帝五代，没有改变。

　　王莽居摄①，变汉制，更作金、银、龟、贝、钱、布之品②，名曰"宝货"③。凡宝货五物、六名、二十八品④。百姓愦乱⑤，其货不行⑥，民私以五铢钱市买。莽患之，下诏："敢非井田、挟五铢钱者为惑众，投诸四裔⑦，以御魑魅⑧。"于是商农失业，食货俱废，民涕泣于市道。坐卖买田宅奴婢铸钱抵罪者，自公卿大夫至庶人，不可胜数。莽知民愁，乃但行小钱直一⑨，与大钱五十二品并行⑩，龟、贝、布属且寝⑪。

【注释】

①王莽居摄：本段节录自《食货志下》。居摄，因皇帝年幼不能亲政，由大臣代居其位处理政务，叫做居摄。汉平帝刘衎即位时年仅九岁，王莽以大司马安汉公秉政。

②布：通"镈"，古代仿照农具镈的形状铸造的一种铲形金属货币。主要流通于春秋初期，新莽时曾一度仿制使用。

③宝货：古代货币名。王莽更改币制所发行的各种货币的通称。

④五物：指金、银、龟、贝、布五种货币。六名：指金货、银货、龟货、贝货、泉货、布货六大钱币类型。二十八品：指不同质地、不同形态、不同单位的二十八品钱币。分别为金货一品，银货一品，龟货四品，贝货五品，泉货六品，布货十品，这二十八品均为法定货币，在当时的流通领域中，大概只有其中的六泉十布所占比重较大。

⑤愦乱：混乱，昏乱。

⑥货：钱币。

⑦投：迁置，贬徙。四裔：指四方边远之地。

⑧魑魅：古谓能害人的山泽之神怪，也泛指鬼怪。代指四方蛮夷。

⑨小钱直一：王莽泉货六品中的一品。《汉书·王莽传中》："乃更作小钱，径六分，重一铢，文曰'小钱直一'。"今尚存的王莽时小钱，文为"小泉直一"。

⑩大钱五十：王莽泉货六品中的一品。疑作"大泉五十"。此为王莽新朝通行货币中流通时间最长、铸量最大的货币。

⑪寝：止息，废置。

【译文】

王莽秉政以后，改变汉朝的制度，重新制作了金、银、龟、贝、钱、布等货币品类，命名叫"宝货"。一共有五种材质、六种类型、二十八种品级。百姓感到混乱，那些货币不能通行，民众私下用五铢钱买卖交易。王莽对此担忧，颁下诏书说："胆敢非议井田制、携带五铢钱的人为惑乱众人之罪，要放逐到四方荒远之地抵御蛮夷。"这时商人农民都失去了谋生职业，粮食货币全部荒废，民众在市场道路上哭泣。因为买卖田地宅院奴婢以及铸造钱币而受到惩罚的人，从公卿大夫到平民，数都数不过来。王莽知道民众的愁怨，于是就只通行小钱直一和大钱五十这两种货币，龟货、贝货、布货之类暂且停止使用。

莽性躁扰①，不能毋为②，每有所兴造，必欲依古得经文。羲和置命士督五均六斡③，郡有数人，皆用富贾。乘传求利④，交错天下⑤。因与郡县通奸⑥，多张空簿⑦，府藏不实，百姓愈病。莽每一斡为设科条防禁⑧，犯者罪至死。奸吏猾民并侵⑨，众庶各不安生。每壹易钱，民用破业，而大陷刑。莽以私铸钱死，及非泪宝货投四裔⑩，犯法者多，不可胜计⑪。乃更轻其法，私铸作泉布者，与妻子没入为官奴婢；吏及比伍⑫，知而不举告与同罪；非泪宝货，民罚作一岁⑬，吏免官。犯者俞众⑭，及五人相坐皆没入郡国，槛车铁锁⑮，传送长安钟官⑯，愁苦死者十六七。

【注释】

①莽性躁扰：本段节录自《食货志下》。躁扰，急躁好动。

②毋为：今本《汉书·食货志下》作"无为"。

③羲和：王莽时主掌全国财赋的官吏，即原来的大司农。命士：汉及王莽时代指俸禄五百石之士。五均：管理市场物价的官。王莽新朝依托《周礼》古五均说，置五均官，统管"五均赊贷"之事。所谓五均，指均市价以利四民和官府；所谓赊贷，是指由官府对百姓发放的官营贷款业务。六斡（guǎn）：即六筦之令，是西汉末年王莽为增加税收所实行的财政经济政策。命令朝廷实行五均赊贷，加上官府垄断经营制盐、冶铁、酿酒、铸钱和征收山泽之税，合称为"六筦"。斡，主管。

④传（zhuàn）：驿站的车马。

⑤交错：形容往来不断。

⑥通奸：互相勾结做坏事。

⑦张：张设，陈设。空簿：假账。

⑧科条：法令条文，条例，章程。防禁：防备禁戒。

⑨奸吏：枉法营私的官吏。猾民：刁滑狡诈的百姓。此当指奸商。
　侵：欺凌，逼迫。

⑩非沮：非议，诋毁。

⑪不可胜计：今本《汉书·食货志下》作"不可胜行"。

⑫比伍：古代居民的基层编制，引申指乡里。

⑬罚作：汉代刑罚之一。处轻罪犯以一年苦役。

⑭俞众：更多。俞，通"愈"。

⑮槛车：即囚车，用栅栏封闭的车，用于囚禁犯人。镤（suǒ）：同
　"锁"。

⑯钟官：汉代水衡都尉的属官，主掌铸钱。

【译文】

　　王莽性格急躁好动，不能清静无为，每每有什么创建，必须依照古代制度附会经文去做。让主管财赋的羲和设置命士监督五均六斡，每个郡设置几个人，都任用富商。他们乘坐驿车追逐利润，在天下往来不断。于是与郡县官员勾结做坏事，大多设置假账目，府库储备虚假不实，百姓更加困苦。王莽对每一斡都设施了法律条文来防备禁戒，违反的人判罪直至死刑。奸诈官吏与狡猾商人一并侵害百姓，百姓不得安生。每逢一次改换货币，百姓就因此破产，很多落入法网被判刑。王莽的法令规定，私自铸造钱币的处死，非议毁谤宝货的人放逐边荒，犯法的人很多，数都数不过来。于是就改轻法令，私自铸造钱币的人，与妻子儿女一同罚没为官家奴婢；吏员以及乡邻，知道而没有告发的与他罪过相同；非议诋毁宝货的人，平民惩罚服役劳作一年，吏员免去官职。犯法的人更多，乃至五家连坐都被罚没到郡国官府为奴，被装进囚车戴上铁锁押解到长安钟官监狱，愁苦而死的有十分之六七。

　　匈奴侵寇甚①，莽大募天下囚徒人奴，名曰猪突豨勇②。猪性触突人③，故取以喻。壹切税吏民④，訾三十而取一⑤。又

令公卿已下至郡县黄绶吏^⑥，皆保养军马^⑦，吏尽复以与民^⑧。民摇手触禁，不得耕桑，徭役烦剧，而枯旱蝗虫相因。又用制作未定，上自公侯，下至小吏，皆不得奉禄，而私赋敛，货赂上流^⑨，狱讼不决。吏用苛暴立威，旁缘莽禁^⑩，侵刻小民^⑪。富者不得自保，贫者无以自存，起为盗贼，依阻山泽^⑫。吏不能禽而覆蔽之^⑬，浸淫日广^⑭。于是青、徐、荆楚之地往往万数^⑮。战斗死亡，缘边四夷所系虏^⑯，陷罪，饥疫，人相食。及莽未诛，而天下户口减半矣。自发猪突狶勇后四年^⑰，而汉兵诛莽。

【注释】

①匈奴侵寇甚：本段节录自《食货志下》。

②猪突狶（xī）勇：王莽组织的军队名，比喻其锐利勇猛，如猪奔逐。狶，同"豨"，野猪。

③触突：冲撞。

④壹切税吏民：向所有官员和百姓统一征收财产税。

⑤訾（zī）：通"赀"，钱财。

⑥黄绶：黄色的绶带，用来代指秩比六百石以下、比二百石以上的官员，因为这一级别的官员为铜印黄绶。《汉书·百官公卿表》："凡吏秩比二千石以上，皆银印青绶，光禄大夫无。秩比六百石以上，皆铜印黑绶，大夫、博士、御史、谒者、郎无。其仆射、御史治书尚符玺者，有印绶。比二百石以上，皆铜印黄绶。"

⑦保：指不许死伤。

⑧吏尽复以与民：指官吏完不成养马任务，又转令百姓承担。颜师古注："转令百姓养之。"

⑨货赂：贿赂。上流：指上层权贵。

⑩旁（bàng）缘：依仗，凭借。颜师古注："旁，依也。"

⑪侵刻：侵害，剥夺。

⑫依阻：凭借，仗恃。

⑬覆蔽：隐瞒。

⑭浸淫：逐渐蔓延扩展。

⑮青：青州，汉武帝所置十三刺史部之一，新莽沿置。其地东至今渤海、黄海，相当今山东乳山、莱阳、高密、安丘、临朐、济南以北，齐河、德州及河北吴桥以东，马颊河以南的山东北部地区。徐：徐州，汉武帝所置十三刺史部之一，新莽沿置。其地相当今江苏长江以北和山东东南部地区。荆楚：指荆州，汉武帝所置十三刺史部之一，新莽沿置。其地相当今湖北、湖南两省及河南、贵州、广东、广西各一部分。

⑯缘边：指边境。系虏：掳获，俘获。

⑰自发猪突豨勇后四年：指地皇四年，23年。

【译文】

匈奴入侵更严重，王莽广泛招募天下的囚徒奴隶，起名叫猪突豨勇。这是因为猪的性子喜欢冲撞人，所以用来比喻。官员民众一律征税，收取资财的三十分之一。又命令从公卿之下直到二百石以上黄绶铜印的地方官员，都要承担保护饲养军马的责任，官吏完不成又转交给民众饲养。民众动动手就会触犯禁令，不能耕种蚕桑，徭役繁重，而旱灾蝗灾连续不断。又因为王莽的制度不确定，上自公侯，下至小吏，都不能得到俸禄，于是私下收税，贿赂上层权贵，案件也不能决断。官吏用苛刻暴虐立威，依仗王莽的禁令，侵害小民。富人不能自保，穷人没法存活，只好起义当盗贼，依靠山野沼泽有利地形为非作歹。官员不能捕获反而隐瞒实情，这种情况逐渐蔓延日益增长。于是青州、徐州、荆州各地盗贼往往数以万计。在战斗中死亡，被边境部族所俘虏，陷入罪案，饥荒疫病，种种情况相加以致出现人吃人的惨状。没等到王莽被诛灭，天下户口已经减半了。自征发猪突豨勇之后四年，汉兵诛杀了王莽。

　　昔仲尼没而微言绝①，隐微不显之言。七十子丧而大义乖②。战国从横③，真伪分争，诸子之言纷然殽乱④。至秦患之，乃焚灭文章⑤，以愚黔首⑥。汉兴，改秦之败⑦，大收篇籍，广开献书之路，建藏书之策，置写书之官⑧，书必同文，不知则阙，问诸故老⑨。至于衰世，是非亡正，人用其私⑩。古之学者，耕且养，三年而通一艺⑪，存其大体⑫，玩经文而已⑬，是故用日约少而蓄德多⑭，三十而五经立也⑮。后世经传既已乖离⑯，博学者又不思多闻阙疑之义⑰，而务碎义逃难，便辞巧说，破坏形体⑱，说五字之文，至于二三万言⑲。后进弥以驰逐⑳，故幼童而守一艺，白首而后能言，以安其所习，毁所不见，终以自蔽㉑。此学者之患也。

【注释】

①昔仲尼没而微言绝：本段节录自《艺文志》。仲尼，孔子。微言，精深微妙的言辞。

②七十子：即七十二贤人，指孔子门下才德出众的七十二个学生。举其成数，故言七十。大义：正道，大道理，旧指有关《诗》《书》《礼》《乐》诸经的要义。乖：谬误。

③从横：即纵横。扰攘，纷乱。

④诸子：指先秦至汉初的各派学者。殽乱：混乱。

⑤焚灭文章：这里指秦始皇三十四年（前213）的焚书令。丞相李斯反对儒生以古非今，以私学诽谤朝政，建议除秦记、医药、卜筮、种树书外，民间所藏《诗》《书》和诸子百家书一律焚毁。

⑥黔首：平民。

⑦败：过失，弊病。

⑧"广开献书之路"几句：汉惠帝时废除"挟书律"，大量收求散于民间的书籍，建立了专职藏书机构，汉武帝又广开献书之路，于是书简百年内堆积如山。颜师古注引如淳曰："刘歆《七略》曰：'外则有太常、太史、博士之藏，内则有延阁、广内、祕室之府。'"写书之官，专门抄写书籍的官员。

⑨故老：年高而见识多的人。

⑩人用其私：颜师古注："各任私意而为字。"

⑪艺：指经书。

⑫大体：重要的义理，有关大局的道理。

⑬玩：反复体会。

⑭蓄德：今本《汉书·艺文志》作"畜德"，修积德行。颜师古注："畜读曰蓄。蓄，聚也。《易·大畜卦》象辞曰：'君子以多识前言往行，以畜其德。'"

⑮五经：五部儒家经典，即《诗》《书》《易》《礼》《春秋》。其中，《礼》，汉时指《仪礼》，王莽时指《周礼》，后世指《礼记》；《春秋》，汉武帝时用《公羊春秋》，宣帝为《穀梁春秋》，后世并《左传》而言。立：成，成就。

⑯经传：儒家典籍经与传的统称，传是阐释经文的著作。乖离：背离。

⑰多闻阙疑：意谓虽然见闻多，有疑问之处，还应保留。闻，见闻。阙疑，有疑问的地方要保留。语出《论语·为政》："多闻阙疑，慎言其余，则寡尤。"颜师古注："言为学之道，务在多闻，疑则阙之，慎于言语，则少过也，故《志》引之。"

⑱"而务碎义逃难"几句：颜师古注："苟为僻碎之义，以避它人之攻难者，故为便辞巧说，以析破文字之形体也。"难，诘问。便（pián）辞，花言巧语。破坏形体，离析拆散字形来解说字意。

⑲说五字之文，至于二三万言：颜师古注："言其烦妄也。桓谭《新

论》云：秦近君能说《尧典》，篇目两字之说至十余万言，但说'曰若稽古'三万言。"

⑳后进：后辈，也指学识或资历较浅的人。弥：益，更加。驰逐：指追随、效法。

㉑自蔽：自我蒙蔽。谓为自己的成见所囿，无视客观实际。

【译文】

从前孔子去世后，精微高妙的言辞断绝了；隐微不显的言辞。七十二位高足去世后，经典的正道要义也都错谬了。战国时代纷乱扰攘，真真假假相互争斗，诸子的学说纷然杂乱。到了秦朝为此担忧，于是就焚烧书籍，以便蒙蔽控制百姓。汉朝兴起，改变了秦朝的弊病，大力收集文献图书，广开献书的途径，执行藏书政策，设置抄写官员，文字必须统一，不知道的就空缺，向年老多闻的人请教。到了衰乱的世道，是非得不到辨正，人人凭自己私意用字。古代学者，边耕种边修养德行，三年通晓一经，心中存留重要的义理，对经文只是玩味罢了，因此用的时间少而积蓄的德行多，三十岁五经就都已学成了。到了后代，经书与解释经书的传已经背离，博学的人又不考虑多闻阙疑的意义，却致力于探究偏僻零碎的意义躲避别人的问难，花言巧语，诡辩立说，解释文字破坏形体，解说五个字的经文，能多达二三万字。后辈更加以效仿，所以从幼童开始只抱守一部经书，头发白了才能立说，因此安心于自己熟悉的这点东西，诋毁自己从未见过的学问观点，最终自我蒙蔽。这是学者的祸患。

儒家者流①，盖出于司徒之官②，助人君，顺阴阳③，明教化者也。游文于六经之中④，留意于仁义之际⑤，祖述尧、舜，宪章文、武，宗师仲尼⑥，以重其言，于道最为高。然惑者既失精微，而辟者又随时抑扬⑦，违离道本⑧，苟以哗众取宠⑨，后进循之，是以五经乖析⑩，儒学寝衰⑪，此辟儒之患也⑫。

【注释】

①儒家者流:本段节录自《艺文志》。儒家,指崇奉孔子学说的学派,崇尚礼乐和仁义,提倡忠恕和中庸之道。主张德治、仁政,重视伦常关系。西汉以后,逐渐成为我国封建社会占统治地位的学派。流,品类,等级。

②司徒:官名,相传少昊始置,尧、舜因之。周时为六卿之一,称地官大司徒,掌管国家的土地和人民的教化,东汉时改称司徒。

③阴阳:指宇宙间贯通物质和人事的两大对立面,或者说天地间化生万物的二气。

④游文:潜心文字。六经:六部儒家经典,指《诗》《书》《礼》《乐》《易》《春秋》。

⑤留意:关心,注意。

⑥"祖述尧、舜"几句:颜师古注:"祖,始也。述,修也。宪,法也。章,明也。宗,尊也。言以尧、舜为本始而尊修之,以文王、武王为明法,又师尊仲尼之道。"祖述,效法,仿效。宪章,效法。宗师,以为宗师。

⑦辟者:指儒家学派中曲解学说,为己所用的人。辟,邪僻,偏离正道。抑扬:浮沉,进退。

⑧道本:儒家思想与主张的大道和根本。

⑨苟:贪求。哗众取宠:以浮夸的言行博取众人的好感、夸奖或拥护。颜师古注:"哗,喧也。宠,尊也。"

⑩乖析:支离破碎。

⑪寝衰:逐渐衰减。寝,通"浸",逐渐。

⑫辟儒:陋儒。

【译文】

儒家这一流派,大概是出自司徒之官,是辅助君主,理顺阴阳,阐明教化的。潜心研究六经文字,关注于仁义之间,仿效尧、舜,效法周文王、周武王，尊奉孔子为宗师，来加强言论的威力，在各学派中道义最高。但是迷惑的人已经丧失了精深微妙的道理，僻陋的人又追随潮流高下变化，背离了道义的根本，只贪图哗众取宠，后辈跟随沿袭，因此五经支离破碎，儒学逐渐衰微，这是僻陋儒者的祸患啊。

　　道家者流①，盖出于史官②，历纪成败存亡祸福古今之道③，秉要执本④，清虚以自守⑤，卑弱以自持，此君人南面者之术也⑥。合于尧之克让⑦，《易》之嗛嗛，一谦而四益⑧，此其所长也。及放者为之⑨，则欲绝去礼学⑩，兼弃仁义，曰独任清虚，可以为治。

【注释】

①道家者流：本段节录自《艺文志》。道家，我国古代以老子、庄子为代表的思想流派，该派以"道"为世界的本源，崇尚自然清静，有辩证法的因素，主张无为而治。

②史官：西周时的史官兼有智囊与监察两重职能。史官既是诏令史籍等重要作品的作者，又是全国典籍的掌管者，主管文书、典籍，并负责修撰前代史书和搜集记录当代史料。

③历纪：一一记录。历，尽，遍。纪，通"记"，记载，记录。

④秉要执本：掌握要旨和根本。秉，掌握。

⑤清虚：清静虚无。

⑥君人：为人之君，统治人民。南面：古代以坐北朝南为尊位，故帝王诸侯见群臣，或卿大夫见僚属，皆面向南而坐，因用以指居帝王或诸侯、卿大夫之位。

⑦克让：能谦让。颜师古注："《虞书·尧典》称尧之德曰'允恭克让'，言其信恭能让也，故《志》引之云。"克，能。

⑧《易》之嗛嗛(qiān),一谦而四益:意谓谦虚是君子之德,能使人得到许多益处。嗛嗛,谦逊的样子。颜师古注:"嗛字与谦同。"今本《周易·谦卦》作"谦谦"。一谦而四益,《周易·谦卦》象传曰:"天道亏盈而益谦,地道变盈而流谦,鬼神害盈而福谦,人道恶盈而好谦。"

⑨放:放纵,放荡。

⑩礼学:指儒家礼仪礼经的学问。

【译文】

道家这一流派,大概是出自史官,一一记载古往今来的成功失败、生存灭亡、灾祸福祥的道理,秉持要旨与根本,用清静虚无来自我守护,用卑微弱小来自我保持,这是君主统治人民南面执政的方法啊。符合尧的能够谦让,《周易》的谦逊,所谓"一谦而四益",这是他们的长处。等到放纵的人去做,那就会断绝除去礼学,丢弃仁义,说是只有凭借清静虚无,就能获得太平。

阴阳家者流①,盖出于羲和之官②。敬顺昊天③,历象日月星辰④,敬授民时⑤,此其所长也。及拘者为之⑥,则牵于禁忌⑦,泥于小数⑧,舍人事而任鬼神⑨。

【注释】

①阴阳家者流:本段节录自《艺文志》。阴阳家,又称阴阳五行家,战国邹衍等提倡阴阳五行说的一个学派,据说是由古代天文学家和占星家转化而来。他们认为一切事物都由阴阳两面构成,将金、木、水、火、土五种物质看作构成万物的元素。他们认为人类社会的发展也受水、火、木、金、土五行的支配,并提出五德终始说,用以论证社会历史的变革和王朝的更替,形成历史循环论。他们还主张天人和谐是人类生存的基本保证,所有政治活动都应保证天

人和谐的实现。阴阳家著作多佚失,所存者仅见于诸子著作。

②羲和:羲氏与和氏的并称。传说尧曾命羲仲、羲叔、和仲、和叔两
对兄弟分驻四方,以观天象,并制历法。

③昊天:苍天。昊,元气博大的样子。

④历象:推算观测天体的运行。

⑤敬授民时:指将历法付予百姓,使知时令变化,不误农时。

⑥拘:拘泥,固执。

⑦牵:拘泥。禁忌:忌讳,避忌的事物。

⑧泥:拘执,不变通。小术:小技艺,指方数之类。

⑨舍人事而任鬼神:舍弃了人为的努力,而听任鬼神的摆布。人事,
人之所为,人力所能及的事。任,听凭,任凭。

【译文】

阴阳家这一流派,大概是出自羲和之官。恭敬地顺承上天,推算观
测日月星辰的运行规律,严肃地授予民众四季历法,这是他们的长处。
等到拘泥的人去做,那就会被禁忌束缚,拘泥于小小的方术,舍弃人事而
迷信鬼神。

　法家者流^①,盖出于理官^②。信赏必罚^③,以辅礼制,此
其所长也。及刻者为之^④,则无教化,去仁爱,专任刑法而欲
以致治,至于残害至亲^⑤,伤恩薄厚^⑥。

【注释】

①法家者流:本段节录自《艺文志》。法家,是战国时期以法治为思
想核心的重要学派。源于春秋时的管仲、子产,发展于战国时的
李悝、商鞅、申不害、慎到等人,强调法、术、势的作用。战国末韩
非集法家学说的大成,主张以法治代替礼治,反对贵族特权,代表
了新兴阶级的利益。西汉后,法家思想被儒家吸收,并入德刑并

用的理论体系中，独立的法家学派逐渐消失。

②理官：治狱之官。

③信赏必罚：有功必赏，有罪必罚，赏罚严明。

④刻者：刻薄寡恩的人。指法家学派中不主张施仁政的人。刻，刻薄，苛刻。

⑤至亲：最亲近的亲人。

⑥薄厚：对应厚待者刻薄。颜师古注："薄厚者，变厚为薄。"

【译文】

法家这一流派，大概是出自理官。有功劳一定奖赏，有罪过一定惩罚，用来辅佐礼制，这是他们的长处。等到苛刻的人去做，那就会不讲教化，去除仁爱，只任用刑法，想用它来实现太平，甚至于残害最亲近的人，伤害恩情，薄情寡义。

名家者流①，盖出于礼官②。古者名位不同③，礼亦异数④。孔子曰："必也正名乎⑤！"此其所长也。及訐者为之⑥，则苟钩鈲析乱而已⑦。

【注释】

①名家者流：本段节录自《艺文志》。名家，名家以思维的形式、规律和名实关系为研究对象，以正名辨义为主，主要代表为邓析、尹文、惠施、公孙龙等。

②礼官：掌礼仪教化之官。

③名位：指名分地位。

④礼亦异数：礼节等级也有差别。异数，等次不同，程度不一。

⑤必也正名乎：语见《论语·子路》。颜师古注："言欲为政，必先正其名。"正名，辨正名称、名分，使名实相符。

⑥訐（jiào）：攻击别人的短处，揭发别人的阴私。颜师古注引晋灼

曰:"謷,讦也。"

⑦钩钛（pī）析乱：钩取诡怪的道理而破坏名实，分析得貌似严密而
实际上支离破碎而混淆名实。钩钛，搜索挑剔。钛，破。颜师古
注："钛，破也。音普革反，又音普狄反。"

【译文】

名家这一流派，大概是出自礼官。古代人名分地位不同，礼仪的等
级也不相同。孔子说："一定要端正名分，让名实相副。"这是他们的长
处。等到专门爱揭人短的人去做，那就只会穿凿附会、割裂原义罢了。

墨家者流①，盖出于清庙之守②。茅屋采椽，是以贵
俭③；养三老五更④，是以兼爱⑤；选士大射⑥，是以上贤⑦；宗
祀严父⑧，是以右鬼⑨；右鬼，谓信鬼神，亲鬼而右之。顺四时而
行，是以非命⑩；言无吉凶之命，但有贤不肖善恶也。以孝视天
下⑪，是以上同⑫。言皆同可以治。此其所长也。及蔽者为
之⑬，见俭之利，因以非礼乐，推兼爱之意，而不知别亲疏。

【注释】

①墨家者流：本段节录自《艺文志》。墨家，指战国初年墨翟所创立
的学派。墨家学派有前后期之分，前期思想主要涉及社会政治、
伦理及认识论问题；后期墨家在逻辑学方面有重要贡献。前期墨
家在战国初即有很大影响，与儒家并称显学。墨子本人所主张的
"兼爱""非攻""尚贤""尚同""天志""明鬼""节葬""节用"是
其主旨。后学有相里氏、相夫氏、邓陵氏等。墨家的主要思想会
集在《墨子》一书中。墨家在西汉之后基本消失。

②清庙：即太庙，古代帝王的宗庙。守：职事。

③茅屋采椽，是以贵俭：司马谈《论六家要旨》云："墨者亦尚尧舜

道,言其德行曰:堂高三尺,土阶三等,茅茨不翦,采椽不刮,食土
簋,啜土刑,粝粱之食,藜藿之羹。夏日葛衣,冬日鹿裘。其送死,
桐棺三寸。"茅屋,用茅草盖的房屋。《左传·桓公二年》:"清庙茅
屋。"杜预注:"以茅饰屋,著俭也。"采椽,栎木或柞木椽子。

④三老五更:古代设三老五更之位,天子以父兄之礼养之。三老,古
代掌教化之官,乡、县、郡均曾先后设置。五更,古代乡官名,用来
安置年老致仕的官员。《礼记·乐记》:"食三老五更于大学。"郑
玄注:"三老五更,互言之耳,皆老人更知三德五事者也。"孔颖达
疏:"三德谓正直、刚、柔。五事谓貌、言、视、听、思也。"颜师古注
引李奇曰:"王者父事三老,兄事五更。"

⑤兼爱:爱无等级差别,不分厚薄亲疏。为墨子提倡的一种伦理学
说,主要针对儒家"爱有等差"而言。《墨子》中有《兼爱》三篇,
阐述其主张。

⑥选士:周代选拔人才的一种制度,录取乡人中德业有成者。大射:
为祭祀择士而举行的射礼。

⑦上贤:推崇有德才的人。上,通"尚",崇尚,看重。《墨子》中有
《尚贤》三篇阐述其观点。

⑧宗祀:谓对祖宗的祭祀。严父:尊敬父亲。

⑨右鬼:指相信、尊尚鬼神。右,以右为尊。《淮南子·氾论训》:"兼
爱、尚贤、右鬼、非命,墨子之所立也。"高诱注:"右,犹尊也。"《墨
子·明鬼下》云:"昔者虞、夏、商、周三代之圣王,其始建国营都
日,必择国之正坛,置以为宗庙。必择木之修茂者,立以为菆位。
必择国之父兄慈孝贞良者,以为祝宗。……故古圣王治天下也,
故必先鬼神而后人者,此也。"

⑩非命:不相信命运,主张人为。《墨子》有《非命篇》,强调事在人
为,反对宿命论。

⑪视:通"示",展示,显示。

⑫上同：即尚同。墨子的政治思想，是指在尚贤的基础上，推选贤者
　　仁人，地位居下者逐层服从居上者，如家君服从国君、国君服从
　　天子，从而达到"一同天下之议"的治世。《墨子·尚同中》："（里
　　长）率其里之万民，以尚同乎乡长。曰：凡里之万民，皆尚同乎乡
　　长，而不敢下比。……（乡长）有率其乡万民，以尚同乎国君。曰：
　　凡乡之万民，皆上同乎国君，而不敢下比。"同，齐一，统一。
⑬蔽者：指狭隘地实行墨子主张的人。蔽，昏聩，不明是非。

【译文】

　　墨家这一流派，大概是出自天子宗庙的官守。他们住在简陋的茅草
房屋里，因此崇尚节俭；像供养父兄那样对待三老五更，因此兼爱众人；
选拔贤士行大射礼，因此崇尚贤能；宗庙祭祀尊重父亲，因此尊崇鬼魂。
右鬼，是指相信鬼神，亲近鬼神尊崇他们。顺应天时四季而行动，因此不信吉
凶命定；这是说没有吉凶的定命，只有贤与不贤、善良与丑恶的区别。用孝道昭
示天下，因此崇尚行为统一。这是说统一可以治理。这是他们的长处。等
到昏聩不明的人去做，看见节俭的便利，因此反对礼乐教化，推广兼爱的
意图，而不知道分别亲疏远近。

　　从横家者流①，盖出于行人之官②。孔子曰："使乎，使
乎③！"言当权事制宜④，受命而不受辞⑤，此其所长也。及邪
人为之⑥，则上诈谖而弃其信⑦。

【注释】

①从横家者流：本段节录自《艺文志》。从横家，即纵横家，战国时
　　期一批从事政治活动的谋士，以审察时势、陈明利害的方法，用合
　　纵或连横的主张，游说列国君主，对当时形势有一定影响，其代表
　　人物为苏秦、张仪。《战国策》对其活动有大量记载。
②行人：掌管朝觐聘问的官。西周始置，时有大行人、小行人之分，

据《周礼·秋官》，大行人"掌大宾之礼及大客之仪，以亲诸侯"，小行人"掌邦国宾客之礼籍，以待四方之使者"。春秋、战国时各国都有设置。汉代大鸿胪属官有行人，后改称大行令。

③使乎，使乎：语见《论语·宪问》："蘧伯玉使人于孔子。孔子与之坐而问焉，曰：'夫子何为？'对曰：'夫子欲寡其过而未能也。'使者出，子曰：'使乎！使乎！'"

④权：权衡。制宜：指区别不同的情况而制定适宜的方式方法。

⑤受命不受辞：只接受上级布置的任务，而如何完成则不受上级指令言辞的约束。

⑥邪人：邪曲不正的人。指纵横家中搞欺骗谋私利的人。

⑦上：崇尚。诈谖（xuān）：欺诈，弄虚作假。谖，欺诈。

【译文】

纵横家这一流派，大概是出自行人之官。孔子说："真是使者啊，真是使者啊！"这是说应当权衡时势，采取适宜办法，接受执行命令而不被固定言辞所约束，这是他们的长处。等到奸邪的人去做，那就会崇尚欺诈，抛弃诚信。

杂家者流①，盖出于议官②。兼儒、墨，合名、法，知国体之有此③，见王治之无不贯④，此其所长也。及荡者为之⑤，则漫羡而无所归心⑥。

【注释】

①杂家者流：本段节录自《艺文志》。杂家，战国末至汉初折衷和糅合各派学说的学派。杂家的出现是统一的封建国家建立过程中思想文化融合的结果。代表著作有《吕氏春秋》和《淮南子》。

②议官：言官，谏官。

③国体：国家的典章制度，治国之法。颜师古注："治国之体，亦当有

此杂家之说。"

④见王治之无不贯：颜师古注："王者之治，于百家之道无不贯综。"
　贯，贯穿。

⑤荡者：指杂家学派中貌似知识全面，实际上浮华不实的人。荡，放纵。

⑥漫羡：散漫。颜师古注："漫，放也。"

【译文】

杂家这一流派，大概是出自议官。兼有儒家、墨家思想，融汇名家、法家主张，懂得治理国家应兼容并蓄百家思想，国君实行大治应贯通百家学说，这是他们的长处。等到浮华不实的人去做，那就会散漫庞杂而没有一定宗旨。

　　农家者流①，盖出于农稷之官②。播百谷，劝耕桑，以足衣食。故孔子曰："所重民、食③。"此其所长也。及鄙者为之④，以为无所事圣王⑤，欲使君臣并耕，悖上下之序⑥。

【注释】

①农家者流：本段节录自《艺文志》。农家，战国时反映农业生产和农民思想的学术派别，主张劝耕桑，足衣食。农家著作《神农》《野老》等，已佚。《孟子·滕文公上》载有农家许行的言辞，说许行"为神农之言"，主张君主"与民并耕而食，饔飧而治"，表达了小农业生产者的观点。此外，《管子·地员》《吕氏春秋》中《上农》《任地》等篇，也是研究先秦农家的重要资料。

②农稷之官：古代主管农事之官。周朝的始祖弃在尧时做稷官，号曰"后稷"。农稷，农业。

③所重民、食：语见《论语·尧曰》："所重：民、食、丧、祭。"颜师古注："《论语》载孔子称殷汤伐桀告天辞也。言为君之道，所重者在人之食。"

④鄙者：鄙野的人。指农家学派中主张统治者亲自参加农业劳动，
　自耕自食的人。

⑤无所事圣王：颜师古注："言不须圣王，天下自治。"

⑥悖：违背，乖谬。颜师古注："悖，乱也。"

【译文】

　　农家这一流派，大概是出自主管农业的农稷之官。播种谷物，鼓励农耕蚕桑，用来让衣食富足。所以孔子说："所注重的是民众和吃饭问题。"这是他们的长处。等到鄙陋的人去做，认为用不着事奉圣明的君王，想要让君臣都去种地，违反上下秩序。

卷十五

汉书(三)

【题解】

　　本卷选自《汉书》第四部分——传，节录了卷三十四至卷四十二中韩信、黥布、刘向、季布、栾布、萧何、曹参、张良、陈平、周勃及周亚夫、樊哙、周昌、申屠嘉等汉初功臣将相十四人的传记。《韩信传》节录了韩信拜将、井陉之战和不听武涉、蒯通与刘、项三分天下之劝终至被杀数事。《刘向传》节录了刘向《条灾异封事》《谏营昌陵疏》《极谏用外戚封事》三封奏疏，劝谏汉成帝选用贤人、远离谗佞，移风易俗、薄葬爱民，防范外戚、重用宗室。《萧何传》节录了评定萧何功为第一以及王廷尉为萧何辩冤之事。《曹参传》节录曹参以"无为"治国，"萧规曹随"，休养生息。张良是刘邦最主要的谋臣，但本书只节录了他劝刘邦搬出秦宫，汲取秦亡教训之事。《陈平传》节录陈平自辩受贿，表现刘邦的用人不疑。《周勃传》节录周勃被诬下狱，出狱后感叹不知狱吏之贵。《周亚夫传》节录其细柳营治军，以见其将才。《樊哙传》不选樊哙在鸿门宴中勇猛有智而节录其劝刘邦出宫见群臣，表现其识大体有见识。《周昌传》节录周昌怒斥刘邦及极力反对废长立幼，是正直的社稷之臣。《申屠嘉传》节录申屠嘉惩治汉文帝宠臣邓通。这些人大都是追随刘邦建立汉朝的功臣，在汉朝出将入相。汉初君臣的经历与关系和唐初君臣有着极大的可比性，可以为唐代君臣提供借鉴。

传

韩信①,淮阴人也②。家贫无行③,不得推择为吏④,常从人寄食⑤。从项羽为郎中⑥,数以策干项羽⑦,弗用。亡楚归汉⑧,上未奇之也⑨;数与萧何语⑩,何奇之。至南郑⑪,诸将亡者十数人⑫。信度何已数言,上不我用,即亡。何闻信亡,不及以闻⑬,自追之。人有言上曰:"丞相何亡。"上怒,如失左右手。居一二日,何来谒。上且怒且喜,骂何曰:"若亡,何也?"曰:"臣非敢亡,追亡者耳。"上曰:"所追谁?"曰:"韩信。"上复骂曰:"诸将亡者以十数,公无所追,追信,诈也。"何曰:"诸将易得,至如信,国士无双⑭。王必欲长王汉中⑮,无所事信;必欲争天下,非信无可与计事者。"王曰:"吾亦欲东耳。"何曰:"王必东,能用信,信即留;不能用信,信终亡耳。"王曰:"吾以为将。"何曰:"虽为将,信不留。"王曰:"以为大将⑯。"何曰:"幸甚!必欲拜之,择日斋戒⑰,设坛场⑱,具礼⑲,乃可。"王许之。诸将皆喜,人人各以为得大将。至拜,乃韩信也,一军皆惊。

【注释】

①韩信:本段节录自《韩彭英卢吴传·韩信传》。韩信,西汉开国功臣,杰出的军事家,他被萧何誉为"国士无双"。最终被刘邦、吕后以谋反罪名杀之。

②淮阴:县名。秦始置,属泗水郡,治今江苏淮安淮阴区。

③无行:没有善行,品行不端。李奇曰:"无善行可推举选择。"

④推择:推举选拔。

⑤寄食：依附别人生活。

⑥项羽：名籍，字羽，楚国下相（今江苏宿迁）人，楚国名将项燕之孙，军事家，也是以个人武力出众而闻名的武将。秦二世元年（前209）从叔父项梁在吴中（今江苏苏州）起义，项梁战死后他杀宋义，巨鹿一战摧毁章邯的秦军主力。秦亡后称西楚霸王，成为当时实际的领导者，分封诸侯。后与刘邦展开争夺天下的楚汉战争，前202年兵败垓下（今安徽灵璧南），自杀。郎中：始于战国，秦汉沿置。是掌管门户、车骑等事的官员，内充侍卫，外从作战。

⑦干：干谒，进言。

⑧楚：此指项羽。项羽灭秦后自称西楚霸王，建都彭城（今江苏徐州）。汉：此指刘邦。项羽封刘邦到汉中为汉王。

⑨上：此指汉高祖刘邦。汉朝开国皇帝。奇之：认为他不一般。

⑩萧何：初为秦沛县县吏，秦末随刘邦起义，辅佐刘邦建立汉朝，功第一，为汉相国。

⑪南郑：汉王刘邦的国都，在今陕西汉中南郑区。

⑫亡者十数人：今本《汉书·韩信传》作"亡者数十人"。亡，逃跑。

⑬以闻：把这件事报告他。闻，使之闻。

⑭国士：一国中才能最优秀的人物。

⑮王汉中：做汉中王。王，统治，称王。汉中，原秦汉中郡，辖境相当今陕西东南角至湖北西北角地区，治南郑（今陕西汉中东）。

⑯大将：古代军队中的中军主将，亦指主帅。

⑰择日：选择吉利日子。斋戒：古人在祭祀和重大仪式前，要沐浴更衣、整洁身心，以示虔诚。

⑱坛场：设坛举行祭祀、继位、盟会、拜将等大典的场所。

⑲具礼：备礼，安排仪式。

【译文】

韩信，是淮阴人。他家中贫穷，声誉不佳，不能被推举选拔做官吏，经常到别人家蹭吃蹭喝。他跟随项羽当郎中，屡次用计策向项羽进言，项羽没有采用。韩信逃离西楚归附汉王，汉王刘邦并不觉得他有什么出众之处；他屡次跟萧何谈论，萧何认为他不一般。到了南郑，逃跑的将领有十几个人。韩信估计萧何已经多次与刘邦谈到自己，汉王不用自己，于是就逃跑了。萧何听说韩信跑了，来不及报告刘邦，自己就去追他。有人对汉王说："丞相萧何逃跑了。"汉王大怒，像是失去了左右手。过了一两天，萧何来谒见汉王。汉王又是生气又是高兴，骂萧何说："你也逃跑，这是为什么？"萧何说："臣不敢逃跑，只是去追逃跑的人。"汉王说："你追的人是谁？"萧何说："韩信。"汉王又骂道："逃跑的将领有几十人，你都没有去追，说去追韩信，你说谎！"萧何说："那些将领都容易得到，至于像韩信那样的人，是天下无双的国士。大王您要是一定想长期在汉中为王，那是用不着韩信；一定想争天下，除了韩信就没有能跟您策划大事的人了。"汉王说："我也想向东进军啊。"萧何说："大王您要是决心向东进军，能用韩信，韩信就能留下；不能用韩信，韩信最终还是会逃跑。"汉王说："我让他做将领。"萧何说："即使是做将领，韩信也不会留下。"汉王说："那就让他做大将。"萧何说："太好了！一定要任命他，就要选择好日子进行斋戒，设置好坛场，举行隆重的仪式，这才行。"汉王答应了。将领们都很高兴，人人认为自己能当大将。等到登坛拜将，才知道是韩信，全军都大为惊讶。

　　信已拜^①，上坐^②。王曰："丞相数言将军，将军何以教寡人计策？"信因问王曰："今东向争天下，岂非项王耶？"曰："然。""大王自料勇悍仁强^③，孰与项王？"汉王曰："弗如也。"信曰："唯。信亦以为大王弗如也。然臣尝事项王，请言项王为人也。项王意乌猝嗟^④，千人皆废^⑤，言羽一嗟，千人皆废不收也^⑥。然不能任属贤将^⑦，此特匹夫之勇也^⑧。项王见人恭谨^⑨，言语姁姁^⑩，人有疾病，涕泣分食饮，至使人有功当封爵，刻印刓^⑪，忍不能与，此所谓妇人之仁也。又背义帝约^⑫，而以亲爱王^⑬，诸侯不平。所过无不残灭^⑭，多怨百姓，百姓不附，特劫于威^⑮，强服耳。名虽为霸，实失天下心，故曰其强易弱。今大王诚能反其道，任天下武勇^⑯，何不诛？以天下城邑封功臣，何不服？以义兵从思东归之士^⑰，何不散？且大王之入武关^⑱，秋豪无所害，除秦苛法，秦民无不欲得大王。今失职之蜀^⑲，民无不恨者^⑳。今王举而东，三秦可传檄而定也^㉑。"于是汉王大喜，自以为得信晚。

【注释】

①信已拜：本段节录自《韩彭英卢吴传·韩信传》。

②上坐：坐在上位。

③勇：勇敢。悍：强悍。仁：仁义。强：强大。按，勇、悍、仁指性情；强乃精良强盛义，指兵力。

④意（yī）乌猝嗟（cù jiē）：《史记·淮阴侯列传》作"喑噁叱咤"。这是形容项羽凶猛的样子。意乌，怒吼声。猝嗟，等于说叱咤，发怒呼喝声。

⑤废：倒下，瘫痪。这里指吓得像瘫痪了一样。

⑥收：约束，控制。

⑦任属（zhǔ）：任用委托。

⑧匹夫之勇：指不用智谋，单凭个人血气的勇气。

⑨恭谨：恭敬谨慎。

⑩姁姁（xū）：平和安好的样子。颜师古注："姁姁，和好貌也。"

⑪刓（wán）：削去棱角，磨损，残缺。颜师古引苏林曰："刓音刓角之刓，刓与抟同。手弄角讹，不忍授也。"

⑫背义帝约：当初楚怀王与诸侯约定，"先破秦入咸阳者王之"。后来刘邦先破秦入咸阳，项羽却把关中一带分封给秦降将章邯、司马欣和董翳，而把刘邦赶到巴蜀、汉中，所以说背义帝约。义帝，项梁所立楚怀王之后裔，名心，亦称楚怀王。项羽分封天下时，先尊其为义帝。

⑬以亲爱王（wàng）：指项羽分封诸侯不公平，将自己亲近喜爱的人封王，给予重要富裕的封地。如《史记·项羽本纪》记载："长史欣者，故为栎阳狱掾，尝有德于项梁；都尉董翳者，本劝章邯降楚。故立司马欣为塞王，王咸阳以东至河，都栎阳；立董翳为翟王，王上郡，都高奴。"亲爱，指亲近喜爱的人。王，封王。

⑭残灭：残杀毁灭。

⑮劫：胁迫。

⑯武勇：威武勇猛的人。

⑰义兵：指刘邦现有的全部士卒。从：跟随。思东归之士：指最早跟从刘邦起事反秦，如今一心想回中原去的那些官兵。

⑱武关：地名。在今陕西商南东南丹江北岸。前207年刘邦由此攻入关中。

⑲失职：失去应得的职位。蜀：指项羽封刘邦为汉王，辖治荒僻的巴蜀、汉中之地。

⑳恨：遗憾。

㉑三秦：指原秦国的关中之地。秦亡以后，项羽三分关中，封章邯为雍王，司马欣为塞王，董翳为翟王，合称三秦。传檄（xí）而定：比喻不待出兵，只要用一纸文书，就可以降服敌方，安定局势。檄，古官府用以征召、晓喻、声讨的文书。

【译文】

韩信拜将后，坐在上位。汉王说："丞相多次说到将军您，您有什么计策可以指教我呢？"韩信于是问汉王："现今向东争夺天下，对手难道不是项王吗?"汉王说:"是的。""大王您自己估量一下,勇敢强悍仁厚强盛,您比项王怎么样?"汉王说:"都不如啊。"韩信说:"是的。我也认为大王您不如。但是我曾经事奉过项王,请让我说说项王的为人。项王发怒大喝一声,上千人都吓得瘫倒在地,这是说项羽一声大喝,上千人都不由自主地倒地不起。但是不能任用优秀将领,这只不过是没有智谋的匹夫之勇。项王对人恭敬谨慎,言语和悦,有人生病了,他流着眼泪把自己的饮食分给他,但到了手下有功劳应当封爵时,刻好的印信用手团弄得都磨损了,也舍不得给出去,这就是所谓的妇人之仁。他又违背了与义帝的约定,把自己亲近喜爱的人分封为王,诸侯都心中不平。项王所经过的地方,没有不被残杀毁灭的,百姓很怨恨,都不归附他,只不过被威势胁迫,勉强服从罢了。他名义上虽说是霸主,实际上已失去了天下民心,所以说他的强盛很容易衰弱。现今大王您如果真能够反其道而行之,任用天下威武勇猛的人,什么人不能诛灭? 把天下的城邑分封给功臣,什么人会不服从? 率领义兵随着想东归的战士东进,什么敌人不能打散? 况且大王您进入武关的时候,秋毫无犯,除去秦朝苛刻的法令,秦地民众没有不想要大王您入主关中的。现今大王您失去应有的职位被排挤到汉中,秦地民众没有不感到遗憾的。现今大王您举兵东向,三秦之地靠着传布檄文就可以安定下来。"于是汉王非常高兴,自己认为得到韩信太晚了。

汉王以信为左丞相^①,击魏^②。信问郦生^③:"魏得无用周叔为大将乎^④?"曰:"柏直也^⑤。"信曰:"竖子耳^⑥。"遂进击魏,虏豹,定河东^⑦,使人请汉王:"愿益兵三万人,臣请以北举燕、赵^⑧,东击齐^⑨,南绝楚之粮道,西与大王会于荥阳^⑩。"汉王与兵三万人,进破代^⑪,禽夏说^⑫;以兵数万,欲东下井陉击赵^⑬。赵王、成安君陈馀聚兵井陉口^⑭,广武君李左车说成安君曰^⑮："闻汉将韩信，涉西河^⑯，虏魏王，禽夏说，议欲以下赵，此乘胜而去国远斗，其锋不可当。臣闻千里馈粮^⑰，士有饥色；樵苏后爨^⑱，樵，取薪也。苏，取草也。师不宿饱。今井陉之道，车不得方轨^⑲，骑不得成列，行数百里，其势粮食必在后。愿足下假臣奇兵三万人^⑳，从间路绝其辎重^㉑，足下深沟高垒勿与战。彼前不得斗，退不得还，不至十日，两将之头^㉒，可致麾下^㉓。"成安君不听。信知其不用，大喜，乃引兵遂下井陉口，斩成安君泜水^㉔，禽赵王歇。

【注释】

①汉王以信为左丞相：本段节录自《韩彭英卢吴传·韩信传》。左丞相，丞相为我国古代官僚机构中的最高长官。秦及西汉前期，均置左、右两丞相。秦以左为上，汉以右为尊。此为虚衔。

②魏：指魏豹的西魏国，都平阳（今山西临汾西南），辖境相当今山西中部、南部地区。魏豹本为战国魏之诸公子，其兄魏咎在陈胜起义后被封为魏王，秦将章邯攻魏，魏咎被迫自杀。他逃亡至楚，向楚怀王借兵数千人，攻下魏地二十余城，自立为魏王。项羽分封诸侯，想自己占有魏地，于是徙魏豹于河东，为西魏王。魏豹先投刘邦，又叛归项羽。后韩信破魏，被虏至荥阳，为汉将周苛所杀。

③郦生：即郦食其（yì jī）。刘邦兵临陈留，郦食其乃跟随刘邦，后被封为广野君，为刘邦游说列国。后游说齐王田广归汉已成，韩信攻齐，田广以为其故意欺诈，将其烹杀。

④周叔：魏王豹手下将领。

⑤柏直：魏王豹手下将领。

⑥竖子：对人的鄙称，就像今天说"小子"一样。

⑦河东：黄河流经今山西境，自北而南，故称山西境内黄河以东的地

区为河东。

⑧燕：秦末楚汉之际王国名。其王本为韩广，前206年项羽改封臧荼，徙燕王韩广为辽东王。都蓟（今北京城区西南部）。臧荼后又击杀韩广，并吞其地。相当今北京、河北北部和辽宁等地。赵：秦末楚汉之际王国名。赵歇的封国，都信都（今河北邢台），辖境相当今山东武城、高唐、夏津、临清，河南浚县、内黄以及河北南部一带。赵歇，战国时赵王后裔。秦末被张耳、陈馀拥立为赵王。张耳从项羽入关，封常山王，他被徙为代王。后陈馀击走张耳，他复为赵王。汉楚战争中，为韩信所败，被杀。

⑨齐：秦末楚汉之际王国名。前208年田儋自立为齐王建立齐国。田儋被章邯击杀，其弟田荣立田市为齐王，自任相，与楚结怨。前206年项羽分齐国为齐、济北、胶东三国，封田都为齐王，都临淄（今山东淄博临淄区北）。田荣不得封，遂怒而自立为齐王，并王三齐。其地相当今山东泰山以北黄河流域及胶东半岛地区。项羽杀田荣，齐人立田广为齐王。前203年韩信杀齐王田广，地属汉。

⑩荥阳：在荥水之北，今河南郑州邙山区古荥镇。

⑪代：秦末楚汉之际诸侯王国名。前206年项羽徙赵王歇为代王，都代（今河北蔚县东北代王城）。辖境相当今河北西北部、山西中部和北部、内蒙古托克托和土默特左旗以东、阴山以南地区。后陈馀佐赵歇从张耳手中夺回赵国，陈馀为代王。未久，为刘邦所灭。

⑫夏说（yuè）：陈馀谋士，被陈馀派去游说齐王，借齐兵驱逐项羽所立之常山王张耳，迎立赵歇为王。陈馀留赵辅佐赵王，派遣他以相国守代，与齐互为声援以拒楚。韩信破代，遂被擒杀。

⑬井陉：即今河北井陉东北之井陉口。又称土门关，秦汉时为军事要地。

⑭陈馀：魏国大梁（今河南开封）人，与张耳为刎颈之交。大泽乡起

义之后，二人一同投奔陈胜，后跟随武臣占据赵地，武臣自立为赵
王后，出任大将军，武臣被部将杀死，他与张耳立赵歇为赵王。巨
鹿之战，张、陈二人绝交。项羽分封诸侯王时，陈馀仅食南皮三
县，大为愤恨，于是联合齐王田荣，击走张耳，复立赵歇，被封为代
王，号成安君。由于赵王势力薄弱，加上赵国形势刚刚稳定，便不
去代国，留下来辅佐赵王。

⑮李左车：秦汉之际谋士。秦末，六国并起，李左车辅佐赵王歇，封
　广武君。

⑯西河：古称黄河南北流向的部分为西河。此指今内蒙古河套以下
　至山西风陵渡一段。

⑰馈（kuì）粮：输送粮食等。

⑱樵：打柴。苏：打草。爨（cuàn）：烧饭。

⑲方轨：两车并行。方，并。轨，两轮间的距离。

⑳奇兵：出乎敌人意料而突然袭击的军队。

㉑间（jiàn）路：偏僻抄近的小道。颜师古注："间路，微路也。"

㉒两将：指韩信与张耳。时张耳与韩信一同攻赵。

㉓麾下：谓将旗之下。

㉔泜（chí）水：古水名，即今槐河，源出今河北赞皇西南，东流入滏
　阳河，在井陉东南近二百里。

【译文】

汉王任命韩信为左丞相，攻击魏王豹。韩信问郦食其："魏王该不会
用周叔为大将吧？"郦食其说："是柏直。"韩信说："一个臭小子罢了。"
于是进攻魏国，俘虏了魏豹，平定了河东，让人向汉王请示说："希望能
增兵三万人，我请求向北攻打燕国、赵国，向东攻击齐国，向南断绝楚国
的粮道，再向西与大王在荥阳相会。"汉王给了韩信三万士兵，韩信进攻
击破代国，活捉了代相夏说；然后率领几万军队，想要向东下井陉攻击赵
王。赵王赵歇和成安君陈馀聚集兵力在井陉口驻扎，广武君李左车向成

安君陈馀献计说："我听说汉将韩信渡过西河,俘虏魏王,活捉夏说,计议想要攻下赵国,这是乘胜离开自己国土远征,他的军队锋芒不可抵挡。我听说,千里运军粮,战士肚腹空;现打柴草现做饭,樵,是打柴的意思。苏,是打草的意思。军队经常吃不饱。现今井陉的道路,战车不能并排行进,骑兵不能列成队形,行军几百里,形势决定他们的粮草必然落在后面。希望您能临时给我一只三万人的奇兵,从小道断绝他的粮草辎重,您挖深壕沟、垒高营寨不和他交战。他向前不能战斗,后退不能回还,用不了十天,两员将领的头颅,就可以交到您的帐下。"成安君不采纳他的计策。韩信知道李左车的计策不被采用,大为高兴,就领兵一举攻下井陉口,在泜水边斩杀了陈馀,活捉了赵王赵歇。

乃令军毋斩广武君①。顷之,有缚而至麾下者。于是问广武君:"仆欲北攻燕,东伐齐,何若有功?"广武君辞曰:"臣闻之:'亡国之大夫不可以图存,败军之将不可以语勇。'若臣者,何足以权大事乎②!"信曰:"仆闻之,百里奚居虞而虞亡,之秦而秦伯③,非愚于虞而智于秦也,用与不用、听与不听耳。使成安君听子计,仆亦禽矣! 仆委心归计④,愿子勿辞。"广武君曰:"臣闻:'智者千虑,必有一失;愚者千虑,亦有一得。'故曰'狂夫之言⑤,圣人择焉'。顾恐臣计未足用,愿效愚忠。故成安君有百战百胜之计,一日而失之,军败鄗下⑥,今高邑是也。身死泜水上。今足下虏魏王,禽夏说,不旬朝破赵二十万众⑦,诛成安君,名闻海内,威震诸侯,众庶莫不倾耳以待命者⑧。然而众劳卒疲,其实难用也。今足下举倦敝之兵⑨,顿之燕坚城之下⑩,情见力屈⑪,欲战不拔,旷日持久,粮食单竭⑫。若燕不破,齐必拒境而自强。二国相持,则刘、项之权未有所分也^⑬。当今之计,不如按甲休兵^⑭,飨士大夫^⑮,北首燕路,然后发一乘之使,奉咫尺之书以使燕^⑯,燕必不敢不听。从燕而东临齐,虽有智者,亦不知为齐计矣。如是,则天下事可图也。兵固有先声后实者^⑰,此之谓也。"信曰:"善。"于是发使燕,燕从风而靡^⑱。遂度河,袭历下军^⑲,破龙且^⑳。

【注释】

①乃令军毋斩广武君:本段节录自《韩彭英卢吴传·韩信传》。

②权:设谋,谋略。

③百里奚居虞而虞亡,之秦而秦伯:百里奚,百里氏,名奚,虞之公族,任虞国大夫。晋献公灭虞,俘虏了虞国君及百里奚。晋献公嫁女于秦穆公,以百里奚为陪嫁奴隶押送于秦,中途逃亡,又为楚人抓住为奴。秦穆公闻其贤,以五张黑公羊皮将他赎回,用为大夫,故号"五羖大夫"。百里奚时年七十余,又推荐老友蹇叔共襄国政。在百里奚的辅佐下,秦国大治,秦穆公也成为春秋五霸之一。

④委心:等于说倾心。归计:听从计策。颜师古注:"归计,谓归附而受计策也。"

⑤狂夫:无知妄为的人。

⑥鄗(hào):城邑名。故城在今河北柏乡北,地处当时泜水的北岸。

⑦不旬朝:不到一早上。旬,满。

⑧众庶莫不倾耳以待命:今本《汉书·韩信传》作:"众庶莫不辍作怠惰,靡衣偷食,倾耳以待命者。"颜师古注:"言为靡丽之衣,苟且而食,恐惧之甚,不为久计也。"众庶,众人。倾耳,指侧着耳朵静听。待命,等待机缘命运。

⑨倦敝:疲惫。敝,疲惫,困乏。

⑩顿：停顿，困顿。

⑪情见力屈（jué）：同"情见势屈"，指军情暴露而又屈居劣势地位。颜师古注："见，显露也。屈，尽也。"屈，竭尽，穷尽。

⑫单竭：罄尽。单，通"殚"，尽，竭尽。颜师古注："单亦尽。"

⑬刘、项之权：刘、项之间谁胜谁负的局势。权，势，形势。

⑭按甲休兵：屯兵休整。按甲，按兵，屯兵。

⑮飨：慰劳犒赏。士大夫：指将士。

⑯咫尺之书：指书信，因古代书写用木简，信札之简长盈尺。此指劝降燕国的书信。咫尺，周制八寸为咫，十寸为尺。

⑰先声后实：指声威在前，武力在后。

⑱从风而靡：谓如风之吹草，草随风倾倒。比喻强弱悬殊，弱者不堪一击，即告瓦解。

⑲历下：城邑名。在今山东济南历城。

⑳破龙且：韩信渡过黄河袭击历下齐军，又乘胜攻破齐都临淄，齐王田广逃至高密，向楚求救。项羽派龙且率军前往救援，与齐军联合号称二十万。两军对峙于潍水两岸。韩信令所部乘夜在潍水上游以沙袋垒坝塞流。拂晓，亲率一部兵力渡河进攻，随又伪败退回西岸。龙且以为汉军怯弱，率军渡河追击。汉军乘其渡河决坝，河水直下，将楚军分割在潍水两岸。汉军乘势迎击西岸楚军，杀龙且。东岸联军见势溃散。汉军乘胜追击，在城阳俘获田广，齐地平定。龙且，楚军将领，是项羽手下第一猛将，时为西楚大司马。

【译文】

韩信下令让军中不要斩杀广武君李左车。不久，有人绑了广武君送到韩信帐下。韩信于是问他说："我想向北进攻燕国，向东征伐齐国，怎样做才能成功？"广武君辞谢说："我听说：'亡国之臣没资格谋划存亡大计，败军之将没资格再说勇武。'像我这样的人，怎么能谋划大事呢！"韩信说："我听说，百里奚在虞国而虞国灭亡，到秦国而秦国则称霸，不是他在虞国愚蠢在秦国聪明,是用不用他、听不听他的计策罢了。假使成安君陈馀听了您的计策,我也要被您擒获了!我真心诚意地听从您的计策,希望您不要推辞。"广武君说:"我听说:'聪明人上千次思虑,也会有一次失误;蠢笨人上千次思虑,也会有一次可取。'所以说'无知狂人的言辞,圣人可以从中选择'。只不过担心我的计策未必有用,希望能奉献我的忠诚。成安君本来有百战百胜的计策,只因一次失误,军队败逃到部下,就是今天的高邑。自己死在泜水之上。现今您俘虏魏王,活捉夏说,不到一个早晨就击破赵军二十万人,诛杀成安君,名扬海内,威震诸侯,人们没有不竖起耳朵听动静来等待命运的。但是军中士卒疲惫,实际上难以用来继续作战。现今您如果想率领疲惫不堪的士兵,停留在燕国坚固的防线外面,军情暴露,力量用尽,想打打不下来,旷日持久,粮食用光。倘若燕国攻不下来,齐国必定据守边境而寻求自强。两国相持,那么刘邦、项羽的胜负也就难见分晓了。现今的计策,不如驻屯休整,犒劳将士,摆出向北进军燕国的姿态,然后派遣使者坐着一辆车,捧着一封书信出使燕国,燕国必定不敢不听。从燕国向东兵临齐国,即使有聪明人也不知道怎么样给齐国出主意了。像这样,那天下大事就是可以图谋的了。打仗本来就有先造声势后用兵威的,说的就是这个呀。"韩信说:"好。"于是派遣使者出使燕国,燕国望风归服。于是韩信率军渡过黄河,袭击历下的齐军,击破龙且率领的齐楚联军。

　　楚已亡龙且①,项王恐,使武涉往信②,信谢曰:"臣得事项王数年,官不过郎中,位不过执戟③,言不听,画策不用,故背楚归汉。汉王授我上将军印④,数万之众,解衣衣我⑤,推食食我⑥,言听计用,吾得至于此。人深亲信我,背之不祥。"武涉已去,蒯通知天下权在于信⑦,深说以三分天下之计。信不忍背汉,又自以功大,汉不夺我齐⑧,遂不听。项羽死,徙信为楚王⑨。信初之国,陈兵出入。有变告信欲反⑩,上伪游于云梦⑪,信谒于陈⑫。高祖令武士缚信,载后车。信曰:"果若人言,'狡兔死,良狗烹'⑬。"上曰:"人告公反。"遂械信⑭。至雒阳⑮,赦以为淮阴侯。信知汉王畏恶其能,称疾不朝⑯。

【注释】

①楚已亡龙且:本段节录自《韩彭英卢吴传·韩信传》。

②使武涉往信:今本《汉书·韩信传》作"使盱台人武涉往说信"。武涉,秦汉之际策士。盱眙(今江苏盱眙北)人。楚汉战争中,为项羽部下。项羽败亡,他亡匿民间。

③执戟:秦汉时的宫廷侍卫官,命名是因值勤时手持戟。

④上将军:行军作战时军中的主帅。

⑤解衣衣(yì)我:脱下自己的衣服给我穿。

⑥推食食(sì)我:把自己的食物给我吃。

⑦蒯(kuǎi)通:本名蒯彻,因为避汉武帝之讳而改为通,秦汉之际著名策士。曾建议韩信与刘邦、项羽三分天下。权:本指秤锤,此喻决定胜负的关键。

⑧齐:汉王四年(前203)韩信攻下齐国,刘邦封他为齐王。

⑨项羽死,徙信为楚王:汉王五年(前202)正月,项羽死后,刘邦夺了韩信的兵权,把齐王韩信改封为楚王,都下邳(今江苏睢宁西北古邳镇东)。

⑩变告:指向朝廷告人谋反等非常事件。颜师古注:"凡言变告者,谓告非常之事。"

⑪云梦:古薮泽名,约在今湖北江汉平原一带,时属楚国。

⑫陈:古县名,治今河南淮阳。

⑬狡兔死,良狗烹:狡猾的兔子死了,好的猎狗就被人烹食。比喻国
　君得了天下,就杀害谋士功臣。狡,狡猾。颜师古引张晏曰:"狡
　犹猾。"

⑭械:指用枷杻、镣铐之类的刑具束缚。亦有拘禁之意。

⑮雒阳:即洛阳(今河南洛阳),位于河南西部、黄河中游,因地处洛
　河之阳而得名。

⑯朝:指臣下上朝参见君王。

【译文】

　　楚国龙且阵亡后,项王恐惧,让武涉前往游说韩信,韩信谢绝说:"我
曾事奉项王好几年,官职不过是郎中,地位不过是持戟的侍卫,说话不
听,献策不用,所以背离了西楚投奔了汉王。汉王授予我上将军的印信,
给我几万士兵,解下自己的衣服给我穿,分推自己的食物给我吃,听从我
的话语,采用我的计策,我才能走到这一步。人家深深地亲近相信我,背
叛他是不吉利的。"武涉离去后,蒯通知道天下大势取决于韩信,用三分
天下的计策深入地劝说韩信。韩信不忍心背叛汉王,又自以为功劳大,
汉王不会夺去自己的齐王,于是就没听从。项羽死后,刘邦把韩信改封
为楚王。韩信刚到封国,出入都要带着军卒警卫。有人向朝廷告发说韩
信想要谋反。刘邦假装巡游楚地的云梦,韩信到陈县谒见。刘邦命令武
士绑了韩信,装在后车。韩信说:"果真像人家说的那样,'狡猾的兔子死
了,好猎狗就给煮了'。"刘邦说:"有人密告说你谋反。"于是给韩信戴上
了镣铐等刑具。到了洛阳,赦免韩信为淮阴侯。韩信知道刘邦畏惧厌恶
自己的能力,称病不去朝见。

　　黥布①,六人也。汉封为淮南王。十一年②,高后诛韩
信③,布心恐忧。复诛彭越④,盛其醢⑤,以遍赐诸侯王。布
见醢大恐,遂聚兵反。书闻,上召诸将问:"布反,为之奈
何?"皆曰:"发兵坑竖子耳⑥,何能为!"汝阴侯滕公以问其

客薛公⑦，薛公曰："是固当反。"滕公曰："上裂地而封之⑧，疏爵而贵之⑨，疏，分也。南面而立万乘之主，其反何也？"薛公曰："前年杀彭越，往年杀韩信⑩，三人皆同功一体之人也⑪。自疑祸及身，故反耳。"

【注释】

①黥布：本段节录自《韩彭英卢吴传·黥布传》。黥布，姓英名布，秦末汉初名将。因受秦律被黥，又称黥布。初为项羽部将，封九江王，后叛楚归汉，汉四年（前203），被刘邦封为淮南王，都六（今安徽六安），治下的地区包括九江、庐江、衡山、豫章等郡。与韩信、彭越并称汉初三大名将。汉十一年（前196），见韩信、彭越先后被灭，惧而起兵反汉。刘邦率军亲征，英布兵败逃亡，后被吴臣诱捕杀死。

②十一年：汉高祖十一年，前196年。

③高后诛韩信：陈豨反叛后，韩信被控谋反关中，吕后通过萧何将其诱骗入宫，杀害于长乐宫钟室，夷三族。

④复诛彭越：韩信被杀在正月，彭越被杀在三月。彭越，字仲。西汉开国功臣。楚汉战争期间为刘邦在梁地袭击楚军，断绝其粮道，拜魏相国、建成侯。楚汉战争结束后，被封为梁王。都定陶（今山东定陶西南）。汉高祖十年（前197），陈豨反，刘邦亲征，至邯郸，向彭越征兵。彭越称病不往。十一年（前196），以阴谋叛乱罪名被捕，囚于洛阳。刘邦将其废为庶人，徙居蜀地。吕后认为不可遗患，又将其骗回洛阳，指使人诬告彭越谋反，夷灭其宗族。

⑤醢（hǎi）：肉酱。彭越死后被施以醢刑，剁成肉酱。

⑥坑：指活埋。

⑦汝阴侯滕公：夏侯婴，刘邦同乡好友，西汉开国功臣之一。曾为滕

令,遂号为滕公,后被封为汝阴侯,任太仆。薛公:曾在楚国任令尹。他为刘邦分析了英布叛变可能采用的三种策略,并认定了英布必选下策而以失败告终。以功封关内侯。

⑧裂地:划分土地。

⑨疏爵:分封爵位。

⑩前年杀彭越,往年杀韩信:颜师古引张晏曰:"往年与前年同耳,文相避也。"前年,往时。按,韩信、彭越均在汉十一年被杀,黥布同年七月反叛。此不当言"前年""往年"。

⑪同功一体:指功绩和地位相同。

【译文】

　　黥布,是六县人。汉朝封他为淮南王。汉十一年,吕后诛杀韩信,黥布心中恐惧忧虑。又诛杀了彭越,把他剁成肉酱,盛了他的肉酱赐给所有的诸侯。黥布见到肉酱大为恐惧,于是就聚集军队造反了。反书传到朝廷,高祖刘邦召见各位将领问:"黥布造反,要怎么对付他?"众将都说:"发兵把这小子活埋了,他能成什么事!"汝阴侯滕公拿这事问他的宾客薛公,薛公说:"他本来就应当造反。"滕公说:"皇上分出土地封给他,给他爵位让他显贵,疏,是分的意思。立他为南向而坐的诸侯王,他为什么要造反?"薛公说:"前年杀了彭越,又杀了韩信,他们三人的功绩、地位相同。他自己怀疑即将大祸临头,所以就造反了。"

　　楚元王交^①,高祖少弟也。玄孙向^②,字子政,本名更生,为谏大夫^③。向见光禄勋周堪、光禄大夫张猛二人给事中^④,大见信,弘恭、石显惮之^⑤,数谮毁焉^⑥。向上封事曰^⑦:"臣前幸得以骨肉备九卿^⑧,奉法不谨,乃复蒙恩。窃见灾异并起^⑨,天地失常,征表为国^⑩。欲终不言,念忠臣虽在甽亩^⑪,犹不忘君,况重以骨肉之亲,又加以旧恩乎!

【注释】

① 楚元王交：本段节录自《楚元王传附刘向传》。楚元王交，刘交，字游，汉高祖刘邦异母弟。好读书，多才艺。汉高祖六年（201），被封为楚王，都彭城（今江苏徐州）。谥号"元王"。

② 玄孙向：刘向，字子政，原名更生。西汉经学家、目录学家、文学家。宣帝时，为谏大夫；元帝时，任宗正。以反对宦官弘恭、石显下狱，旋得释。后又以反对弘恭、石显下狱，免为庶人。成帝即位后，得进用，任光禄大夫，改名为"向"。曾奉命领校秘书，所撰《别录》，为我国目录学之祖。官至中垒校尉，故世称刘中垒。玄孙，自身以下的第五代。

③ 谏大夫：官名。为九卿之一光禄勋属官，掌论议。秩比八百石。东汉改称谏议大夫。

④ 光禄勋：九卿之一，秦汉负责守卫官殿门户的宿卫之臣，后逐渐演变为总领官内事物。因居禁中，地位极重要。周堪：字少卿，曾任大鸿胪译官令、太子少傅，后任诸吏光禄大夫，与萧望之等受遗诏辅佐汉元帝。光禄大夫：秩比二千石，掌议论，实为皇帝高级参谋。在诸大夫中地位最尊。此职每每加官"给事中"或"侍中"头衔，成为皇帝近臣。不仅荣显，而且权力更大。张猛：字子游，张骞之孙。有俊才，为周堪弟子。汉元帝时任光禄大夫给事中，疾恶如仇，刚直不阿，引起宦官石显及外戚许氏、史氏不满，屡用屡贬。给事中：即给事禁中之意。凡加此官者，即可侍从皇帝左右，掌顾问应对，位次中常侍。

⑤ 弘恭：西汉宦官。宣帝时任中书官，明习法令故事，善为请奏，能称其职，为宣帝所信任，任为中书令。元帝即位，他与中书仆射石显、外戚史高互相勾结，操纵朝事。凡不依附者，即加以排挤打击。萧望之上书请中书勿用宦官，他与石显诬害萧望之，终迫其自杀。不久病卒。石显：字君房，西汉宦官。宣帝时，以中书官为

仆射。元帝时继弘恭之后为中书令。元帝病,政事无大小,都由他决定,贵幸倾朝。为人外巧慧而内阴险,常持诡辩以中伤人,先后谮杀萧望之、京房、贾捐之,斥罢周堪、刘向等。成帝即位,迁为长信中太仆,失权。丞相御史条奏其旧恶,遂被免官徙归故郡,病死于道。

⑥谮(zèn)毁:谗间毁谤。

⑦封事:密封的奏章。古时臣下上书奏事,防有泄漏,用皂囊封缄,故称。按,此即刘向《条灾异封事》,以下几段亦出自此文。

⑧备九卿:指刘向担任宗正。备,充任,常用作谦词。

⑨灾异:指自然灾害或某些异常的自然现象。古人认为这是不祥之兆,是上天的警示。

⑩征表:体现,表象。征,颜师古注:"征,证也。"

⑪畎(quǎn)亩:田野,引申指民间。畎,同"甽"。颜师古注:"畎者,田中之沟也。田沟之法,耕广五寸,二耜为耦,一耦之伐,广尺深尺,谓之畎,六畎而为一亩。"

【译文】

楚元王刘交,是汉高祖刘邦最小的弟弟。他的玄孙刘向,字子政,本来的名字是更生,官拜谏大夫。刘向看到光禄勋周堪、光禄大夫张猛二人做了给事中,大受元帝信任,而弘恭、石显惧怕他们,屡次进谗言诋毁他们。刘向上密奏说:"我以前有幸凭骨肉之亲的身份充数九卿,奉行法令不够严谨,仍然蒙受恩宠。我私下看到灾祸异象一起出现,天地失去固有秩序,这是给国家的警示。我想要始终不说,想到忠臣即使在草野,尚且不忘国君,何况又有骨肉宗族亲情,再加上以往的旧恩呢!

"臣闻舜命九官①,禹作司空②,弃后稷③,契司徒④,咎繇作士⑤,垂共工⑥,益朕虞⑦,伯夷秩宗⑧,夔典乐⑨,龙纳言⑩,凡九官也。济济相让⑪,和之至也。众贤和于朝,则万物和于野⑫。故四海之内,靡不和宁。及至周文,开基西郊⑬,杂遝众贤⑭,罔不肃和⑮,崇推让之风,以销分争之讼。武王、周公继政,朝臣和于内,万国欢于外,故尽得其欢心,以事其先祖。下至幽、厉之际⑯,朝廷不和,转相非怨。君子独守正,勉强以从王事⑰,则反见憎毒谗诉⑱,故其《诗》曰:'密勿从事,不敢告劳。无罪无辜,谗口嚣嚣⑲。'当是之时,天变见于上⑳,地变动于下㉑,水泉沸腾,山谷易处。

【注释】

① 舜命九官:据《尚书·尧典》,舜命禹作司空,弃作后稷,契作司徒,皋陶作士,垂作共工,益作朕虞,伯夷作秩宗,夔典乐,龙作纳言,一共九官。

② 司空:官名,周为六卿之一,掌管工程。

③ 弃:周人始祖。后稷:农官。

④ 契(xiè):商人始祖。司徒:官名,周为六卿之一,掌管国家的土地和人民的教化。

⑤ 咎繇:即皋陶。士:司法狱讼之官。

⑥ 垂:人名。共工:主管百工的官员。

⑦ 益:伯益,为嬴姓各族的祖先。相传伯益助禹治水有功,禹欲让位于益,益避居箕山之北。朕虞:掌管山泽的官员。一说"虞"为官名,"朕"为舜自称。

⑧ 伯夷:姜姓,相传为齐太公之先祖。秩宗:古代掌宗庙祭祀的官。

⑨ 夔:相传是舜时乐官。典乐:乐官。

⑩ 龙:人名。纳言:主管出纳君王命令。

⑪ 济济(qí):庄重严肃的样子。济,通"齐"。

⑫ 万物:众人。野:指民间,不当政的地位。与朝相对。

⑬开基：犹开国，谓开创基业。西郊：指西岐，在今陕西岐山县东北。

⑭杂遝：纷杂繁多的样子。颜师古注："杂遝，聚积之貌。"

⑮肃和：庄敬和睦。

⑯幽、厉：周代昏乱之君幽王与厉王的并称。

⑰勉强：尽力而为。王事：王命差遣的公事。

⑱憎毒：憎恶痛恨。谗诉：谗毁，诽谤。

⑲"密勿从事"几句：诗见《诗经·小雅·十月之交》。颜师古注："刺幽王之诗也。……言己黾勉行事，不敢自陈劳苦，实无罪辜，而被谗谮嗸嗸然也。"密勿，勤勉努力。告劳，向别人诉说自己的劳苦。谗口，说坏话的嘴，谗人。嗸嗸，亦作"嗷嗷"，形容众声喧杂。

⑳天变：指天象的变异，如日食、星陨等。

㉑地变：大地变动，多指地震、山崩。古人以之为天示凶兆。

【译文】

"我听说舜任命九位贤士担任九种官职，禹当司空，弃当后稷，契当司徒，咎繇当士，垂当共工，益当朕虞，伯夷当秩宗，夔当典乐，龙当纳言，一共九个官职。庄重严肃互相谦让，这是和谐的极致。众多贤良在朝廷和谐共事，那么民众在民间也会和谐相处。所以四海之内，没有不和谐安宁的。等到周文王时代，在西岐开创了基业，众多贤才能人汇聚一堂，没有不是庄重严肃和谐的，推崇谦让的风气，来消除纷争的诉讼。周武王、周公相继执政，朝廷内部臣子和谐，万国在外欢乐幸福，所以完全获得诸邦的拥戴之心，用以奉祀先祖神灵。往后到周幽王、周厉王的时候，朝廷不和谐，转而互相非议怨恨。君子独自恪守正道，努力从事天子政事，反而被憎恶痛恨、谗言诽谤，所以《诗经》言道：'勤勉努力干工作，不敢诉说苦和累。没有罪过没有错，谗言坏话气焰高。'正当这个时候，上面有天变，下面有地变，泉水沸腾，高山变成低谷，低谷变成高山。

"由此观之，和气致祥①，乖气致异②。祥多者其国安，异众者其国危，天地之常经③，古今之通义也④。今陛下开三代之业⑤，招文学之士⑥，优游宽容⑦，使得并进。今贤不肖浑淆⑧，白黑不分，邪正杂糅⑨，忠谗并进⑩；朝臣更相谗诉，转相是非⑪。文书纷纠⑫，毁誉浑乱⑬。所以荧惑耳目、感移心意者⑭，不可胜载。分曹为党⑮，将同心以陷；正臣进者，治之表也；正臣陷者，乱之机也⑯。乘治乱之机，未知孰任，而灾异数见，此臣所以寒心者也⑰。

【注释】

①和气：指能导致吉利的祥瑞之气。

②乖气：邪恶之气，不祥之气。异：怪异不祥之事，灾异。

③常经：永恒的规律。

④通义：普遍适用的道理与法则。

⑤三代：指夏、商、周三个朝代。

⑥文学：指儒家学说。

⑦优游：从容，不急迫。宽容：宽厚能容忍。

⑧不肖：不成材，不正派。浑淆：混淆，混杂。颜师古注："言杂乱也。"

⑨杂糅：混杂糅合。颜师古注："糅，和也。"

⑩忠谗：指忠直的人与奸邪的人。

⑪是非：褒贬，评论。

⑫纷纠：交错杂乱的样子。

⑬毁誉：诋毁和赞誉。

⑭荧惑：令人迷惑。感移：谓动摇之使其改变。感，通"撼"，摇动。

⑮分曹：分班，分帮派。

⑯机：征兆，先兆。

⑰寒心：担心，恐惧。

【译文】

"由此看来，和谐瑞气能导致吉祥，乖戾邪气能导致灾异。吉祥多的国家平安，灾异多的国家危险，这是天地恒常的规律，古今相通的道理。现今陛下开辟如同夏、商、周三代一般的伟业，招徕儒家士人，让他们悠闲宽裕，能够一起得到任用。今天贤与不贤混淆，黑白不分，邪恶与正直羼杂在一起，忠直跟奸邪一并进用；朝廷臣子彼此谗言相害，纷纷相互褒贬。朝廷公文杂乱无章，诋毁赞誉混乱难辨。让人耳目迷惑、心志迷乱的手段，多得难以记载。而成群结伙的朋党之徒，拉帮结派，一意陷害正直大臣；正直臣子得到进用，这是治世的表征；正直的臣子遭到陷害，这是乱世的征兆。在这个治乱的关键时刻，不知道谁能被任用，而灾异屡次出现，这就是我担心恐惧的原因啊。

"夫乘权席势之人^①，子弟鳞集于朝^②，羽翼阴附者众，毁誉将必用，以终乖离之咎^③。是以日月无光，雪霜夏陨^④，陵谷易处，列星失行，皆怨气之所致也。夫遵衰周之轨迹，循诗人之所刺，而欲以成太平，致雅颂^⑤，犹却行而求及前人也^⑥。初元以来六年矣^⑦，按《春秋》六年之中^⑧，灾异未有稠如今。用贤人而行善政，如或潛之^⑨，则贤人退而善政还。夫执狐疑之心者^⑩，来谗贼之口^⑪；持不断之意者^⑫，开群枉之门^⑬。谗邪进者，众贤退；群枉盛者，正士销^⑭。故《易》有《否》《泰》^⑮。小人道长，则君子道销。君子道销，则政日乱，故为'否'。否者，闭而乱也。君子道长，则小人道销。小人道销，则政日治，故为'泰'。泰者，通而治也。

【注释】

①乘权：利用权势。席势：倚仗势力。

②鳞集：群集。

③毁誉将必用，以终乖离之咎：颜师古注："言谗佞之人毁誉得进，则忠贤被斥，日以乖离也。"乖离，背离。咎，灾祸，不幸之事。

④陨：落下。

⑤雅颂：指盛世雅乐。这里借指盛世。雅，为朝廷的乐曲。颂，为宗庙祭祀的乐曲。

⑥却行：倒退而行。

⑦初元：汉元帝刘奭年号（前48—前44）。

⑧按：查验，考核。

⑨谮：谗毁，诬陷。

⑩狐疑：猜疑，怀疑。颜师古注："狐之为兽，其性多疑，每渡冰河，且听且渡。故言疑者，而称狐疑。"

⑪谗贼：指好诽谤中伤残害良善的人。

⑫断：决断。

⑬群枉：众多奸邪。枉，指邪曲之人。颜师古注："枉，曲也。"

⑭正士：正直之士。销：衰敝，衰残。

⑮《否（pǐ）》《泰》：《周易》的两个卦名。《否》，坤下乾上，表示天地不交，上下隔阂，闭塞不通之象。《泰》，乾下坤上，为上下交通之象。后常以指世事的盛衰，命运的顺逆。

【译文】

"那些凭借大权依仗势力的人，他们的子弟在朝廷成群聚集，暗中依附为其羽翼的党徒很多，他们的毁誉就一定会被采纳，最终会导致背离正道产生灾祸。因此太阳月亮都失去光辉，寒霜大雪在夏季落下，山陵峡谷交换位置，群星排列失去顺序，这都是怨气导致的。沿着周室衰亡的道路，顺着诗人所讥刺的行径，却想要成就太平之世，达到盛世雅乐所赞叹的那样,就像倒退着走却要追上前面的人,根本没有可能。初元以来到现在已经六年了,查验《春秋》,六年之中,灾异从来没有像如今这样稠密。任用贤人实施善政,假如有人谗毁,那么善人就会被屏退、善政就会废止。心怀猜疑,就会引来中伤残害良善的言语;犹豫不决,就会开启众多邪恶的大门。谗佞的人得到进用,众多贤良就会黜退;邪曲的人成群势盛,正直人士就会衰残。所以《周易》有《否》《泰》二卦。小人之道增长,那么君子之道就会消退。君子之道消退,那么政治就会日益混乱,所以叫'否'。否,就是闭塞混乱。君子之道增长,那么小人之道就会消退。小人之道消退了,那么政治就会日益清明,所以叫'泰'。泰,就是通畅治理,天下太平。

"昔者鲧、共工、谨兜与舜、禹杂处尧朝,周公与管、蔡并居周位②,当是时,迭进相毁③,流言相谤④,岂可胜道哉!帝尧、成王⑤,能贤舜、禹、周公而销共工、管、蔡⑥,故以大治。孔子与季、孟偕仕于鲁⑦,李斯与叔孙俱宦于秦⑧,定公、始皇贤季、孟、李斯而销孔子、叔孙⑨,故以大乱。故治乱荣辱之端,在所信任。所信任既贤,在于坚固而不移。《诗》云:'我心匪石,不可转也⑩。'言守善笃也。《易》曰:'涣汗其大号⑪。'言号令如汗,汗出而不反者也。今出号令,未能逾时而反,是反汗也;用贤未能三旬而退,是转石也。《论语》曰:'见不善如探汤⑫。'今二府奏佞谄不当在位⑬,历年而不去也⑭。出令则如反汗,用贤则如转石,去佞则如拔山,而望阴阳之调,不亦难乎!

【注释】

①鲧:传说为禹的父亲,号崇伯。曾奉尧命治水,因筑堤堵水,九年

未治平,被舜流放。一说被杀死在羽山。共工:名穷奇。为尧臣,和谨兜、三苗、鲧并称为"四凶",被流放于幽州。谨兜:又作"驩兜""驩头"。据说为黄帝后裔。不肖,性凶暴,号"浑沌",与共工、三苗等合称"四凶",被舜流放至崇山。

②管、蔡:周武王弟管叔鲜与蔡叔度的并称。武王崩,成王幼,周公摄政,管叔、蔡叔散布流言,谓周公"将不利于孺子",挟纣子武庚叛,成王命周公讨伐,诛杀武庚与管叔鲜,流放蔡叔度,其乱终平。

③迭进:轮番进言。

④流言:没有根据的话。多指背后议论、诬蔑或挑拨的话。

⑤成王:周成王姬诵,武王之子。年幼时即位,由周公摄政,平定了三监之乱。亲政后,继续大封诸侯,加强宗法统治权力;又委任周公制礼作乐,规划各项典章制度,从而奠定西周统治秩序之根基。谥曰"成"。

⑥贤:尊崇,器重。销:消灭。

⑦季、孟:季孙氏与孟孙氏的合称。他们都是鲁桓公的后代,在春秋时期实际操控鲁国政权。

⑧李斯:秦朝大臣。从荀子学帝王之术,后受秦王嬴政重用,辅佐秦王统一六国,入秦为丞相。主张废封建,定郡县,行禁书令,参与制定法律,统一车轨、文字、度量衡制度。变籀文为小篆。并曾与赵高、胡毋敬等,整理当时通行的秦文,写成《仓颉篇》七章。在秦始皇时尊宠无比。始皇驾崩,他被赵高说服参与杀太子扶苏,谋立胡亥为秦二世,终被赵高所害,腰斩于咸阳市。叔孙:此指叔孙通。初为秦待诏博士,后被刘邦拜为博士,号稷嗣君。刘邦统一天下后,叔孙通自荐制定朝仪,制定汉宗庙仪法。

⑨定公:即鲁定公,姬姓名宋,前509—前195年在位。销孔子:鲁定公不能用孔子,孔子离开鲁国。

⑩我心匪石,不可转也:诗见《诗经·邶风·柏舟》。颜师古注:"言

石性虽坚,尚可移转,己志贞确,执德不倾,过于石也。"

⑪涣汗其大号:语见《周易·涣卦》九五爻辞。指帝王号令,如人之汗,一出不复收。颜师古注:"言王者涣然大发号令,如汗之出也。"

⑫见不善如探汤:语见《论语·季氏》。原文:"孔子曰:'见善如不及,见不善如探汤。吾见其人矣,吾闻其语矣。'"这是说见到不善的事情,就像用手去探开水,而不敢接触。

⑬二府:颜师古引如淳曰:"二府,丞相、御史也。"佞谄:谄媚奉承。

⑭历年:多年。

【译文】

"从前鲧、共工、谨兜与舜、禹杂处在尧的朝廷,周公跟管叔、蔡叔都在周朝任职,在这个时候,谗言不断,流言诽谤,哪里说得完!帝尧、周成王能器重舜、禹、周公而消灭共工、管叔、蔡叔,所以天下太平。孔子与季孙氏、孟孙氏都在鲁国为官,李斯与叔孙通都在秦朝为官,鲁定公与秦始皇器重季孙氏、孟孙氏、李斯而排挤了孔子、叔孙通,所以天下大乱。所以太平混乱、光荣耻辱的发端,就在于所信任的是谁。所信任的已经是贤良了,那关键就在于是不是坚定不移地任用他们。《诗经》里说:'我的心不是石头,不能随便转移。'这是说坚守善道笃定不变。《周易》说:'像散出汗水般发布号令。'这是说,发布号令有如出汗,汗水出来就无法返回。现今发出号令,没有过一个时辰就收回了,这是让汗水返回呀;任用贤良没到三十天就斥退,这是转动石头呀。《论语》说:'见到不好的人或事,就像用手探试开水一样不敢触碰。'现在丞相、御史上奏说某人奸佞谄媚不应当任职,但过了很多年也没遣去。所以是发布命令随时改变有如让汗水返回,任用贤良不能坚持到底就像转动石头一样,除去奸佞难以实行就像拔起山陵一样,却还希望阴阳调和,不也是太困难了吗!

"是以群小窥见间隙①,巧言丑诋②,流言飞文③,哗于民间。故《诗》云:'忧心悄悄,愠于群小④。'小人成群,诚足愠也。昔孔子与颜渊、子贡，更相称誉⑤，不为朋党⑥；禹、稷与皋陶，传相汲引⑦，不为比周⑧。何则？忠于为国，无邪心也。故贤人在上位，则引其类而聚之朝；在下位，则思与其类俱进。故汤用伊尹⑨，不仁者远，而众贤至，类相致也。今佞邪与贤臣，并在交戟之内⑩，合党共谋，违善依恶，数设危险之言，欲以倾移主上⑪。如忽然用之⑫，此天地之所以先戒，灾异之所以重至者也。

【注释】

①窥见：暗中看见。间隙：指可乘之机。

②巧言：表面上好听而实际上虚伪的话。丑诋：辱骂，诋毁。

③飞文：指散布诋毁、诽谤他人的匿名文书。

④忧心悄悄（qiǎo），愠于群小：诗见《诗经·邶风·柏舟》。颜师古注："言仁而不遇之诗也。悄悄，忧貌。愠，怒也。"悄悄，忧伤的样子。

⑤孔子与颜渊、子贡，更相称誉：见《论语·公冶长》："子谓子贡曰：'女与回也孰愈？'对曰：'赐也何敢望回？回也闻一以知十。赐也闻一以知二。'子曰：'弗如也，吾与女，弗如也。'"更相，相继，相互。颜渊，颜回，字子渊，春秋末期鲁国人，孔子最得意的门生。子贡：端木赐，复姓端木，字子贡（一作子赣），以字行，春秋末年卫国人，孔子弟子。以口才言辩闻名，曾仕于卫、鲁，游说齐、吴等国，名闻诸侯。又经商曹、鲁间，富至千金。

⑥朋党：指同类的人以恶相济而结成的集团。

⑦禹、稷与皋陶，传相汲引：《尚书·舜典》："舜曰：'咨四岳，有能奋庸熙帝之载，使宅百揆，亮采惠畴？'佥曰：'伯禹作司空。'帝曰：'俞。咨禹，汝平水土，惟时茂哉！'禹拜稽首，让于稷、契暨皋

陶。"汲引，引荐，提拔。

⑧比周：和小人亲近，结党营私。

⑨汤：商朝的开国之君，又称成汤、成唐、武汤、武王、天乙等。伊尹：商汤大臣，名伊，一名挚，尹是官名。相传生于伊水，故名。是汤妻子陪嫁的奴隶，后辅助成汤征伐夏桀，被尊为阿衡。伊尹历事商朝商汤、外丙、仲壬、太甲、沃丁五代五十余年。太甲即位后，因荒淫失度，被伊尹放逐到桐宫，三年后太甲改过，伊尹乃迎接太甲恢复王位。

⑩交戟：指有士兵守卫之地，即宫廷。

⑪倾移：指用权谋促使在上者俯从自己的意愿。

⑫忽然：不经心，忽略。

【译文】

"因此成群奸邪小人暗中刺探可乘之机，说些虚伪好话或者进行辱骂，传播流言散布诽谤的匿名文书，在民间喧哗。所以《诗经》说：'我的心儿真忧伤，那群小人惹我怨。'小人成群，确实让人怨恨恼怒。从前孔子与颜渊、子贡互相称赞，不算朋党；夏禹、后稷与皋陶相互引荐，不算勾结，为什么呢？是因为忠心为国，没有奸邪之心。因此贤人居于高位，那就会援引同类贤人聚集到朝廷；居于下层，那就会想办法与贤人一起上进。因此商汤任用伊尹，不仁的人就会远离，而众多的贤人都会到来，这是同类相互引致的结果。现今谗佞奸邪跟贤良臣子，都在宫廷之内，小人们聚集同党一起谋划，违背善良依仗邪恶，屡屡提出危险的议论，想要用邪谋让主上听从自己。如果君王不经意中任用了他们，这就是天地会降下灾祸预先警戒，灾异会重复发生的原因。

"自古明圣未有无诛而治者也，故舜有四放之罚①，而孔子有两观之诛②，然后圣化可得而行也。今以陛下明智，诚深思天地之心迹③，察两观之诛；览《否》《泰》之卦，历周、唐之所进以为治④,原秦、鲁之所销以为戒⑤;考祥应之福⑥,省灾异之祸,以揆当世之变⑦;放远佞邪之党,坏散险诐之聚⑧,杜闭群枉之门,广开众正之路;决断狐疑,分别犹豫⑨,使是非炳然可知⑩,则百异销灭而众祥并至⑪,太平之基,万世之利也。"

【注释】

①四放:指放逐共工、驩兜、三苗、鲧等四个恶名昭彰的恶人。颜师古注:"谓流共工于幽州,放驩兜于崇山,窜三苗于三危,殛鲧于羽山也。"

②两观之诛:指诛杀少正卯。颜师古注引应劭曰:"少正卯奸人之雄,故孔子摄司寇七日,诛之于两观之下。"详见《孔子家语·始诛》。两观,宫门前两边的望楼。此特指春秋时鲁国阙观。观,镰仓本、元和活字本作"馆",据天明本及今本《汉书》改。

③心迹:心思,心意。

④历:选择。周、唐:指周成王、唐尧。治:天明本眉批:"治作法。"今本《汉书·刘向传》作"法"。

⑤原:推究。颜师古注:"原谓思其本也。"秦、鲁:指秦始皇、鲁定公。

⑥考:省察,考察。祥应:祥瑞的先兆。

⑦揆:揣度,衡量。

⑧坏散:破坏,离散。险诐(bì):亦作"险陂",阴险邪僻。诐,谄佞。聚:谓朋党。

⑨分别:分辨,辨别。犹豫:迟疑不决。

⑩炳然:明显、明白的样子。

⑪百异:各种妖异。

【译文】

"自古以来英明的圣君没有不用诛杀坏人就能治理好天下的,所以舜有放逐四凶的惩罚，孔子有在两观对少正卯的诛杀，然后圣王的教化才能够推行。现今凭陛下的英明智慧，真正能深思天地的心意，推究孔子对少正卯的诛杀；观察《否》《泰》的卦象，选择周成王、唐尧提拔贤才来实施治理，推原秦始皇、鲁定公排挤贤才作为鉴戒；考察吉兆的福祉，反省凶兆的灾祸，用它来衡量当代的变异；放逐谗佞奸邪的党徒，破坏离散阴险邪僻的集团，杜绝关闭群邪的方便之门，广开众多君子的仕进之路；决断怀疑，不再犹豫，让是非明明白白能够认知，那么各种灾异就都会消失，众多吉祥就都会到来，这是太平的基业，万代的利益。"

向又见成帝营起昌陵[1]，数年不成，制度泰奢[2]，上疏谏曰[3]："臣闻《易》曰：'安不忘危，存不忘亡。是以身安而国家可保也[4]。'故贤圣之君，博观终始，必通三统[5]，一曰天统，二曰地统，三曰人统。天命所授者博[6]，非独一姓也。孔子论《诗》，至于'殷士肤敏，祼将于京'[7]，喟然叹曰：'大哉天命！善不可不传于子孙，是以富贵无常。不如是，则王公其何以戒慎[8]，民萌其何以劝勉[9]？'盖伤微子之事周[10]，而痛殷之亡也。虽有尧、舜之圣，不能化丹朱之子[11]；虽有禹、汤之德，不能移末孙之桀、纣[12]。自古及今，未有不亡之国也。故常战栗[13]，不敢讳亡。孔子所谓'富贵无常'，盖谓此也。

【注释】

①向又见成帝营起昌陵：本段节录自《楚元王传附刘向传》。昌陵，汉成帝未建成之陵墓，故址在今陕西临潼东。始建于鸿嘉元年（前20），因地势太低，需用大量"客土"堆积，工五年而未成，遂于永始元年（前16）罢。成帝死后葬于延陵，在今陕西咸阳北郭旗寨村。

②制度：规模，样式。泰：过甚。

③上疏谏：此即《谏营昌陵疏》。按，以下几段皆出自此疏。

④"安不忘危"几句：语见《周易·系辞下》。

⑤三统：指夏、商、周三代的正朔：夏正建寅是人统，商正建丑是地
　　统，周正建子是天统。亦谓三正。颜师古引张晏曰："一曰天统，
　　为周十一月建子为正，天始施之端也。二曰地统，谓殷以十二月
　　建丑为正，地始化之端也。三曰人统，谓夏以十三月建寅为正，人
　　始成立之端也。"

⑥天命：古以君权神授，统治者自称受命于天，谓之天命。

⑦殷士肤敏，祼将于京：语见《诗经·大雅·文王》。祼，今本《诗
　　经》及《汉书》作"裸（guàn）"。颜师古注："殷士，殷之卿士也。
　　肤，美也。敏，疾也。裸，祼鬯也。将，行也。京，周京也。言殷之
　　臣有美德而敏疾，乃来助祭于周，行祼鬯之事，是天命无常，归于
　　有德。"肤，有美德。敏，敏捷。祼将，指助王行祼祭之礼。祼，古
　　代祭祀的一种仪式，用香酒灌地而求神。京，指周京。

⑧戒慎：警惕谨慎。

⑨民萌：指民众，百姓。萌，通"氓"，百姓，黎民。

⑩微子：名启，本是殷纣王的异母庶兄，封于微（今山东梁山西北）。
　　因见纣淫乱将亡，数谏，纣不听，遂出走。周武王灭商，复其官。
　　周公承成王命诛武庚，命微子统率殷族，奉其先祀，封于宋。遂为
　　周代宋国的始祖。

⑪丹朱之子：像丹朱这样的儿子。丹朱，尧帝儿子。《史记·五帝本
　　纪》："尧知子丹朱之不肖，不足授天下，于是乃权授舜。"

⑫移：改变。天明本眉批："移作训。"今本《汉书·刘向传》作"训"。
　　末孙：后代子孙，末代子孙。《大戴礼记·少间》："禹崩十有七世，乃
　　有末孙桀即位。"

⑬战栗：指因恐惧、寒冷或激动而颤抖。

【译文】

刘向又见到汉成帝营建昌陵，好几年没有建成，规模太过奢侈，就上书劝谏说："我听说《周易》言道：'平安不忘记危险，生存不忘记灭亡。因此自身平安而国家可以保全。'所以贤良圣明的君王，广博地观察事物的开始与终结，必定通晓三统，第一叫天统，第二叫地统，第三叫人统。天命的授予是广博的，并非只是给予一家一姓。孔子研读《诗经》，读到'殷朝的士大夫美好敏捷，协助周天子行裸祭礼仪来到周京'，感慨地长叹道：'伟大呀，天命！良善不可以不传给子孙，因为富贵是没有恒常的。如果不是这样，那么王公贵人怎能警戒谨慎，民众百姓怎能努力勤奋？'这大概是感伤微子去事奉周天子，悲痛殷朝的灭亡啊。即使有尧、舜那样的圣明，也没办法感化像丹朱那样的儿子；即使有禹、汤那样的德行，也不能训导像桀、纣那样的末代子孙。从古到今，没有不会灭亡的国家。所以会经常恐惧颤抖，不敢回避说到亡国。孔子所指出的'富贵无常'，大概说的就是这个呀。

"孝文皇帝居霸陵①，顾曰：'以北山石为椁②，岂可动哉！'张释之进曰③：'使其中有可欲，虽锢南山④，犹有隙；使其中无可欲，虽无石椁，又何戚乎？'孝文寤焉，遂为薄葬。

【注释】

①霸陵：汉文帝的陵墓。即今陕西西安灞桥区江村大墓。

②椁（guǒ）：古代套于棺外的大棺。

③张释之：字季。颇受文帝赏识，升任中大夫、中郎将，后又升任廷尉，持议公平，依律以断案，不以帝意为据，天下称名。

④锢：用金属熔液填塞空隙。南山：终南山。

【译文】

"文帝在霸陵，回顾群臣说：'用北山的岩石当外棺，难道还有谁能动得了吗?'张释之进言说:'假使其中有引人欲望的东西,即使将终南山用熔化的铜水灌铸起来当棺椁,也还会有缝隙被人撬开;假使其中没有引人欲望的东西,即使没有石头外棺,又担忧什么?'文帝醒悟了,于是实行薄葬。

"《易》曰①:'古之葬者,厚衣之以薪②,藏之中野③,不封不树④。后世圣人,易之以棺椁。'黄帝葬于桥山⑤,尧葬济阴⑥,丘垄皆小⑦,葬具甚微⑧。舜葬苍梧⑨,二妃不从⑩。禹葬会稽⑪,不改其列。不改宫里树木百物之行列也。殷汤无葬处。文、武、周公葬于毕⑫,秦穆公葬于雍⑬,樗里子葬于武库⑭,皆无丘垄之处。此圣帝明王贤君智士远览独虑无穷之计也⑮。其贤臣孝子,亦承命顺意而薄葬之,此诚奉安君父⑯,忠孝之至也。故仲尼孝子⑰,而延陵慈父⑱。舜、禹忠臣,周公悌弟⑲,其葬君亲骨肉,皆微薄矣!非苟为俭,诚便于体也。宋桓司马为石椁,仲尼曰:'不如速朽。'⑳逮至吴王阖闾㉑,违礼厚葬㉒,十有余年,越人发之。及秦惠文、武、昭、严襄五王㉓,皆大作丘垄,多其瘗藏㉔,咸尽发掘暴露,甚足悲也。秦始皇帝葬于骊山之阿㉕,下锢三泉㉖,上崇山坟,棺椁之丽,宫馆之盛,不可胜原㉗。又多杀宫人㉘,生埋工匠,计以万数。天下苦其役而叛之,骊山之作未成,而周章百万之师至其下矣㉙。数年之间,外被项籍之灾,内离牧竖之祸㉚,岂不哀哉!是故德弥厚者葬弥薄,智愈深者葬愈微。无德寡智者葬愈厚,丘垄弥高,宫庙甚丽,发掘必速。由是观之,明暗之效,葬之吉凶,昭然可见矣。

【注释】

①《易》曰：引文见《周易·系辞下》。

②厚衣（yì）之以薪：颜师古注："厚衣之以薪，言积薪以覆之也。"衣，覆盖。

③中野：原野之中。

④不封：指不聚土为坟。不树：指不种树以标其处。

⑤桥山：黄帝陵所在，位于今陕西延安黄陵北桥山。沮水穿桥山而过，山状如桥，故名。《史记·五帝本纪》："黄帝崩，葬桥山。"

⑥济阴：尧陵在原兖州济阴郡成阳县，今山东菏泽东北胡集镇。《汉书·地理志》济阴郡下注："成阳，有尧冢、灵台。"《皇览》："尧冢在济阴成阳。"

⑦丘垄：即丘陇，坟墓。

⑧葬具：指装盛死者遗体的器具如棺、椁等及其他陪葬品。

⑨苍梧：又名九嶷山，在今湖南宁远城南，纵横二千余里。据《史记·五帝本纪》："（舜）南巡狩，崩于苍梧之野，葬于江南九疑。"

⑩二妃：指娥皇、女英。颜师古注："二妃，尧之二女。"

⑪会（kuài）稽：山名。在今浙江绍兴东南，相传夏禹大会诸侯于此计功，故名。会后禹病死并葬于此。《史记·夏本纪》："十年，帝禹东巡狩，至于会稽而崩。"

⑫毕：古地名，在今陕西长安、咸阳之北，也就是渭水的南北岸之地，又称"毕陌""毕原"或"咸阳原"。周初王季建都于毕，文王、武王、周公皆葬于毕。

⑬秦穆公：一作秦缪公，嬴姓，名任好。前659—前621年在位。春秋时秦国国君。任用百里奚、蹇叔等谋臣，国势逐渐强大，向东发展，助晋惠公、晋文公回国继位。晋文公死后，发兵袭郑，在崤（今河南三门峡东南）之战中被晋军偷袭，大败，转而向西发展，称霸西戎。雍：即雍城，在今陕西宝鸡凤翔。秦穆公陵墓所在的

秦公陵园在凤翔雍水河西面的三畤原。

⑭樗（chū）里子：即樗里疾，秦孝公庶子，秦惠文王异母弟，因居樗里（今陕西渭南）而称樗里子；其后他任庶长（大良造的幕僚辅官），被称为庶长疾，后来他被封于蜀郡严道县（今四川荥经严道镇），号严君。号称智囊，曾辅佐秦惠王、秦武王、秦昭王，死后葬在渭水南边章台之东。樗里子临终曰："后百岁，是当有天子之宫夹我墓。"后西汉长乐宫在其坟墓的东边，而未央宫在其坟墓的西边，武库正对其坟墓。武库：位于汉长安城内南部，长乐、未央两宫之间，始建于汉高祖七年（前200），吕后为之改名灵金藏，惠帝即位后以此库存藏禁兵器，名曰灵金内府。

⑮远览：指观察、考虑问题深远。

⑯奉安：指安葬皇帝或父亲。

⑰仲尼孝子：指孔子葬母于防邑，不修墓。本传未节录部分："孔子葬母于防，称古墓而不坟，曰：'丘，东西南北之人也，不可不识也。'为四尺坟，遇雨而崩。弟子修之，以告孔子，孔子流涕曰：'吾闻之，古者不修墓。'盖非之也。"

⑱延陵慈父：指延陵季子之子死于泰山附近嬴、博之间，季子将其就地掩埋，不归葬吴地。本传未节录部分："延陵季子适齐而反，其子死，葬于嬴、博之间，穿不及泉，敛以时服，封坟掩坎，其高可隐，而号曰：'骨肉归复于土，命也，魂气则无不之也。'夫嬴、博去吴千有余里，季子不归葬。孔子往观曰：'延陵季子于礼合矣。'"延陵，延陵季子，即季札，又称公子札。吴王寿梦有四子：诸樊、馀祭、馀眛、季札。季札贤德，寿梦欲立季札。季札辞让不可。寿梦死，诸兄长欲让位于他，被他坚辞。他曾奉命出使鲁国，观周乐。并至齐、郑、晋等国，以博学知礼和有远见为人所称。吴王僚十二年（前515），又奉命使晋。僚为公子光（后即位为吴王阖闾）刺杀，他回国复命，哭于僚墓，然后至封邑以待阖闾之命。

⑲周公悌弟：本传未节录部分："夫周公，武王弟也，葬兄甚微。"悌弟，指作为弟弟能顺应礼的规定。颜师古注："言弟能顺理也。"

⑳"宋桓司马为石椁"几句：《礼记·檀弓》："昔者夫子居于宋，见桓司马自为石椁，三年而不成。夫子曰：'若是其靡也，死不如速朽之愈也。'"颜师古引李奇曰："宋桓魋为石椁，奢泰，故激以此言。"桓司马，即桓魋（tuí），宋国大司马，孔子弟子司马牛之兄。

㉑阖闾：一作阖庐。春秋末年吴国国君。初名光。吴王诸樊之子（一说夷昧之子）。前514—前496年在位。用专诸刺杀吴王僚而自立。曾灭亡徐国，攻破楚国，一度占领楚都郢（今湖北江陵西北），因秦兵来救及其弟夫概反叛而受挫撤回。后在檇李（今浙江嘉兴西南）被越王勾践打败，重伤而死。

㉒违礼厚葬：阖闾死后，其子吴王夫差为营造阖闾墓，征调十万民工使大象运土石，穿土凿池，积壤为丘，历时三年竣工。事见《越绝书》："阖庐冢，在阊门外，名虎丘。下池广六十步，水深丈五尺，铜椁三重，颂池六尺，玉凫之流，扁诸之剑三千，方圆之口三千。时耗、鱼肠之剑在焉。十万人筑治之。"

㉓秦惠文：即秦惠文王。武：即秦武王。昭：即秦昭王，又称秦昭襄王。严襄：即秦庄襄王，又称秦庄王。五王：文中仅四王，少了一位秦孝文王，秦昭襄王之子，秦庄襄王之父。

㉔瘞藏：指殉葬品。

㉕阿（ē）：山下。

㉖锢：关闭，闭塞。三泉：三重地下水，即地下深处。

㉗原：推究，考究，研究。

㉘官人：妃嫔、宫女的通称。

㉙周章：字文，秦末农民起义军将领。习兵事。陈胜称王，任将军，率主力军进攻关中。沿途收兵，至函谷关时已有兵车千乘，士兵数十万，直攻至距咸阳仅百余里的戏亭。后被秦将章邯败杀。

㉚内离牧竖之祸：据本传未节录部分："其后牧儿亡羊，羊入其凿，牧
　者持火照求羊，失火烧其臧椁。"牧竖，指放牧的小孩子。离，同
　"罹"，遭受。

【译文】

　　"《周易》说道：'古代埋葬死者，用木柴覆盖，埋葬在荒野之中，既不积土为坟也不植树做标记。后代的圣人，改为使用棺椁。'黄帝葬在桥山，尧葬在济阴，坟墓都小，棺木和陪葬都很微薄。舜葬在苍梧，娥皇、女英二妃没有从葬。禹葬在会稽，没有改变宫中树木物品的排列。不改变官里树木物品的排列。商汤没有留下埋葬的地点。周文王、周武王、周公葬在毕原，秦穆公葬在雍，樗里子葬地正对着武库，都没有修建坟墓。这是圣明的帝王、贤明的君主、聪明的士人深谋远虑的长久之计。那些贤臣孝子，也顺着君命来薄葬他们，这是安葬君父，尽忠尽孝的极致了。所以孔子是孝子葬母不立坟，季札是慈父在外就地葬子。舜、禹是尧、舜的忠臣，周公是武王恭顺的弟弟，他们埋葬君主及至亲骨肉，都很微薄啊！他们并不是因为马虎草率而把葬礼办得如此俭约，实在是为了合乎体范啊。宋国的司马桓魋制作石头外棺，孔子说：'不如快点腐朽。'等到吴王阖闾的时候，违背礼制的规定厚葬，十几年后，陵墓就被越国人发掘。到了秦惠文王、武王、昭王、孝文王、庄襄王五位国君，都大力营造坟墓，埋葬了很多殉葬品，结果全都被发掘暴露，真够让人悲伤的了。秦始皇葬在骊山脚下，下面闭塞三重地下水，上面陵墓高高隆起，棺椁的华丽，宫殿馆舍的盛美，没有办法形容。又杀死很多妃嫔宫女，活埋工匠，数目要用万来计算。天下对他的劳役深感痛苦于是造了反，骊山陵墓还没有建成，而周章的百万大军已经到达山下了。几年之内，陵墓外面遭受项籍的兵灾，陵墓内里遭受放牧童子的焚烧，这难道还不悲哀吗？因此德行越是深厚葬礼越是俭朴，智慧越是深远埋葬越是简略。没有德行智慧的人埋葬得越深，坟墓修得越高，宫殿庙宇越华丽，被盗掘就必定越迅速。由此看来，聪明和愚昧所造成的不同效果，薄葬、厚葬所带来的或吉

或凶，是显而易见的。

　　"陛下即位，躬亲节俭，始营初陵①，其制约小，天下莫不称明。及徙昌陵②，增埤为高③，积土为山，发民坟墓，积以万数，营起邑居④，期日迫卒⑤，功费大万百余⑥。大万，一亿也。死者恨于下，生者愁于上，怨气感动阴阳⑦，因之以饥馑，物故流离⑧，以十万数，臣甚悯焉⑨。以死者为有知，发人之墓，其害多矣；若其无知，又安用大？谋之贤智则不悦，以示众庶则苦之。若苟以悦愚夫淫侈之人⑩，又何为哉！陛下慈仁笃美甚厚⑪，聪明疏达盖世⑫，而顾与暴秦乱君竞为奢侈，比方丘垄⑬，悦愚夫之目，隆一时之观⑭，违贤智之心，忘万世之安，臣窃为陛下羞之。唯陛下上览明圣黄帝、尧、舜、禹、汤、文、武、周公、仲尼之制，下观贤智穆公、延陵、樗里、张释之之意。孝文皇帝去坟薄葬⑮，以俭安神，可以为则；秦昭、始皇增山厚葬⑯，以侈生害，足以为戒。初陵之墓⑰，宜从公卿大臣之议，以息众庶。"书奏，上甚感向言，而不能从其计。

【注释】

①始营初陵：汉成帝即位的第三年建始二年（前31）初春，开始在长安城西北的渭城延陵亭部修陵，因此取名延陵。

②徙昌陵：延陵营建十年后，成帝"乐霸陵曲亭南"，昌陵所在是"近京师之地，最为肥美，可立一县"，而当时的将作大匠解万年欲借营陵之机来捞取政治资本，极力怂恿，成帝于是听从解万年等的建议，在霸城东二十里的新丰县戏乡营建自己的新陵寝昌陵。

③埤（bēi）：低下，低矮。

④邑居：里邑住宅，这里指兴建昌陵邑。

⑤期日：约定或预测的日数或时间。迫卒：迫猝，急迫，仓促。

⑥功费：工程所需的费用。大万：等于说巨万，亿。

⑦感动：感应，指受影响而引起反应。

⑧物故：死亡。颜师古注："物故谓死也，言其同于鬼物而故也。"流离：因灾荒战乱流转离散。颜师古注："流离，谓亡其居处也。"

⑨惛（mèn）：愁闷，烦恼。

⑩淫侈：浮夸，夸大。

⑪笃美：笃实美善。

⑫疏达：通达。

⑬比方：比较，对照。

⑭隆：盛，盛大。

⑮去坟：指不起高坟。

⑯增山：指增高坟山。

⑰摹：规划，谋画。

【译文】

"陛下即位以来，亲自践行节俭，开始营建原来陵墓的时候，规模简约狭小，天下没有不称赞陛下圣明的。等到迁建昌陵，挖深增高，堆土成山，挖掘百姓的坟墓数以万计，营造昌陵邑，工期急迫，建造费用高达亿万之多。大万，是一亿。死去的人在泉下怨恨满怀，活着的人在地上愁怨不堪，怨恨之气影响到阴阳二气发生感应，于是就产生饥荒，死去和流离失所的人，要用十万来计算，我非常忧愁烦恼。要是认为死人有知觉，发掘人家的墓葬，那害处就太多了；倘若认为死人没有知觉，又哪里用得着那么大的坟墓？与贤臣智士商量这件事，他们都不赞成，告知百姓，人们是困苦难堪。假如就是为了取悦那些愚蠢浮夸的人，又有什么意义呢？陛下具有深厚的慈善仁爱笃实美善品德，拥有盖世的聪明通达，却跟暴虐秦朝昏乱的君王比较奢侈，较量坟墓，去取悦蠢人的眼光，获得一时观览的隆盛，违背贤良智慧的心意，忘掉了万代的平安，我私下里替陛下感到羞惭。希望陛下向上考察英明神圣的黄帝、尧、舜、禹、汤、周文王、周武王、周公、孔子的制度，向下考察贤良智慧的秦穆公、延陵季子、樗里子、张释之的意图。文帝不起坟陵实行薄葬，用节俭安定心神，可以作为榜样效法；秦昭王、秦始皇增高坟山实行厚葬，由于奢侈产生灾祸，足够作为惩戒。初陵的规划，应该听从公卿大臣的建议，来平息民众百姓的怨气。"谏书上奏后，皇帝对此很感动，但不能听从他的意见。

　　向见上无继嗣①，政由王氏②，遂上封事极谏曰③："臣闻人君莫不欲安，然而危；莫不欲存，然而亡，失御臣之术也。夫大臣操权柄，持国政，未有不为害者也。昔晋有六卿④，<small>智伯、范、中行、韩、赵、魏也。</small>齐有田、崔⑤，卫有孙、甯⑥，鲁有季、孟⑦，常掌国事，世执朝柄。后田氏取齐，六卿分晋，崔杼杀其君光，孙林父、甯殖出其君衎、弑其君剽⑧，季氏卒逐昭公⑨。皆阴盛而阳微，下失臣道之所致也。故《书》曰：'臣之有作威作福，害于而家，凶于而国⑩。'孔子曰：'禄去公室，政逮大夫⑪。'危亡之兆也。秦昭王舅穰侯及泾阳、叶阳君⑫，<small>皆昭王母之弟⑬。</small>专国擅势，假太后之威⑭，三人者，权重于昭王，家富于秦国，国甚危殆，赖寤范雎之言，而秦复存⑮。二世委任赵高⑯，赵高专权自恣⑰，壅蔽大臣⑱，终有阎乐望夷之祸⑲，秦遂以亡。近事不远，即汉所代也。

【注释】
　　①向见上无继嗣：本段节录自《楚元王传附刘向传》。继嗣，后嗣，

后代。此特指帝王的继位者。

②政由王氏：指朝廷政事由外戚王氏把持。成帝即位后，尊母亲元
帝皇后王政君为皇太后，其兄弟王凤任大司马领尚书事，总理朝
政；异母兄弟王谭、王商、王立、王根、王逢时，一天之内同时封
侯，被人们称为"五侯"。自此，以太后王政君为首的王氏外戚控
制了汉朝大政。

③封事：此即《极谏用外戚封事》。按，以下几段亦出此文。极谏：
尽力规劝，多用于臣下对君主。

④六卿：指春秋时晋国的范、中行、知、赵、韩、魏六大家族，他们世代
掌控晋国大权，又相互兼并，导致晋室瓦解，最后分立为韩、赵、魏
三国。

⑤田：齐桓公时陈国公子陈完逃于齐国，因"陈"与"田"发音相近，
又称田氏。传至田和任齐国相国时，他将齐康公放逐到海上，自
立为君，于是，姜姓吕氏齐国（姜齐）成了田氏齐国（田齐）。周
安王时列为诸侯。崔：此指崔杼，齐公族。谥"武"，又称崔子、武
子。他以弱冠之年有宠于齐惠公。齐灵公时因平乱为卿。灵公
废太子光而立公子牙为嗣，灵公卒，他又杀牙而迎立太子光，是为
庄公，以功得任正卿。后因庄公与其妻棠姜私通，崔杼联合棠无
咎杀庄公，立庄公弟杵臼（景公）为君，自己为右相。两年后，其
子崔成等互相争权，家族发生内讧，左相庆封乘机攻灭崔氏，崔杼
自缢而死。

⑥卫有孙、甯：此指春秋时期卫国孙林父、甯殖专权，将卫献公逐出
卫国之事。孙，此指卫大夫孙林父。姬姓，孙氏，名林父，谥号
"文"，又称"孙文子"。甯，此指卫大夫甯殖。姬姓，名殖，又称
"甯惠子"。

⑦季：季孙氏。孟：孟孙氏。

⑧孙林父、甯殖出其君衍（kàn）、弑其君剽：卫献公衍对孙林父与甯

殖无礼,孙林父与甯殖将卫献公逐出卫国,立其弟剽为君,是为卫殇公。十二年后,甯殖之子甯喜迎卫献公回国,弑卫殇公。

⑨季氏卒逐昭公:鲁国鲁桓公的后代季孙氏、叔孙氏、孟孙氏号称"三桓",把持朝政,架空鲁公,其中以季氏为最。鲁昭公欲去"三桓",于前517年(昭公二十五年)率师攻伐季孙氏,"三桓"联兵反抗昭公,昭公兵败奔齐,后辗转至晋,最后死于晋地乾侯。昭公:鲁昭公,名裯(《史记》作"稠")诏,鲁襄公之子。前541—前510年在位。

⑩"臣之有作威作福"几句:语出《尚书·周书·洪范》。颜师古注:"而,汝也。言唯君得作威作福,臣下为之,则致凶害也。"作威作福,本指国君专行赏罚,独揽威权,后用来指握有生杀予夺大权。

⑪禄去公室,政逮大夫:语本《论语·季氏》。原文是:"孔子曰:'禄之去公室,五世矣;政逮于大夫,四世矣,故夫三桓之子孙,微矣。'"公室,指君主之家。臣瓒曰:"政不由君,下及大夫也。上大夫即卿也。"禄,禄位,爵禄。逮,及,及至。

⑫穰侯:魏冉,秦宣太后异父同母的长弟,秦昭襄王之舅。因食邑在穰,号曰穰侯。他拥立了秦昭王,四任秦相,党羽众多,深受宣太后宠信。泾阳:名市,称"公子市",秦昭襄王同母弟,号"泾阳君"。封于重邑宛(今河南南阳)。昭王初期,宣太后听政,他与魏冉、高陵君、华阳君并擅国事,世称"四贵"。他依仗太后权势,处理政务独断无讳,私家富于王室。宣太后卒,昭王将他贬逐出关,就封邑。叶阳君:芈姓,名戎。宣太后同父弟,昭襄王之舅。号华阳君,一作"叶阳君",又号"新城君"。宣太后专权,颇受太后亲幸。昭襄王八年(前299),任将军率军攻楚,取新市(今湖北京山东北)。后官至左丞相,权柄日重,私家富于王室。四十一年(前266),昭襄王听范雎之言,乃削夺其权。宣太后死,更遭贬逐。四十五年(前262),被遣赴封邑,死于中途。

⑬皆昭王母之弟：按，此处有误。穰侯魏冉、叶阳君芈戎为昭王母宣太后之弟，而泾阳君是昭王之弟。

⑭太后：此指秦宣太后。秦昭襄王生母，楚国贵族，芈姓，称芈八子（八子是妃的一个等级）。《史记·穰侯列传》载："秦武王卒，无子，立其弟为昭王。昭王母故号为芈八子，及昭王即位，芈八子号为宣太后。"

⑮赖寤范雎之言，而秦复存：《史记·穰侯列传》："昭王三十六年……昭王于是用范雎。范雎言宣太后专制，穰侯擅权于诸侯，泾阳君、高陵君之属太侈，富于王室。于是秦昭王悟，乃免相国，令泾阳之属皆出关，就封邑。穰侯出关，辎车千乘有余。"范雎，字叔，魏国人。他游说秦昭王，主张论功行赏，因能授官，并抨击秦相魏冉越韩、魏攻取齐地的做法，提出远交近攻的策略。昭王便命他为客卿。继又进说昭王加强王权，剥夺宣太后和魏冉等人权力。秦昭王四十一年（前226），废黜太后，驱逐魏冉等"四贵"，任他为相，封应侯。

⑯二世：即秦二世胡亥，前210—前207年在位。始皇少子。始皇卒，在中车府令赵高与丞相李斯谋划下袭帝位，为二世皇帝。即位后，听从赵高之谗言，大肆诛戮大臣及诸公子，徭役赋税较始皇时更为繁重，用法也益严酷，终致陈胜吴广起义爆发，各地义军蜂起。后得知起义军将攻至关，责赵高谎报军情。赵高惧，遣其婿阎乐率兵入宫，迫令自杀。赵高：秦二世时丞相，宦官。秦始皇死后与李斯合谋篡改诏书，立始皇幼子胡亥为帝，并逼死始皇长子扶苏。秦二世即位后，他设计陷害李斯，并成为丞相。指使胡亥更改法律，诛戮宗室、大臣，且专擅朝政。后派人逼死秦二世，不久被秦王子婴所杀。

⑰自恣：放纵自己，不受约束。

⑱壅蔽大臣：此指赵高让二世深居内宫，不上朝听政。壅蔽，遮蔽，

阻塞。

⑲阎乐望夷之祸：指阎乐奉赵高之命在望夷宫逼二世自杀。颜师古
　引应劭曰："秦二世斋于望夷之宫，阎乐以兵杀二世也。"阎乐，赵
　高的女婿，曾任咸阳令。秦二世三年（前207），赵高派他率领党
　羽一千余人，闯入胡亥所在的望夷宫，逼迫胡亥自杀，史称"望夷
　宫之变"。望夷，秦代宫名，故址在今陕西泾阳东南。因东北临
　泾水以望北夷，故名。

【译文】

　　刘向看到成帝没有继承人，政事都由王氏决定，于是上密奏极力
劝谏说："我听说君主没有不想要国家安定的，但是往往出现危机；没有
不想要国家长存的，但是往往遭遇灭亡，这是因为失去了驾驭臣子的方
法。大臣手握权柄，把持国政，没有不造成祸害的。从前晋国有六卿，智
伯、范、中行、韩、赵、魏。齐国有田氏、崔氏，卫国有孙林父、宁殖，鲁国有季
孙氏、孟孙氏，都一直执掌国事，世代把握朝廷权柄。后来田氏取代了姜
齐，六卿瓜分了晋国，崔杼杀死了他的国君齐庄公，孙林父、宁殖驱逐了
卫献公、杀死了卫殇公，季孙氏最终驱逐了鲁昭公。这都是代表臣下的
阴气旺盛，而代表君上的阳气衰微，下臣抛弃了为臣之道所导致的。所
以《尚书》上说：'臣子掌握生杀予夺大权，将会给家族带来祸患，给国家
带来凶险。'孔子说：'鲁国的公室失去颁赐爵禄的权力，国政落到了大
夫手中。'这些都是危亡的征兆。秦昭王的舅舅穰侯和泾阳君、叶阳君，
都是秦昭王母亲的弟弟。专权掌握国家大政，凭借宣太后的威势，这三个
人，权力比昭王大，家财比国家富，秦国已经非常危险了，幸亏秦昭王领
悟了范雎的进言，秦国才得以继续存在。秦二世把国事委托给赵高，赵
高专权为所欲为，不让秦二世与大臣们沟通，最终二世遭遇在望夷宫被
阎乐杀死的祸事，秦朝于是灭亡。这是近来的事情，离我们并不遥远，就
发生在我们汉朝所取代的秦朝呀。

"汉兴，诸吕无道，擅相尊王①。吕产、吕禄席太后之宠②，据将相之位，欲危刘氏。赖忠正大臣绛侯、朱虚等③，竭诚尽节④，以诛灭之，然后刘氏复安。今王氏一姓，乘朱轮华毂者二十三人⑤，青紫貂蝉⑥，充盈幄内⑦，鱼鳞左右⑧。大将军秉事用权⑨，五侯骄奢僭盛⑩，并作威福⑪，击断自恣⑫，行污而寄治，身私而托公⑬。依东宫之尊⑭，假甥舅之亲，以为威重。尚书九卿，州牧郡守，皆出其门⑮。筦执枢机⑯，朋党比周⑰。称誉者登进，忤恨者诛伤⑱。游谈者助之说，执政者为之言。排摈宗室⑲，孤弱公族⑳，其有智能者，尤非毁而不进；远绝宗室之任㉑，不令得给事朝省㉒，恐其与己分权。数称燕王、盖主以疑上心㉓，避讳吕、霍而弗肯称㉔。内有管、蔡之萌，外假周公之论，兄弟据重，宗族磐牙㉕。历上古至秦、汉，外戚贵未有如王氏者也㉖。虽周皇甫、秦穰侯、汉武安、吕、霍、上官之属㉗，皆不及也。

【注释】

①诸吕无道，擅相尊王：刘邦死后，吕后临朝称制，不顾"非刘氏不得封王"的规定，先后把自己的哥哥、侄子、侄孙、外孙等人封为王。

②吕产、吕禄：都是吕后的侄子。吕后封吕产为梁王，吕禄为赵王。她任命吕禄为上将军，统领北军；吕产统领南军，临危还让吕产当相国。席：凭借，倚仗。颜师古注："席犹因也，言若人之坐于席也。"太后：吕后。

③绛侯：周勃，于秦二世元年（前209）随刘邦起兵反秦，在灭秦与楚汉战争中屡立战功，以军功赐爵威武侯。汉高祖六年（前201），受封绛侯。惠帝时任最高军事长官太尉。吕后死后，周勃与陈平

等合谋智夺吕禄军权,一举诛灭吕氏集团,拥立文帝,后官至右丞相。后因惧位高震主而得祸,辞官就封国,不久去世。朱虚:朱虚侯刘章,汉高祖刘邦的孙子,齐悼惠王刘肥的次子。吕后称制期间被封为朱虚侯,后来由于在诛灭吕氏的过程中有功而被加封为城阳王。

④尽节:尽心竭力,坚守气节。

⑤朱轮华毂:红漆车轮,彩绘车毂,是古代显贵者乘的车子。

⑥青紫:本为古时公卿绶带之色,因借指高官显爵。貂蝉:貂尾和附蝉,古代为侍中、常侍等贵近之臣的冠饰。

⑦充盈:充满。幄内:指帝王所居。

⑧鱼鳞左右:颜师古注:“言在帝之左右,相次若鱼鳞也。”鱼鳞,鳞次,依次相接。

⑨大将军:指王凤,字孝卿,汉元帝皇后王政君的哥哥。元帝永光二年(前42),袭父爵为阳平侯。建昭三年(前36),为侍中卫尉。成帝竟宁元年(前33),为大司马大将军,领尚书事。倚太后,以外戚辅政,专权蔽主,王氏之子弟分据要官,兄弟七人皆封为列侯,几满朝廷。

⑩五侯:河平二年(前27),汉成帝诏封王凤之弟王谭为平阿侯,王商为成都侯,王立为红阳侯,王根为曲阳侯,王逢时为高平侯,世人称之为一日五侯。僭盛:越礼而嚣张。

⑪作威福:谓擅用威权,独断专横。

⑫击断:专断。

⑬行污而寄治,身私而托公:颜师古注:“寄,托也。内为污私之行,而外托治公之道也。”

⑭东宫:太后的住所,这里指太后。因太后的长乐宫在未央宫东,故称。

⑮“尚书九卿”几句:颜师古注:“言为其像吏者皆居显要之职。”尚书,秦少府属官,掌殿内文书,地位很低。西汉中期以后尚书职权

渐重。成帝建始四年(前29)置尚书五人,一人为仆射,四人分曹治事,组成宫廷内政治机构,地位不高但已有相当权力。九卿,古代中央政府的九个高级官职,汉以太常、光禄勋、卫尉、太仆、廷尉、大鸿胪、宗正、司农、少府为九卿。州牧,一州之长。汉成帝改刺史为州牧。

⑯筦执:执掌。筦,同"管"。枢机:指中央政权的机要部门或职位。

⑰朋党比周:结党营私,排斥异己。

⑱忤恨:违逆,反对。诛伤:诛杀。

⑲排摈:排斥摈弃。宗室:特指与君主同宗族之人,皇族。

⑳孤弱:孤弱,削弱,使孤立。公族:君王的同族,皇族。

㉑远绝:疏远隔绝。

㉒给事:供职。朝省:朝觐,朝见。

㉓数称燕王、盖主以疑上心:颜师古注:"示宗室亲近而反逆也。"燕王,刘旦,汉武帝之子,元狩六年(前117)封燕王。后元二年(前87),武帝幼子汉昭帝刘弗陵即位,刘旦心中不服;始元元年(前86)谋反。事泄,昭帝诛其党,因至亲未治其罪。元凤元年(前80)他与上官桀父子、桑弘羊等谋,欲杀霍光,废昭帝而自代。谋泄,上官桀等族诛,他自杀。盖主,鄂邑盖长公主,汉武帝长女,汉昭帝长姊。初封江夏鄂县,称鄂邑公主。以丈夫为盖侯,亦称鄂邑盖主,简称盖主。昭帝即位,益汤沐邑,称鄂邑长公主。元凤元年(前80),与燕王刘旦等合谋诛除霍光,事败后自杀身亡。

㉔避讳吕、霍而弗肯书:颜师古注:"吕后、霍后二家,皆坐僭擅诛灭,故为王氏讳而不言也。"霍,霍氏家族。地节四年(前68)霍光去世,其妻子儿女继续骄奢放纵,甚至密谋发动政变,最终于前65年被灭族。

㉕磐牙:交相联结。今本《汉书·刘向传》作"磐互"。颜师古注:"磐结而交互也。字或作牙,谓若犬牙相交入之意也。"

㉖外戚贵未有如王氏者也：今本《汉书·刘向传》"贵"前有"僭"
　字。僭贵，越分而显贵。

㉗周皇甫：周幽王时的卿士、宠臣，《诗经·小雅·十月之交》就是
　讽刺他的。颜师古注："皇甫，周卿士字也，周后宠之，故处于盛
　位，权党于朝，诗人刺之。"武安：武安侯田蚡，汉景帝王皇后同母
　异父弟。武帝初立，以国舅身份得封武安侯，拜太尉。后出任丞
　相，以武帝年幼而独擅朝政，骄横奢侈。上官：指上官桀父子。上
　官桀，字少叔。武帝去世时与霍光同时受命共辅昭帝。汉昭帝皇
　后上官氏的祖父。后与大将军霍光争权。元凤元年（前80），以
　谋反罪，与其子上官安等伏诛，族灭。

【译文】

　"汉朝兴起，高祖去世之后，吕氏家族无道，擅自推尊称王。吕产、吕
禄凭借太后的宠爱，据有上将军、相国的职位，想要危害刘氏天下。依靠
忠贞正直的大臣绛侯周勃、朱虚侯刘章等人，竭尽忠诚坚守臣节，才诛灭
了吕氏家族，然后刘氏天下才重新安定。现今王氏一族乘坐红漆车轮、
彩绘车毂的豪华车辆的权贵有二十三人，身着青紫绶带，装饰貂尾附蝉
的高官贵近之臣，充满宫室，像鱼鳞一样排列在皇帝身边。大将军王凤
掌权管事，王氏五侯骄横奢侈，僭越嚣张，作威作福，专断横行，为所欲
为，行为卑污却假托正义，大谋私利却假言为公。倚仗太后的尊贵，借着
与陛下的甥舅亲情，大耍威风。尚书九卿，州牧郡守，都出自王氏门下。
他们执掌关键部门，互相勾结成为朋党。称美赞誉他们的得到升迁进
用，违背反对他们的就被诛杀。游说的人帮着造舆论，执政的人为他们
说话。排挤摈弃皇帝的同宗，孤立削弱皇帝的同族，皇族中有智慧能力
的人，尤其要诋毁不让他进用；宗室任职派往疏远隔绝之地，不让他们能
够事奉朝见皇帝，唯恐分掉自己的权力。他们多次说到燕王刘旦和盖长
公主叛乱之事让陛下对宗室子弟起疑心，却避讳外戚吕氏、霍氏谋反之
事而不肯提。他们内心萌生了管叔、蔡叔叛乱之意，外表却假托周公辅

政的言论，自己的兄弟占据重要职位，宗族盘根错节，互相勾结。从上古到秦汉，外戚没有像王氏这样尊贵的。即使是周朝的皇甫、秦朝的穰侯、汉朝的武安侯田蚡、吕氏家族、霍氏家族、上官桀父子这伙人，都赶不上王氏啊。

"物盛必有非常之变先见①，为其人征象②。孝昭帝时，冠石立于泰山③，有石自立，三石为足，一石在上，故曰冠石也。仆柳起于上林，而孝宣帝即位。今王氏先祖坟墓在济南者④，其梓柱生枝叶⑤，扶疏上出屋⑥，根垂地中，虽立石起柳，无以过此明也。事势不两大，王氏与刘氏亦且不并立，如下有泰山之安，则上有累卵之危⑦。陛下为人子孙，守持宗庙，而令国祚移于外亲⑧，降为皂隶⑨，纵不为身，奈宗庙何！妇人内夫家而外父母家⑩，此亦非皇太后之福也。孝宣皇帝不与舅平昌、乐昌侯权⑪，所以全安之也。夫明者，起福于无形，销患于未然。宜发明诏⑫，吐德音⑬，援近宗室，亲而纳信，黜远外戚，无授以政，以则效先帝之所行，厚安外戚，全其宗族，诚东宫之意，外家之福也⑭。王氏永存，保其爵禄；刘氏长安，不失社稷，所以褒睦外内之姓⑮，子子孙孙无疆之计也。如不行此策，田氏复见于今⑯，六卿必起于汉⑰，为后嗣忧，昭昭甚明，不可不深图，不可不早虑也。唯陛下深留圣思，览往事之戒，居万安之实，用保宗庙，久承皇太后，天下幸甚。"

【注释】

①物：人。见：同"现"。

②征象：征候，迹象。

③冠石：以三石为足，一石在上，矗立于地的大石，古人认为是将有
　　天子兴于民间的一种祥瑞。

④济南：济南郡，郡治东平陵县（今山东章丘）。

⑤梓柱：梓木的柱子。

⑥扶疏：枝叶繁茂分披的样子。

⑦累卵：堆叠的蛋，比喻极其危险。

⑧国祚：指皇位。外亲：指女系的亲属。

⑨皂隶：古代贱役。

⑩内：指亲近。外：指疏远。

⑪平昌：平昌侯王无故，汉宣帝母亲王翁须的弟弟。乐昌侯：王武，
　　王翁须的另一个弟弟。

⑫明诏：英明的诏示，公开的宣示。

⑬德音：用来指帝王的诏书。

⑭外家：帝王母族、妻族的家。

⑮襄睦：襄扬和睦。外内之姓：指外家王氏跟本家刘氏。

⑯田氏：指田齐取代姜齐之事。

⑰六卿：指六卿分晋之事。

【译文】

　　"人要走运必定先有不同寻常的变化出现，作为他兴起的先兆。昭帝时，有冠石在泰山耸立，有石头自己竖立，三块石头当脚，一块石头在上面，所以叫冠石。扑倒在地的柳树在上林苑重新立起，于是宣帝即位。现今王氏家族在济南的先祖坟墓，梓木柱子生了枝叶，枝叶繁茂伸出了屋顶，树根下垂插入土中，即使是竖立的冠石、重起的扑柳，也不能超过这种明显的征兆啊。事物的形势不会双方都强大，王氏与刘氏也将不会并立，如果下属有泰山那样的安稳，那么君上就会有累卵随时倾倒那样的危险。陛下作为先人的子孙，守护祖先宗庙，却让国统移到外戚手中，皇族下降

成贱役，纵使不为自身考虑，又怎么对得起宗庙祖先呢？妇人要亲近丈夫家疏远父母家，目前这样的状况也不是皇太后的福分啊。宣帝不给自己的舅舅平昌侯王无敌、乐昌侯王武权力，这是使他们保全平安的方法。明察，就是在无形中兴起福气，在没成形之前消除祸患。应该公开颁发诏书，援引关系最近的宗室，亲近信任他们，罢黜疏远外戚，不要把政事交给他们，用这个来效法先帝的行为，厚待安定外戚，保全他们的宗族，这才真正合乎皇太后的心意，也是外戚家族的福气。这样，王氏永远存在，保住他们的爵位俸禄；刘氏长久安定，不会失去江山社稷，这是用来褒美和睦内外亲属，使得子子孙孙无穷无尽的办法。如果不实行这一计策，田氏夺齐就会重现在今日，六卿分晋必然会发生在汉朝，给后代子孙带来忧患，这是非常明白的，不可不深深谋划，不可不早早考虑。希望陛下深思熟虑，观察往事的鉴戒，让自己处在万全平安的实地，用来保全宗庙，长久地承奉皇太后，全天下就很幸运了。"

　　书奏①，天子召见向，叹息悲伤其意，谓曰："君且休矣，吾将思之。"向每召见，数言公族者，国之枝叶，枝叶落则本根无所庇荫；方今同姓疏远，母党专政，禄去公室②，权在外家，非所以强汉宗、卑私门、保守社稷、安固后嗣也③。向自见得信于上，故常显讼宗室④，讥刺王氏及在位大臣，其言多痛切⑤，发于至诚，终不能用。向卒后十三岁而王氏代汉⑥。

【注释】

①书奏：本段节录自《楚元王传附刘向传》。

②禄去公室：皇帝失去授予臣子禄位的权力。禄，禄位。《论语·季氏》："孔子曰：'禄之去公室五世矣，政逮于大夫四世矣，故夫三桓之子孙微矣。'"何晏集解引郑玄曰："爵禄不从君出。"

③私门：指权势之家，权贵者。

④显讼：公开责备。

⑤痛切：极其恳切。

⑥向卒后十三岁而王氏代汉：刘向卒于前6年，王莽代汉是公元8
　年，相隔十三年。

【译文】

奏章上呈后，成帝召见了刘向，为刘向的心意叹息悲伤，对他说："您暂且不要再说了，我会思考这件事。"刘向每次被召见，屡次说皇族是国家的枝叶，枝叶脱落，那么树根就失去庇护遮阴的依靠；当今皇族同姓被疏远，太后的宗族专擅国政，爵禄颁发脱离君主的掌握，大权落在外戚手中，这不是使汉朝宗室强大、私家权贵卑下，守护江山社稷，牢固安定后代的方法。刘向自己认为能被皇帝信任，所以经常公开责备宗室，讥评讽刺王氏以及掌权的大臣，他的话大多极其恳切，出自至诚之心，但终也没被采用。刘向死后十三年王氏取代了汉朝。

季布①，楚人也。项籍使将兵，数窘汉王。项籍灭，高祖购求布千金②，敢舍匿，罪三族。布匿濮阳周氏③，周氏乃髡钳布④，衣褐⑤，置广柳车中⑥，载以丧车，欲人不知也。之鲁朱家卖之⑦。朱家心知其季布也，买置田舍。乃之雒阳⑧，见汝阴侯滕公⑨，说曰："季布何罪？臣各为其主用，职耳。项氏臣岂可尽诛耶？今上始得天下，而以私怨求一人，何示不广也⑩！且以季布之贤，汉求之急如此，此不北走胡南走越耳⑪。夫忌壮士以资敌国，此伍子胥所以鞭荆平王之墓也⑫。君何不从容为上言之？"滕公心知朱家大侠，意布匿其所⑬，乃许诺。侍间⑭，果言如朱家旨。上乃赦布。布为河东守⑮。孝文时，人有言其贤，召欲以为御史大夫；人又言其勇，使酒难近^⑯。至，留邸一月^⑰，见罢^⑱。布进曰："臣待罪河东^⑲，陛下无故召臣，此人必有以臣欺陛下者。今臣至，无所受事罢去，此人必有毁臣者。夫以一人誉召臣，一人毁去臣，恐天下有识闻之，有以窥陛下。<small>窥见陛下深浅也。</small>"上默然，惭曰："河东吾股肱郡^⑳，故特召君耳。"

【注释】

①季布：本段节录自《季布栾布田叔传·季布传》。季布，原为项羽手下将军，曾被刘邦悬赏缉拿，后在夏侯婴说情下，得到赦免，并任郎中。文帝时官至中郎将，任河东郡守。季布以信守诺言而著称，"一诺千金"这个成语就出自季布。

②购：悬赏征求。

③濮阳：汉东郡治所，在今河南濮阳西南。

④髡钳：古代刑罚，指剃去头发，用铁圈束颈。

⑤褐：指粗布或粗布衣，古时贫贱者所服，是用麻皮制成。

⑥广柳车：古代载运棺材的大车。柳是棺车装饰。

⑦朱家：鲁国（治今山东曲阜）人，秦汉之际以任侠得名。

⑧雒阳：即洛阳。

⑨汝阴侯滕公：即夏侯婴，西汉开国功臣之一。曾为滕县令，故称滕公，随刘邦反秦灭项，以功封汝阴侯。

⑩不广：指心胸不广阔。

⑪北走胡：向北逃入匈奴。南走越：向南逃入南越国。秦汉之际，赵佗在岭南建立南越国。

⑫伍子胥：名员，字子胥，春秋时期楚国人。因楚平王听信谗言杀害其父兄而逃奔吴国，辅佐吴王阖庐攻入楚都郢，掘楚平王墓，鞭尸三百以泄仇。因功封申，故又称申胥。吴王夫差立，他多次劝阻

夫差不要轻信越王勾践而北上与齐、晋争霸,吴王不听,渐被疏远。后遭太宰嚭谗,吴王赐剑命其自杀。荆平王:即楚平王。芈姓,名弃疾,即位后改名熊居。前529年,作乱自立为王。即位后,恐国人及诸侯不服,内宽简刑政,外复陈、蔡国。宠信嬖臣费无忌。听其谗言逼走太子建,杀害了太子傅伍奢及其子伍尚,伍子胥被迫出逃。

⑬意:猜测。

⑭侍间:等到有单独进言的机会。侍,通"待",等到。

⑮河东:河东郡。治安邑(今山西夏县西北)。

⑯使酒:因酒使性。

⑰邸:汉诸郡王侯为朝见而在京都设置的住所。

⑱见罢:颜师古注:"既引见而罢,令还郡也。"

⑲待罪:古代官吏任职的谦称,意谓不胜其职而将获罪。

⑳股肱:指拱卫首都或某一中心城市、与之有密切关系的地方。

【译文】

季布,是楚地人。项羽让他领兵作战,他多次逼得汉王刘邦陷入困境。项羽被灭,汉高祖刘邦悬赏千金捉拿季布,谁胆敢藏匿他,罪连三族。季布藏匿在濮阳周家,周氏就把季布剃光头发,用铁圈束缚脖子,穿上褐衣,放在运棺木的丧车里面,用丧车装载,是不想让人知道。送到鲁地朱家那里卖掉。朱家心里知道是季布,就买下来安置在农舍里。于是朱家就去了洛阳,拜见汝阴侯夏侯婴,说道:"季布有什么罪?臣子各自为自己的主子所用,这是职责罢了。项羽的臣子难道能够全都杀了吗?现今皇上刚刚得到了天下,就因为私人怨恨捉拿一个人,显示出心胸是多么不广阔啊!况且凭着季布的贤能,汉朝这样急切地追捕他,他不是向北跑到匈奴就是向南跑到南越去了。因为忌恨勇士却逼得他去资助敌国,这就是伍子胥鞭笞楚平王坟墓的原因啊。您为什么不得空向皇上说说呢?"夏侯婴知道朱家是大侠,猜到季布隐匿在他那里,于是就答应了。

等到单独进言的机会，果然按朱家的意思向高祖说了。高祖于是赦免了季布。季布担任河东郡守。文帝的时候，有人说季布贤能，文帝想要召见任命他当御史大夫；又有人说他好勇，喝酒好使性子，不能当近臣。季布到了京师，留居馆舍一个月，引见之后让季布回原郡去。季布进言说："我在河东郡守任上充数，陛下无缘无故召见我，这必定有人拿我来欺骗陛下。现今我到了京师，没有接受任何职事就回去，这必定有人诋毁我。因为一个人的赞誉召见我，又因为一个人的诋毁让我离开，恐怕天下有识之士听到后，由此可以窥探陛下的深浅了。能窥见陛下的深浅。"文帝沉默了，惭愧地说："河东郡像我左膀右臂般重要，所以我特意召见您。"

　　栾布^①，梁人也^②，为梁大夫。使于齐未还，汉召彭越，责以谋反，夷三族，枭首雒阳下^③，诏有收视者辄捕之。布还，奏事彭越头下，祠而哭之^④。吏捕以闻，上召骂曰："若与彭越反耶？吾禁人勿收，若独祠哭之，与反明矣，趣烹之^⑤。"方提趋汤^⑥，顾曰："愿言而死。"上曰："何言？"布曰："方上之困彭城^⑦，败荥阳、成皋^⑧，项王所以不能遂西，徒以彭王居梁地，与汉合从苦楚也^⑨。当是之时，彭王壹顾与楚，则汉破。且垓下之会^⑩，微彭王，项氏不亡。天下已定，彭王割符受封^⑪，亦欲传之万世。今汉壹征兵于梁，彭王病不行，而疑以为反^⑫。反形未见，以苛细诛之^⑬，臣恐功臣人人自危也。今彭王已死，臣生不如死，请就烹。"上乃释布，拜为都尉^⑭。

【注释】

①栾布：本段节录自《季布栾布田叔传·栾布传》。栾布，与彭越友善。后得臧荼赏识，任他为将。及臧荼反汉被诛，他被俘。彭越闻之，将他赎回，任为梁大夫。文帝时，历任燕相、内史。文帝十

四年（前166），为将军，率军击退匈奴入侵。景帝时，吴、楚七国反，他以将军率军平齐，下赵，封郫侯。

②梁：梁国。彭越在西汉建立后被封为梁王，都定陶（今山东定陶西北）。

③枭首：斩首并悬挂示众。

④祠：祭祀。

⑤趣（cù）：赶快，从速。

⑥汤：指烹人用的装满滚水的汤锅。

⑦困彭城：前205年四月，刘邦乘项籍深陷于齐国的机会，率领诸侯联军五十六万一举攻占西楚都城彭城，项羽听说，急率轻骑兵三万回袭彭城，联军溃败，刘邦仅率数十骑逃脱。彭城，在今江苏徐州，项羽称西楚霸王，以彭城为都城。

⑧败荥阳、成皋：事在汉三年（前204）夏。项羽从彭城发动反攻，围困荥阳，刘邦派纪信装扮成自己诈降，乘机逃出。项羽攻下荥阳，进而包围刘邦所在的成皋。刘、项双方遂在荥阳、成皋一带相对峙一年有余。荥阳，县治即今河南荥阳东北的古荥镇。其地东有鸿沟连接淮河、泗水，北依邙山毗邻黄河，南临索河连嵩山，西过虎牢关接洛阳、长安，地势险要，交通便利。成皋，在今河南荥阳汜水镇。

⑨"项王所以不能遂西"几句：彭越在项羽后方袭扰，切断项羽的粮道，使项羽无法专心对付刘邦，是项羽失败的重要原因。合从，同"合纵"，这里指联合。苦楚，困扰西楚霸王项羽。

⑩垓下之会：汉五年（前202）十二月，楚汉两军在垓下（今安徽灵壁东南）进行的一场战略会战。在此战役中，韩信、彭越、英布等会合刘邦后，在垓下将向江南撤退的十万楚军层层包围，并最终取得胜利。

⑪割符：剖符。古代帝王分封诸侯、功臣时，以竹符为信证，剖分为

二,君臣各执其一,后来便用为分封、授官之称。

⑫"今汉壹征兵于梁"几句:前197年秋,陈豨在代地造反,刘邦亲
　自讨伐,到达邯郸,向彭越征兵。彭越推说有病,派出将领带着
　军队到邯郸。刘邦很生气,派人去责备彭越。后有人诬告彭越谋
　反,刘邦派使臣出其不意地袭捕了彭越。彭越最后被刘邦与吕后
　杀害灭族。

⑬苛细:烦琐细小。

⑭都尉:是比将军略低的武官。

【译文】

　　栾布,是梁国人,担任梁大夫。他奉命出使齐国还没回来,汉朝廷
召见彭越,指责他谋反,夷灭了他的三族,斩首并悬挂在洛阳示众,下诏
说,有收殓和探视的人就逮捕。栾布回来,向彭越的首级奏报出使情况,
然后一边祭祀一边痛哭。官吏逮捕了栾布并上报高祖,高祖召见并骂栾
布说:"你和彭越一起谋反吗? 我下令不许任何人收尸,你偏偏去祭祀哭
吊他,跟他一起谋反是明明白白的了。赶紧烹了他。"正当被抓着拖向
汤锅,栾布回头说:"请求说句话再死。"皇帝说:"说什么?"栾布说:"当
皇上被困彭城,在荥阳、成皋失败的时候,项羽之所以不能向西进攻,只
是因为彭王占据梁地,与汉联合让项羽大吃苦头。在这时候,彭王一转
头投向项羽,那么汉军就会失败。况且垓下会战,没有彭王,项氏不会灭
亡。天下已经安定,彭王拿到符印受封,也想把王位万代相传。现今汉
朝廷一向梁国征兵,彭王有病不能从行,您就疑心他要反叛。反叛的行
迹没有显现,就用烦琐细小的理由诛杀他,我恐怕功臣会人人自危了。
现今彭王已经死了,我活着不如死了,请烹了我吧。"高祖于是释放了栾
布,任命他做了都尉。

　　萧何①,沛人也②。汉杀项羽,即皇帝位,论功行封,群
臣争功,岁余不决。上以何功最盛,先封为酂侯③,食邑八千

户④。功臣皆曰："臣等身被坚执兵⑤，多者百余战，少者数十合⑥，攻城略地，大小各有差⑦。今萧何未有汗马之劳⑧，徒持文墨议论不战，居臣等上，何也？"上曰："诸君知猎乎？"曰："知之。""知猎狗乎？"曰："知之。"上曰："夫猎，追杀兽者，狗也；而发纵指示兽处者⑨，人也。诸君徒能走得兽耳⑩，功狗也。至如萧何，发纵指示，功人也。且诸君独以身从我，多者两三人；萧何举宗数十人皆随我，功不可忘也！"群臣后皆莫敢言。列侯毕已受封，奏位次，皆曰："平阳侯曹参⑪，身被七十创，攻城略地，功最多，宜第一。"关内侯鄂千秋时为谒者⑫，进曰："群臣议皆误。夫曹参虽有野战略地之功，此特一时之事。夫上与楚相拒五岁，失军亡众，跳身遁者数矣⑬，然萧何常从关中遣军补其处。非上所诏令召，而数万众会上乏绝者数矣。夫汉与楚相守荥阳数年，军无见粮⑭，萧何转漕关中，给食不乏。陛下虽数亡山东⑮，萧何常全关中待陛下⑯，此万世功也。今虽无曹参等百数，何缺于汉？汉得之，不必待以全。奈何欲以一旦之功，而加万世之功哉！萧何当第一，曹参次之。"上曰："善！"于是乃令何第一，赐剑履上殿⑰，入朝不趋⑱。是日悉封何父母兄弟十余人，皆食邑。

【注释】

①萧何：本段节录自《萧何曹参传·萧何传》。

②沛：今江苏沛县。

③酂（cuó）：古县名，汉时属沛郡。在今河南商丘永城西酂城镇。

④食邑：指古代君主赐予臣下作为世禄的封地。

⑤被(pī)坚执兵:穿着坚固甲胄,握着锐利武器,指上阵战斗。被,同"披"。

⑥合:交锋,交战。

⑦有差:不一,有区别。

⑧汗马:战马奔走而出汗,比喻劳苦征战。

⑨发纵:发现踪迹。纵,通"踪",踪迹。

⑩走:奔跑。

⑪平阳侯曹参(cān):字敬伯,沛人,协助刘邦,组织最初的起义队伍。从刘邦西进,破武关,袭峣关,战蓝田,屡建奇功。曾领兵夜袭秦京城近卫军北军,使义军得以顺利灭秦。汉王元年(前206),从入汉中,封建成侯,汉军还定三秦后,又从韩信败擒魏王豹,击杀赵相夏说,大破齐于历下,并参与破杀楚大将龙且。汉高祖六年(前201),以战功封平阳侯。

⑫关内侯:秦汉二十等爵位中第十九等,仅低于彻侯(即列侯,亦称通侯),有其号,但无封国。居关内京畿,故称。封有食邑数户,有按规定户数征收租税之权。谒者:掌宾赞受事,是替天子传达的官员。

⑬跳身:颜师古曰:"跳身,谓轻身走出也。"《史记·萧相国世家》作"逃身",李笠曰:"逃身,谓脱身。"

⑭见(xiàn)粮:现存的粮食。见,同"现"。

⑮山东:崤山或华山以东地区。

⑯全:保全。

⑰剑履上殿:经帝王特许,重臣上朝时可不解剑,不脱履,以示殊荣。泷川引朱锦绶语,以为先秦时群臣侍立,礼应佩剑,"自秦法群臣侍殿上者不得持尺寸之兵,适与古制相反。汉沿其法,故特赐萧何以宠之"。

⑱不趋:指入朝不急步而行。封建时代人臣入朝必须急步前行以示

恭敬,入朝不趋是皇帝对大臣的一种殊遇。

【译文】

萧何,是沛地人。汉王杀了项羽,登上皇帝位,按照功劳分封,手下群臣争功,一年多没有决定。高祖认为萧何功劳最大,先封他为鄼侯,食邑八千户。功臣都说:"我们这些人穿着坚固盔甲,手握武器,多的打了一百多仗,少的也有几十仗,进攻城池,抢掠地盘,大小各不一样。现今萧何没有辛苦征战的功劳,只不过凭着舞文弄墨地议论而没参加过战斗,功劳却在我们之上,为什么?"高祖说:"诸位知道打猎吗?"回答说:"知道。""知道猎狗吗?"说:"知道。"高祖说:"打猎,追杀野兽的,是猎狗;而指挥调度指点野兽踪迹的,是人。诸位只是能奔跑获得野兽罢了,是有功的狗。至于说萧何,指挥调度指示踪迹,是有功的人。况且诸位只是单独一个人跟从我,多的不过两三人,萧何全族几十个人都跟随我,功劳不可忘记啊!"群臣以后都不敢说什么了。列侯受封完毕,奏议排列位次,都说:"平阳侯曹参,身受七十处创伤,攻占城池地盘,功劳最多,应该排第一。"关内侯鄂千秋当时官居谒者,进言说:"群臣的奏议是错误的。曹参虽说有野战攻占地盘的功劳,这只不过是一时的事情。皇上与楚军对峙五年,损兵折将,自己脱身逃走好几次,但是萧何能常从关中派遣军队补充缺额。虽然不是皇上下诏让他征召的,但在皇上缺兵少将时他总是及时地派来几万人马,这也有好多次了。汉与楚在荥阳对峙多年,军中没有现存的粮食,萧何通过水陆两路从关中运送粮饷,使军队不缺给养。陛下虽然几次丢掉了崤山以东的地盘,萧何却牢牢地保全了关中等待陛下,这是万代的功劳。现今像曹参这样的即使少一百个,对汉朝来说又有什么亏缺呢?汉朝不是因为有了他们才得以保全的。怎么能让一时的功劳凌驾于万代的功劳之上呢!萧何应该第一,曹参次之。"皇帝说:"好!"于是下令萧何第一,赐他上朝时可不解剑、不脱履,可以不疾步行走的殊荣。这一天把萧何的父母兄弟十几个人都加以封赏,都有食邑。

何为民请曰①："长安地陕，上林中多空地②，弃，愿令民得入田，毋收稿为兽食③。"上大怒曰："相国多受贾人财物，为请吾苑！"乃下何廷尉④，械系之⑤。数日，王卫尉侍⑥，前问曰："相国胡大罪，陛下系之暴也？"上曰："吾闻李斯相秦，有善归主，有恶自予。今相国多受贾竖金⑦，为请吾苑，以自媚于民，故系治之。"王卫尉曰："夫职事苟有便于民而请之，真宰相事也。陛下奈何乃疑相国受贾人钱乎？且陛下距楚数岁⑧，陈豨、黥布反时⑨，陛下自将往，当是时，相国守关中，摇足即关西非陛下有⑩。相国不以此时为利，乃利贾人之金乎？且秦以不闻其过亡天下，夫李斯之分过，又何足法哉！陛下何疑宰相之浅也！"是日，使使持节赦出何⑪。何年老，素恭谨，徒跣入谢⑫。上曰："相国休矣！相国为民请吾苑不许，我不过为桀、纣主，而相国为贤相。吾故系相国，欲令百姓闻吾过也。"

【注释】

①何为民请曰：本段节录自《萧何曹参传·萧何传》。

②上林：上林苑。秦旧苑，汉初荒废，至汉武帝时重新扩建。故址在今陕西西安西及周至、鄠邑界。为皇帝射猎、游乐之处。

③稿：秸秆。

④廷尉：九卿之一，掌刑狱。

⑤械系：戴上镣铐，拘禁起来。

⑥卫尉：九卿之一，是统率卫士守卫宫禁之官。

⑦贾竖：旧时对商人的贱称。

⑧距：通"拒"，抵抗，抵御。

⑨陈豨（xī）：汉高祖刘邦部将，封阳夏侯，并以代相国统领赵、代边
　防部队。招蓄宾客数千，为高祖所忌，使人案查。因宾客诸多不
　法事都直接牵连到他自身，恐。十年（前197），勾结匈奴叛乱，自
　立为代王。刘邦亲自率军征讨，十二年（前195），为周勃击杀。

⑩摇足：动动脚，喻稍有举动。关西：指函谷关或潼关以西的地区。

⑪持节：古代使臣奉命出行，必执符节以为凭证。

⑫徒跣：光脚。表示自行请罪。

【译文】

　　萧何为百姓向高祖请求说："长安地方狭小，上林苑中有很多空地，
荒弃在那里，希望能让民众进去种地，留下秸秆给野兽吃就行了。"高祖
大怒说："相国收了商人的很多财物，竟然替他们讨要我的宫苑！"于是
就把萧何交给廷尉，戴上镣铐监禁起来。过了几天，王卫尉侍从，上前问
道："相国有什么大罪，陛下突然把他监禁起来？"高祖说："我听说李斯
当秦相国时，有成绩归功主上，有差错归于自己。现今相国接受了商人
的贿赂，替他们要我的宫苑，来向百姓献媚讨好，所以下狱治罪。"王卫
尉说："职责内只要是对民众有利的事就向陛下请求，这真是宰相应该做
的事啊。陛下为什么竟然怀疑相国接受了商人的钱财呢？况且陛下与
楚军对峙了好几年，还有陈豨、黥布反叛的时候，陛下亲自领兵前往，在
这时候，相国镇守关中，只要稍有动作关西就不是陛下的了。相国不在
这时候谋利，竟然会贪图商人金钱这样的小利吗？况且秦朝因为拒绝听
到自己的过失而丢掉天下，李斯的所谓分担过失，又哪里值得效法呢！
陛下怎么会怀疑相国如此浅薄呢！"这一天，高祖就派使者手持符节赦免
萧何出狱。萧何岁数大了，平素一向谦恭谨慎，他光着脚上朝谢罪。高
祖说："相国免了吧！相国为百姓请求我的宫苑我没答应，我不过是桀、
纣那样的昏君，而相国你是贤明的相国。我故意监禁相国，是想要让百
姓知道我的过失啊。"

曹参①，沛人也。为齐丞相②。参闻胶西有盖公③，善治黄老言④，使人厚币请之。既见，盖公为言治道，贵清静而民自定，推此类具言⑤。参于是避正堂⑥，舍盖公焉⑦。其治要用黄老术，齐国安集⑧，大称贤相。萧何薨，使者召参。参去，属其后相曰⑨："以齐狱市为寄⑩，慎勿扰也。"后相曰："治无大于此者乎？"参曰："不然。夫狱市者，所以并容也，今君扰之，奸人安所容乎？吾是以先之。"夫狱市，兼受善恶，若穷极奸人⑪，奸人无所容窜，反且为乱。秦人极刑而天下叛，孝武峻法而狱繁，此其效也。老子曰："我无为，民自化；我好静，民自正⑫。"参欲以道化为本⑬，不欲扰其末也。

【注释】

①曹参：本段节录自《萧何曹参传·曹参传》。

②齐：前201年汉高祖封长子刘肥为齐王，王齐地七十余座城，都城临淄（今山东淄博临淄区）。

③胶西：汉高帝六年（前201）置胶西郡，治所在高密（今山东高密西南）。盖（gě）公：其墓在今山东潍坊峡山水库西岸中段盖公山上。

④黄老言：指黄老学说。黄老学派从战国后期开始形成，"黄"是托黄帝主张，"老"是指老子思想。

⑤具言：备言，详细告诉。

⑥正堂：正屋。此指丞相府的正堂，而非丞相衙门的正堂。

⑦舍：让他住。

⑧安集：安定辑睦。

⑨属：嘱咐。

⑩狱市：说法不一。一指地名。梁玉绳《史记志疑》引《梁溪漫志》

云:"《孟子》'庄岳之间'注:'齐街里名。'……'狱'字合从'岳'
音。盖谓'岳市',乃齐阛阓之地,奸人所容,故当勿扰之。"《汉
书音义》亦主此说。一说指刑法与市场两件事情。梁玉绳《史记
志疑》引《猗觉寮杂记》云:"狱、市二事。狱如教唆词讼,资给盗
贼;市如用私斗秤,欺谩变易之类,皆奸人图利之所,若穷治尽,则
事必枝蔓,此等无所容,必为乱,非省事之术也。"寄:寄托,托付。

⑪穷极:穷究,追究。

⑫"我无为"几句:语见《老子·五十七章》。

⑬道化:道德风化。

【译文】

　　曹参,是沛地人,做了齐国丞相。曹参听说胶西有位盖公,对黄老学
说很有研究,就派人重金请他来。见面之后,盖公对他说治国要道,贵在
清静无为而民众自然安定,并本着清静无为的精神详细地向他讲述。曹
参于是从正屋大寝搬出,让给盖公居住。曹参治齐主要使用黄老之术,
齐国安定和睦,大家都称赞他是位贤相。萧何去世,使者召曹参回朝。
曹参离开时,嘱咐继任的齐相说:"把齐国的狱市托付给您了,千万别去
干扰。"继任的齐相说:"治理齐国难道没有比这个更重要的了吗?"曹参
说:"不能这样讲。狱市就是用来藏垢纳污、善恶并容的,如果你去干扰
它,那些为非作歹的人到哪里去容身呢?所以我首先提出这件事。"狱市
兼容善人恶人,倘若穷究奸人,奸人没有地方容纳只能流窜,反而将要出乱子。秦朝
人刑罚严酷到了极点而天下反叛,汉武帝法律严苛而狱讼繁多,这就是验证。老子
说:"我无为,民众自然教化;我喜好清静,民众自然端正。"曹参是想用道德风化作
为根本,不想干扰枝节末端。

　　始参微时①,与萧何善,及为宰相,有隙。至何且死,所
推贤唯参。参代何为相国,举事无所变更,壹遵何之约束。
择郡国吏长大、取年长大者。讷于文辞、谨厚长者②,即召除

为丞相史③。史言文刻深④，欲务声名，辄斥去之⑤。日夜饮酒。卿大夫以下吏及宾客，见参不事事，不事丞相之事。来者皆欲有言。至者参辄饮以醇酒，度之欲有言，复饮酒，醉而后去，终莫得开说。开，谓有所启白。相舍后园近吏舍，日饮歌呼。从吏患之，无如何，乃请参游后园。闻吏醉歌呼，从吏幸相国召按之⑥，乃反取酒张坐饮，大歌呼与相和。参见人之有细过，专掩匿覆盖之⑦，府中无事。参子窋⑧，为中大夫⑨。惠帝怪相国不治事⑩，以为"岂少朕与"，乃谓窋曰："汝归，试私从容问乃父曰：'高帝新弃群臣，帝富于春秋，君为相国，日饮无所请事，何以忧天下？'然无言吾告汝也。"窋既洗沐⑪，归谏参。参怒而笞之二百，曰："趣入侍，天下事，非乃所当言也。"至朝时，帝让参，参免冠谢曰："陛下自察圣武，孰与高皇帝？"上曰："朕乃安敢望先帝！"参曰："陛下观参，孰与萧何贤？"上曰："君似不及也。"参曰："陛下之言是也。且高皇帝与萧何定天下，法令既明具，陛下垂拱⑫，参等守职，遵而勿失，不亦可乎？"惠帝曰："善，君休矣！"百姓歌之曰："萧何为法，讲若画一⑬；"讲"或作"较"。曹参代之，守而勿失。载其清静，民以宁壹⑭。"

【注释】

①始参微时：本段节录自《萧何曹参传·曹参传》。

②讷（nè）：出言迟钝，口齿笨拙。长者：指德高望重的人。

③除：拜官，授职。丞相史：丞相之属官。汉初置相国史，秩五百石。后改称丞相史，秩四百石。在丞相长史直接管辖下，处理丞相主管的各类具体事务。

④言文：指解释法律文字。刻深：苛刻，严酷。

⑤斥去：排斥并使之离去。

⑥幸：希望。按：按问，查究审问。

⑦专：一意，完全。

⑧窋（zhú）：曹窋，后嗣爵为平阳侯。汉惠帝时曾任中大夫、御史大
　　夫等职。逢迎诸吕，得吕后信重。吕后死，他又参与谋诛诸吕，迎
　　立文帝。文帝即位，被免官。为侯二十九年后去世，谥号为静侯。

⑨中大夫：光禄勋属官，掌议论。秩比两千石。

⑩惠帝：汉惠帝刘盈，前194—前188年在位。汉高帝刘邦嫡长子，
　　母为高皇后吕雉。

⑪洗沐：本为沐浴，借指休假。汉制，官吏五日一次，沐浴休息。

⑫垂拱：垂衣拱手，指不用亲理事务。后多用以指帝王无为而治。

⑬讲：通"颉（jiǎng）"，明确，始终一贯。画一：一致，一律。

⑭宁壹：安定统一。

【译文】

起初曹参没发达的时候，跟萧何友善，等到萧何当了丞相，两人有了
嫌隙。到萧何将要去世的时候，推举的贤者只有曹参。曹参接任萧何当
了相国，凡事没有变更，一切遵照萧何的规矩。选择郡国官吏中那些年
长的、取年龄大的。言语文辞迟钝的、谨慎忠厚的人，任命为丞相史。丞
相史中如果有解释法律条文苛刻严酷，想要追求名声的，就会斥退他们。
曹参日夜喝酒。卿大夫以下的官吏以及他的宾客，见到曹参不理政事，
不办理丞相的事务。来见他的人都想有所进言。人一到了曹参就拿出醇厚
的酒请他们喝，估计他们想进言，就又让他们喝酒，直到他们喝醉了以后
离开，始终也没能开口进言。开，指有所陈述。相国府后园靠近属吏的馆
舍，属吏天天喝酒高歌呼叫。曹参的随从官员非常厌恶，又无可奈何，就
请曹参到后园游玩。听到属吏喝醉了高歌呼叫，随从官员希望相国召来
他们查问，曹参竟反而拿来酒张设座席喝酒，大声高歌呼叫跟属吏互相

应和。曹参见到有人犯了小的过失，总是替人隐瞒遮盖，因此相府相安
无事。曹参的儿子曹窋，担任中大夫。惠帝怪曹相国不理政事，认为他
"难道是看我岁数小吗"，于是对曹窋说："你回家，试着私下里找机会问
问你父亲：'高皇帝刚刚丢弃群臣，新皇帝还很年轻，您担任相国，天天喝
酒也不请示政事，怎么忧念天下呢？'但不要说是我让你说的。"曹窋休
假后，回家劝谏曹参。曹参发怒打了他二百鞭，说："赶快进宫去侍候皇
帝，天下事，不是你应当说的。"到了上朝时，惠帝责怪曹参，曹参脱帽谢
罪说："陛下自己观察，您的圣明英武，能赶上高皇帝吗？"惠帝说："我哪
里敢跟先帝相比！"曹参说："陛下观察我曹参，与萧何谁更贤明？"惠帝
说："您似乎赶不上萧何。"曹参说："陛下的话说得对啊。况且高皇帝跟
萧何平定天下，法令已经明白完备，陛下垂衣拱手，我们臣子恭守职责，
遵循原有的法度而不随意更改，不就行了吗？"惠帝说："好，您不要说
了！"百姓歌唱道："萧何制定法令，明白和谐一致；'讲'或写作'较'。曹
参继任相国，谨慎保守不变。实行清静无为，民众安定统一。"

　　张良^①，字子房，韩人也。沛公欲以二万人击秦峣关下
军^②，良曰："秦兵尚强，未可轻^③。臣闻，其将屠者子，贾竖
易动以利。愿沛公令郦食其持重宝啖秦将^④。"秦将果欲连
和俱西^⑤，良曰："此独其将欲叛，士卒恐不从，不如因其解
击之^⑥。"沛公乃引兵击秦军，大破之。遂至咸阳^⑦，秦王子
婴降沛公。沛公入秦宫，室帷帐狗马重宝妇女以千数^⑧，意
欲留居之。樊哙谏^⑨，沛公不听。良曰："夫秦为无道，故沛
公得至此。为天下除残去贼^⑩，宜缟素为资^⑪。今始入秦，即
安其乐，此所谓助桀为虐^⑫。资，质也。欲令沛公反秦奢，俭素以
为质也。且忠言逆于耳利于行，毒药苦于口利于病，愿沛公
听樊哙言。"沛公乃还军霸上^⑬。

【注释】

①张良：本段节录自《张陈王周传·张良传》。张良,字子房。西汉开国元勋。他的先辈任过五代韩王之相,秦灭韩后,他为韩报仇,曾在博浪沙刺杀秦始皇。后投刘邦,为其主要谋士,辅佐刘邦灭秦,在楚汉战争中打败项羽。汉高祖六年(前201),封留侯,食万户。刘邦赞其"运筹帷幄之中,决胜千里之外"。刘邦死后,他托病不出,杜门学道。

②峣(yáo)关：故址在今陕西商洛西北。关临峣山,故名。为关中平原通往南阳盆地之要隘。

③轻：轻视。

④啖(dàn)：利诱。

⑤连和：联合。

⑥解：通"懈",松懈,懈怠。

⑦咸阳：秦朝都城,秦孝公十二年(前350),秦建都咸阳。在今陕西咸阳。

⑧帷帐：帷幕床帐。

⑨樊哙：西汉开国元勋。吕后妹夫。出身寒微,早年曾以屠狗为业。秦末随刘邦起义。鸿门宴上,范增欲杀刘邦,他直闯军营,使刘邦得以脱险。在灭秦与楚汉战争中屡建战功,封舞阳侯。

⑩除残：除去凶残的人。残,指暴虐无道的人。贼：祸害。

⑪缟素为资：意即言"以俭朴为本"。缟素,白色丝帛。这里用以比喻朴素。资,质,素质,本质。

⑫助桀为虐：帮助夏桀行暴虐之事,比喻帮助坏人干坏事。桀,夏桀,夏朝最后一个君主,暴君的代表。虐,残暴。

⑬霸上：在今陕西西安东白鹿原北首。因地处霸水之滨,故名。为古代咸阳、长安附近军事要地。

【译文】

张良,字子房,韩国人。沛公刘邦想要用两万人攻击秦峣关的军队,张良说:"秦兵还很强大,不可轻视。我听说,他们的将领是屠户的儿子,商人容易被利益打动。希望沛公能让郦食其拿着贵重财宝贿赂秦将。"秦将果然想跟汉军联合一起西进,张良说:"这只是秦将想要背叛,士卒恐怕不服从,不如趁他们松懈去攻击他们。"沛公于是领兵攻击秦军,大败秦军。于是进入咸阳,秦王子婴投降了沛公。沛公进入秦宫,见宫殿里帷幕床帐、名贵的狗马、贵重的宝器和美女数以千计,就想要留住在这里。樊哙劝谏,沛公不听。张良说:"秦朝无道,所以沛公您才能到了这里。替天下除去凶残与祸害,应该以朴素为本。现今刚刚进入秦都,就要安于秦朝的享乐,这就是人们所说的'助桀为虐'呀。资,是本质的意思。想要让沛公一反秦朝的奢侈,把节俭朴素作为本质。况且忠言逆耳利于行,良药苦口利于病,希望沛公听从樊哙的话。"沛公于是撤军回到霸上。

陈平①,户牖人也②。背楚,因魏无知见汉王③,汉王拜为都尉,典护军④。绛、灌等或谗平曰⑤:"闻平居家时,盗其嫂⑥;事魏王不容⑦,亡而归楚;不中⑧,又亡归汉。今大王尊官之,令护军。臣闻,平使诸将金多者得善处,金少者得恶处。平反覆乱臣也,愿王察之。"汉王疑之,以让无知,问曰:"有之乎?"无知曰:"有。"汉王曰:"公言其贤人,何也?"对曰:"臣之所言者能也,陛下所问者行也⑨。今有尾生、孝己之行⑩,孝己,高宗之子,有孝行也。而无益于胜败之数,陛下何暇用之乎?今楚、汉相拒,臣进奇谋之士。"王召平而问曰:"吾闻先生事魏不遂,事楚而去,今又从吾游,信者固多心乎⑪?"平曰:"臣事魏王,魏王不能用臣说,故去事项王。项王不信人,其所任爱,非诸项,即妻之昆弟,虽有奇士,不能用。臣居楚,闻汉王之能用人,故归大王。臣裸身来,不受金,无以为资。诚臣计画有可采者,愿大王用之;使无可用者,大王所赐金具在,请封输官^⑫,得请骸骨^⑬。"汉王乃谢,厚赐,拜以为护军中尉^⑭,尽护诸将。诸将乃不敢复言。

【注释】

①陈平:本段节录自《张陈王周传·陈平传》。陈平,西汉开国元勋。为刘邦重要谋士,曾屡出奇计,助刘邦建立汉朝。刘邦伐匈奴,被围困在白登山,陈平设计解围,封曲逆侯。惠帝即位,吕后当权,他迎合吕后,又日饮酒游乐以求免祸。吕后死,他与周勃等合谋,诛诸吕,立文帝,任丞相,死后谥献侯。

②户牖:阳武县户牖乡,在今河南原阳。

③魏无知:秦汉之际汉谋士。又作"魏倩"。一说字"倩",或说"倩"为士之美称。西汉建立后,刘邦曾厚赏他荐陈平之功。

④典护:监领,督察。

⑤绛:绛侯周勃。灌:颍阴侯灌婴。他们因追随刘邦打天下,以军功封侯。

⑥盗:私通。

⑦事魏王不容:陈胜起义,陈平投奔魏王咎,任太仆。因数谏魏王不听,又被谗,遂离去。魏王,指魏咎,战国时期魏国公子,魏豹之兄,陈胜起义魏咎前往追随,后被拥立为魏王,因败于章邯自焚而死。

⑧不中:不行。

⑨行:品行,德行。

⑩尾生:据说春秋时一位叫尾生的男子与女子约定在桥梁相会,久候不到,水涨,乃抱桥柱而死。后用尾生抱柱一词比喻坚守信约。孝己:商朝高宗武丁之子。有贤孝之行。其母早死,高宗惑后妻之言,他被流放而死,世人哀之。

⑪多心：指二三其心，反复无定。

⑫输官：交给官府。

⑬请骸骨：指古代官吏请求退休。言使骸骨得以归葬故乡。

⑭护军中尉：秦置护军，护即监领之意。刘邦为汉王时沿置，主掌尽护诸将，地位较高。

【译文】

陈平，是户牖乡人。他背离西楚，通过魏无知谒见汉王刘邦，汉王任命他当都尉，督察军队。周勃、灌婴等人中有说陈平的坏话："听说陈平在家里的时候，跟他嫂子私通；事奉魏王不能容身，逃归楚军；还是不行，又逃亡归附汉王。现今大王给他尊贵的官职，让他督察军队。我们听说，陈平收受将领们的贿赂，给钱多的将领待遇好，给钱少的待遇差。陈平是反复无常的奸佞臣子，希望大王明察。"汉王怀疑陈平，就责让魏无知，问道："陈平有这些事吗？"无知说："有。"汉王说："那您还说他是贤人，为什么呢？"回答说："我所说的是能力，陛下所问的是品行。如今有尾生、孝己这样的品行，孝己，是殷高宗的儿子，有孝行。对胜败没有好处，陛下有空用他们吗？现今楚汉相争，我推荐的是有奇谋的人才。"汉王召见陈平问他说："我听说先生事奉魏王没有终了，事奉楚王又自己离开，现在又跟着我，守信的人原本也会反复不定吗？"陈平说："我事奉魏王，魏王不能听从我的意见，所以离开他去事奉项王。项王不信任别人，所任用的都是他喜爱的人，不是姓项的，就是妻子的兄弟，即使有奇才，也不能任用。我在楚，听说汉王能任用人，所以归附大王。我空手而来，不接受金钱，没有办事可用的资本。如果我的计策有能够采用的，希望大王使用；假使没有可用的，大王的赐金都在，请查封送回官府，我希望能请求辞官回乡。"汉王于是给他道歉，重重地赏赐他，任命他做护军中尉，监督全部军队。诸将于是不敢再说什么。

周勃①，沛人也。为人木强敦厚②，高帝以为可属大事。

惠帝以勃为太尉。高后崩，吕禄以赵王为汉上将军③，吕产以吕王为相国，秉权，欲危刘氏。勃与丞相平、朱虚侯章，共诛诸吕。遂共迎立代王④，是为孝文皇帝。初即位，以勃为右丞相。后乃免丞相就国⑤。人有上书告勃欲反，下廷尉，廷尉逮捕勃治之⑥。勃恐，不知置辞⑦。吏稍侵辱之⑧。勃以千金与狱吏，乃书牍背示之："以公主为证。"公主者，文帝女也，勃太子胜之尚之⑨，故狱吏教引为证。薄太后亦以为无反事⑩。文帝朝，太后曰："绛侯绾皇帝玺⑪，将兵于北军⑫，不以此时反，今居一小县，顾欲反耶？"文帝乃谢曰："吏方验而出之。"于是使使持节赦勃，复爵邑。勃既出，曰："吾尝将百万军，然安知狱吏之贵也！"

【注释】

①周勃：本段节录自《张陈王周传·周勃传》。

②木强：质直刚强。敦厚：诚朴宽厚。

③吕禄以赵王为汉上将军：吕禄当时被封为赵王，凭借赵王的身份为上将军。上将军，官名，本为行军作战时的主帅，汉以吕禄为上将军，后世以上将军位大将军之上。后无建置。

④迎立：指迎接而推立为君长。代王：即汉文帝刘恒，母亲薄姬。汉高祖十一年（前196），刘邦在亲征平定代地陈豨的叛乱后，立八岁的刘恒为代王。

⑤就国：指受封者前往封地久住定居，进行管理。

⑥治：惩处。

⑦置辞：措词。

⑧侵辱：凌辱。

⑨太子胜之：周勃的嫡长子周胜之。周时天子及诸侯之嫡长子，或

称太子，或称世子。汉初因之，景帝以后只用以称皇太子。尚：专
指娶公主为妻。

⑩薄太后：即薄姬，汉高祖刘邦的嫔妃，汉文帝刘恒的生母。

⑪绾（wǎn）：系结。

⑫将兵于北军：大臣谋诛诸吕时，周勃首先进入北军，夺得军权。北
军，汉代守卫京城的屯卫兵。未央宫在京城西南，其卫兵称南军；
长乐宫在京城东面偏北，其卫兵称北军。北军比南军强大。

【译文】

　　周勃，是沛地人。为人质直刚强诚朴宽厚，高祖认为可以托付大事。
惠帝任命周勃为太尉。吕后死后，吕禄以赵王的身份做汉上将军，吕产
以吕王的身份做相国，执掌大权，想要危害刘氏的江山。周勃与丞相陈
平、朱虚侯刘章，一起诛灭了吕氏家族。于是共同迎接代王并推立他为
皇帝，这就是孝文帝。文帝刚登上皇位，任命周勃为右丞相。后来免去
他的相位让他到封地居住。有人上书密告周勃要谋反，文帝把这事交给
廷尉处置，廷尉逮捕了周勃审问他。周勃恐惧，不知怎样措词应对。狱
吏越来越欺凌侮辱他。周勃拿出千金给狱吏，狱吏就在简牍背面写字给
他看："请公主作证。"公主，是文帝的女儿，周勃的嫡长子周胜之娶了公
主，所以狱吏让他请公主作证。薄太后也认为周勃没有谋反的事情。文
帝朝见太后，太后说："绛侯当时系着皇帝的御玺，率领北军，不在这个时
候反，现今住在一个小县，反倒想造反吗？"文帝于是谢罪说："官吏刚刚
验证就要放他出狱了。"于是派使者手持符节赦免周勃，恢复他的爵位
封邑。周勃出来之后，说："我曾经率领百万大军，但哪里知道狱吏的尊
贵啊！"

　　勃子亚夫①，文帝封为条侯。后六年②，匈奴大入边。
以宗正刘礼为将军③，军霸上；祝兹侯徐厉为将军④，军棘
门⑤；以亚夫为将军，军细柳⑥，以备胡。上自劳军，至霸上

及棘门军,直驰入,将以下骑送迎⑦。已而之细柳军,军士吏被甲⑧,锐兵刃,彀弓弩⑨,持满。天子先驱至⑩,不得入。先驱曰:"天子且至!"军门都尉曰⑪:"将军令曰:'军中闻将军之令,不闻天子之诏。'"有顷上至,又不得入。于是上使使持节诏将军曰:"吾欲劳军。"亚夫乃传言开壁门⑫,壁门士请车骑曰⑬:"将军约,军中不得驱驰⑭。"于是乃按辔徐行至中营⑮。将军亚夫持兵揖曰:"介胄之士不拜⑯,请以军礼见⑰。"礼,介者不拜。天子为动,改容式车⑱。使人称谢,成礼而去。既出军门,群臣皆惊。文帝曰:"嗟乎,此真将军矣!向者霸上、棘门军,如儿戏耳,其将固可袭而虏也。亚夫可得而犯耶?"称善者久之。

【注释】

①勃子亚夫:本段节录自《张陈王周传·周勃传附周亚夫传》。亚夫,周亚夫,绛侯周勃的次子,被封为条侯,在吴楚七国之乱中,他统帅汉军,三个月平定了叛军。后被冤下狱,绝食而死。

②后六年:汉文帝后元六年,前158年。

③宗正:掌管王室亲族的事务。汉魏以后,皆由皇族担任。刘礼:西汉宗室,楚元王刘交之子,初封平陆侯,为宗正,汉景帝三年(前154),刘礼改封为楚王。

④徐厉:又名悍。以舍人从高祖从沛县(今江苏沛县)起兵。高后四年(前184)封祝兹侯。

⑤棘门:在今陕西咸阳东北。本为秦宫门。古时宫门插棘,故以为名。

⑥细柳:在今陕西咸阳西南渭河北岸。

⑦将以下骑迎送：按，将官骑马迎送皇帝于礼不合，故此处应重出"下"字，即将军及其部属迎送皇帝时，都下马拜伏。

⑧士吏：军中低级武官，当是奉命把守营门的军官。被(pī)：同"披"。

⑨彀(gòu)：张满弓弩。弩：用机械发箭的弓。

⑩先驱：前导。

⑪军门都尉：西汉特设的位次于将军的高级军官。职掌军营门卫。

⑫壁：营垒。

⑬车骑：车马，这里指皇帝的侍卫队伍。

⑭驱驰：策马快跑。

⑮按辔徐行：拉着缰绳，让车马慢慢走。

⑯介胄：披甲戴盔。不拜：不行跪拜之礼。

⑰军礼：军中的礼节。

⑱改容：动容，脸上出现受感动的表情。式车：俯身以手抚车前横木，以示敬礼。式，通"轼"，车前扶手横木。

【译文】

　　周勃的儿子周亚夫，文帝封他为条侯。文帝后元六年，匈奴大举侵入边境。朝廷任命宗正刘礼为将军，驻扎在霸上；祝兹侯徐厉被任命为将军，驻扎在棘门；任命周亚夫为将军，驻扎在细柳，共同防备匈奴。皇帝亲自慰劳军队，到了霸上和棘门军营，径直奔驰进入，将军以下都下马迎送。不久来到细柳军营，把守营门的军官身披甲胄，手持兵器，拉满弓。天子开路的前导到了，不能进入。前导说："天子就要到了！"军门都尉说："将军有命令说：'军中只听将军的命令，不听天子的诏令。'"不久文帝驾到，又不能进入。于是文帝派使者手持符节诏令周亚夫说："我要进入军营慰劳军队。"周亚夫这才传令打开营垒大门，营门军士告诉皇帝侍卫说："将军有规定，军中不能驱车奔驰。"于是文帝车马按住辔头慢慢地行进到中营。将军周亚夫手持武器作揖说："穿上盔甲的武士不能行跪拜礼，请让我用军礼见面。"礼法规定，穿盔甲的人不行拜礼。天子为之感动，改变仪容在车上凭轼致敬。让人前去致谢，完成礼仪之后离去。出了军营大门后，群臣都大为震惊。文帝说："唉，这是真正的将军啊！以前霸上、棘门的军队，像是儿童游戏一样，那些将领完全可以偷袭俘虏。周亚夫这样的将领哪里能够侵犯呢？"称赞了周亚夫很久。

樊哙[①]，沛人也。与高祖俱起。高帝尝病，恶见人，卧禁中[②]，诏户者毋得入群臣[③]。绛、灌等莫敢入。十余日，哙乃排闼直入[④]，大臣随之。上独枕一宦者卧。哙等见上流涕曰："始陛下与臣等起丰、沛[⑤]，定天下，何其壮也！今天下已定，又何惫也[⑥]！且陛下病甚，大臣震恐，不见臣等计事，顾独与一宦者绝乎[⑦]？且陛下独不见赵高之事乎[⑧]？"高帝笑而起。

【注释】

①樊哙：本段节录自《樊郦滕灌傅靳周传·樊哙传》。

②禁中：指帝王所居宫内。

③户者：看守门户的人。

④排闼（tà）：推门，撞开门。

⑤丰：地名，秦沛县之丰邑，汉置县，在今江苏徐州丰县。

⑥惫：疲乏，困顿。

⑦绝：此指去世，与世长辞。

⑧赵高之事：此指秦始皇去世时只有身边的宦官赵高知道，赵高遂说服丞相李斯矫诏立胡亥为秦二世，杀死嫡子扶苏。秦由此迅速败亡。

【译文】

樊哙，是沛地人。与汉高祖刘邦一起起事。高祖曾经生重病，厌恶见人,在皇宫中躺着,命令看门人不让群臣进入。绛侯周勃、颍阴侯灌婴等都不敢进去。这样过了十几天,樊哙撞开门闯进去,大臣们跟着进入。高祖独自枕着一个太监躺着。樊哙等见到高祖流下眼泪说:"开始陛下和我们从丰、沛起兵,平定天下,是多么豪气雄壮啊!现今天下安定,您又是多么疲惫困顿啊!况且陛下病得厉害,大臣震惊恐惧,您不见我们商议政事,难道您就这样让一个宦官陪着告别人世吗?况且陛下就不知道赵高的事情吗?"高帝笑着起身。

　　周昌[①],沛人也,为御史大夫。为人强力[②],敢直言[③],自萧、曹等,皆卑下之[④]。昌尝燕入奏事[⑤],以上宴时入奏事也[⑥]。高帝方拥戚姬[⑦],昌还走。高帝逐得,骑昌项,问曰:"我何如主?"昌仰曰:"陛下即桀、纣之主也。"于是上笑之,然尤惮昌。及高帝欲废太子[⑧],大臣固争,莫能得,而昌庭争之强[⑨]。上问其说,昌为人吃[⑩],又盛怒,曰:"臣口不能言,然臣心知其不可。陛下欲废太子,臣期期不奉诏[⑪]。"上欣然而笑,太子遂定。

【注释】

①周昌:本段节录自《樊郦滕灌傅靳周传·周昌传》。周昌,西汉开国元勋。秦末随刘邦入关破秦,任御史大夫,封汾阴侯。他耿直敢言,定太子,于吕后有恩。刘邦惧自己死后吕后加害赵王刘如意,特徙他任赵相以保护如意。刘邦死后,吕后屡召如意,皆为他托病推辞。后如意被害,他乃称病不朝,直至病卒。

②强力:倔强,强硬,有毅力。

③直言:直率地说实话。

④卑下:谦敬,退让。

⑤燕：闲居休息的时候。颜师古曰："安闲之居也。"

⑥宴：安闲，平时。引申为闲居，指日常生活。

⑦戚姬：亦称戚夫人。深得刘邦宠幸，生子如意，亦得刘邦宠爱，封赵王。戚姬曾多次请立如意为太子，未果，深为吕后恨忌。刘邦死后，吕后为皇太后专权，将其酷刑迫害致死。

⑧太子：此指吕后之子刘盈，后继位为汉惠帝。

⑨强：强硬。

⑩吃：口吃，说话结巴。

⑪期期：期，为必，必定。周昌原来想说"期（必定）不奉诏"，因口吃重复期字。一说，"期期"是口吃的样子，口吃者语急时发出的声音，本无意义。

【译文】

周昌，是沛地人，担任御史大夫。周昌为人倔强，敢于直言进谏，自萧何、曹参等人，对他都很谦敬。周昌曾经在高祖刘邦闲居休息时进宫奏事，在皇帝闲暇时入宫奏事。高帝正抱着戚夫人，周昌掉头就跑。高帝追上抓住他，骑在周昌脖子上，问道："我是什么样的君主？"周昌仰面说："陛下就是桀、纣那样的君主。"于是高帝大笑，但特别忌惮周昌。等到高帝想要废掉太子，大臣们坚决争辩，但没人能说服他，而周昌在朝廷上极力谏争。高帝问他理由，周昌口吃，又很愤怒，说："我嘴里说不出来，但我内心知道这事不行。陛下想要废掉太子，我期期不接受诏令。"高帝高兴地笑了，太子于是确定下来。

申屠嘉①，梁人也，为丞相。是时太中大夫邓通方爱幸②，赏赐累巨万③。文帝常燕饮通家，其宠如是。是时嘉入朝，而通居上旁，有怠慢之礼。嘉奏事毕，因言曰："陛下幸爱群臣，则富贵之④。至于朝廷之礼，不可以不肃！"上曰：

"君勿言，吾私之。"罢朝坐府中，为檄召通⑤。通恐，入言上。上曰："汝第往，吾今使人召若⑥。"通至丞相府，免冠、徒跣，顿首谢⑦。嘉责曰："夫朝廷者，高皇帝之朝廷也。通小臣，戏殿上，大不敬⑧，当斩⑨！"通顿首，首尽出血，不解⑩。上使使持节召通，而谢丞相曰："此吾弄臣⑪，君释之。"通既至，为上泣曰："丞相几杀臣。"

【注释】

①申屠嘉：本段节录自《张周赵任申屠传·申屠嘉传》。申屠嘉，姓申屠，名嘉，《史记》亦作"申徒嘉"。梁国睢阳（今河南商丘）人。秦末加入刘邦军，为弩机手，升队率、都尉，从击项羽。惠帝时为淮阳太守。文帝元年（前179）赐爵关内侯，迁御史大夫。后拜丞相，封故安侯。景帝立，晁错深为帝信宠，他身为丞相而所言常不用，遂以晁错擅自洞穿宗庙墙垣罪请诛之。景帝不许，怒而呕血死。

②太中大夫：郎中令属官，掌议论，顾问应对。邓通：蜀郡南安（今四川乐山）人，汉文帝男宠。文帝先后赏赐钱数十万，又赐与蜀郡严道铜矿，许其自铸钱，遍流全国，富甲天下。景帝时被免官，家产没入官府，最后穷困而死。

③巨万：极言数目之多。

④富贵之：让他们富贵。

⑤檄：古代官府用来征召、晓喻、声讨的文书。

⑥今：即，将。

⑦顿首：磕头，旧时礼节之一，以头叩地即举而不停留。

⑧大不敬：封建时代重罪之一，指不敬皇帝。

⑨当：判处。

⑩不解：不止，不罢休。

⑪弄臣：被帝王所宠幸狎玩之臣。

【译文】

申屠嘉，是梁国人，任丞相。这时太中大夫邓通正受到文帝的宠爱，得到的赏赐累计超过亿万钱。文帝常常在邓通家宴饮，对他的宠爱到了这个地步。当时申屠嘉上朝奏事，邓通就在文帝身旁，有怠慢失礼的表现。申屠嘉奏事完毕，就说道："陛下喜爱群臣，那就让他们富贵。至于朝廷的礼仪，是不可以不严肃的！"文帝说："您不用说了，我私下会说他。"申屠嘉退朝坐在丞相府中，写了一封檄文征召邓通。邓通恐惧，入宫对文帝说了。文帝说："你只管去，我随即让人召你回来。"邓通到了丞相府，脱掉帽子，光着脚，磕头谢罪。申屠嘉责备他说："朝廷，是高皇帝的朝廷。邓通你是个小臣，在宫殿上戏要，这是犯了大不敬罪，应当判处斩首！"邓通吓得赶紧磕头，把头都磕出血来，申屠嘉也不宽恕他。文帝派使者拿着符节征召邓通，向丞相道歉说："这是我的弄臣，您放了他吧。"邓通回到皇宫后，流着泪对文帝说："丞相几乎杀了我。"

卷十六

汉书(四)

【题解】

本卷选自《汉书》卷四十三至卷四十九,节录了郦食其、陆贾、娄敬、叔孙通、蒯通、贾谊、爰盎、晁错八位历史人物的相关言论事迹。他们是从汉初到汉文帝、汉景帝时期的重要国策的提出者或制定者。《郦食其传》节录其见刘邦与说齐王,《蒯通传》节录其劝韩信与刘邦、项羽三分天下,突出体现他们能言善辩的纵横家色彩。《陆贾传》节录其劝刘邦"马上得国"不能"马上治国",要重视文武并用;在吕后专权时劝说陈平结好周勃,共同努力扳倒吕氏集团。《娄敬传》节录其劝刘邦定都关中以及不要被匈奴的示弱欺骗而贸然进攻,可见其远见卓识。《叔孙通传》节录其立劝刘邦不可废太子,可见他不是只知经书的书蠹。《贾谊传》《晁错传》这两篇选文占了本卷一多半的篇幅,是本卷最重要的两篇。《贾谊传》大段节录其《治安策》,《晁错传》则节录其《言兵事书》《论守边备塞书》《论募民徙塞下书》《贤良文学对策》,他们分析形势,提出对策,鞭辟入里,发人深省,其治国之策,犹可供唐代君臣参考。《爰盎传》节录其谏止汉文帝奔下峻岋与宠爱慎夫人而破坏嫡庶规矩,体现出其识大体顾大局的大臣风范。《晁错传》还节录了景帝为平息七国之乱而杀晁错一段,表现晁错只知谋国不知谋身的悲剧命运,足以令人感慨。

传

郦食其^①，陈留人也^②。好读书，身长八尺，人皆谓之狂生，自谓"我非狂"。沛公至高阳传舍^③，使人召食其。至，入谒，沛公方踞床^④，令两女子洗，而见食其。食其入，即长揖不拜^⑤，曰："足下欲助秦攻诸侯乎^⑥？欲率诸侯破秦乎？"沛公骂曰："竖儒^⑦！夫天下同苦秦久矣，故诸侯相率攻秦^⑧，何谓助秦？"食其曰："必欲聚徒合义兵，诛无道秦，不宜踞见长者^⑨。"于是沛公辍洗，起衣，延食其上坐^⑩，谢之^⑪。

【注释】

①郦食其：本段节录自《郦陆朱刘叔孙传·郦食其传》。

②陈留：古县名。故治在今河南开封东南陈留。

③高阳：陈留县下属小邑，位于今河南杞县西南部。传（zhuàn）舍：古时供行人休息住宿的处所。

④踞：坐。床：当时的坐具，或称几床。河南信阳长台关楚墓出土漆木床，长2.18米，宽1.99米，有六足，高0.19米。

⑤长揖：拱手高举，自上而下行礼。拜：表示恭敬的一种礼节。行礼时下跪，低头与腰平，两手至地。

⑥足下：古代下称上或同辈相称的敬辞。

⑦竖儒：对儒生的鄙称。

⑧相率：相继，一个接一个。

⑨踞见：踞坐而见客。形容待人傲慢。长者：年纪大或辈分高的人。郦生时年"六十余"，刘邦五十一，所以郦生自称"长者"。

⑩延：请。

⑪谢：道歉。

【译文】

郦食其,是陈留人。他喜好读书,身高八尺,人们都叫他狂生,他自己说"我不狂"。沛公到了高阳传舍,让人召见郦食其。郦食其到了,进见,沛公正坐在床边,让两个女子给他洗脚,就这样来见郦食其。郦食其进去,就作了一个长揖、不行跪拜礼,说:"您是想帮秦攻打诸侯呢?还是想率领诸侯击破秦呢?"沛公骂道:"臭儒生!天下共同受秦的苦已经很久了,所以诸侯一起攻打秦,说什么帮助秦?"郦食其说:"一定要聚合义兵诛灭无道的秦,不应该这么坐着接见长者。"于是沛公中止了洗脚,起身穿上礼服,请郦食其坐在上位,向他道歉。

汉王据守敖仓①,而使食其说齐王曰②:"王知天下之所归乎?"曰:"不知也。天下何归?"曰:"归汉。"齐王曰:"先生何以言之?"曰:"汉王与项王约,先入咸阳者王之,项王背约不与,而迁杀义帝③。汉王起蜀汉之兵击三秦,出关而责义帝之负处④,收天下之兵,立诸侯之后。降城即以侯其将,得赂则以分其士,与天下同其利,豪英贤才皆乐为之用。诸侯之兵,四面而至,蜀汉之粟方船而下⑤。项王有背约之名,杀义帝之负;于人之功无所记,于人之罪无所忘;战胜而不得其赏,拔城而不得其封;非项氏莫得用事;为人刻印,刓而不能授⑥;刓断,无复廉锷也⑦。攻城得赂,积财而不能赏。天下叛之,贤材怨之,而莫为之用。故天下之士,归于汉王,可坐而策也⑧。夫汉王发蜀汉,定三秦;涉西河之水⑨,援上党之兵⑩;下井陉⑪,破北魏⑫,此黄帝之兵,非人之力,天之福也。今已据敖仓之粟,塞成皋之险⑬,守白马之津⑭,杜太行之厄⑮,拒飞狐之口⑯,天下后服者先亡矣。王疾下汉王^⑰,齐国社稷,可得而保也;不下汉王,危亡可立而待也。"
田广乃听食其,罢历下兵守战备^⑱。

【注释】

①汉王据守敖仓:本段节录自《郦陆朱刘叔孙传·郦食其传》。敖
　　仓,古代重要粮仓,秦始置,汉魏沿之,在今河南荥阳东北敖山,地
　　当黄河和济水分流处,中原漕粮由此输往关中和北部地区。

②齐王:此时齐王为田广,田荣之子。汉王二年(前205),田荣为项
　　羽败杀后,田荣之弟田横立田广为王。

③迁杀义帝:项羽分封诸侯后,假意尊楚怀王心为义帝,让其迁都
　　到郴县(今湖南境内),又使黥布杀了他。义帝,战国时楚怀王后
　　裔,名心。楚亡后流落民间,项梁找到他立为楚地义军之主,亦称
　　楚怀王。

④责义帝之负处:追问项羽义帝有什么错。负处,错处。负,罪责,
　　过失。

⑤方船:并船。

⑥刓(wán):磨损,残缺,磨平棱角。

⑦廉锷:指边棱。

⑧策:策划,谋划。

⑨涉西河之水:指韩信从黄河以西渡水东进。韩信渡过西河后打败
　　俘虏了魏豹,见《淮阴侯列传》。西河,胡三省注:"河自砥柱以
　　上,龙门以下为西河。"即今山西、陕西交界之黄河南段。

⑩援:引。上党之兵:指魏豹的部队。上党地区原属魏,韩信下魏,
　　其兵遂为韩信所用。

⑪井陉:太行九塞之一,故址在今河北井陉北井陉山上。前204年
　　韩信的汉军与赵王歇、成安君陈馀的赵军在这里交战,韩信最终
　　以少胜多获得了战争的胜利。

⑫北魏：指魏豹。

⑬成皋（gāo）：别称虎牢，在今河南荥阳汜水镇西北。

⑭白马之津：白马津，黄河渡口名。在今河南滑县东北古黄河南岸，与北岸黎阳津相对。因在秦、汉白马县西北，故名。金代黄河南徙前，为军事争夺要地。

⑮杜：堵塞。太行：即所谓太行八陉之太行陉，是今山西晋城与河南沁阳之间的通道。厄：险要。

⑯飞狐之口：飞狐口，古要隘名。今名北口峪，在今河北涞源北、蔚县东南，太行山脉的最东端。其地两边峭立，一线微通，迤逦蜿蜒，百有余里，为古代河北平原与北方边郡交通咽喉，兵家必争之地。

⑰疾下：迅速投降。

⑱历下：古邑名。在今山东济南。

【译文】

汉王刘邦据守敖仓，派郦食其去游说齐王，他说："大王知道天下人心归向吗？"齐王说："不知道。天下人心归向谁？"郦食其说："归向汉王。"齐王说："先生为什么这样说呢？"郦食其说："汉王和项王约定，先进入咸阳的称王关中，项王却违背约定不把关中封给汉王，而且还迁徙杀害了义帝。汉王发动蜀汉之兵攻击三秦，出了函谷关就追问项羽义帝有什么错，聚集天下的军队，拥立东方六国诸侯的后裔。收降的城邑就用来给将领封侯，得到的钱财就分给手下的士兵，跟天下共同享有利益，英豪贤才都乐意为他效力。诸侯的军队，从四面汇聚，蜀汉的粮食用大船装载顺流而下。项王有违背约定的恶名，有杀死义帝的过错；不记得别人所立的功劳，对别人犯下的罪过绝不忘记；战胜了得不到赏赐，攻下城池得不到封爵；不是项家的没有谁能管事；给人家刻好的印信，团弄得没了棱角也不能授予；刓是断的意思，是不再有边棱了。攻下城池得到的钱财，积累的财物不能用作赏赐。天下背叛了他，贤能的人才怨恨他，没有谁能被他任用。所以天下的士人归服汉王，这是可想而知的。汉王兵发蜀汉,平定三秦;渡过西河,引领上党军队;攻下井陉,击破北魏,这是像黄帝一样的用兵,不是人力所能办到的,是上天降下的福分啊。现今汉王已经据有了敖仓的粮食,把守住成皋的险要,控制了白马渡口,阻绝了太行山的要道,占据了飞狐口,天下后归服的人就会首先灭亡了。大王您迅速归服汉王,齐国的社稷还可以得到保全;不投降汉王,危亡可说指日可待了。"田广就听从了郦食其的话,解除了历下的防御守备。

陆贾^①,楚人也。有口辩^②,常居左右,时时前说称《诗》《书》。高帝骂之曰:"乃公居马上得之^③,安事《诗》《书》!"贾曰:"马上得之,宁可以马上治乎?且文武并用,长久之术也。昔者吴王夫差、智伯,极武而亡;秦任刑法不变,卒灭赵氏^④。秦之先造父,封于赵城,其后曰赵氏。向使秦已并天下^⑤,行仁义,法先圣,陛下安得而有之?"高帝不怿^⑥,有惭色,谓贾曰:"试为我著秦所以失天下、吾所以得之者,及古成败之国事^⑦。"贾凡著十二篇,每奏一篇,高帝未尝不称善,称其书曰《新语》。

【注释】

①陆贾:本段节录自《郦陆朱刘叔孙传·陆贾传》。陆贾,汉初楚国人,他早年追随刘邦,因能言善辩常出使诸侯。在高祖时出使南越,说服南越王尉佗归汉称臣,文帝时再次出使南越,使尉陀去帝号臣汉。著有《新语》等。陆贾是汉代第一位力倡儒学的思想家,他以儒家为本、融汇黄老道家及法家思想,为西汉前期的统治奠定了基础。

②口辩:能言善辩之才。

③乃公:傲慢的自称语,等于今言你老子。

④卒灭赵氏:最终导致秦朝覆灭。赵氏,即指秦王朝。秦为嬴姓,与
　赵氏祖先同出蜚廉,故有此称。赵氏自造父有功于周穆王而封之
　赵城,乃别为一支。

⑤向使:假使。

⑥怿:喜悦。

⑦国事:国家的政事。

【译文】

　　陆贾,是楚国人。能言善辩,经常在刘邦左右,进言时常常称引《诗
经》《尚书》。高帝刘邦骂他说:"你老子我的天下是从马上得来的,哪里
用得着《诗经》《尚书》!"陆贾说:"马上得到的天下,难道可以在马上来
治理吗?况且只有文武一起使用,才是长治久安的方法。从前吴王夫
差、智伯穷兵黩武导致灭亡,秦国专任刑法不做改变最终覆灭。秦人的祖
先造父,封在赵城,他的后裔就叫做赵氏。假使秦国在兼并天下之后,实行仁
义,效法先代的圣王,陛下哪里还能拥有天下呢?"高帝不高兴,显出惭
愧的脸色,对陆贾说:"试着给我撰述秦失去天下、我得到天下的原因,还
有古代成功失败国家的政事。"陆贾一共撰写了十二篇,每上奏一篇,高
帝没有不称赞说好的,称他的书为《新语》。

　　吕太后时①,王诸吕②,诸吕擅权,欲劫少主③,危刘氏。
右丞相陈平患之,贾曰:"天下安,注意相;天下危,注意将。
将相和,则士豫附④;士豫附,天下虽有变,则权不分。权不
分,为社稷计,在两君掌握耳。"平因结谋于太尉勃⑤。卒诛
诸吕,安刘氏,立文帝,贾之谋也。

【注释】

①吕太后时:本段节录自《郦陆朱刘叔孙传·陆贾传》。

②王：封王。

③劫：胁迫，威逼。少主：即刘弘，西汉后少帝，汉惠帝刘盈之子，前
少帝刘恭异母弟。原名刘山。其兄常山王刘不疑卒，继承为常山
王，改名刘义。高后四年（前184），被立为帝，又改名刘弘。时吕
后称制，故虽立为帝而无其纪年。吕后卒，周勃等诛诸吕，迎文
帝，他亦被杀。

④豫附：指乐意归附。

⑤大尉：即太尉。

【译文】

吕太后当政时，封吕氏子弟为王，吕家人把持朝政，想要控制汉少
帝，危害刘氏政权。右丞相陈平对此担忧，陆贾说："天下安定，丞相重
要；天下危险，武将重要。将相协调合作，下面的官员乐意归附；官员乐意
归附，天下即使有变动，国家权力也不会分裂。权力不分裂，为江山社稷
考虑，就在于将相的掌握之中了。"陈平于是跟太尉周勃商议合谋，最终诛
灭了吕氏族人，安定了刘氏政权，迎立了汉文帝，这是出于陆贾的谋划。

娄敬①，齐人也。汉五年②，戍陇西③，过雒阳，高帝在
焉。敬脱挽辂④，辂，以木当胸，挽重辇车也⑤。见齐人虞将军
曰："臣愿见上言便宜⑥。"虞将军入言上，上召见问。敬说
曰："陛下都雒阳，岂欲与周室比隆哉⑦？"上曰："然。"敬曰：
"陛下取天下与周异。周之先自后稷，积德累善十余世，及
武王伐纣，不期会孟津上八百诸侯⑧，遂灭殷。成王即位，周
公之属傅相焉⑨，乃营成周都雒⑩，以为此天下中，诸侯四方
纳贡职⑪，道里钧矣⑫。有德则易以王，无德则易以亡。凡居
此者，欲令周务以德致人，不欲阻险，令后世骄奢以虐民也。
及周之衰，分而为二⑬，天下莫朝，周不能制。非德薄，形势

弱也。今陛下起丰、沛，收卒三千人，卷蜀汉，定三秦，与项籍大战七十，小战四十，使天下之民，肝脑涂地⑭，父子暴骸中野，不可胜数，哭泣之声不绝，伤痍者未起⑮，而欲比隆成、康之时，臣窃以为不侔矣⑯。且夫秦地被山带河⑰，四塞以为固⑱，卒然有急⑲，百万之众可具，因秦之故，资甚美膏腴之地⑳，此所谓天府。陛下入关而都之，山东虽乱，秦故地可全而有也。夫与人斗，不扼其亢、㧖喉咙也㉑。拊其背㉒，未能全胜。今陛下入关而都，按秦之故㉓，此亦扼天下之亢而拊其背也。"高帝即日驾㉔，西都关中。于是赐姓刘氏，拜为郎中㉕，号曰奉春君。

【注释】

①娄敬：本段节录自《郦陆朱刘叔孙传·娄敬传》。娄敬，后因刘邦赐姓改名刘敬，西汉初齐国卢（今山东济南长清）人。娄敬见刘邦力陈应在关中建都，张良亦言，刘邦遂决定定都长安。赐姓刘，拜为郎中，号奉春君，后封建信侯。刘邦被匈奴击败，他主张将汉宗室女嫁给匈奴单于，谋求和亲。刘邦命他出使匈奴，遂和亲结约，汉匈关系缓解。又曾提议迁徙六国贵族后裔至关中，以削弱地方割据势力，均被采纳。

②汉五年：前202年。

③陇西：汉郡名。因在陇山之西而得名。郡治狄道（今甘肃临洮）。

④辂：车辕上用来挽车的横木。

⑤辇：人拉的车。

⑥便宜：指有利国家，合乎时宜之事。

⑦比：同样，同等。

⑧不期：未经约定。孟津：古津渡名。一作"盟津"。在今河南洛阳

孟津区东北、孟州西南古黄河上。

⑨傅相：辅佐。

⑩营成周都雒：当时周公在今洛阳洛水北岸建了两座城，瀍水以西者为王城，瀍水以东者为成周。王城在今洛阳市区，成周在今洛阳东北郊。

⑪贡职：贡赋，贡品。

⑫钧：通"均"，相等。

⑬分而为二：周考王元年（前440），封其弟揭于王畿，是为西周桓公；周显王二年（前367），西周惠公封其小儿子于巩以奉王室，号东周惠公，东周王朝于是分为东周、西周两个小国，西周都王城（今河南洛阳），东周都巩（今河南巩义西南）。

⑭肝脑涂地：形容战乱中死亡惨烈。

⑮伤痍：创伤。

⑯不侔：不相等，不等同。

⑰秦地：指秦本土关中一带。被（pī）山带河：谓关中地区周围有山险，东边有黄河为带。被，同"披"，意即包裹、环绕。

⑱四塞以为固：四周都有关塞，防守牢固。

⑲卒（cù）然：突然。

⑳资：利用。膏腴：肥沃。

㉑亢（gāng）：咽喉，喉咙。

㉒拊：拍打，击打。

㉓按：依，据。

㉔即日：当天。

㉕郎中：掌管门户、车骑的官员。

【译文】

娄敬，是齐国人。汉五年，娄敬去戍守陇西郡，经过洛阳，高帝刘邦正在那里。娄敬解下拉车的横木，辂，是用木头挡在胸前，拉沉重的人力车。去见同是齐国人的虞将军说："我希望能见到皇上陈述对国家有利的事。"虞将军进去禀报高帝，高帝召见询问他。娄敬说道："陛下定都洛阳，难道不是想跟周王室同样兴隆吗？"高帝说："是的。"娄敬说："陛下取得天下与周朝不一样。周朝的祖先从后稷开始，积累德行善政十几代，到了武王伐纣，没有约定就会合在孟津的有八百诸侯，于是灭了殷商。周成王即位，周公等人辅佐他，于是就在洛邑建立了成周王城，认为这里是天下的中心，四方诸侯缴纳贡品，经过的道路里程均衡。在这里有德就能够称王，无德就容易灭亡。大凡决定定都在这里，务必要让周王以德服人，不能想依靠险阻，让后代骄傲奢侈虐待民众。到了周朝衰弱时，分成东周西周两个小国，天下没有诸侯再来朝见，周王室也不能控制天下了。不是德行薄，而是形势太弱啊。现今陛下从丰、沛起兵，聚集了三千士卒，席卷蜀汉，平定三秦，与项籍大战七十场，小战四十场，让天下百姓肝脑涂地，父子尸骸暴露在原野之中，数都数不过来，哭泣的声音不绝于耳，伤病残疾的人还没康复，这时想和周成王、周康王那样兴盛的时期相比，我私下里认为比不上。关中秦地四周群山环绕、东有黄河之险，四面都有牢固的关塞险阻，一旦天下发生意外，即使需要上百万人的队伍也可以召集起来。凭借秦地原有的基础，利用肥沃富饶的土地，这是人们所说的天府之地啊。如果陛下进入函谷关把都城建在那里，山东地区即使有祸乱，秦国原来的土地也可以全部保全。与人搏斗，不掐住他的咽喉、亢，是喉咙。击打他的脊背，不能获得全胜。现今陛下进入关中定都，占据秦国旧有的地盘，那就等于是掐住了天下的咽喉，击打天下的脊背啊。"高帝当天就起驾出发，向西定都关中。于是给他赐姓刘氏，任命为郎中，称号叫奉春君。

　　汉七年^①，韩王信反^②，高帝自往击。至晋阳^③，闻信与匈奴欲击汉，上使人使匈奴。匈奴匿其壮士肥牛马，徒见其老弱及羸畜^④。使者十辈来^⑤，皆言匈奴易击。上使敬复往，还报曰："两国相击，此宜夸矜见所长。今臣往，徒见羸胔老弱⑥，此必欲见短，伏奇兵以争利。愚以为匈奴不可击也。"是时汉兵三十余万众兵已业行。上怒骂敬曰："齐虏！以舌得官，乃今妄言沮吾军⑦。"械系敬广武⑧。遂往，至平城⑨，匈奴果出奇兵，围高帝白登七日⑩，然后得解。高帝至广武，赦敬，曰："吾不用公言，以困平城。"乃封敬二千户，号"建信侯"⑪。

【注释】

①汉七年：本段节录自《郦陆朱刘叔孙传·娄敬传》。汉七年，前200年。

②韩王信：姓韩名信，本为战国时期韩襄王庶孙，随张良投奔刘邦，从刘邦入关，率军攻略韩地，后被封为韩王。史书为与淮阴侯韩信相区别，多称其为韩王信。初都颍川（今河南禹州），刘邦认为其封地都是战略要地，便将其封地迁移到太原以北的地区，次年徙都晋阳（今山西临汾），令防御匈奴。因晋阳离边塞远，他自请迁都马邑（今山西朔州）。既至，被匈奴冒顿单于包围。他遣使欲与冒顿求和解，刘邦疑其有二心，他惶恐不已，遂降匈奴。刘邦率军亲自征讨，韩信逃往匈奴，并多次率军攻打汉朝，还引诱了代相陈豨造反。汉十一年（前196），被汉将柴武击杀。

③晋阳：古代重要城邑。故治在今山西太原西南古城营西古城。春秋为晋邑，战国时赵国曾建都于此，秦置县，汉因之。

④见（xiàn）：同"现"，显现，显露。羸（léi）：衰病，瘦弱，困惫。

⑤辈：批，次，群。

⑥胔（jí）：通"瘠"，瘦。

⑦沮：阻止。

⑧械系：戴上镣铐，拘禁起来。广武：古县名。故治在今山西代县西
　　南古城。

⑨平城：古县名。故治在今大同西北二十余里，为雁门郡东部都尉治。

⑩白登：山名。即今山西大同东北马铺山。

⑪号"建信侯"：据《史记·刘敬叔孙通列传》，娄敬所封之建信侯为
　　关内侯，有封号而无封地，比有实际封地的列侯要低一级。

【译文】

　　汉七年，韩王信造反，高帝刘邦亲自领兵前去讨伐。到了晋阳，听说韩王信想要与匈奴一起攻击汉军，高帝派人出使匈奴。匈奴藏匿了青壮年和肥壮的牛马，只显露那些年老体弱的人以及瘦弱的牲畜。汉军派去十批使者，回来都说匈奴容易攻击。高帝让刘敬再去查看虚实，刘敬回来报告说："两国互相攻击，这应该炫耀自己的长处。现今我去，只看见瘦弱的牲畜和年老体弱的人，这一定是匈奴故意显露自己的短处，埋伏奇兵来争取胜利。我认为匈奴不能攻打。"这时汉军已出动了三十多万军队。高帝愤怒地骂刘敬说："齐国贱奴！靠口舌得到官位，今天竟然胡说八道阻止我军进攻。"于是给刘敬戴上镣铐拘禁在广武。大军于是出发，到了平城，匈奴果然出奇兵，把高帝围在白登山，七天后才得以解围。高帝到了广武，赦免了刘敬，说："我没听您的话，结果被困平城。"就封给刘敬二千户，称号叫建信侯。

　　叔孙通①，薛人也，为太子太傅②。高帝欲以赵王如意易太子③，通谏曰："昔者晋献公以骊姬故废太子④，立奚齐⑤，晋国乱者数十年，为天下笑。秦以不早定扶苏⑥，胡亥诈立⑦，自使灭祀，此陛下所亲见。今太子仁孝，天下皆闻之；吕后与陛下攻苦食啖⑧，食无菜茹为啖⑨。其可背哉！陛下必欲废嫡而立少，臣愿先伏诛⑩，以颈血污地。"高帝曰：

"公罢矣,吾特戏耳^⑪。"通曰:"太子天下本,本壹摇,天下震动,奈何以天下戏!"高帝曰:"吾听公。"

【注释】

① 叔孙通:本段节录自《郦陆朱刘叔孙传·叔孙通传》。叔孙通,薛县人(今山东滕州东南),初为秦待诏博士,又被秦二世封为博士。后跟随过项梁、怀王、项羽,又转投汉军,刘邦拜其为博士,号稷嗣君。刘邦统一天下后,叔孙通自荐制定朝仪,制礼,为太子太傅。汉惠帝即位后,用他制定了宗庙仪法及其他多种仪法。

② 太子太傅:商、周已有太子太傅及少傅,为太子的师傅。汉沿置,秩二千石,位次太常。

③ 赵王如意:刘如意,汉惠帝刘盈异母弟,母戚夫人。汉高祖七年(前200),受封为代王;汉高祖九年(前198),改封为赵王。高祖死后,汉惠帝即位,吕后专政,于汉惠帝元年(前194)派人将他毒死。

④ 晋献公:姬姓,名诡诸,春秋时期的晋国君主。前676—前651年在位。骊姬:或称丽姬。春秋时期骊戎国君之女,晋献公宠姬。为使其子奚齐能继位为君,谗杀太子申生,逐公子重耳、夷吾。因大夫不附,献公去世后,大臣杀奚齐,晋国遂乱,直至重耳回国继位才安定下来。太子:晋献公之太子申生。前656年,在骊姬的多次阴谋陷害之下,申生在新城曲沃自缢而死。

⑤ 奚齐:晋献公嘱荀息立其为国君,旋即被大臣里克等所杀。

⑥ 扶苏:秦始皇长子,前210年,赵高和李斯等人谋立胡亥,被矫诏赐死。

⑦ 胡亥:秦始皇第十八子,公子扶苏之弟,即秦二世。前210—前207年在位。

⑧ 攻苦:刻苦,指过艰苦的生活。食啖:饭食简单。

⑨菜茹：菜蔬。

⑩伏诛：被处死。

⑪戏：开玩笑。

【译文】

　　叔孙通，是薛县人，担任太子太傅。高帝想要用赵王如意换掉太子，叔孙通进谏说："从前晋献公因为骊姬的缘故废掉了太子，立了奚齐，晋国乱了几十年，被天下嘲笑。秦朝因为不早日确定扶苏为太子，胡亥靠诈谋立为皇帝，自己使秦朝的祭祀灭绝，这是陛下您亲眼看到的。现今太子仁义孝顺，天下都知道；吕后与陛下共同经历艰难困苦，同吃粗茶淡饭，吃饭没有菜叫做啖。怎么能背叛呢？陛下一定要废黜嫡子而立小儿子当太子，我情愿先被处死，用一腔鲜血浸染大地。"高帝说："您不必说了，我不过是开玩笑罢了。"叔孙通说："太子是天下的根本，根本一摇，天下震动，怎么能拿天下开玩笑呢！"高帝说："我听您的。"

　　蒯通①，范阳人也。韩信定齐地，自立为齐假王②。通知天下权在于信③，说信曰："今刘、项分争，使人肝脑涂地，流离中野，不可胜数。非天下贤圣，其势固不能息天下之祸。当今之时，两主悬命于足下④。足下为汉则汉胜⑤，与楚则楚胜⑥。方今为足下计，莫若两利而俱存之，参分天下，鼎足而立⑦，其势莫敢先动。盖闻'天与弗取，反受其咎⑧；时至弗行，反受其殃'。愿足下孰图之⑨。"信曰："汉王遇我厚，吾岂可见利而背恩乎！"遂谢通。通说不听，惶恐，乃阳狂为巫⑩。

【注释】

　　①蒯（kuǎi）通：本段节录自《蒯伍江息夫传·蒯通传》。蒯通，本名

蒯彻,范阳(故治在今河北定兴西南)人,因为避汉武帝之讳而改名"通",秦汉之际著名辩士。

②自立为齐假王:汉四年(前203)齐地全部平定,韩信派人向刘邦上书说,希望当代理齐王。假,代理。

③天下权:此指制衡天下的力量。权,平衡。

④悬命:寄托命运。

⑤为:帮助。

⑥与:援助,帮助。

⑦鼎足:鼎有三足,比喻三方并峙之势。

⑧咎:灾祸。

⑨孰图:仔细图谋,认真考虑。孰,同"熟"。

⑩阳:同"佯",假装。

【译文】

蒯通,是范阳人。韩信平定齐国后,自立为代理齐王。蒯通知道制衡天下的力量是韩信,劝说韩信道:"现今刘邦、项羽争雄,让百姓惨遭杀戮,流离失所,数都数不过来。不是天下的贤才圣人,势必不能平息天下的灾祸。现在这个时候,汉王、楚王两个人的命运都掌握在您的手中。您帮助汉王那汉王就会胜利,您帮助项王那项王就会胜利。如今为您考虑,没有什么比得上让楚汉双方都得利共同存在,您与他们三分天下,鼎足而立,这种局势下,汉王、楚王谁也不敢先动。我听说'上天给你你不取,反而有灾祸;时机到了不行动,反而要遭殃'。希望您认真考虑。"韩信说:"汉王待我情义深厚,我怎么能见到利益就背离恩情呢?"于是就谢绝蒯通。蒯通的劝说没被听从,心中恐慌,于是就假装发狂当了巫师。

天下既定①,后信以罪废为淮阴侯,谋反诛,临死叹曰:"悔不用蒯通之言。"高帝闻之召通。通至,上欲亨之②,曰:"若教韩信反,何也?"通曰:"狗各吠非其主。当彼时,臣独

知齐王韩信,非知陛下也。且秦失其鹿,以鹿喻帝位也。天下
共逐之,高材者先得③。天下匈匈④,争欲为陛下所为,顾力
不能,可殚诛邪⑤!"上乃赦之。至齐悼惠王时⑥,曹参为相,
礼下贤人,请通为客。

【注释】

①天下既定:本段节录自《蒯伍江息夫传·蒯通传》。

②亨:同"烹"。

③高材:高才,才智过人。

④匈匈:意同"讻讻",动乱,纷扰。

⑤殚:尽,竭尽。

⑥齐悼惠王:刘肥,高祖之子,惠帝异母兄。高祖六年(前201)封
　　齐王。齐国是西汉最大的诸侯国。

【译文】

　　天下平定以后,后来韩信因为有罪被废为淮阴侯,谋反被诛杀,临死
时叹息说:"后悔没听蒯通的话。"高帝听到这话就召见蒯通。蒯通到了,
高帝准备烹了他,说:"你叫韩信谋反,是为什么?"蒯通说:"狗都会对着
不是自己主人的人吠叫。在那个时候,我只知道齐王韩信,不知道有陛
下。况且秦失去了政权,这是用鹿来比喻皇帝的位置。天下人共同追逐它,
才智过人的人先得到。天下动乱纷扰,人人都争着想干陛下所干的事,
只不过能力不行,可以把他们都杀光吗?"高帝于是赦免了他。到了齐
悼惠王的时候,曹参做相国,礼贤下士,请蒯通当了门客。

　　初①,齐处士东郭先生、梁石君②,入深山隐居。通乃见
相国曰:"妇人有夫死三日而嫁者,有幽居守寡不出门者③,
足下即欲求妇,何取?"曰:"取不嫁者。"通曰:"然则求臣亦

犹是也。彼东郭先生、梁石君，齐之俊士也^④，隐居不嫁，未
尝卑节下意以求仕也^⑤。愿足下使人礼之。"曹相国曰："敬
受命。"皆以为上宾^⑥。

【注释】

①初：本段节录自《蒯伍江息夫传·蒯通传》。

②处士：指有才德而隐居不仕的人。

③幽居：深居，不跟外界接触。

④俊士：才智杰出的人。

⑤下意：屈意，屈就。

⑥上宾：贵客。

【译文】

当初，齐国处士东郭先生、梁石君，进入深山隐居。蒯通于是去见曹
参说："有的妇女丈夫死了三天就嫁人了，有的住在深闺守寡连门都不出，
您如果想要娶媳妇，选哪一位？"曹参说："选那位不嫁人的。"蒯通说：
"既然如此，那么寻求臣子也是这样的啊。那东郭先生、梁石君，是齐国
才智杰出的士人，就像深居不嫁人的妇女，不曾卑躬屈节逢迎他人来寻
求当官。希望您让人去礼敬他们。"曹相国说："恭敬听从您的教诲。"把
他们都奉为上宾。

贾谊^①，洛阳人也。孝文时，为梁怀王太傅^②。是时，
匈奴强，侵边。天下初定，制度疏阔^③。诸侯王僭拟^④，地过
古制，淮南、济北王皆为逆诛^⑤。谊数上疏陈政事^⑥，多所欲
匡建^⑦。其大略曰："臣窃惟事势，可为痛哭者一，可为流涕
者二，可为长太息者六^⑧，若其他背理而伤道者，难遍以疏
举^⑨。进言者皆曰'天下已安已治矣'，臣独以为未也。曰

安且治者，非愚则谀，皆非事实知治乱之体者也。夫抱火厝之积薪之下⑩，而寝其上，火未及燃，因谓之安。方今之势，何以异此！陛下何不壹令臣得孰数之于前，因陈治安之策⑪，试详择焉⑫！

【注释】

①贾谊：本段节录自《贾谊传》。贾谊，洛阳（今河南洛阳东）人，世称贾生。二十岁时文帝召为博士，一年迁太中大夫，主张更改制度，受大臣周勃、灌婴等排挤，谪为长沙王太傅，故后世亦称贾长沙、贾太傅。三年后被召回长安，为梁怀王太傅。梁怀王坠马而死，贾谊深自歉疚，抑郁而亡，时仅三十三岁。

②梁怀王：刘揖，又名刘胜，汉文帝少子。好《诗》《书》。文帝前元二年（前178）封梁王，十二年（前168），坠马死。

③疏阔：粗略，不周密。

④僭拟：越分妄比。谓在下者自比于尊者。

⑤淮南：指淮南厉王刘长，高祖少子。高祖十一年（前196）封淮南王。文帝时，骄纵跋扈，入朝常与帝同辇出猎。在封地不尊汉法，自定法令。文帝六年（前174）与匈奴、闽越首领联络，图谋叛乱，事泄，废王号，谪徙蜀郡，途中绝食死。济北王：指刘兴居，齐悼惠王刘肥之子。高后六年（前182）封东牟侯。吕后卒，与诸大臣共迎立汉文帝刘恒。文帝二年（前178）封济北王。三年（前177），乘文帝北上出击匈奴之机，发兵叛乱，被汉军击败，自杀。

⑥谊数上疏陈政事：按，此即《陈政事疏》。以下几段皆引自此疏。

⑦匡建：匡正建立。

⑧长太息：深深地叹息。太息，大声长叹，深深地叹息。

⑨疏举：逐条列举。

⑩厝（cuò）：放置，安放。

⑪治安：治理百姓使之安定。

⑫详择：审察采择。详，审察。

【译文】

　　贾谊，是洛阳人。文帝时，担任梁怀王太傅。这个时候，匈奴强盛，侵入边境。天下刚安定，制度不周密。诸侯王僭越比拟皇帝，土地超过古代的制度，淮南王、济北王都因为谋逆被诛杀。贾谊多次上疏陈述政事，大多是想要对国事有所匡正建树。奏疏大意如下："我私下里考虑政事形势，可以为它痛哭的有一件，可以为它流泪的有两件，可以为它长叹息的有六件，至于其他违背事理妨害正道的，难以逐条列举。进言的人都说'天下已经安定太平了'，我却认为还没有。说安定而且太平的人，不是愚蠢就是谄媚，都不是了解事实知道治乱根本的人。就好像抱着火放在柴火堆下，自己躺卧在上面，火还没烧起来，于是就把这叫平安一样。当今的形势，跟这个有什么不同呢！陛下何不让我详尽地在您面前阐述，进而陈述让政治清明、社会安定的政策，尝试从中认真谨慎地选择呢！

　　"夫使为治，劳智虑①，苦身体，乏钟鼓之乐②，勿为可也。乐与今同，而加之以诸侯轨道③，兵革不动，民保首领，匈奴宾服④，四荒向风⑤，百姓素朴，狱讼衰息，天下顺治⑥。生为明帝，没为明神，名誉之美，垂于无穷⑦。建久安之势，成长治之业，以承祖庙⑧，以奉六亲⑨，至孝也；以幸天下⑩，以育群生⑪，至仁也；立经陈纪⑫，轻重同得，后可以为万世法程⑬，虽有愚幼不肖之嗣，犹得蒙业而安，至明也。以陛下之明达⑭，因使少知治体者得佐下风⑮，致此非难也。臣谨稽之天地⑯，验之往古，按之当今之务⑰，日夜念之至孰也，虽使禹、舜复生，为陛下计，无以易此。

【注释】

①劳:使操劳。智虑:指智慧与思虑。

②钟鼓:钟和鼓。亦借指音乐。

③轨道:遵循法制。

④宾服:归顺,服从。

⑤四荒:四方荒远之地。向风:仰慕,归化。

⑥顺治:顺从而大治,指社会秩序井然而安定。

⑦垂:流传。

⑧承:奉,敬奉。祖庙:供祀祖先的宫庙。

⑨六亲:按贾谊《新书·六术》篇,以父、昆弟、从父昆弟、从祖昆弟、
从曾祖昆弟、族兄弟为六亲。

⑩幸:哀怜。

⑪育:抚育。群生:指民众。

⑫经:常道,指常行的义理、准则、法制。陈:公布。纪:纲领,法度。

⑬法程:法则。

⑭明达:对事理有明确透彻的认识,通达。

⑮治体:治国的纲领、要旨。下风:比喻处于下位,卑位。

⑯稽:考核,考察。

⑰按:查考,考核。

【译文】

　　"假如治理好国家,就一定会使帝王身心疲劳困乏,又缺少各种消遣
的乐趣,那么不做也就罢了。而实际上帝王乐趣不减于今,又能令诸侯
遵循法制,止息战争,百姓得以保全生命,匈奴臣服顺从,四方都趋从教
化,民众淳良质朴,诉讼和刑罚也不再发生,天下秩序井然。活着就是英
明的皇帝,死了是英明的神灵,美好的名誉,永久流传。建立永久平安的
形势,形成长治久安的功业,用来承续祖庙的先灵,奉养六亲,这是极致
的孝道;使自己的功业有利于国家,能养育百姓,这是极致的仁德;创立

制度,确立秩序,大小事物都井然有序,然后可以成为万代的法则,即使有愚蠢幼稚不成材的继承人,还可以承蒙祖业而安定地生活,这是极致的贤明。凭着陛下对事理明确透彻的认识,就是让稍稍知道治国纲领的人稍加辅佐,达到这样的程度也不困难。我认真推究了天地之道,考查古代史事,查核当今要务,日夜考虑,已经有了最为详细周密的结论,即使让禹、舜重生,替陛下计谋,也没有什么能代替这些了。

"夫树国固必相疑之势也^①,树国于险固,诸侯强大,则必与天子有相疑之势也。下数被其殃,上数爽其忧^②,甚非所以安上而全下。今或亲弟谋为东帝^③,淮南厉王长也。亲兄之子西向而击^④。谓齐悼惠王子兴居为济北王反,欲击取荥阳。天子春秋鼎盛^⑤,鼎,方。行义未过^⑥,德泽有加焉^⑦,犹尚如是,况莫大诸侯权力且十此者乎^⑧!然而天下少安,何也?大国之王幼弱未壮,汉之所置傅相方握其事^⑨。数年之后,诸侯之王,大抵皆冠^⑩,血气方刚,汉之傅相,称病而赐罢,彼自丞尉以上遍置私人^⑪,如此有异淮南、济北之为邪!此时而欲为治安,虽尧、舜不治也。

【注释】

①树国:指建立藩国。

②爽:伤,受伤害。

③亲弟谋为东帝:指淮南厉王刘长谋反事。刘长为汉文帝异母弟。

④亲兄之子西向而击:指济北王刘兴居谋反事。刘兴居之父刘肥是汉文帝异母兄。

⑤春秋鼎盛:比喻正当壮年。春秋,指年龄。

⑥行义:行为道义。

⑦德泽：恩德，恩惠。

⑧莫大：没有更大的，最大。

⑨傅相：指太傅、国相，由朝廷直接任命。

⑩冠：戴帽子。古男子年满二十皆束发戴冠，以示成年。

⑪丞尉：县丞、县尉，他们是县令之佐和掌管全县治安的官员。私人：亲属故旧。

【译文】

"建立的诸侯国太强固，必然导致互相怀疑的形势，在险要坚固之地建立诸侯国，诸侯强大，那就必定与天子形成互相怀疑的形势。为此诸侯多次遭受祸殃，天子多次为之忧思痛苦，这根本不是既巩固皇权又保全诸侯的方法。现今有亲弟弟谋划要当东帝，是淮南厉王刘长。还有亲哥哥的儿子向西攻击。是指齐悼惠王的儿子刘兴居当了济北王谋反，想要攻击夺取荥阳。天子正当壮年，鼎，是方、正当的意思。品行道义没有过失，对诸侯的恩德有所增加，尚且还是这样，何况那些力量比他们大十倍的最大的诸侯呢！然而现在天下还算安定，为什么呢？大诸侯国的国君年纪幼小还没长大，汉朝所设置的太傅、国相正掌握国家大权。几年之后，诸侯国王大都成年，血气方刚，让汉朝设置的太傅、国相称病再恩赐免职，他们从县丞、县尉以上普遍安置私人，像这样与淮南王、济北王的行事作为能有什么不同吗？这个时候却想要国家太平安全，即使是尧、舜也办不到啊。

"今令此道顺而全安甚易，不肯早为，已乃堕骨肉之属而抗刭之①，抗其头而刭之也。岂有异秦之季世乎②！夫以天子之位，乘今之时，因天之助，尚惮以危为安③，以乱为治。假设天下如曩时，淮阴侯尚王楚④，黥布王淮南，彭越王梁，韩信王韩，张敖王赵⑤，卢绾王燕⑥，陈豨在代，令此六七公者皆亡恙⑦，当是时而陛下即天子位，能自安乎？臣有以知陛下之不能也。天下殽乱^⑧,高皇帝与诸公并起,诸公幸者乃为中涓^⑨,其次仅得舍人^⑩,材之不逮至远也。高皇帝以明圣威武即天子位,割膏腴之地以王诸公,多者百余城,少者三四十县,德至渥也^⑪,然其后十年之间,反者九起。陛下之与诸公,非亲角材而臣之也^⑫,又非身封王之也,自高皇帝不能以是一岁为安,故臣知陛下之不能也。

【注释】

①抗刭:斩首。抗,举起。刭,用刀割颈。

②季世:末叶,衰败世代。

③惮:畏惧。

④淮阴侯尚王楚:淮阴侯韩信还是楚王。韩信被诬告谋反,由楚王贬为淮阴侯,再被以谋反罪杀害。韩信与下几句的黥布、彭越、韩王信、卢绾都是汉初异姓诸侯王,皆以谋反被诛杀。

⑤张敖:张耳之子。张耳与刘邦有旧交,被陈馀打败后投奔刘邦,随韩信打败赵王歇与陈馀后,刘邦封其为赵王。高祖五年(前202),张敖袭爵为赵王,以其姓张,故亦称"张王"。娶刘邦长女鲁元公主,其女为惠帝皇后。九年(前198),其相贯高等谋杀高祖事发,被废为宣平侯。

⑥卢绾:与刘邦是同乡好友,深受刘邦宠信。刘邦称帝后,卢绾从刘邦击平燕王臧荼,封燕王。高祖十二年(前195)联合陈豨反叛失败,惧诛逃入匈奴,被单于封为东胡卢王。因受排挤,欲归汉而未成。后病卒于匈奴。

⑦亡恙:无恙,没有疾病,没有忧患。

⑧殽乱:混乱。

⑨中涓:古代君主亲近的侍从官。

⑩舍人：战国及汉初王公贵人私门之官。

⑪渥：优厚。

⑫角（jué）材：考核才能。角，衡量，考察。

【译文】

"现今调整诸侯与朝廷的关系、让国家保全安定很容易，不肯早点去做，到了伤害骨肉亲情把他们斩首的程度，是指揪住他们的脑袋用刀割颈。与秦朝的末叶还有什么区别吗？凭借天子的地位，趁着今天的时机，依靠上天的帮助，尚且畏惧而把危险当成平安，把混乱当成太平。假使天下如同过去那样，淮阴侯韩信还在当楚王，黥布当淮南王，彭越当梁王，韩信当韩王，张敖当赵王，卢绾当燕王，陈豨在代地，这六七位都健在，这个时候让陛下即位为天子，能够让自己安心吗？我有理由知道陛下不能啊。天下大乱，高皇帝跟各位臣僚一同起兵，臣僚中幸运的当了中涓，其次只能够当个舍人，材力赶不上高皇帝太远了。高皇帝凭着明达圣哲军威武力登上天子位，分割肥沃的土地封给各位当诸侯王，多的有一百多座城池，少的也有三四十个县，恩德极其优厚，但是此后十年之内，反叛的有九起。陛下对于各位，并不是先亲自考量才能再收为臣子的，又不是亲自封他们为王的，就是高皇帝也不能有一年平安，所以我知道陛下不能啊。

"臣请试言其亲者。假令悼惠王王齐，元王王楚①，中子王赵②，幽王王淮阳③，恭王王梁④，灵王王燕⑤，厉王王淮南，六七贵人皆无恙，当是时陛下即位，能为治乎？臣又知陛下之不能也。若此诸王，虽名为臣，实皆有布衣昆弟之心⑥，虑无不帝制而天子自为者⑦。擅爵人，赦死罪，甚者或戴黄屋⑧。令不肯听，召之安可致乎？幸而来至，法安可得加？动一亲戚，天下圜视而起⑨，陛下之臣，虽有悍如冯敬者⑩，为御史大夫，奏淮南厉王诛也。适启其口，匕首已陷其匈矣⑪。陛下虽贤，谁与领此⑫？

【注释】

① 元王：楚元王刘交，字游，汉高祖刘邦异母弟。好读书，多材艺。少时曾从秦儒浮丘伯学《诗》。秦末从高祖起兵，常侍于左右。入关后封文信君，又从击项羽。高祖六年（前201）立为楚王。谥号元王。

② 中子：刘如意。汉高祖七年（前200）受封为代王；汉高祖九年（前198）改封为赵王。汉惠帝元年（前194），被吕后派人毒死，谥号隐王。

③ 幽王：刘友。汉高祖十一年（前196），受封淮阳王；汉惠帝元年（前194），吕后改封他为赵王。吕后七年（前181），因反对吕氏专权，吕后召他进京软禁，断绝粮食，刘友饿死在软禁之所，以平民礼节下葬，谥号幽王。

④ 恭王：刘恢。汉高祖十一年（前196），受封梁王；吕后时期，改封为赵王。吕后七年（前181），吕产之女毒杀刘恢的宠妃，六月，刘恢殉情自杀，吕后废黜其嗣，汉文帝时追谥为恭王。

⑤ 灵王：刘建。汉高祖十二年（前195），受封燕王。吕后七年（前181）去世，谥号灵王。

⑥ 布衣：指平民。昆弟：兄弟。

⑦ 帝制：皇帝的仪制。

⑧ 黄屋：古代帝王专用的黄缯车盖。

⑨ 圜（huán）视：互相顾看，向四周看。

⑩ 冯敬：秦将冯无择之子。楚汉战争时，为魏骑将。韩信定魏地，归汉。文帝七年（前173），由典客迁御史大夫。曾反对贾谊更定律令等朝议。又向文帝揭发淮南王刘长不尊朝廷法度等为非作歹

行为。

⑪陷：刺入。匈：同"胸"。

⑫领：统率，管领。

【译文】

"我请求尝试说一下那些亲近的诸侯王。假使悼惠王刘肥仍是齐王，元王刘交仍是楚王，中子刘如意仍是赵王，幽王刘友仍是淮阳王，恭王刘恢仍是梁王，灵王刘建仍是燕王，厉王刘长仍是淮南王，这六七位贵人都健在，这个时候陛下登上皇位，能够使天下安定吗？我又知道陛下不能。像这些诸侯王，虽然名义上是臣子，实际内心都认为皇帝和自己就像平民兄弟一样，没有谁不想自己称帝做天子。他们擅自给人封爵，赦免死刑犯，甚至使用帝王专用的黄缯车盖。命令尚且不肯听，召见他们哪里就能够召来呢？就算有幸来了，哪里能够对他们施加法律惩罚呢？只要动一个亲戚诸侯王，天下各个诸侯王就会互相顾看起兵，陛下的臣子，即使有悍不顾身像冯敬那样的人，*冯敬为御史大夫，上奏言淮南厉王当诛*。恐怕刚刚开口，匕首就插入胸膛了。即使陛下贤明，又能和谁来管理这些人呢？

"故疏者必危，亲者必乱，已然之效也。其异姓负强而动者①，汉已幸而胜之矣，又不易其所以然。同姓袭是迹而动，既有征矣②，殃祸之变，未知所移，明帝处之尚不能以安，后世将如之何？屠牛坦一朝解十二牛③，而芒刃不顿者④，所排击剥割，皆众理解也，至于髋髀之所⑤，非斤则斧⑥。夫仁义恩厚，人主之芒刃也；权势法制，人主之斤斧也。今诸侯王皆众髋髀也，释斤斧之用，而欲婴以芒刃⑦，臣以为不缺则折。胡不用之淮南、济北？势不可也。*二国皆反诛*。何不施之仁恩？势不可故也。

【注释】

①负：恃，依仗。

②征：迹象，预兆，迹象。

③屠牛坦：亦作"屠牛吐"。齐国善于屠牛的人。

④芒刃：指刀剑锐利处，就是刀尖、刀口。顿：通"钝"，不锋利。

⑤髋（kuān）：胯骨。髀（bì）：股骨。

⑥斤：斧子。

⑦婴：接触。

【译文】

"所以疏远的异姓王必然会危害国家，亲近的同姓王必然会搅乱国家，这是已经见到的情况了。那些异姓王仗着强大而反叛的，汉朝已经幸运地战胜了他们，但又没有改变他们造反的缘由。同姓王沿着他们的轨迹造反，已经有征兆了，祸殃的变化，不知道会转移到何处，英明的皇帝处在这种状况下尚且不能使天下安定，后代将会怎么样呢？屠牛坦一早晨肢解了十二头牛，刀尖都没有钝，就因为刀所刺入、切割的地方都是骨肉纹路、关节缝隙之处，至于胯骨、大腿骨这些地方，就用各种斧子来处理。仁义厚恩，是人主的刀尖；权势法制，是人主的斧子。现今诸侯王都是那些胯骨、大腿骨，放下斧子不用，想用刀尖去触割，我认为不是碰出缺口就是折断。为什么不能对淮南王、济北王施加仁义恩德？是形势不许可呀。两位诸侯王都因为谋反被诛。为什么不对他们施加仁恩？是形势不许可的缘故。

"臣窃迹前事①，大抵强者先反。淮阴王楚最强，则最先反；韩王信倚胡，则又反；贯高因赵资②，则又反；陈豨兵精，则又反；彭越用梁，则又反；黥布用淮南，则又反；卢绾最弱，最后反。长沙乃在二万五千户耳③，功少而最完，势疏而最忠④,非独性异人,亦形势然也。曩令樊、郦、绛、灌据数十城而王⑤,今虽已残亡可也;令信、越之伦列为彻侯而居⑥,虽至今存可也。然则天下之大计可知也。欲诸王之皆忠附,则莫若令如长沙王;欲臣子之勿菹醢⑦,则莫若令如樊、郦等;欲天下之治安,莫若众建诸侯而少其力。力少则易使以义,国小则无邪心。

【注释】

①迹:寻求踪迹。

②贯高:原为魏国名士。秦时与张耳、刘邦有交游。秦末战争起,张耳略赵地,为赵相,他往依之,参与谋划军事。张耳死后,事其子赵王张敖,任赵相。因刘邦慢辱张敖,他使人谋刺刘邦。事泄,被捕至京师,备受酷刑而不肯牵连张敖及他人。最后辨明情委,自杀而死。

③长沙:即长沙王吴芮。初为秦朝鄱阳令,号鄱君。秦末,率百越起兵,并派部将领兵从刘邦入关。项羽封其为衡山王,都邾(今湖北黄冈)。汉朝建立,于高祖五年(前202)改封为长沙王,治临湘(今湖南长沙)。领长沙、武陵两郡。在:通"才"。

④疏:疏远。

⑤曩(nǎng):先时,以前。樊、郦、绛、灌:指樊哙、郦商、周勃、灌婴。都是西汉开国功臣。郦商,郦食其之弟。追随刘邦,在灭秦与楚汉战争中屡立战功。又从征臧荼、陈豨、英布,封曲周侯。刘邦死,吕后与审食其谋尽诛诸将,秘不发丧。他闻而谏胁审食其,事遂罢。吕后卒,他为周勃胁迫,使其子郦寄诱劝吕禄离开北军,周勃遂得以顺利控制北军,诛灭诸吕。同年病卒,谥景。

⑥信、越:指淮阴侯韩信与彭越。伦:类,等。彻侯:爵位名,秦统一

后所建立的二十级军功爵中的最高级,汉初沿袭,多授予有功的异姓大臣。后为避武帝讳改称列侯。

⑦菹醢(zū hǎi):古代把人剁成肉酱的酷刑。

【译文】

"我私下里推究以前诸侯王造反的情形,大抵是强大的先反。淮阴侯韩信时为楚王最强盛,所以最先造反;韩王信依仗匈奴,接着造反;贯高凭借赵国的力量,再接着造反;陈豨军队精锐,再接着造反;彭越依靠梁国的力量,再接着造反;黥布依靠淮南国的力量,再接着造反;卢绾最弱小,是最后造反的。长沙王就只有两万五千户罢了,功劳少却最完整,势力弱却最忠诚,并不是唯独他的本性跟别人不同,也是形势使然。如果让樊哙、郦商、绛侯周勃、灌婴占据几十座城池称王,现今恐怕已经残破灭亡了;让韩信、彭越这些人只拥有彻侯的爵位,即使到今天可能仍然存在。既然如此,那么就可以知晓天下的大概情况了。想要让各个诸侯王都忠心依附,那就不如让他们都像长沙王一样;想要让臣子不被杀死,那就不如让他们像樊哙、郦商这些人一样;想要让天下太平安定,就不如多分封诸侯而减少他们的实力。实力少就容易用大义驱使,国家小就没有邪心。

"令海内之势,如身之使臂,臂之使指,莫不制从;诸侯之君,不敢有异心;虽在细民,且知其安,故天下咸知陛下之明。割地定制,令齐、赵、楚各为若干国,使其子孙各受祖之分地,地尽而止,及燕、梁他国皆然。其分地众而子孙少者,建以为国,空而置之,须其子孙生者①,举使君之②。天子无所利焉,诚以定治而已③,故天下咸知陛下之廉。地制壹定④,宗室子孙莫虑不王,下无背叛之心,上无诛伐之志,天下咸知陛下之仁。法立而不犯,令行而不逆,细民向善,大臣致顺，故天下咸知陛下之义。当时大治，后世诵圣⑤。陛下谁惮而久不为此？

【注释】

①须：等待。

②君之：让他们当国君。

③定治：安定太平。

④地制：指往下分封土地的制度。

⑤诵圣：称颂皇帝圣明。

【译文】

"让天下的形势，像身体使唤胳臂，胳臂使唤手指一样，没有什么是不能控制顺从的；诸侯的君主，不敢怀有异心；即使是小民，也知道他们能获得平安，所以天下都知道陛下的英明。分割土地，拟定制度，让齐国、赵国、楚国各自分成若干小国，让他们的子孙各自接受祖上所分的土地，直到土地分光为止，燕国、梁国等其他诸侯国也这样。那些土地多而子孙少的，也先建立诸侯国，空着王位放置在那里，等到他的子孙出生，再让他们当诸侯国的国君。天子从中不获得利益，真的就是为了安定太平罢了，所以天下都知道陛下的清廉。分封诸侯国土地的制度一确定，宗室的子孙都不担心称不了王，诸侯没有背叛的心思，天子没有杀伐的想法，所以天下都知道陛下的仁德。法制确定无人违反，法令施行没人反对，小民向善，大臣服从，天下人都知道陛下的道义。当代天下清明太平，后代称颂皇帝圣明，陛下还忌惮谁而迟迟不这样做呢？

"天下之势，方病大瘇①。肿足曰瘇。一胫之大几如要②，一指之大几如股。平居不可屈伸，失今不治，必为锢疾③，后虽有扁鹊④，不能为已。可痛哭者，此病是也。

【注释】

①瘇（zhǒng）：足肿。

②胫：小腿。要：同"腰"。

③锢疾：也作"痼疾"，指经久难治的疾病。锢，通"痼"。

④扁鹊：战国时名医。姓秦，名越人。以医术精湛闻名天下。家于卢国，世称卢医。后为秦国太医令李醯所嫉，使人刺杀之。按扁鹊相传为黄帝时良医，后世以秦越人之医术与古之扁鹊相类，故以此相称号。

【译文】

"天下的形势，正像生了严重的腿脚肿的病。足肿叫做瘇。一只小腿粗得几乎像腰一样，一个脚趾大得几乎像大腿一样。平时不能弯曲伸直，失去当今的时机不去治疗，一定会成为顽固难治的疾患，以后即使有扁鹊那样的神医，也不能医治了。令人痛哭的，就是这样的病症啊。

"天下之势方倒悬。凡天子者，天下之首也；蛮夷者，天下之足也。今匈奴嫚侮侵掠①，至不敬也，为天下患，至无已也，而汉岁致金絮采缯以奉之②。足反居上，首顾居下，倒悬如此，莫之能解，犹为国有人乎？可为流涕者此也。

【注释】

①嫚侮（màn wǔ）：亦作"嫚侮"，轻蔑侮辱。嫚，亵渎，轻侮。侮，通"侮"。

②金絮采缯：泛指钱财丝帛。絮，粗丝绵。采，指彩绸。缯，丝织品。

【译文】

"当今天下的形势就像人倒挂着。天子，是天下的头；蛮夷，是天下的脚。现今匈奴对我们轻慢侮辱入侵掠夺，这是最大的不敬，是天下的祸患,到了无以复加的程度了,而汉朝还要把银两、绢、彩绸献给他们。脚反而在上面,头竟然在下面,颠倒成这样,没有办法解决,国家还算有人吗? 令人流泪的就是这个呀。

　　"今民卖僮者①,僮,谓隶妾。为之绣衣丝履偏诸缘②,内之闲中③,闲,卖奴婢阑也④。是古天子后服,所以庙而不宴者也⑤,而庶人得以衣婢妾。白縠之表⑥,薄纨之里⑦,缉以偏诸⑧,是古天子之服也,今富人大贾嘉会召客者以被墙⑨。古者以奉一帝一后而节适⑩,今庶人屋壁得为帝服,倡优下贱得为后饰,然而天下不屈者⑪,殆未有也。夫俗至大不敬也,至无等也,至冒上也⑫,进计者犹曰'无为',可为长太息者此也。

【注释】

①僮:奴婢。

②偏诸:衣服、鞋子和帘帷的花边。缘:衣服边上的镶绲,衣服的边。

③内:同"纳"。闲:用于遮拦阻隔的栅栏。

④阑:门前栅栏,栏杆。

⑤庙而不宴:指入庙祭祀时才穿,平时则不穿。宴,宴处,平时。

⑥白縠(hú):白色绉纱。

⑦纨(wán):白色细绢。

⑧缉(qiè):同"缉",缝衣边。

⑨嘉会:欢乐的聚会宴集。

⑩节适:有节制而适度。指不轻易服用。

⑪屈:穷尽。

⑫冒:冒犯。

【译文】

"现今民众卖奴婢的，僮，指奴婢。给他们穿上满是花边的绣花衣服和丝鞋，然后放进卖奴婢的栅栏里，闲，是卖奴婢的栅栏。这种衣服是天子皇后的礼服，只有在宗庙祭祀时才能穿而平时都不能穿，而平民可以给婢女穿。白色绉纱的外层，白色薄细绢的内层，都镶嵌花边，这是古代天子的服装，现今富商们却在聚会宴请招待客人时用来挂在墙上做装饰。古代这些东西供一位皇帝一位皇后还不轻易穿用，现在平民百姓的墙壁上却装饰着帝王的衣服，歌舞演戏的下等人却穿戴着皇后的服饰，这样天下的钱财能够不竭尽，是不曾有过的事情。风俗到了大不敬，到了没有尊卑等级，到了冒犯君上这样的程度，献计的人还说什么'无为而治'，令人长叹息的就是这个呀。

"商君遗礼义①，弃仁恩，并心于进取②，秦俗日败。故秦人家富子壮则出分，家贫子壮则出赘。出作赘婿。借父耰锄③，虑有德色④；假其父锄而德之。母取箕帚，立而谇语⑤。谇，犹责也。抱哺其子，与公并倨⑥；其慈子嗜利，不同禽兽者无几耳。然并心而赴时者⑦，犹曰'蹶六国⑧，兼天下'。功成求得矣，终不知反廉愧之节⑨，仁义之厚。众掩寡⑩，知欺愚⑪，勇威怯，壮凌衰，其乱至矣。是以大贤起之，威震海内，德从天下。曩之为秦者，今转而为汉矣。

【注释】

①商君：指商鞅。

②并心：专心。

③耰（yōu）锄：泛指农具。耰，农具名。状如槌，用以击碎土块，平整土地和覆种。锄，锄草翻地的农具。

④虑：大概。

⑤谇（suì）：呵斥，责骂。

⑥并：并排，并列。倨：通"踞"，箕踞，随意张开两腿坐着，形似簸箕。一种无礼的坐姿。

⑦并心：同心。赴时：追求眼前的利益。时，当时，即眼前。

⑧蹶（jué）：挫败，失败。

⑨廉愧：廉耻。

⑩掩：盖，欺压。

⑪知：同"智"。

【译文】

"商鞅丢弃礼法道义，丢弃仁爱恩德，集中心思攫取利益，秦国的习俗一天天败坏。所以秦国人富裕家庭的孩子长大成人就分家单过，穷人家庭的孩子长大成人就去入赘。出去当上门女婿。儿子借给父亲农具，大多流露出施加恩德的脸色；将借给父亲锄具看作一件施加恩德的事。母亲来取走扫帚，儿子立刻张嘴骂人。谇，等于说责骂。儿媳哺育孩子，傲慢地和公公平起平坐；秦国人疼爱自己的孩子，却又贪图利益，行为和禽兽相差无几。但是秦人君臣同心追求眼前的利益，还宣称要'挫败六国，兼并天下'。他们功劳成就了，要求满足了，却始终不知道返回讲求廉耻节操，仁义宽厚。以多欺少，以智欺愚，以硬欺软，以强凌弱，混乱到了极致。因此伟大的贤人出现，威震海内，德行让天下顺从。从前秦朝拥有的一切，今天变成了汉朝的了。

"然其遗风余俗，犹尚未改。今世以侈靡相竞①，而上无制度，弃礼谊、捐廉耻日甚②。杀父兄，盗者剟寝户之帘③，剟，取也。搴两庙之器④，搴，取也。两庙，高祖、惠帝庙也。白昼大都之中，剽吏而夺之金⑤。矫伪者出几十万石粟⑥，吏矫伪征发,盈出十万石粟。赋六百余万钱,乘传而行郡国⑦,此其无行义之尤至者也。而大臣特以簿书不报、期会之间⑧,以为大故⑨。至于俗流失,世坏败,因恬而不知怪⑩。夫移风易俗,使天下回心而向道,类非俗吏之所能为也。俗吏之所务,在于刀笔筐箧⑪,而不知大体。陛下又不自忧,窃为陛下惜之。

【注释】

①侈靡:奢侈浪费。

②礼谊:礼义,礼法道义。

③剟(duō):割,割取。寝户:陵寝之门。

④搴(qiān):拔取,采取。两庙:汉高祖、汉惠帝的庙宇。

⑤剽:抢劫,掠夺。

⑥矫伪者:伪托命令的官员。出几十万石粟:服虔认为是官吏假托命令征发超出几十万石粟。出,超出。颜师古反对此说,曰:"几,近也。言诈为文书,以出仓粟近十万石耳。非谓征发于下也。"意谓官吏假托命令从粮仓中盗运出近十万石粮食。出,运出。几,接近。下文小字取服虔说。

⑦传:驿车。

⑧簿书:册籍,指重要的公文、文案。报:回复。期会:谓在规定的期限内实施政令。多指有关朝廷或官府的财物出入。

⑨故:事故。

⑩恬:安然,满不在乎。

⑪刀笔:本是古代书写工具,古时书写于竹简,有误则用刀削去重写,所以也用来称呼文章文书。筐箧:用竹枝等编制的狭长形箱子。此特指用以盛文书的箱子。

【译文】

"但是秦朝遗留下来的风俗习惯，还是没有改变。今天世俗竞相奢侈浪费，而朝廷上没有相关制度控制，丢弃礼法道义、捐弃廉耻的现象一天比一天严重。有人杀害父亲兄长，有盗贼公然割取皇家陵墓寝殿门户的帘子，剟，是取的意思。取走高祖、惠帝庙宇的器皿，搴，是取的意思。两庙，是汉高祖、汉惠帝的庙宇。光天化日之下就在繁华大都市里，竟然会有人劫掠官吏，夺取钱财。官吏假托命令征调超出几十万石粟，官吏伪托命令征调，超出十万石的粮食。私自征收赋税六百万钱，乘坐驿车出行郡国，这是极其不讲道义的行为。而大臣只把公文呈报不及时、朝廷官府的财物出入不准时当作大事故。至于风气的败坏、世道的衰颓，则满不在乎而毫不奇怪。移风易俗，让天下人回心转意遵守道义，大概不是平庸官吏所能办到的。平庸官吏所致力的，只在于长篇累牍地书写官样文书，而不知道政事的大体。陛下自己又不为此忧虑，我实在私下替陛下惋惜。

"夫立君臣，等上下，使父子有礼，六亲有纪，父、母、兄、弟、妻、子。此非天之所为，人之所设也。人之所设，不为不立，不植则僵①，不修则坏。管子曰②：'礼义廉耻，是谓四维③。四维不张，国乃灭亡。'使管子愚人也则可，管子而少知治体④，则是岂可不为寒心哉！秦灭四维而不张，故君臣乖乱⑤，六亲殃戮⑥，奸人并起，万民离叛，凡十三岁，而社稷为墟。今四维犹未备也，故奸人几幸⑦，而众心疑惑。岂如今定经制⑧，令君臣上下有差，父子六亲各得其宜，奸人无所几幸。此业壹定，世世常安。若夫经制不定，是犹渡江河无维楫⑨，中流而遇风波，船必覆矣。可为长大息者此也。

【注释】

①僵：倒下。

②管子曰：引文见《管子·牧民》。

③四维：治国之四纲。维，本指系物之大绳，后用来比喻纲纪、法度。

④少：稍微，略。

⑤乖乱：反常，动乱。

⑥殃戮：残杀。

⑦几（jǐ）幸：非分企求。几，通"冀"，期望，希望。

⑧经制：治国的制度。

⑨维楫：系船之绳和船桨。

【译文】

"设立君臣，确定上下等级，使父子之间有礼制，六亲之间有纲纪，六亲是父、母、兄、弟、妻、子。这不是自然产生的，是人为设置的。人为的设置，不去施行就不能确立，不去树立就会倒下，不去修治就会败坏。管子说：'礼义廉耻，这就是治国的四条大纲。四条大纲如果不能推行，国家就会灭亡。'假如管子是个愚蠢的人也就罢了，管子如果稍微了解点治国的要旨，那么他难道不会对这种四维不张的情况感到寒心吗！秦朝灭弃礼义廉耻四维不推行，所以君臣关系颠倒错乱，宗室亲属都被杀害，奸邪坏人一并兴起，万民百姓离散背叛，一共只用了十三年，江山社稷就成了废墟。现今四维还没有具备，所以奸邪坏人还有非分的企图，而民众内心还存在疑惑。哪里比得上现在确定一贯的制度，让君臣上下有各自的等级差别，父子宗亲都能得到合适的安置，奸邪坏人没有非分的企图。这样的制度一确定，可以使后世长治久安。倘若一贯的制度不确定，这就像要渡过江河却没有缆绳船桨，到了江心遇到风浪，船一定会倾覆。这就是令人长叹的事啊。

　　"夏为天子十有余世①，殷为天子二十余世②，周为天子三十余世③,秦为天子二世而亡④。人性不甚相远也,何三代之君有道之长,而秦无道之暴也⑤? 其故可知也。古之王者,太子乃生,固举以礼,使士负之,有司齐肃端冕⑥,见于天也;过阙则下⑦,过庙则趋⑧,孝子之道也。故自为赤子⑨,而教固已行矣。昔者成王幼,在襁褓之中⑩,召公为太保⑪,周公为太傅⑫,太公为太师⑬。保,保其身体;傅,傅之德义;师,导之教训。此三公职也。于是为置三少⑭,少保、少傅、少师,是与太子宴者也⑮。故乃孩提有识⑯,三公、三少明孝仁礼义以导习之,逐去邪人,不使见恶行。于是皆选天下之端士⑰,孝悌博闻有道术者以卫翼之⑱,使与太子居处出入。故太子乃生而见正事,闻正言,行正道,左右前后皆正人。夫习与正人居之,不能无正,犹生长楚之乡不能不楚言也。孔子曰:'少成若天性,习贯如自然⑲。'

【注释】

①夏为天子十有余世:据《史记·夏本纪》,夏共传十四代,十七王,延续约四百余年。

②殷为天子二十余世:殷即商,共传十七代,三十一王,延续约五百余年。

③周为天子三十余世:西周与东周共历三十二代,三十七王,延续七百多年。

④秦为天子二世而亡:秦朝只有始皇与二世两代,由前221年统一算起,至前207年秦亡,仅十四年。

⑤暴:短促。

⑥齐(zhāi)肃:庄重敬慎。端冕:玄衣和大冠,古代帝王、贵族的礼服。

⑦阙：宫门、城门两侧的高台，中间有道路，台上起楼观。

⑧趋：古代的一种礼节，以碎步疾行表示敬意。

⑨赤子：婴儿。

⑩襁褓：背负婴儿用的宽带和包裹婴儿的被子。

⑪太保：古三公之一，位次太傅，周为辅弼国君之官。

⑫太傅：古三公之一，辅弼天子治理天下。

⑬太师：古三公之最尊者，为辅弼国君之官。

⑭三少：三公的副职，也叫三孤。

⑮宴：平时居处。

⑯孩提：幼儿，二三岁之间。有识：能明白事情。

⑰端士：正直的人士。

⑱道术：治国之术。卫翼：辅佐。

⑲少成若天性，习贯如自然：语本《孔子家语·七十二弟子解》："少成则若性也，习惯若自然也。"贯，通"惯"，习惯。

【译文】

"夏朝为天子有十几代，殷朝为天子有二十几代，周朝为天子有三十几代，秦朝为天子两代就灭亡了。人性本来相差不是很远，为什么夏、商、周三代的君主治国有道且国运长久，而秦朝无道又迅速灭亡呢？这里的原因是可以知道的。古代的天子，太子刚出生，就用礼来抚育他，让士大夫背着他，官员们庄重敬慎身着正式朝服，告之于天；经过宫门就下车，经过宗庙就小步快走，这是孝子之道。所以从婴儿开始，对太子的教养就已经开始实行了。从前周成王年幼的时候，还在襁褓之中，召公做太保，周公做太傅，太公做太师。保，是要保护太子身体健康；傅，是要教导太子道德仁义；师，就是要引导太子的教育训诫。这是三公的职责。于是又给太子设置三少，少保、少傅、少师，他们平常要与太子在一起生活。所以从幼儿能明白事理，三公、三少就要明确地用孝道、仁爱、礼义来引导教育他，驱逐他身边邪恶的人，不让他看见邪恶的行为。这时又选择天下正直、孝顺、敬爱兄长，见闻广博，懂得治国之术的人来护卫、辅佐他，让他们跟太子一同起居出入。所以太子从出生就看见正当的行为，听到正经的言论，践行正确的道路，前后左右都是正直的人。习惯了跟正直的人生活，就不可能不正直，就好像生长在楚国不能不说楚国话一样。孔子说：'少年养成的习惯就像天性，习惯了就好像自然发生的一样。'

　　"太子既冠成人，免于保傅之严①，则有记过之史，彻膳之宰②，进善之旌③，诽谤之木④，敢谏之鼓。瞽史诵诗⑤，工诵箴谏⑥，大夫进谋，士传民语⑦。习与智长，故切而不愧⑧；化与心成，故中道若性⑨。春秋入学，坐国老⑩，执酱而亲馈之⑪，所以明有孝也；行以鸾和⑫，鸾在衡⑬，和在轼⑭。步中《采齐》⑮，趋中《肆夏》⑯，乐诗也，步则歌之以中节。所以明有度也；其于禽兽，见其生不食其死，闻其声不食其肉，故远庖厨，所以长恩，且明有仁也。

【注释】

①保傅：古代保育、教导太子等贵族子弟及未成年帝王、诸侯的男女官员，统称为保傅。

②彻膳之宰：《大戴礼记·保傅》："太子有过而宰彻其膳。"颜师古注："有阙则谏。"彻，撤除，撤去。宰，指宰夫、膳夫之类主管饮食的官员。

③旌：表彰标志。

④诽谤之木：供百姓书写政治缺失的表木，立于朝廷前。

⑤瞽史：乐师与史官的并称。

⑥工：指乐官。箴谏：规诫劝谏的话。

⑦民语：民间广泛流行的定型的俗语谣谚。一般言简意赅，多反映人民的生活经验和愿望。

⑧切：切磋。

⑨中（zhòng）道：合乎道义。

⑩坐：请上坐。国老：指告老退职的卿、大夫、士。

⑪馈（kuì）：给人奉献食物。

⑫鸾和：车上的銮铃、和铃。

⑬衡：车辕前端的横木。

⑭轼：设在车厢前供立乘者凭扶的横木。

⑮《采齐》：古乐曲名。

⑯《肆夏》：古乐曲名。

【译文】

"太子行过冠礼成年了，免去了保傅等教导官员的严厉管教，那么就有记载过失的史官，在其犯错时撤去膳食进谏阙失的宰，为了进奏善言而立的旌，为了提意见而设的谏木，以及鼓励人大胆劝谏的鼓。乐师史官诵读讽谏的诗，乐官诵读规劝告诫的话语，大夫进献谋划，士人传递民间的谣谚。好习惯跟智慧一起成长，因学行经历了切磋纠正就不会自愧；教化与心性一起成熟，所以他的正直品格如同天性。太子春秋两季要到学宫，请国老上坐，捧着酱亲自进献给他们，用来表明有孝道；行动和着銮铃、和铃的节拍，銮铃在衡上，和铃在轼上。走路符合《采齐》的节拍，快步行走符合《肆夏》的节拍，《采齐》《肆夏》都是乐诗，步行时歌唱符合节拍。用来表明行动有节度；对于禽兽，见到它们活着的样子，听见它们的声音，就不忍杀死它们，吃它们的肉，所以远离厨房，用来培养同情心，而且表明有仁德。

"夫三代之所以长久者，以其辅翼太子有此具也①。至秦而不然。其俗固非贵辞让也，所上者告讦也②；固非贵礼义也,所上者刑罚也。使赵高傅胡亥而教之狱③,所习者非斩劓人,则夷人之三族也。故胡亥今日即位,而明日射人,忠谏者谓之诽谤,深计者谓之妖言④,其视杀人,若刈草菅然⑤。岂唯胡亥之性恶哉? 彼其所以导之者非其理故也。

【注释】

①具:方法。

②上:崇尚。告讦(jié):责人过失或揭人阴私,告发。

③赵高傅胡亥而教之狱:赵高晓文书,通狱法,始皇让他做胡亥的法律教师。

④妖言:荒诞不经的邪说。秦汉时罪名之一。

⑤刈(yì):割。草菅(jiān):茅草。

【译文】

"夏、商、周三代国运长久的原因,是因为他们辅佐太子有这些方法。到秦朝就不一样了。它的习俗本来就不崇尚推辞谦让,所崇尚的是告发他人;它本来就不崇尚礼义,所崇尚的是刑罚。让赵高做胡亥的老师教他决狱用刑,所学习的不是斩首割鼻,就是灭人三族。所以胡亥今天登上皇位,明天就会射死别人,忠心劝谏的人他认为是诽谤,深入谋划的人被说成是妖言惑众,他看待杀人,就跟割茅草一样。难道是胡亥本性凶恶吗? 那是辅佐引导他的人和方法都不合正理的缘故啊。

"鄙谚曰①:'不习为吏,视已成事②。'又曰:'前车覆,后车诫。'夫三代之所以长久者,其已事可知也。夫存亡之变、治乱之机,其要在是矣。夫天下之命,悬于太子。太子之善,在于早谕教,与选左右。夫心未滥而先谕教③,则化易成也;开于道术智谊之指④,则教之力也。若其服习积贯⑤,

贯,习也。则左右而已。臣故曰选左右、早谕教最急。夫教
得而左右正,则太子正矣。太子正而天下定矣。

【注释】

①鄙谚:俗语。

②已成事:过去的事情。

③滥:过度,没有节制。

④开:启,启发。道术:治国之术。谊:同"义",谓符合正义或道德
　规范。指:要旨,意旨。

⑤服习:熟习。积贯:犹积惯,习惯。

【译文】

"俗话说:'不熟悉怎样当官为吏,就看看官吏已经做完的事情。'又
说:'前面车子翻了,后面车子要引以为戒。'夏、商、周三代国运长久的
原因,这些过去的事情是可以知道的了。国家存亡的变化、治乱的关键,
重要的道理就在这里面了。天下的命运,就掌握在太子手里。太子的优
秀,在于及早晓谕教导,以及选择身边辅佐的人。在内心还没有放纵之
前先行晓谕教导,那么教化就容易成功;启发太子,使他了解道德、学术、
智慧、道义的要旨,那就是教化的力量。至于他平日的习惯,贯,是习惯的
意思。那就取决于身边辅佐的人了。所以我说选择辅佐的人、早日晓谕教
导是最紧急的事情。教导得当而且辅佐的人正直,那么太子就正直。太
子正直天下就安定了。

"若夫庆赏以劝善①,刑罚以惩恶,先王执此之政,坚如
金石,行此之令,信如四时,据此之公,无私如天地,岂顾不
用哉? 孔子曰:'听讼,吾犹人也,必也使无讼乎②!'为人主
计者,莫如先审取舍③。取舍之极定于内④,而安危之萌应于

外矣⑤。安者非一日而安也，危者非一日而危也，皆以积渐然，不可不察也。人主之所积，在其取舍。以礼义治之者，积礼义；以刑罚治之者，积刑罚。刑罚积而民怨背，礼义积而民和亲。故世主欲民之善同⑥，而所以使民善者或异。或导之以德教，或驱之以法令。导之以德教，德教洽而民气乐⑦；驱之以法令者，法令极而民风哀。哀乐之感，祸福之应也。秦王之欲尊宗庙而安子孙，与汤、武同，然而汤、武广大其德行，六七百岁而弗失，秦王持天下十余岁则大败。此无他故矣，汤、武之定取舍审而秦王之定取舍不审也。

【注释】

①庆赏：赏赐。

②"听讼"几句：语见《论语·颜渊》。

③审：慎重，审慎。

④极：准则。

⑤萌：事情刚刚显露的迹象。

⑥世主：历代国君。

⑦洽：广博，周遍。

【译文】

"至于说用赏赐来鼓励善良，用刑罚来惩治邪恶，先代的君王执行这一政策，像金石一样强硬，执行这一政令，像四季一样诚信，据有这种公正，像天地一样无私，难道还能不用吗？孔子说：'审理案件，我跟别人一样，只是我希望尽量做到没有诉讼案件罢了！'替君主考虑，没有比审慎选择治国之道更重要的了。选择的准则在朝廷内确定，安危的迹象在外部就会相应出现了。安定不是一天就能做到的，危险也不是一天就形成了，都是逐渐积累而成的，不可以不推究呀。君主积累什么，在于他对治国之道的取舍。用礼义治国的人，积累礼义；用刑罚治国的人，积累刑罚。积累刑罚使民众怨恨背离，积累礼义使民众和睦亲近。所以世上的君主使民众向善的愿望是相同的，但是所采用的方法却有差异。有的用德行教化来引导，有的用刑罚法令来驱使。用德行教化来引导，德行教化周遍广博，民心欢愉；用刑罚法令来驱使，刑罚法令用到极致，民心哀伤。民心的哀伤欢乐，是国家祸福的反应。秦王想要尊崇宗庙让子孙平安，这和商汤、周武王是相同的，但是商汤、周武王扩大推广他们的德行，六七百年没有失去天下，秦王持有天下十几年就灭亡了。这没有其他的缘故，是因为商汤、周武王选择治国之道审慎，而秦王选择治国之道不审慎。

　　"夫天下大器^①，今人之置器，置诸安处则安，置诸危处则危。天下之情与器无以异，在天子之所置之。汤、武置天下于仁义礼乐，而德泽洽，禽兽草木广裕^②，德被子孙数十世，此天下所共闻也。秦王置天下于法令刑罚，德泽无一有，而怨毒盈于世^③，人憎恶之如仇雠^④，祸几及身，子孙诛绝，此天下之所共见也。是非其明效大验邪！人之言曰：'听言之道^⑤，必以其事观之，则言者莫敢妄言。'今或言礼谊之不如法令，教化之不如刑罚，人主胡不引殷、周、秦事以观之也？

【注释】

①大器：宝器。

②广裕：众多，繁荣富庶。

③怨毒：怨恨，仇恨。

④仇雠：仇人。

⑤听言：指听取谏劝之言。

【译文】

"天下是重要的宝器,人们放置器皿,放在安稳的地方就安全,放在危险的地方就危险。天下的情况与放置器皿没有什么不一样的,就在于天子怎样放置。商汤、周武王把天下放置在仁义礼乐上,于是恩德周遍广博,连禽兽草木也繁茂起来,恩德覆盖子孙几十代,这是天下共同知道的。秦王把天下放置在法令刑罚上,恩德一无所有,而怨恨充满世间,人人憎恶他就像仇人一样,祸患几乎降临到他自身,子孙被诛杀灭绝,这也是天下共同看见的。这不就是明显的效果、极大的验证吗!人们说:'听别人的话,要用事实来检验,那样进言的人就没有谁敢胡说。'现今有人说礼义不如法令,教化不如刑罚,君主为什么不引用商、周、秦朝的事情来检验呢?

"人主之尊譬如堂①,群臣如陛②,众庶如地。古者圣王制为等列③,内有公、卿、大夫、士,外有公、侯、伯、子、男,等级分明,而天子加焉④,故其尊不可及也。鄙谚曰:'欲投鼠忌器。'尚惮不投,恐伤其器,况贵臣之近主乎⑤!廉耻礼节以治君子,故有赐死而无戮辱⑥。是以黥劓之罪,不及大夫,顾其离主上不远也。君之宠臣,虽或有过,刑戮之罪⑦,不加其身者,尊君故也。所以体貌大臣而厉其节也⑧。

【注释】

①堂:建于高台基之上的厅房。古时,整幢房子建筑在一个高出地面的台基上。前面是堂,通常是行吉凶大礼的地方,不住人;堂后面是室,住人。

②陛:台阶。

③等列:等级品位。

④加：在上面，超越。

⑤贵臣之近主：君主所亲近的尊贵大臣。

⑥赐死：君主命令臣下自杀。戮辱：受刑被辱。

⑦刑戮：指各种刑罚。

⑧体貌：指以礼相待，敬重。体，通"礼"。厉：同"励"，激励。

【译文】

"君主的尊贵譬如正堂，群臣就像台阶，民众就像土地。古代圣明的君王划分等级，朝廷之内有公、卿、大夫、士，之外有公、侯、伯、子、男，等级分明，天子高高在上，所以他的尊贵是谁也比不上的。俗话说：'想要投掷砸老鼠，就怕砸伤其他器具。'老鼠靠近器皿尚且忌惮不敢投掷，唯恐伤害器具，更何况君主身边的贵臣呢！臣子要用廉耻礼节来制约，所以只有赐死而没有处刑侮辱。因此刺字、割鼻的罪罚，不能用到大夫身上，是顾念他们离君主不远的缘故。君主的宠臣，即使有人犯有过失，也不对他施加刑罚，是尊重国君的缘故。这是为了体现礼遇大臣从而勉励他们坚守节操啊。

"今自王侯三公之贵①，皆天子之所改容而礼之②，古天子之所谓伯父、伯舅也③，而今与众庶同黥、劓、髡、刖、笞、伤、弃市之法④，然则堂不无陛乎？被戮辱者不泰迫乎⑤？廉耻不行，大臣无乃握重权，大官而有徒隶无耻之心乎⑥！今而有过，帝令废之可也⑦，退之可也，赐之死可也，灭之可也⑧。若夫束缚之⑨，系缍之⑩，输之司寇⑪，编之徒官⑫，司寇小吏詈骂而榜笞之⑬，殆非所以令众庶见也。夫天子之所尝敬，众庶之所尝宠，死而死耳，贱人安得如此而顿辱之哉！

【注释】

①三公：当时中央三种最高官衔的合称，西汉以丞相（大司徒）、太尉（大司马）、御史大夫（大司空）为三公。

②改容：改变仪容，动容。

③伯父：周王朝称呼同姓诸侯。伯舅：周王朝称呼异姓诸侯。

④伤（mà）：古代刑罚之一。

⑤泰迫：过于迫近。泰，同"太"。迫，颜师古注："迫天子也。"

⑥徒隶：刑徒奴隶，服劳役的犯人。

⑦废：罢免。

⑧灭：灭族。

⑨束缚：捆绑。

⑩系绁（xiè）：捆绑。绁，拴，缚。

⑪司寇：掌管刑狱、纠察等事的官。

⑫编：收列，列入。徒官：役徒，刑徒。

⑬榜笞：鞭笞拷打。

【译文】

"现在王、侯、三公等贵臣，天子都应该严肃恭敬地礼遇他们，他们是古代天子所称呼的伯父、伯舅，但是现今却要跟平民百姓一样受到刺字、割鼻、剃发、砍脚、鞭打、辱骂、杀头的刑罚，这样那么大堂不就没有台阶了吗？遭受刑罚侮辱的人不是太迫近天子了吗？不培养大臣的廉耻之心，不是让当高官、握重权的人像囚徒一样没有廉耻之心吗！现今他们有了过失，皇帝命令罢免他们是可以的，斥退他们是可以的，赐死他们是可以的，灭族也是可以的。至于捆绑他，关押他，送到司法部门，编到囚徒行列，并让负责刑法的小吏辱骂或鞭打他，恐怕不是该让平民看到的吧。天子曾经尊敬的，平民曾经敬仰的，死就死了，地位低贱的人怎么能这样折磨、侮辱他呢！

　　"故主上遇其大臣如遇犬马,彼将犬马自为也;如遇官徒,彼将官徒自为也。故古者礼不及庶人,刑不至大夫,所以厉宠臣之节也。其有大罪者,闻命则北面再拜,跪而自裁①,上不使人捽抑而刑之也②,曰:'子大夫自有过耳! 吾遇子有礼矣。'遇之有礼,故群臣自熹③;婴以廉耻④,故人矜以节行⑤。上设廉耻礼义以遇其臣,而臣不以节行报其上者,则非人类也。故为人臣者,利不苟就⑥,害不苟去,唯义所在。上之化也,故父兄之臣诚死宗庙⑦,法度之臣诚死社稷,辅翼之臣诚死君上,守圉扞敌之臣诚死城郭封疆⑧。故曰'圣人有金城'者⑨,比物此志也。比,谓比方。使忠臣以死社稷之志,比于金城。彼且为我死,故吾得与之俱生;彼且为我亡,故吾得与之俱存;为我危,故吾得与之皆安。顾行而忘利,守节而仗义,故可以托不御之权,可以寄六尺之孤⑩。此厉廉耻、行礼谊之所致也,主上何丧焉⑪! 此之不为,而顾彼之久行,彼,亡国也。故曰可为长太息者此也。"

【注释】

①自裁:自杀。

②捽(zuó)抑:揪住往下按。捽,抓住头发,也泛指抓、揪。

③自熹:自喜,自好。熹,通"喜"。今本《汉书·贾谊传》作"憙"。颜师古注:"憙,好也,好为志气也。"

④婴:施加。

⑤矜:谨守,慎重。

⑥苟:随便,马虎。

⑦诚:一心一意。

⑧守圉:守御。扞(hàn)敌:抵御敌人。

⑨金城:指坚固的城。

⑩六尺之孤:指十五岁以下的继承人。

⑪丧:丧失,失去。

【译文】

"所以君主对待大臣像对待狗马一样,大臣就会有狗马一样的行为;像对待官府徒隶一样,他就会有徒隶一样的行为。所以古代礼制不会要求平民遵守,刑罚不会对大夫施加,这是用来激励大臣节操的。那些犯有大罪的臣子,听到治罪的命令就面向北行再拜之礼,跪着自杀,君主不会让人揪住他按倒在地施加刑罚,而是说:'是大夫您自己有了过失啊!我对您还是礼遇的呀!'君主以礼相待,所以群臣就能洁身自好;君主用廉耻制约臣子,所以臣子就崇尚高尚的节操和行为。君主用廉耻礼义来对待他的臣子,而臣子不用节操品行来回报君主的,那就不是人类了。所以做臣子的,不随便谋取利益,不随便躲避危险,一切以合乎大义为准。由于君主的教化,所以作为父兄宗室的臣子,忠诚地为宗庙而死;遵守法纪的臣子,忠诚地为社稷而死;辅佐君主的臣子,忠诚地为君主而死;守土卫边的臣子,忠诚地为国土而死。所以说'圣人有金城一样坚固的城防',就是用来比喻这种情况的。比,是指打比方。让忠臣为社稷而死的志向,用坚固的城来比喻。臣下愿为君主而死,所以君主和臣下可以共生;臣下愿为君主而亡,所以君主和臣下可以共存;臣下为君主的安危思虑,所以君主和臣下可以共安危。顾念品行而忘记利益,谨守节操而主持正义,所以可以把不加限制的权力交付给他,可以把年幼的孤儿幼主嘱托给他。这是激励廉耻、施行礼义所得到的,君主又丧失了什么呢?不这样做,却任凭已经灭亡的秦朝的坏风气、旧习俗流行下去,彼,指亡国。所以说这是令人长叹息的事情啊。"

爰盎①,字丝,楚人也。孝文时,为中郎将②。从霸陵③,

上欲西驰下峻阪④，盎揽辔⑤。上曰："将军怯邪？"盎曰："臣闻千金子不垂堂⑥，百金子不骑衡⑦，骑，倚也。圣主不乘危、不徼幸⑧。今陛下骋六飞⑨，六马之疾若飞也。驰不测山，有如马惊车败⑩，陛下纵自轻，奈高庙太后何？"上乃止。

【注释】

①爰盎：本段节录自《爰盎晁错传·爰盎传》。爰盎，一作袁盎，字丝，汉初楚国人，西汉大臣，个性刚直，有才干，以胆识与见解为汉文帝所赏识，但以数直谏，不得久居朝中。调为陇西都尉。后迁齐相，徙为吴相。与晁错有宿怨，汉景帝初，晁错告发他受吴王财物，抵罪，诏赦以为庶人。吴楚七国叛乱，袁盎奏请斩晁错以平众怒，官拜太常，叛乱平定后，封为楚相，病免家居。后因反对立梁王刘武为储君，遭到梁王忌恨，派刺客将其刺杀。

②中郎将：九卿之一郎中令属官。秩比二千石，位次将军。

③霸陵：汉文帝陵墓，因其在灞河西岸而得名，此时尚在修建。最新考古研究确认，今陕西西安白鹿原江村大墓即汉文帝霸陵。

④峻阪：也作峻坂。陡坡。

⑤辔：马的缰绳。

⑥垂堂：靠近堂屋檐下，因檐瓦坠落可能伤人，所以用来比喻危险的境地。

⑦骑：倚靠。一说义为跨。衡：宫殿前面的栏杆。

⑧徼（jiǎo）幸：侥幸。作非分企图。徼，通"侥"。

⑨六飞：古代皇帝的车驾六马，疾行如飞，故名。

⑩败：毁坏。

【译文】

爰盎，字丝，是楚地人。文帝时，担任中郎将。他跟随文帝到霸陵，文帝想向西奔驰下陡坡，爰盎一把拉住马缰绳。文帝说："将军胆怯了吗？"爰盎说："我听说千金之子不会坐在屋檐下，百金之子不会倚在栏杆上，骑，是倚靠的意思。圣明的君主不冒险、不侥幸。现今陛下驾驭六匹奔驰如飞的骏马拉的车子，六匹马的迅速就像飞起来一样。冲下无法预测的陡坡，假如马匹受惊车毁坏了，陛下即使不爱护自己，又怎么对高祖和太后交代呢？"文帝于是停了下来。

　　上幸上林[①]，皇后、慎夫人从[②]。其在禁中[③]，常同坐。及坐郎署[④]，盎却慎夫人坐[⑤]。慎夫人怒，不肯坐。上亦怒，起。盎因前说曰："臣闻尊卑有序，则上下和。今陛下既已立后，慎夫人乃妾，妾主岂可以同坐哉！且陛下幸之，则厚赐之。陛下所以为慎夫人，适所以祸之。独不见'人豕'乎[⑥]？"戚夫人也。于是上乃悦，入语慎夫人。夫人赐盎金五十斤。然盎亦以数直谏，不得久居中[⑦]。调为陇西都尉[⑧]，调，选也。仁爱士卒，皆争为死。

【注释】

①上幸上林：本段节录自《爰盎晁错传·爰盎传》。

②皇后：指孝文窦皇后，名猗房，清河观津（今河北武邑东）人。吕后时，以良家子入宫为宫女。吕后将其赐给刘恒（即文帝）为姬，受宠幸。文帝即位，立为皇后，去世后与汉文帝合葬霸陵。慎夫人：生卒及家世不详，邯郸（今河北邯郸）人，汉文帝刘恒的宠妃，有美色，能歌舞，擅鼓瑟。

③禁中：指帝王所居宫内。

④郎署：指上林苑中值班的侍卫公署。

⑤却慎夫人坐：将慎夫人的座席向后撤，以与皇后分出等级。却，后撤。

⑥人豕：即人彘。汉高祖宠幸戚夫人。高祖死，吕后断戚夫人手足，

去眼煇耳,饮哑药,使居猪圈中,名曰"人彘"。

⑦居中:指居官朝中。

⑧陇西都尉:陇西郡的武官。陇西郡,郡治狄道,即今甘肃临洮。都尉,汉朝地方一郡之内辅佐郡守并掌全郡军事的最高武官。秩比二千石。

【译文】

文帝驾临上林苑,皇后、慎夫人跟从。他们在宫中,经常同席而坐。在郎署就座的时候,爰盎把慎夫人的座位撤到后面。慎夫人发怒,不肯就座。文帝也发怒,站起身来。爰盎于是上前说道:"我听说尊卑有秩序,那么上下就和睦。现今陛下已经立了皇后,慎夫人就是妾室,妾室和主母怎么能同席而坐呢!况且陛下宠幸慎夫人,那就给她优厚的赏赐。陛下现在宠幸慎夫人的方法,恰恰是会给她带来灾祸的呀。难道没有看见'人彘'吗?"指戚夫人。于是文帝高兴了,进去对慎夫人说。慎夫人赐给爰盎五十斤金。但是爰盎也因为屡次直言劝谏,不能够长久地在朝廷中做官。后来他被选调为陇西都尉,调是选的意思。对士兵仁爱,士兵都争着为他效死。

晁错①,颍川人也,以文学为太子家令②。是时匈奴强,数寇边,上发兵以御之③。错上言兵事④,曰:"臣闻兵法有必胜之将,由此观之,安边境,立功名,在于良将,不可不择也。臣又闻用兵,临战合刃之急者三⑤:一曰得地形,二曰卒服习⑥,三曰器用利⑦。兵法曰:丈五之沟,渐车之水⑧,山林积石,经川丘阜⑨,草木所在,此步兵之地也,车骑二不当一⑩。土山丘陵,曼衍相属⑪,平原广野,此车骑之地也,步兵十不当一。平陵相远⑫,川谷居间,仰高临下,此弓弩之地也,短兵百不当一⑬。两阵相近,平地浅草,可前可后,此长戟之地也⑭，剑楯三不当一⑮。萑苇竹萧⑯，草木蒙茏⑰，支叶茂接⑱，此矛铤之地也⑲，长戟二不当一。曲道相伏，险厄相薄⑳，此剑楯之地也，弓弩三不当一。士不选练㉑，卒不服习，起居不精㉒，动静不集㉓，趋利弗及，避难不毕㉔，前击后解㉕，与金鼓之音相失㉖，此不习勒卒之过也㉗，百不当十。兵不完利㉘，与空手同；甲不坚密，与袒裼同㉙；袒裼，肉袒。弩不可以及远，与短兵同；射不能中，与无矢同；中不能入，与无镞同㉚；此将不省兵之祸也㉛，五不当一。故兵法曰：器械不利，以其卒予敌也；卒不可用，以其将与敌也；君不择将，以其国与敌也。四者，兵之至要也。

【注释】

①晁错：本段节录自《爰盎晁错传·晁错传》。晁错，颍川（今河南禹州）人。初从张恢学申不害、商鞅"刑名"之术。汉文帝时，任太常掌故，后历任太子舍人、博士、太子家令，深为太子（即景帝刘启）器重，号"智囊"。景帝即位后，任为内史，后迁升至御史大夫，坚持"重本抑末"政策，主张纳粟受爵，建议募民充实塞下，积极备御匈奴的攻掠，以及逐步削夺诸侯王的封地，以巩固中央集权制度，得景帝采纳。不久激发吴楚七国之乱，景帝听从爰盎之计，腰斩晁错于东市。

②文学：文献典籍。太子家令：掌太子汤沐邑，仓谷饮食，又兼主仓狱。秩八百石。

③上：此指汉文帝。

④错上言兵事：按，以下即《言兵事书》。以下几段皆出此文。

⑤合刃：交锋。

⑥服习：熟习武艺。

⑦器用：专指武器。

⑧渐（jiān）：淹没，浸泡。

⑨经川：流动不息的河川。丘阜：山丘，土山。

⑩车骑：战车战马。这里指战车。

⑪曼衍：连绵不绝。相属：相连接。

⑫平陵：平地和丘陵。

⑬短兵：指刀剑等短武器。

⑭长戟：古兵器名，是长柄的戟。据说，长戟二丈四尺，短戟一丈二尺。

⑮楯：同"盾"。

⑯萑（huán）：芦类植物，初生名葭，幼小时叫蒹，长成后称萑。萧：蒿类植物的一种，即艾蒿。

⑰蒙茏（lóng）：覆蔽的样子，形容草木茂密。茏，茂密，茂盛。

⑱支：同"枝"。

⑲锃（chán）：铁柄小矛。

⑳险厄：指险要之处。薄：迫。

㉑选练：选拔训练。

㉒起居：起立与蹲下。古练兵内容之一。此指其动作。精：精确规范。

㉓集：整齐一致。

㉔毕：迅捷。

㉕解：同"懈"。

㉖金鼓：军中用器。金指金钲，行军时用以节止步伐；鼓用以进众。这里金鼓用来指挥军旅，激励勇气。

㉗勒卒：部署、操练士卒。

㉘兵：武器。完利：坚固锋利。

㉙袒裼（tǎn xī）：脱去上衣，裸露肢体。

㉚镞（zú）：矢锋，箭头。这里指箭矢。

㉛省兵：检查兵器。省，检查，察看。

【译文】

晁错,是颍川人,凭借熟习文献典籍担任太子家令。这时匈奴强盛,屡次入侵边境,文帝发兵抵御。晁错上书谈论军事,说:"我听说兵法上有作战必定胜利的将军,从此看来,安定边境,建立功名,在于良将,是不能不选择的。我又听说用兵的时候,临战交锋有三件最急迫的事情:第一是得到有利地形,第二是士兵熟习武艺,第三是武器锋利。兵法说:一丈五的深沟,淹没战车的流水,山林中到处堆积着石头,流动不息的河川,起伏的山丘,草木生长的地方,这是适宜步兵作战的地形,在这种地方两辆战车也抵挡不住一个步兵。土山丘陵,蔓延相连,平坦而又广阔的原野,这是适宜战车作战的地形,在这种地方十个步兵也阻挡不住一辆战车。平地和丘陵相距遥远,河川峡谷就在中间,居高临下,这是适宜使用弓弩作战的地形,手持短兵器的一百个士卒也抵不上一个弓弩手。双方军阵接近,平地浅草,可以前进可以后退,这是适宜使用长戟作战的地形,三个手持短剑和盾牌的士卒也挡不住一个持长戟的士卒。芦苇竹林艾蒿丛生,野草树木茂密互相遮蔽,枝叶紧密相接,这是使用各种矛作战的地形,两个手持长戟的士卒也抵不上一个使矛的士卒。道路弯曲隐伏,迫近险要之处,这是适宜使用短剑和盾牌作战的地形,三个弓弩手也抵不上一个手持短剑和盾牌的士卒。军官不选拔训练,兵卒不熟习武艺,战术动作不精确,行动静止不一致,有利时机抓不住,避开困难不迅速,前锋奋击,后卫松懈,不按主帅指挥的金鼓声行动,这是不熟习操练兵卒的过错,这样的士兵一百个顶不上十个。武器不完整锋利,就和赤手空拳一样;盔甲不坚固细密,就和赤膊露体一样;袒裼,指裸露身体。弓弩不能射到很远的地方,就和短兵器一样;射箭不能射中,就和弓弩没装箭一样;射中了又不能射入肌体,就和箭没有箭头一样;这是将领平时不能检查兵器造成的祸患,这样在作战时五个士卒也抵不上一个。所以兵法说:器械不精良,是把自己的兵卒送给敌人;兵卒不能用,是把将领送给敌人;君主不选择好将领,是把国家送给敌人。这四条,是用兵的最重要的部分。

"臣又闻'小大异形,强弱异势,险易异备'。夫卑身以事强①,小国之形也;合小以攻大,敌国之形也②;以蛮夷攻蛮夷③,中国之形也④。今匈奴地形伎艺与中国异⑤。上下山阪⑥,出入豀涧,中国之马弗与也;险道倾侧⑦,且驰且射,中国之骑弗与也;风雨罢劳⑧,饥渴不困,中国之人弗与也;此匈奴之长技也。若夫平原易地⑨,轻车突骑⑩,则匈奴之众易挠乱也⑪;劲弩长戟,射疏及远⑫,则匈奴之弓弗能格也⑬;坚甲利刃,长短相杂,游弩往来⑭,什伍俱前⑮,则匈奴之兵弗能当也;材官驺发⑯,矢道同的,材官,骑射之官也。射者驺发,其用矢者,同中一的,言其工妙。则匈奴之革笥木荐⑰,革笥,以皮作,如铠也。木荐,以木板作,如楯。弗能支也;下马地斗,剑戟相接,去就相薄⑱,则匈奴之足弗能给也⑲;此中国之长技也。以此观之,匈奴之长技三,中国之长技五。陛下又兴数十万之众,以诛数万之匈奴,众寡之计,以一击十之术也。

【注释】

①卑身:指谦恭、逊让。

②敌国:地位或势力相等的国家。

③蛮夷:指边远地区的少数民族部族。

④中国:中原。

⑤伎艺:技艺。此特指军事技能。

⑥山阪:山坡。

⑦倾侧:崎岖不平。

⑧罢劳:疲劳。

⑨易地:平地。

⑩轻车:古代兵车名,是兵车中最轻便的。突骑:用于冲锋陷阵的精锐骑兵。

⑪众:军众,士兵。挠乱:扰乱,搅乱。

⑫疏:辽远。颜师古注:"疏,亦阔远也。"

⑬格:至。

⑭游弩:流动突袭的骑兵。

⑮什伍俱前:士兵按编制组成密集队形一起向前进攻。什伍,古代军队编制,五人为伍,十人为什。泛指军队编制。

⑯材官:西汉初年,汉高祖命天下郡国选能拉开硬弓,力大勇猛者,加以训练,组成特种部队。材官是勇武善射,用于山地作战的士兵。䩅(zōu)发:发射良箭。䩅,通"菆",好箭。

⑰革笥:皮革制成的甲胄。木荐:木板制的防御武器,形如盾。

⑱去就相薄:一来一往近身格斗。去就,离开接近。薄,搏击。

⑲足:此指格斗步法。给:连及,连续。

【译文】

"我又听说'小国跟大国表现不同,强国跟弱国形势不同,地势的险要和平坦也需要不同的防备措施'。谦恭地事奉强国,这是小国的表现;联合小国来攻打大国,这是势均力敌国家的表现;用蛮夷来攻打蛮夷,这是中原的表现。现今匈奴的地形技艺与中原不同。上下山坡,出入谿谷山涧,中原的马比不上他们;道路险要又崎岖,边驰骋边射箭,中原的骑兵赶不上他们;能忍受风雨交加,疲惫不堪、又渴又饿也不困乏,中原的人赶不上他们;这是匈奴的优势。至于说到在广阔的平原,轻装战车、精锐骑兵发动突击,那么匈奴的战士容易被袭扰而大乱;强劲的弩箭和长戟,射击范围又广又远,匈奴的弓箭是不能抵挡的;坚固的盔甲、锋利的兵器,长短兵器配合使用,流动突袭的骑兵神出鬼没,士兵按编制组成密集队形一起向前进攻,那么匈奴的士卒是不可能抵挡的;训练有素的骑射手发射良箭,射出的箭同时射中一个目标,材官,是骑射官。射者䩅发,射箭的人,一同射中同一箭靶,是说技艺高妙。那么匈奴的皮甲木盾,革笥,用皮革制作,像铠甲一样。木荐,用木板制作,像盾牌一样。是不能抵挡的;下马步战,剑戟碰撞,一来一往近身格斗,那么匈奴人的步法就不灵活连续了;这是中原人的优势。由此看来,匈奴的优势表现在三个方面,而中原的优势表现在五个方面。陛下又发兵几十万,用来诛灭几万人的匈奴,计算士卒的多少,可以用以一击十的战术。

"虽然,兵,凶器;战,危事也。以大为小,以强为弱,在俯仰之间耳①。夫以人死争胜,跌而不振,蹉跌不可复起。则悔之无及也。帝王之道,出于万全。今降胡义渠蛮夷之属②,来归谊者③,其众数千,饮食长技与匈奴同,可赐之坚甲絮衣④,劲弓利矢,益以边郡之良骑,令明将能知其习俗、和辑其心者将之。即有险阻,以此当之⑤;平地通道,则以轻车材官制之。两军相表里⑥,各用其长技,衡加之以众⑦,此万全之术也。"文帝嘉之,乃赐错玺书宠答焉⑧。

【注释】
①俯仰:低头和抬头。形容变化之快。
②义渠:古代民族名,西戎之一。分布于岐山、泾水、漆水以北今甘肃庆阳及泾川一带,春秋时势力强大,自称为王。其地近秦国,与秦时战时和,周赧王四十五年(前270)为秦所并,以其地置北地郡。
③归谊:归义,归服正义。
④絮衣:棉衣
⑤当:抵挡。
⑥表里:内外。
⑦衡加之以众:强悍再加上人数众多。衡,横,强。一说,指兼有匈

奴与汉两方长处。

⑧玺书：皇帝的诏书。宠答：指皇帝对臣下有嘉许之意的答复。

【译文】

"尽管如此，刀兵，是凶险的器具；战争，是危险的事情。大可以变小，强可以变弱，变化不过在一低头一抬头之间罢了。用将士的牺牲来争夺胜利，一旦失败国家就一蹶不振，是说跌倒再也起不来。那么后悔也来不及了。帝王的治国之道应追求万全之策。现今投降的义渠等边境部族，有几千人，他们的饮食习惯和擅长的技艺和匈奴相同，可以赐给他们坚固盔甲跟轻暖衣物，强弓利箭，加上边郡的精良马匹，让能了解他们习俗、团结他们内心的贤明将领率领他们。如果在险要阻塞的地方遇到敌人，就用他们去抵挡；在平坦的地区和通畅的大道上，就由我们精锐的车兵与步兵对付。两支部队一表一里互相辅助，各自运用他们的优势，兵力强悍再加上兵多将广，这就是万无一失的计策。"汉文帝赞赏晁错，于是就赐给他诏书用嘉许的语气回复他。

错复言守边备塞①，劝农力本，当世急务二事。曰："臣窃闻秦时②，北攻胡貉③，筑塞河上；南攻扬粤④，扬州之南越也⑤。置戍卒焉。其起兵而攻胡、粤者，非以卫边地而救民死也，贪戾而欲广大也⑥，故功未立而天下乱。且夫起兵而不知其势，战则为人禽⑦，屯则卒积死⑧。夫胡貉之地，积阴之处也，其性能寒⑨。扬粤之地，少阴多阳，其性能暑。秦之戍卒，不能其水土，戍者死于边，输者偾于道⑩，偾，仆也。秦民见行，如往弃市，因以谪发之⑪，名曰'谪戍'。发之不顺，行者深怨，有背叛之心。凡民守战至死而不降北者，以计为之也⑫。故战胜守固，则有拜爵之赏；攻城屠邑，则得其财卤⑬，以富家室。故能使其众蒙矢石⑭，赴汤火，视死如生⑮。

今秦之发卒也,有万死之害,而无铢两之报⑯,死事之后,不得一筭之复⑰,天下明知其祸烈及己也。陈胜行戍,至于大泽⑱,为天下先唱,天下从之如流水者,秦以威劫而行之敝也。

【注释】

① 错复言守边备塞:本段节录自《爰盎晁错传·晁错传》。

② 臣窃闻秦时:按,此即晁错《论守边备塞书》。以下几段皆选自此文。

③ 胡貉:古代称北方各民族。

④ 扬粤:为古代百越的一支。战国至魏晋时为对越人的泛称。此指居于岭南今广东、广西一带的越人。

⑤ 扬州:《禹贡》九州之一。范围相当于今淮河以南、长江流域及岭南地区。

⑥ 贪戾:贪图利益。广大:扩张,扩大。

⑦ 禽:同"擒",制服。

⑧ 积死:病死。盖因不服水土或瘟疫所致。积,通"渍",疾病。

⑨ 能:耐。

⑩ 偾(fèn):倒伏,扑倒。

⑪ 谪发:贬谪并发配。

⑫ 计:考虑。此指有所图。

⑬ 财卤:掳掠的财物。卤,通"掳"。

⑭ 蒙:顶,冒。

⑮ 视死如生:把死去看成活着一样,用来形容不怕死。

⑯ 铢两:一铢一两。比喻微小。铢,古代衡制中的重量单位,是一两的二十四分之一。

⑰ 筭:同"算",指征税计钱多少的单位。汉代每个成年人每年纳赋一算,合一百二十文。复:指免除徭役或赋税。

⑱ 大泽:即大泽乡,在今安徽宿州东南埇桥区。

【译文】

晁错又上书谈守备边塞，鼓励农民致力于农业，这是当时急迫的两件事。他说："我私下里听说在秦朝的时候，向北进攻胡貉各族，在黄河上构筑要塞；向南进攻南越，扬州的南越。在那里安置戍守兵卒。秦起兵进攻胡、粤的原因，不是以此来防卫边疆挽救民众的死亡，而是贪图利益想要扩大地盘，所以没能建立功业而天下大乱。况且出兵却不知道战争形势，作战就会被打败，屯守士兵就会最终病死。胡貉的地盘，是阴气聚积见不着阳光的寒冷地区，当地人生来就耐寒。南越的地盘，多阳光而少阴天，当地人生来就耐热。秦朝戍守的兵卒，受不了当地的水土，戍守的死在边境，运输的倒在路上，偾，是扑倒的意思。秦朝的民众看要出行，就像被处死刑一样恐惧，于是朝廷就把犯罪流放的人遣送边境，叫做'谪戍'。对这些人的征发不合情理，被迫上路的人深深怨恨，有了背叛的念头。大凡百姓坚守城池到死也不投降，是因为有所图才这样做的。所以能战胜固守，那就有拜官封爵的赏赐；攻下城池屠杀城中军民，那就能得到抢掠的财物，使得家庭富裕。所以能够役使兵众冒着如雨的箭矢石头，赴汤蹈火，视死如生。而秦人征发戍守边疆的士卒，有着必死的危险，却没有一铢一两的回报，死于战事之后，家里又得不到免除一个人的人丁税的优待，天下百姓清楚知道这是灾祸降临到自己身上了。陈胜被征调前去戍守，走到大泽乡，首举义旗成为天下的先导，天下跟从他就像流水一样迅速，是因为秦朝用威力胁迫征发的害处呀。

"胡人衣食之业不著于地①，其势易扰乱边境，如飞鸟走兽放于广野，美草甘水则止，草尽水竭则移。以是观之，往来转徙，时至时去，此胡人生业②，而中国之所以离南亩也③。今使胡人数处转牧行猎于塞下，或当燕、代④，或当上郡、北地、陇西⑤，以候备塞之卒⑥，卒少则入。陛下不救，则边民绝望而有降敌之心，少发则不足，多发远县才至^⑦，胡又已去。聚不罢^⑧，为费甚大；罢之，则胡复入。如此连年，则中国贫苦而民不安矣。

【注释】

①业：事务。著：附着。

②生业：生涯，职业。

③南亩：农田。此亦指家乡、家园。

④当：在。燕、代：原燕国、代国之地，泛指今河北西北部和山西北部地区。

⑤上郡、北地、陇西：都是当时北部郡名。在今陕西、甘肃、内蒙古西部一带。上郡，治肤施（在今陕西榆林东南）。北地郡，治马岭（在今甘肃庆阳西北马岭镇）。陇西，治狄道（今甘肃临洮）。

⑥候：伺望，侦察。

⑦远县：此指从距离较远的县调来的援兵。

⑧罢：指罢兵、撤兵。

【译文】

"胡人衣食不依赖于土地，这种形势容易促使他们扰乱边境，好像飞鸟走兽放在旷阔原野上，遇到丰美的草场、甘甜的泉水就停下，草吃尽水喝光就迁移。由此看来，往来迁移，时来时去，这就是胡人的生活，也是导致中原人不得不离开田野的原因。现今假使胡人在好几个地方迁徙放牧，在边境狩猎，或是到了燕国、代国一带，或是到了上郡、北地、陇西郡，他们侦察守备要塞的军队，士卒少就入侵。如果陛下不去营救，那么边民就会陷入绝望产生投降敌人的念头，少发兵不够抵挡胡人，多发兵远处郡县征调的军队才刚刚到达，可是胡人又已经撤走了。大军聚集不撤，耗费巨大；一撤兵，胡人就会再次入侵。如此连年不断，那么中原就会贫苦，民众就会不安了。

　　"陛下幸忧边境，遣将吏发卒以治塞^①，甚大惠也。然令远方之卒守塞，一岁而更，不知胡人之能，不如选常居者，家室田作^②，且以备之。以便为之高城深堑，先为室屋，具田器，乃募罪人令居之；不足，募以丁奴婢赎罪^③，及输奴婢欲以拜爵者；不足，乃募民之欲往者。皆赐高爵，复其家。与冬夏衣、廪食^④，能自给而止。其无夫若妻者，县官买与之^⑤。人情非有匹敌不能久安其处^⑥。塞下之民，禄利不厚，不可使久居危难之地。胡人入驱^⑦，而能止其所驱者，以其半与之，谓胡人驱收中国，能夺得之者，以半与之也。县官为赎得汉人，官为赎也。其民。如是，则邑里相救助，赴胡不避死，非以德上也^⑧，欲全亲戚而利其财也。此与东方之戍卒，东方诸郡，次当戍边。不习地势而心畏胡者，功相万也^⑨。以陛下之时，徙民实边，使远方无屯戍之事，塞下之民，父子相保，无系虏之患，利施后世^⑩，名称圣明，其与秦之行怨民，相去远矣。"上从其言，募民徙塞下。

【注释】

①将吏：军官。

②田作：耕作。

③丁：这里指到了服劳役年龄的人。

④廪食：公家供给的口粮。

⑤县官：朝廷，官府。

⑥匹敌：配偶。

⑦驱：此指掳掠中原人口牲畜驱赶至匈奴地区。

⑧德上：感激皇帝的德行。

⑨相万：相差万倍。

⑩施（yì）：延续，延伸。

【译文】

"陛下为边境安宁忧虑，派遣将领征发兵卒来守卫边塞，这是非常大的恩惠。但是让远方的兵卒守卫边塞，一年就要更换，他们不了解胡人的能力，不如选择长期居住在边境的人，安家耕种，同时可以用来防备胡人。根据便利条件把城筑得高高的，沟挖得深深的，先修建房屋，准备耕田农具，这才招募罪人命他们去居住；不够，再招募想要赎罪的男丁、奴婢，以及捐输奴婢要得到官爵的人；不够，这才招募愿意前去的百姓。都赐给他们高的爵位，免除他们的劳役赋税。给他们冬夏两季的衣服、公家供给的粮食，直到他们能够自给自足为止。其中那些没有丈夫或妻子的人，由官府买来给他们。人之常情是没有配偶就不能长久地安居一处。塞下的百姓，如果利禄不丰厚，是不能让他们长久地住在危险困难的地方的。胡人入侵驱赶掠取百姓牲畜，能制止他们驱赶掠取的，把他所挽救的财产的一半奖给他，这是指胡人劫掠中国，能够从胡人地里夺回的，把其中的一半给他。官府替他们赎回得到汉人，官府替他赎回。他们的乡亲。像这样，那么邻里就会互相救助，冲向胡人就会奋不顾身，这不是感激皇帝的恩德，而是要保全亲戚并获取财物啊。这和从东方派来戍边的兵卒，东方各郡，按次序该当戍边。不熟悉地势而且心里畏惧胡人，功效要强万倍。从陛下开始，迁徙百姓充实边塞，使遥远的边塞没有屯田戍边的劳苦，塞下的百姓，父子可以互相保全，没有被俘虏的祸患，利益可以延及子孙后代，您获得圣明的名声，这与秦的行为引起百姓怨恨相比，真是差别太大了。"文帝听从他的话，招募民众迁徙到塞下。

错复言①："陛下幸募民相徙，以实塞下，使屯戍之事益省，甚大惠也。使先至者安乐而不思故乡，则贫民相募而劝往矣②。臣闻古之徙远方，以实广虚也③，相其阴阳之和，尝其水泉之味，审其土地之宜，观其草木之饶，然后营邑立城，制里割宅④，通田作之道，正阡陌之界⑤，先为筑室，家置器物焉。民至有所居，作有所用⑥，此民所以轻去故乡，而劝之新邑也。为置医巫⑦，以救疾病，生死相恤⑧，坟墓相从，此所以使民乐其处，而有长居之心也⑨。择其邑之贤材，习地形知民心者，居则习民于射法⑩，出则教民于应敌。故卒伍成于内⑪，则军正定于外⑫。服习以成⑬，勿令迁徙。幼则同游，长则共事。夜战声相知，则足以相救；昼战目相见，则足以相识；欢爱之心⑭，足以相死。如此而劝以厚赏，威以重罚，则前死不还踵矣⑮。"

【注释】

①错复言：本段节录自《爰盎晁错传·晁错传》。按，此即《论募民徙塞下书》。

②募：通"慕"，羡慕。劝：鼓励。

③广（kuàng）虚：指空旷之地。广，通"旷"。

④割宅：划分住宅区。

⑤阡陌：田野，垄亩。

⑥所用：指工具。

⑦医巫：治病的人，因为古代医生往往兼用巫术治病。

⑧恤：周济，救济。

⑨居：安定，安居。

⑩习民：训练百姓。习，教习，训练。

⑪卒伍：古代军队编制，五人为伍，百人为卒。

⑫军正：即军政，军中的法令规章。定于外：到对外出征作战时自然而成。定，成。

⑬服习：指习熟武艺。

⑭欢爱：亲爱。

⑮还（xuán）踵：旋踵，转身。

【译文】

晁错又建言道："陛下招募百姓迁徙来充实边塞，使得屯驻戍守的事情更加简单，是非常大的恩惠。让先到的人生活安乐不再想念故乡，那么贫民就会互相羡慕、互相鼓励着前往了。我听说古代迁徙到远方，是要充实地广人稀的地方，观察那里阴阳是否调和，品尝水源的味道，审核土地适宜种植什么，观看草木是否丰饶，然后营建房屋，建立城邑，划定设置里坊住宅，修起通向田间劳作的道路，确定农田的界限，先给将要迁徙来的人修筑房屋，再给每家置办好器皿用具。百姓来到后居住有处所，劳作有工具，这样就能让百姓易于离开故乡，劝导他们前往新的居住区域。朝廷还为他们设置医生，治疗疾病，让他们从生到死互相周济，死后的坟墓挨在一起，这就是让他们喜爱居住地，而且打算长期居住的方法。选择居住区中的贤才，即那些熟悉地形了解民心的人，家居时训练百姓学习射箭方法，外出时就教导民众怎样对付敌人。所以平时家居时内部形成军队卒伍的编制，对外作战时军中政令就会自然形成。训练见到成效后，不要再让他们迁徙到别的地方去。百姓们年幼时一同游玩，年长时一同做事。夜间作战时凭声音就相互知晓，完全能够互相救援；白天作战时能够彼此看见，完全可以互相识别；相亲相爱的心情，完全能够为对方拼命。这样再用丰厚的赏赐作为鼓励，用严厉的惩罚加以威慑，人们就会勇往直前，即便战死也不会后退。"

文帝诏举贤良文学之士①，错在选中。上亲策诏之②，曰："昔者大禹勤求贤士，施及方外③，近者献其明，远者通厥聪，比善勠力④，以翼天子⑤，是以大禹能无失德⑥。故诏有司，选贤良明于国家之大体，通于人事之终始⑦，及能直言极谏者⑧，将以匡朕之不逮⑨。永惟朕之不德⑩，吏之不平，政之不宣，民之不宁，四者之阙，悉陈其志，无有所隐。"

【注释】

①文帝诏举贤良文学之士：本段节录自《爰盎晁错传·晁错传》。贤良文学，汉代选拔官吏的科目之一，多由郡国守相推荐，中央策问后给予相应职位。

②策诏：下诏策问。策，古代考试取士，出问题令应试者对答。

③施（yì）：延续，延伸。方外：域外，边远地区。

④比善：和睦亲善。勠力：努力。

⑤翼：辅佐。

⑥失德：过错。

⑦人事：人情事理。终始：指事物发生演变的全过程。

⑧极谏：尽力劝谏。

⑨不逮：不足之处，过错。

⑩永惟：深思，长想。

【译文】

文帝下诏令各郡国荐举贤良文学的士人，晁错在荐举之列。文帝亲自下诏策问，说："从前大禹努力访求贤士，范围扩展到国外，无论是近处的还是远方的人，全都献上自己明达的见解和聪明智慧，一同和睦亲善努力辅佐天子，因此大禹能够没有过失。所以我下诏给主管官员，举荐对治理国家的大政方针有明达的见解，全面通晓人情事理的变化，还能直言极谏的贤良人才，用来匡正我的过错。你们要深思我的失德，官吏的不公平，政令的不宣畅，民众的不安宁，对这四方面的缺失，详细陈述自己的想法，不要有什么隐瞒。"

错对①："诏策曰'通于人事终始'，愚臣窃以古之三王，

臣主俱贤,故合谋相辅,计安天下,莫不本于人情。人情莫
不欲寿,三王生而不伤也;人情莫不欲富,三王厚而不困
也^②;人情莫不欲安,三王扶而不危也;人情莫不欲逸,三王
节其力不尽也。其为法令也,合于人情而后行之;其动众使
民也,本于人事然后为之。取人以己^③,内恕及人^④。情之所
恶,不以强人;情之所欲,不以禁民。是以天下乐其政而归
其德,望之若父母,从之若流水,百姓和亲,国家安宁,名位
不失,施及后世。此明于人情终始之功也。

【注释】

①错对:按,此即《贤良文学对策》,下一段亦节录自此文。

②厚:使丰厚。

③取人以己:指要求别人首先要求自己。

④内恕及人:指站在对方立场上思考问题。恕,推己及人。

【译文】

晁错对策说:"诏策说'全面通晓人情事理的变化',我私下里认为,
古代夏、商、周三代的君王,臣子君主都贤明,所以共同谋划相辅相成,筹
划安定天下,没有什么不是本着人情的。人情都想长寿,三代君王就将
养生命而不伤害;人情都想富裕,三代君王就让人们财富丰厚而不贫乏;
人情都想平安,三代君王就扶助他们不让他们陷入危险;人情都想安逸,
三代君王就节省使用民力不用尽他们的力量。他们制定法令,合乎人情
之后才实行;他们发动民众使用民力,本着人情然后才去做。要求别人
首先要求自己做到,站在对方立场上思考问题。自己感到厌恶的,不强
加给别人;自己想要的,不禁止民众求取。因此天下百姓喜欢这样的政
策并归附于仁德,望着君王像望着父母,跟随君王就像流水一样,百姓和
睦亲善,国家平安宁静,君王的名位不会失去,一直延续到后代。这是全

面明了人情事理的功效呀。

　　"诏策曰'吏之不平，政之不宣，民之不宁'，愚臣窃以秦事明之。臣闻秦始并天下之时，其主不及三王，而臣不及其佐，然功力不迟者，何也？地形便，财用足，民利战①。其所与并者六国。六国者，臣主皆不肖，谋不辑②，民不用，故当此之时，秦最富强。夫国富强而邻国乱者，帝王之资也，故秦能兼六国，立为天子。当此之时，三王之功不能进焉③。及其末涂之衰也④，任不肖而信谗贼⑤；宫室过度，耆欲无极⑥，民力疲尽，赋敛不节；矜奋自贤⑦，群臣恐谀⑧，恐祸发陷祸，而谀以求自全。骄溢纵恣，不顾患祸；妄赏以随喜意，妄诛以快怒心；法令烦憯⑨，刑罚暴酷，轻绝人命，天下寒心，莫安其处。奸邪之吏，乘其乱法，以成其威，狱官主断⑩，生杀自恣，上下瓦解，各自为制。秦始乱之时，吏之所先侵者，贫人贱民也；至其中节⑪，所侵者，富人吏家也；及其末涂，所侵者，宗室大臣也。是故亲疏皆危，外内咸怨，离散逋逃⑫，人有走心。陈胜先倡，天下大溃，绝祀亡世，为异姓福。此吏不平、政不宣、民不宁之祸也。"对奏，天子善之，迁大中大夫⑬。

【注释】

①利战：善战。

②辑：成，和。

③进：超过。

④末涂：最后一段路程，引申指王朝末期。涂，道路。

⑤谗贼：指好诽谤中伤残害良善的人。

⑥耆（shì）：同"嗜"。

⑦矜奋：以勇气自恃，骄傲自大。

⑧恐谀：因恐惧而谄谀。

⑨烦憯（cǎn）：繁杂严酷。憯，同"惨"。

⑩狱官：主管狱讼的官员。

⑪中节：中期。

⑫逋（bū）逃：逃亡，流亡。

⑬大中大夫：官名，亦作太中大夫。秦汉九卿之一郎中令（光禄勋）
属官。掌议论，秩比千石。虽为顾问一类散职，但汉世多以宠臣
贵戚和功臣充任，与皇帝关系亲近，为机密之职。

【译文】

"诏策说'官吏的不公平，政令的不宣畅，民众的不安宁'，我私下里
认为可以用秦朝的事例来说明。我听说秦国开始兼并天下的时候，它的
君主赶不上三代君王，他的臣子赶不上三代的辅臣，但是功业完成并不
迟缓，这是为什么呢？是因为地形便利，财用富足，民众善战。他所兼并
的是六国。六国，君主臣子都没本事，谋略不成，百姓不效命，所以在这
个时候，秦国最富强。国家富强而邻国混乱，是成就帝王大业的资本，所
以秦国能够兼并六国，立为天子。在这个时候，三代君王的功业也不能
超过他了。等到王朝末期衰微时，任用没本事的人，相信诽谤中伤残害
良善的人；宫室豪华超过限度，嗜好欲望没有极限，民力疲惫用尽，赋税
征收没有节制；自恃勇气自以为是，群臣恐惧谄媚，害怕触犯君主陷入祸患，
就谄谀寻求自我保全。骄横跋扈恣意妄为，不顾祸患；随便赏赐只顾自己
高兴，随便诛杀只要自己痛快解恨；法令繁杂严酷，刑罚暴虐残酷，轻易
断绝人命，天下寒心，没人能够安居。奸邪的官吏，趁着法令混乱，成就
自己的权威，主管狱讼的官员主观臆断，生杀全凭自己恣意处置，上下离
心，各自为政。秦刚刚混乱的时候，官吏先欺凌的，是贫贱的民众；到了

中期，欺凌的，是富人官吏之家；到了末路，欺凌的，是皇家宗室和大臣。因此亲近疏远的都面临危险，朝廷内外全都怨恨，离散逃亡，人人都有逃跑的念头。陈胜首先举义倡导，天下马上崩溃，宗庙祭祀断绝国家灭亡，成为异姓人的福气。这是官吏不公平、政令不宣畅、民众不安宁的祸患呀。"对策上奏，天子认为很好，升晁错为大中大夫。

　　错以诸侯强大^①，请削之。后吴、楚反^②，会窦婴言爰盎^③，诏召入见。上问曰："计安出？"盎对曰："吴、楚相遗书^④，言高皇帝王子弟，各有分地，今贼臣晁错，擅谪诸侯，削夺之地，以故反，名为西共诛错，复故地而罢。方今计，独有斩错，发使赦吴、楚七国，复其故地，则兵可无血刃而俱罢。"于是上默然，良久曰："顾诚何如^⑤，吾不爱一人谢天下也^⑥。"后十余日，乃使中尉召错^⑦，绐载行市^⑧。错衣朝衣斩东市^⑨。错已死，谒者仆射邓公为校尉^⑩，击吴、楚，还，上书言军事。上问曰："闻晁错死，吴、楚罢不也？"邓公曰："吴为反数十岁矣，发怒削地，以诛错为名，其意不在错也。且臣恐天下之士钳口^⑪，不敢复言矣。"上曰："何哉？"邓公曰："夫晁错患诸侯强大不可制，故请削之以尊京师，万世之利也。计画始行，卒被大戮^⑫，内杜忠臣之口^⑬，外为诸侯报仇，臣窃为陛下不取也。"于是景帝喟然长息^⑭，曰："公言善，吾亦恨之^⑮。"

【注释】

①错以诸侯强大：本段节录自《爰盎晁错传·晁错传》。

②吴、楚反：指吴、楚七国之乱。汉初诸侯王国势力日趋强大，威胁

西汉王朝。景帝采取晁错建议,削减封国土地。前154年,吴王刘濞联合楚、赵、胶东、胶西、济南、淄川等国,借口"请诛晁错,以清君侧",发动叛乱。

③窦婴:字王孙,汉文帝皇后窦氏堂侄。吴、楚七国之乱时,被景帝任为大将军,守荥阳,监齐、赵兵。七国破,封魏其(jī)侯。武帝初,任丞相。因推崇儒术而被窦太后罢斥归家。后因与武帝之舅田蚡交恶,被陷害处死。

④遗(wèi)书:投送书信。

⑤顾诚何如:考虑真实情况如何。

⑥爱:吝啬,舍不得。谢:道歉。

⑦中尉:官名,秦汉时为武职,掌管京师治安。

⑧绐(dài):欺诈。行市:巡视市中。行,巡行。

⑨朝衣:上朝时穿的礼服。东市:汉代在长安东市处决判死刑的犯人。

⑩谒者仆射:官名,是谒者的长官,九卿之一郎中令(光禄勋)属官,秩为比千石。

⑪钳口:闭口。

⑫大戮:指杀而陈尸示众。

⑬杜:堵塞。

⑭喟然:感叹、叹息的样子。

⑮恨:遗憾。

【译文】

晁错因为诸侯强大,请求削减他们的封地。后来吴、楚等国反叛,适逢窦婴推荐爰盎,景帝下诏召见爰盎。景帝问道:"你有什么计策?"爰盎回答说:"吴、楚互相投送书信,说高皇帝封子弟为王,各有分封之地,现在贼臣晁错,擅自惩罚诸侯,削夺诸侯封地,因此反叛,号称向西进军诛杀晁错,恢复原有土地就罢兵。当今的计策,只有斩了晁错,派遣使者赦免吴、楚等七国,恢复他们原有的封地,那么可以兵不血刃就全都罢兵。"

于是景帝沉默了，很久之后说："再看看真实情况怎样，我不会舍不得杀一个人来向天下致歉。"过了十几天，景帝就让中尉召见晁错，骗他上车巡行市场。晁错穿着上朝的朝服在东市被斩首。晁错死后，谒者仆射邓公担任校尉，攻击吴、楚叛军，回到朝中，上书汇报军事情况。景帝问道："听到晁错死了，吴、楚叛军退兵没有？"邓公说："吴王谋图反叛已经几十年了，因为削减土地而发怒，名义上是诛杀晁错，他的本意不在晁错。况且我还担心天下士人从此闭上嘴，再不敢说话提建议了。"景帝说："为什么呢？"邓公说："晁错担忧诸侯强大不可控制，所以请求削藩来推尊中央，这是有利于子孙万代的长远之计。计划刚开始执行，他就被杀示众，对内是堵塞忠臣的嘴，对外是替诸侯报仇，我私下里认为陛下这是不可取的。"于是景帝长长地叹息说："您说得好，我也对此遗憾啊。"

卷十七

汉书（五）

【题解】

本卷选自《汉书》卷五十至卷五十六，节录了汉文帝到汉武帝时期的张释之、冯唐、汲黯、贾山、邹阳、枚乘、路温舒、苏武、韩安国、董仲舒等十位历史人物的相关言论事迹。《张释之传》主要节录了张释之作为执掌刑法的廷尉，不惧违背文帝意愿而公正执法的事例，赞扬了他执法不阿的精神。《冯唐传》节录冯唐为魏尚鸣冤且劝谏汉文帝应珍惜人才。在这两篇选文后，本卷专门选入了荀悦《汉纪》中的议论，专论君臣际会的困难，人才怀才不遇的悲哀。《汲黯传》节录汲黯正直敢言，刚直无伪，被称为"社稷之臣"的事迹。《贾山传》大段节录了其《至言》中的议论，谈论治乱之道。《邹阳传》节录了他的《狱中上书自明》（也称《狱中上梁王书》），在为自己辩冤的同时，陈述人主沉谄谀则危、任忠信则兴的道理。《枚乘传》节录其《谏吴王书》，规劝吴王刘濞当谨守君臣之义不要造反。《路温舒传》节录其《尚德缓刑书》，劝谏宣帝减轻刑罚。《苏武传》赞美苏武的坚贞爱国，不辱使命。《韩安国传》节录韩安国与王恢在汉武帝前辩论是否要进攻匈奴，是汉匈关系与政策转变的见证者。《董仲舒传》节录了他的《举贤良对策》的第一策与第二策，反映其作为学术权威，深入政治，奠定了儒术的独尊地位。

传

张释之^①，字季，南阳人也^②。以赀为郎^③，事文帝，十年不得调，欲免归。中郎将爰盎知其贤^④，惜其去，乃请徙释之补谒者^⑤。释之既朝毕，因前言便宜事^⑥。文帝称善，拜释之为谒者仆射。从行，上登虎圈，问上林尉禽兽簿^⑦，十余问，尉左右视，尽不能对。虎圈啬夫从旁代尉^⑧，对上所问禽兽簿甚悉，欲以观其能，口对响应无穷者。文帝曰："吏不当如此邪？"诏拜啬夫为上林令。释之前曰："陛下以绛侯周勃何人也？"上曰："长者。"又复问："东阳侯张相如何人也^⑨？"上复曰："长者。"释之曰："夫绛侯、东阳侯称为长者，此两人言事，曾不能出口，岂效啬夫喋喋利口捷给哉^⑩！且秦以任刀笔之吏，争以亟疾苛察相高^⑪，其弊徒文具^⑫，无恻隐之实。以故不闻其过，陵夷至于二世^⑬，天下土崩。今陛下以啬夫口辩而超迁之^⑭，臣恐天下随风靡，争口辩，无其实。且下之化上，疾于景响^⑮，举措不可不察也。"文帝曰："善。"乃止。从行至霸陵。上顾谓群臣曰："嗟乎！以北山石为椁，用纻絮斫陈漆其间^⑯，岂可动哉！"左右皆曰："善。"释之前曰："使其中有可欲，虽锢南山犹有隙^⑰；使其中无可欲，虽无石椁，又何戚焉？"文帝称善。其后拜释之为廷尉^⑱。

【注释】

① 张释之：本段节录自《张冯汲郑传·张释之传》。张释之，字季。南阳堵阳（今河南方城东）人。汉文帝时为廷尉，以持议公平，依律断案，不以帝意为据而天下闻名，人称"张廷尉"。汉景帝即位

后,因其曾为太子时被张释之弹劾,将释之贬为淮南相。

②南阳:郡名,治宛县(今河南南阳)。

③以赀为郎:凭家财丰裕得以入朝为郎。颜师古注:"以家财多,得拜为郎。"何焯曰:"赀郎,犹今有身家之人,非入粟拜爵之比。汉初得官,皆由赀;有市籍者,亦不得宦也。郎官,宿卫亲近,欲其有所顾藉,重于犯法。"赀,通"资",货物,钱财。郎,官名,均属于郎中令(光禄勋),其职责为护卫陪从,随时建议、备顾问及差遣。

④中郎将:九卿之一郎中令(光禄勋)属官。秩比二千石,位次将军。

⑤谒者:九卿之一郎中令(光禄勋)属官。掌宾赞受事及给事近署,执戟宿卫与奉诏外使。秩比六百石。

⑥便宜:指有利国家、合乎时宜之事。

⑦上林尉:汉少府属官,在上林令之下管理上林苑治安。簿:册籍,记载用的本子。

⑧啬夫:汉时一种小吏。此为主管虎圈的小吏。

⑨张相如:西汉开国功臣。跟随汉高祖刘邦屡立战功,高祖十一年(前196)封东阳侯。文帝即位后,迁太子太傅。文帝前元十四年(前166),任大将军率诸将抵御匈奴老上单于入侵,使匈奴不得深入而退去。

⑩喋喋:多言,唠叨。利口:能言善辩。捷给:应对敏捷。

⑪亟疾:急剧猛烈。

⑫徒文具:只有表面官样文章。

⑬陵夷:由盛到衰,衰颓,衰落。

⑭超迁:越级升迁。

⑮景响:即"影响",比喻感应极其迅捷,如影之随形,响之应声。景,同"影"。响,回声。

⑯纻:苎麻。絮:粗丝绵。斫(zhuó):砍,削。

⑰锢:用金属熔液填塞空隙。

⑱廷尉：九卿之一，掌刑狱。

【译文】

张释之，字季，是南阳人。凭家财丰裕得以入朝为郎，事奉汉文帝，十年不曾升调，想要辞官回家。中郎将爰盎知道他贤能，惋惜他要离去，于是就请求升迁张释之补为谒者。释之朝见完毕，于是上前进言有利国家合乎时宜的事情。文帝称赞，任命释之当了谒者仆射。张释之跟从文帝出行，文帝登上虎圈，问上林尉登记在册的禽兽，问了十几个问题，上林尉东张西望，完全不能回答。虎圈的小吏啬夫在旁边代替回答，对文帝所问登记在册的禽兽说得非常详尽，想让文帝看到他的能力，回答反应迅速滔滔不绝。文帝说："官吏不就应当这样吗？"下诏任命啬夫为上林令。张释之上前说："陛下认为绛侯周勃是什么样的人呢？"皇帝说："是德高望重的长者。"又问道："东阳侯张相如是什么样人呢？"皇帝又说："也是德高望重的长者。"张释之说："绛侯、东阳侯称为长者，这两人谈到事情，有时话都说不出来，哪里像啬夫那样喋喋不休快嘴利舌呢？况且秦任用刀笔吏，争着比谁逼得更紧、更为苛刻，它的弊害是只有表面官样文章，没有基于同情怜悯的实情。因此听不到自己的过失，这样衰落到了秦二世，天下土崩瓦解。现今陛下因为啬夫能言善辩就越级提拔他，我害怕天下跟风而动，变成只争能说会道，不讲求实际效果。况且下头人们受上头影响，其转变比影随形、响应声还要快，所以您的举止措施不能不慎重啊。"文帝说："好。"于是就停止了越级提拔啬夫。张释之跟从文帝出行到了霸陵。文帝看着群臣说："唉！如果用北山的石头当外棺，再用撕碎的丝绵填满缝隙，用漆把缝隙都密封上，这个陵墓谁能挖得开呢？"左右大臣都说："对。"张释之上前说："假使墓里有引起欲望的东西，即使您熔化铁水把整个南山的缝隙都灌上也还是有缝；假使墓里没有引起欲望的东西，即使没有石椁，又有什么好担心的呢？"文帝称赞他说得好。后来任命张释之当了廷尉。

　　顷之①,上行出中渭桥②。桥在两岸之中也。有一人从桥下走,乘舆马惊③,于是使骑捕属廷尉④。释之奏当⑤:"此人犯跸,跸,止行人。当罚金⑥。"上怒曰:"此人亲惊吾马,马赖和柔,令他马,固不败伤我乎⑦? 而廷尉乃当之罚金!"释之曰:"法者,天子所与天下公共也⑧。今法如是,更重之,是法不信于民也。且方其时,上使使诛之则已。今已下廷尉,廷尉,天下之平也。壹倾,天下用法,皆为之轻重,民安所措其手足⑨? 唯陛下察之。"良久曰:"廷尉当是也。"其后人有盗高庙坐前玉环⑩,得⑪,文帝怒,下廷尉治。奏当弃市。上大怒曰:"人无道⑫,乃盗先帝器! 吾属廷尉者,欲致之族,而君以法奏之,非吾所以共承宗庙意也⑬。"释之曰:"法如是足矣。且罪等⑭,俱死罪也,盗玉环,不若盗长陵土之逆也⑮。然以逆顺为基⑯。今盗宗庙器而族之,假令愚民取长陵一抔土⑰,不欲指言,故以取土喻也。陛下且何以加其法乎?"乃许廷尉当。

【注释】

①顷之:本段节录自《张冯汲郑传・张释之传》。

②中渭桥:在今陕西咸阳东北渭河上。始建于秦,本名横桥。汉曰渭桥、中渭桥。亦称横门桥、石柱桥。据《水经・渭水注》记载,中渭桥广六丈,南北三百八十步,由七百五十根木桩组成六十七个桥墩,六十八个桥孔。木桩上加盖顶横梁组成排架,排架上置木梁,再铺木桥面。两边设雕花木栏杆。两端桥塊竖有华表等。与西渭桥(便桥)、东渭桥合称渭河三桥。

③乘舆:古代特指天子和诸侯所乘坐的车子。

④属（zhǔ）：交付。

⑤奏当：上奏判决结果。当，判决。

⑥此人犯跸，当罚金：据《汉律》，"跸先至而犯者，罚金四两"。犯跸，冲犯皇帝的车驾。跸，帝王的车驾或行幸之处。

⑦败：毁坏。此指毁坏乘舆。

⑧公共：指共同遵守。

⑨措：放置。

⑩高庙：汉高祖刘邦之庙。坐：同"座"，指神座。

⑪得：指抓获。

⑫无道：违反常理干坏事。

⑬共承：恭敬地承奉。共，通"恭"。

⑭罪等：指罪过相同。

⑮盗长陵土：与下文"取长陵一抔土"都是盗挖长陵的隐晦说法。长陵，汉高祖刘邦的陵墓，在今陕西咸阳东。

⑯逆顺：逆与顺，指情节的轻与重。

⑰抔（póu）：量词。相当于"捧""把"。

【译文】

不久，文帝出行经过中渭桥。桥在渭水两岸中间。有一个人从桥下跑出，文帝车驾的马惊了，文帝于是派侍骑逮捕了他交给廷尉处置。张释之上奏判决："这个人违犯了皇帝出行清道的命令，跸，是禁止行人行走。应当判处罚金。"皇帝发怒说："这个人惊了我的马，幸亏这马性柔和，假使是别的马，难道不会造成车子毁坏让我受伤吗？而廷尉你竟然只判处罚金！"张释之说："法令，是天子跟天下百姓所共同遵守的。现在法令就是这样规定的，要是加重判决，这样法令就不能取信民众了。况且当时皇上派人杀了他也就罢了。现在已经交给廷尉审理，廷尉，是为天下主持公道的。一旦有所偏向，天下执法就会任意判轻判重，百姓们又怎么知道该怎么做呢？希望陛下明察。"过了很久文帝才说："廷尉判决得对。"后来有人盗窃了汉高祖庙神座前的玉环,被抓住了,文帝大怒,交给廷尉治罪。张释之上奏判决处以死刑。文帝大怒说:"这个人大逆不道,竟敢盗窃先帝庙宇的器物!我交给廷尉处置,想要判他灭族,可你按法令上奏处置他,这不符合我恭敬地承奉宗庙的心意!"张释之说:"按法令像这样判已经是最高判罚了。况且同样是死罪,同样都是死罪,盗窃玉环,不如盗掘长陵罪重。要依据情节的轻重为基础来判决。现在盗窃宗庙里的器物就要族诛,假使愚民盗取了长陵一捧土,不想直接说盗墓,所以用盗土来隐喻。陛下将要用什么更重的刑法来处罚他呢?"文帝这才同意了廷尉的判决。

　　冯唐^①,赵人也。以孝著,为郎中署长^②,事文帝。帝辇过,问唐曰:"父老何自为郎^③?家安在?"具以实言。曰:"吾居代时,吾尚食监高祛^④,数为我言赵将李齐之贤,战于巨鹿下。吾每饮食,意未尝不在巨鹿也。每食念监所说李齐在巨鹿时也。父老知之乎?"唐对曰:"齐尚不如廉颇、李牧^⑤。"上曰:"嗟乎!吾独不得廉颇、李牧为将,岂忧匈奴哉!"唐曰:"陛下虽有颇、牧,不能用也。"上怒,起入禁中。良久,召唐复问曰:"公何以言吾不能用颇、牧也?"对曰:"臣闻上古王者遣将也,跪而推毂^⑥,曰:'阃以内寡人制之^⑦,阃以外将军制之。阃,门中橛为也。军功爵赏,皆决于外,归而奏之。'此非空言也。李牧之为赵将居边,军市之租皆自用飨士^⑧,赏赐决于外,不从中覆也^⑨。委任而责成功,故李牧乃得尽其知能,是以北逐单于,破东胡,灭澹林^⑩,胡名也。西抑强秦,南支韩、魏^⑪。今臣窃闻魏尚为云中守^⑫,军市租尽以给士卒,出私养钱^⑬,五日壹杀牛,以飨宾客军吏舍人^⑭，是以匈奴远避，不近云中之塞。虏尝壹入，尚帅车骑击之，所杀甚众。上功莫府^⑮，一言不相应，文吏以法绳之^⑯，其赏不行。愚以为陛下法太明，赏太轻，罚太重。且魏尚坐上功首虏差六级^⑰，陛下下之吏，削其爵，罚作之^⑱。由此言之，陛下虽得颇、牧，不能用也。臣诚愚，触忌讳^⑲，死罪！"文帝悦。是日，令唐持节赦魏尚，复以为云中守，而拜唐为车骑都尉^⑳。

【注释】

①冯唐：本段节录自《张冯汲郑传·冯唐传》。冯唐，其祖父为战国时赵国人，其父移居到代地，汉朝建立后移居安陵（今陕西咸阳东北，汉惠帝陵邑）。他以孝行著称，为郎中署长侍奉汉文帝。

②郎中署长：官名，郎中令属官，为中郎署的长官。其职掌为出入禁中，补过拾遗，有劝勉天子之责。

③父老：对老年人的尊称。何自为郎：通过什么途径当上郎官的。自，由，从。

④尚食监：官名，少府属官，主管皇帝膳食，汉时各诸侯国也置此官。

⑤廉颇：战国末期赵国的名将。惠文王时伐齐有功，被授上卿之位，以勇敢善战闻名于诸侯。孝成王时任相国，封信平君。晚年不得志，离赵奔魏，后又至楚，病死于寿春（今安徽寿县）。李牧：战国末赵国将领。长期居赵之北部边境，备御匈奴，曾大破匈奴十余万骑。其后十余岁，匈奴不敢近赵边城。后赵王迁中秦反间计，将他杀害。

⑥推毂：推车前进，这是古代帝王任命将帅时的隆重礼遇。

⑦阃（niè）：门橛，古代门中央所竖短木。此指门。

⑧军市之租皆自用飨士：《史记·廉颇蔺相如列传》："（李牧）以便

宜置吏,市租皆输入莫府,为士卒费。"所言即此事。军市,即军市之租,驻军所在地的商业税收。飨士,犒赏士兵。

⑨中覆:朝廷的批复。

⑩"是以北逐单于"几句:据《史记·廉颇蔺相如列传》,李牧曾"大破杀匈奴十余万骑,灭襜褴,破东胡,降林胡,单于奔走"。单于,匈奴族首领。当时匈奴活动于今内蒙古一带地区。东胡,当时活动于今内蒙古东部、辽宁西部一带的少数民族。居于匈奴之东,所以叫东胡。澹(dān)林,也作"襜褴",当时活动于代北一带的少数民族。

⑪支:抗拒。

⑫云中守:云中郡太守。云中郡,治今内蒙古托克托东北。

⑬私养钱:私人赡养家属的俸钱。即个人俸禄。

⑭军吏:泛指军中的各级军官。舍人:战国及汉初王公贵人私门之官。

⑮莫府:即幕府。本指将帅在外的营帐,后来泛指军政大吏的府署。莫,通"幕"。

⑯文吏:此谓幕府中死守军法条文的执法吏。

⑰坐:因为。上功首虏差六级:上报功劳时敌人首级差六个。

⑱罚作:处轻罪犯以一年苦役。

⑲忌讳:避忌,顾忌。

⑳车骑都尉:车骑将军属下的武官。

【译文】

冯唐,是赵国人。以孝顺著称,担任郎中署长,事奉文帝。文帝的车辆经过,问冯唐说:"老先生是通过什么途径做的郎官? 家在哪里?"冯唐都如实做了回答。文帝说:"我在代国的时候,我的尚食监高祛,多次向我说起赵国将领李齐的贤能,诉说他在巨鹿城下作战的情况。我每当吃饭的时候,心中总是想起巨鹿作战的事。每次吃饭会想到尚食监所说的李齐在巨鹿作战的情况。老人家知道李齐吗?"冯唐回答说:"李齐还不如廉颇、李牧。"文帝说："哎呀！我偏偏得不到廉颇、李牧做将领，否则我还会担忧匈奴吗？"冯唐说："陛下即使有廉颇、李牧，也不能任用。"文帝大怒，站起来进入宫中。很久之后，文帝召见冯唐又问他说："您凭什么说我不能任用廉颇、李牧呢？"冯唐回答说："我听说上古时君王派遣将领出征，要跪下为他们推车，说：'城门内的事情我控制决定，城门外的事情将军控制决定。阃，是门中间的短柱。军功奖赏，都由将军决定，回来奏上就可以了。'这绝不是空口白话。李牧作为赵国将领驻守边境时，军中市场的税收都自己用来犒劳士兵，赏赐由将军决定，不用朝廷批复。朝廷委任给他只要求成功，所以李牧才能充分发挥他的才智能力，因此向北驱逐匈奴，击破东胡，灭了澹林，东胡、澹林都是胡人部族名。向西抑制了强大秦国的攻势，向南抗挡住韩国、魏国的北犯。现今我听说魏尚担任云中太守，军中市场的税收全都犒赏士兵，还拿出自己的俸禄，五天杀一头牛，来犒劳军中的宾客、将佐、幕僚，因此匈奴远远避开，不敢靠近云中郡的要塞。匈奴曾经入侵过一次，魏尚率领军队攻击，杀死很多敌人。向上级报功，有一点儿与事实对不上，文官小吏就用法条来挑他们的刺，结果奖赏不能实行。我认为陛下法令太严明，赏赐太轻，责罚太重。况且魏尚因为上报斩首的胡人首级差了六个，陛下就把他交给司法吏员治罪，削去了他的官爵，处以一年苦役。由此看来，陛下即使得到了廉颇、李牧，也不能用。我真的愚笨，触犯了忌讳，死罪死罪！"文帝很高兴。当天就命令冯唐手持符节赦免魏尚，恢复了他云中太守的职位。任命冯唐当了车骑都尉。

荀悦《纪论》曰[1]："以孝文之明，本朝之治，百寮之贤，而贾谊见排逐[2]，张释之十年不见省，冯唐皓首屈于郎署，岂不惜哉！夫绛侯之忠，功存社稷而由见疑，不亦痛乎！夫知贤之难，用人之不易，忠臣自固之难[3]，在明世且由若兹，而况乱君暗主者乎！然则屈原赴于汨罗^④，子胥鸱夷于江^⑤，安足恨哉！周勃质朴忠诚，高祖知之，以为安刘氏者勃也。既定汉室，建立明主，眷眷之心^⑥，岂有已哉！狼狈失据，块然囚执，俯首拊襟，屈于狱吏，可不愍哉^⑦！夫忠臣之于其主，由孝子之于其亲也。尽心焉，尽力焉，进而喜，非贪位也；退而忧，非怀宠也。忠结于心，恋慕不止，进得及时，乐行其道也。故仲尼去鲁，迟迟吾行也^⑧；孟轲去齐，三宿而后出^⑨。盖彼诚仁圣之心也。夫贾谊过湘吊屈原^⑩，恻怆恼怀^⑪，岂徒忿怨而已哉！与夫苟患失之者，异类殊意矣^⑫。及其傅梁王，哭泣而从之死^⑬，岂可谓非至忠乎！然而人主不察，岂不哀哉！及释之屈而思归，冯唐困而后达，又可悼也。此忠臣所以泣血、贤哲所以伤心也^⑭。"

【注释】

①荀悦：字仲豫，颍川颍阴（今河南许昌）人。性沉静，好读书。献帝时，应曹操之召，任黄门侍郎，累迁至秘书监、侍中。作《申鉴》五篇，为献帝陈说政体大要。后以班固《汉书》文繁难究，又依《左传》体裁成《汉纪》三十篇。此外，尚著有《崇德》《正论》及诸论等数十篇。《纪论》：荀悦在《汉纪·孝文皇帝纪下》后所写的评论。

②排逐：排挤斥逐。

③自固：巩固自身的地位，确保自己的安全。

④屈原赴于汨罗：屈原遭谗害，被楚王斥逐，忧愤国事，投汨罗江而死。汨罗，湘江支流。在今湖南东北部。

⑤子胥鸱夷于江：子胥即伍子胥。伍子胥一心为吴，且立有大功，而吴王夫差听信太宰伯嚭谗言，让他自杀，死后用革囊装上尸体，沉入江中。鸱夷，革囊。

⑥眷眷：意志专一的样子。

⑦"狼狈失据"几句：指周勃受文帝抑制，被免相，赶回封地，又被诬以谋反罪下狱，不得不贿赂狱吏，托公主说情才被释放之事。失据，失去凭依。块然，孤独的样子。囚执，囚禁。愍，忧伤。

⑧仲尼去鲁，迟迟吾行也：《孟子·万章下》："（孔子）去鲁，曰：'迟迟吾行也，去父母国之道也！'"迟迟，慢慢走的样子。

⑨孟轲去齐，三宿而后出：《孟子·公孙丑下》："孟子去齐……三宿而后出昼。"昼是战国时齐邑，在今山东淄博，距齐都临淄不远。

⑩贾谊过湘吊屈原：文帝四年（前176），贾谊被外放为长沙王太傅，途经湘江时，写下《吊屈原赋》凭吊屈原，并发抒自己的怨愤之情。

⑪恻怆：哀伤。怵怀：沉痛怀念。

⑫殊：差异，不同。

⑬及其傅梁王，哭泣而从之死：汉文帝将贾谊从长沙召回后，拜其为梁怀王太傅。汉文帝十一年（前169），贾谊随梁怀王入朝，梁怀王坠马而死，贾谊深为自责，十分忧郁，次年死去。

⑭泣血：无声痛哭，泪如血涌。一说，泪尽血出，形容极度悲伤。

【译文】

荀悦《纪论》说："以汉文帝的圣明，本朝的太平，百官的贤能，而贾谊还被排挤斥逐，张释之十年不被知晓，冯唐头发白了还屈居郎署，难道不可惜吗？绛侯周勃的忠贞，有保存社稷的功劳却被怀疑，不也令人痛心吗？了解贤才困难，任用人才不容易，忠臣保全自身的困难，在政治清明的时代尚且像这样，何况遇到昏暗的君主呢！既然如此，那么屈原跳进汨罗江自杀，伍子胥尸体被装进革囊沉进长江，哪里值得遗憾呀！周勃的质朴忠诚，高祖了解，认为安定刘氏的是周勃。安定汉室之后，立了明主，他专一为汉的心意，哪里就终止了呢？狼狈不堪失去凭依，孤独地被囚禁，低下头颅抚摸衣襟，屈服于狱吏淫威，难道不令人忧伤吗！忠臣对他的君主，就像孝子对他的父母一样。尽心了，尽力了，进用时会喜悦，不是贪图官位；斥退时会忧伤，不是怀恋宠信。忠诚交结在心中，对君主的眷恋仰慕不会休止，进用及时，为能实行大道而快乐。所以孔子离开鲁国时，故意缓缓前行；孟轲离开齐国时，在昼邑住了三天才走。那是真诚仁圣内心的体现啊。贾谊经过湘水吊唁屈原,哀伤沉痛,难道仅仅是怨愤而已吗?这与那些仅仅患得患失的人相比,心理差别太大了。当他做了梁王太傅,梁王坠马死,他哭泣随之而死,难道可以说不是极致的忠诚吗!但是君王不审察,难道不令人哀伤吗!等到张释之委屈地想要归家,冯唐陷入困境然后通达,又是令人哀悼的。这就是忠臣痛哭泪流如血,贤者哲人伤心的原因啊。"

　　汲黯①,字长孺,濮阳人也,为人正直,以严见惮②。武帝召为中大夫③。以数切谏④,不得久留内,迁为东海太守⑤。黯学黄老言⑥,治民,好清静,责大指而不细苛⑦。黯多病,卧阁内不出⑧。岁余,东海大治⑨。召为主爵都尉⑩,治务在无为而已⑪,引大体不拘文法⑫。上曰:"汲黯何如人也?"严助曰⑬:"使黯任职居官,亡以愈人⑭,然至其辅少主,虽自谓贲、育弗能夺也⑮。"上曰:"然。古有社稷之臣⑯,至如汲黯,近之矣。"大将军青侍中⑰,上踞厕视之⑱。厕,谓床边,踞床视之。丞相弘宴见⑲,上或时不冠。至如见黯,不冠不见也。尝坐武帐⑳,黯前奏事,上不冠,望见黯,避帐中,使人可其奏。其见敬礼如此。张汤以更定律令为廷尉,黯质责汤于上前㉑,曰:"公为正卿,上不能褒先帝之功业,下不能化天下之邪心,安国富民,使囹圄空虚,何空取高皇帝约束纷更之为㉒?纷,乱也。而公以此无种矣!"黯时与汤论议,汤辩常在文深小苛㉓,黯愤发骂曰㉔:"天下谓刀笔吏不可以为公卿㉕,果然!必汤也,令天下重足而立㉖,侧目而视矣㉗!"

【注释】

①汲黯:本段节录自《张冯汲郑传·汲黯传》。汲黯,濮阳(今河南濮阳)人。以其刚直,故世谓之汲直。景帝时为太子洗马。武帝时任东海太守,大有政绩,召为主爵都尉。常直言切谏,曾反对武帝对匈奴的战争。后出为淮阳太守,在位十年卒。

②惮:敬畏。

③中大夫:官名,为九卿之一郎中令属官,掌议论,无定员,秩比二千石。

④切谏:直言极谏。

⑤东海:东海郡,郡治郯县(今山东郯城北)。

⑥黄老言:黄老学说,道家学派的一个分支。形成于战国中期,盛行于秦汉之际,尊崇顺应环境、清静无为、后发制人等。黄,指黄帝,老,指老子,

⑦责:要求。大指:大旨,大要。细苛:烦琐苛刻。

⑧阁内:官署里。阁,古代官署的门。亦借指官署。

⑨大治:指政治修明,局势安定。

⑩主爵都尉:原名主爵中尉,汉景帝年间改称现名,掌列侯封爵之事。

⑪无为:道家主张清静虚无,顺应自然,称为无为。

⑫引:执持,取用。大体:重要的义理,大要。

⑬严助:本名庄助,避汉明帝刘庄讳,改姓严。会稽郡吴县(今江苏苏州)人。以贤良对策,得武帝赏识,擢为中大夫。闽越围攻东瓯,他奉命发会稽兵往救。又为使安抚南越,南越王遂以太子随他入朝。不久任会稽太守,又入为侍中,从侍武帝左右,作赋颂数十篇。淮南王刘安谋反案发,严助因与刘安交好,受株连被杀。

⑭亡:无。愈:贤,胜过。

⑮贲:孟贲,战国时秦国(一说齐国)勇士。据说孟贲能生拔牛角。育:夏育,周时著名勇士,卫人,传说能力举千钧,生拔牛尾。夺:夺志,使之改变主意。

⑯社稷之臣：指关系国家安危之重臣。

⑰大将军青：卫青，字仲卿，西汉名将。率军大败匈奴，收复河南地（今内蒙古河套一带）。又与霍去病深入漠北，再次击溃匈奴主力。先后七次出击匈奴，战功卓著，为安定北部边境做出重大贡献。侍中：侍从皇帝左右。

⑱踞厕：坐在床边。踞，坐。厕，床侧。

⑲丞相弘：公孙弘，字季，一字次卿。汉武帝时，征为博士。熟悉文法吏事，而缘饰以儒术，议事常顺武帝之意，故为武帝信任，十年之中，从待诏金马门擢升为丞相，封平津侯。为人身行俭约、轻财重义，然外宽而内深，凡与其有嫌隙者，都表面与之和睦而暗中予以报复陷害。宴见：在皇帝公余时被召见，有别于朝见。

⑳武帐：帝王或大臣所用置有兵器的帷帐。《汉书补注》引沈钦韩曰："帐置五兵，盖以兰绮围四垂，天子御殿之制如此。有灾变，避正殿，寝兵，则不坐武帐也。"

㉑质责：质问责备。

㉒约束：规章，法令。

㉓文深：指深文周纳，以入人罪。小苛：指细小繁密的事情。

㉔愤发：发怒。

㉕刀笔吏：也省作刀笔，指掌文案的官吏。

㉖重足而立：叠足而立，不敢迈步，用来形容非常恐惧。

㉗侧目而视：斜着眼睛看人，不敢正视，常用形容敢怒不敢言的样子。

【译文】

汲黯，字长孺，是濮阳人，为人正直，因为严肃被人敬畏。武帝征召他担任中大夫。因为屡次直言极谏，不能长久地留在朝中，调任为东海郡太守。汲黯学习黄老学说，治理民众，喜好清静无为，要求大的方面而不细致苛求。汲黯多病，经常躺在官署内不出门。过了一年多，东海郡政治清明局势安定。朝廷征召他担任主爵都尉，他治理政务务求无为，只取大体而不拘泥于法令条文。武帝说："汲黯是什么样的人呢？"严助说："让汲黯担任一般官职，没有什么过人之处，但让他辅佐少主，即使自称为孟贲、夏育那样的勇士也不能迫使他改变意志。"武帝说："是的。古代有关系国家安危的社稷之臣，至于像汲黯这样的臣子，就相近了。"大将军卫青侍从武帝，武帝坐在床边见他。厕，指床边，坐在床边见他。丞相公孙弘平时晋见，武帝有时不戴帽子。至于要见汲黯，武帝不戴好帽子不敢见他。武帝曾经坐在武帐里，汲黯前来奏事，武帝没有戴帽子，望见汲黯，就躲进帐中，让别人代为批准汲黯的奏事。汲黯被礼遇尊敬就是这样。张汤由于更改重订法律条令而担任廷尉，汲黯在武帝面前质问责备他，说："您是正卿，上不能襃扬先帝的功业，下不能感化天下人心中的邪恶，不能让国家安定、民众富裕、监狱空虚，为什么把高皇帝的法令白白地乱改一气呢？纷，是乱的意思。您会因此断子绝孙了！"汲黯时常与张汤论辩，张汤辩论常常着重深抠法令条文抓住细枝末节不放，汲黯发怒骂道："天下都说舞文弄墨的官吏是不能当公卿的，真是这样！必然是张汤啊，让天下人怨怒在心、胆战心惊，不敢迈步，不敢正视了！"

贾山[①]，颍川人也。孝文时，言治乱之道，借秦为谕，名曰《至言》[②]。其辞曰："夫布衣韦带之士[③]，修身于内，成名于外，而使后世不绝息[④]。至秦则不然。贵为天子，富有天下，赋敛重数，赭衣半道[⑤]，群盗满山，使天下之人戴目而视[⑥]，倾耳而听[⑦]。一夫大呼[⑧]，天下响应。秦非徒如此也，又起咸阳而西至雍[⑨]，离宫三百[⑩]，钟鼓帷帐[⑪]，不移而具。又为阿房之殿，殿高数十仞[⑫]，东西五里，南北千步[⑬]，从车罗骑[⑭]，四马骛驰[⑮]，旌旗不挠[⑯]。为宫室之丽至于此，使其后世曾不得聚庐而托处焉[⑰]。为驰道于天下[⑱]，东穷燕、齐，南极吴、楚[⑲]，道广五十步，厚筑其外[⑳]，隐以金椎[㉑]，作壁如甬道。隐，筑也，以铁椎筑之也。树以青松。为驰道之丽至于此，使其后世曾不得邪径而托足焉㉒。死葬乎骊山，吏徒数十万人，旷日十年㉓。下彻三泉㉔，冶铜锢其内，漆涂其外，被以珠玉，饰以翡翠，中成观游㉕，上成山林。为葬埋之侈至于此，使其后世曾不得蓬颗蔽冢而托葬焉㉖。蓬颗，犹裸颗小冢。秦以熊罴之力㉗，虎狼之心，蚕食诸侯，并吞海内，而不笃礼义，故天殃已加矣。臣昧死以闻㉘，愿陛下少留意㉙，而详择其中㉚。

【注释】

①贾山：本段节录自《贾邹枚路传·贾山传》。贾山，颍川（今河南禹州）人，事文帝，有论文八篇，见《汉书·艺文志·诸子略》，今不存，仅《至言》载于《汉书》本传。其后，文帝除铸钱令，他上疏反对。又讼淮南王无罪。言多激切，善指事意。

②名曰《至言》：按，此及以下几段皆出此文。

③布衣韦带之士：指贫寒的或没有做官的文士。韦带，古代平民或未仕者所系的无饰的皮带。韦，皮革。

④息：滋生。

⑤赭衣：是古代囚衣，因为是用赤土染成赭色。这里指囚犯。

⑥戴目：侧目。戴，通"载"，侧。

⑦倾耳而听：指侧着耳朵静听。

⑧一夫大呼：此指陈胜起义。

⑨咸阳：秦的都城，位于今陕西咸阳，渭水穿南，嵕山亘北，山水俱阳，故称咸阳。雍：秦国早期的都城，在今陕西凤翔。

⑩离宫：指在国都外为皇帝修建的宫殿，也泛指皇帝出巡时的住所。

⑪帷帐：帷幕床帐。

⑫仞：古代长度单位,七尺为一仞。一说,八尺为一仞。

⑬步：古长度单位。历代的实际长度不一,秦代以六尺为步。

⑭罗骑：巡行的骑兵卫士。

⑮骛驰：疾速行进,驰骋。

⑯挠：障碍。今本《汉书·贾山传》作"桡",弯曲义。

⑰聚庐：此指有简陋的住处。聚,村落。庐,临时寄居或休憩所用的简易房舍。

⑱驰道：供君王行驶车马的道路,也泛指供车马驰行的大道。

⑲极：至。

⑳厚筑其外：指夯筑厚墙如同甬道。

㉑隐：夯筑。金椎(chuí)：铁椎。

㉒邪径：小路。托足：立足。

㉓旷日：历时。

㉔彻：到。三泉：三重泉,即地下深处。

㉕观游：观赏游览之处。

㉖蓬颗：长有蓬草的土块,也借指坟头。

㉗熊罴：熊和罴。皆为猛兽。

㉘昧死：冒死,等于说冒昧而犯死罪,是古时臣下上书帝王习用语,表示敬畏之意。闻：使听到。

㉙少：稍微。

㉚详：审慎。

【译文】

　　贾山,是颍川人。汉文帝时,他进言谈论治乱的道理,借用秦作比喻,命名叫《至言》。文中说："身穿布衣系着没有装饰皮带的贫寒士人,对内修养自己身心,在外则成就名声,而让后代生生不息。到了秦朝却不是这样。已经贵为天子,富有天下,还要频繁加重赋税,道路上的人一半是囚犯,成群结队的盗贼满山都是,使天下的人都斜着眼睛窥视,支起耳朵静听消息。等到一个人大声疾呼,天下就群起响应了。秦朝不仅仅是这样,又从咸阳到雍城,修建了三百处离宫,钟鼓、帷幕、床帐,不用搬动便一应俱全。又建造阿房宫,宫殿高几十丈,东西五里地,南北一千步,跟从的车辆、巡行的骑士,四匹马拉的车子可以在庭中疾驰,旌旗可以舒展地飘扬在殿里。修筑宫室壮丽达到这样的程度,却使得他的后代竟然没有简陋的草屋托身居住。在天下修建驰道,东边到达燕地、齐地,南边到达吴地、楚地,道路宽五十步,外部用铁椎夯筑厚墙如同甬道,修建墙壁如同甬道。隐,是夯筑的意思,指用铁椎夯筑。两边种植青松。修建驰道壮丽到这种程度,却使得他的后代连可以立足的小道也找不到。死了葬在骊山,动用官吏囚徒几十万人,历时十年。向下挖透三重地下水,用熔化的铜液浇铸封锢棺椁内部,用漆涂在外面,覆盖上珍珠宝玉,用翡翠装饰,陵墓中造景可以观赏游览,上面种满树形成山林。为了自己死后的埋葬之事奢侈达到这个样子,却使得他的后代连长着蓬草露出土块的破坟葬地都没有。蓬颗,等于说露出土块的小坟。秦用熊罴一样的巨大力量,虎狼一样的残忍心肠,像蚕吃桑叶一样逐渐侵略诸侯国,吞并海内,而不笃行礼义,所以上天给他降下灾殃。我冒死把这些陈述给您,希望陛下稍稍注意,审慎地加以选择。

　　"臣闻忠臣之事君也,言切直则不用[1],其身危,不切直则不可以明道。故切直之言,明主所欲急闻,忠臣之所以蒙死而竭智也[2]。地之硗者[3],虽有善种,不能生焉;江皋河濒[4],虽有恶种,无不猥大[5]。故地之美者善养禾,君之仁者善养士。

【注释】

①切直:恳切率直。

②蒙死：冒死。

③硗（qiāo）：指土质坚硬瘠薄。

④江皋：江岸，江边地。皋，岸。

⑤猥：粗大，壮大。

【译文】

"我听说忠臣事奉君主，进言恳切直率那就不会被任用，而且自身危险，但不恳切直率进言就不能阐明道理。所以恳切直率的进言，是英明的君主迫切想要听到的，这才是忠臣为之甘冒死罪并竭尽才智的原因。土地坚硬瘠薄，即使有好种子，也不能生长；江河边上的淤地，即使种子不好，也都长得茂盛苗壮。所以土地肥沃容易养育禾谷，君主仁德善于培养士人。

"雷霆之所击，无不摧折者①；万钧之所压②，无不糜灭者③。今人主之威，非特雷霆；势重，非特万钧也。开道而求谏，和颜色而受之，用其言而显其身，士犹恐惧，而不敢自尽，又乃况于纵欲恣行暴虐④，恶闻其过乎！震之以威，压之以重，则虽有尧、舜之智，孟贲之勇，岂有不摧折者哉？如此，则人主不得闻其过失矣。弗闻，则社稷危矣。

【注释】

①摧折：毁坏，折断。

②钧：古代三十斤为一钧。

③糜灭：破碎毁灭。

④恣行：任意而行，横行。

【译文】

"事物被雷霆击中，没有不毁坏的；在万钧重压下，没有不破碎的。

现今君主的威势，不仅仅是雷霆；权势的沉重，不仅仅是万钧。君主大开言路征求谏言，和颜悦色地接受意见，采纳谏言并使进谏之人显耀，士人尚且心存恐惧，不敢把话全说出来，又何况面对那些放纵心志、胡作非为、暴虐成性，又厌恶听见自己过错的君主呢！用威势来震慑，用权势来压迫，那么即使有尧、舜那样的智慧，孟贲那样的勇力，哪里有不毁坏折断的呢？像这样，那么君主就不能听到自己的过失了。听不到过失，那么江山社稷就危险了。

"古者圣王之制，史在前书过失，工诵箴谏^①，庶人谤于道^②，商旅议于市^③，然后君得闻其过失也。闻其过失而改之，见义而从之，所以永有天下也。天子之尊，四海之内，其义莫不为臣，然而养三老于大学^④，举贤以自辅弼，求修正之士^⑤，使直谏。故尊养三老^⑥，示孝也；立辅弼之臣者，恐骄也；置直谏之士者，恐不得闻其过也；学问至于刍荛者^⑦，求善无厌也；商人庶人诽谤己而改之^⑧，从善无不听也。

【注释】

①工：指乐官。箴谏：规诫劝谏的话。
②谤：指责别人的过失。
③商旅：流动的商人。泛指商人。
④三老：古代掌教化之官，乡、县、郡均曾先后设置。大学：即太学，国学，是我国古代设于京城的最高学府。
⑤修正：遵行正道。
⑥尊养：尊奉侍养。
⑦刍荛（chú ráo）：指草野之人。刍，同"刍"，割草。荛，刈草。亦指刈草的人。

⑧诽谤：怨望。

【译文】

"古代圣明君王的制度，史官在面前记录过失，乐官诵读规诫劝谏的话，平民在道路上指责君王过失，商人在市场议论政策的对错，这样君王就能够听到自己的过失。听到自己的过失而改正，见到符合道义的就遵循，所以能够长久地拥有天下。以天子的尊贵，四海之内，从道义上讲没有谁不是他的臣子，但是天子要在太学供养三老，举荐贤才来辅佐自己，求得遵行正道的士人，让他们切直劝谏。天子尊奉侍养三老，是显示孝道；确立辅佐的臣子，是恐怕自己骄傲；设置切直劝谏的士人，是恐怕不能听到自己的过失；向草野小民求教询问，是寻求善言没有满足；商人平民怨恨自己就改正，是接受善言无不听从。

"昔者，秦力并万国，富有天下，破六国以为郡县，筑长城以为关塞。秦地之固，大小之势，轻重之权①，其与一家之富、一夫之强，胡可胜计也！然而兵破于陈涉，地夺于刘氏者，何也？秦王贪狼暴虐②，残贼天下③，穷困万民，以适其欲也。昔者，周盖千八百国，以九州之民养千八百之君④，用民之力不过岁三日，什一而藉⑤，君有余财，民有余力，而颂声作。秦皇帝以千八百国之民自养，力疲不胜其役，财尽不胜其求。一君之身，所以自养者，驰骋弋猎之娱⑥，天下弗能供也。劳疲者不得休息，饥寒者不得衣食，无辜死刑者无所告诉⑦，人与之为怨，家与之为仇，故天下坏也。身死才数月，天下四面而攻之，宗庙灭绝矣。秦皇帝居灭绝之中而不自知者，何也？天下莫敢告也。其所以莫敢告者，何也？无养老之义，无辅弼之臣，无进谏之士，纵恣行诛，退诽谤之人^⑧,杀直谏之士,是以偷合苟容,比其德则贤于尧、舜,课其功则贤于汤、武^⑨,天下已溃而莫之告也。

【注释】

①权:权势。

②贪狼:贪狠,贪婪凶暴。

③残贼:残害。

④九州:古代中国划分成九州。

⑤藉(jí):通"籍",赋税。

⑥弋猎:射猎,狩猎。

⑦辜:罪。

⑧诽谤:进谏。

⑨课:评判,评定。

【译文】

"从前,秦用武力兼并各国,富有天下,击破六国作为郡县,修筑长城作为关塞。秦国地形的牢固、势力的大小、权势的轻重,与一家的富裕、一人的强大相比较,哪里能算得过来!但是军队被陈涉击破,国土被刘氏夺取,这是为什么呢?是因为秦王贪狠暴虐,残害天下,使万民穷困,来满足自己的欲望。从前,周朝有一千八百个诸侯国,用全国九州的民众供养一千八百个君主,使用民力一年不过三天,赋税收十分之一,国君有多余的钱财,民众有多余的力量,于是获得了臣民的歌颂。秦朝皇帝用一千八百国的民众来供养自己,民力疲惫还完不成徭役,钱财用尽还满足不了贪求。只不过一个君主,用来养活他,满足他驰骋游弋狩猎的娱乐,全天下的人民都供不起。疲劳的人得不到休息,饥寒的人得不到衣服粮食,无罪被处死刑没地方申诉,人人跟他结怨,家家跟他成仇,所以天下就崩溃了。自己死了才几个月,天下人就从四方进攻它,宗庙也覆灭了。秦始皇处在灭绝的境地之中自己却不知道,为什么呢?是因为天下没有人敢告诉他。没有人敢告诉他的原因,是什么呢?是因为他丢弃了养老的道义,失去了辅佐的臣子,没有了进谏的士人,放纵恣意实施诛杀,排斥指责自己的人,杀死切直劝谏的士人,因此剩下的人只会对皇帝苟且迎合,把他的德行比成尧、舜,称他的功业超过汤、武,天下已经崩溃却没有人告诉他。

　　"《诗》曰:'非言不能,胡此畏忌①。'此之谓也。又曰:'济济多士,文王以宁②。'天下未尝无士也,然而文王独言以'宁'者,何也?文王好仁,故仁兴;得士而敬之,则士用,用之有礼义。故不致其爱敬,则不能尽其心,则不能尽其力,则不能成其功。故古之贤君于其臣也,尊其爵禄而亲之,疾则临视之无数③,死则吊哭之,为之服锡衰④,而三临其丧;未敛不饮酒食肉⑤,未葬不举乐,当宗庙之祭而死,为之废乐。故古之君人者于其臣也,可谓尽礼矣⑥。故臣下莫敢不竭力尽死以报其上,功德立于后世,而令问不忘也⑦。"

【注释】

①非言不能,胡此畏忌:语见《诗经·大雅·桑柔》。

②济济多士,文王以宁:语见《诗经·大雅·文王》。济济,众多的样子。

③临视:亲临省视。

④锡衰:细麻布所制的丧服。锡,通"缌",细布。

⑤敛:通"殓",给死者穿衣,入棺。

⑥尽礼:竭尽礼遇。

⑦令问:即令闻,美好的声名。问,通"闻",声誉。

【译文】

"《诗经》言道：'不是话语不能说，为什么怕成这个样？'说的就是这个呀。又说道：'满朝贤士真正多，文王心中特安宁。'天下未尝没有士人，但是文王却说有了他们才能安定天下，这是为什么？文王喜好仁，所以仁就兴盛；文王得到士人而敬重他们，那么士人就为他所用，对他们的任用是符合礼义的。所以不向士人表示爱护敬重，那么就不能让士人尽心竭力，那么就不能获得成功。所以古代贤明的君主对待他的臣子，给他以尊贵的爵位俸禄并亲近他，生了病那就多次亲临探视，死了就为他们吊唁痛哭，穿上细麻布的丧服给他服丧，并且三次亲临丧礼；死者没有入殓就不喝酒吃肉，没有下葬就不演奏音乐，臣子在宗庙祭祀时死去，也要为他废止音乐。所以古代的君主对待他的臣子，可以说得上是竭尽礼遇了。所以臣子没有谁不竭力效死来报答主上，他们的功德建立传至后代，而美好的名声至今不被忘记。"

邹阳[1]，齐人也，事吴王濞[2]。濞以太子事怨望[3]，称疾不朝，阴有邪谋[4]。阳奏书谏，吴王不纳其言。去之梁[5]，从孝王游[6]。阳为人有智略，慷慨不苟合[7]，介于羊胜、公孙诡之间[8]。胜等疾阳，恶之于孝王。孝王怒，下阳吏，将杀之。阳乃从狱中上书曰[9]：

【注释】

①邹阳：本段节录自《贾邹枚路传·邹阳传》。邹阳，齐（今山东淄博）人，初为吴王刘濞门客，以文辩著名于世，因上书谏止吴王谋反，吴王不听，所以离吴去梁，为景帝少弟梁孝王门客，后被人诬陷入狱，他在狱中上书，梁孝王见书大悦，立命释放，并尊为上客。后梁孝王使人刺杀爰盎事发，他拜见王美人兄王长君，通过王美

人疏通关系，梁王终以得免。

②吴王濞（bì）：即刘濞，汉高祖刘邦之侄。前195年，刘邦封刘濞为吴王。自孝惠、高后以后，他依恃吴地自然条件，私自铸钱煮盐，收其利以足国用，又广招亡命之徒，势力渐大，不遵朝廷法度。景帝为太子时，曾因博饮误杀其太子，他更心存怨望，遂萌反意。景帝前元三年（前154），景帝采纳晁错之策，削夺诸侯王国封地，他遂带领楚、赵等七国公开叛乱，史称七国之乱，后被汉军主将周亚夫击败，刘濞兵败被杀，封国被撤销。

③太子事：汉文帝时，刘濞的儿子刘贤入京，跟皇太子刘启喝酒博弈，为棋路相争，刘启就拿起棋盘子打刘贤，不料把他打死了，刘濞大为怨恨。

④邪谋：邪恶的计谋，阴谋。此指谋反。

⑤梁：梁国，西汉时期诸侯国。汉高帝五年（前202）始置，都定陶（今山东定陶西北）；文帝元年（前179）废，分置东、砀二郡。二年（前178）又以砀郡置梁国，都城阳（今河南商丘）。

⑥孝王：梁孝王刘武，汉文帝刘恒之子，汉景帝刘启同母弟，母亲为窦太后。

⑦慷慨：性格豪爽。苟合：迎合，附和。

⑧羊胜：梁孝王宾客。刘武因怨袁盎及议臣阻景帝立己为嗣，派他暗杀袁盎等人。景帝诏令捕之，他匿梁孝王处。后因梁相及内史谏，梁孝王乃令他自杀。公孙诡：齐人。为人多奇计，被刘武招为门客，官至中尉，号称公孙将军。与羊胜等密谋暗杀袁盎等朝臣案发后，朝廷追查急，孝王恐，逼令其自杀。

⑨从狱中上书：按，此即《狱中上书自明》。以下几段皆出自此文。

【译文】

邹阳，是齐国人，事奉吴王刘濞。刘濞因为太子的事情而心怀不满，称病不去朝见，暗中计划谋反。邹阳上书进谏，吴王不采纳他的谏言。

邹阳离开吴王到了梁国，跟从梁孝王。邹阳是个有智慧谋略的人，性格
豪爽不随便附合他人，处在羊胜、公孙诡之间。羊胜等妒忌邹阳，在梁王
那里说他的坏话。梁王发怒，把邹阳交给狱吏，准备杀了他。邹阳于是
从牢狱中上书说：

"臣闻'忠无不报，信不见疑'，臣常以为然，徒虚语耳。
昔者荆轲慕燕丹之义①，白虹贯日②，太子畏之；燕太子丹厚养
荆轲，令西刺秦王。其精诚感天，白虹为之贯日也。白虹，兵象也。
日，君象也。卫先生为秦画长平之事，太白食昴③，昭王疑之。
白起为秦伐赵，破长平军，欲遂灭赵，遣卫先生说昭王益兵粮，为应侯
所害，事不成。其精诚上达于天，故太白为之食昴。昴，赵分也④。夫
精变天地，而信不谕两主⑤，岂不哀哉！今臣尽忠竭诚，毕议
愿知，尽其计议，愿王知之也。左右不明，卒从吏讯，为世所疑。
是使荆轲、卫先生复起，而燕、秦不寤也。愿大王孰察之⑥。

【注释】

①燕丹：燕太子丹。燕王喜之子，名丹，燕国太子。曾被送至秦国当
　人质，后策划荆轲刺秦王事件，失败后燕王喜杀太子丹，将其头颅
　献给秦王以求和。

②白虹贯日：白色长虹穿日而过，是一种罕见的日晕天象。古人认
　为人间有非常之事发生，就会出现这种天象变化。

③太白食昴：金星遮蔽住昴宿。表示赵国形势危急，有灭国之兆。
　太白，即金星。又名启明、长庚。古星象家以为太白星主杀伐。
　食，通"蚀"。昴，星宿名。二十八宿中白虎七宿的第四宿。从星
　宿分野上说属于赵国地带。

④赵分：赵国的分野。分，分野，与星次相对应的地域。古以十二星

次的位置划分地面上州、国的位置与之相对应。就天文说，称作分星；就地面说，称作分野。

⑤谕：使明白。

⑥孰察：仔细考察、研究。

【译文】

"我听说'忠诚的人没有得不到报答的，守信的人不会被人怀疑'，我常常认为这是对的，但这只不过是空话罢了。从前荆轲仰慕燕太子丹行为高尚合于正义，忠义感动上天，白色长虹贯穿太阳，太子感到畏惧；燕太子丹优厚奉养荆轲，让他西行刺杀秦王。荆轲的真诚感动上天，白色长虹为他贯穿太阳。白虹，是动兵的象征。太阳，是君王的象征。卫先生给秦谋划长平之事，金星遮住了昴宿，秦昭王大为怀疑。白起为秦攻击赵国，在长平击溃赵国军队，想趁势灭赵，派卫先生说服秦昭王增加军队粮草，却被应侯嫉妒，没有成功。卫先生的真诚感动上天，所以太白金星遮住了昴宿。昴宿，是赵的分野。这些人的精诚感动了天地，却不能让两位君主了解，难道不是很可悲吗？现今我竭尽忠诚，知无不言，希望主公能了解我，献出全部计策谋划，希望君王知道。您的左右不明白，最终把我交给狱吏审问，被世人怀疑。这是让荆轲、卫先生重生，而燕太子丹和秦昭王依然没有醒悟啊。希望大王您能仔细考察。

"昔玉人献宝，楚王诛之①；李斯竭忠，胡亥极刑②。是以箕子阳狂③，接舆避世④，恐遭此患也。愿大王察玉人、李斯之意，而后楚王、胡亥之听，无使臣为箕子、接舆所笑。臣闻比干剖心⑤，子胥鸱夷，臣始不信，乃今知之。愿大王孰察，少加怜焉！

【注释】

①玉人献宝，楚王诛之：楚国人卞和，在楚山得到玉石，先后献给楚

厉王、楚武王，都认为他在说谎，先后砍去了他的左右脚。至楚文
王即位，卞和抱着璞玉在荆山下哭了三天三夜，泪尽继之以血。
文王派人雕琢，果然得到一块宝玉，这就是著名的"和氏璧"。玉
人，指卞和。诛，惩治，惩罚。

②李斯竭忠，胡亥极刑：李斯为秦相，于秦朝之建立与各项制度的确
立有大功。始皇死后，李斯受赵高利诱，杀扶苏，立胡亥。后胡亥
听信赵高谗言杀死了李斯。极刑，死刑，处死。

③箕子阳狂：商纣王叔父箕子见到纣王无道，惧祸假装疯癫为奴，遭
纣王囚禁。阳，通"佯"。

④接舆：春秋楚国隐士，因不满时政，剪发佯狂不仕，故称楚狂接舆。

⑤比干剖心：比干，商纣王叔父，有贤名。据说商纣王怒比干之谏，
以圣人之心有七窍为由，将他杀死，剖腹观心。

【译文】

"从前楚人卞和献上宝玉，楚王却砍断他的脚；李斯竭尽忠诚，胡亥
却把他处死。因此箕子假装发狂，接舆避不出仕，就是恐怕遭遇这样的
祸患呀。希望大王能先审察卞和、李斯的心意，而不要像楚王、胡亥那样
听信谗言，不要让我被箕子、接舆笑话。我听说比干被剖心，伍子胥被装
进革囊沉入江中，我开始不相信，到了今天才知道这是真的，希望大王能
仔细考察，对臣下稍稍加以怜悯。

"语曰：'有白头如新①，倾盖如故②。'何则？知与不知
也。故樊於期逃秦之燕，借荆轲首，以奉丹事；於期为秦将，
被谗走之燕。始皇灭其家，又重购之③。燕遣轲刺始皇，於期自刎
首，令轲赍往也④。王奢去齐之魏，临城自刭⑤，以却齐而存
魏。王奢，齐臣也，亡至魏。其后齐伐魏，奢登城谓齐将曰："今君之
来，不过以奢故也，义不苟生，以为魏累也。"遂自刭。夫王奢、樊

於期，非新于齐、秦而故于燕、魏也，所以去二国死两君者，行合于志，慕义无穷也。苏秦相燕⑥，人恶于燕王，燕王按剑而怒⑦，食以駃騠⑧；駃騠，骏马也。敬重苏秦，虽有谗谤，而更食以珍奇之味也。白圭显于中山⑨，人恶之魏文侯⑩，文侯赐以夜光之璧。何则？两主二臣，剖心析肝相信⑪，岂移于浮辞哉？

【注释】

①白头如新：相识很久，还同刚认识一样。白头，老年，形容时间长。

②倾盖如故：行道相遇，停车而语，车上的伞盖靠在一起，就如同老朋友一样了。倾盖，两车的车盖相互倾近。盖，车盖，古代车上遮雨蔽日之篷。

③购：重金悬赏。

④赍：拿东西送人。

⑤自刭：用刀自割其颈，自杀。

⑥苏秦：字季子。战国时期著名的纵横家。

⑦按剑：以手抚剑。预示击刺之势。

⑧駃騠（jué tí）：好马的名字。

⑨白圭显于中山：指白圭灭亡中山国。白圭，原为中山国将领，因丢失六城，畏罪而逃至魏国，得魏文侯重用，助魏灭中山国。精于经商之道，为魏著名富商。中山：指中山国，是由白狄所建立的国家，战国初期建都于顾（今河北定州）。约在前406年被魏攻灭。后约于前378年复国，迁都灵寿（今河北平山东北），前296年被赵所灭。

⑩魏文侯：名斯，一名都。战国时期魏国开国君主。前445—前396年在位。前403年，韩、赵、魏三家分晋，被周威烈王正式承认为诸侯。在位期间，注意招贤纳士，对外屡败秦军，攻取秦河西之

地。又越赵境攻灭中山，并出兵平定晋室内乱。魏国遂日益富

强，称雄诸侯。

⑪剖心析肝：形容真诚相待。

【译文】

"俗语说：'有人相识到头发白了还跟新认识一样，有人路上相遇车上的伞盖就靠在一起像老朋友一样。'为什么呢？是相知还是不相知的缘故啊。所以樊於期从秦国逃跑到燕国，把自己的头颅借给荆轲，来帮助燕太子丹成事；樊於期是秦国将领，受到谗言逃到燕国。始皇灭了他全家，又重金悬赏捉拿他。燕太子丹派遣荆轲行刺始皇，樊於期自杀，把头颅给荆轲带着前去。王奢离开齐国到魏国，登上城墙自刎，以使齐军退却并保存魏国。王奢，是齐臣，逃亡到魏国。后来齐伐魏，王奢登上城墙对齐将说："现今你们攻来，就是因为我的缘故，出于大义我不能苟且偷生，成为魏国的累赘。"于是就自杀了。王奢、樊於期，并不是与齐、秦两国是新交，与燕、魏两国是旧识，之所以离开齐、秦却为燕、魏国君而死，是因为这么做符合他们的志向，仰慕大义没有穷尽。苏秦任燕相时，有人在燕王那里说他的坏话，燕王按剑对那人发怒，并把骏马骐骥的肉送给苏秦吃；骐骥，是骏马。燕王敬重苏秦，虽然有人进谗言诽谤他，却拿珍奇美味给他吃。白圭因消灭中山国而显贵，有人在魏文侯那里说他的坏话，文侯却赐给白圭夜光璧。那又是为什么呢？两位君主与两位臣子能推心置腹地互相信任，哪里会被没有根据的言辞欺骗呢？

"女无美恶，入宫见妒；士无贤不肖，入朝见疾①。昔司马喜膑脚于宋，卒相中山②；范雎拉胁折齿于魏，卒为应侯③。此二人者，皆信必然之画④，捐朋党之私，故不能自免于疾妒之人也⑤。百里奚乞于道路，缪公委之以政⑥；甯戚饭牛车下，桓公任之以国⑦。此二人者，岂素宦于朝⑧，借誉左

右⑨,然后二主用之哉? 感于心,合于行,坚如胶漆⑩,昆弟不能离,岂惑于众口哉? 故偏听生奸,独任成乱。

【注释】

①疾:妒忌。

②司马喜膑脚于宋,卒相中山:传说宋人司马喜在宋国受了膑刑,后来他逃往中山国,三次做国相。司马喜,《战国策》一作"司马熹"。膑脚,削去膝盖骨的酷刑。

③范雎拉胁折齿于魏,卒为应侯:范雎在魏国受到诬陷,被魏相魏齐派人笞击折肋断齿,后逃入秦国,取相位,封应侯。范雎,字叔,魏国人,善于论辩。被诬后以伴死脱逃,化名张禄,西入秦国。他游说秦昭王,主张论功行赏,因能授官,提出远交近攻的策略。继而又说秦王加强王权,剥夺宣太后及穰侯魏冉等人的权力。秦昭王乃驱逐魏冉等"四贵",任他为相。因食邑于应(今河南宝丰西南),故号应侯。拉,拉折。

④信:确守。画:计划,规定。

⑤疾妒:嫉妒。

⑥百里奚乞于道路,缪公委之以政:百里奚是春秋时期虞国大夫,晋献公灭虞俘虏了百里奚,用他为陪嫁的奴隶送到秦国。百里奚中途逃跑到宛(yuān)地,楚国边境的人捉住了他。秦穆公听说他贤能,用五张黑色公羊皮赎回他,并把国政委托给他。缪公,秦穆公。

⑦甯戚饭牛车下,桓公任之以国:齐桓公有一次夜出,见甯戚在车下一边唱歌,一边喂牛,知道他有才能,便推举他为大夫。甯戚,春秋时卫国人。饭,动词,喂。

⑧素宦:一向为官。

⑨借誉:借重他人以博取声誉。

⑩胶漆:比喻事物的牢固结合。

【译文】

"女子不管美丑,进入宫中就会被嫉妒;士人不管贤能还是不贤,进入朝廷就会被嫉恨。从前司马喜在宋国被削去膝盖骨,最终成为中山国的国相;范雎被打折了肋骨、打断了牙齿,最终还是封为应侯。这两个人,都是坚持原则,不结党营私,所以不能免除嫉妒者对自己的陷害。百里奚在道路上乞讨,秦穆公却把国政委托给他;宁戚在车下喂牛,齐桓公却任命他管理国家。这两个人,难道是平素就在朝廷当官,借助君王左右近臣的赞誉,然后两位君主才任用他们吗?这是因为他们和国君情投意合,行为相合,关系如同胶漆般牢固,就是亲兄弟也不能离间他们,难道还能被众人的言辞所迷惑吗?所以偏听会产生奸邪,只信任一个人就会发生祸乱。

"昔鲁听季孙之说逐孔子①,宋任子冉之计囚墨翟②。夫以孔、墨之辩,不能自免于谗谀③,而二国以危。何则?众口铄金、积毁销骨也④。秦用戎人由余而伯中国⑤,齐用越人子臧而强威、宣⑥。此二国岂系于俗、牵于世,系奇偏之辞哉⑦?公听并观,垂明当世⑧。故意合则胡、越为兄弟,由余、子臧是矣;不合则骨肉为仇敌,朱、象、管、蔡是矣⑨。今人主诚能用齐、秦之明,后宋、鲁之听,则五伯不足侔⑩,而三王易为也⑪。

【注释】

① 鲁听季孙之说逐孔子:孔子为鲁司寇,摄行相事,齐人以为不利于己,赠鲁君歌女八十人,文马一百二十四,以疏间之。鲁国接受后,君臣沉靡于声色,荒废朝政,于是孔子离开鲁国。季孙,季孙氏,春秋时期鲁国的贵族,世掌鲁政。此指季桓子,名斯。

②子冉：史书无传。墨翟（dí）：即墨子，曾担任宋国大夫，是墨家学派的创始人。墨子后来长期住在鲁国，可能与"宋任子冉之计"而囚禁过他有关。

③诋诼：谗毁和阿谀。

④众口铄金：众人的言论能够熔化金属，比喻舆论影响的强大，也比喻众口同声可混淆视听。积毁销骨：指众口不断毁谤，会置人于死地。

⑤由余：一作繇余。春秋时人。其先原为晋人，逃亡入戎为戎臣。出使入秦，得穆公赏识。穆公用内史廖计，使戎王荒于政治。他劝谏戎王不听，因入秦，得到穆公重用，任上卿，助穆公谋伐西戎，灭国十二，辟地千里，遂霸西戎。伯：通"霸"。中国：中原。

⑥子臧：不详。威：齐威王，战国时齐国国君。田姓，名因齐，一名因，又名牟。前356—前320年在位。任用田忌为将，邹忌为相，孙膑为军师，称雄于诸侯，自称为王，号令天下。又提倡学术，于临淄门外大兴稷下之学，始有"百家争鸣"。宣：齐宣王，威王之子。田姓，名辟疆。前319—前301年在位。任田婴为相，国势渐强。重视学术，使稷下之学臻于兴盛。

⑦奇偏：偏于一方面，片面。

⑧垂：流传。

⑨朱：丹朱，尧的儿子，据说他顽凶不肖，因而尧禅位给舜。象：舜的同父异母弟，曾和父母共同谋害舜。管、蔡：管叔和蔡叔。他们都是周武王之弟。武王死后，子成王年幼，由周公摄政；管叔、蔡叔与纣王之子武庚一起叛乱，周公东征，诛武庚、管叔，放逐蔡叔。

⑩五伯：五霸。侔：相当，齐等。

⑪三王：夏禹、商汤、周文王。

【译文】

"从前鲁国听信季孙的说法驱逐了孔子，宋国使用子冉的计策囚禁了墨翟。凭着孔子、墨翟的明辩,尚且不能让自己免受谗言阿谀的伤害,而鲁、宋两国也因此陷入危险。这是为什么呢?众人的言论可以熔化金属,异口同声的毁谤会置人死地。秦任用流落到戎地的由余称霸中原,齐任用越人子臧而在威王、宣王时得以强大。这两个国君难道会被习俗所约束,被世情所牵制,被片面之词所左右吗?是因为他们公正地听取意见、全面地观察事物,于是贤明的声誉流传于世。所以心意相合,胡、越也可以成为兄弟,由余、子臧就是这样;不相合那么骨肉也会成为仇敌,丹朱、象、管叔、蔡叔就是这样。现今君主如果真能拥有齐国、秦国的明智,不像宋国、鲁国那样听信谗毁,那么五霸也不能相比,三王的功业也容易做到了。

"夫晋文亲其仇①,强伯诸侯;齐桓用其仇②,而匡天下。何则?慈仁殷勤③,诚加于心,不可以虚辞借也④。至夫秦用商鞅之法,东弱韩、魏,立强天下,卒车裂之;越用大夫种之谋⑤,禽劲吴而伯中国,遂诛其身⑥。是以孙叔敖三去相而不悔⑦,於陵子仲辞三公为人灌园也⑧。今人主诚能去骄傲之心,怀可报之意,披心腹⑨,见情素⑩,堕肝胆⑪,施德厚,无爱于士,则桀之狗可使吠尧,跖之客可使刺由⑫,何况因万乘之权,假圣王之资乎!然则荆轲湛七族⑬,要离燔妻子⑭,岂足为大王道哉!

【注释】

①晋文亲其仇:重耳为公子时,其父晋献公听信骊姬之言,派寺人披杀重耳,重耳跳墙逃跑,寺人披斩下他的衣袖。重耳即位为晋文公后,吕甥、郤芮阴谋叛乱,想谋杀他,寺人披知道后,向文公报告,文公不计前嫌,听信其言,得免于难,挫败了吕、郤的阴谋。

②齐桓用其仇：齐公子纠和公子小白争夺齐国君位，管仲辅助公子纠。二人回国争位途中，管仲用箭射中小白衣服上的带钩。后来小白做了齐国的国君，即齐桓公。桓公不记旧仇，任用管仲为相，九合诸侯而霸天下。

③殷勤：情意深厚。

④借：得到，达到。

⑤大夫种：越国大夫文种。勾践败于吴王夫差，文种、范蠡等向夫差求和成功，免于灭国。后越攻灭吴国，称霸中原。

⑥诛其身：勾践灭吴后，疑忌文种功高，赐剑令其自尽。

⑦孙叔敖三去相而不悔：春秋时楚人孙叔敖，庄王时为楚国令尹。据说他曾经三次被任为令尹，面无喜色；三次被免掉令尹，也面无忧色。

⑧於陵子仲辞三公为人灌园：据《孟子·滕文公下》，陈戴食禄万钟，其弟陈仲子以为不义，与其妻避居於陵，困苦至于"三日不食，耳无闻，目无见"，然守节不移。於陵子仲，即陈仲子。三公，周时指司徒、司马、司空，国家的最高执政大臣。

⑨披心腹：指披露真诚。

⑩见：同"现"。情素：真情。素，同"愫"。

⑪堕(huī)：输，送。肝胆：比喻真心诚意。

⑫跖：即盗跖，春秋时大盗。相传他"从卒九千人，横行天下"，侵暴诸侯，后称为盗跖。由：许由。相传尧要让天下给他，他不接受，洗耳于颍水之滨，逃耕于箕山之上。

⑬荆轲湛七族：《史记·刺客列传》无此说，《论衡·语增》有所谓"秦王诛轲九族，复灭其一里"云云，乃王充夸大之说。湛，通"沉"，没，被诛灭。

⑭要离燔妻子：要离是春秋吴国刺客，阖庐刺杀王僚后，又派要离往刺王僚之子庆忌。要离为了接近庆忌，让公子光斩断自己的右

手,烧死自己的妻子儿女,然后逃到庆忌那里,伺机将他刺死,自己也自杀。

【译文】

"晋文公亲近他的仇人,强大称霸诸侯;齐桓公任用他的仇敌,终能匡正天下。这是为什么呢?因为他们慈善仁爱情谊深厚,心中充满真诚,这是不能用空虚的言辞得到的。至于秦用商鞅变法,向东削弱韩国、魏国,迅速成为天下强国,最终却车裂了商鞅;越国用大夫文种的谋略,击破强劲的吴国称霸中原,最终却诛杀了文种。因此孙叔敖三次免去相位而没有后悔,於陵子仲三次辞去三公之位给人浇灌园地。现今君主真的能戒除骄傲的心理,让士人心怀报答之意,推心置腹,袒露真情,披肝沥胆,多施恩德,对士人毫不容啬,那么可以让夏桀的狗对着尧狂吠,可以让盗跖的门客刺杀许由,何况凭着万乘大国的权势,借着圣明君王的资本呢!既然如此,那么荆轲被灭掉七族,要离烧死自己的妻子儿女,难道还值得跟大王说吗!

"臣闻明月之珠、夜光之璧,以暗投人于道,众莫不按剑相眄者[1]。何则?无因而至前也。蟠木根柢[2],轮囷离奇[3],根柢,下本也。轮囷离奇,委曲盘戾也[4]。而为万乘器者[5],以左右先为之容也[6]。故无因至前,虽出随珠和璧[7],只结怨而不见德;有人先游[8],则枯木朽株,树功而不忘。今夫天下布衣穷居之士身在贫羸[9],虽蒙尧、舜之术,挟伊、管之辩[10],怀龙逢、比干之意[11],而素无根柢之容,虽竭精神,欲开忠于当世之君[12],则人主必袭案剑相眄之迹矣。是使布衣之士不得为枯木朽株之资也。今人主沉谄谀之辞,牵帷幨之制[13],使不羁之士与牛骥同皁[14],此鲍焦所以愤于世也[15]。

【注释】

①盻(xì)：怒视。

②蟠木：指盘曲而难以为器的树木。根柢：树根。柢，根。

③轮囷(qūn)：盘曲的样子。离奇：盘绕屈曲的样子。

④委曲：弯曲，曲折延伸。盘戾：弯曲。戾，弯曲。

⑤万乘器：天子车舆之类。

⑥容：雕饰加工。

⑦随珠：隋侯珠。据说随侯救活了一条受伤的大蛇，后来大蛇衔来一颗明珠报答他的恩惠。和璧：和氏璧。

⑧游：介绍荐引。

⑨穷居：指隐居不仕。贫赢：贫穷瘦弱。

⑩伊：伊尹，商汤的贤相，是灭夏建商的功臣。管：管仲，使齐桓公富国强兵，成为霸主。

⑪龙逢：关龙逢，夏末贤臣，因谏夏桀，被囚杀。

⑫开：陈说，表达。

⑬帷廧(qiáng)：即帷墙，障隔内外的帷幔，借指深宫内院的人。廧，同"墙"。

⑭不羁：指才行高远，不可拘限。骥：马。皁：牛马的食槽，也泛指牲口栏棚。

⑮鲍焦：春秋齐国人，厌恶时世污浊，自己采蔬菜吃；子贡讥讽他，你不受君王俸禄，为什么住在君王的土地上，吃它长出来的蔬菜呢？鲍焦就丢掉蔬菜而饿死。

【译文】

"我听说像明月珠、夜光璧，在暗夜中扔给路上的人，没有人不手按宝剑怒目而视的。为什么呢？是因为这东西无缘无故就出现在面前。盘根错节的树根，弯曲盘绕，根柢，是树根。轮囷离奇，是曲折延伸盘旋缠绕的意思。却成为万乘君主玩赏的器物，是因为左右的人先雕刻装饰了它。

所以无缘无故出现在人面前，即使是随侯珠、和氏璧也只能招怨而不能受到感谢；有人先介绍宣扬，那么就是枯树干烂树桩，也会有功不被忘记。现今天下那些身穿布衣隐居的士人，贫穷瘦弱，即使有尧、舜的本领，拥有伊尹、管仲的才智，心怀关龙逄、比干的忠心，但是平素没有君主左右的人引荐，即使殚精竭虑，想要对当代君主表达忠贞，那么君主也一定会按剑怒视。这就使得平民士人就连枯树干烂树桩那样的作用都无法发挥了。现今君主沉溺在谄谀的言辞之中，受到宫中嫔妃弄臣的牵制，让才行高远的士人跟牛马一个待遇，这就是鲍焦对时世愤恨不平的原因。

"臣闻盛饰入朝者①，不以私污义；砥砺名号者②，不以利伤行。故里名胜母，曾子不入③；邑号朝歌，墨子回车④。今欲使天下寥廓之士⑤，笼于威重之权，胁于位势之贵，回面污行⑥，以事谄谀之人，而求亲近于左右，则士有伏死堀穴岩薮之中耳⑦，安有尽忠信而趋阙下者哉⑧！"书奏，孝王立出之，卒为上客。

【注释】

①盛饰入朝：衣冠整齐上朝，喻严肃对待国事。

②砥砺：磨炼，锻炼。名号：名声。

③里名胜母，曾子不入：曾子以守孝道闻名。据说当他外出经过"胜母"这个地方的时候，因为嫌这个名字不合孝道，便不肯进入，绕道而去。曾子，即曾参，春秋时鲁国人。孔子的弟子。

④邑号朝歌，墨子回车：相传墨翟路经朝歌时，因为觉得这个名字与他"非乐"的主张不合，遂不肯进入，回车而去。朝歌，殷纣时的都邑，在今河南淇县。

⑤寥廓：宽宏豁达。

⑥回面：转变脸色，指改变态度。

⑦伏死：退隐而死。堀（kū）穴：洞穴。堀，通"窟"。岩薮：山泽，山野。

⑧阙下：宫阙之下，借指帝王所居的宫廷。

【译文】

"我听说衣冠整齐进入朝廷的人，不会因私心玷污大义；修身立名的人，不会因为利益伤害品行。所以里巷名叫胜母，曾子不会进去；都邑叫做朝歌，墨子掉头回车。现今想要让天下宽宏豁达的士人，被权势的威压笼罩，被尊贵的地位胁迫，改头换面玷污自己的行为，来事奉谄谀小人，而求得亲近君王，那么他们只有隐居在洞穴山野之中死去，哪里会竭尽忠信而奔赴您宫阙之下呢！"书信上奏，梁孝王立刻放出邹阳，他最终成了上等宾客。

枚乘①，字叔，淮阴人也，为吴王濞郎中。吴王之初怨望谋为逆也②，乘奏书谏曰③："臣闻得全者全昌④，失全者全亡。忠臣不避重诛以直谏，则事无遗策⑤，功流万世。臣乘愿披心腹，而效愚忠⑥，唯大王少加意念于臣乘言。

【注释】

①枚乘：本段节录自《贾邹枚路传·枚乘传》。枚乘，淮阴（今江苏淮阴）人。因在七国之乱前后两次上谏吴王而显名，汉景帝升枚乘为弘农都尉。因不乐为郡吏，以病辞官。终投梁孝王，与著名辞赋家邹阳、严忌等交游，同为梁孝王宾客。

②怨望：怨恨，心怀不满。

③乘奏书谏：按，即枚乘的《谏吴王书》。以下几段皆出自此文。

④得全：此指人臣事君之礼无所失。全，完备。全昌：指礼无所失则

身名可获兴盛。

⑤遗策:失策,失算。

⑥愚忠:愚拙而刚直的忠心。

【译文】

枚乘,字叔,是淮阴人,担任吴王刘濞的郎中。吴王开始怨恨谋划叛逆的时候,枚乘上书劝谏说:“我听说臣子事奉君王的礼节完备没有失误就可以兴盛,有了失误身名就会毁灭。忠臣不躲避严酷的诛责来直言劝谏,那么国政就没有失策,功绩就会流传万代。我愿意披露真诚,奉献自己的愚忠,希望大王对我的言辞稍稍注意。

“夫以一缕之任①,系千钧之重②,上悬之无极之高,下垂之不测之深,虽甚愚之人,犹知哀其将绝也。马方骇,鼓而惊之;系方绝,又重镇之③。系绝于天,不可复结;坠入深泉④,难以复出。其出不出,间不容发⑤。言其激切甚急也。能听忠臣之言,百举必脱⑥。必若所欲为,危于累卵⑦,难于上天;变所欲为,易于反掌,安于泰山。今欲极天命之寿,敝无穷之乐⑧,究万乘之埶⑨,不出反掌之易,以居泰山之安,而欲乘累卵之危,走上天之难,此愚臣之所大惑也。

【注释】

①缕:线。任:担荷,负载。

②钧:三十斤。

③镇:向下加重量。

④深泉:深渊。

⑤间不容发:指成败得失,其间不容一根头发的差错。比喻情势危急到极点。

⑥脱：指从祸患中脱身。

⑦累卵：堆叠的蛋很容易倒下打碎，比喻极其危险。

⑧敝：尽，终。

⑨究：穷尽，终极。

【译文】

"用一根丝线的承受力，系上千钧的重物，顶端悬挂在无尽的高空，下端垂到无法测量的深渊，即使是最愚蠢的人，也知道为绳索的即将断绝而哀叹。马刚刚受惊，又敲鼓吓唬它；丝线刚要断绝，又加上重物增加重量。丝线从上天的高处断绝，不能够再联结；坠入深渊，难以再重新出来。成败得失，其间不容一根头发的差错。这是说那种情况紧张仓促非常急迫。能够听信忠臣的进言，无论做多少事也必能免祸脱身。如果一定要按自己的意愿去做，那就比把蛋重叠起来的情势更危险，困难有如登上青天；反之改变原本所想做的，比翻动手掌还容易，安稳如泰山。现今您想断绝上天赐予的高寿，弃绝无穷的欢乐，终结君王的权势，不采取容易的方法居处泰山之安，而想登上危如累卵的险峰，走难如上天的道路，这就是我大惑不解的原因。

"人性有畏其影而恶其迹者，却背而走，迹逾多，影逾疾，不知就阴而止，影灭迹绝①。欲人勿闻，莫若勿言；欲人勿知，莫若勿为。欲汤之沧②，沧，寒也。一人炊之③，百人扬之，无益也，不如绝薪止火而已。不绝之于彼④，而救之于此⑤，譬由抱薪而救火也。

【注释】

①"人性有畏其影而恶其迹者"几句：事出《庄子·渔父》。迹，脚印，足迹。却，退却。背，离开，逃离。

②汤:热水。沧(cāng):寒冷,凉。

③炊:烧火。

④彼:指根源。

⑤此:指表面。

【译文】

"有人天性畏惧影子厌恶脚印,于是倒退着走,留下的脚印更多,影子跟随的速度更快,却不知道走到遮阴的地方站住,影子就会消失脚印也会断绝。想要别人听不见,不如自己不出声;想要别人不知道,不如自己不去做。想要热水变冷,沧,是寒冷的意思。一个人烧火,一百个人扬汤止沸,也没有用处,不如断绝薪材把火熄灭。不在根源那里断绝,却在表面这里挽救,就如抱着薪材去救火一样。

"夫铢铢而称之①,至石必差②;寸寸而度之,至丈必过。石称丈量,径而寡失③。夫十围之木④,始生而如蘖⑤,足可搔而绝⑥,手可擢而拔⑦,据其未生,先其未形也。磨砻砥砺⑧,不见其损,有时而尽⑨;种树畜养,不见其益,有时而大;积德累行,不知其善,有时而用;弃义背理,不知其恶,有时而亡。臣愿大王孰计而行之,此百世不易之道也。"吴王不纳,乘去而之梁。

【注释】

①铢:计算重量的单位,一两的二十四分之一。

②石:计算重量的单位,一百二十斤为一石。

③径:直接。

④围:量周长的约略单位,旧说尺寸长短不一,现或指两手的拇指和食指合拢起来的长度,或指两臂合抱的长度。

⑤蘖（niè）：树木砍伐后从残存茎根上萌发的新芽。

⑥搔：用指甲或他物轻刮。

⑦擢：拔起，抽出。

⑧磨砻：磨治。砥砺：在磨石上磨。

⑨有时：积累到一定时间，到一定的时候。

【译文】

"一铢一铢地去称量，到了一石必定出差错；一寸一寸地去丈量，到了一丈必定有过错。用石来称用丈来量，更直接而且失误少。十围粗的树木，刚长出来如同萌生的新芽，脚一蹭就弄断了，手一抓就拔起来，那是占了它还没长大的先机，先在它没有成形时下手啊。在磨石上磨砺刀刃，看不见什么损耗，但到一定时候刀刃就会磨光；种植树木饲养牲畜，看不见什么增益，但到一定时候树木牲畜就会长大；积累道德善行，不知道有什么好处，但到一定的时候就会有用；背弃义理，不知道有什么害处，但到一定时候就会灭亡。我希望大王周密考虑之后再行动，这是百代不会变易的道理。"吴王不采纳，枚乘离开去了梁国。

　　路温舒①，字长君，巨鹿人也。宣帝初即位，温舒上书言宜尚德缓刑②。其辞曰③："臣闻齐有无知之祸，而桓公以兴④；晋有骊姬之难，而文公用伯⑤。近世诸吕作乱⑥，而孝文为大宗⑦。由是观之，祸乱之作，将以开圣人也。帝永思至德⑧，以承天心，崇仁义，省刑罚，通关梁⑨，壹远近，敬贤如大宾，爱民如赤子，内恕情之所安⑩，而施之海内，是以囹圄空虚，天下太平。夫继变化之后，必有异旧之德，此贤圣所以昭天命也。陛下初登至尊，宜改前世之失，涤烦文，除民疾，存亡继绝⑪，以应天意。

【注释】

① 路温舒：本段节录自《贾邹枚路传·路温舒传》。路温舒，字长君，巨鹿（今河北平乡西南）人。幼时牧羊，后为狱小吏，学律令，当过县狱吏、郡决曹史。昭帝时因廷尉解光荐，升廷尉史。宣帝即位，他上疏请求改变重刑罚、重用治狱官吏的政策，迁为广阳私府长。久之，迁临淮太守，有政绩。

② 缓刑：放宽刑罚。

③ 其辞曰：按，此即《尚德缓刑书》。以下几段皆出自此文。

④ 齐有无知之祸，而桓公以兴：无知，即公孙无知，齐僖公的侄子，齐襄公和齐桓公的堂兄弟。齐襄公无道，前686年，公孙无知联合连称、管至父弑杀齐襄公，自立为君。前685年，齐人又杀无知。公孙无知死后，齐桓公回国即位。

⑤ 晋有骊姬之难，而文公用伯：晋献公宠姬骊姬，想立己子奚齐为太子，谗杀了太子申生，逼走了公子重耳和夷吾。献公死，奚齐即位，被杀，骊姬亦被杀。公子重耳回国，是为晋文公。

⑥ 诸吕之乱：西汉初，刘邦去世后，吕后当政，大封吕氏亲属为王侯，迫害刘氏宗室。吕后去世，其侄吕产、吕禄谋反，欲取代刘氏政权。刘章等刘氏宗室联合功臣周勃、陈平等发动政变，杀死吕氏亲族，迎立代王刘恒为帝，是为汉文帝。

⑦ 大宗：即太宗，汉文帝的庙号。有夺取天下之功的称为祖，有治理天下之德的称为宗。

⑧ 帝：今本《汉书·路温舒传》原作"文帝"。永：长。至德：盛德，最高的德。

⑨ 关梁：关口和桥梁，泛指水陆交通必经之处。

⑩ 恕：推己及人。

⑪ 存亡继绝：延续濒临灭亡的国家，恢复灭亡的国家，延续断绝了的子嗣。

【译文】

　　路温舒,字长君,是巨鹿人。汉宣帝刚即位,他上书进言应该崇尚德治,宽缓刑罚。书中说道:"我听说齐国有公孙无知的祸患,而齐桓公因此兴盛;晋国有骊姬的灾难,而晋文公因此称霸。近代吕氏一党作乱,而文帝成为太宗。由此看来,祸乱的发生,或许是为圣人的出现开辟道路呢。文帝思虑久远,德行高洁,能够秉承上天的旨意,崇尚仁义,减少刑罚,疏通关口桥梁,无论远近一视同仁,尊敬贤才如同贵宾,爱护民众有如婴儿,把自己心中感到安适的事情推行于全国,因此监狱空虚,天下太平。在祸乱变化之后继位的君主,必定有跟旧时不同的德行,这就是圣贤昭示天命的方法。陛下刚刚登上大位,应该改正前代的失误,涤除烦琐的条文,除去民众的疾苦,恢复灭亡的国家,延续断绝了的子嗣,来顺应上天的意志。

　　"臣闻秦有十失,其一尚存,治狱之吏是也。秦之时,羞文学,好武勇,贱仁义之士,贵治狱之吏;正言者谓之诽谤,遏过者谓之妖言①。故盛服先生不用于世②,忠良切言皆郁于胸,誉谀之声日满于耳,虚美熏心③,实祸蔽塞④,此乃秦之所以亡天下也。方今天下,赖陛下厚恩,无金革之危⑤,饥寒之患,然太平未洽者⑥,狱乱之也。夫狱者,天下之大命⑦,死者不可生,断者不可属⑧。《书》曰:'与杀不辜,宁失不经⑨。'今治狱吏则不然,上下相殴⑩,以刻为明。深者获公名⑪,平者多后患。故治狱之吏,皆欲人死,非憎人也,自安之道在人之死。是以死人之血,流离于市⑫;被刑之徒,比肩而立;大辟之计,岁以万数。此仁圣之所伤也。太平之未洽,凡以此也。

【注释】

①遏过：阻止产生过失。遏，阻止。

②盛服：指服饰齐整，表示严肃端庄。

③熏心：迷住心窍。

④蔽塞：闭塞，遮蔽。

⑤金革：原是军械和军装，这里借指战争。

⑥洽：周遍。

⑦大命：大事，要事。

⑧属（zhǔ）：联结。

⑨与杀不辜，宁失不经：语见《尚书·大禹谟》。不经，不合常法。

⑩殴（qū）：同"驱"，驱赶，驱使。

⑪公名：指公正的名声。

⑫流离：淋漓。

【译文】

"我听说秦有十条失误，其中之一还存在着，这就是掌刑狱的吏治。秦朝的时候，轻视文学，喜好武力勇气，轻视仁义士人，尊重审案官吏；正直进言被说成是诽谤，谏止过失被说成是妖言。所以端庄严肃的儒者先生不被当世任用，忠诚善良的切直言辞只能积郁在胸中，阿谀赞颂的声音天天充满耳朵，虚华的美好迷住心窍，实际的灾祸却被遮蔽，这就是秦丧失天下的原因啊。当今普天之下，仰赖陛下深厚的恩德，没有战争的危险，没有饥寒的祸患，但天下太平还未实现，实是刑狱纷乱所致。刑狱，是天下的大事，死人不能复活，断肢不能再接上。《尚书》说：'与其杀死没有罪的人，宁可不按常法行事。'现今审理案件的吏员却不是这样，上下争相把苛察当做英明。苛察深的获得公正的名声，处理平正的多有后患。所以审理案件的吏员，都想让人死，这并非他憎恨别人，因为他获取自身平安的方法就在于让别人死。因此死人的血，在市集流淌；受刑罚的徒隶，肩膀挨着肩膀站立；斩首的数目，每年都要用万来计算。这是仁德圣明君王所悲伤的情况啊。天下太平还未实现，大概就是因为这一点吧。

"夫人情安则乐生，痛则思死。棰楚之下[1]，何求而不得？故囚人不胜痛，则饰辞以示之[2]；吏治者利其然，则指道以明之；上奏畏却，则锻练而周内之[3]。精孰周悉，致之法中也。盖奏当之成，虽咎繇听之[4]，犹以为死有余罪。何则？成练者众[5]，文致之罪明也[6]。是以狱吏专为深刻[7]，残贼不顾国患[8]，此世之大贼也。故俗语曰：'画地为狱，议不入[9]；刻木为吏，期不对[10]。'此皆疾吏之风[11]，悲痛之辞也。故天下之患，莫深于狱；败法乱正，离亲塞道，莫甚乎治狱之吏。此所谓一尚存者也[12]。

【注释】

①棰楚：指鞭杖之类刑具，也指鞭杖之刑。

②饰辞：粉饰言辞。

③锻练：罗织罪名，陷人于罪。周内：弥补漏洞，使之周密。内，同"纳"。

④咎（gāo）繇：即皋陶，舜时掌刑狱之官。

⑤成练：罗织成罪。

⑥文致：掩饰，粉饰。

⑦深刻：严峻苛刻。

⑧残贼：残忍暴虐。

⑨议：决计。

⑩期：必，必定。

⑪风：风谣，民歌。

⑫一：指前文秦有十失尚存的一点。

【译文】

"人之常情平安那就乐于活着，痛苦就想到去死。鞭杖酷刑之下，求什么供词不能得到？所以囚犯受不了疼痛，就会说出掩饰真相的假口供；审理案件的吏员觉得这样有利，那就会引诱犯人明确供述；上奏时害怕被驳回，那就罗织罪状，弥补漏洞，陷人入罪。他们精通熟悉法令，准备周密全面，让人陷入法条之中。奏书判决一旦完成，即使让皋陶来断案，也会认为死有余辜。这是为什么呢？因为经过精心推敲、罗织的罪状写得明明白白。因此审理案件的吏员专门致力于严峻苛刻，残忍暴虐而不顾给国家带来祸患，这是世上的大祸害呀。所以俗话说：'在地上画个圈当做牢狱，绝对不能进去；把木头雕刻成狱吏，一定不能与他对质。'这都是痛恨狱吏的民谣，充满悲痛的话语。所以天下的大祸患，没有什么比狱讼更深重；败坏法令、扰乱正道，离间亲情、阻塞正路，没有什么比审理案件的吏员更厉害的了。这就是秦朝还存在的那一种失策。

"臣闻乌鸢之卵不毁①，而后凤皇集；诽谤之罪不诛，而后良言进。故古人有言曰：'山薮藏疾②，川泽纳污，瑾瑜匿恶③，国君含诟④。'唯陛下除诽谤以招切言，开天下之口，广箴谏之路⑤，扫亡秦之失，尊文、武之德，省法制，宽刑罚，则太平之风可兴于世，永履和乐，与天无极，天下幸甚。"上善其言。

【注释】

①乌鸢（yuān）：乌鸦和老鹰，都是贪食之鸟。

②山薮：山深林密的地方。疾，指毒害之物。

③瑾瑜：都是美玉名，泛指美玉。

④含诟:包容污垢,容忍耻辱。

⑤箴谏:规诫劝谏的话,规诫劝谏。

【译文】

"我听说不毁坏乌鸦和老鹰的鸟蛋,凤凰就会落下栖息;犯了诽谤罪过的人不被诛责,就会有人进献良言。所以古人说:'深山密林藏着毒物,大河沼泽容纳污秽,瑾瑜美玉隐匿瑕疵,国君就要包容污垢。'只有陛下废除诽谤罪来招进切直的进言,让天下人开口说话,扩大规诫劝谏的言路,扫除亡秦的过失,尊崇周文王、武王的美德,减省法制,宽缓刑罚,那么太平的风气就可以在世上兴起,永远进入和平快乐的境地,与天共存,没有止境,这是天下人的福气。"宣帝称赞他的进言。

苏建①,杜陵人也。子武②,字子卿。武帝遣武以中郎将,持节送匈奴使③,与副中郎将张胜及假吏常惠等俱④。会虞常等谋反匈奴中⑤。虞常在汉时,素与副张胜相知,私候胜曰:"闻汉天子甚怨卫律⑥,常能为汉杀之。吾母与弟在汉,幸蒙其赏。"人夜亡告之。单于怒,召诸贵人议⑦,欲杀汉使者。左伊秩訾_{胡官号也}曰:"即谋单于,何以复加?宜皆降之。"单于使卫律召武受辞⑧,武曰:"屈节辱命,虽生,何面目以归汉!"引佩刀自刺。卫律惊,自抱持武,气绝⑨,半日复息。

【注释】

①苏建:本段节录自《李广苏建传•苏建传附苏武传》。苏建,杜陵(今陕西西安东南)人。初以校尉身份跟随大将军卫青出征匈奴,因功封平陵侯,后以将军身份建造朔方城。元朔六年(前123),从卫青出定襄击匈奴,全军覆亡,只身逃回,以钱赎罪,废

侯免职。后又起用为代郡太守。

②子武：苏武。武帝时为郎，天汉元年（前100）奉命以中郎将持节
　出使匈奴，被扣留，苏武历尽艰辛，留居匈奴十九年始终不屈；至
　始元六年（前81），方获释回汉。

③持节：指古代使臣奉命出行，要执符节作为凭证。

④副：副使。假吏：暂时代理职务的官吏。常惠：年轻时作为苏武手
　下出使匈奴，被扣留十九年；汉昭帝时回国，封为光禄大夫。宣帝
　时从击匈奴，以功封为长罗侯。后代苏武为典属国，明习外国事，
　勤劳数有功。

⑤虞常等谋反匈奴中：虞常降匈奴为卫律手下，与缑（gōu）王等谋
　反，想杀了卫律，劫持单于的母亲阏氏归汉。

⑥卫律：西汉时匈奴诸王。主要活动在汉武帝、昭帝时期，为匈奴谋
　主。其父本为长水胡人，后降汉。协律都尉李延年荐其出使匈
　奴，李延年犯罪被灭族，卫律怕被株连，投降匈奴，被封为丁灵王。
　征和年间率五千骑击汉军于夫羊句山狭。贰师将军李广利降匈
　奴后，卫律妒其尊宠在己之上，进谗言，致李广利为单于所杀。晚
　年"常言和亲之利"，劝单于放还苏武、马宏。

⑦贵人：指匈奴中地位显贵的人。

⑧受辞：受审。

⑨气绝：昏厥。

【译文】

　　苏建，是杜陵人。他的儿子苏武，字子卿。汉武帝派遣苏武以中郎
将的身份作为使者，持符节送滞留在汉朝的匈奴使者回去，他与副使中
郎将张胜、兼充使国官吏的常惠等人一起出发。恰恰赶上虞常等人在匈
奴中准备谋反。虞常在汉朝的时候，一向跟副使张胜有交情，私下找到
张胜说："听说汉朝天子非常痛恨卫律，我能替汉朝杀死他。我的母亲和
弟弟在汉朝，希望能蒙受恩赏。"有人在夜里跑去告发这件事。单于大

怒，召集地位显贵者前来商议，想要杀死汉朝的使者。左伊秩訾匈奴官名。说："要是谋杀单于，还能用什么更厉害的惩罚呢？应该让他们都投降。"单于让卫律召苏武来受审，苏武说："失节受审，有辱使命，即使活着，我还有什么脸面回到汉朝！"抽出佩刀刺向自己。卫律大吃一惊，自己抱住苏武，苏武昏厥过去，过了半天才苏醒。

　　单于壮其节①，使使晓武；会论虞常②，欲因此时降武。剑斩虞常已，律曰："单于募降者赦罪。"举剑欲击之，胜请降。律谓武曰："副有罪，当相坐③。"复举剑拟之，武不动。律曰："苏君，律前负汉归匈奴④，幸蒙大恩，赐号称王，拥众数万，马畜弥山，富贵如此。苏君今日降，明日复然。空以身膏草野⑤，谁复知之！"武不应。律曰："君因我降，与君为兄弟，今不听吾计，后虽欲复见我，尚可得乎？"武骂律曰："汝为人臣子，不顾恩义，畔主背亲，为降虏于蛮夷，何以汝为见？且单于信汝，使决人死生，不平心持正，反欲斗两主，观祸败。南越杀汉使者，屠为九郡⑥；宛王杀汉使者，头悬北阙⑦；朝鲜杀汉使者，即时诛灭⑧。独匈奴未耳。若知我不降，明欲令两国相攻，匈奴之祸，从我始矣。"律知武终不可胁，白单于。单于愈益欲降之，乃幽武置大窖中⑨，绝不饮食。天雨雪，武卧啮雪与旃毛⑩，并咽之，数日不死，匈奴以为神，乃徙武北海上无人处⑪，使牧羝羊⑫，曰："羊乳乃得归⑬。"

【注释】

①单于壮其节：本段节录自《李广苏建传·苏建传附苏武传》。壮，推崇，赞许。

②论：定罪。

③当：判决。相坐：连坐，指一人犯法，其家属亲友邻里等连带受处罚。

④负：指背叛。

⑤膏草野：指死于荒野。膏，沾溉。借指赴死或受死。

⑥南越杀汉使者，屠为九郡：汉武帝元鼎四年（前113），南越丞相吕嘉发动内乱，杀了南越王赵兴和汉朝使者终军等，另立新王；汉武帝发兵十万，攻下南越都城，新南越国王和吕嘉先后被抓，斩首示众，并把南越拆分为南海、苍梧、郁林、合浦、交阯、九真、日南、珠崖、儋耳九郡。

⑦宛王杀汉使者，头悬北阙：汉武帝太初元年（前104），西域大宛国杀害前去求购汗血马的汉使并抢劫财物，汉武帝发兵十万征讨，攻克其都城，杀大宛王毋寡。北阙，古代宫殿北面的门楼，是臣子等候朝见或上书奏事之处，这里用为宫禁或朝廷的别称。

⑧朝鲜杀汉使者，即时诛灭：武帝元封二年（前109），朝鲜王右渠杀汉使涉何，武帝发兵征讨，右渠降汉，武帝取消其国，置乐浪郡。

⑨幽：囚禁。

⑩旃（zhān）：通"毡"。

⑪北海：即今贝加尔湖。

⑫羝（dī）羊：公羊。

⑬乳：生子。

【译文】

单于推崇他的气节，让使者晓谕苏武；正在此时要给虞常定罪，想要借此机会让苏武投降。用剑斩杀虞常后，卫律说："单于招募投降的人赦免罪责。"举起宝剑要击刺他们，张胜请求投降。卫律说："副使有罪，正使也应连坐受罚。"又举起宝剑比画着要击刺他，苏武不动。卫律说："苏君，我以前背叛汉朝投奔匈奴，有幸蒙受大恩，赐给王的封号，拥有几万人众，马牛牲畜满山，富贵到这样的地步。苏君你今天投降，明天也会这

样。否则白白死于草野，谁又能知道你啊！"苏武不回答。卫律说："你
听我的话投降，我跟你就是兄弟，现今不听我的话，以后就是想见我，还
有机会吗？"苏武骂卫律道："你作为汉朝臣子，不顾恩义，叛变主上背离
父母，投降蛮夷做了俘虏，我见你干什么？况且单于信任你，让你决定别
人的生死，你不用心公平公正，反而想让双方的主上互相争斗，你却坐观
成败。南越杀死汉朝使者，被屠灭成为九个郡；大宛王杀死汉使，头颅被
挂在长安北门；朝鲜杀死汉使，马上就被消灭。只有匈奴还没有被消灭
罢了。你知道我不会投降，明明就是想让两国互相攻击，匈奴的祸患，就
将从我开始了。"卫律知道苏武最终不可能被胁迫，禀告单于。单于更
想让苏武投降，于是把苏武囚禁在大地窖中，断绝苏武的饮食。天下雪，
苏武躺卧在地和着雪嚼毡毛，一起咽下去，几天也没死，匈奴认为他是神
人，于是把苏武迁徙到北海没有人的地方，让他放牧公羊，说："等公羊生
下小羊才能回来。"

　　武至海上①，禀食不至②，掘野鼠去草实而食之③。杖汉
节而牧羊④，卧起操持，节旄尽落。单于使李陵至海上⑤，为
武置酒设乐，因谓武曰："单于闻陵与子卿素厚，故使陵来说
足下，虚心欲相待⑥。终不得归，空自苦无人之地，信义安所
见乎⑦？来时太夫人已不幸⑧，子卿妇年少，闻已更嫁矣。独
有女弟二人⑨，两女一男，今复十余年，存亡不可知。人生如
朝露，何久自苦如此！陵始降时，忽忽如狂⑩，自痛负汉，加
以老母系保宫⑪，子卿不欲降，何以过陵？且陛下春秋高⑫，
法令无常，大臣无罪夷灭者数十家，安危不可知，尚复谁为
乎？愿听陵计。"武曰："武父子无功德，皆陛下所成就，位
列将，爵通侯⑬，兄弟亲近，常愿肝脑涂地⑭。今得杀身自

效,虽蒙斧钺汤镬^⑮,诚甘乐之。臣事君,犹子事父,子为父死无所恨。愿勿复再言。"陵与武饮数日,复曰:"子卿壹听陵言^⑯。"武曰:"自分已死久矣^⑰!王必欲降武,请毕今日之欢,效死于前!"陵见其至诚,喟然叹曰:"嗟乎!义士!陵与卫律之罪,上通天。"因泣下沾襟,与武决去^⑱。

【注释】

①武至海上:本段节录自《李广苏建传·苏建传附苏武传》。

②禀食:指官家给的食物。

③去(jǔ):同"弆",收藏。

④节:旌节,用竹子做成,柄长八尺,用三重旄牛尾装饰。

⑤李陵:字少卿。李广之孙。善骑射。武帝时拜骑都尉。自请将步骑五千伐匈奴,以少击众,遇敌力战,矢尽而降。单于立为右校王。

⑥虚心:一心向往。

⑦信义:信用和道义。攸(yōu):所。

⑧太夫人:此指苏武之母。不幸:此指去世。

⑨女弟:妹妹。

⑩忽忽:迷糊,恍惚。

⑪保宫:官署名。隶属少府,为管理宫内房屋并兼系囚的机构,也指囚禁犯罪官吏及其家属的监狱。

⑫春秋高:指年纪大,年老。

⑬通侯:即彻侯。秦汉二十级军功爵中的最高级,汉武帝避讳改为通侯。

⑭肝脑涂地:形容尽忠竭力,不惜一死。

⑮斧钺汤镬(huò):泛指死刑。斧、钺,泛指兵器,也泛指刑罚、杀戮。汤镬,煮着滚水的大锅,古代常作刑具,用来烹煮罪人。

⑯壹：稍稍，暂时。

⑰自分：自料，自以为。

⑱决去：辞别离去。决，通"诀"，多指永别。

【译文】

　　苏武到了北海边，官家给的食物没有到，只好挖掘野鼠收藏的草籽来吃。苏武手持着汉朝的旌节牧羊，躺下起来都拿着它，旌节上的毛缨全都掉了。单于让李陵到北海边，给苏武置办了酒席音乐，于是对苏武说："单于听说我跟子卿你平素交情深厚，所以让我来说服您，单于愿意对你诚心相待。你最终也回不去了，白白地在这无人区自己受苦，你的信义节操又有谁知道呢？我来时你母亲已经不幸故去，你的夫人年轻，听说已经改嫁了。只有两个妹妹，两个女儿一个儿子，现在又过了十几年，是死是活也不知道。人生短促就像清晨的露水，何必长久地让自己这样受苦呢！我开始投降的时候，精神恍惚像要发狂，恨自己辜负国恩，还连累老母身受牢狱之苦，子卿你不想投降的心情，又怎能超过我？况且陛下年岁大了，法令变更无常，大臣没有罪过就被诛杀的有几十家，人人安危难保，你这样做，究竟为的是谁呢？希望听从我的计议。"苏武说："我父子没有什么功劳德行，一切都是陛下成就的，官职列入将军，爵位授予通侯，兄弟都能亲近皇帝，我常希望能够肝脑涂地，报答皇上的大恩。现今能够有机会杀身报效皇上，即使是斧钺加身，热锅烹煮，也真的心甘情愿。臣子侍奉君主，就像儿子侍奉父亲，儿子为父亲去死，死而无憾。请不要再说了。"李陵与苏武喝了几天酒，又说："子卿你就稍稍听听我的话吧。"苏武说："我早已料想必死无疑。大王要想让我投降，请结束今天的畅饮，让我死在你面前！"李陵看到他的至诚，长叹说："哎！你真是义士呀！我跟卫律的罪过，直通上天。"于是眼泪沾湿了衣襟，跟苏武诀别离开。

　　武留匈奴十九年①，始以强壮出②，及还，须发尽白。在匈奴闻上崩③，南向号哭欧血④，旦夕临⑤。数月，卒得全归⑥。宣帝甘露三年⑦，单于始入朝⑧。上思股肱之美，乃图画其人于麒麟阁⑨，法其形貌，署其官爵姓名。唯霍光不名⑩，曰大司马大将军博陆侯姓霍氏⑪，次曰卫将军富平侯张安世⑫，次曰车骑将军龙额侯韩增⑬，次曰后将军营平侯赵充国⑭，次曰丞相高平侯魏相⑮，次曰丞相博阳侯丙吉⑯，次曰御史大夫建平侯杜延年⑰，次曰宗正阳成侯刘德⑱，次曰少府梁丘贺⑲，次曰太子太傅萧望之⑳，次曰典属国苏武。皆有功德，知名当世，是以表而扬之，明中兴辅佐㉑，列于方叔、召虎、仲山甫焉㉒。凡十一人㉓。

【注释】

①武留匈奴十九年：本段节录自《李广苏建传·苏建传附苏武传》。苏武于汉武帝天汉元年（前100）出使，汉昭帝始元六年（前81）春回到汉长安城。

②强壮：中年，壮年。

③上：此指汉武帝。汉武帝于后元二年（前87）去世。

④欧血：吐血。欧，同"呕"。

⑤临（lìn）：哭吊死者。

⑥数月，卒得全归：今本《汉书·苏武传》原文为"数月，昭帝即位。数年，匈奴与汉和亲。汉求武等"，苏武等方才得以归汉。此处当是抄写之误。全归，指保身而得善名回归。

⑦甘露三年：前51年。甘露，汉宣帝年号（前53—前50）。

⑧单于始入朝：指匈奴呼韩邪单于亲自朝见宣帝。

⑨麒麟阁：汉代阁名。在未央宫中。汉宣帝时曾图霍光等十一功臣像于阁上，以表扬其功绩。

⑩霍光：字子孟。河东平阳（今山西临汾）人。大司马霍去病异母弟，汉昭帝皇后上官氏的外祖父、汉宣帝皇后霍成君之父。历经汉武帝、汉昭帝、汉宣帝三朝，官至大司马大将军；曾主持废昌邑王刘贺，立汉宣帝。汉宣帝地节二年（前68），霍光去世，谥号宣成。

⑪博陆侯：霍光封爵。食邑在北海、河间、东郡几郡。

⑫张安世：字子儒，京兆杜陵（今陕西西安）人。张汤之子，性谨慎，以父荫任为郎官。汉武帝时，为尚书令，迁光禄大夫。昭帝时，拜右将军兼光禄勋，以辅佐功封富平侯。宣帝时，累官至大司马卫将军、领尚书事，集军政大权于一身，以为官廉洁著称。元康四年（前62）病逝，汉宣帝赠予印绶，谥号敬侯。

⑬车骑（jì）将军：汉制，金印紫绶，位次于大将军及骠骑将军，而在卫将军及前、后、左、右将军之上，位次上卿，或比三公。典京师兵卫，掌宫卫，第二品，是战车部队的统帅。汉时，主要掌管征伐背叛，有战事时乃拜官出征，事成之后便罢官。龙额侯韩增：韩王信后裔，韩说之子。少为郎官，历诸曹、侍中、光禄大夫。汉武帝后元元年（前88）绍封龙额侯。昭帝时官至前将军。与大将军霍光拥立汉宣帝。本始二年（前72）击匈奴，有功。神爵元年（前61），张安世去世，韩增继为大司马、车骑将军，领尚书事。龙额侯，当为龙额侯。

⑭赵充国：字翁孙，原为陇西上邽（今甘肃天水）人，后移居湟中（今青海西宁地区）。武帝时，随贰师将军李广利出击匈奴，拜为中郎，历任车骑将军长史、大将军都尉、中郎将、水衡都尉、后将军等职。与大将军霍光定策尊立宣帝，封营平侯。又与羌人作战，屯田西北，对巩固边防多所贡献。历事武、昭、宣三帝。谥壮。

⑮魏相：字弱翁，济阴定陶（今山东定陶）人，先后任茂陵令、扬州刺史、谏大夫、河南太守等职。宣帝即位后，征魏相为大司农，后任御史大夫。曾上书建议削霍氏大权，宣帝善之，任为给事中，得入

禁中,参与中朝决策。地节三年(前67),又代韦贤为丞相,封高平侯。元康二年(前64),匈奴击车师屯田兵,宣帝欲大兴兵伐匈奴,他认为民力疲惫,上书谏止。又请帝遣吏巡行天下,举贤才,平冤狱,省诸用,宽赋役,重农务积粟,皆被采纳。官至丞相,封高平侯。神爵三年(前59),魏相去世,谥宪。

⑯丙吉:一作邴吉,字少卿,鲁国(今山东曲阜)人。初任鲁国狱史,累迁廷尉监,武帝末奉诏治巫蛊郡邸狱,期间保护皇曾孙刘询(即后来的汉宣帝)。后任大将军霍光长史,为大将军霍光所重,入为光禄大夫给事中。建议迎立汉宣帝,封关内侯。为太子太傅,迁御史大夫。元康三年(前63),宣帝得知实情后,封丙吉为博阳侯,神爵三年(前59)任丞相,为人隐恶扬善,政尚宽大,世称贤相。五凤三年(前55),丙吉去世,谥定。

⑰杜延年:字幼公,南阳杜衍(今河南南阳)人。御史大夫杜周少子,昭帝初补军司空。始元四年(前83),平定益州蛮夷叛乱,回朝任谏大夫。上官桀等人谋乱时,杜延年知其谋报告汉昭帝,因功封建平侯。对霍光持刑罚严,他辅之以宽。宣帝即位,入为给事中,居九卿之位十余年。霍光卒,坐免官。后复召为北地、西河太守。五凤三年(前55),入为御史大夫。甘露元年卒,谥敬。

⑱刘德:字路叔,楚元王刘交后裔。修黄老之术,有智略。武帝时,数上言事,得召见甘泉宫,武帝称之为"千里驹"。昭帝初,任宗正丞,曾参与治刘泽谋反案。徙大鸿胪丞,迁太中大夫。元凤元年(前80)任宗正,又参与治上官氏、盖长公主谋反案。昭帝卒,昌邑王刘贺嗣立,他从霍光废刘贺迎立宣帝,有功,赐爵关内侯。地节四年(前66),以行为谨重,可为宗室表率封阳城侯。宣帝五凤元后(前57)卒,谥缪。

⑲梁丘贺:复姓梁丘,名贺,字长翁,琅邪诸县(今山东诸城)人。初以能心计,为武骑,从太中大夫京房学《易》。宣帝时,任宗正属

官都司空令，后坐事，免为庶人。宣帝闻京房治《易》著名，乃求其门人，他被召入宫，为诸侍中讲经，又曾为帝说经，颇得赏识，拜为郎，历官太中大夫、给事中、少府。为人小心周密，年老病终于任上。

⑳萧望之：字长倩，东海兰陵（今山东临沂兰陵镇）人，徙杜陵（今陕西西安东南）。主治《齐诗》，兼学诸经，是汉代《鲁论语》的传人，其学识为京师诸儒所称道。汉宣帝时，曾被丙吉推荐给大将军霍光，以儒家经典教授太子（汉元帝）。历任太守、大鸿胪、御史大夫、太傅等。参加甘露三年（前51）在长安未央宫殿北石渠阁讲解评议五经同异。元帝即位，备受尊宠。后遭宦官弘恭、石显排挤陷害，于初元二年（前47）饮鸩自杀。

㉑明中兴辅佐：今本《汉书·苏武传》"明"后有"著"字。明著，宣扬。

㉒方叔：西周周宣王时卿士，姬姓。曾率兵车三千辆南征荆楚，北伐猃狁，是周室中兴功臣。方，采邑名。召虎：召公姬奭之后。周厉王暴虐，引发"国人暴动"，被国人流于彘（今山西霍州东北），太子静匿召虎家。国人围之，他以己子代替，太子得脱。与周公共相行政，号曰"共和"。共和十四年（前828），厉王死，乃与周公共立太子静为王，是为宣王。后与方叔、仲山甫共辅宣王中兴。时淮夷不服，曾奉宣王命率师循江上讨平之。谥穆。仲山甫：西周宣王卿士。封邑在樊，亦称"樊穆仲""樊仲山父"。《诗经·大雅·烝民》是专门颂扬仲山甫的诗歌，说他品德高尚，为人师表，不侮鳏寡，不畏强暴，总揽王命，颁布政令，纠正天子过失等，佐成宣王中兴。

㉓凡：总共。

【译文】

苏武留在匈奴十九年，开始出发时是壮年，等到回来，胡须头发全都白了。他在匈奴时听到汉武帝去世，面向南号哭哭到呕血，早晚哭吊武帝。几个月后，昭帝即位，又过了几年，苏武终于保全名声回来了。汉宣帝甘露三年，匈奴呼韩邪单于入朝朝见宣帝。宣帝思念辅佐大臣的贤良，于是在麒麟阁画了这些人的图像，画上他们的形象面貌，署上他们的官爵姓名。只有霍光没有姓名，署名是大司马大将军博陆侯霍氏，其次是卫将军富平侯张安世，其次车骑将军龙额侯韩增，其次是后将军营平侯赵充国，其次是丞相高平侯魏相，其次是丞相博阳侯丙吉，其次是御史大夫建平侯杜延年，其次是宗正阳成侯刘德，其次是少府梁丘贺，其次是太子太傅萧望之，其次是典属国苏武。他们都有功劳德行，闻名当代，因此画图表扬，宣扬这些中兴辅佐大臣，列在方叔、召虎、仲山甫中间。总计十一个人。

韩安国①，字长孺，梁人也，为御史大夫。是时匈奴请和亲，上下其议。大行王恢议曰②："汉与匈奴和亲，率不过数岁即背约。不如勿许，举兵击之。"安国曰："千里而战，即兵不获利。今匈奴负戎马足，怀鸟兽心，迁徙鸟集，难得而制，得其地不足为广，有其众不足为强，自古弗属。汉数千里争利，则人马疲；虏以全制其弊③，埶必危殆。臣故以为不如和亲。"群臣议多附安国，于是上许和亲。

【注释】

①韩安国：本段节录自《窦田灌韩传·韩安国传》。韩安国，梁国成安（今河南民权）人，后徙睢阳（今河南睢阳），曾为梁孝王中大夫。景帝时平定吴楚七国之乱，他率军力战，使叛军不得过梁地。继任梁内史，又深得汉景帝的信任。武帝时，累官至御史大夫。反对对匈奴用兵。元朔二年（前127），任材官将军，屯戍渔阳。听信匈奴俘虏之言请罢军屯，不久匈奴大举入侵上谷、渔阳，汉军

大败，被徙屯右北平，忧郁而死。

②大行：古代接待宾客的官吏。王恢：初曾多次为边吏。武帝建元
　四年（前137）任大行令。曾参与平定闽越。他反对与匈奴和亲，
　力主兴兵讨伐。

③弊：疲困。

【译文】

　　韩安国，字长孺，是梁国人，担任御史大夫。当时匈奴请求和亲，武帝将此事交给臣下商议。大行王恢说："汉朝跟匈奴和亲，大概不过几年匈奴就背叛约定。不如不答应，起兵攻击他。"韩安国说："千里作战，就是出兵也不能获利。现今匈奴仗着兵马充足，怀着鸟兽一样的心，像飞鸟一样迁徙，很难控制住，得到它的土地不能够扩大我们的领土，拥有它的部众不能够让我们国力强大，自古以来就不把他们视为国中之人。汉兵奔袭几千里去争夺利益，那就会人马疲惫；匈奴凭借全部兵马对付我们的缺陷，势必使我们陷于危险。所以我认为不如和亲。"群臣意见多数附和韩安国，于是武帝同意和亲。

　　明年①，雁门马邑豪聂壹因大行王恢言②："匈奴初和亲，亲信边，可诱以利致之，伏兵袭，必破之道也。"上乃召问公卿曰："朕饰子女以配单于③，币帛文锦④，赂之甚厚。单于待命加嫚⑤，侵盗无已，边境数惊，朕甚闵之⑥。今欲举兵攻之，何如？"大行王恢对曰："陛下虽未言，臣固愿效之。臣闻全代之时⑦，北有强胡之敌，内连中国之兵⑧，然尚得养老长幼，仓廪常实，匈奴不轻侵也。今以陛下威，海内为一，又遣子弟乘边守塞⑨，转粟輓输，以为之备，然匈奴侵盗不已者，无他，以不恐之故耳。臣窃以为击之便。"

【注释】

①明年：本段节录自《窦田灌韩传·韩安国传》。此年为汉武帝元
　光二年（前133）。

②雁门：郡名。治善无，在今山西右玉南。马邑：县名。故治在今山
　西朔州。

③子女：美女，年轻女子。

④币帛：古代用于祭祀、进贡、馈赠的礼物。文锦：文彩斑斓的织锦。

⑤嫚（màn）：傲慢。

⑥闵：忧虑，担心。

⑦全代之时：指战国初，代国未被赵所灭时。代，本为春秋战国时诸侯
　国，在今河北蔚县一带，前475年被赵所灭。

⑧中国：中原。

⑨子弟：指从军者，兵丁。乘边：防守边境。

【译文】

　　第二年，雁门马邑富豪聂壹通过大行王恢进言说：“匈奴刚与我们和
亲，相信边疆无事，我们可以用利益引诱他们过来，埋伏军队袭击他们，
这是必定能击破匈奴的办法。”武帝于是召见公卿询问说：“我修饰美女
许配单于，馈赠给匈奴的币帛文锦等财物非常丰厚。单于对待我的命令
却更加轻慢，入侵抢掠无休无止，边境屡次受到惊扰，我非常忧虑。现在
想要起兵进攻，怎么样？”大行王恢回答说：“陛下即使没有说，我本来就
希望效力。我听说在代国还没被灭亡的时候，北方有强大的胡人为敌，
内部对中原有连年的战争，但是还能赡养老人养育幼童，粮仓经常充实，
匈奴不敢轻易入侵。现今仰赖陛下的权威，海内统一，又派遣士兵防守
边疆要塞，转运粮食，用来防备匈奴，但是匈奴还是不停地入侵抢劫，没
有别的原因，就是不害怕啊。我私下认为应该进攻他们。”

　　安国曰①：“不然，臣闻高皇帝尝围于平城②，七日不食，

天下歌之③，解围反位④，而无忿怒之心。夫圣人以天下为度者也，不以己私怒伤天下之功⑤，故乃遣刘敬奉金千斤⑥，以结和亲，至今为五世利。孝文皇帝又尝壹拥天下之精兵，聚之广武常豀，然无尺寸之功，而天下黔首无不忧者⑦。孝文寤于兵之不可宿⑧，故复合和亲之约。此二圣之迹，足以为效矣。臣窃以为勿击便。"

【注释】

①安国曰：本段节录自《窦田灌韩传·韩安国传》。按，以下王恢与韩安国反复辩论几段，都出自此文。

②高皇帝尝围于平城：西汉初，汉高祖刘邦轻敌冒进，被匈奴军围困于平城白登山（今山西大同东）。

③天下歌之：歌见《汉书·匈奴传》。其辞曰："平城之下亦诚苦，七日不食，不能彀弩。"

④反位：回复原位，指回到京城。

⑤功：事情，事业。

⑥刘敬：即娄敬。

⑦"孝文皇帝又尝壹拥天下之精兵"几句：此指汉文帝三年（前177）匈奴右贤王入侵河套地区，汉文帝派灌婴带领车骑八万五千人向高奴（今陕西延安东北）进发，以抵御右贤王，自己也从甘泉宫赶往高奴，再至代国故都太原。双方并未交战，右贤王撤兵。广武，雁门郡的属县，在今山西代县以西。常豀，水名。在今山西代县境，滹沱河支流。黔首，古代称平民，百姓。

⑧寤：醒悟。宿：特指军队的停留与驻扎。

【译文】

韩安国说："不对。我听说高祖皇帝曾经被围平城，七天没吃饭，天下人把这事编成歌唱,解围回到京城,却没有愤怒的心思。圣人是对天下全局进行衡量的,不会因为自己私人的愤怒而伤害天下大业,所以就派遣刘敬奉上千斤黄金,跟匈奴结和亲,到今天已经有五代从中获利。文帝又曾经一下子汇集天下的精兵,聚集在广武常谿攻击匈奴,却没有丝毫功劳,而天下民众没有不担忧的。文帝醒悟到军队不能长久停留,所以又与匈奴订立了和亲。这两位圣明皇帝的事迹,足够效法的了。我私下认为不应该进攻匈奴。"

恢曰:"不然。臣闻五帝不相袭礼,三王不相复乐,非故相反也,各因世宜。且高帝所以不报平城之怨者,非力不能,所以休天下之心也。今边境数惊,士卒伤死,中国槥车相望①,此仁人之所隐也②。隐,痛也。臣故曰击之便。"

【注释】

①槥(huì)车:运载棺材的车子。

②隐:哀怜,同情。

【译文】

王恢说:"不对。我听说五帝的礼乐不相沿袭,三王的礼乐不相重复,不是故意相反,是要顺应各自的时代。况且高皇帝不报复平城的仇怨,不是力量不够,是要休养天下人心啊。现今边境屡次受到惊扰,士兵死伤,中原运载棺木的车子络绎不绝,仁人为此痛心。隐,是哀痛的意思。所以我说应该进攻。"

安国曰:"不然。臣闻利不十者不易业,功不百者不变常。且自三代之盛,夷狄不与正朔服色①,非威不能制、强弗能服也,以为远方绝地不牧之臣,不足烦中国也。且匈奴轻疾悍亟之兵也^②，至如飙风^③，去如收电，逐兽随草，居处无常，难得而制。今使边郡久废耕织，以支胡之常事，其势不相权也^④。臣故曰勿击便。"

【注释】

①正朔：指帝王所颁布的历法。古代帝王易姓受命，必改正朔，故夏、殷、周、秦及汉初的正朔各不相同。

②轻疾：轻捷。悍亟：悍急，迅猛。

③飙风：旋风，暴风。

④相权：颜师古注："轻重不等也。"

【译文】

韩安国说："不对。我听说利益不到十倍不改变职业，功效不达到百倍不改变常规。况且自从三代兴盛以来，夷狄不遵行中原的历法服饰等，这不是中原的威势不能控制他、力量不能降服他，而是认为他们是遥远绝域不能管理的臣民，不足以来劳烦中原政权。况且匈奴士兵轻捷迅猛，来到如同暴风，离开如同闪电，追逐野兽随着水草，居住没有固定的住所，很难加以控制。现今让边地郡县长久废弃农耕纺织，来支持经常的抗击匈奴，形势对我们来说轻重失衡。所以我说不应该进攻。"

恢曰："不然。臣闻凤鸟乘于风，圣人因于时^①。昔秦穆公都雍^②，地方三百里，知时宜之变，攻取西戎^③，辟地千里。及后蒙恬为秦侵胡^④，辟数千里，以河为境，匈奴不敢饮马于河。夫匈奴独可以威服，不可以仁畜也^⑤。今以中国之威，万倍之资，遣百分之一以攻匈奴，譬犹以强弩射且溃之痈也^⑥，必不留行矣。若是则北发、月氏^⑦，可得而臣也。故曰击之便。"

【注释】

①因：顺应。

②秦穆公都雍：雍，秦都城，在今陕西凤翔东南。秦自秦德公元年（前677）至秦献公二年（前383）都以雍为都城。

③西戎：古代西北戎族的总称。

④蒙恬：父祖皆秦名将。始皇二十六年（前221），因家世得为秦将，攻齐获胜。受命北击匈奴，收复河南地（今内蒙古河套一带）。筑长城，守边十余年，威震匈奴，甚受始皇尊宠。始皇病死，赵高与李斯合谋，伪造诏书，立二世胡亥，他与公子扶苏被迫自杀。

⑤畜：容留，治理。

⑥留行：指阻挡，阻碍。留，止。

⑦北发：古国名。在北方。其地未详。月氏：古民族名。原在敦煌、祁连间（相当今甘肃兰州以西至敦煌的河西走廊一带）。汉文帝时，因遭匈奴攻击，大部分西迁西域，建大月氏国。

【译文】

王恢说："不对。我听说凤鸟起飞要乘风，圣人治理要顺时。从前秦穆公以雍城为国都，土地方圆三百里，知道顺应时势变化，攻占了西戎，开辟了上千里的土地。等到后来蒙恬替秦朝进击匈奴，开辟了几千里的土地，将黄河作为边境，匈奴不敢到黄河饮马。匈奴只能用威力屈服，不能用仁义治理。现今凭借中国的威力，万倍以上的物资，派遣百分之一的力量来进攻匈奴，就譬如用强劲的弩箭射中即将溃烂的痈疮，必定不能阻挡。像这样就可以让北发、月氏臣服了。所以说应该进攻。"

安国曰："不然。臣闻用兵者，以饱待饥，正治以待其乱①，定舍以待其劳②。故接兵覆众，伐国堕城③，常坐而役敌国，此圣人之兵也。且臣闻之，冲风之衰④，不能起毛羽；强弩之末，力不能入鲁缟⑤。夫盛之有衰，犹朝之有暮也。

今卷甲轻举⑥，深入长驱⑦，难以为功；从行则迫胁，横行则中绝⑧，疾则粮乏，徐则后利⑨，不至千里，人马乏食。兵法曰：'遗人获也⑩。'意者有他缪巧以禽之⑪，则臣不知也。不然，则未见深入之利也。臣故曰勿击便。"

【注释】

①正治：严明军纪。

②定舍：驻扎休息。

③堕（huī）城：毁城。

④冲风：暴风，猛烈的风。

⑤鲁缟：古代鲁地出产的一种白色生绢，以薄细著称。

⑥卷甲：卷起铠甲，形容轻装疾进。轻举：轻率行动。

⑦长驱：长途奔袭。

⑧从行则迫胁，横行则中绝：言大军纵向鱼贯前行，则虑其迎击而受迫胁；横向数路并进，则虑其抄截而中路断绝。从，同"纵"。

⑨后利：落后于有利时机。

⑩遗人获：把部队送给敌方，任其俘获。

⑪意者：大概，或许，恐怕。缪巧：诈术与巧计。

【译文】

韩安国说："不对。我听说用兵的人，用吃饱的军队对付饥饿的军队，用安定的军队对付混乱的军队，用修整好的军队对付疲劳的军队。所以出兵交锋就倾覆敌人，征伐国家就攻城略地，经常稳坐就能役使敌国，这是圣人用兵的方式啊。况且我听说，暴风衰弱时，吹不起兽毛鸟羽；强弩之末，力量穿不透轻薄的鲁缟。兴盛到极点就会衰亡，就像清晨一定会转为夜晚一样。现今轻装急进轻率行动，深入敌区一直向前，是难以成功的；大军纵向鱼贯前行，则虑其迎击而受迫胁；横向数路并进，则虑其抄截而中路断绝，迅疾进军，粮草就会缺乏，徐缓进军，就会失去有利战机。到不了千里，人马就会缺乏食物。兵法说：'这是把军队留给敌人俘获。'或许还有其他巧计来擒获敌人，那就是我所不知道的了。不是这样，那么我看不见深入的利益。所以我说不应该进攻。"

恢曰："不然。夫草木遭霜者，不可以风过^①；清水明镜，不可以形逃^②；通方之士^③，不可以文乱。今臣言击之者，固非发而深入也，将顺因单于之欲，诱而致之边。吾选骁骑壮士^④，审遮险阻^⑤，吾势已定，或营其左，或营其右，或当其前，或绝其后，单于可禽，百全必取^⑥。"上曰："善。"乃从恢议。

【注释】

①夫草木遭霜者，不可以风过：意谓经过霜打的草木不能经受风吹。颜师古注："言易零落。"

②清水明镜，不可以形逃：意谓在清水明镜映照下，美丑之形无可逃避。颜师古注："言美恶皆见。"

③通方：通晓大道。方，道。

④骁骑：勇猛的骑兵。

⑤遮：指军队侦察敌情。

⑥百全：万全，万无一失。

【译文】

王恢说："不对。经过霜打的草木，不能经受风吹；在清水明镜映照下，美丑之形无可逃避；通晓为政之道的人，不可以用文饰的言辞来扰乱。现今我说攻击匈奴，本来就不是轻率深入行动，而是要顺应单于的欲望，引诱他来到边境。我们选用勇猛的骑兵，审查险阻侦探敌情，我军大势确定之后，有的围攻他们左翼，有的围攻他们右翼，有的在他们前面阻挡，有的在他们后面阻断，这样单于就可以擒获，万无一失必定成功。"

皇帝说:"好。"于是就采用了王恢的计策。

　　阴使聂壹为间①,亡入匈奴,谓单于曰②:"吾能斩马邑令丞以城降,财物可尽得。"单于信以为然而许之。聂壹乃诈斩死罪囚,悬其头马邑城下,示单于使者,于是单于穿塞,将十万骑,入武州塞③。是时汉兵三十余万,匿马邑旁谷中,约单于入马邑,纵兵击之。单于入塞,未至马邑百余里,觉之还去,诸将竟无功④,恢坐自杀。

【注释】

①阴使聂壹为间:本段节录自《窦田灌韩传·韩安国传》。间,间谍。

②单于:此单于为军臣单于,冒顿之孙。

③武州塞:古要塞名。在今山西左云至大同市西一带。

④竟:最终。

【译文】

　　汉朝暗中让聂壹当间谍,逃跑到匈奴,对单于说:"我能斩杀马邑的县令、县丞让全城投降,可以获得全部财物。"单于相信他的话就答应了他。聂壹就把死罪囚犯斩首欺骗单于,把他的头悬挂在马邑城上,让单于使者看到,于是单于就穿过要塞,率领十万骑兵,进入武州塞。这时汉兵三十多万,藏匿在马邑旁边的山谷中,约定单于进入马邑,就发兵攻击。单于入塞,还差一百多里没有到马邑,发觉汉朝埋伏就回去了,各个将领最终没有战功,王恢因此自杀。

　　董仲舒①,广川人也。下帷读书②,三年不窥园。举贤良③,武帝制问焉④,曰:"盖闻五帝三王之道,改制作乐而天下洽和⑤,百王同之。圣王已没,钟鼓管弦之声未衰,而大道微缺，陵夷至乎桀、纣之行作⑥，王道大坏矣。夫五百年之间，守文之君⑦，当涂之士⑧，欲则先王之法以戴翼其世者甚众⑨，然犹不能反，日以仆灭⑩，至后王而后止，岂其所持操或悖缪而失统与⑪？固天降命不可复反与？夙兴夜寐⑫，法上古者，又将无补与？三代受命，其符安在⑬？灾异之变，何缘而起？性命之情，或夭或寿，或仁或鄙⑭，习闻其号，未烛厥理⑮。伊欲风流而令行⑯，刑轻而奸改，百姓和乐，政事宣昭，何修何饰而膏露降⑰，百谷登，德润四海，泽臻草木，三光全⑱，寒暑平，受天之祐⑲，享鬼神之灵，德泽洋溢，施乎方外⑳，延及群生㉑？士大夫其明以谕朕，靡有所隐。"

【注释】

①董仲舒：本段节录自《董仲舒传》。董仲舒，广川（今河北景县）人，汉景帝时任博士，讲授《公羊春秋》。汉武帝元光元年（前134），董仲舒在著名的《举贤良对策》中创建了一个以儒学为核心的新的思想体系，深得汉武帝的赞赏，他提出了"天人感应""君权神授""大一统"和"罢黜百家，独尊儒术"的主张为武帝所采纳，使儒学成为中国社会正统思想。其后，董仲舒任江都易王刘非、胶西王刘端国相；后辞职回家，著书写作，于前104年病故。

②下帷：放下室内悬挂的帷幕。引申指闭门苦读。

③贤良：古代选拔统治人才的科目之一，由郡国推举文学之士充选；这里是贤良文学的简称。

④制：指帝王的命令。

⑤改制：改变制度或法式。洽和：和睦。

⑥行作：作为。

⑦守文：指遵循先王法度。

⑧当涂:执政,掌权。

⑨戴翼:匡济。

⑩仆灭:毁灭,覆灭。

⑪悖缪:背理荒谬。失统:丧失纲纪准则。

⑫夙兴夜寐:早起晚睡,形容勤劳。

⑬符:特指帝王受命的征兆。

⑭鄙:贪吝不仁。

⑮烛:明察,洞悉。

⑯伊:发语词,无义。

⑰膏露:甘露,指其能沾溉惠物。

⑱三光:指日、月、星。

⑲祜(hù):福,大福。

⑳施(yì):延续,延伸。方:国。

㉑群生:一切生物。

【译文】

董仲舒,是广川人。闭门苦读,三年不看后园。被举荐为贤良文学,武帝下令问道:"听说五帝三王的治国之道,改变制度创作音乐而天下融洽和睦,百代君王都是这样。圣明的君王已经故去,钟鼓管弦的雅乐之声还没有衰微,但是大道却衰败残缺,至夏桀、商纣的作为,王道已经被破坏得十分严重。五百年之间,遵循先王法度的君王,执政掌权的士人,很多人想要效法先王的法度来匡济当代,然而还是不能还于正道,一天天毁灭下去,直到继前朝而起的君王出现才停止,难道他们所操持的是错误的而丧失了纲纪准则吗?还是原本就是上天降下的天命不可逆转呢?夙兴夜寐,效法上古,也终将于事无补吗?夏商周三代接受天命,他们受命的符瑞又在哪里呢?灾异变化,是由什么引起的?命运性情,有的夭折,有的长寿;有的仁义,有的鄙陋,虽然常闻其名,却没有洞察其中的道理。想要移风易俗,令行禁止,减轻刑罚而改正奸邪,百姓和睦安乐,政事显扬昭著,如何整顿治理才能让甘露普降,五谷丰登,德行湿润四海,恩及草木,日、月、星之光具备,寒暑变化平常,得到上天的福佑,享有鬼神的威灵,恩德洋溢,延伸到国外,延及众生。士大夫请明白地告诉我,不要有什么隐瞒。"

仲舒对曰①:"陛下发德音②,下明诏,求天命与情性,皆非愚臣之所能及也。臣谨按《春秋》之中,视前世已行之事,以观天人相与之际③,甚可畏也。国家将有失道之败④,而天乃先出灾害以谴告之⑤;不知自省,又出怪异,以警惧之;尚不知变,而伤败乃至。以此见天心之仁爱人君而欲止其乱也。自非大无道之世者⑥,天尽欲扶持而全安之⑦。事在强勉而已矣⑧。强勉学问,则闻见博而智益明;强勉行道,则德日起而大有功,此皆可使还至而立有效者也⑨。夫人君莫不欲安存而恶危亡,然而政乱国危者甚众,所任者非其人,而所由者非其道也。夫周道衰于幽、厉⑩,非道亡也,幽、厉不由也。至于宣王⑪,思昔先王之德,周道粲然复兴⑫,此夙夜不懈,行善之所致也。孔子曰:'人能弘道,非道弘人也⑬。'故治乱废兴在于己,非天降命不可得反也。

【注释】

①仲舒对曰:本段节录自《董仲舒传》。按,此即《举贤良对策》第一策,以下几段皆出自此文。

②德音:仁德的教令,这里用以指帝王的诏书。

③相与:相关,相交。

④失道:失去准则,违背道义。败:危害。

⑤谴告：谴责告诫。

⑥自非：倘若不是。

⑦全安：完满安乐。

⑧强勉：努力，尽力而为。

⑨还（xuán）：立刻。

⑩幽、厉：周幽王、周厉王。

⑪宣王：周宣王，名静（一作靖），周厉王之子。继位后使西周的国力得到短暂恢复，史称"宣王中兴"。

⑫粲然：明亮的样子。

⑬人能弘道，非道弘人也：语见《论语·卫灵公》。

【译文】

董仲舒回答说："陛下发布仁德的教令，颁下英明的诏书，寻求天命和性情的道理，这都不是愚臣所能知道的。我谨根据《春秋》中的记载，察看前代已经发生的事情，用来观察天道与人事相互的关系，真是非常值得畏惧的。国家将有违反道义之过失，上天就会先降下灾害来谴责告诫他；如果还不知道自我反省，又会出现奇怪异常的变故，来警告戒惧他；要是还不知道改变，那么损伤危害就会到来。从此能够看见天心是仁爱国君而且是想要制止祸乱的。倘若不是特别无道的世代，上天会尽量扶持让他保全太平。事情在于尽力而为罢了。努力去做学问，那么就会见闻广博更加聪明；努力去实践道义，那么就会德行日进而建立大功，这些都是可以立刻做到而取得成效的。国君没有不想天下太平而厌恶危险灭亡的，但是国政混乱国家危险的却非常多，这是因为用人不当，所行的不是正确的大道。周朝治国之道在周幽王、周厉王时衰微，并非大道本身消亡，而是周幽王、周厉王不去实行。到了周宣王，思念先代君王的盛德，周朝的治道粲然复兴，这是从早到晚毫不懈怠，实践善行才得到的呀。孔子说：'人能够宏大道义，不是道义宏大人。'所以说太平混乱废弃兴盛在于自己，并不是上天降下天命，不能返回正道。

"及至后世,淫泆衰微①,诸侯背叛,废德教而任刑罚。刑罚不中,则生邪气。邪气积于下,怨恶蓄于上。上下不和,阴阳缪戾而妖孽生矣②。此灾异所缘而起也。故尧、舜行德则民仁寿③,桀、纣行暴则民鄙夭④。夫上之化下,下之从上,犹泥之在钧⑤,唯甄者之所为⑥;陶人作瓦器谓之甄。犹金之在镕,唯冶者之所铸。'绥之斯徕,动之斯和'⑦,此之谓也。

【注释】

①淫泆:也作"淫佚",恣纵逸乐。

②缪戾:错乱,违背。

③仁寿:指有仁德而长寿。

④鄙夭:指性情贪鄙,寿命不长。

⑤钧:陶钧,制陶器所用的转轮。

⑥甄:制作陶器。

⑦绥之斯徕,动之斯和:语见《论语·子罕》。绥,安抚。徕,使之来,招徕。

【译文】

"等到后代,恣意放纵逸乐国家衰微,诸侯背叛,废弃德行教化而任用刑罚。刑罚不恰当,就会产生邪气。邪气在下层百姓中积聚,怨气和罪恶在上层统治者中积聚。上下不和谐,阴阳错乱就会产生妖孽。这就是灾祸怪异产生的根源。所以尧、舜践行仁德那么民众就有仁德而且长寿,桀、纣统治残暴那么民众就性情贪鄙而且短命。上层统治者教化下层百姓,下层百姓跟从上层统治者,就像陶泥放到陶钧上,任凭制作陶器的人去摆弄;陶工制作陶器叫做甄。就像金属放进熔炉,任凭冶金工匠去熔铸。'安抚百姓,百姓自会从远方来投靠;动员百姓,百姓自会同心协力',说的就是这个道理。

　　"天道之大者在阴阳。阳为德，阴为刑。刑主杀，而德主生。是故阳常居大夏^①，而以生育养长为事；阴常居大冬^②，而积于空虚不用之处。以此见天之任德不任刑也。天使阳出布施于上而主岁功^③，使阴入伏于下而时出佐阳。阳不得阴之助，亦不能独成岁也^④。王者承天意以从事，故任德教而不任刑。刑者不可任以治世，犹阴之不可任以成岁也。为政而任刑，不顺于天，故先王莫之肯为也。今废先王任德教之官，而独用执法之吏治民，无乃任刑之意与！孔子曰：'不教而诛谓之虐^⑤。'虐政用于下，而欲德教之被四海，故难成也。

【注释】

①大夏：指夏季。

②大冬：指冬季。

③布施：普施，指普遍施予。岁功：一年农事的收获。

④成岁：形成丰年。

⑤不教而诛谓之虐：语见《论语·尧曰》。

【译文】

　　"天道中重要的是阴阳。阳是德行，阴是刑罚。刑罚主管杀戮，德行主管生长。因此阳经常处在夏季，从事于生育长养；阴经常处在冬季，积聚在空虚无用的地方。从这里可以看到上天任用德行而不任用刑罚。上天让阳出现而布施于上主管一年的农业收获，让阴伏藏于下而不时出来辅佐阳。阳得不到阴的帮助，也不能独自成为丰年。君王承受上天的意志来办事，所以任用德教而不任用刑罚。刑罚不能用来治理国家，就像阴不能用来形成丰年一样。治理国家却任用刑罚，是不顺从上天，所以先代君王没有谁肯这样做。现今废弃先代君王任用的德教官员，却偏要任用执法的官吏来治理民众,恐怕是任用刑罚的意图吧！孔子说:'没有教化就诛杀那叫暴虐。'对百姓实行虐政,还想让德教覆盖四海,显然难以成事。

"故为人君者,正心以正朝廷①,正朝廷以正百官,正百官以正万民,正万民以正四方。四方正,远近莫敢不壹于正②,而无有邪气奸其间者③。是以阴阳调而风雨时④,群生和而万民殖⑤。天地之间被润泽而大丰美,四海之内闻盛德而皆徕臣,诸福之物,可致之祥,莫不毕至,而王道终矣。

【注释】

①正:端正。

②壹:统一。

③奸(gān):干犯,扰乱。

④时:按时,按季节。

⑤殖:孳生。

【译文】

"因此作为君主,端正自己内心再来端正朝廷,端正朝廷再来端正百官,端正百官再来端正万民,端正万民再来端正天下四方。四方端正了,远近没有谁敢不端正,就没有邪气在中间扰乱。因此阴阳调和风调雨顺,万物和谐万民生养。天地之间,万物因蒙受润泽而变得十分丰满美丽;四海之内,听到皇帝的盛德都前来臣服。各种象征福气的事物和美好政治感动招致的祥瑞,没有不出现的,王道也就最终达成了。

"孔子称:'凤鸟不至,河不出图,吾已矣夫①!'自悲能致此物,而身卑贱不得致也。今陛下居得致之位,操可致之势,又有能致之资,然而天地未应而美祥莫至者^②,何也?凡民之从利,如水之走下,不以教化堤防之^③,不能止也。是故教化立而奸邪皆止者,其堤防完也;教化废而奸邪皆出,刑罚不能胜者,其堤防坏也。古之王者,莫不以教化为大务^④。立大学以教于国^⑤,设庠序以化于邑^⑥,渐民以仁^⑦,摩民以义^⑧,节民以礼,故其刑罚甚轻,而禁不犯者,教化行而习俗美也。

【注释】

①"凤鸟不至"几句:语见《论语·子罕》。图,河图,据《尚书·顾命》孔传,伏羲统治天下时,龙马从黄河出来,于是仿效它的纹理画成八卦,叫做河图。古人认为凤凰、河图的出现是祥瑞,是圣王当世,天下大治的象征。

②美祥:祥瑞,吉兆。

③堤防:筑起堤防阻挡。

④大务:重大的事务。

⑤大学:太学,国学,古代设于京城的最高学府。

⑥庠序:古代的地方学校。

⑦渐:浸润。

⑧摩:砥砺,磨砺。

【译文】

"孔子说:'凤凰不来到,黄河不出图,我大概要完了。'孔子自叹本来能招致这些事物,但因为自身地位卑贱却不能招致。现今陛下处在可以招致祥瑞的地位,拥有可以招致祥瑞的权势,又具备能够招致祥瑞的资质,但是天地没有应和而祥瑞没有出现,这是为什么呢?一般来说民众追求利益,就像水流向下一样,不用教化这道堤防阻挡他,是不能够制止的。因此树立教化奸邪都被制止,是因为堤防完善;废弃教化奸邪全都出现,刑罚不能制止,是因为堤防毁坏了。古代的君王,无不把教化当成重大事务。设立太学作为国家学府以教育国家人才,设立庠序作为地方学府以教化地方人才,用仁德来浸润民众,用道义来砥砺民众,用礼仪来节制民众,所以刑罚非常轻微,而没人违反禁令,是因为教化实行风俗美好啊。

"圣王之继乱世也,扫除其迹而悉去之①,复修教化而崇起之。教化已明,习俗已成,子孙循之,行五六百岁,尚未败也。至周之末世,大为无道,以失天下。秦继其后,犹不能改,又益甚之,重禁文学②,弃捐礼谊③,其心欲尽灭先圣之道,而专为自恣苟简之治④,故立为天子十四岁而国破亡矣。自古以来,未尝有以乱济乱,大败天下之民如秦者也。其遗毒余烈⑤,至今未灭。

【注释】

①迹:痕迹。

②文学:指文献经典。

③礼谊:礼义。

④自恣:放纵自己,不受约束。苟简:草率而简略。

⑤遗毒余烈:喻指过去遗留下来的有害的思想、风气等。余烈,余祸。烈,祸害,祸患。

【译文】

"圣明的君王继乱世之后,将乱世的痕迹全部除去,复兴教化,崇尚德教。教化已经彰明,习俗已经养成,子孙遵循前行,历经五六百年,还未衰败。到了周朝末年,所作所为极其无道,因此失去天下。其后,秦朝建立,不仅不能革除弊端,反而变本加厉,严禁文献经典,摈弃礼义,想要全部灭绝先圣之道，彻底实行放纵自己、苟且简略的统治，因此立为天子只有十四年就国破家亡了。自古以来，不曾有过像秦朝这样用混乱来挽救混乱，极大地荼毒天下民众的。它所遗留的祸害，到今天仍没有消灭。

　　"今汉继秦之后，如朽木粪墙矣①，虽欲善治之，无可奈何。法出而奸生，令下而诈起，如以汤止沸②，以薪救火，愈甚无益也。窃譬之琴瑟，琴瑟不调，甚者必解而更张之③，乃可鼓也④；为政而不行⑤，甚者，必变而更化之⑥，乃可理也。当更张而不更张，虽有良工⑦，不能善调也；当更化而不更化，虽有大贤，不能善治也。故汉得天下以来，常欲善治，而至今不可善治者，失之于当更化而不更化也。古人有言：'临川而羡鱼⑧，不如退而结网。'今临政而愿治，七十余岁矣，不如退而更化。更化则可善治，善治则灾害日去，福禄日来。夫仁谊礼智信五常之道⑨，王者所当修饰也⑩。五者修饰，故受天之祐而享鬼之灵⑪，德施乎方外⑫，延及群生也。"

【注释】

①粪墙：秽土之墙。

②汤：热水。

③更张：重新张设。

④鼓：演奏。

⑤不行：不能施行，施行的效果不好。

⑥更化：改制，改革。

⑦良工：好的乐师。

⑧羡：希望得到。

⑨谊：义。

⑩修饰：修饬，整治。

⑪祜：福佑。灵：福气，福分。

⑫方外：域外，边远地区。

【译文】

　　"现今汉朝承接秦朝之后，好像腐朽木头秽土墙壁一样，即使想好好治理，也没有什么办法。法律颁布而奸邪仍旧产生，命令颁下而诈谋仍旧兴起，好像用热水制止沸腾，用薪柴去救火一样，更加无济于事。我私下把它比成琴瑟，琴瑟音调不协调，严重的就需要解下琴弦重新张设，才可以弹奏；治理国家而政令实行没有效果，严重的必须改变现状重新建立一套治理办法，才可以治理。应当重新张设却不张设，即使有好的乐工，也不能将琴瑟调好；应该改制却不改制，即使有大贤人，也不能将国家治理好。所以汉朝得到天下以来，虽然常想治理好天下，但终究未能如愿，失误就在于应当改制却不改制啊。古人有这样的话：'与其面对河水想要得到鱼，不如回去编织渔网。'现今处理国政想把天下治理好，已经七十多年了，不如退而寻求改制。改制就可使国家大治，国家大治那么灾害就会一天天减少，福禄就会一天天到来。仁、义、礼、智、信这五常之道，是君王应当整治的。这五常得到整治，所以就会受到上天的福佑，享有鬼神的威灵，恩德施于域外，延及众生。"

　　天子览其对而异焉①，制曰："盖闻虞舜之时，垂拱无为而天下太平②；周文王至于日昃不暇食③，而宇内亦治。夫帝王之道，岂不同条共贯与④？何逸劳之殊也？殷人执五刑以督奸⑤，伤肌肤以惩恶⑥；成康不式四十余年⑦，天下不犯，囹圄空虚⑧。秦国用之，死者甚众，刑者相望。朕夙寤晨兴⑨，惟前帝王之宪⑩，功烈休德未始云获⑪。今阴阳错谬，群生寡遂⑫，廉耻贸乱⑬，贤不肖浑殽，未得其真。明其指略⑭，称朕意焉。"

【注释】

①天子览其对而异焉：本段节录自《董仲舒传》。

②垂拱：垂衣拱手，指不亲理事务。

③日昃：太阳偏西，约下午二时左右。

④同条共贯：事理相通，脉络连贯。

⑤五刑：五种轻重不等的刑法，秦以前为：墨（刺字）、劓（挖鼻）、剕（刖，砍掉脚或脚趾）、宫（去势）、大辟（杀）。

⑥肌肤：这里指肉体。

⑦成康：周成王与周康王的并称。史称其时天下安宁，刑措不用。式：用。

⑧囹圄：监狱。

⑨夙：早。寤：觉醒。兴：起来。

⑩宪：法。

⑪功烈：功勋业绩。休德：美德。

⑫群生：指百姓。

⑬贸乱：混乱。

⑭指略：要旨。

【译文】

　　天子观看他的对策觉得不一般，制命说："听说虞舜的时候，垂衣拱手不亲理政务而天下太平；周文王到了太阳偏西还没有闲暇吃饭，而国家也治理得很好。帝王治国之道，难道不是事理相通、脉络连贯吗？为什么有的安逸、有的劳累这么不同呢？殷朝人用五刑来监督奸邪，伤害肉体来惩治罪恶；周成王、周康王不用刑罚四十多年，天下却没人犯法，监狱空虚。秦国实行严刑峻法，死的人很多，受刑的人接连不断。我早早起来，只想效法前代的帝王，但显赫的功绩、崇高的道德并未收获。现今阴阳错乱，百姓生活很少遂心，廉耻混乱，好人与坏人混杂，不能了解真情实况。你要明确说明意向，让我满意。"

仲舒对曰①:"臣闻尧受命以天下为忧,而未闻以位为乐也,故诛逐乱臣,务求贤圣,是以教化大行,天下和洽②。虞舜因尧之辅佐,继其统业③,是以垂拱无为而天下治。孔子曰:'《韶》尽善矣④。'此之谓也。至殷纣,逆天暴物⑤,杀戮贤智,天下耗乱⑥,万民不安。文王顺天理物⑦,悼痛而欲安之⑧,是以日昃不暇食也。由此观之,帝王之条贯同,然而劳逸异,所遇之时异也。陛下愍世俗之靡薄⑨,悼王道之不昭,故举贤良方正之士,论议考问⑩,将欲兴仁谊之休德,明帝王之法制,建太平之道也。此大臣辅佐之职,三公九卿之任⑪,非臣仲舒所及也。然而臣窃有所怪。夫古之天下,亦今之天下,共是天下,古以大治,上下和睦,不令而行,不禁而止,吏无奸邪,囹圄空虚,德润草木,泽被四海,以古准今⑫,壹何不相逮之远也! 安所缪戾而陵夷若是⑬? 意者有所失于古之道与? 有所诡于天之理与⑭?

【注释】

①仲舒对曰:本段节录自《董仲舒传》。此即《举贤良对策》第二策,以下几段皆出自此文。

②和洽:和睦融洽。

③统业:指帝王之业。

④《韶》尽善矣:语见《论语·八佾》。《韶》,虞舜时乐名。

⑤暴物:残害万物。

⑥耗(mào)乱:昏乱。耗,通"眊",昏乱不明。

⑦理物:即治民。物,人。

⑧悼痛:悲伤痛心。

⑨ 愍：怜悯，哀怜。靡薄：指人心不古，风俗浇薄。

⑩ 考问：考查询问。

⑪ 三公：古代中央三种最高官衔的合称。西汉以丞相（或大司徒）、太尉（或大司马）、御史大夫（或大司空）为三公。九卿：古代中央政府的九个高级官职，西汉以太常、光禄勋、卫尉、太仆、廷尉、大鸿胪、宗正、司农、少府为九卿。

⑫ 准：衡量，比较。

⑬ 缪戾：错乱。

⑭ 诡：违背。

【译文】

董仲舒回答说："我听说尧接受天命后为天下百姓忧虑，而没听说他把享有王位当作快乐，所以诛灭放逐作乱的臣子，务必寻求道德才智极高的贤圣，因此教化得到大力推行，天下和睦融洽。虞舜依靠尧的辅佐大臣，继承了他的帝王之业，因此垂衣拱手不亲理政事而天下太平。孔子说：'《韶》乐是十分完善了。'说的就是这个呀。到了殷纣，悖逆上天残害万物，杀戮贤人智士，天下昏乱，民众不安。周文王顺应上天治理民众，对这种情况悲伤痛心想要安抚民众，因此太阳偏西也没有闲暇吃饭。从此看来，帝王的统治事理相通、脉络连贯，但是有的勤劳、有的安逸并不相同，是他们所遇到的时代不一样呀。陛下哀怜世俗人心不古，哀悼王道不明，所以选拔贤良方正的士人，讨论义理考察学问，想要兴盛仁义的美德，彰明帝王的法制，建立天下太平的大道。这是辅佐大臣的职责，三公九卿的责任，不是我所能涉及的。但是我私下里有些奇怪，古代的天下，就是今天的天下，同样是天下，古代是天下大治，上下和睦，不用命令就执行，不用禁令就停止，官吏没有奸邪，监狱空虚无人，德行润泽草木，恩泽覆盖四海，以古比今，相差怎么这么远啊！怎么会错乱衰落到这个地步？或者是违背了古代的大道吗？又或者是违背了天理吗？

"夫天亦有所分与^①,与上齿者去其角^②,傅其翼者两其足^③,是所受大者不得取小也。古之所与禄者,不食于力,不动于末^④,是亦受大者不得取小也。夫已受大,又取小,天不能足,而况人乎! 此民之所以嚣嚣苦不足也^⑤。身宠而载高位,家温而食厚禄^⑥,因乘富贵之资力,以与民争利于下,民安能如之哉! 是故博其产业,蓄其积委^⑦,务此而无已,以迫蹴民^⑧,民浸以大穷^⑨。富者奢侈羡溢^⑩,贫者穷急愁苦而上不救^⑪,则民不乐生。民不乐生,尚不避死,安能避罪? 此刑罚之所以繁而奸邪不可胜者也。

【注释】

①分与:分给。

②与上齿:《汉书》原文作"与之齿"。"上"字疑误。

③傅其翼:让它长翅膀。傅,安上,加上。

④末:指工商业。

⑤嚣嚣(áo):怨愁,怨恨。

⑥温:丰足,富裕。

⑦积委:指积贮的财物。

⑧迫蹴:逼迫。

⑨浸:逐渐。

⑩羡溢:富裕,丰足。

⑪穷急:穷困急迫。

【译文】

"天也是区别对待万物的,给了利齿的就不让它长犄角,给予翅膀的就只有两只脚,这是享受了大的好处就不能再享受小的好处。古代接受了俸禄的人,不从事于体力劳动,不从事于商业,这也是享受了大的好处就不能再取用小的好处，已经享受了大的，又要取用小的，上天也不能具备，何况人呢！这就是百姓之所以愁怨贫苦而不满足的原因。自身受宠处在高官的位置，家庭富裕享有丰厚的俸禄，再凭借富贵的资本力量，与民众在下面争夺利益，民众又怎么能跟他们相比呢？因此扩大产业，积蓄财物，致力于此而没有止境，以此逼迫民众，民众就渐渐陷入极大的穷困之中。富人奢侈富足，贫民穷困急迫极其愁苦，而上面又不救济，那么民众就不觉得活着快乐。民众不觉得活着快乐，死亡尚且不避，又哪里能够避开犯罪呢？这就是刑罚虽然繁多但是奸邪不可制服的原因呀。

"故受禄之家，食禄而已，不与民争业，然后利可均布①，而民可家足也。此上天之理而太古之道②，天子之所宜法以为制，大夫之所当循以为行也。故公仪子怒而出其妇，愠而拔其葵③，曰：'吾已食禄矣，又夺园夫工女利乎！'古之贤人君子在列位者皆如是，故下高其行而从其教④，民化其廉而不贪鄙。故《诗》曰：'赫赫师尹，民具尔瞻⑤。'由是观之，天子大夫者，下民之所视效⑥，岂可以居贤人之位，而为庶人行哉！皇皇求财利⑦，常恐匮乏者，庶人之意也；皇皇求仁义，常恐不能化民者，大夫之意也。《易》曰：'负且乘，致寇至⑧。'乘车者，君子之位也⑨；负担者，小人之事也⑩。此言居君子之位而为庶人之行者，其患祸必至也。"

【注释】

①均布：普遍分布。

②太古：远古，上古。

③公仪子怒而出其妇，愠而拔其葵：公仪子即公仪休，春秋时期鲁国人，官至鲁国宰相。主张治政清静无为，法令无所更变，为官不与

民争利。据说他吃了自家的葵菜感觉好,就把自家园中的葵菜都拔下来扔掉,他看见自家织的布好,就立刻把妻子逐出家门。

④高:认为高尚。

⑤赫赫师尹,民具尔瞻:语出《诗经·小雅·节南山》。赫赫,是显盛的样子。师尹,指周太师尹氏。

⑥视效:观看效法。

⑦皇皇:惶急的样子。皇,通"惶"。

⑧负且乘,致寇至:语出《周易·解》六三爻辞。

⑨君子:在上位的人。

⑩小人:野人,平民。

【译文】

"所以享受俸禄的人家,靠俸禄吃饭罢了,不能跟百姓争抢产业,然后利益才可以普遍分布,民众才可以家庭丰足。这是上天之理上古之道,天子应该效法并作为制度,大夫应当遵循并依此行动。所以公仪子发怒休了他的妻子,愠怒地拔掉了种植的葵菜,说:'我已经享有了俸禄,又要去争夺种菜人和纺织女工的利益吗?'古代的那些在位的贤人君子都是这样,所以百姓认为他们品行高尚,听从他们的教导,被他们感化,廉洁而不贪婪鄙陋。所以《诗经》说:'威风显赫的太师尹氏啊,民众都在看着你呢。'从此看来,天子大夫,是下面民众注目效法的对象,怎么可以处在贤人的位置,却有着平民的行为呢!急急忙忙追求钱财利益,经常害怕匮乏,这是平民的想法;急急忙忙追求仁义,经常害怕不能教化民众,是大夫的想法。《周易》说:'背着重物坐在车上,招致强盗来抢劫。'乘坐车辆,是君子的待遇;背负重物,是小人的事情。这是处在君子的位置却去实施平民的行为,那么祸患必定会到来。"

卷十八

汉书（六）

【题解】

本卷选自《汉书》卷五十七至卷六十五，节录了司马相如、公孙弘、卜式、严助（附刘安上疏）、吾丘寿王、主父偃、徐乐、严安、贾捐之、东方朔等十位人物的相关言论事迹。司马相如是以辞赋闻名的文学家，但本书收录的是他的《谏猎疏》，劝谏汉武帝减少游乐驰逐。《公孙弘传》节录其《举贤良对策》，提出治国要遵循"八本""四德"。《卜式传》节录其捐出财产以帮助抵御外敌，赞扬其真心为国。此篇传末，本卷特意选入《公孙弘卜式儿宽传赞》，盛赞武帝朝人才之盛。《严助传》节录严助说服武帝发兵救助东瓯；传内所附刘安的《谏伐闽越书》，劝谏武帝不要征伐南越。《吾丘寿王传》节录其《议禁民不得挟弓弩对》，反对只知禁防而不注重教化。《主父偃传》节录其《论伐匈奴书》，对武帝后期对匈政策发表意见，其所献"推恩"之策，帮助武帝彻底解决了诸侯王威胁中央政权的问题。《徐乐传》节录其《上武帝书言世务书》，建议要安定百姓，免除土崩之患。《贾捐之传》节录其《罢珠崖对》，劝谏元帝不必征伐珠崖。《东方朔传》节录其《谏除上林苑》《化民有道对》《非有先生论》，表达其政治思想。本卷所选诸人上书，内容涉及汉代对周边民族的政策，劝谏皇帝关心民生，不要奢侈放纵，反映守成之主应该注意的问题。

传

司马相如①,字长卿,蜀郡人也。为郎,尝从上至长杨猎②。是时天子方好自击熊豕③,驰逐野兽,相如因上疏谏。其辞曰:"臣闻物有同类而殊能者,故力称乌获④,捷言庆忌⑤,勇期贲、育⑥。臣之愚,窃以为人诚有之,兽亦宜然。今陛下好陵阻险⑦,射猛兽,猝然遇逸材之兽⑧,骇不存之地⑨,犯属车之清尘⑩,舆不及还辕⑪,人不暇施巧,虽有乌获、逢蒙之伎力⑫,不得施用,枯木朽株,尽为难矣。是胡越起于毂下⑬,而羌夷接轸也⑭,岂不殆哉!虽万全而无患,然本非天子之所宜近也。且夫清道而后行⑮,中路而驰,犹时有衔橛之变⑯,况乎涉丰草,骋丘墟⑰,前有利兽之乐,而内无存变之意,其为害也不难矣!夫轻万乘之重⑱,不以为安乐,出万有一危之涂以为娱,臣窃为陛下不取。盖明者远见于未萌,知者避危于无形,祸固多臧于隐微⑲,而发于人之所忽者也。故鄙谚曰⑳:'家累千金㉑,坐不垂堂㉒。'此言虽小,可以谕大。臣愿陛下留意幸察。"上善之。

【注释】

①司马相如:本段节录自《司马相如传》。司马相如,字长卿,蜀郡成都(今四川成都)人。原名犬子,因慕蔺相如而更名。善辞赋,事景帝为武骑常侍,因梁孝王好文学,乃奔梁。孝王卒,归而家贫,至临邛(今四川邛崃)都亭,遇卓王孙之女卓文君,私奔成都。所作《子虚赋》得武帝赏识,任为郎。奉命出使西南,略定西南夷。后为孝文园令。

②长杨：长杨宫的省称。长杨宫，秦汉宫名，故址在今陕西周至东南。宫中有垂杨数亩，因为宫名。

③豕：指野猪。

④乌获：战国时秦国力士，力能举鼎。秦武王时因有力为大官。

⑤庆忌：春秋时吴王僚之子。以勇力、敏捷著称。

⑥贲：孟贲，战国时秦国（一说齐国）勇士。育：夏育，周时著名勇士，卫人，传说能力举千钧。

⑦陵：登上。

⑧逸材：才能超群。这里指野兽健壮有力。

⑨骇：马受惊。不存：不能够安然生存，指危险。

⑩犯属车之清尘：冲撞了您的副车。此即冲犯皇帝的委婉说法。属车，皇帝的副车。古代帝王出巡，跟随八十一乘车，为属车。清尘，车后扬起的尘埃。

⑪舆：皇帝的乘舆。还辕：掉转车头。

⑫逢蒙：古之善射者。相传学射于后羿，尽羿之道。思天下唯羿胜己，于是杀羿。伎：指各种技艺。

⑬胡越：对北方、南方少数民族的泛称。毂下：天子车乘之下。毂，车轮中间轴贯入处的圆木，此处指天子的车乘。

⑭羌夷：对西方和东方少数民族的泛称。当时武帝正对匈奴、南越、西南夷用兵。接轸（zhěn）：指向车驾靠近，接近。轸，车后横木，此处指天子的车乘。

⑮清道：也叫净街。清除道路，驱散行人，以前常在帝王、官员出行时施行。

⑯衔橛之变：指车马倾覆的危险。衔，马勒衔。橛，马嚼子，马口中所衔的横木。

⑰丘墟：山陵之地。

⑱万乘：指天子。

⑲臧：同"藏"。

⑳鄙谚：俗谚，俗话。

㉑家累：家中的财产。

㉒坐不垂堂：不坐在堂边檐下，以防被檐瓦偶然脱落打伤。垂堂，这里指屋檐下。

【译文】

司马相如，字长卿，是蜀郡人。做郎官，曾经随从武帝到长杨宫打猎。这时候武帝正喜好亲自攻击熊、野猪，追逐野兽，相如于是上疏劝谏。疏中说："我听说物有同属一类但是能力超群的，所以论力量就要说乌获，论迅捷就要说庆忌，论勇敢就要说孟贲、夏育。我愚笨，私下里想，人里面有这样的人，兽类也应该是这样。现今陛下喜好登上险阻，射杀猛兽，如果突然遇见健壮有力的野兽，在危险地方马受了惊，冲撞了皇上的副车，车驾来不及掉头，别人来不及施加巧计，即使有乌获、逢蒙的技巧力量，也不能施展，那时枯烂的树木树桩，就都能成为祸害了。这就像胡人越人在京师起兵，而羌人夷人接近身旁，难道还不危殆吗！即使有万全之策而没有祸患，但这本来就不是天子所应该接近的呀。况且清除道路驱散行人之后才出行，在路的当中驰骋，尚且不时发生车马倾覆的危险，何况在丰茂野草中跋涉，在山野丘陵上驰骋，面前有猎取野兽的快乐，内心没有存在万一生变的想法，这样危害也就不难发生了！把万乘天子的重要性看得很轻，不认为是安乐，把从会发生万分之一的危险的路途出发游玩当成欢娱，我私下里认为陛下不应该这样。明智的人能对没有萌生的事物有所远见，智慧的人能够在危险没有形迹的时候就避开，祸患本来就多半藏在隐秘细微里，而在人们忽略之中爆发。所以俗话说：'家中有千金积蓄，不会坐在堂前屋檐下面。'这话虽然说的是小事，但可以晓谕大事。我希望陛下注意省察。"武帝认为他说得对。

公孙弘①，菑川人也。家贫，牧豕海上②。年四十，乃学

《春秋》。武帝初即位，弘年六十，以贤良对策焉。武帝制曰："盖闻上古至治，画衣冠，异章服③，而民不犯；阴阳和，五谷登，六畜蕃④，甘露降，风雨时，嘉禾兴⑤，朱草生⑥，山不童⑦，童，无草木也。泽不涸；麟凤在郊薮⑧，龟龙游于沼，河、洛出图书⑨；父不丧子，兄不哭弟；舟车所至，人迹所及，跂行喙息⑩，咸得其宜。朕甚嘉之，今何道而臻乎此⑪？天人之道，何所本始⑫？吉凶之效，安所期焉⑬？仁义礼智，四者之宜，当安设施⑭？属统垂业⑮，天文、地理、人事之纪⑯，子大夫习焉⑰，其悉意正议⑱。"

【注释】

① 公孙弘：本段节录自《公孙弘卜式兒宽传·公孙弘传》。公孙弘，字季，一字次卿，齐地菑川薛（今山东滕州南）人。汉武帝时，征为博士。熟悉文法吏事，而缘饰以儒术，议事常顺武帝之意，故为武帝信任，十年之中，从待诏金马门擢升为丞相，封平津侯。为人躬行俭约、轻财重义，然外宽而内深，凡与其有嫌隙者，都表面与之和睦而暗中予以报复陷害。汉武帝元狩二年（前121），公孙弘于相位逝世，谥献。

② 海上：海边。

③ 画衣冠，异章服：传说上古有象刑，即以异常的衣着象征五刑表示惩戒，犯人穿着特殊标志的衣冠代替刑罚。章服，有识别符号的衣服。

④ 六畜：指马、牛、羊、鸡、狗、猪。

⑤ 嘉禾：生长得特别苗壮或一茎多穗的禾稻，古人认为是吉祥的象征。

⑥ 朱草：一种红色的草。古人以为祥端之物。

⑦ 童：山岭、土地无草木。

⑧郊薮：郊野草泽之地。

⑨河、洛出图书：河出图，洛出书。传说伏羲时有龙马从黄河中出现，马背有旋毛如星点，即所谓河图，伏羲取法以画八卦。夏禹治水时有神龟出于洛水，背上有裂纹，纹如文字，禹取法而作《洪范九畴》。古代认为出现河图洛书是帝王圣者受命之祥瑞。河，黄河。洛，洛水。书，洛书。

⑩跂行：用足行走者，多指虫豸。跂，通"蚑"。喙息：有口能呼吸者，代指人和一切动物。

⑪臻：至，达到。

⑫本始：原始，本初。

⑬期：希望，企求。

⑭设施：措置，筹划。

⑮属（zhǔ）统：继承帝统。垂业：把功业传留于后世。

⑯天文：日月星辰等天体在宇宙间分布运行等现象。古人把风、云、雨、露、霜、雪等地文现象也列入天文范围。地理：土地、山川等的环境形势。人事：人之所为，人力所能及的事。

⑰子大夫：古代国君对大夫、士或臣下的美称。

⑱悉意：尽心。正议：指秉正发表议论。

【译文】

公孙弘，是菑川人。家里贫穷，在海边放猪。四十岁，才学习《春秋》。汉武帝刚即位时，公孙弘六十岁，凭贤良文学的身份应试回答皇帝的策问。武帝的制命说："听说上古太平盛世之时，给犯人穿上画有特殊标志的衣服，百姓就不犯法；阴阳和谐，五谷丰登，六畜兴旺，甘露降下，风雨及时，嘉禾出现，朱草生长，山不光秃，童，是没有草木。沼泽不干涸；麒麟凤凰出现在郊野草泽，乌龟蛟龙游弋在池沼，河出图、洛出书；父亲不会丧失儿子，兄长不会哭吊弟弟；车船所到的地方，人迹走过的地方，虫豸禽兽一切动物和人类，都生活得很舒适。我对此非常称赞仰慕，现今有什么办法能达到这样的境界呢？天人之间的道理，最初的本源在哪里？吉凶的效验，怎样才能预知？仁义礼智，这四者该怎么安排才合适？继承帝统留传功业于后世，天文、地理、人事的大纲，你们臣子都熟悉通晓，还请尽心持正发表议论。"

　　弘对曰[①]："臣闻上古尧、舜之时，不贵爵赏而民劝善[②]，不重刑罚而民不犯，躬率以正[③]，遇民信也[④]；末世贵爵厚赏而民不信也。夫厚赏重刑，未足以劝善而禁非，必信而已矣。是故因能任官，则分职治[⑤]；去无用之言，则事情得[⑥]；不作无用之器，即赋敛省；不夺民时，即百姓富；有德者进，无德者退，则朝廷尊；有功者上，无功者下，则群臣逡[⑦]；罚当罪，则奸邪止；赏当贤，则臣下劝。凡此八者，治之本也。故民者，业之即不争[⑧]，理得则不怨[⑨]，有礼则不暴，爱之则亲上，此有天下之急者也。故法不远义，则民服而不离；和不远礼，则民亲而不暴。故法之所罚，义之所去也；和之所赏，礼之所取也。礼义者，民之所服也，而赏罚顺之，则民不犯禁矣。故画衣冠，异章服，而民不犯者，此道素行也[⑩]。

【注释】

①弘对曰：本段节录自《公孙弘卜式兒宽传·公孙弘传》。按，此即公孙弘元光五年（前130）之《举贤良对策》，以下几段皆出自此文。

②劝善：勉励为善。

③躬率：亲身实行。

④遇：对待。

⑤分职：各授其职。

⑥得：成功，完成。

⑦逡（qūn）：退让，退避。

⑧业：使各得其业。

⑨理得：指事情合理。

⑩素行：指一贯认真执行。

【译文】

公孙弘回答说："我听说上古尧、舜的时代，不把爵位赏赐看得贵重而民众勉励行善，不重用刑罚而民众不犯法，这是因为尧、舜亲自行正道做表率，对民众讲信用；到了末世看重爵位赏赐却对民众不讲信用了。丰厚的赏赐严厉的刑罚，不足以用来勉励向善禁止为非，必须要对民众讲信用。因此凭能力授予官职，那么各种官员就能各司其职；除去没用的言论，那么事情就能办成；不制作没用的器皿，就能减少赋税；不与农民争夺农时，百姓就富裕；有德行的升职，没德行的退位，那么朝廷就会得到尊崇；有功劳的提拔，没功劳的贬黜，那么群臣就会谦恭退让；对有罪的处以适当刑罚，那么奸邪就会止步；对贤能的给予适当奖赏，那么臣下就会受到勉励。这八项，是治国理政的根本。所以说民众各有职业就不会争夺，事情合理就不会怨恨，有了礼义就不会暴虐，爱护他们就会亲近君上，这是拥有天下的人急于去办的事。所以如果法律不远离道义，那么民众就服从而不离去；平和适中不远离礼法，那么民众就亲近而不会暴虐。所以法律所惩罚的，就是道义要驱逐的；平和适中所赞赏的，就是礼法所取用的。礼节道义，是民众所服从的，而奖赏惩罚顺应礼义，那么民众就不会违犯禁令了。所以给犯人穿上画有特殊标志的衣服，而民众就不犯法，大道就是这样一贯运行的。

"臣闻之，气同则从，声比则应①。今人主和德于上，百姓和合于下②，故心和则气和，气和则形和，形和则声和，声和则天地之和应矣。故阴阳和，风雨时，甘露降，五谷登，山不童,泽不涸,此和之至也。故形和则无疾,无疾则不夭,故父不丧子,兄不哭弟。德配天地③,明并日月,则麟凤至,龟龙在郊,河出图,洛出书,远方之君,莫不悦义,奉币而来朝④,此和之至也。

【注释】

①比:亲近,和谐。

②和合:和睦同心。

③配:匹敌,媲美。

④币:礼品。

【译文】

"我听说,气质相同就会互相影响带动,声音相近就会互相应和。现今人君在上面使自己的德行和谐,百姓在下面和睦同心,所以内心和谐气息就和谐,气息和谐形貌就和谐,形貌和谐声音就和谐,声音和谐天地就和谐相应了。所以阴阳和谐,风雨及时,甘露下降,五谷丰登,山不光秃,沼泽不干涸,这是和谐的极致啊。所以形貌和谐就没有疾病,没有疾病就不会夭折,所以父亲不会丧失儿子,兄长不会哭吊弟弟。德行与天地媲美,圣明与日月并列,那么麒麟凤凰就会出现在郊野草泽,乌龟蛟龙就会游弋在池沼,河出图,洛出书,远方的君主,都喜悦仁义,奉献礼物前来朝见,这就是和谐的极致。

"臣闻之,仁者爱也,义者宜也,礼者所履也①,智者术之原也。致利除害,兼爱无私②,谓之仁;明是非,立可否,谓之义;进退有度,尊卑有分,谓之礼;擅杀生之柄,通壅塞之涂,权轻重之数,论得失之道③,使远近情伪必见于上,谓之术。凡此四者,治之本、道之用也,皆当设施④,不可废也。得其要术⑤，则天下安乐，法设而不用；不得其术，则主弊于上⑥，官乱于下。此事之情，属统垂业之本也。桀、纣行恶，受天之罚；禹、汤积德，以王天下。因此观之，天德无私亲，顺之和起，逆之害生，此天文、地理、人事之纪也。"太常奏弘第居下⑦。策奏，天子擢为第一⑧，拜为博士，待诏金马门⑨。后为丞相。

【注释】

①所履：履行的原则。

②兼爱：同时爱不同的人。

③论：分析和说明事理。

④设施：措置，筹划。

⑤要术：重要的策略、方法。

⑥弊：蒙蔽。天明本眉批："弊作蔽。"今本《汉书·公孙弘传》作"蔽"。

⑦太常：官名，为九卿之首。掌宗庙礼仪，兼管文化教育，包括选拔、培养、录用博士弟子员（太学生），以及选拔博士等。第：等第。

⑧擢：举拔，提升。

⑨金马门：汉代官门名。在今陕西西安西北汉长安城内，未央宫北门。原名鲁班门。汉武帝时立铜马于门外，故改名金马门。

【译文】

"我听说，仁是仁爱，义是适宜，礼是应该履行的原则，智是人君权术的本源。得到利益，去除危害，同时爱不同的人没有私心，这就叫仁；明辨是非，确立对错，这就叫义；前进后退有法度，尊贵卑贱有名分，这就叫礼；专擅诛杀的权柄，打通壅塞的道路，权衡事物轻重的程度，分析和说明得到失去的道理，使远近真假情况完全展现在人君面前，这就叫术。这四项，是治国的根本、大道的应用，都应该筹划实施，不可以废弃。

明白这些重要的策略方法，那么天下就平安快乐，法律虽设置而可以不使用；不明白这些重要的策略方法，那么人君在上面就会被蒙蔽，官员在下面就会陷入混乱。这是事物的实情，是继承帝统留传功业于后世的根本。桀、纣作恶，受到上天的惩罚；禹、汤积德，称王统一天下。由此看来，上天的德行没有偏私偏爱，顺着它就和谐兴起，逆着它就发生灾害，这就是天文、地理、人事的大纲。"太常上奏公孙弘属于下等。对策呈上，天子提拔成第一，任命他当博士，在金马门等待诏命。后来成为丞相。

　　卜式①，河南人也。以田畜为事。时汉方事匈奴②，式上书，愿输家财半助边③。上使使问式："欲为官乎？"式曰："自少牧羊，不习仕宦，不愿也。"使者以闻。上乃召拜式为中郎④，赐爵左庶长⑤，田十顷，布告天下⑥，尊显以风百姓。初式不愿为郎，上曰："吾有羊在上林中⑦，欲令子牧之。"式既为郎，布衣草屩而牧羊⑧。岁余，羊肥息⑨。上过其羊所，善之。式曰："非独羊也，治民亦犹是矣。以时起居，恶者辄去，无令败群⑩。"上奇其言，欲试使治民。拜式缑氏令⑪，缑氏便之；迁齐王大傅⑫，转御史大夫⑬。

【注释】

　　①卜式：本段节录自《公孙弘卜式儿宽传·卜式传》。卜式，河南（今河南洛阳）人，以牧羊为业，经营致富。汉武帝时，因出资赞助抗击匈奴拜为中郎，赐爵左庶长。不久又任命为缑氏县令、成皋县令，迁齐王太傅、齐相。南越反，上书愿父子从军效死，武帝下诏褒扬，赐爵关内侯，升御史大夫。后因反对盐铁专卖，被贬为太子太傅。

　　②事匈奴：指对匈奴作战。

③助边：指捐献财物以资助边防费用。

④中郎：官名，担任宫中护卫、侍从。属郎中令。

⑤左庶长：是秦汉二十等爵制的第十级。

⑥布告：公开宣示，使人人皆知。

⑦上林：上林苑。

⑧屩（juē）：草鞋。

⑨息：滋息，大量繁殖。

⑩败群：危害集体。

⑪缑（gōu）氏：县名。故治在今河南偃师东南。

⑫齐王大傅：即齐王太傅。西汉时，为诸侯王设太傅，职在辅王，薪二千石。齐王，此指汉武帝的儿子刘闳。

⑬御史大夫：西汉三公之一，地位仅次于丞相。主管图籍秘书、四方文书、监察执法，有时亦奉命出征。

【译文】

卜式，是河南人。以种田畜牧为业。当时汉朝正跟匈奴作战，卜式上书，愿意拿出一半家财资助边防费用。皇帝派遣使者询问卜式："想要当官吗？"卜式说："我从小放羊，不熟悉当官，我不愿意。"使者把这话报告了武帝。武帝于是召见任命他为中郎，赐给他左庶长的爵位，十顷田，公开向天下宣示，让他尊贵荣显来给天下百姓做榜样。起初卜式不愿意当郎官，皇帝说："我的上林苑里有羊，想让你来放牧。"卜式当了郎官后，穿着麻布衣草鞋牧羊。过了一年多，羊养得肥大，而且繁殖得很多。武帝路过他牧羊的场所，大为赞扬。卜式说："不单是羊，治理民众也和这个一样。按时作息，坏的就从群里除去，不要让它败坏群体。"武帝觉得他的话不一般，试着让他治理百姓。任命卜式做缑氏令，缑氏百姓感到便利；于是将他升职为齐王太傅，转任御史大夫。

赞曰①：公孙弘、卜式、兒宽②，皆以鸿渐之翼③，困于燕爵④，渐，进也。鸿一举而进千里者，羽翼之材也。弘等皆以大材，初为俗所薄，若燕爵不知鸿志也。**远迹羊豕之间，非遇其时，焉能致此位乎？**是时，汉兴六十余载，海内艾安⑤，府库充实，而四夷未宾⑥，制度多阙⑦。上方欲用文武，求之如弗及，始以蒲轮迎枚生⑧，见主父而叹息⑨。群士慕向⑩，异人并出。卜式拔于刍牧⑪，弘羊擢于贾竖⑫，卫青奋于奴仆，日磾出于降虏⑬，斯亦曩时板筑饭牛之朋已⑭。汉之得人，于兹为盛。

【注释】

① 赞曰：本段节录自《公孙弘卜式兒宽传》。赞，《汉书》作者班固的评语。

② 兒（ní）宽：又作倪宽。治《尚书》，武帝时，以文学举为博士弟子，为孔安国弟子；善属文，为廷尉张汤所器重。汤迁御史大夫，擢他为侍御史。元鼎四年（前113），任左内史，在任数年间，劝农事，缓刑罚，理狱讼，礼贤下士，深得吏民喜爱。又曾调发民工，于郑国渠上流南岸开六条小渠，使周围高地得到灌溉，史称"六辅渠"。后任御史大夫。曾与司马迁等共同制定太初历。

③ 鸿渐之翼：鸿鹄的翅膀，比喻其资质不凡。鸿渐，《周易·渐卦》上九爻辞曰："鸿渐于陆，其羽可用为仪。"这里指鸿鹄。

④ 燕爵：即燕雀，泛指小鸟，比喻地位低微。爵，通"雀"。

⑤ 艾（yì）安：谓民生安定，宇内承平。艾，通"乂"，安定。

⑥ 宾：宾服，归顺，服从。

⑦ 阙：通"缺"。

⑧ 以蒲轮迎枚生：枚生指枚乘。汉武帝时，枚乘年已九十，汉武帝以蒲轮征之，死于途中。蒲轮，指用蒲草裹轮的车子。转动时震动较小，古时常用于封禅或迎接贤士，以示礼敬。

⑨见主父而叹息：汉武帝时，主父偃、徐乐、严安上书言世务，"书奏天子，天子召见三人，谓曰：'公等皆安在？何相见之晚也！'"主父偃，复姓主父，名偃。出身贫寒，学长短纵横之术，兼学《易》《春秋》百家言。元光元年（前134），主父偃抵长安上书汉武帝，当天就被召见，与徐乐、严安同时拜为郎中。不久又迁为谒者、中郎、中大夫，一年中升迁四次，得到武帝的破格任用。建议武帝削弱诸侯势力，武帝从其计，下"推恩令"，令诸侯王多分封子弟为侯，于是藩国始分，势力日削。武帝还采纳其计，将"豪杰并兼之家，乱众之民"尽迁至茂陵（今陕西兴平东北）；立朔方郡，加强对匈奴的防备。元朔二年（前127）任齐相，因胁迫齐王自杀，并受诸侯金等罪，下狱，族诛。

⑩慕向：思慕向往。

⑪刍（chú）牧：放牧的人。

⑫弘羊：桑弘羊，出身巨商，十三岁时以精于心算入侍宫中。自元狩三年（前120）起，在武帝大力支持下，先后推行一系列经济政策。贾竖：对商人的贱称。

⑬日磾：即金日磾（mì dī），字翁叔。原为匈奴休屠王太子，匈奴浑邪王杀其父，胁迫他降汉，被没入宫为奴养马。因才貌出众，马又养得肥壮，受武帝赏识，因赐其姓为金。汉武帝病重，与霍光一起受遗诏辅佐汉昭帝，封秺（dù）侯。昭帝即位后，他鞠躬尽瘁，死后陪葬茂陵。

⑭板筑：筑城。指傅说（yuè）。据称傅说本为囚犯，在傅岩筑城。武丁求贤臣良佐，最终在傅岩找到傅说，举以为相，国乃大治。饭牛：指齐桓公的贤臣宁戚，相传齐桓公夜出，正值宁戚饭牛而歌，桓公知其贤，遂用以为辅。朋：同类。

【译文】

评论说：公孙弘、卜式、倪宽，都本有着鸿鹄展翅高飞的才能，却像卑微的小鸟受到困窘，渐，是前进的意思。鸿鹄一飞可达千里，是飞鸟中的贤才。公孙弘等人都拥有大才，起初被世俗轻视，就好像燕雀一样的小鸟不知道鸿鹄的志向一样。远远地处在羊猪之间，不是遇到时机，哪里能获得这样高的地位呢？这时，汉朝兴起了六十多年，海内民生安定承平，仓库充盈，但是四方边远部族还没有归顺，制度还有很多缺陷。皇帝想要任用文臣武将，访求他们就像来不及一样，开始是用轮子裹着蒲草的车去迎接枚乘，见到主父偃而叹息。士人们思慕向往，奇才异士一起出现。卜式是从放牧的人中提拔起来的，桑弘羊是从卑贱的商人中提拔起来的，卫青从奴仆中奋起，金日磾出身是投降的胡人，这些人也与从前版筑的傅说、喂牛的宁戚属于同类啊。汉朝获得人才，在这一时期最为兴盛。

　　儒雅则公孙弘、董仲舒、兒宽①，笃行则石建、石庆②，质直则汲黯、卜式，推贤则韩安国、郑当时③，定令则赵禹、张汤④，文章则司马迁、相如，滑稽则东方朔、枚皋⑤，应对则严助、朱买臣⑥，历数则唐都、洛下闳⑦，协律则李延年⑧，运筹则桑弘羊⑨，奉使则张骞、苏武，将率则卫青、霍去病⑩，受遗则霍光、金日磾⑪，其余不可胜纪⑫。是以兴造功业⑬，制度遗文⑭，后世莫及。孝宣承统⑮，纂修洪业⑯，亦讲论六艺，招选茂异⑰，而萧望之、梁丘贺、夏侯胜、韦玄成、严彭祖、尹更始以儒术进⑱，刘向、王褒以文章显⑲，将相则张安世、赵充国、魏相、丙吉、于定国、杜延年⑳，治民则黄霸、王成、龚遂、郑弘、召信臣、韩延寿、尹翁归、赵广汉、严延年、张敞之属㉑，皆有功迹见述于后世。参其名臣㉒，亦其次也㉓。

【注释】
　　①儒雅则公孙弘、董仲舒、兒宽：本段节录自《公孙弘卜式兒宽传》。

儒雅，指精通儒家学术。

②笃行：行为淳厚，纯正踏实。石建、石庆：皆万石君石奋之子。二人皆以谨慎驯良著称。汉武帝用石建为郎中令，石庆为内史。石建忠孝谨慎，认真管理宫内事务。石庆在武帝时官至丞相，封为牧丘侯。

③推贤：推荐贤人。郑当时：字庄，以任侠闻名梁楚间。景帝时任太子舍人，武帝时任济南太守、江都相、右内史及大司农等职，为官清廉，待人不分贵贱，积极推举贤人。又好黄老之言，广结天下名士。卒于汝南太守任。

④定令：制定法令。赵禹：初以佐史补中都官，继事周亚夫，为丞相史。武帝时官至太中大夫，为官以廉平著称，然用法深刻。曾与张汤共编律令。张汤：与赵禹共定律令，刑法残酷。元狩二年（前121），任御史大夫。深受武帝宠信。

⑤滑稽：指能言善辩，言辞流利。枚皋（gāo）：字少孺，枚乘的庶子。不通经术，善谐笑，为赋颂好嫚戏，得武帝宠幸。长期作武帝文学侍从，以文思敏捷著称。

⑥应对：酬对，对答。严助：本名庄助，《汉书》为避东汉明帝刘庄的讳，遂改称严助。著名辞赋家。建元三年（前138），闽越兵围东瓯，东瓯向汉朝告急，太尉田蚡力主不救，严助和他辩论并取得上风，汉武帝最终出兵援救。严助与朱买臣、淮南王刘安交好，而刘安谋反，严助受牵连被诛。朱买臣：字翁子，一作翁之。经同乡严助推荐，拜为中大夫。东越多次反叛，朱买臣向汉武帝献平定东越的计策，获得信任，出任会稽太守，约一年后，因平定东越叛乱的军功升官为主爵都尉，列于九卿，后因诬陷御史大夫张汤事发被杀。

⑦历数：指天文、历法。唐都、洛下闳：都是当时的天文学家。唐都曾重新划分和测定二十八宿各宿的星距和宿度。武帝元封年间

受诏参与制定太初历。司马谈曾向他学过天文。洛下闳，一作落下闳，姓洛下，名闳，字长公。制成圆球形状的浑天仪（又称圆仪），用来演示天象。

⑧协律：调和音乐律吕，使之和谐。李延年：汉武帝宠妃李夫人的哥哥。擅长音律，故颇得武帝宠爱，被封协律都尉，负责调和律吕，掌管音乐，承意新造乐章。

⑨运筹：制定策略，筹划。

⑩将率：将帅。

⑪受遗：指大臣接受皇帝的遗命以辅政。

⑫纪：记。

⑬兴造：创建，建立。

⑭遗文：遗留下的制度。

⑮承统：继承帝位。

⑯纂修：整治。

⑰茂异：指才德出众的人。

⑱夏侯胜：字长公。专治《尚书》，显名于世。官至太子太傅，封关内侯。奉诏撰《尚书说》《论语说》。他创今文《尚书》"大夏侯学"，又传《尚书》于堂侄夏侯建，建又师事欧阳高，左右采获，成一家之言，由此《尚书》遂有大小夏侯之学。韦玄成：字少翁。丞相韦贤之子。少好学，明于《诗经》《论语》。父子两代俱以念儒书而官至丞相。严彭祖：字公子。以学《公羊春秋》官至太子太傅，其后有《春秋公羊传》严氏学。尹更始：字翁君。师从蔡千秋，治《穀梁春秋》，后迁谏大夫、长乐户将，又受《左氏传》。

⑲王褒：字子渊。善作文。汉宣帝时，被召入京，受诏作《圣主得贤臣颂》，后提拔为谏大夫（秩比八百石，低于县令）。宣帝命王褒前往祭祀益州金马碧鸡之神，病死于途中。一生以辞赋著称，与扬雄并称"渊云"，《艺文志》载其作有赋十六篇。

⑳ 于定国：字曼倩。昭帝时为御史中丞，宣帝时迁光禄大夫、水衡都尉，超升廷尉，决狱平恕。为廷尉十八年，迁御史大夫。后代黄霸为丞相，封西平侯。

㉑ 黄霸：字次公。汉武帝末年，捐官出仕。昭帝、宣帝时先后任河南太守丞、廷尉正、扬州刺史、颍川太守等地方官职，为政宽和，有政绩。宣帝召为太子太傅。后出任丞相，封建成侯。王成：任胶东相，勤勉招怀百姓，附业者达八万余人，得宣帝褒奖，赐爵关内侯，秩中二千石。未及征用，病卒。龚遂：字少卿。初为昌邑国郎中令，龚遂多次规劝昌邑王刘贺。刘贺被废，属臣二百多人都遭诛杀，龚遂因多次规劝免于一死。宣帝继位后，龚遂担任渤海太守，开仓济民，劝民卖刀剑、买牛犊，稳定统治秩序，号为循吏。后升任水衡都尉，卒于任上。郑弘：字稚卿。明晓经籍，兼通法律政事。初任南阳太守，有治绩，迁淮阳相。元帝时进入朝廷做右扶风，代替韦玄成做了御史大夫。召信臣：字翁卿。曾任南阳太守，任职期间，躬劝农耕，与民兴利，开沟渎，造水门、堤阏数十处，使溉地三万顷，并制均水条约，刻石立于田畔，以防纠纷。又禁民间嫁娶送终之浪费现象，倡节俭，对游荡者处之以法。是以其化大行，民勤耕稼，户口大增，各类纠纷与案件减少。因而受到吏民爱戴，被尊称为"召父"。韩延寿：字长公。曾任谏大夫，迁淮阳太守，有治绩。不久调任颍川太守、东郡太守。在任倡礼义，重教化，修治学舍，礼贤下士，治绩名闻全国。后征入为左冯翊，因触犯御史大夫萧望之，被望之奏劾，被杀。尹翁归：字子兄（kuàng）。初为狱吏，通晓律法。调任平阳市吏，公正廉洁，不受馈赠。昭帝时，河东太守田延年奇其才，用为卒史，后历官都内令（大司农属官）、弘农都尉、东海太守。宣帝元康元年（前65）以治郡廉能，召拜为右扶风，被称为三辅中的第一贤能。赵广汉：字子都。少时为郡吏、州从事，才识敏捷。迁京辅都尉，守京兆尹，

因又称"赵京兆"。参与谋立宣帝，以功封关内侯，迁颍川太守。精于吏治，不避贵戚，以善治民著称于世。地节三年（前67），因冒犯丞相魏相，被腰斩。严延年：字次卿。他少时学法律于丞相府，后举侍御史。宣帝时，他先后弹劾大将军霍光和大司农田延年，深受宣帝赏识。后拜涿郡太守，严惩郡中不法豪族东高氏、西高氏。继迁河南太守，摧折豪强，诛杀甚多，被称为"屠伯"。后因坐诽谤朝廷罪而弃市。张敞：字子高。宣帝立，他以切谏著名于世，遂擢为豫州刺史。又以数上奏有忠言，征入为太中大夫，与于定国并治尚书事。徙为山阳太守。胶东一带治安混乱，他自请治之，宣帝许而拜为胶东相。在任明设购赏，首立群盗互捕可免罪之法，国中遂平。神爵元年（前61）入为京兆尹，在任八年，恩威并用，市无偷盗，号为能吏。后因事免官，旋复起为冀州刺史、太原太守。元帝即位，为萧望之所荐，征入任左冯翊，未到任而病卒。

㉒参：罗列，并立。

㉓次：顺序，次序。

【译文】

学问渊博有公孙弘、董仲舒、倪宽，行为淳厚有石建、石庆，纯正踏实有汲黯、卜式，推举贤人有韩安国、郑当时，制定法令有赵禹、张汤，文章华美有司马迁、司马相如，能言善辩、言辞流畅有东方朔、枚皋，酬答应对有严助、朱买臣，推算历法有唐都、洛下闳，调和音乐有李延年，筹划经济有桑弘羊，出使不辱使命有张骞、苏武，将帅有卫青、霍去病，接受皇帝遗命辅政有霍光、金日磾，其余人才记也记不完。因此创建功业，设立以及遗留下来的制度，都是后代赶不上的。宣帝继承帝位，整治大业，也讲论六经，招徕选拔才德出众的人，而萧望之、梁丘贺、夏侯胜、韦玄成、严彭祖、尹更始等人凭借儒家学术进用，刘向、王褒凭借文章显达，将相有张安世、赵充国、魏相、丙吉、于定国、杜延年，治理民众有黄霸、王成、龚遂、郑弘、召信臣、韩延寿、尹翁归、赵广汉、严延年、张敞这些人，都有功劳事迹被后代记述。也名列名臣的次序之中。

　　严助①，会稽人也②。建元三年③，闽越举兵围东瓯④，东瓯告急。太尉田蚡以为越人相攻击⑤，其常事，又数反覆⑥，不足烦中国往救也，自秦时弃不属⑦。于是助诘蚡曰："特患力不能救，德不能覆⑧，诚能，何故弃之？且秦举咸阳弃之，何但越也！"上乃遣助以节发兵⑨，浮海救东瓯⑩。

【注释】

①严助：本段节录自《严朱吾丘主父徐严终王贾传·严助传》。

②会稽：郡名。西汉时郡治吴县（今江苏苏州）。

③建元三年：前138年。建元，汉武帝年号（前140—前135）。

④闽越：西汉小国名。汉高祖五年（前202）置，以封闽越族首领无诸，治东冶（今福建福州）。辖境相当今浙江南部和福建省。汉惠帝时又分为东越、闽越两国。东瓯：古国名。我国古代东越族的一支，主要分布在今浙江南部瓯江、灵江流域。其首领摇曾率众"从诸侯灭秦"，后又助汉灭项羽。汉惠帝三年（前192）受封为东海王，都东瓯（今浙江温州），俗称东瓯王。

⑤太尉：为全国军政首脑，与丞相、御史大夫并称三公。田蚡：汉景帝王皇后同母异父弟。武帝初立，以国舅身份得封武安侯，拜太尉。后出任丞相，以武帝年幼而独擅朝政，骄横奢侈。

⑥数：屡次。

⑦自秦时弃不属：弃不属，即放弃不要。属，统领。按，秦时在今江苏、浙江一带设会稽郡，在今福建一带设闽中郡，对其地域非"弃不属"。

⑧覆：遍及。

⑨节：符节，朝廷授予调兵的凭证。

⑩浮海救东瓯：按，严助持节发会稽郡兵救东瓯，未至，闽越退走。东瓯请求举国迁徙至中原，汉朝遂将东瓯人迁到江淮一带居住。

【译文】

严助，是会稽人。建元三年，闽越起兵围攻东瓯，东瓯向朝廷告急。太尉田蚡认为越人互相攻击，是经常的事情，而且又多次叛服不定，不值得麻烦中原朝廷前去救助，而且那个地方从秦朝就已丢弃不认为是中原的属国。这时严助反驳田蚡说："只担忧没有能力救，德行不能遍及，要真的能够救助，为什么要放弃？况且秦连咸阳都丢弃了，哪里仅仅是越地呢！"皇帝于是派遣严助拿着符节发兵，渡海去救东瓯。

遣两将军将兵诛闽越①。淮南王安上书谏曰②："今闻有司举兵，将以诛越，臣安窃为陛下重之③。越，方外之地，翦发文身之民也④，不可以冠带之国法度治也。三代之盛，胡越不与受正朔⑤，非强弗能服，威弗能制也，以为不居之地，不牧之民⑥，不足以烦中国也。自汉初定以来七十二年⑦，吴、越人相攻击者，不可胜数，然天子未尝举兵而入其地也。

【注释】

①遣两将军将兵诛闽越：本段节录自《严朱吾丘主父徐严终王贾传·严助传》此事在建元六年（前135）。闽越兴兵击南越，武帝派大行王恢、大农韩安国出兵伐闽越。

②淮南王安上书谏：按，此即刘安《谏伐闽越书》，以下几段皆出自此文。

③重：慎重，谨慎。

④翦发文身：剪短头发，在身体上刺画有色的花纹图案。与中原习
俗不同。翦，同"剪"。

⑤胡越：指北方与南方的非中原部族。正朔：指帝王所颁布的历法。
古代帝王易姓受命，必改正朔。接受某一王朝的正朔即表示服从
其统治。

⑥牧：统治，驾驭。

⑦自汉初定以来七十二年：指刘邦在前206年立为汉王至建元六年
（前135），首尾共计七十二年。

【译文】

武帝派遣两位将军率兵征讨闽越。淮南王刘安上书劝谏说："现今
听说有关部门起兵，将要征讨越地，我私下里认为陛下对此应该慎重。
越地，是域外边远地区，那里的人剪短头发、在身体上刺画花纹，是不能
用中原礼仪来治理的。就是强盛的夏、商、周三代，胡、越都不接受中原
的历法，不接受统治，可见不是强大就能收服，威力就能控制的，因为那
里是不适合居住的地区，不能够统治的民众，不值得劳烦中原朝廷。从
汉朝初年平定天下以来七十二年了，吴越之地的人们互相攻击，数都数
不过来，但是天子也不曾起兵进入那个地区。

"臣闻越非有城郭邑里也①，处谿谷之间，篁竹之中②，
习于水斗，便于用舟③，地深昧而多水险④，中国之人，不知
其势阻，虽百不当一。得其地，不可郡县也；攻之，不可暴取
也⑤。以地图察其山川要塞，相去不过寸数，而间独数百千
里⑥，阻险林丛，弗能尽著⑦，视之若易，行之甚难。越人名
为藩臣⑧，贡酎之奉⑨，不输大内⑩，越国僻远，珍奇之贡，宗庙之
祭，皆不与也。大内，都内也。一卒之用，不给上事⑪。自相攻
击，而陛下以兵救之，是反以中国而劳蛮夷也。越人愚戆轻

薄^⑫,负约反覆,其不用天子之法度,非一日之积也。壹不奉诏,举兵诛之,臣恐后兵革无时得息也。

【注释】

①城郭:城市。邑里:乡里。

②篁竹:竹丛。

③便:擅长。

④深昧:幽暗。

⑤暴:短促,迅速。

⑥独:却。

⑦著:记载,标明。

⑧藩臣:拱卫王室之臣。

⑨贡酎(zhòu):指土贡和助祭之费。酎,献。此指献给朝廷供祭祀之用的贡金。

⑩大内:汉代京城的国库。

⑪上事:指君事,国事。

⑫愚戆(zhuàng):愚昧刚愎。轻薄:轻佻浮薄。

【译文】

"我听说越地没有城市乡邑,处在溪涧山谷之间,竹林之中,习惯水战,擅长使用舟船,地形幽暗有很多艰险水域,中原的人,不知道其中地势的险阻,即使一百个也顶不上一个越人。得到越地,不可以设置郡县行政机构;进攻越他,不可以迅速夺取。用地图观看越地的山水要塞,相距不过几寸,实际距离却有几百上千里,险要、阻隔、树木、丛林,不能全都标在地图上,看起来很容易,走起来很困难。越人名义上是拱卫王室的藩臣,但进献的土产和祭祀的贡金,都不能送进国库,越国偏僻遥远,珍奇的贡品,宗庙的祭祀,都参与不了。大内,京城之内的国库。一个士兵,都不能供给国家使用。他们自己互相攻击,陛下发兵去救,这反而是让中原去为蛮夷劳神费力啊。越人愚昧刚愎轻佻浮薄,反反复复背叛盟约,他们不遵循天子的法度,也不是一天两天的事了。如果一次不听从诏令,就起兵征讨,我恐怕以后战争就没有停止的时间了。

"间者^①,数年岁比不登^②,赖陛下德泽振救之^③,得毋转死沟壑^④。今发兵行数千里,资衣粮^⑤,入越地,與轿而逾领^⑥,轿,竹舆车也。领,山岭也。不通车,运转皆担舆也^⑦。扡舟而入^⑧,水行数百千里,夹以深林丛竹,水道上下击石,林中多蝮蛇猛兽^⑨,夏月暑时,欧泄霍乱之病相随属也^⑩,曾未施兵接刃,死伤者必众矣。

【注释】

①间者:近来。

②比:相连接。不登:歉收。

③振救:赈济,救助。振,赈济。

④转死沟壑:指弃尸于山沟水渠。

⑤资:通"赍",送,供应。

⑥轿:能行山路的竹车。领:同"岭"。

⑦担舆:担子。

⑧扡:同"拖"。

⑨蝮蛇:一种毒蛇。

⑩欧泄:吐泄。欧,同"呕"。霍乱:中医泛指具有剧烈吐泻,腹痛等
    症状的肠胃疾病。

【译文】

"近来,粮食接连几年歉收,仰赖陛下的恩泽救助,百姓得以没有辗转死于沟壑。现今发兵行军几千里,携带衣服粮食,进入越地,用竹轿担

负物资翻越山岭,轿,是竹车。领,是山岭。山岭不通车,运输都靠担子。拖着船进入,水路行进几百上千里,陆路上两旁都是密林竹丛,水流航道上下会撞上石头,森林中多有毒蛇猛兽,夏天酷暑时节,呕吐腹泻、霍乱等病症接连发生,就是不用兵刃相接交战,死伤者就必定很多了。

"前时南海王反①,陛下先臣使将军间忌将兵击之②,先臣,淮南厉王长也。会天暑多雨,楼船卒水居击棹③,未战而病死者过半。亲老哭泣④,孤子啼号,破家散业,迎尸千里之外,裹骸骨而归。悲哀之气,数年不息,长老至今以为记⑤。曾未入其地而祸已至此矣。

【注释】

①南海王:名织,南越国北部的一个百越部族头领,初封南武侯,汉高祖十二年（前195）,被册封为南海王。文帝时两度反汉,淮南厉王刘长派将军间忌率兵攻打南海国,南海国灭亡。

②先臣:刘安称自己的父亲淮南厉王刘长。间忌:人名,一作简忌。

③楼船:有楼的大船,古代多用作战船,也代指水军。击棹:划桨,指驾船。

④亲:父母。

⑤长老:老年人。

【译文】

"前些时南海王造反,陛下故去的臣子命令将军间忌领兵攻击。先臣,指淮南厉王刘长。赶上暑天下雨多,水师士兵住在船中奋力划桨前行,没打仗病死的就超过半数。他们老父老母哭泣,孤儿啼哭哀号,家业破败散失,到千里之外去迎取尸体,包裹了他们的遗骸回家。悲哀的气氛几年都没有消失,老人到今天还记忆犹新。还没有进入那片地区祸患就已经到了这种地步了。

"臣闻军旅之后,必有凶年。陛下德配天地,明象日月,恩至禽兽,泽及草木,一人有饥寒不终其天年而死者,为之凄怆于心①。今方内无狗吠之警②,而使陛下甲卒死亡,暴露中原③,沾渍山谷④,边境之民,为之早闭晏开,朝不及夕⑤,臣安窃为陛下重之。

【注释】

①凄怆:悲伤,悲凉。

②方内:境内,国内。

③暴(pù)露:露在外面,无所遮蔽。

④沾渍:沾染,浸染。

⑤朝不及夕:朝不保夕。极言情况危急或境遇窘迫。

【译文】

"我听说战争之后,必定有荒年。陛下德行媲美天地,圣明好似日月,恩惠施及禽兽,润泽草木,有一个人因为寒冷饥饿不能享其天年而死去,都要为他悲痛伤心。现今境内没有狗叫示警,却让陛下的士兵死亡,尸骨暴露在原野,鲜血浸染了山谷,边境民众,为此早关门晚开门,朝不保夕,臣刘安私下里认为陛下应该慎重。

"不习南方地形者,多以越为人众兵强,能难边城①。为边城作难也。臣窃闻之,与中国异。限以高山②,人迹绝,车道不通,天地所以隔外内也。且越人绵力薄材③,不能陆战,又无车骑弓弩之用,然而不可入者,以保险④,而中国之人,不能其水土也⑤。兵未血刃,而病死者什二三,虽举越国而虏之，不足以偿所亡。

【注释】

①难：使危难，为难。

②限：隔断。

③绵力薄材：言其力气不大，身躯矮小。绵力，力如绵。材，身躯。

④保险：保有险阻，据守险要。

⑤能：通"耐"，受得住。

【译文】

"不熟悉南方地形的人，大多认为越地是人多兵强，能够向边境城邑发难。给边城制造困难。我私下听说，越地跟中原不同。有高山阻隔，人迹断绝，车辆没有通行的道路，这是天地故意隔绝中原内外。况且越人力气小身材矮，不能陆战，又没有车辆、骑兵、弓弩可以使用，但是我们进不去的原因，是因为他们凭恃着险要的地势，而中原的人，又不服他们的水土。还没有打仗，病死的就有十分之二三，即使能攻下越国全部地盘俘虏他们，也不足以补偿中原的损失。

"臣闻道路言①，闽越王弟甲弑而杀之②，甲以诛死，其民未有所属。陛下使重臣临存③，施德垂赏，以招致之，此必委质为藩臣④，世供贡职⑤。陛下以方寸之印，丈二之组⑥，镇抚方外⑦，不劳一卒，不顿一戟⑧，而威德并行。今以兵入其地，此必震恐，以有司为欲屠灭之也，必雉兔逃入山林险阻⑨。背而去之⑩，则复相群聚；留而守之，历岁经年，则士卒疲倦，食粮乏绝。男子不得耕稼树种，妇人不得纺绩织纴⑪，丁壮从军，老弱转饷⑫，居者无食，行者无粮⑬。民苦兵事⑭，亡逃者必众，随而诛之，不可胜尽，盗贼必起。兵者凶事⑮，一方有急，四面皆从。臣恐变故之生⑯，奸邪之作，由此始也。《周易》曰：'高宗伐鬼方，三年而克之⑰。'鬼方，小蛮夷；高宗，殷之盛天子也。以盛天子伐小蛮夷，三年而后克，言用兵之不可不重也。

【注释】

①道路：路上的人。指众人。

②闽越王弟甲：盖指闽越王郢的弟弟余善，刘安上书时或不知其名，于是用某甲称呼。

③重臣：国家倚重的、有崇高声望的大臣。临存：亲临省问。

④委质：向君主献礼，表示献身。这里引申为臣服、归附。

⑤贡职：贡赋，贡品。

⑥组：古代佩印用的绶带。

⑦镇抚：安抚。

⑧顿：毁坏。

⑨雉兔：像野鸡兔子一样。

⑩背：离开，弃去。

⑪纺绩：把丝麻等纤维纺成纱或线。古代纺指纺丝，绩指缉麻。织纤：指织作布帛之事。

⑫转饷：运送军粮。

⑬粮：干粮。

⑭苦兵事：把战事当成痛苦。

⑮兵：指战争。

⑯变故：意外发生的变化或事故。

⑰高宗伐鬼方，三年而克之：语见《周易·既济》九三爻辞。原文无"而"字。高宗，殷高宗，即武丁。鬼方，古族名，或国名。活动于今陕西西北境，为商周西北边境强敌。

【译文】

"我听路上的人传言,闽越王的弟弟某人杀死了闽越王,这个弟弟也因此被诛杀,闽越国的民众没有归属。陛下委任声望崇高的大臣,施加恩德颁下赏赐,招他们归附,他们必定臣服成为拱卫王室的藩臣,世代奉献贡品。陛下赐予一寸见方的印玺,一丈二的绶带,安抚边远地区,不劳累一个士兵,不毁坏一枝大戟,而威力与德行就可以一并施行。现今派兵进入他们的地盘,这肯定会引起震惊恐慌,认为朝廷想要屠杀灭绝他们,于是就会像野鸡兔子一样逃进山林险要之地。大军要是离开,他们就会重新成群聚集;要是留下镇守,一连几年,就会导致士兵疲倦,粮食匮乏。中原男人不能耕种,妇女不能纺丝麻织布帛,壮丁从军,老弱运送军粮,住在家里的人没有食物,出门在外的人没有干粮。民众因战争而困苦,逃亡的人必定众多,就是跟在后面诛杀他们,也是杀不尽的,盗贼必定兴起。战争是凶险的事情,一个地方出现紧急状况,四面八方都会响应。我恐怕意外的事故就会发生,奸邪作乱,就从此开始了。《周易》说:'殷高宗讨伐鬼方,三年才战胜。'鬼方,是小蛮夷部族;殷高宗,是殷商盛世的天子。凭借盛世天子去讨伐小蛮夷部族,三年之后才战胜,这说明用兵不能不慎重啊。

"臣闻天子之兵,有征而无战①,言莫敢校也②。如使越人蒙死徼幸以逆执事之颜行③,<small>在前行,故曰颜也。</small>斯舆之卒④,有一不备而归者,虽得越王之首,臣犹窃为大汉羞之。陛下四海为境,九州为家,八薮为囿⑤,江汉为池⑥,生民之属⑦,皆为臣妾⑧。陛下垂德惠以覆露之⑨,使元元之民安生乐业⑩,则泽被万世,施之无穷,天下之安,犹泰山而四维之也⑪。夷狄之地,何足以为一日之间⑫,而烦汗马之劳乎⑬?"是时,汉兵遂出逾岭⑭,适会闽越王弟余善杀王以降⑮。汉兵罢。上嘉淮南之意。

【注释】

①有征而无战：指师出有名，在军事、政治上威力非常强大，可以不战而胜。征，征讨，征伐。特指正义的征讨。战，战斗。

②校（jiào）：抗衡，较量。

③蒙：冒。微幸：侥幸。企求非分。执事：职守之人，官员。颜行：前行，前列。此指军队。

④厮舆：厮役，即干杂事劳役的杂役。

⑤八薮：我国古代的八个泽薮。即鲁大野、晋大陆、秦杨汙、宋孟诸、楚云梦、吴越之间具区、齐海隅、郑圃田。圃：园圃，古代帝王畜养禽兽以供观赏的园林。

⑥池：护城河。

⑦生民：人民。

⑧臣妾：古时对奴隶的称谓。男曰臣，女曰妾，后亦泛指统治者所役使的民众和藩属。

⑨覆露：像天一样覆盖，像雨露一样滋润。比喻荫庇，养育。

⑩元元：善良。

⑪维：维系。

⑫间：空，空闲。

⑬汗马之劳：指征战的劳苦。

⑭岭：指南岭。

⑮杀王：前135年，闽越王郢为其弟余善所杀。

【译文】

"我听说，天子的军队，有正义的征讨没有无意义的战斗，这是说没有人敢与之抗衡较量。假如越人冒死存有侥幸之心来对抗朝廷大军，在前列，所以叫颜。军中的杂役奴仆，有一人没能回来的，即使得到了越王的首级,我尚且要替大汉羞愧。陛下把整个天下作为国境,把九州当成自己的家园,把八大湖泽当成观赏的园囿,把长江汉水作为护城河,所有的民众,都是您的臣属和奴婢。陛下施恩惠荫庇养育天下百姓,使得善良的民众安居乐业,那么恩德泽及万代,延续无穷,天下的安定,犹如泰山又在四面加以维系一般安稳。夷狄的地区,哪里值得浪费一天的闲空,经受汗马之劳的辛苦呢?"这时,汉兵已经越过南岭,正好赶上闽越王的弟弟余善杀死闽越王投降。汉兵撤军。武帝对淮南王刘安的心意表示嘉许。

吾丘寿王[①],字子赣,赵人也。丞相公孙弘奏言:"民不得挟弓弩[②]。十贼彍弩[③],百吏不敢前,害寡而利多,此盗贼所以繁也。禁民不得挟弓弩,则盗贼执短兵[④],短兵接则众者胜。以众吏捕寡贼,其势必得盗贼。有害无利,则莫犯法。臣愚以为禁民无得挟弓弩便。"

【注释】

①吾丘寿王:本段节录自《严朱吾丘主父徐严终王贾传·吾丘寿王传》。吾丘寿王,字子赣,赵(治今河北邯郸)人。曾任侍中中郎,后免职;上书愿击匈奴,对策善,复为郎。东郡盗贼起,拜为东郡都尉;征入为太中大夫、光禄大夫侍中,辩知甚宏,善于文辞,为武帝所信用。后犯法被杀。

②挟:握持,持有。

③彍(guō):张满弩弓。

④短兵:刀剑等短武器。

【译文】

吾丘寿王,字子赣,赵国人。丞相公孙弘上奏说:"民众不能持有弓弩。十个贼人张开弓弩，一百个官吏也不敢上前，对贼人来说害处少利益多，这就是盗贼繁多的原因。禁止民众使其不能持有弓弩，那么盗贼也只能手持刀剑等短武器，短兵相接，那么人多的就胜利。用众多的官吏捕捉人少的盗贼，势必能抓住盗贼。盗贼只有害处没有利益，那么就没人犯法。我愚笨地认为应该禁止民众持有弓弩。"

上下其议①，寿王对曰②："臣闻古者作五兵③，非以相害，以禁暴讨邪。安居则以制猛兽而备非常④，有事则以设守卫而施行陈⑤。及至周室衰微，诸侯力政⑥，强侵弱，众暴寡⑦，海内抏弊⑧，巧诈并生⑨，是以智者陷愚，勇者威怯，苟以得胜为务，不顾义理⑩。故机变械饰⑪，所以相贼害之具，不可胜数。秦兼天下，废王道，立私议⑫，去仁恩而任刑戮，堕名城，杀豪杰，销甲兵，折锋刃。其后，民以鎒锄棰梃相挞击⑬，犯法滋众，盗贼不胜，至于赭衣塞路，群盗满山，卒以乱亡。

【注释】

①上下其议：本段节录自《严朱吾丘主父徐严终王贾传·吾丘寿王传》。

②寿王对曰：按，此即《议禁民不得挟弓弩对》，以下几段皆出自此文。

③五兵：五种兵器，矛、戟、钺、楯、弓矢，或言矛、戟、弓、剑，戈等。

④非常：突如其来的事变。

⑤有事：指有战事。行陈（háng zhèn）：军队。陈，同"阵"。

⑥力政：犹力征。谓以武力征伐。

⑦暴：损害。

⑧抏（wán）弊：疲困，凋敝，衰败。

⑨巧诈：机巧诈伪。

⑩义理：合于一定的伦理道德的行事准则。

⑪机变械饰：指武器装备不断改进变化。

⑫私议：指个人的看法或主张。

⑬櫌（yōu）锄：泛指农具。櫌，农具名，状如槌，用以击碎土块，平整土地和覆种。棰梃：棍棒。挞击：打击，鞭打。

【译文】

皇帝把这个建议交给臣下商议，吾丘寿王回答说："我听说古代制作五种兵器，不是为了互相伤害，是用来禁止暴虐讨伐邪恶。平日安居就用来制服猛兽防备突如其来的事变，有战事就用来设立守卫而用于战斗。等到周王室衰微，诸侯用武力征伐，强的侵略弱的，人多的欺负人少的，海内凋敝，机巧诈伪一起发生，因此聪明的陷害愚笨的，勇猛的威胁胆怯的，只致力于获得胜利，不顾伦理道德和行事准则。所以武器装备不断改进变化，成为用来互相伤害的工具，数都数不过来。秦兼并天下，废弃王道，确立自己一家主张，抛弃仁义恩德只任用刑罚杀戮，毁坏名城，杀死豪杰，销毁武器，折断兵刃。后来民众用锄头棍棒互相打击，犯法日益严重，盗贼数不尽，至于身穿罪衣的囚犯堵满道路，成群的盗贼漫山遍野，最终在暴乱中灭亡。

"故圣王务教化而省禁防①，知其不足恃也。今陛下昭明德②，建太平，举俊材，兴学官③，宇内日化，方外乡风④，然而盗贼犹有者，郡国二千石之罪⑤，非挟弓弩之过也。《礼》曰：'男子生，桑弧蓬矢以举之，明示有事也⑥。'大射之礼⑦，自天子降及乎庶人，三代之道也。愚闻圣王合射以明教⑧，未闻弓矢之为禁也。且所为禁者，为盗贼之以攻夺也⑨。攻夺之罪死，然而不止者，大奸之于重诛固不避也⑩。臣恐邪人挟之,而吏不能止,良民以自备而抵法禁⑪,是擅贼威而夺民救也。窃以为无益于禁奸,而废先王之典⑫,使学者不得习行其礼,不便⑬。"书奏,上以难丞相弘,弘诎服焉⑭。

【注释】

①禁防:禁止防范。

②明德:光明之德,美德。

③学官:学校。

④乡风:趋从教化。乡,通"向"。

⑤郡国二千石:指郡守国相这些俸禄二千石的官员。

⑥"男子生"几句:语见《礼记·射义》。古代男孩出生,要举行一种用桑制的弓、蓬草做的箭射天的仪式,表示有保卫家国的义务与责任。

⑦大射之礼:为祭祀择士而举行的射礼。

⑧合射:在一起举行射礼。

⑨攻夺:攻击掠夺。

⑩大奸:大奸大恶之人。

⑪抵:抵触,触犯。

⑫典:制度,法规,法律。

⑬不便:不方便,不适宜。

⑭诎服:屈服。

【译文】

"因此圣明的君王致力于教化而减省禁令防范,知道那是不足以依仗的。现今陛下昭明美德,建立太平,举荐卓越人才,兴办学校,海内一天天受到教化,境外也趋从教化,但是仍然有盗贼,这是郡守国相这些二千石官员的罪责,并非是持有弓弩的过失。《礼经》言道:'男孩诞生,用桑木制成的弓、蓬草秆制成的箭射天地四方。以表明男人有保卫家国的义务与责任。'大射礼，从天子下到平民，自夏、商、周三代以来都要遵循。我听说圣明的君王把在一起举行射礼当做阐明教化的方法，没听说禁止携带弓箭的。况且禁止的原因，是因为盗贼用它来攻杀劫掠。攻杀劫掠应该处死，但是不能禁绝，是因为大奸大恶之人对于严重的诛责本来就不在乎。我恐怕邪恶的人持有弓箭官吏不能制止，良民用它来自卫又触犯禁令，这是助长坏人气焰而剥夺百姓自救的机会。我私下认为这对禁止奸邪没有好处，却废除了先代君王的制度法则，使学习的人不能学习行礼实践，不合适。"书奏上，皇帝用它来驳难丞相公孙弘，公孙弘屈服了。

主父偃①，齐国人也。上书阙下，所言九事，其八事为律令，一事谏伐匈奴。曰："臣闻国虽大②，好战必亡；天下虽平，忘战必危。天下既平，春蒐秋狝③，所以不忘战也。且怒者逆德也，兵者凶器也，争者末节也④，故圣王重之。夫务战胜，穷武事⑤，未有不悔者也。昔秦皇帝任战胜之威，并吞战国，海内为一，功齐三代。务胜不休，欲攻匈奴，李斯谏曰：'夫匈奴，无城郭之居、委积之守⑥，迁徙鸟举⑦，难得而制。轻兵深入，粮食必绝；运粮以行，重不及事。得其地，不足以为利；得其民，不可调而守也⑧。不可和调⑨。胜必弃之，非民父母。靡弊中国⑩，甘心匈奴⑪，非完计也。'秦皇帝不听，遂使蒙恬将兵而攻胡，却地千里，以河为境，发天下丁男以守北河⑫。暴兵露师十有余年⑬，死者不可胜数，终不逾河而北⑭。是岂人众之不足、兵革之不备哉？其势不可也。又使天下飞刍挽粟⑮，转输北河，率三十钟而致一石⑯。男子疾耕不足于粮饷，女子纺绩不足于帷幕⑰。百姓靡弊，孤寡老弱不能相养，道死者相望，盖天下始叛也。

【注释】

①主父偃：本段节录自《严朱吾丘主父徐严终王贾传·主父偃传》。

②臣闻国虽大：按，此即《论伐匈奴书》，以下几段皆出自此文。

③春蒐（sōu）秋狝（xiǎn）：古代帝王春秋两季举行的射猎活动，春季曰"蒐"，秋季曰"狝"。

④末节：细节，小节。

⑤穷武事：指滥用武力。

⑥委（wèi）积：指储备粮草，泛指物资，财货。

⑦鸟举：鸟飞。比喻居无定处。

⑧调：调教。

⑨和调：和睦，使和睦。

⑩靡弊：使凋残，毁坏，破坏。

⑪甘心：使之快意。

⑫丁男：已达服役年龄的成年男子，壮丁。北河：即今内蒙古河套一带的黄河，因其在关中北方，故称"北河"。

⑬暴兵露师：用兵，动用军队。

⑭北：北进，向北。

⑮飞刍挽粟：指迅速运送粮草。

⑯钟：古容量单位，春秋时齐国公室的公量，合六斛四斗（即六石四斗），三十钟约一百九十二石；后来也有合八斛及十斛之制。石：十斗。

⑰帷幕：帐幕，帷幔。

【译文】

主父偃，是齐国人。到宫阙之下上书，谈到九件事情，其中八件事是法令，一件事是劝谏征伐匈奴。上书说："我听说，国家虽然强大，喜好战争必定灭亡；天下虽然太平，忘记战争必定危险。天下太平之后，帝王春秋的田猎，就是为了不忘记战争。然而愤怒是违背德行的，武器是凶险的器具，争斗是细微小节，所以圣明的君主都慎重地对待它。只致力于战胜，滥用武力，没有不后悔的。从前秦始皇靠着战胜的威势，并吞东方六国，统一海内，功绩跟夏、商、周三代相等。他致力于战胜不知休止，还想要进攻匈奴，李斯劝谏说：'那匈奴，没有城郭居所，没有物资可守，像鸟一样迁移，难以控制。部队轻装深入，粮食必定断绝；运输粮食跟从，沉重难运耽误战事。得到它的土地，无利可图；得到它的民众，不能够调教守护。不能够调教。打胜了也必定丢弃，这不是作为民众父母的帝王的所作所为。损耗中原，让匈奴高兴，不是完善的计策。'秦始皇不听，于是让蒙恬率兵进攻匈奴，使匈奴退却千里，把黄河作为边境，征发天下壮丁去黄河边驻守。风餐露宿、劳师动众十几年，死的人数都数不过来，始终不能越过黄河北进。这难道是人数不够、武器不完备吗？是形势不可以呀。又让天下飞速输送粮草，转运到黄河以北，大约三十钟才能运到一石。男人努力耕种也不能满足粮饷需求，女人纺纱织布也不能满足军队帐幕需求。百姓凋残，孤寡老弱不能奉养，道路上死人随处可见，天下开始叛乱了。

　　"及至高皇帝定天下，略地于边①，闻匈奴聚代谷之外而欲击之②。御史成谏曰③：'夫匈奴，兽聚而鸟散，从之如搏景④。今陛下盛德攻匈奴，臣窃危之。'高帝不听，遂至代谷，果有平城之围⑤。高帝悔之，乃使刘敬往结和亲，然后天下无干戈之事。故兵法曰：'兴师十万，日费千金⑥。'秦常积众数十万人，虽有覆军杀将，系虏单于，适足以结怨深仇，不足以偿天下之费也。夫匈奴行盗侵驱⑦，所以为业，天性固然。上自虞、夏、殷、周，禽兽畜之，不比为人⑧。夫不上观虞、夏、殷、周之统⑨，而下循近世之失，此臣之所以大恐，百姓所疾苦也⑩。且夫兵久则变生⑪，事苦则虑易⑫。使边境之民靡敝愁苦，将吏相疑而外市⑬，<small>与外国交市，若章邯之比</small>也⑭。故尉他、章邯得成其私⑮，此得失之效也。"书奏，召见，乃拜为郎中。

【注释】

①略地：巡视边境。

②代谷：地名。一说在今河北蔚县东北；一说在句注山之北，句注山在今山西代县西北；一说与平城（今山西大同东北）相近。

③御史成：御史名叫成，姓失载。

④搏景（yǐng）：与影子搏斗，比喻难以捉摸。景，同"影"。

⑤平城之围：汉高祖七年（前200），刘邦轻敌冒进，被匈奴军围困于平城白登山（今山西大同东），七日方才脱身。

⑥兴师十万，日费千金：语见《孙子兵法·用间》："凡兴师十万，出征千里，百姓之费，公家之奉，日费千金。"千金，汉称黄金一斤曰一金，一金可抵铜钱一万枚，千金相当铜钱一千万。

⑦侵驱：侵犯掳掠。

⑧比：一样看待。

⑨统：传统，这里指传统的做法。

⑩疾苦：憎恶，怨恨。

⑪变：变故。

⑫易：变易，变化。

⑬外市：与外敌相通，以求卖主利己。市，交易。

⑭章邯之比：章邯在巨鹿之战败于项羽后，又接连战败，与项羽相持于今河北磁县、平乡西南一带，因惧怕被秦二世与赵高杀害，遂私

下与项羽和谈，并在再次战败后投降了项羽。

⑮尉他：赵佗，恒山郡真定县（今河北正定）人。秦始皇时用为南海
龙川（今广东龙川西南）县令。二世时，命行南海郡尉事，故又名
"尉佗"，亦作"尉他"。秦朝灭亡，即并桂林、象郡，自立为南越
武王。高祖十一年（前196），刘邦以平定南越有功，遣陆贾立其
为南越王。吕后时，又自尊号为南越武帝，并称制，与汉朝等同。
至文帝时，复遣陆贾出使南越，他乃去帝号称臣。武帝建元四年
（前137）卒。谥武。

【译文】

"等到高祖平定天下，巡视边境，听说匈奴聚集在代谷以外就想攻击
他们。御史成功谏说：'匈奴，像野兽一样聚集，像飞鸟一样分散，追踪他
们就像追寻影子一样难以捉摸。现今陛下德行盛大却去进攻匈奴，我私
下觉得危险。'高祖不听，于是到了代谷，果然被包围在平城。高祖后悔，
就让刘敬前去约定和亲，之后天下没有了战事。所以兵法说：'起兵十万
人，每日消耗一千金。'秦曾经聚集几十万大军，即使有歼灭敌军、杀死
敌将、俘虏匈奴单于的军功，恰恰足以结下大怨深仇，却不够补偿天下
的耗费。匈奴进行盗抢侵犯掳掠，他们就是以此为生，天性原本就是这
样。往上从虞、夏、殷、周开始，就把他们当做禽兽一样畜养，不当成人来
看待。不往上遵循虞、夏、殷、周的传统，却往下因循近代的失误，这就是
让我非常恐惧，让百姓痛苦不堪的原因。况且战争持续久了就会发生变
故，百姓受苦过深就容易想到造反。让边境的民众凋敝愁苦，将士在外
面产生疑心而跟外敌交易，跟外国交易，就像章邯之类。所以赵佗、章邯才
能够实现自己的私心，这就是进攻匈奴得失的效验。"书奏上，武帝召见，
就任命他当郎中。

　　偃数上疏言事①，岁中四迁。偃说上曰："古者诸侯地
不过百里，强弱之形易制。今诸侯或连城数十，地方千里，

缓则骄奢②,易为淫乱,急则阻其强而合从以逆京师③。今以法割削④,则逆节萌起⑤,前日晁错是也。今诸侯子弟或十数,而嫡嗣代立⑥,余虽骨肉,毋尺地封,则仁孝之道不宣⑦。愿陛下令诸侯得推恩分子弟⑧,以地侯之⑨。彼人人喜得所愿,上以德施,实分其国,必稍自销弱矣⑩。"于是上从其计。

【注释】

①偃数上疏言事:本段节录自《严朱吾丘主父徐严终王贾传·主父偃传》。

②骄奢:骄横奢侈。

③阻:依仗。合从:泛指联合。

④割削:削减。

⑤逆节:叛逆的念头或行为。

⑥嫡嗣:嫡子,多指嫡长子。代立:指继承王位。

⑦宣:宣畅,宣扬。

⑧推恩:广施恩惠。

⑨侯之:让他们封侯。

⑩稍:逐渐。

【译文】

主父偃多次上疏谈论政事,一年中四次升职。主父偃劝武帝说:"古代诸侯地方不过一百里,强弱的形势容易控制。现今有的诸侯几十座城池相连,土地方圆千里,对他们宽容就会骄横奢侈,容易放纵淫佚;对他们严厉他们就会依仗强大联合起来反叛朝廷。现今用法令削减,则叛逆的念头萌生,以前晁错就是这样。现今诸侯的子弟有的有几十个,但只有嫡长子能继承王位,其余的虽然也是骨肉至亲,却没有一尺一寸的封地,这样仁孝的道理得不到宣畅。希望陛下下令诸侯可以广施恩惠分封子弟，用自己的国土封他们为侯。那些人都高兴能实现心愿，皇帝施加恩德，实际上瓜分了那些诸侯国，他们自己必定会渐渐削弱了。"于是武帝听从了他的计策。

　　徐乐①，燕人也。上书曰②："臣闻天下之患，在于土崩，不在瓦解，古今一也。何谓土崩？秦之末世是也。陈涉无千乘之尊③，身非王公大人名族之后，非有孔、曾、墨子之贤，陶朱、猗顿之富④，然起穷巷⑤，奋棘矜⑥，偏袒大呼⑦，天下从风⑧，此其故何也？由民困而主不恤，下怨而上不知，俗以乱而政不修。此三者，陈涉之所以为资也。此之谓土崩。故曰'天下之患，在乎土崩'。

【注释】

①徐乐：本段节录自《严朱吾丘主父徐严终王贾传·徐乐传》。徐乐，
　　燕郡无终（今天津蓟州）人，元朔元年（前128），与主父偃、严安等
　　上书。武帝召见，即拜为郎中，他是武帝重要的文学侍臣之一。

②上书曰：按此即徐乐《上武帝书言世务书》，以下几段皆出自此文。

③千乘：战国时期诸侯国，小者称千乘，大者称万乘。

④陶朱：陶朱公，即范蠡。春秋末期人，字少伯。辅助勾践灭吴复国
　　后退隐，后来他到了商业中心陶（今山东定陶）定居，自称朱公，
　　经商致富，闻名天下。猗顿：战国时魏国人，猗顿是其号。他畜牧
　　起家，盐业积累，经营珠宝，成为豪富。

⑤穷巷：即穷乡，荒远的乡村。

⑥棘矜：戟柄。这里指矛戟等武器。棘，通"戟"。

⑦偏袒：解衣裸露一臂。

⑧从风：比喻迅即附和或响应。

【译文】

徐乐，是燕郡人。他上书说："我听说天下的祸患，在于土崩，不在于瓦解，古今都一样。什么叫土崩？秦朝末年就是这样。陈涉没有千乘小国的尊贵，自身又不是高官贵人名门之后，没有孔子、曾子、墨子的贤能，没有陶朱公、猗顿的富裕，但是从荒僻的乡村起兵，挥动矛戟，解开衣裳露出胳膊大声呼喊，天下迅速跟风响应，这是什么缘故呢？是由于民众困苦而君主不抚恤，百姓怨恨而君主不知道，社会风气混乱而国政不修明。这三条是陈涉赖以起兵的依靠。这就叫土崩。所以说，'天下的祸患，在于土崩'。

"何谓瓦解？吴、楚、齐、赵之兵是也①。七国谋为大逆，号皆称万乘之君，带甲数十万，威足以严其境内②，财足以劝其士民，然不能西攘尺寸之地③，而身为禽于中原者，此其故何也？非权轻于匹夫而兵弱于陈涉也。当是之时，先帝之德未衰，而安土乐俗之民众④，诸侯无境外之助。此之谓瓦解。故曰'天下之患，不在瓦解'。

【注释】

①吴、楚、齐、赵之兵：指七国之乱。

②严：震慑。

③攘：侵犯，夺取。

④安土：安居本土。

【译文】

"什么叫瓦解？吴、楚、齐、赵等国的七国之乱就是这样。这七个诸侯国谋划造反，他们都号称是万乘之国的君主，带甲士兵几十万，威力足够使他们的人民畏服，财力足够用来鼓励他们的人民，但是不能向西获取尺寸土地,自身却被中原朝廷擒获,这是什么缘故呢? 不是权势比平民轻,军队比陈涉弱。在这时候,先帝的恩德还没有衰减,而安居乐业的民众多,诸侯得不到境外的援助。这就叫瓦解。所以说,'天下的祸患,不在于瓦解。'

　　"由此观之,天下诚有土崩之势,虽布衣穷处之士,或首难而危海内①,况三晋之君或存乎②? 天下虽未治也,诚能无土崩之势,虽有强国劲兵,不得还踵而身为禽也③,况群臣百姓能为乱乎? 此二体者④,安危之明要⑤,贤主之所留意而深察也。

【注释】

①首难:首先发难起事。

②三晋之君:这里指随陈涉而起的战国诸侯的后代,如魏咎、魏豹、韩成、赵歇等。三晋,指韩、赵、魏,因为这三个国家皆由春秋时代的晋国分出,故统称之为"三晋"。

③还(xuán)踵:旋踵,转身。

④二体:指土崩、瓦解这两个本体性问题。

⑤明要:明显的关键。

【译文】

　　"从此看来,天下要真的有土崩的势头,这时即使一个穷乡僻壤的平民,也能够带头造反,危及海内,何况战国诸侯的后代有的还存在呢? 天下虽然还没有大治,如果没有土崩的势头,即使有强大的诸侯国拥有强大的军队,还没能转过身子就很快被擒获,何况群臣百姓这样的人哪里能够作乱呢? 这两个根本问题,是国家安危的鲜明而重要的标志,是贤德的君主应该注意并深入观察的。

"间者,关东五谷数不登,年岁未复,民多穷困,重之以边境之事,推数循理而观之^①,民宜有不安其处者矣。不安故易动,易动者,土崩之势也。故贤主独观万化之原^②,明安危之机^③,修之庙堂之上^④,而销未形之患也。其要,期使天下无土崩之势而已矣^⑤。臣闻图王不成^⑥,其弊足以安^⑦。安则陛下何求而不得,何威而不成,奚征而不服哉?"

【注释】

①推数:推度情理。循理:依照道理或遵循规律。

②独:特别。万化:万事万物,大自然。原:根源,苗头。

③机:关键。

④庙堂:朝廷。

⑤期:期望,企求。

⑥图王:图谋王业,谋划王道。

⑦弊:弊病,害处。

【译文】

"不久前,关东粮食连年歉收,年景没有恢复,百姓多半穷困,再加上边境战事,推度情理遵循规律来观察,民众中应该有不能安于自己处境的人了。不安就容易变动,容易变动,是土崩的形势。所以贤明的君主要特别注意观察事物变化的苗头,明白安全危险的关键,在朝廷上及时制定政策,消解还没有形成的祸患。其中的要点,是希望天下不要产生土崩的势头罢了。我听说谋划王道不成,至少也足够保证国家平安。国家平安那么陛下什么要求不能满足,什么威慑不能成功,征讨谁,谁能不服从呢?"

严安^①,临菑人也。以故丞相史上书曰^②:"臣闻邹子曰③：'政教文质者④，所以云救也⑤。当时则用⑥，过则舍之，有易则易之⑦。故守一而不变者⑧，未睹治之至也。'秦王并吞战国⑨，称号皇帝，壹海内之政⑩，坏诸侯之城。民得免战国，人人自以为更生⑪。乡使秦缓其刑罚⑫，薄赋敛，省徭役，贵仁义，贱权利，上笃厚⑬，下佞巧⑭，变风易俗，化于海内，则世世必安矣。秦不行是风，循其故俗，为智巧权利者进⑮，笃厚忠正者退⑯，法严令苛，谄谀者众，日闻其美，意广心逸，欲威海外。当是时，秦祸北构于胡⑰，南挂于越⑱。宿兵无用之地⑲，进而不得退。行十余年，丁男被甲，丁女转输⑳，苦不聊生㉑，自经于道树，死者相望。及秦皇帝崩，天下大叛，豪士并起，不可胜载也㉒。然本皆非公侯之后，无尺寸之势，起闾巷㉓，杖棘矜，应时而动，不谋而俱起，不约而同会，至乎伯王㉔，时教使然也㉕。秦贵为天子，富有天下，灭世绝祀㉖，穷兵之祸也㉗。故周失之弱，秦失之强，不变之患也。

【注释】

①严安：本段节录自《严朱吾丘主父徐严终王贾传·严安传》。严安，临菑（今山东淄博临淄）人。元朔元年（前128），以故丞相史上书，武帝召见，拜郎中。

②以故丞相史上书：丞相史，官名，丞相府有吏员三百八十二人，内丞相史二十人，秩四百石。按，此即严安《上武帝言世务书》，以下几段皆出自此文。

③邹子：邹衍，战国末期齐国人。阴阳五行家代表人物。齐宣王时，居稷下，为上大夫，因学究天人，擅长口辩，号"谈天衍"。创"五

德终始"之说。著《邹子》《邹子终始》,皆佚。

④文质:文华与质朴。

⑤救:指救世,挽救世人。

⑥当时:正当时机,适时。

⑦易:变易。

⑧守一:专守定法。

⑨战国:指战国时期的东土六国。

⑩壹:统一。

⑪更生:新生。

⑫乡:向,从前。

⑬笃厚:忠实厚道。

⑭佞巧:谄佞巧诈。

⑮进:指升官。

⑯退:指贬官。

⑰构:招致,结成。胡:指匈奴。

⑱挂:牵连,牵累。越:百越,南越。

⑲宿兵:驻扎军队。

⑳丁女:已到服力役年龄的成年女子。

㉑聊生:赖以生活。

㉒胜:尽。

㉓闾巷:里巷,乡里。借指民间。

㉔伯:霸。

㉕时教:当时的教化。

㉖绝祀:断绝祭祀,指亡国。

㉗穷兵:滥用武力。

【译文】

严安,是临菑人。凭借原来丞相史的身份上书说:"我听邹子说:'政治教化的文华或质朴，是用来救世的。时机合适那就使用，时机一过那就舍弃，时机变化那就跟着改变。所以只守着一定之规而不变化的人，是不了解治理的至道啊。'秦王吞并东方六国，自称皇帝，统一海内，毁坏诸侯的城池。民众能免除互相交战，人人自认为重获新生。假如那时秦放宽刑罚，减轻赋税，减省徭役，尊崇仁义，看轻权利，崇尚忠实厚道，贬抑谗佞狡诈，移风易俗，教化海内，那么就必定世代平安了。秦没有实施这一政策，还是按照原来的习俗，专做智巧权利之事的人得以进用，忠实厚道正派的人斥退贬官，法令严厉苛刻，阿谀奉承的人多，皇帝一天天听到的都是称赞，更加好高骛远，想要扬威海外。正当此时，秦在北面与匈奴作战招致祸患，在南面与百越为敌结下仇怨。军队驻扎在没用的地方，只能前进而不能后退。经过十几年，成年男子披上盔甲当兵，成年女子运输物资，痛苦得没法生活，在路边的树上上吊自杀，死去的人随处可见。等到秦始皇去世，天下暴发叛乱，豪杰之士一同起兵，记都记不过来。但他们本来不是公侯的后人，没有一尺一寸的势力，从民间里巷兴起，手持矛戟，顺应时机行动，没经商量一起举事，没有约定就同时会合，以至于称王称霸，这都是当时的教化让他们如此啊。秦贵为天子，富有天下，最后落得国破家亡，这是滥用武力的祸患。所以周朝的失误在软弱，秦朝的失误在强硬，这就是不知因时变通的祸患。

"今徇南夷①，朝夜郎②，降羌僰③，略秽州④，_{东夷也。}建城邑，深入匈奴，燔其龙城⑤，议者美之；此人臣之利，非天下之长策也⑥。今中国无狗吠之警，而外累于远方之备，靡弊国家⑦，非所以子民也；行无穷之欲，甘心快意，结怨于匈奴，非所以安边也。祸挐而不解⑧，兵休而复起，近者愁苦，远者惊骇，非所以持久也。今天下锻甲磨剑，矫箭控弦⑨，转输军粮，未见休时，此天下所共忧也。夫兵久而变起，事烦而虑生。今外郡之地,或几千里,列城数十,带胁诸侯⑩,非宗室之利也。上观齐、晋所以亡⑪,公室卑削⑫,六卿大盛也⑬;下览秦之所以灭,刑严文刻⑭,欲大无穷也。今郡守之权,非特六卿之重也;地几千里,非特闾巷之资也;甲兵器械⑮,非特棘矜之用也。以逢万世之变,则不可胜讳也⑯。"天子纳之。

【注释】

①徇:招抚。

②夜郎:西南少数民族国名。国都夜郎城(其址说法不一,约当今贵州关岭南)。汉武帝元鼎六年(前111)于其地置牂柯郡,同时并存夜郎国号,以王爵授夜郎王。其地在战国至秦汉时主要有今贵州(除去东北部)、广西西北部、云南东部及四川南部边缘地带。

③羌僰(bó):当时蜀郡以西与其西北部一带少数民族名,即所说的西夷。羌族约在今川、陕、甘三省交界地带,僰人居今川南及滇东一带。

④略:建城邑,设郡。秽州:古秽貊(huì mò),在今朝鲜东北部。《汉书·武帝纪》:"元朔元年秋,东夷秽君南闾等口二十八万人降,为苍海郡。"

⑤龙城:汉时匈奴地名,是匈奴祭天之处,也是匈奴的大本营,在今蒙古国鄂尔浑河西侧和硕柴达木湖附近。

⑥长策:良策。

⑦靡弊:残破,毁坏。

⑧挐(rú):连续,联结。

⑨矫箭:矫正箭矢。控弦:拉弓,持弓。

⑩带胁:指如带之环绕四周,形成威胁。

⑪齐、晋所以亡：春秋时期的姜姓齐国与晋国都是因为世家大族力
　　量强大而亡国。姜齐被田齐取代，晋国被韩、赵、魏三家瓜分。

⑫公室：君主的宗族，王室。

⑬六卿：指春秋时晋之范、中行、知、赵、韩、魏六家权贵，长期把持晋国
　　政权。

⑭文刻：指法令条文苛刻。

⑮器械：指武器。

⑯不可胜讳：指国家灭亡。

【译文】

"现今招抚南夷，让夜郎来朝见，降服了羌人、僰人，攻夺了秽州，即
东夷。建立了城邑，深入匈奴，焚烧了他们的龙城，议论的人都对此加以
赞美；但这是臣下的利益，而不是安定天下的长久之计。现在国内太平，
连狗叫示警都没有，而要让防备远方之敌成为国家的累赘，消耗国家人
力物力，这不是爱民如子的统治；要满足无穷的欲望，为图一时的痛快，
跟匈奴结怨，这不是让边境安定的方法。祸患连续不化解，战事刚休止
又重新打起来，百姓们近处的发愁痛苦，远处的惊慌害怕，这不是能持
久的方法。现今天下锻造铠甲，磨利刀剑，矫直箭杆，拉开弓箭，运输军
粮，不知道何时休止，这是天下共同的忧虑。战争久了就会发生变故，事
情烦杂就会产生忧患。现今京师以外的大郡，有的方圆好几千里，有几
十座城邑，像带子一样环绕威胁周边的诸侯王，这不是大汉宗室的利益。
往上看齐国、晋国灭亡的原因，就是公室衰微，六卿这类贵族势力盛大；
往下看秦灭亡的原因，是因为刑罚严酷，法律苛刻，欲望大到没有穷尽。
现今郡守的权力，不只像六卿那样大；辖地几千里，不只是民间里巷那点
资本；武器装备，不只是戟柄那点作用。凭借这些如果遭逢万代才有的
巨变，那后果就不可讳言了。"天子采纳了。

贾捐之①，字君房，贾谊之曾孙也。元帝初②，珠崖又

反^③，发兵击之。诸县更叛，连年不定。上与有司议大发军，捐之建议，以为不当击。上使侍中王商诘问捐之曰^④："珠崖内属为郡久矣，今背叛逆节^⑤，而云不当击，长蛮夷之乱，亏先帝功德，经义何以处之^⑥？"

【注释】

①贾捐之：本段节录自《严朱吾丘主父徐严终王贾传·贾捐之传》。贾捐之，字君房，洛阳（今河南洛阳）人。汉元帝时上疏言得失，召待诏金马门，数召见，言多采纳，忤中书令石显，被其告发，下狱死。

②元帝：汉元帝刘奭，前49—前33年在位。汉元帝柔仁好儒，任用儒生为相。他下诏减轻徭役，派西域都护甘延寿等攻杀匈奴郅支单于，以王昭君和亲匈奴呼韩邪单于。但因为宠信宦官和外戚，导致中央集权日益削弱，社会危机日深，西汉王朝渐趋衰弱。

③珠崖又反：自汉武帝元鼎六年（前111）平南越后置珠崖郡，其地率数年一反，汉元帝初元元年（前48），珠崖复反。珠崖，汉郡名。郡治瞫都（今海南琼山东南）。辖境相当今海南岛东北部地。

④侍中：官名。侍从皇帝左右，出入宫廷，与闻朝政。王商：字子威。汉宣帝舅舅王武的儿子，嗣位乐昌侯。汉元帝时，为右将军、光禄大夫。汉成帝时，任左将军、丞相，为大司马大将军王凤所妒，前25年，遭谮罢相，三日后去世。诘问：追问，责问。

⑤逆节：等于说叛逆。

⑥经义：经书的义理。

【译文】

贾捐之，字君房，是贾谊的曾孙。汉元帝初年，珠崖郡又反叛，汉朝发兵征讨。各个县也相继叛乱，一连几年不能平定。元帝跟主管官员商议出动大军征讨，贾捐之建议，认为不应当征讨。元帝让侍中王商责问他说："珠崖属于国内成为郡县已经很久了，现今反叛背逆，而你却说不应当征讨，助长蛮夷叛乱，亏损先帝的功德，按经义该怎样处置呢？"

　　捐之对曰①："孔子称尧曰'大哉'②，《韶》曰'尽善'③，禹曰'无间'④。以三圣之德，地方不过数千里，欲与声教则治之⑤，不欲与者不强治也。故君臣歌德，含气之物⑥，各得其宜。武丁、成王⑦，殷、周之大仁也，然地东不过江、黄，西不过氐、羌⑧，南不过蛮荆⑨，北不过朔方⑩。是以颂声并作，视听之类咸乐其生，越裳氏重九译而献⑪，此非兵革之所能致。及其衰也，南征不还⑫。秦兴兵远攻，贪外虚内，务欲广地，不虑其害，而天下溃叛⑬。赖圣汉初兴，平定天下。

【注释】

①捐之对曰：本段节录自《严朱吾丘主父徐严终王贾传·贾捐之传》。按，此即《罢珠崖对》，以下几段皆出自此文。

②孔子称尧曰"大哉"：《论语·泰伯》："子曰：'大哉尧之为君也！巍巍乎！唯天为大，唯尧则之。荡荡乎，民无能名焉。巍巍乎其有成功也，焕乎其有文章！'"

③《韶》曰"尽善"：《论语·八佾》："子谓《韶》：'尽美矣，又尽善也。'"《韶》，虞舜时乐名。

④禹曰"无间"：《论语·泰伯》："子曰：'禹，吾无间然矣。菲饮食而致孝乎鬼神，恶衣服而致美乎黻冕，卑宫室而尽力乎沟洫。禹，吾无间然矣。'"。无间，无可非议，无懈可击。

⑤声教：声威教化。

⑥含气：含有气息，形容有生命者，也特指人。

⑦武丁：殷高宗，武丁在位时期，勤于政事，史称武丁中兴。成王：周

　　成王。

　　⑧氏：古代民族。居住在今西北一带。

　　⑨蛮荆：古代称长江流域中部荆州地区，即春秋楚国的地方。

　　⑩朔方：原指北荒之地，后为郡名，西汉元朔二年（前127）置，治所
　　　　在今内蒙古杭锦旗北。

　　⑪越裳氏：古南海国名。九译：辗转翻译。

　　⑫南征不还：周昭王南巡至汉水，楚人献胶舟，至中流，船毁人亡。

　　⑬溃叛：叛乱离散。

【译文】

　　贾捐之回答说："孔子称赞尧说'伟大呀'，称赞《韶》说'十分完
善'，称赞禹说'不可非议'。凭着三位圣人的德行，土地不过方圆千里，
周边部落小国想要接受中原声威教化的就进行治理，不想接受的就不强
求。所以君臣歌颂恩德，各方人民，各得其宜。武丁、周成王，是殷、周的
大仁人，但是国土向东没过长江黄河，向西没过氏人、羌人的地区，向南
没过蛮荆楚国，向北没过朔方。因此歌颂的声音一齐响起，有视觉、听觉
的物类全都欢乐生活，南海越裳氏通过辗转翻译前来进献，这不是武力
所能招致的。等到德行衰落的时候，周昭王南征没有返回。秦兴兵攻击
远方，贪图对外扩张使境内空虚，致力于扩大地盘，不考虑带来的害处，
因而天下叛乱离散。依赖圣明的汉朝兴起，天下才得以平定。

　　"至孝文皇帝，闵中国未安，偃武行文①，则断狱数百，
民赋四十②，丁男三年而一事③。时有献千里马者，诏曰：
'鸾旗在前④，属车在后⑤，吉行日五十里⑥，师行三十里，朕
乘千里之马，独先安之？'于是还马，与道里费⑦，而下诏曰：
'朕不受献也⑧，其令四方无求来献。'当此之时，逸游之乐
绝⑨，奇丽之赂塞，故谥为'孝文'，庙称'太宗'⑩。

【注释】

①偃武行文：停息武备，施行文教。

②民赋四十：汉初男子常赋一百二十钱，而至文帝时减轻民税民役为民赋四十钱。

③事：指服役。

④鸾旗：天子仪仗中上绣有鸾鸟的旗子。

⑤属车：帝王出行时的侍从车。

⑥吉行：为吉事而行。

⑦道里费：即路费。

⑧献：奉献，进贡，藩属奉献礼物。

⑨逸游：放纵游乐。

⑩庙：庙号，皇帝死后，在太庙立室奉祀时特起的名号。

【译文】

"到了文帝时，怜悯中原还没有安定，停息武备，修明文教，每年断案就几百件，人民赋税减到四十钱，男丁三年一次服役。当时有献上千里马的，文帝下诏说：'皇帝出行仪仗中鸾旗在前面，侍从的车辆在后面，为吉事前行一天五十里，军旅前行一天三十里，我骑着千里马，独自往前跑到哪儿去？'于是把马还了回去，给了路费，并且下诏说：'我不接受贡品献礼，命令四方各地不要寻求来进献。'在这时，那些放纵戏谑的音乐没有了，以奇特华丽物品馈赠的事杜绝了，所以被谥为'孝文'，庙号称为'太宗'。

"至孝武皇帝，太仓之粟红腐而不可食①，都内之钱②，贯朽而不可校③。乃探平城之事④，录冒顿以来数为边害⑤，籍兵厉马⑥，因富民以攘服之⑦。西连诸国，至于安息⑧；东过碣石⑨，以玄菟、乐浪为郡⑩；北却匈奴万里，制南海以为八郡^⑪。则天下断狱万数,民赋数百,造盐铁酒榷之利^⑫,以佐用度,犹不能足。当此之时,寇贼并起,军旅数发,父战于前,子斗于后,女子乘亭障^⑬,孤儿号于道,老母寡妇饮泣巷哭^⑭,遥设虚祭,想魂乎万里之外。淮南王盗写虎符^⑮,公孙勇等诈为使者^⑯,是皆廓地泰大^⑰,征伐不休之故也。

【注释】

①太仓:京师储谷的大粮仓。红腐:指陈米色红腐烂。

②都内:内府,国家的金库。

③校:指计算,计数。

④平城之事:指汉高祖被匈奴在平城围困一事。

⑤录:收集。冒顿(mò dú):秦末汉初匈奴单于。秦二世元年(前209),杀其父头曼自立,号称有战士三十万,东灭东胡,西破月氏,进占今河套地区,经常侵扰边地。

⑥籍兵:征集兵士。厉马:是厉兵秣马的简称。《汉书》作"厉兵马"。

⑦攘服:征服。

⑧安息:伊朗高原古国名。汉武帝时开始派使者到安息,以后遂互有往来。

⑨碣石:山名。在今河北昌黎北。

⑩玄菟、乐浪:皆古郡名,属汉武帝于元封三年(前108)平定卫满朝鲜后在今朝鲜半岛设置的汉四郡。玄菟辖境相当我国辽宁东部及朝鲜咸镜道一带。乐浪当时直辖管理朝鲜北部。

⑪八郡:汉武帝平定南越,把这里定为南海、苍梧、郁林、合浦、交阯、九真、日南、珠崖、儋耳八郡(去除南海不计)。

⑫造盐铁酒榷(què)之利:开始盐、铁、酒由国家专卖。榷,专利,专卖。

⑬乘:登。亭障:古代边塞要地设置的堡垒。

⑭巷哭：在里巷中聚哭。

⑮淮南王盗写虎符：指淮南王刘安谋反。汉武帝元狩元年（前122），有人告发刘安谋反，刘安拟抢先发难，又被告发，自杀。写，用模型浇铸。

⑯公孙勇等诈为使者：指公孙勇谋反。公孙勇原为城父令，汉武帝征和二年（前91），公孙勇与客胡倩等谋反，胡倩诈称光禄大夫，言使督盗贼，止陈留传舍；公孙勇衣绣衣，乘驷马车至圉（今河南杞县西南），皆被发觉捕杀。

⑰廓：扩张，开拓。泰：同"太"。

【译文】

"到了武帝时，京师大粮仓里的陈谷子发红腐烂不能吃，内府金库的铜钱因穿钱的绳索朽烂散开没法计数。于是追究平城被围的事情，清算汉初冒顿单于以来匈奴屡次成为边境危害的情况，征集士兵，整理军备，要凭借国富民强来制服它。向西联络各国，一直到了安息；向东越过碣石山，设置了玄菟、乐浪郡；向北让匈奴退却上万里，又制服南海设立为八郡。全国每年断案数万件，百姓每年赋税要交几百钱，制定盐铁酒国家专卖的法令来谋利，用来帮助国家开支，尚且还不能满足。在这个时候，盗匪一起出现，军队经常出征，父亲儿子，前赴后继，女子登上边塞堡垒守卫，孤儿在路上号哭，老母寡妇在里巷中聚集哭泣，遥祭、追忆那远在万里之外的亡灵。于是淮南王偷铸虎符准备谋反，公孙勇等假冒使者实际谋反，这都是扩充地盘而妄自尊大，战争连年不休造成的。

"今天下独有关东①，关东大者独有齐、楚，民众久困，连年流离②，离其城郭，相枕席于道路③。人情莫亲父母④，莫乐夫妇，至嫁妻卖子，法不能禁，义不能止，此社稷之忧也。今陛下不忍悁悁之忿⑤，欲驱士众挤之大海之中⑥，快心幽冥之地⑦,非所以救助饥馑⑧,保全元元也⑨。骆越之人⑩,父子同川而浴,与禽兽无异,本不足郡县置也。独居一海之中⑪,多毒草虫蛇水土之害,人未见虏,战士自死。又非独珠崖有珠犀玳瑁也⑫,弃之不足惜,不击不损威。其民譬犹鱼鳖,何足贪也! 臣窃以往者羌军言之,暴师曾未一年⑬,兵出不逾千里,费四十余万万,大司农钱尽⑭,乃以少府禁钱续之⑮。夫一隅为不善⑯,费尚如此,况于劳师远攻,亡士无功乎! 求之往古则不合,施之当今又不便。臣愚以为非冠带之国、《禹贡》所及、《春秋》所治⑰,皆可且无以为⑱。愿遂弃珠崖,专用恤关东为忧。"对奏,丞相于定国以为捐之议是⑲。

【注释】

①关东:指函谷关、潼关以东地区。

②流离:因灾荒战乱流转离散。

③枕席:物体纵横相枕而卧。

④人情:人之常情。

⑤悁悁(yuān):忿怒的样子。

⑥士众:众士兵。

⑦幽冥:幽僻,荒远。

⑧饥馑:灾荒。

⑨元元:百姓,庶民。

⑩骆越:古种族名。居于今云南、贵州、广西之间。

⑪一海:指南海。

⑫珠犀:指珍珠犀角,都是珍宝。玳瑁:爬行动物,形似龟,甲壳黄褐色,有黑斑和光泽,可做装饰品,甲片可入药。

⑬暴(pù)师:军队在外,蒙受风雨霜露。

⑭大司农：官名。秦置治粟内史，汉景帝时改称大农令，武帝太初元年（前104）更名大司农。掌租税钱谷盐铁和国家的财政收支，为九卿之一。

⑮少府：掌山海地泽之税，以供官廷之用，为皇帝的私府，兼管皇帝衣食器用、医药娱乐丧葬等事宜，位列九卿。禁钱：由少府掌管，供帝王使用的钱财。

⑯一隅：指一个角落。

⑰冠带：本指服制，引申为礼仪、教化。《禹贡》：是《尚书》中的一篇地理著作，旧说认为是大禹所作。它把中国划分为九州，记载了各地山川、地形、土壤、物产及向中央进贡的路线、物品等情况。

⑱无以为：意即无用，没用。

⑲于定国：字曼倩，东海郡郯县（今山东郯城）人。昭帝时为御史中丞，宣帝时超升廷尉，决狱平恕。为廷尉十八年，迁御史大夫。时代黄霸为丞相。

【译文】

“现今天下只有关东，关东的大国只有齐、楚，民众长久处在困境，连年流转离散，背井离乡，在道路上互相依偎席地而卧。人之常情没有比父母更亲，比夫妇更和乐的了，却为了生存到了让妻子另嫁卖掉儿子的地步，连法令也不能禁止，道义也不能约束了，这是国家最可忧虑的事情啊。现今陛下不能忍耐忿怒，想要驱使众多士兵把他们挤下大海，在那个幽僻荒远的地方，逞一时之快，这不是用来救助饥饿，保全人民的方法呀。骆越的人，父子在同一条河流中洗浴，跟禽兽没有差别，本来就不值得在那里设置郡县。他们单独居住在南海里面，水土中有很多毒草、虫蛇等有害生物，人还没有被俘虏，我们的战士已经死去了。又不是只有珠崖才有珍珠犀角玳瑁，放弃了也不值得可惜，不攻击也不减损威势。那些民众跟鱼鳖一样，哪里值得贪图呢！我私下里以从前在羌地用兵的事来作比较说，出师野外还不到一年，士兵出去没超过一千里，就耗费四十多万万钱,大司农的钱用光了,只好动用皇帝少府的私钱来接续补充。一个小地方的事情没有处置好,费用尚且这样,何况折腾军队进攻遥远地方的敌人,损兵折将却没有什么功效呢!探求古代寻找同类的事则找不到,在当今施行这一举措又不适宜。我愚笨地认为凡是不是遵行礼义教化的国家、不是《禹贡》记录到的、不是《春秋》所要治理的,都可以说是没用的地方。希望就此放弃珠崖,专一体恤关东人民的忧患疾苦。"贾捐之的回复奏上,丞相于定国认为贾捐之的建议正确。

　　上乃从之①。遂下诏曰:"珠崖虏杀吏民,背叛为逆,今议者或言可击,或言可守,或欲弃之,其指各殊②。朕日夜惟思议者之言:羞威不行③,则欲诛之;狐疑避难,则守屯田④;通于时变,则忧万民。夫万民之饥饿,与远蛮之不讨,危孰大焉?且宗庙之祭,凶年不备⑤,况避不嫌之辱哉⑥!今关东大困,仓库空虚,无以相赡⑦,又以动兵,非特劳民,凶年随之。其罢珠崖郡。"捐之数召见,言多纳用。时中书令石显用事⑧,捐之数短显⑨,以故不得官,后稀复见。

【注释】

①上乃从之:本段节录自《严朱吾丘主父徐严终王贾传·贾捐之传》。

②指:意旨。

③羞:耻辱,惭愧。

④屯田:利用戍卒或农民、商人垦殖荒地。

⑤凶年:荒年,灾年。

⑥不嫌:没妨碍,无关。嫌,妨碍。

⑦赡:供给,供养。

⑧中书令：中尚书令省称，宦官主尚书事称中书令。帮助皇帝在宫廷处理政务，负责掌管图书、秘记、奏章及宣示内外等，责任重要。石显：字君房。初坐法受腐刑，为中黄门。后代弘恭为中书令。元帝病，政事无大小，都由他决定，贵幸倾朝，百官皆敬事之。用事：执政，当权。

⑨短：指摘缺点，揭发过失。

【译文】

皇帝于是听从了他的意见。就颁下诏令说："珠崖匪徒杀害官民，背叛造反，现今议论的人有的说可以攻击，有的说可以防守，有的想要放弃，意旨各自不同。我昼夜思考他们的意见：威严不能实行是朝廷的羞耻，就想要前往诛杀；犹豫不定想要避开疑难，就应该防守屯田；通达时势变化，就应该忧虑民众处境。万民的饥饿，与不征讨远方蛮族，危害哪一个更大呢？况且宗庙的祭祀，因荒年而不完备，何况是避开没什么妨碍的耻辱呢！现今关东陷入极大困境，仓库已经空虚，无法维持生活，又动用军队，不仅仅劳累民众，荒年也会接踵而至。就此撤销珠崖郡。"贾捐之屡次受到召见，进言多次采用。当时中书令石显当权，贾捐之屡次揭发石显过失，因此不能当官，后来也很少被召见。

东方朔①，字曼倩，平原人也。武帝即位，待诏金马门②。建元三年③，上始微行④，北至池阳⑤，西至黄山⑥，南至长杨⑦，东游宜春⑧，夜出夕还。后上以为道远劳苦，又为百姓所患，乃使吾丘寿王举籍阿城以南⑨，盩厔以东⑩，宜春以西，提封顷亩⑪，及其价直，欲除以为上林苑⑫，属之南山⑬。寿王奏事，上大悦。

【注释】

①东方朔:本段节录自《东方朔传》。东方朔,字曼倩,西汉平原郡厌
次县(今山东德州陵城区)人。汉武帝即位,东方朔上书自荐,诏拜
为郎,后任常侍郎、太中大夫等职。他性滑稽多智,曾言政治得失,
陈农战强国之计,但当时的皇帝始终把他当俳优看待,不予重用。

②金马门:汉代宫门名。在今陕西西安西北汉长安城内,未央宫北
门。原名鲁班门。汉武帝时立铜马于门外,故改名金马门。

③建元三年:前138年。建元,汉武帝年号(前140—前135)。

④微行:指帝王或有权势者隐匿身份,易服出行或私访。

⑤池阳:古县名。治所在今陕西泾阳西北。

⑥黄山:即黄山宫,故址在今陕西兴平西南马嵬坡。汉惠帝二年
(前193)建。

⑦长杨:即长杨宫,故址在今陕西周至东南。宫中有垂杨数亩,因为
宫名。

⑧宜春:即宜春宫,在汉长安城东南杜县(在今陕西西安雁塔区)东。

⑨举籍:统计人口、田亩等以登记成册。阿城:原秦阿房宫,在今陕
西西安西郊。

⑩鄠屋(zhōu zhì):今陕西周至。

⑪提封:通共,大凡。顷亩:顷和亩。泛指土地面积。

⑫除:修治,整治。上林苑:汉武帝于建元三年(前138)在秦代旧
苑址上扩建,规模宏伟,宫室众多,地跨长安、鄠邑、咸阳、周至、
蓝田五区县境,横三百四十里,有渭、泾、沣、涝、潏、滈、浐、灞八
水出入其中。

⑬属:连接。南山:指终南山。在今陕西境内,横跨蓝田、长安、鄠
邑、周至等区县,绵延二百余里,是长安城的依托。

【译文】

东方朔,字曼倩,是平原郡人。武帝即位,他待诏金马门,充当文学

侍从。建元三年，皇帝开始微服出游，北边到池阳，西边到黄山宫，南边
到长杨宫，东边游历宜春宫，半夜出去，晚上才回来。后来皇帝认为路途
较远行程辛苦，又被百姓厌恶，于是让吾丘寿王把阿城以南，盩厔以东，宜
春以西的人口田亩登记造册，统计土地面积有多大，价值多少，想要整治
成为上林苑，一直连到终南山。吾丘寿王统计完成后奏上，皇帝很高兴。

　　朔进谏曰①："臣闻谦逊静悫②，天表之应③，应之以福；
骄溢靡丽④，天表之应，应之以异。今陛下累郎台⑤，恐其不
高；弋猎之处⑥，恐其不广。如天不为变，则三辅之地⑦，尽
可以为苑，何必盩厔、鄠、杜乎⑧！奢侈越制，天为之变，上
林虽小，臣尚以为大也。夫南山，天下之大阻也⑨，南有江
淮，北有河渭，其地从汧陇以东⑩，商雒以西⑪，厥壤肥饶。
汉兴，去三河之地⑫，止霸产以西⑬，都泾、渭之南⑭。此所谓
天下陆海之地⑮，秦之所以虏西戎、兼山东者也⑯。其山出
玉石，金、银、铜、铁，豫章、檀、柘⑰，异类之物⑱，不可胜原，
此百工所取给⑲，万民所仰足也⑳。又有粳稻、梨栗、桑麻、
竹箭之饶㉑，贫者得以人给家足㉒，无饥寒之忧。故鄠、镐之
间㉓，号为土膏㉔，其价亩一金。

【注释】

①朔进谏曰：本段节录自《东方朔传》。按，此即《谏除上林苑》，以
　下几段皆出自此文。

②静悫（què）：沉静谨慎。

③天表：上天显示。

④骄溢：骄傲自满。靡丽：奢华，奢靡。

⑤郎台：回廊边的高台。郎，通"廊"。

⑥弋猎：射猎，狩猎。

⑦三辅：西汉治理京畿地区的三个职官的合称，也指其所辖地区，即右扶风、京兆尹、左冯翊。

⑧鄠（hù）：汉县名，故治在今陕西西安鄠邑区北。杜：汉县名。故治在今陕西长安西。

⑨阻：阻隔，屏障。

⑩汧：汧水。渭水支流，今名千河，在今陕西中部偏西。源出陕西陇县汧山南麓，东南流，合北河（即古龙鱼川），经千阳、凤翔，至宝鸡东注入渭河。陇：陇山。六盘山南段的别称。古时又称陇坂、陇坻。在今陕西陇县、宝鸡与甘肃清水、张家川回族自治县之间。北入沙漠，南止渭河，为关中平原西部屏障。

⑪商雒：也作商洛，是商县和上雒县的合称，均在今陕西商洛。

⑫三河：汉代以河内、河东、河南三郡为三河，即今河南洛阳黄河南北一带。

⑬止：至。霸产：也作灞浐，灞水和浐水的合称。灞水，渭河支流，也称滋水、兹水。是关中八川之一。源于今陕西蓝田东倒谷中，西南流，纳蓝水，折向西北又纳浐水，经西安东郊灞桥后，又纳浐水，再折而北流，于贾家滩北注入渭河。浐水，源出今陕西蓝田西南秦岭山中，北流会库峪、石门峪、荆峪诸水，至西安东入灞水。

⑭泾：泾水，渭河的支流。源出今宁夏六盘山东麓，东南流经甘肃，至陕西高陵入渭河。

⑮陆海：物产富饶之地。

⑯虏：降服。西戎：古代西北戎族的总称。

⑰豫章、檀、柘：皆珍贵木材名。豫章，也作豫樟，木名，是枕木与樟木的并称。

⑱异类：指不同种类的事物。

⑲取给（jǐ）：取供需用。

⑳仰：依赖，依靠。

㉑竹箭：即篠（xiǎo），细竹。可以制箭。

㉒人给家足：人人饱暖，家家富足。

㉓酆：古地名。本为商代崇侯虎邑，周文王灭崇后曾都于此，后为周武王之弟的封国，故地在今陕西西安鄠邑区北。镐：镐京，西周国都，故址在今陕西西安西南沣水东岸。

㉔土膏：肥沃的土地。

【译文】

东方朔进谏说："我听说谦逊谨慎沉静，上天显示感应，表现为福气；骄傲自满奢华，上天显示感应，表现为灾异。现今陛下堆砌回廊边的高台，唯恐不高；狩猎的处所，唯恐不广。如果上天不显示异变，那么三辅地区，全都可以成为御苑，何必只限于盩厔、鄠县、杜县呢！奢侈超过制度，上天为此显示异变，上林虽说小，我尚且认为大。终南山，是天下的大屏障，南有长江、淮河，北有黄河、渭河，那片地区从汧水、陇山以东，商雒以西，土壤肥沃富饶。汉朝兴起，离开东周旧都三河之地，来到灞水、浐水以西，建都泾水、渭河之南。这是人们所说的天下物产富饶之地，秦凭借它降服了西戎，兼并了山东六国。终南山出产玉石，金、银、铜、铁，枕木与樟木，檀木跟柘木，不同种类的事物，无法探究穷尽，工匠们从中取得各种东西以供所需，百姓也依赖这些东西满足日常生活。又盛产粳稻、梨栗、桑麻、竹箭，穷人得以人人饱暖，家家富足，没有挨饿受冻的忧虑。所以酆、镐之间的土地，号称肥沃的土膏，价格一亩一金。

"今规以为苑①，绝陂池水泽之利②，而取民膏腴之地③，上乏国家之用，下夺农桑之业，弃成功，就败事，损耗五谷，是其不可一也。且盛荆棘之林，而长养麋鹿，广狐菟之苑④，大虎狼之墟⑤，又坏人冢墓，发人室庐⑥，令幼弱怀土而思⑦，耆老泣涕而悲⑧,是其不可二也。骑驰东西,车骛南北⑨,又有深沟大渠,夫一日之乐,不足以危无堤之舆⑩,^{不敢斥天子,}_{故言舆}。是其不可三也。故务苑囿之大⑪,不恤农时⑫,非所以强国富人也。夫殷作九市之宫^{纣于官中设九市也}⑬。而诸侯叛,灵王起章华之台而楚人散⑭,秦兴阿房之殿而天下乱。粪土愚臣⑮,忘生触死,逆盛意,犯隆指⑯,罪当万死。"上乃拜朔为大中大夫⑰,给事中⑱,赐黄金百斤,然遂起上林苑。

【注释】

①规:规划并占有。

②陂(bēi)池:池沼,池塘。

③膏腴:肥沃。

④狐菟:狐兔。菟,通"兔"。

⑤墟:大丘,山。

⑥室庐:居室,房舍。

⑦怀土:怀恋故土。

⑧耆老:老年人。

⑨骛:疾速行进,驰骋。

⑩堤:限制,阻挡。舆:车,指皇帝的御辇。

⑪苑囿:古代畜养禽兽供帝王玩乐的园林。

⑫恤:顾惜。

⑬九市:古时买卖货物的场所。

⑭灵王:楚灵王。芈姓,熊氏,初名围。前541年,杀了侄儿楚郏敖自立,即王位后改名虔,是春秋时代有名的暴君。章华之台:即章华台,楚离宫名。故址在今湖北监利西北。

⑮粪土:像粪土一样。

⑯逆盛意，犯隆指：意谓违反皇上的心意。盛意、隆指，都是对天子
　或上司的旨意的敬称。指，通"旨"。

⑰大中大夫：官名，又作太中大夫。掌论议，汉以后各代多沿置。

⑱给事中：官名。侍从皇帝左右，备顾问应对，参议政事。因执事于
　殿中，故名。

【译文】

　　"现今占有并规划成为上林苑，断绝了池塘沼泽的利益，取用百姓肥
沃的土地，对上使国家用度缺乏，对下夺取农耕蚕桑的实利，放弃成功的
大业，追求失败的事情，损耗粮食，这是不可兴建上林苑的第一个理由。
况且让荆棘野林茂盛生长，养育麋鹿，扩大狐狸兔子的园林、老虎狼群的
山丘，又破坏人家的坟墓，拆毁人家的房屋，让幼弱的孩子怀恋故土，让
老年人悲伤地流泪哭泣，这是不可兴建上林苑的第二个理由。骑着马奔
驰东西，驾着车驰骋南北，又有深沟大渠，一天的快乐，不值得危害没有
限制的御辇，不敢直接指天子，所以说车。这是不可兴建上林苑的第三个理
由。所以致力于玩乐范围的扩大，不顾惜农时，不是让国家强大百姓富
裕的方法。殷纣王建造买卖货物的九市之宫商纣在官中设置买卖货物的九
市。而诸侯叛乱，楚灵王建起章华台而楚国人离散，秦兴建阿房宫而天
下大乱。卑贱如粪土的愚笨的臣子，忘记生命触犯死罪，悖逆皇帝的心
意，冒犯天子的旨意，罪恶极大。"皇帝于是任命东方朔为大中大夫，给
事中，赐给黄金一百斤，但是依然建起上林苑。

　　武帝时①，公主、贵人多逾礼制，天下侈靡趋末②，百姓
多离农亩。上从容问朔③："朕欲化民，岂有道乎？"朔对曰：
"尧、舜、禹、汤、文、武、成、康，上古之事，经数千载，尚难
言也，臣不敢陈。愿近述孝文皇帝之时，当世耆老，皆闻见
之。贵为天子，富有四海，身衣弋绨④，足履革舄⑤，以韦带

剑⑥，莞蒲为席⑦，衣缊无文⑧，集上书囊⑨，以为殿帷，以道德
为丽⑩，以仁义为准，于是天下望风成俗，昭然化之。今陛
下以城中为小，图起建章⑪，左凤阙⑫，右神明⑬，号称千门万
户，木土衣绮绣⑭，狗马被缋罽⑮，宫人簪玳瑁、垂珠玑⑯，设
戏车⑰，教驰逐，饰文采⑱，丛珍怪⑲，撞万石之钟，击雷霆之
鼓，作俳优⑳，舞郑女㉑。上为淫侈如此，而欲使民独不奢侈
失农㉒，事之难者也。陛下诚能用臣之计，推甲乙之帐㉓，甲
乙，帐名。燔之于四通之衢㉔，却走马示不复用㉕，则尧、舜之
隆，宜可与比治矣㉖。《易》曰：'正其本，万事理。失之豪氂，
差以千里㉗。'愿陛下留意察之。"

【注释】

①武帝时：本段节录自《东方朔传》。

②趋末：指从事工商业。

③从容：悠闲舒缓。

④弋（yì）绨：黑色粗厚的丝织物。弋，通"黓"，黑色。绨，厚缯。

⑤革舄（xì）：生皮制的鞋。舄，古代一种以木为复底的鞋。

⑥韦：皮制的剑鞘。颜师古注："但空用韦，不加饰。"

⑦莞：俗名水葱、席子草。蒲：俗称蒲草。生长在水边或池沼内，叶
　　片可编织席子。

⑧缊（yùn）：新旧混合的棉絮，乱絮。文：文采，花纹。

⑨上书囊：臣子上书的封袋。

⑩丽：美好。

⑪建章：建章宫，汉武帝建造于太初元年（前104），在今陕西西安西
　　北汉长安故城西。周围三十里，号称千门万户，与未央宫隔城相
　　对，并有飞阁跨越城垣与之相连。

⑫凤阙：建章宫中的宫阙。

⑬神明：汉武帝所建台名，在建章宫内，为祀仙人处。上有承露盘，
　有铜仙人舒掌，捧铜盘玉杯，以承云表之露。

⑭绮绣：彩色丝织品。

⑮缋罽（huì jì）：彩色的毛织物。

⑯玑：不圆的珍珠。

⑰戏车：供表演杂技的车。

⑱文采：艳丽而错杂的色彩。

⑲丛：聚集。珍怪：珍贵奇异之物。

⑳作：排演，表演。俳优：古代以乐舞谐戏为业的艺人。

㉑郑女：指善于歌舞的女子。

㉒失农：失去农时，放弃农耕。

㉓推：移除。甲乙之帐：颜师古引应劭曰：“帐多，故以甲乙第之耳。”
　即用甲、乙编号的众多帷帐。

㉔燔：焚烧。衢：大路，四通八达的道路。

㉕却：屏退。走马：良马，善走的马。

㉖比：同样看待。

㉗“正其本”几句：不见于今本《周易》。上古《连山》《归藏》等卜
　筮之书亦称“易”。《周礼·春官·大卜》：“掌三易之法，一曰《连
　山》，二曰《归藏》，三曰《周易》。”理，治，治理。豪，毫，尺的万分
　之一。氂（lí），同“厘”，尺的千分之一。

【译文】

　　武帝时，公主、贵人大多超越礼制规定，天下奢侈浪费民众趋向工
商业，很多百姓离开农田。武帝安闲地问东方朔：“我想要教化民众，有
什么方法呢？”东方朔回答说：“尧、舜、禹、汤，周文王、武王、成王、康王，
上古的事，经过了几千年，久远难以言说，我不敢陈述。希望说说最近文
帝的时候，现在的老人家，都听说过看见过的事。文帝贵为天子，富有天

下,身上穿着黑色的粗丝织物,脚上穿着生皮的鞋,用没有装饰的皮带束剑,用水葱蒲草编席子,穿的棉衣里装的是新旧混合的棉絮,表面没有花纹,收集臣子上书的封袋,作成大殿的帷幕,把道德作为光华,把仁义当成水准,于是天下仰慕文帝的品德改变习俗,明明白白地受到教化。现今陛下认为长安城中狭小,谋划修造建章宫,左边是凤阙,右边是神明台,号称千门万户,土木蒙着绮绣,狗马披着彩色毛毡,宫女用着玳瑁簪子,挂着珍珠首饰,设置表演杂技的车辆,让他们驰骋追逐,装饰着艳丽的色彩,聚集起珍贵奇异的宝物,撞击万石的大钟,敲击声如雷霆的大鼓,艺人在排演,舞女在舞蹈。皇帝这样奢侈,而想让民众不奢侈不舍弃农耕,这是很困难的事情。陛下真的能用我的计策,推倒甲乙帷帐,甲乙,是帷帐的名字。把它在四通八达的大路上焚烧掉,屏退善跑的好马表示不再使用,那么国家就可以与尧、舜时一样兴隆了。《周易》说:'端正根本,万事万物都能理顺。错上毫厘,相差可达千里。'希望陛下注意明辨。"

　　朔直言切谏①,上常用之②。设"非有先生"之论③,其辞曰:"非有先生仕吴④,进不称往古以厉主意⑤,退不扬君美以显其功⑥,默然无言者三年矣。吴王怪而问之,曰:'谈何容易⑦!夫谈有悖于目、咈于耳、谬于心而便于身者⑧;或有悦于目、顺于耳、快于心而毁于行者,非有明王圣主,孰能听之?'吴王曰:'何为其然也?中人以上,可以语上。先生试言,寡人将听焉。'

【注释】

①朔直言切谏:本段节录自《东方朔传》。直言,直率言说,说实话。

②常:通"尝",曾经。

③设"非有先生"之论:按,此即《非有先生论》,以下几段皆出自此文。

④仕：出仕，做官。

⑤进：指上朝。厉：揣摩，钻研。

⑥退：指退朝。扬：称扬。美：美德。

⑦谈何容易：指不可轻易在君王面前谈说议论、指陈得失。何容，怎能容许。

⑧悖：违逆，违背。咈（fú）：违背，违逆。谬（miù）：背戾乖违。

【译文】

东方朔直率进言深切劝谏，皇帝曾经采用。他假设"非有先生"的论辩，言说道："非有先生在吴国做官，上朝不称说古代事迹来揣摩君主的意图，退朝不颂扬君主的美德来显扬他的功业，三年都默默地不说话。吴王感到奇怪就问他，他说：'言谈怎能容许随便！言谈有的看着不顺眼、听着不顺耳、违背心意但对君王自身有利，有的看着好看、听着顺耳、愉悦心情但毁坏君王德行，没有英明圣智的君主，谁能听从呢？'吴王说：'为什么是这样呢？中等人以上，就可以跟他谈论高深的上等道理。先生尝试说一说，我听听你的说法。'

"先生对曰：'昔者，关龙逢深谏于桀①，而王子比干直言于纣，此二臣者皆极虑尽忠②，闵主泽不下流，而万民骚动③，故直言其失，切谏其邪者，将以为君之荣，除主之祸也。今则不然，反以为诽谤君之行④，无人臣之礼，戮及先人⑤，为天下笑，故曰谈何容易。是以辅弼之臣瓦解，而邪谄之人并进，遂及飞廉、恶来革等⑥，二人皆纣时佞臣也⑦。二人皆诈伪⑧，巧言利口，以进其身；阴奉雕琢刻镂之好⑨，以纳其心⑩；务快耳目之欲，以苟容为度⑪。遂往不戒，身没被戮，宗庙崩阤⑫，国家为墟。故卑身贱体，悦色微辞⑬，愉愉呴呴⑭，终无益于主上之治，则志士仁人不忍为也⑮。将俨然作矜严之色^⑯,深言直谏^⑰,上以拂主之邪^⑱,下以损百姓之害,则忤于邪主之心,历于衰世之法如是^⑲。邪主之行,固足畏也。故曰谈何容易。'于是吴王惧然易容,捐荐去几^⑳,危坐而听^㉑。

【注释】

①关龙逢:又作关龙逄。夏朝大臣。姓关龙,夏桀时任大夫。桀为不道,他固谏,桀怒而杀之。

②极虑:竭尽思虑。

③骚动:动荡,不安宁。

④行:品行,德行。

⑤戮:羞辱。先人:祖先。

⑥飞廉:又作蜚廉,是商纣王奸佞谄媚的臣子。恶来革:一作恶来,商纣王的大臣,飞廉之子,以勇力而闻名。飞廉和恶来是春秋战国时期秦国君主的祖先。

⑦佞臣:奸邪谄上之臣。

⑧诈伪:巧诈虚伪。

⑨雕琢:矫饰,做作。刻镂:极力描摹和修饰。

⑩纳:缔结。

⑪苟容:屈从附和以取容于世。

⑫崩阤(zhì):塌毁。

⑬微辞:委婉而隐含讽喻的言辞,隐晦的批评。

⑭愉愉:和顺的样子,和悦的样子。呴呴(xǔ):温和的样子。

⑮志士仁人:有远大志向和高尚道德的人。

⑯俨然:严肃庄重的样子。矜:端庄。

⑰深言:深切坦率地进言。

⑱拂（bì）：纠正。

⑲历：经历，遭遇。

⑳捐荐：去掉荐席。表示谦逊。

㉑危坐：古人以两膝着地，耸起上身为危坐，即正身而跪，表示严肃恭敬。

【译文】

"非有先生回答说：'从前，关龙逢深切地劝谏夏桀，王子比干直率地劝说商纣，这两位臣子都竭尽忠诚，怜悯君主的恩泽不向下民流布，民众动荡不安，所以直率地言说君王的过失，深切地劝谏他们的错误，将要成就君王的荣光，去除主上的祸患。现今却不是这样，反而认为这是诽谤君王的德行，没有臣子的礼仪，让祖先蒙羞，被天下耻笑，所以说言谈怎能容许随便。因此辅佐的大臣崩溃分裂，而邪恶谄谀的臣子一并进用，于是飞廉、恶来革等人就出现了，这两个人都是商纣时的奸邪谄媚的臣子。这两个人都巧诈虚伪，花言巧语利嘴快舌，求得自身升官；暗中做作极力修饰，用来迎合纣王的心意；致力于让纣王满足耳目欲望的快乐，用屈从附和取容当世作为标准。纣王于是不再以以往的事情为警戒，最终自己被杀戮，宗庙被毁掉，国家成为废墟。所以卑躬屈膝，赔着笑脸隐晦的批评，一副顺从和悦的样子，最终也对主上的治理没有好处，仁人志士是不愿意这样做的。要是严肃庄重地做出端庄的神色，深切直率地进谏，对上以纠正君主的邪僻，对下以减少百姓的祸害，那么就要与邪僻君主的心意相抵触，遭受衰世之法的祸害。邪恶君主的行为，原本就令人畏惧。所以说言谈怎能容许随便。'于是吴王恐惧地改变了脸色，去掉荐席离开几案，端正身姿坐着倾听。

"先生曰：'接舆避世①，箕子阳狂，此二子者，皆避浊世以全其身者也②。使遇明王圣主，得赐清燕之间③，宽和之色，发愤毕诚④，图画安危⑤，揆度得失⑥，上以安主体，下以便万民,则五帝、三王之道,可几而见也⑦。故伊尹蒙耻辱负鼎俎以干汤⑧,太公钓于渭之阳以见文王,心合意同,谋无不成,计无不从。深念远虑,引义以正其身⑨,推恩以广其下⑩,本仁祖义,褒有德,禄贤能,诛恶乱,总远方⑪,壹统类⑫,美风俗,此帝王所由昌也。上不变天性,下不夺人伦⑬,则天地和洽⑭,远方怀之⑮,故号圣王。于是裂地定封,爵为公侯,传国子孙,名显后世,民到于今称之,以遇汤与文王也。太公、伊尹以如此,龙逢、比干独如彼,岂不哀哉!故曰谈何容易!'"

【注释】

①接舆:春秋时楚国隐士。姓陆,名通,字接舆,因不满时政,佯狂避世,躬耕以食,时人称之"楚狂"。曾以歌讽喻孔子归隐。

②浊世:混乱的时世。

③清燕:清闲,安逸。

④发愤:发奋振作。毕:尽。

⑤图画:谋划。

⑥揆度(kuí duó):揣度,估量。

⑦几:庶几,差不多。

⑧伊尹:商汤大臣,名伊,一名挚,尹是官名。相传生于伊水,是汤妻陪嫁的奴隶,后助汤伐夏桀,被尊为阿衡。鼎俎:鼎和俎,古代祭祀、燕飨时陈置牲体或其他食物的礼器。

⑨引义:引用义理。

⑩推恩:广施恩惠。广:扩大,扩展。

⑪总:汇总,汇集。引申为控制。

⑫壹:使一致,统一。统类:纲纪和条例。

⑬夺：剥夺，冲破。人伦：指人与人之间关系的准则。

⑭和洽：安定融洽，和睦融洽。

⑮怀：指怀归，归附。

【译文】

"非有先生说：'接舆躲避乱世，箕子假装发狂，这两位，都是躲避污浊的时世保全自身的人。假使他们能遇上英明圣智的主上，能够赐予清闲时间，宽厚谦和的神色，让他们能够发奋振作竭尽忠诚，谋划有关安危的大事，估量重大得失，对上使君王身体康安，对下让民众得利方便，那么五帝三王的治世之道，差不多就可以见到了。所以伊尹蒙受耻辱背着鼎俎求见商汤，姜太公在渭水北岸钓鱼以便能见到周文王，他们心相合，意相同，谋划没有不成功的，计策没有不听从的。深思远虑，引用义理来端正自身，推广恩惠以下达万民，以仁义为根本，奖励有德的人，给贤士能人以高官厚禄，诛杀恶夫乱臣，控制边远之地，统一纲纪法制，使风俗淳美，这就是帝王所以昌盛的缘由。对上不改变天性，对下不剥夺人伦，那么天地就会和顺协调，远方部族也会怀归，所以号称圣王。于是分割土地确定封地，赐以公侯的爵位，把国家传给子孙，名声显扬后代，民众至今还在称颂，这是因为他们遇到了商汤和周文王呀。姜太公、伊尹因得明君而这样显赫，而关龙逢、比干却遭杀戮，难道不悲哀吗！所以说言谈怎能容许随便！'"

卷十九

汉书(七)

【题解】

本卷选自《汉书》卷六十七到卷七十八,节录了从汉宣帝到汉哀帝期间的朱云、梅福、隽不疑、疏广、于定国、薛广德、王吉、贡禹、鲍宣、魏相、京房、盖宽饶、诸葛丰、刘辅、郑崇、萧望之等十六位人物的言论事迹。本卷所记多涉及劝谏皇帝远离小人、防备外戚干政,如《疏广传》节录其拒绝外戚干扰太子教育;《鲍宣传》节录其上书指出民众处于"七亡七死"的困境,劝谏汉哀帝不要重用外戚和宠臣董贤;《京房传》节录其对汉元帝抨击他的宠臣石显;《诸葛丰传》节录其拘捕元帝外戚不成反被没收符节;《郑崇传》节录其因劝谏汉成帝不要封外戚和尊崇董贤遭陷害被下狱穷治至死。此外反映君主善纳忠言的也有较大比例,如《朱云传》节录其直言劝谏以死相争,留下"折槛"典故;《梅福传》节录其《言王凤专擅书》,劝谏成帝要善纳忠言;《刘辅传》节录其上书阻止汉成帝立赵飞燕为后被关进秘密监狱。此传之后,本卷有意选录了荀悦《汉纪》中的评论,感慨臣子对君主进言之难。其他各传如《隽不疑传》节录其识破假戾太子,能运用经学以决大事;《王吉传》节录其《上宣帝疏言得失》,劝宣帝谨慎地选择身边近臣,以仁义为本来处理政事改革习俗;《贡禹传》节录其《奏宜仿古自节》《言得失书》,谏元帝爱惜百姓,废除赎罪法令,厉行节俭;《魏相传》节录其上书,劝谏宣帝不要征伐匈奴;

《丙吉传》节录其"问牛喘"一事，以见其执政宽厚，有宰相格局；都展现了名臣风采。至于《盖宽饶传》记其刚直绝不徇私却含冤自刎于北阙下；《萧望之传》记萧望之精通经术，作为汉宣帝托孤重臣、元帝之师，却被宦官逼迫自杀，可见汉代帝王之昏聩，也为唐代君王之戒。

传

朱云①，字游，鲁人也。成帝时②，故丞相安昌侯张禹以帝师位特进③，甚尊。云上书求见，公卿在前。云曰："今朝廷大臣，上不能匡主，下无以益民，皆尸位素餐④，孔子所谓'鄙夫不可与事君'，'苟患失之，亡所不至'者也⑤。臣愿赐尚方斩马剑⑥，断佞臣一人，以厉其余⑦。"上问："谁也？"对曰："丞相安昌侯张禹。"上大怒，曰："小臣居下讪上⑧，廷辱师傅，罪死不赦！"御史将云下⑨，云攀殿槛⑩，槛折。云呼曰："臣得下从龙逢、比干游于地下，足矣！未知圣朝何如耳！"御史遂将云去。于是左将军辛庆忌免冠解印绶⑪，叩头殿下曰⑫："此臣素著狂直于世⑬。使其言是，不可诛；其言非，固当容之。臣以死争。"庆忌叩头流血。上意解，然后得已。及后当治殿槛⑭，上曰："勿易！因而辑之⑮，以旌直臣。"云自是之后不复仕。

【注释】

①朱云：本段节录自《杨胡朱梅云传·朱云传》。朱云，字游。原居鲁地（今山东曲阜），后居平陵（今陕西咸阳西北）。元帝时，授博士，迁杜陵令、槐里令，因违迕中书令石显、丞相韦玄成而下狱，

减死为城旦，终元帝一朝遭受废锢。成帝时，朱云进谏言丞相张禹为佞臣，留下折槛的典故。自此不复仕，居鄠（今陕西西安鄠邑区北）教授门徒。年七十余卒。

②成帝：汉成帝刘骜，因受祖父汉宣帝宠爱，字太孙。前33—前7年在位。为人博览古今，能容受直辞，然沉湎酒色，内宠赵飞燕姐妹，外纵外戚王氏擅政，荒淫无度。在位期间社会矛盾急剧尖锐。

③张禹：字子文。宣帝甘露年间，任博士。元帝初元年间奉诏为太子授《论语》，升任光禄大夫。成帝即位，以帝师封关内侯。河平四年（前25），代王商任丞相，封安昌侯。建平二年（前5），张禹去世，谥号节侯。他治经善援引经义以议论时政，曾改编《论语》"齐论""鲁论"而合为一书，号"张侯论"，为当时儒者所推崇。特进：官名，始设于西汉末，授予列侯中有特殊地位的人，位在三公下。

④尸位素餐：指居位食禄而不尽职。

⑤"孔子所谓'鄙夫不可与事君'"几句：语出《论语·阳货》："子曰：'鄙夫可与事君也与哉？其未得之也，患得之。既得之，患失之。苟患失之，无所不至矣。'"鄙夫，庸俗浅陋的人。

⑥尚方斩马剑：尚方制作的御用剑，因极锋利，言可斩马，故名。尚方，古代制造帝王所用器物的官署。

⑦厉：振奋，激励。

⑧讪上：毁谤在上位者。

⑨御史：官名，侍御史的简称，御史中丞属官。职掌察举官吏违法及非法，兼掌律令、刻印、斋祀和厩马、护驾等事。将：拿，持。

⑩攀：牵挽，抓住。槛：栅栏。

⑪辛庆忌：字子真。初任右校丞。后升任侍郎，校尉。元帝初年，补任金城长史，荐为茂才，又调任郎中车骑将，累迁张掖、酒泉太守。成帝初年，征为光禄大夫，执金吾，后拜左将军。

⑫叩头:伏身跪拜,以头叩地,是旧时为最郑重的一种礼节。

⑬狂直:疏狂率直。

⑭治:修治。

⑮辑:整修,补合。

【译文】

朱云,字游,是鲁地人。汉成帝时,原丞相安昌侯张禹凭借帝王老师的身份进位特进,非常尊贵。朱云上书求见,公卿都在成帝前面。朱云说:"现今朝廷大臣,对上不能匡正君主,对下不能造福百姓,都是些担任职位享有俸禄而不尽责的人,就是孔子所说的'庸俗浅陋的人不可以侍奉国君','假如担忧失去位置,那就没有什么是不能干'的人。我希望能得到御赐的尚方斩马剑,斩杀一个奸邪谄媚的臣子,来激励其余的臣子。"成帝问:"你想杀谁?"回答说:"丞相安昌侯张禹。"成帝大怒,说:"小小臣子位居下流,竟敢诽谤国家重臣,在朝廷上侮辱帝师,处以死罪,决不宽恕!"御史拿住朱云把他拽下去,朱云紧紧抓住大殿栅栏,栅栏折断了。朱云呼喊说:"我能够到地下跟从关龙逢、比干一游,也够了!就是不知道圣明的朝廷会怎么样!"御史拿住朱云下殿。这时左将军辛庆忌脱下帽子解下印绶,在殿下叩头说:"朱云这个臣子一向以疏狂率直闻名于世。假如他的话对,不能诛杀;他的话不对,原本也应该宽容他。臣以死相争。"庆忌叩头叩得鲜血直流。成帝心意缓解,然后杀朱云之事方才作罢。到后来应当修理大殿的栅栏,成帝说:"不要更换,就原样修补一下,以此来表彰忠直的臣子。"朱云从此之后不再出仕做官。

梅福①,字子真,九江人也。成帝委任大将军王凤②,而京兆尹王章素忠直③,讥凤,为凤所诛。群下莫敢正言④,故福上书曰⑤:"臣闻箕子阳狂于殷,而为周陈《洪范》⑥;叔孙通遁秦归汉⑦,制作仪品⑧。夫叔孙先非不忠也,箕子非疏其家而叛亲也，不可为言也⑨。昔高祖纳善若不及，从谏若转圜⑩，听言不求其能，举功不考其素。陈平起于亡命⑪，而为谋主⑫；韩信拔于行阵，而建上将⑬。故天下之士，云合归汉，争进奇异，智者竭其策，愚者尽其虑，勇士极其节，怯夫勉其死；合天下之智，并天下之威，是以举秦如鸿毛⑭，取楚若拾遗⑮。此高祖所以无敌于天下也。

【注释】

①梅福：本段节录自《杨胡朱梅云传·梅福传》。梅福，字子真，九江郡寿春（今安徽寿县）人。明《尚书》和《穀梁春秋》，选为郡文学，补南昌尉，后去官归寿春。成帝时曾多次上书，讥劾大将军王凤，终不见纳。平帝元始中，变姓名，弃家小而云游天下，尝至吴（今江苏苏州）为市门卒。

②委任：信任，信用。王凤：字孝卿，元帝皇后王政君之兄，成帝之舅。永光二年（前42），继承父王禁的阳平侯，为卫尉侍中。成帝刘骜登基后，王凤为大司马大将军领尚书事，倚太后，以外戚辅政，专权蔽主。辅政凡十一年，病卒。

③京兆尹：官名，汉代管辖京兆地区的行政长官，职权相当于郡太守。王章：字仲卿，泰山钜平（今山东泰安南）人，素以致直言闻名朝廷。元帝时曾因攻讦石显被免官。成帝立，征为谏大夫，迁司隶校尉，大臣贵戚皆畏惮之。后为京兆尹，因奏王凤不可任用，为王凤所忌恨。河平五年（前24），因推荐冯野王及言王凤专权等事，以"大逆"罪死狱中。

④正言：直言，说实话。

⑤福上书曰：按，此即《言王凤专擅书》，以下几段皆出自此文。

⑥《洪范》：《尚书》篇名。旧传为箕子向周武王陈述的天地之大法。

洪，大。范，法。

⑦叔孙通：初为秦博士。后归附项梁、项羽，再转投汉军，汉王刘邦拜其为博士，号稷嗣君。刘邦统一天下后，叔孙通制定朝仪，因功拜奉常。惠帝即位，制定汉宗庙仪法。

⑧仪品：礼制品级。

⑨言：指直言劝谏。

⑩转圜：转动圆形器物，常用以代指便易迅速。

⑪亡命：逃亡，流亡。

⑫谋主：出谋划策的主要人物。

⑬建：立。

⑭举：攻克。

⑮楚：指西楚霸王项羽。

【译文】

梅福，字子真，是九江人。成帝信用大将军王凤，而京兆尹王章一向忠诚直率，讥讽王凤，被王凤诛杀。群臣没有谁敢说实话，所以梅福上书说："我听说箕子在殷商假装发狂，却为周陈述《洪范》；叔孙通逃离秦朝归附汉朝，制作了礼仪品级。叔孙通起先在秦不是不忠，箕子不是疏远他的本家而背叛亲人，只是无从进言而已。从前高祖接纳善言唯恐不及时，听从劝谏就像转动圆球一样便易迅速，听取进言不在意能力高低，举荐功劳不考虑过去善恶。陈平从流亡者一跃而为主要谋士，韩信从小军官破格提拔立为上将。所以天下的士人，像云彩聚合一样归汉，争相进献奇异才能，智慧的人尽力献策，愚笨的人也殚精竭虑，勇敢的人能尽节尽忠，怯懦的人也勉力效死。这样汇合天下的智慧，合并天下的武力，因此打败秦朝就像拿起鸿毛，战胜西楚就像捡起掉落的东西。这就是高祖天下无敌的原因。

"士者，国之重器①。得士则重，失士则轻。《诗》云：

'济济多士,文王以宁②。'庙堂之议③,非草茅所当言也④。臣诚恐身涂野草,尸并卒伍,故数上书求见,辄报罢。臣闻齐桓之时,有以九九见者⑤,桓公不逆⑥,欲以致大也。今臣所言,非特九九也,陛下拒臣者三矣,此天下士所以不至也。

【注释】

①重器:等于说大器,比喻能任大事的人。

②济济多士,文王以宁:语出《诗经·大雅·文王》。济济,众多的样子。

③庙堂:朝廷。

④草茅:草野,民间。比喻浅陋微贱的人。

⑤九九:算术九九乘法。

⑥逆:抵触。

【译文】

"士,是国家的栋梁。得到士国势盛,失去士国势轻。《诗经》说:'那些众多的士人啊,让文王得以安宁。'朝廷上的论议,不是草野之民应当说的。然而我实在是担心在战乱中葬身荒野,尸首与士兵混杂在一起,所以屡次上书请求陛下接见,但屡屡不被允准。我听说齐桓公的时候,有人拿九九乘法来请见,桓公不拒绝,是想招致更优秀的人才。现今我说的话,不只是九九乘法那样简陋,陛下拒绝我已经三次了,这就是天下士人不来的原因。

"今陛下既不纳天下之言,又加戮焉。夫鸷鹊遭害①,则仁鸟增逝②;愚者蒙戮,则智士深退。间者愚民上疏③,多触不急之法④,或下廷尉而死者众⑤。自阳朔以来⑥,天下以言为讳,朝廷尤甚,群臣承顺上指⑦,莫有执正⑧。何以明其然也？取民所上书，陛下之所善者，试下之廷尉，廷尉必曰：'非所宜言，大不敬⑨。'以此卜之⑩，一矣⑪。故京兆尹王章，资质忠直⑫，敢面引廷争⑬，孝元皇帝擢之，以厉具臣而矫曲朝⑭。及至陛下，戮及妻子。恶恶止其身⑮，王章非有反叛之辜⑯，而殃及家，折直士之节，结谏臣之舌⑰，群臣皆知其非，然不敢争。天下以言为戒，最国家之大患也。"

【注释】

①䴔（yuān）：同"鸢"，鹞鹰。

②仁鸟：指鸾凤。增逝：高飞。

③愚民：愚昧无知之民，旧时对民众的蔑称。

④不急：不切需要。

⑤廷尉：主管刑狱的官员。

⑥阳朔：农历十月初一。

⑦承顺：遵奉顺从。指：意旨。

⑧执正：主持公道。

⑨大不敬：封建时代重罪之一，指不敬皇帝。

⑩卜：预料，估计。

⑪一矣：都这样，一概如此。

⑫资质：禀性，质素。

⑬面引廷争：在朝廷上犯颜直谏，据理力争。

⑭厉：激励。具臣：备位充数之臣。曲朝：指不正直的朝臣。

⑮恶（wù）恶：憎恨邪恶。

⑯辜：罪。

⑰结：系，扎缚。

【译文】

　　"现今陛下既不采纳天下人的进言,又加以杀戮。鹓鹰鹊鸟被杀害,那么鸾凤就会高飞远逝;愚笨的人遭受杀戮,那么聪明人就会远远退去。近来愚昧无知的民众上疏,多有触犯了无关紧要的法律的,很多人被捕下狱处死。从十月初一以来,天下把进言看成忌讳,在朝廷里尤其严重,群臣遵奉顺从皇上的意旨,没人坚持正确意见。怎么证明是这样呢?选取民众的上书中,陛下认为好的,试着拿给廷尉,廷尉必定说:'这不是他们应该说的话,罪犯大不敬。'由此推测其他,道理是一样的。已故的京兆尹王章,秉性忠诚耿直,敢于在朝廷上犯颜直谏,据理力争,元帝提拔他,用来激励群臣矫正朝廷的歪风邪气。到了陛下这儿,将他诛杀并且连累到妻子儿女。讨厌自己不喜欢的人,也应该只限于他本人,王章没有反叛之罪,却全家遭殃,这实在是摧毁正直之士的气节,扎住了谏臣的舌头,群臣都知道这是错误的,但是不敢争辩。天下把进言作为禁戒,是国家最大的祸患。"

　　隽不疑①,字曼倩,勃海人也。为京兆尹,吏民敬其威信。始元五年②,有一男子乘黄犊车③,建黄旐④,衣黄襜褕⑤,著黄冒⑥,诣北阙⑦,自谓为卫太子⑧。诏使公卿将军杂识视⑨。长安中吏民聚观者数万人。右将军勒兵阙下⑩,以备非常。丞相、御史、中二千石至者⑪,立莫敢发言。不疑后到,叱从吏使收缚⑫。或曰:"是非未可知,且安之⑬。"不疑曰:"昔蒯聩违命出奔,辄拒而不内,《春秋》是之⑭。卫太子得罪先帝,亡不即死,今来自诣,此罪人也。"遂送诏狱⑮。天子与大将军霍光闻而嘉之,曰:"公卿大臣,当用经术⑯,明于大谊⑰。"由是名声重于朝廷,在位者皆自以不及也。廷尉验治,竟得奸诈。

【注释】

① 隽不疑：本段节录自《隽疏于薛平彭传·隽不疑传》。隽不疑，字
曼倩，勃海郡（治浮阳，今河北沧州东南）人。初治《春秋》，武帝
末为青州刺史。昭帝时因收捕欲谋反的齐孝王孙刘泽有功，被提
拔为京兆尹。其为官严而不残，名重于朝廷。大将军霍光欲以女
妻之，固辞。后以病免官，卒于家。

② 始元五年：前82年。始元，汉昭帝年号（前86—前80）。

③ 犊车：牛车。

④ 旐（zhào）：古代画有龟蛇图象的旗。

⑤ 襜褕（chān yú）：古代一种较长的单衣，有直裾和曲裾二式，为男
女通用的非正朝之服。

⑥ 冒：同“帽”，帽子。

⑦ 北阙：古代宫殿北面的门楼，是臣子等候朝见或上书奏事之处。

⑧ 卫太子：刘据，汉武帝嫡长子。刘据在巫蛊之祸中被江充、韩说等
人诬陷，因不能自明而起兵反抗诛杀江充等人，汉武帝误以为太
子刘据谋反，遂发兵镇压，刘据兵败逃亡，最终因拒绝被捕受辱而
自杀。

⑨ 杂：共同，一起。识视：辨认。

⑩ 右将军：金印紫绶，位仅次于上卿，职务或典京师兵卫，或屯兵边
境。汉不常置。勒兵：陈兵。

⑪ 中（zhòng）二千石：汉官秩名，一岁得二千一百六十石，按其成数
称为中二千石。中，是满的意思。因汉制九卿秩皆中二千石，故
又用为九卿的代称。

⑫ 叱：呵斥。从吏：属吏。

⑬ 安：徐缓，推迟。

⑭ “昔蒯聩违命出奔”几句：春秋时卫灵公太子蒯聩，想杀掉灵公夫
人南子，密谋不成，蒯聩被迫逃往宋国，后又投奔晋国赵氏。前

493年夏,灵公去世,蒯聩之子辄即位,是为卫出公;同年六月乙酉,赵简子送太子蒯聩回卫国,卫国人发兵攻击蒯聩,蒯聩不得入。是之,认为他正确。

⑮诏狱:关押钦犯的牢狱。

⑯经术:儒家经学。

⑰谊:义。

【译文】

隽不疑,字曼倩,是勃海郡人。他担任京兆尹,官民都尊敬他的威望与信誉。昭帝始元五年,有一个男子乘坐黄色牛车,树立黄色龟蛇旗,穿着黄色襜褕,戴着黄色帽子,来到北阙,自称是卫太子。诏令让公卿将军们一起来辨识。长安城中官民聚集观看的有几万人。右将军在北阙下布置军队,防备发生非常事件。丞相、御史、中二千石的九卿,都站在那里没人敢说话。隽不疑后到,呵斥手下属吏让他们把这个人捆绑起来。有人说:"是真是假还不清楚,暂且缓一缓再逮捕他。"隽不疑说:"从前蒯聩违背君命出奔外国,他的儿子卫出公辄拒绝不接纳他,《春秋》肯定卫出公辄做得对。卫太子得罪了先帝,就算是真的逃亡在外没有死,现今来到这里,他也是罪人。"于是就把他送进关押钦犯的牢狱。天子与大将军霍光听说后夸奖他,说:"公卿大臣,应当运用经术,明白大义。"从此隽不疑在朝廷名重一时,在位的官员都自己认为比不上他。廷尉查验审问,最终获得了那人伪冒诡诈的证据。

疏广①,字仲翁,东海人也。为太子太傅,兄子受为少傅②。太子外祖父平恩侯许伯以为太子幼③,白使其弟中郎将舜监护太子家④。上以问广,广对曰:"太子国储副君⑤,师友必于天下英俊,不宜独亲外家⑥。且太子自有太傅、少傅,官属已备⑦,今复使舜护太子家,示陋,非所以广太子德于天下也。"上善其言,以语丞相魏相⑧。相免冠谢曰⑨:"此非臣等所能及。"广由是见器重。

【注释】

①疏广:本段节录自《隽疏于薛平彭传·疏广传》。疏广,字仲翁,东海兰陵(今山东临沂西南)人。少好学,明《春秋》。征为博士、太中大夫,宣帝时为太子太傅,后与侄子太子少傅疏受同时主动辞官回乡。日与亲友宴饮欢娱,不置产业以终。传《疏氏春秋》。

②少傅:太子少傅。官名,是太子太傅的副职,与太傅均负责教习太子。

③太子:此指刘奭,宣帝与嫡妻许平君所生之子,即位后为汉元帝。平恩侯许伯:许广汉,许平君之父。武帝时因罪受宫刑,不久复为宦者丞。昭帝时上官桀谋反案发,他负责搜索罪证,以搜索不力罚为鬼薪,徒至掖庭。后复任啬夫。与武帝戾太子之孙刘病已(即后来的汉宣帝)同居一处,施恩甚厚,又以己女嫁之。宣帝立,他被封为昌成君。地节三年(前67),又封平恩侯。

④白:告语,禀报。中郎将舜:许舜,字仲翁,又作"中翁"。宣帝微时,曾有恩于帝。宣帝即位后,任长乐卫尉。元康二年(前64)封博望侯。中郎将,品秩比二千石,低于诸将军。监护:监察保护。

⑤国储:国家的储君。

⑥外家:泛指母亲和妻子的娘家。

⑦官属:属吏。

⑧魏相:字弱翁。先后任茂陵令、扬州刺史、谏大夫、河南太守等职。宣帝即位后,征魏相为大司农,后任御史大夫。官至丞相,封高平侯。曾上书谏止伐匈奴,又请帝遣吏巡行天下,举贤才,平冤狱,省诸用,宽赋役,重农务积粟,皆被采纳。

⑨谢:惭愧。

【译文】

疏广,字仲翁,是东海人。他担任太子太傅,他哥哥的儿子疏广担任太子少傅。太子的外祖父平恩侯许广汉认为太子年幼,禀告宣帝想让自己的弟弟中郎将许舜监察保护太子一家。宣帝就此询问疏广,疏广回答说:"太子是国家的储君,老师朋友必须是天下的英俊,不应该只亲近母亲的娘家人。况且太子自己有太傅、少傅当老师,属下的官员也已经齐备,现今又让许舜保护太子一家,显示出见识肤浅,不是用来在天下增加太子恩德的方法。"皇帝认为他的话很好,告诉了丞相魏相。魏相脱帽惭愧地说:"这种见识不是我等官员能赶上的。"疏广从此受到宣帝器重。

于定国①,字曼倩,东海人也。其父于公为郡决曹②,决狱平③。罗文法者④,于公所决皆不恨⑤。郡中为之生立祠⑥,名曰"于公祠"。定国少学法于父,为廷尉。其决疑平法⑦,务在哀鳏寡,罪疑从轻,加审慎之心。朝廷称之曰:"张释之为廷尉,天下无冤民;于定国为廷尉,民自以为不冤。"迁御史大夫。为丞相。始定国父于公,其闾门坏⑧,父老方共治之。于公谓曰:"少高大闾门⑨,令容驷马高盖车⑩。我治狱,未尝有所冤,子孙必有兴者。"至定国为丞相,子永为御史大夫,封侯传世云⑪。

【注释】

①于定国:本段节录自《隽疏于薛平彭传·于定国传》。于定国,字曼倩,东海郯(今山东郯城北)人。昭帝时为御史中丞,宣帝时迁光禄大夫、水衡都尉,超升廷尉,决狱平恕。为廷尉十八年,迁御史大夫。后代黄霸为丞相,封西平侯。

②郡决曹:即决曹掾,官职名。秦汉地方司法,由行政机关郡守、县

　　令长兼理，郡的专职司法官吏叫决曹掾，但对案件的最后决定权
　　在郡守。

③决狱：判决狱讼。

④罗：通"罹"，遭遇。文法：法制，法规。

⑤恨：怨恨。

⑥生祠：为活人建立祠庙。

⑦决疑：判断疑案。平法：执法。

⑧闾门：里巷的大门。

⑨少：稍，略。

⑩高盖车：指高车。

⑪传世：子孙世代相继。

【译文】

　　于定国，字曼倩，是东海人。他的父亲于公是郡里主管司法的决曹
掾，判决狱讼很公平。触犯法规的人，对于公的判决都没有什么怨恨。
郡中为他立了一座生祠，叫"于公祠"。于定国年少时跟随父亲学习法
律，后来担任廷尉。他断决疑案执行法律，对鳏夫寡妇这些弱势人群更
加同情，罪行有疑问的从轻处置，更加审慎用心。朝中称赞他说："张释
之做廷尉，天下没有被冤枉的民众；于定国做廷尉，民众自己认为不冤
枉。"后升任御史大夫，担任丞相。当初于定国的父亲于公，所住里巷的
大门坏了，父老乡亲正准备共同维修。于公对他们说："把里门做得略微
高大一些，让四匹马拉的高车能通过。我判案不曾冤枉过人，子孙一定
会有发达的。"果然到了于定国做了丞相，儿子于永做了御史大夫，子孙
世代相继封侯。

　　薛广德①，字长卿，沛郡人也，为人温雅②。及为三公③，
直言谏争④。成帝幸甘泉⑤，郊泰畤⑥，礼毕，因留射猎。广
德上书曰："窃见关东困极，民人流离。陛下日撞亡秦之钟，

听郑卫之乐⑦,臣诚悼之⑧。今士卒暴露,从官劳倦,愿陛下
亟反宫,思与百姓同忧乐,天下幸甚。"上即日还。其秋,上
酎祭宗庙⑨,出便门,欲御楼船⑩。广德当乘舆车⑪,免冠顿
首曰:"宜从桥。"诏曰:"大夫冠。"广德曰:"陛下不听臣,
臣自刎以血污车轮,陛下不得入庙矣!"上不悦。先驱光禄
大夫张猛进曰⑫:"臣闻主圣臣直。乘船危,就桥安,圣主不
乘危⑬。御史大夫言可听。"乃从桥。

【注释】

①薛广德:本段节录自《隽疏于薛平彭传·薛广德传》。薛广德,字
　长卿,沛郡相(今安徽濉溪西北)人。通《鲁诗》。曾任博士、谏
　议大夫、淮阳太守、长信少府等职。后任御史大夫,位及三公。

②温雅:温润典雅。

③三公:西汉以丞相、太尉、御史大夫为三公。薛广德官至御史大夫。

④谏争:直言规劝。

⑤甘泉:即甘泉宫,又名云阳宫,在今陕西淳化西北甘泉山,因以为
　名。汉武帝建元元年(前140)扩建,周围四十五里,是汉武帝仅
　次于未央宫的重要活动场所。

⑥郊:古帝王祭祀天地。泰畤(zhì):泰畤坛,亦作"泰一坛"。汉武
　帝所建的祭祀天神泰一的神坛。在今陕西淳化西北甘泉山汉甘
　泉宫南。

⑦郑卫之乐:郑卫二国的音乐,指的是不属于雅乐正声的通俗流行
　音乐,常被认为是淫靡之声。

⑧悼:伤感,哀伤。

⑨酎(zhòu)祭:祭祀名。宗庙之祭。酎,醇酒。

⑩御:指乘坐。楼船:有楼的大船。

⑪当：挡住。乘舆：古代特指天子和诸侯所乘坐的车子。

⑫光禄大夫：秩比二千石，掌顾问应对，隶属光禄勋。张猛：字子游。
　　张骞之孙。疾恶如仇，刚直不阿，引起宦官石显及外戚许氏、史氏
　　不满，屡用屡贬。永光四年（前40），从槐里令复起为太中大夫给
　　事中，即为石显所谮，自杀于公车。

⑬乘危：登上或踏上危险之地，意即冒险。

【译文】

　　薛广德，字长卿，是沛郡人，为人温润典雅。等到他位及三公，能用
耿直的话语规劝皇帝。汉成帝亲临甘泉宫，在泰畤坛祭祀天地，礼仪完
成，于是留下来打猎。薛广德上书说："我见到关东极度困乏，人民流散。
陛下还天天去撞已经灭亡的秦朝的钟，去听不雅正的郑卫音乐，我真的
对此哀伤。现今士兵暴露在原野，随从官员劳累疲倦，希望陛下迅速返
回皇宫，考虑和百姓忧乐与共，天下就极其幸运了。"成帝当天就回宫了。
这年秋天，成帝祭祀宗庙，从便门出去，想要乘坐楼船，薛广德挡住成帝
的车驾，脱帽磕头说："应当从桥上走。"皇帝下诏令说："御史大夫戴上
帽子。"薛广德说："陛下不听我的话，我就自刎让血玷污您的车轮，陛下
就不能进入宗庙了。"成帝很不高兴。负责开道的光禄大夫张猛进言说：
"我听说主上圣明臣子才忠直。坐船危险，走桥安全。圣明的君主不冒
险。应该听御史大夫的话。"于是成帝从桥上过了河。

　　王吉①，字子阳，琅邪人也。为谏大夫②。是时宣帝颇
修武帝故事③，宫室车服，盛于昭帝时。外戚许、史、王氏贵
宠④，而上躬亲政事，任用能吏。吉上疏言得失曰⑤："陛下
总万方⑥，帝王图籍⑦，日陈于前，惟思世务，将兴太平，诏书
每下，民欣然若更生⑧。臣伏而思之⑨，可谓至恩，未可谓本
务也⑩。欲治之主不世出⑪，公卿幸得遭遇其时，言听谏从，

然未有建万世之长策，举明主于三代之隆者也。其务在于期会簿书、断狱听讼而已[12]，此非太平之基也。臣闻圣王宣德流化[13]，必自近始。朝廷不备，难以言治；左右不正，难以化远。民者，弱而不可胜，愚而不可欺也。圣主独行于深宫[14]，得则天下称诵之，失则天下咸言之[15]。行发于近，必见于远[16]，谨选左右，审择所使[17]。左右所以正身也，所使所以宣德也。今俗吏所以牧民者[18]，非有礼义科指可世世通行者也[19]，独设刑法以守之。其欲治者，不知所由，以意穿凿[20]，各取一切[21]。是以百里不同风，千里不同俗，诈伪萌生，刑罚无极[22]，质朴日销，恩爱浸薄[23]。孔子曰：'安上治民，莫善于礼[24]。'非空言也[25]。臣愿陛下承天心，发大业，与公卿大臣，延及儒生，述旧礼，明王制，驱一世之人[26]，跻之仁寿之域[27]，则俗何以不若成、康，寿何以不若高宗[28]？窃见当世趋务不合于道者，谨条奏[29]，唯陛下裁择焉[30]。"

【注释】

①王吉：本段节录自《王贡两龚鲍传·王吉传》。王吉，字子阳，琅邪皋虞（今山东即墨）人，以孝廉补授若卢县右丞，不久升任云阳县令，汉昭帝时，举贤良充任昌邑王中尉，官至博士谏大夫。

②谏大夫：官名，汉武帝始置。初属郎中令，秩比八百石，掌顾问应对，参与谋议，多以名儒宿德为之。

③修：学习，遵循。故事：旧事，旧业。

④许：汉宣帝刘询的嫡妻许平君的娘家。史：汉宣帝祖母史良娣家，曾抚养宣帝。王：汉宣帝后来王皇后的娘家。

⑤得失：得与失，指正确与错误。

⑥万方：多方面，方方面面。

⑦图籍：地图和户籍。

⑧更生：新生，重新获得生命。

⑨伏：敬辞，古时臣对君奏言多用之。

⑩本务：根本事务。

⑪不世出：不是每世都有。

⑫期会：谓在规定的期限内实施政令，多指有关朝廷或官府的财物
　出入。

⑬宣德：宣扬圣德。流化：指流布教化。

⑭独行：专意实行，独自实行或行事。

⑮言：议论，谈论。

⑯见：现。

⑰所使：指任命使用的官员。

⑱俗吏：才智凡庸的官吏。牧民：治民。

⑲科指：准则。

⑳穿凿：牵强附会。

㉑一切：权宜，临时。

㉒无极：无穷，无边。

㉓浸：逐渐。

㉔安上治民，莫善于礼：语出《孝经·广要道章》。

㉕空言：指不切实际的话。

㉖殴：同"驱"。

㉗跻：上升，登。仁寿：指有仁德而长寿。

㉘高宗：指殷王武丁。传说他享国百年。

㉙条奏：逐条上奏。

㉚裁择：权衡选择。

【译文】

王吉，字子阳，琅邪人。任谏大夫之职。这时汉宣帝很是学习汉武帝的做法，宫室、车马、服饰都超过汉昭帝时。外戚许氏、史氏、王氏家族尊贵受宠，而宣帝自己处理政事，任用能干的官员。王吉上疏论说得失说："陛下总揽各方面事务，国家的地图和户籍，每天放在面前，专心思虑天下大事，将要实现太平盛世，每次颁下诏书，百姓们就如同重获新生一样欢欣鼓舞。我想，这种情况可以说是陛下对百姓的最大恩德，却不能说是治理国家的根本。想要致国家于太平的圣主并不经常出现，而如今的公卿大臣有幸遇到圣主出现，言听计从，但未能制定出建立万世基业的长远规划，未能辅助圣明君主创立可与夏、商、周三代媲美的太平盛世。这主要是由于他们处理政务主要着眼于朝会、财政报告、司法事务等方面，这并非建立太平盛世的基础。我听说圣明君主宣扬圣德教化流布，一定从身边开始。朝廷中人才没准备好，难以说实现太平盛世；左右近臣行为不正，难以达到教化远方。老百姓虽然软弱，却无法最终战胜他们；虽然愚昧，却不可能欺骗他们。圣主独处深宫，所做的决定，恰当则受到天下人的称颂，不恰当则被天下人议论。身边近臣的所作所为，一定会对远方产生影响，所以应谨慎地选择身边近臣，严格审查选择奉命执行政令的官员。身边近臣是让自己保持行为正当的，奉命执行政令的官员是用以宣示圣德的。现今平庸官吏管理百姓的方法，并没有礼义准则可以通行百世，只是设立刑法来保证一时不出错。那些想要做出一定政绩的，不知道应该从何入手，仅凭自己的想法勉强去做，各取权宜之计。因此百里不同风，千里不同俗，诡诈虚伪不断发生，刑罚越来越多无穷无尽，质朴的民风一天天减少，互相爱护的感情逐渐淡薄。孔子说：'使君王安逸、百姓得到治理，没有比推行礼更好的了。'这绝不是一句空话。我希望陛下能上承天心，发展大业，与公卿大臣以及儒生一起研究古代贤王的礼仪、制度，以仁义治天下，使全体百姓都能有仁德而长寿，果真如此，国家的风俗怎会不如周成王、周康王之时，而陛下又怎能不像殷高宗武丁那样长寿！谨将我看到的当前人们所追求的不合于正道的现象分别列出，奏明陛下，请陛下裁决。"

吉意以为："汉家列侯尚公主^①，诸侯则国人承翁主^②，娶天子女，则曰尚公主。国人娶诸侯女，曰承翁主也。使男事女，夫诎于妇^③，逆阴阳之位，故多女乱^④。古者衣服车马，贵贱有章，以褒有德而别尊卑。今上下僭差^⑤，人人自制，是故贪财趋利，不畏死亡。周之所以能致治，刑措而不用者，以其禁邪于冥冥^⑥，绝恶于未萌也。"又言："舜、汤不用三公九卿之世而举咎繇、伊尹^⑦，不仁者远。今使俗吏得任子弟^⑧，《汉旧仪》：子弟以父兄任为郎。率多骄傲，不通古今，至于积功治人，无益于民，此《伐檀》所为作也^⑨。宜明选求贤，除任子之令。外家及故人，可厚以财^⑩，不宜居位^⑪。去角抵^⑫，减乐府^⑬，省尚方^⑭，明视天下以俭。民见俭则归本^⑮，本立而末成。"其指如此，上以其言迂阔^⑯，不甚宠异也^⑰。吉遂谢病归。

【注释】

①尚：特指娶公主为妻。

②承：特指娶翁主为妻。翁主：汉代诸侯之女称翁主。

③诎（qū）：折服，屈服。

④女乱：女子扰乱国政。

⑤僭差：僭越失度。

⑥冥冥：不知不觉。

⑦世：指世卿世禄，即世袭贵族。咎繇（gāo yáo）：即皋陶，舜之贤

臣。伊尹：名伊，一名挚，尹是官名。他本是商汤之妻的陪嫁奴隶，后辅助成汤征伐夏桀，被尊为阿衡。

⑧任子弟：因父兄的功绩，得保任子弟授予官职。

⑨《伐檀》：《诗经·魏风》篇名。传统说法认为，这是讽刺在位者贪鄙，无功受禄，君子不能成为官员的诗，后代用来讥刺贪鄙者尸位素餐而贤者不得仕进。

⑩厚：使富裕。

⑪居位：指当官。

⑫角抵：类似现代的摔跤，为古代体育活动，也是娱乐项目。

⑬乐府：古代主管音乐的官署。

⑭尚方：古代制造帝王所用器物的官署。

⑮本：此指农业生产。

⑯迂阔：不切合实际。

⑰宠异：指帝王给以特殊的尊崇或宠爱。

【译文】

王吉认为："汉朝列侯娶公主为妻叫'尚公主'，国人娶诸侯之女为妻叫'承翁主'，娶天子女，就叫尚公主。诸侯国人娶诸侯女，叫承翁主。让男子侍奉女子，丈夫屈服于妻子，颠倒了阴阳的位置，所以会多次发生女子扰乱国政之事。古时候的衣服车马，严格规定了地位高低的区别，用来褒奖德行，区分尊贵与卑贱。现今上下僭越失去法度，人人都可以自己制作，因此贪图钱财追求利益，不害怕死亡。周朝之所以能够达到清平盛世，刑罚放置不用，是因为能在不知不觉中就禁止了奸邪，在不曾萌生的状态下就断绝了罪恶。"又说："夏禹、商汤不任用三公九卿世卿世禄的贵族，而举用咎繇、伊尹，于是使不仁的人远离。现今却使平庸官吏的子弟因其父兄的关系得以担任官职，《汉旧仪》记载说：子弟由父兄保举可以担任郎官。他们大多骄横傲慢，不能通晓古今，至于积累功劳治理人民，对民众没有好处，这就是《伐檀》写作的原因。应该明确宣布选求贤能，废除保任子弟当官的任子令。对外戚以及旧交，可以用钱财让他们富裕，不应该让他们当官。舍弃角抵游戏，削减乐府机构，减省制作御用器物的尚方官署，明确让天下看到陛下的节俭。民众见到节俭就会回归根本的农业，农业确立了工商等末业也能有成就。"他的大旨就是这样。宣帝认为他的言论不切实际，不怎么尊崇他。王吉于是就托病引退回家了。

贡禹①，字少翁，琅邪人也。元帝初即位，征为谏大夫，数虚己问以政事。是时年岁不登，郡国多困②，禹奏言③："古者宫室有制④，宫女不过九人⑤，秣马不过八匹⑥；墙涂而不雕，木摩而不刻⑦，车舆器物，皆不文画⑧，苑不过数十里⑨，与民共之；任贤使能，什一而税⑩，无他赋敛、繇戍之役⑪，使民岁不过三日。故天下家给人足，颂声作。至高祖、孝文、孝景，循古节俭，宫女不过十余人，厩马百余匹。孝文皇帝衣绨履革⑫，器无雕文金银之饰。后世争为奢，转转益甚⑬，臣下亦相放效，衣服乱于主上，甚非宜，然非自知奢僭也⑭。

【注释】

①贡禹：本段节录自《王贡两龚鲍传·贡禹传》。贡禹，字少翁，琅邪（今山东诸城）人。汉元帝时征为谏大夫，后迁光禄大夫、长信少府、御史大夫等。他主张选贤能，诛奸臣，罢倡乐，修节俭。

②郡国：郡和国的并称。汉初，兼采封建及郡县之制，分天下为郡与国，郡直属中央，国分封诸王、侯，封王之国称王国，封侯之国称侯国。

③禹奏言：按，此即《奏宜仿古自节》，以下几段皆出自此文。

④宫室：此指帝王的住所与生活、器具等各个方面。

⑤宫女不过九人：此即《公羊传》诸侯一聘九女之义。

⑥秣（mò）马：喂马。秣，养。

⑦摩：把物体磨平滑，磨光。

⑧文画：雕饰彩画。

⑨苑：苑囿，园林。

⑩十一而税：按十分之一征税。

⑪繇戍：戍边之役。繇，通"徭"。

⑫绨：厚缯。革：指生皮制的鞋。

⑬转转：渐渐。

⑭奢僭：指奢侈逾礼，不合法度。僭，僭越，超越本分，冒用在上者的职权、名义行事。

【译文】

贡禹，字少翁，是琅邪人。汉元帝刚即位，征召他当了谏大夫，屡次虚心向他询问政事。当时年成不好，郡国多有困难，贡禹上奏说："古代帝王宫殿有制度，帝王妻妾不超过九人，马不超过八匹；墙壁只涂刷而不雕饰，木器只磨光而不雕刻，车辆器具，都不雕饰彩画，苑囿不过几十里，还是跟民众共同享有；任用贤能，税率十分之一，没有别的田赋税收和戍边的徭役，一年使唤民众服役不超过三天。所以天下家家富足，人人饱暖，称颂之声不绝于耳。到了高祖、文帝、景帝，遵循古制力行节俭，天子妻妾不过十几个人，马棚里的马有一百多匹。文帝身穿厚缯粗衣脚穿生皮鞋，所用器物没有雕刻花纹、金银装饰。后代皇帝争相奢侈，越来越厉害，官吏也仿效皇帝，衣服跟主上混乱，很不合适，但自己并不知道是奢侈逾礼，不合法度。

"今大夫僭诸侯，诸侯僭天子，天子过天道[①]，其日久矣。承衰救乱，矫复古化[②]，在于陛下。臣愚以为尽如太古难[③]，宜少放古以自节焉[④]。方今宫室已定，无可奈何矣，其余尽可减损。故时齐三服官[⑤]，输物不过十笥[⑥]，方今齐三服官，一岁费数巨万⑦。蜀、广汉主金银器⑧，岁各用五百万。三工官官费五千万⑨，河内怀、蜀郡成都、广汉⑩，皆有工官。工官，主漆器物。东西织室亦然⑪。厩马食粟，将万匹。臣禹尝从之东宫⑫，见赐杯案尽文画，金银饰，非当所以赐食臣下也。东宫之费，亦不可胜计。天下之民所为大饥饿死者是也⑬。

【注释】

①天道：天理，天意。

②矫复：矫正恢复。

③太古：远古，上古。

④少：稍微，逐渐。放：仿，仿效。

⑤齐三服官：设在齐地，专为帝王提供官服的官署。为帝王献冠帻　　缯为春服，轻绡为夏服，纨素为冬服，故称"三服官"。

⑥笥（sì）：盛衣服的方形竹器。

⑦巨万：极言数目之多。

⑧蜀：蜀郡，治成都（今四川成都）。广汉：郡名。治乘乡（今四川　　金棠东）。

⑨三工官：历来说法不一。钱大昭说是考工室的一令二丞。陈直疑　　为考工令、尚方令及上林令中之工官。工官，官署名。为掌管工　　务的机构，主造武器、日用品及各项手工艺品。官费五千万：言三　　工官各岁费五千万。

⑩河内怀：河内郡怀县。河内郡是汉代畿郡，郡治怀县（今河南武　　涉西南）。

⑪织室：汉代掌管皇室丝帛制造的官府。在未央宫，有东、西织室，　　设令、史，属少府。

⑫东宫：汉代指太后所居之宫。因太后的长乐宫在未央宫东，故称。

⑬大饥：指大灾之年。

【译文】

"现今，大夫僭越诸侯，诸侯僭越天子，天子超越上天的规范，这样的日子已经很久了。承继衰世挽救混乱，矫正恢复古代的风化，在于陛下。我认为完全做到上古一样太困难，应该稍微仿效近古来自我节制。现今宫室已经建好，没有什么办法了，剩下的可以尽量减少。从前齐地专门制作天子服装的三服官，输送的衣物不过十竹筐，现今齐地的三服官，一年费用达几万万。蜀郡、广汉郡主持制作金银器，每年费用各五百万。三工官各岁费五千万，河内郡怀县、蜀郡的成都、广汉郡，都有工官。工官，主持制作漆器。主持织造的东西织室也是这样。马房里吃粮食的马，将近上万匹。我贡禹曾经跟从皇上到太后的东宫，看见赏赐的杯子几案全都是彩绘的，金银饰物，都不是应当赐给臣下的餐具。东宫太后的花费，也无法计算。天下的民众在大灾年饿死就是因为这个原因啊。

"今民大饥而死，人至相食，而厩马食粟，苦其大肥，气盛怒至①，乃日步作之②。王者受命于天，为民父母，固当若此乎？天不见邪？武帝时，又多取好女，至数千人，以填后宫。及弃天下③，昭帝幼弱，霍光专事，不知礼正④，妄多藏金钱财物，鸟兽鱼鳖，凡百九十物⑤，尽瘗藏之⑥，又皆取后宫女置于园陵⑦，大失礼，逆天心。昭帝晏驾⑧，光复行之。至孝宣皇帝时，群臣亦随故事⑨，甚可痛也！故使天下承化⑩，及众庶葬埋，皆虚地上以实地下。其过自上生，皆在大臣循故事之罪也。

【注释】

①气盛：指马的体气充盈。怒：兴奋。

②步作之：谓遛马。步，走路。作，运动。

③弃天下：皇帝死亡的委婉说法。

④礼正：指礼仪之正道。

⑤凡百九十物：指殉葬品。

⑥瘗（yì）藏：隐藏，埋藏。

⑦园陵：帝王的墓地。

⑧晏驾：车驾晚出，古代称帝王死亡的讳辞。

⑨故事：先例，旧日的典章制度。

⑩承化：承奉君主教化。

【译文】

"现今百姓因大饥荒而饿死，甚至到了人吃人的地步，但是马房里的马吃粮食，因为太肥而苦恼，体气充盈过于兴奋，只好天天遛马，让它们活动。君王从上天接受天命，做百姓的父母，应当这样吗？上天难道看不见吗？武帝的时候，又搜罗很多美女，达到几千人，来充填后宫。等到武帝去世，昭帝年幼弱小，霍光专权用事，不知道礼仪的正道，非分地搜集很多金钱财物，鸟兽鱼鳖，总共有一百九十种物品，全都殉葬，又将后宫所有女子安置到陵园守陵，这是极大的失礼，违背天意。昭帝去世，霍光又再次这样做。到了宣帝时，群臣也按旧规矩行事，太让人痛心了！所以天下人秉承君主的教化，平民下葬的时候，也都把家里的物品搬空去填满地下的坟墓。这种过错是从上面发生的，都是大臣因循守旧的罪过。

"唯陛下深察古道①，从其俭者，大减损乘舆服御器物，三分去二。审察后宫②，择其贤者留二十人，余悉归之。诸陵园女无子者，宜皆遣。厩马可无过数十匹。独舍长安城南苑地③，以为田猎之圃④，自城西南至鄠⑤，皆复其田，以与贫民。方今天下饥馑⑥，可无大自损减以救之，称天意

乎⑦？天生圣人，盖为万民，非独使自娱乐而已也。当仁不
让⑧，独可以圣心参诸天地，揆之往古⑨，不可与臣下议也。
臣禹不胜拳拳⑩，不敢不尽愚心。"天子纳善其忠，乃下诏令
太仆减食谷马⑪，水衡减食肉兽⑫，省宜春下苑⑬，以与贫民，
又罢角抵诸戏及齐三服官。迁禹为光禄大夫。

【注释】

①唯：希望。

②审察：明察，仔细考察。

③舍：置，留置。南苑：御苑名，因在皇宫之南，故名。

④囿：苑囿，君王打猎游乐的园林。

⑤鄠：鄠县，在今陕西西安鄠邑区北。

⑥饥馑：灾荒，庄稼收成很差或颗粒无收。

⑦称：符合。

⑧当仁不让：语见《论语·卫灵公》。原文是"当仁不让于师"。指
   以仁为己任，即使面对老师也不退避，应当勇往直前。后泛指遇
   到应该做的事主动去做，绝不推诿。

⑨揆：揣测，揣度。

⑩拳拳：诚挚的样子。

⑪太仆：官名。秦汉沿置，为九卿之一，为天子执御，掌舆马畜牧之事。

⑫水衡：官名。水衡都尉、水衡丞的简称。掌皇家上林苑，兼管税收、
   铸钱。

⑬省：废除。宜春下苑：亦作宜春苑。即唐曲江池，在现今的陕西西
   安曲江。

【译文】

"希望陛下深入探究古代的道理，依从那些节俭的做法，大大减少车

辆服饰御用器物，去掉三分之二。仔细考察后宫，选择二十个贤惠的留下，其余都让她们回家。那些在各个陵园的女子没有子女的，应该都遣送回原来的地方。马房的马应该不超过几十匹。只留下长安城南苑，作为打猎的范围，从城西南到鄠县，都恢复成农田，给贫民耕种。当今天下饥荒，可以不大大减少自己的用度来救灾，以符合天意吗？上天生下圣人，是为了万民，并非让他自己欢娱快乐。该做的事绝不推诿而主动去做，皇上可以用圣心自己去参悟天地意图，用古代的事迹来揣度，不能与臣下计议。我贡禹忠心诚挚，不敢不尽心陈述。"天子接纳了他的好意忠言，于是下诏让太仆减少吃粮食的马匹，让水衡减少吃肉的兽类，省去宜春下苑，交给贫民耕种，又舍弃角抵等游戏杂技以及齐地的三服官。升任贡禹当光禄大夫。

禹又言^①："孝文皇帝时，贵廉洁，贱贪污，赏善罚恶，不阿亲戚^②，罪白者伏其诛^③，疑者以与民^④，无赎罪之法^⑤。故令行禁止，海内大化，与刑措无异^⑥。武帝始临天下，尊贤用士，辟地广境数千里^⑦。自见功大威行，遂纵嗜欲。用度不足，乃行一切之变^⑧，使犯法者赎罪，入谷者补吏^⑨。是以天下奢侈，官乱民贫，盗贼并起，亡命者众。郡国恐伏诛，则择便巧史书习于计簿能欺上府者^⑩，以为右职^⑪；奸轨不胜^⑫，则取勇猛能操切百姓以苛暴威服下者^⑬，使居大位。故无义而有财者显于世，欺谩而善书者尊于朝，悖逆而勇猛者贵于官。故俗皆曰：'何以孝悌为？财多而光荣；何以礼义为？史书而仕宦；何以谨慎为？勇猛而临官^⑭。'故黥劓而髡钳者，犹复攘臂为政于世^⑮；而行虽犬彘，家富势足，目指气使^⑯，是为贤耳。谓居官而致富者为雄桀^⑰，处奸而得利者为壮士，兄劝其弟[18]，父勉其子，俗之坏败，乃至于是！察其所以然者，皆以犯法得赎罪，求士不得真贤，相守崇财利[19]，诛不行之所致也。今欲兴至治，致太平，宜除赎罪之法。相守选举不以实及有臧者[20]，辄行其诛，无但免官，则争尽力为善，贵孝悌，贱贾人，进真贤，举实廉，而天下治矣。

【注释】

①禹又言：本段节录自《王贡两龚鲍传·贡禹传》。按，此段出自贡禹《言得失书》，以下几段皆出自此文。

②阿（ē）：徇私，偏袒。

③白：明白，清楚。

④疑者以与民：疑狱听民意处理。

⑤赎罪：用钱物赎免罪行。

⑥刑措：置刑法而不用。

⑦广：扩，扩大。

⑧一切：权宜，临时。

⑨入谷：向官府交纳粮食。入，纳。

⑩便（pián）巧：巧言善辩。史书：下级佐史。计簿：古代计吏登记户口、赋税、人事的簿籍。

⑪右职：重要的职位。

⑫奸轨：指违法作乱的人。轨，通"宄"，内乱。

⑬操切：胁迫，劫持。苛暴：暴虐。威服：以威力慑服。

⑭临官：做官。

⑮攘臂：捋起衣袖，伸出胳膊。常形容激动兴奋的样子。

⑯目指：用眼睛示意指点。气使：出气来使唤人。

⑰雄桀：指才智出众的人。桀，同"杰"，杰出的人才。

⑱劝：劝勉，鼓励。

⑲相守：诸侯国国相与郡守。

⑳臧：同"赃"，指贪污受贿或窃取之财。

【译文】

贡禹又说："文帝时，崇尚廉洁，卑贱贪污，奖赏善良，惩罚邪恶，不偏袒亲戚，罪状清楚明白的接受惩罚，有疑问的交给民众，没有用钱物赎免罪行的法令。所以令行禁止，海内普遍受到教化，与上古放置刑罚不用没有差异。武帝刚开始执掌天下时，尊重贤能任用士人，开辟土地扩展边境几千里。见到自己功大威行，于是就放纵嗜好欲望。费用开支不够，就实行权变措施，让犯法的人可以用钱物赎罪，缴纳粮食的可以补任官吏。因此天下奢侈无度，官场混乱百姓贫穷，盗贼一起兴起，流亡的人口众多。郡国的官吏害怕被处死，就挑选能言善辩熟悉户口钱粮簿册，能够欺骗上级的下级佐史，担任重要职务；违法作乱的人太多，那就选取凶猛能胁迫百姓，能用暴虐威力压服民众的人，让他们处在重要位置。所以没有道义而有钱财的在世上荣显，欺上谩下而善于文书的人在朝廷受到尊重，逆乱而凶猛的人在官场显贵。所以俗话都说：'为什么要孝悌？财大气粗就光荣；为什么要礼义？佐史书吏就当官；为什么要谨慎？勇敢威猛能当官。'所以那些受到刺字、挖鼻、剃发、铁钳束项的人，还大模大样地挥动臂膀在世上处理政事；而有些人行为虽然如同猪狗，如果家财豪富有势力，瞪瞪眼喘喘气都能指使人，这就是贤能！认为当官搂钱致富是英杰，处事奸猾得利是壮士，哥哥勉励弟弟，父亲鼓励儿子，风俗的败坏，竟然到了这样的程度！探究出现这种情况的原因，都是因为犯法可以用钱财赎罪，寻求人才却不能得到真正的贤人，国相与郡守都推崇钱财利益，惩罚不能实行所导致的呀。现在想要国家大治，实现太平，应该除去赎罪的法律。国相郡守荐举的人才名实不符以及有贪赃行为的人，就加以惩罚，不仅仅是免去官职而已，这样就能人人争着尽力做善事，崇尚孝悌，轻贱商贩，进用真正的贤人，举荐真正的廉吏，就能达到天下大治了。

　　"孔子,匹夫之人耳,以乐道正身不懈之故^①,四海之内,天下之君,微孔子之言无所折中^②。况乎以汉地之广,陛下之德,处南面之尊,因天地之助,其于以变世易俗,调和阴阳,陶冶万物^③,化正天下,易于决流抑坠^④。坠,物欲坠落也。自成、康以来,几且千岁,欲为治者甚众,然而太平不复兴者,何也? 以其舍法度而任私意^⑤,奢侈行而仁义废也。陛下诚深念高祖之苦,醇法太宗之治^⑥,正己以先下,选贤以自辅,开进忠正^⑦,致诛奸臣,远放谄佞^⑧,放出园陵之女,罢倡乐^⑨,绝郑声,去甲乙之帐^⑩,退伪薄之物^⑪,修节俭之化,驱天下之民,皆归于农。如此不懈,则三王可侔,五帝可及。唯陛下留意省察^⑫,天下幸甚。"上虽未尽从,嘉其质直之意而省其半。

【注释】

①乐道:喜好圣贤之道。

②折中:取正,用为判断事物的准则。

③陶冶:教化培育。

④决流抑坠:打开决口让水流,把坠落的东西向下压。比喻很方便很容易的事。

⑤私意:私心。

⑥醇:精纯,纯一不杂。太宗:此指汉文帝。汉文帝庙号太宗。

⑦开进:起用。

⑧谄佞:指花言巧语阿谀逢迎的人。

⑨倡乐：倡优的歌舞杂戏表演。

⑩甲乙之帐：颜师古引应劭曰："帐多故以甲乙第之耳。"又引孟康曰："《西域传》赞云'兴造甲乙之帐，络以随珠和璧，天子袭翠被，凭玉几，而处其中'也。"则或指帷帐众多，或指帷帐奢侈华美。

⑪伪薄：浮华轻巧。

⑫省察：审察，仔细考察。

【译文】

"孔子，是个平民百姓罢了，因为喜好圣贤之道不懈端正自身的缘故，四海之内，天下的君王，如果没有孔子的言论就没有用来判断事物的准则。何况凭借大汉国土的广阔，陛下的德行，处在南面称尊的地位，借着天地的佑助，用它来改变世俗，调和阴阳，教化培育一切事物，教化整治天下，这比打开决口让水流、把将要坠落的东西向下压更容易。坠，是说物体要坠落。自从周成王、周康王以来，将近千年，想要治理国家达到太平的人很多，但是太平没有再兴起，这是为什么呢？是因为舍弃了法度而听任私心，奢侈风行而仁义被废弃。陛下应该深念高祖的苦心，真正效法文帝的治理，谦恭待人来端正自己的行为，选用贤人辅佐自己，启用忠诚正直的臣子，让奸臣得到惩治诛杀，远远地放逐花言巧语阿谀奉承的人，放出陵园的女子，罢除倡优的歌舞杂戏表演，断绝淫靡的音乐，撤去奢侈华美的帷帐，屏退浮华轻巧的物品，修养节俭的教化，驱使天下的民众，都回归根本的农业。这样不懈努力，那么治国成效可以与三王相等，与五帝一样。希望陛下留心仔细考察，天下就非常幸运了。"元帝虽然没有全部听从，但还是赞赏他质朴耿直的心意而减少了一半享乐。

鲍宣①，字子都，渤海人也，为谏大夫。以丁、傅子弟并进②，董贤贵幸③，上书谏曰④："窃见孝成皇帝时，外亲持权，人人牵引所私⑤，以充塞朝廷，妨贤人路，浊乱天下⑥，奢泰无度⑦，穷困百姓，是以日蚀且十⑧，彗星四起⑨。危亡之征，陛下所亲见也,今奈何反复剧于前乎?朝臣无有大儒骨鲠、白首耆艾、魁垒之士⑩。魁垒,壮貌。论议通古今⑪,喟然动众心,忧国如饥渴者,臣未见也。敦外亲小童⑫,及幸臣董贤等,在公门省户下⑬。陛下欲与此共承天地⑭,安海内,甚难。今俗谓不智者为能,谓智者为不能。昔尧放四罪而天下服⑮,今除一吏而众皆惑⑯;古刑人尚服,今赏人反惑。请寄为奸⑰,群小日进;国家空虚,用度不足,民流亡,去城郭;盗贼并起,吏为残贼⑱,岁增于前。

【注释】

①鲍宣:本段节录自《王贡两龚鲍传·鲍宣传》。鲍宣,字子都,渤海高城(今河北盐山东南)人。好学明经。哀帝时征为谏大夫,敢于上书直言,抨击时政;后任司隶校尉。因摧辱丞相,下狱,博士弟子王咸等千余人上书营救,徙长子(今山西长子)。平帝初,王莽秉政,因不附王莽,以事被逮入狱,自杀。

②丁、傅:指汉哀帝祖母傅氏和生母丁氏的家族。并进:同时进用。

③董贤:字圣卿。汉哀帝刘欣宠臣。因告发东平王刘云祝诅谋反事,封高安侯。哀帝对其宠异特甚,赏赐无度,甚至想禅位于他。官至大司马卫将军。哀帝去世被弹劾而自杀。

④上书谏:按,此即《上书谏哀帝》,以下几段皆出自此文。

⑤牵引:援引,引荐。

⑥浊乱:搅扰使之混乱。

⑦奢泰:奢侈。

⑧日蚀:古人认为是凶兆。因为日的运行代表皇帝进退,出现日食,就是妖孽侵犯皇帝统治的凶兆。

⑨彗星:旧说认为彗星主除旧布新,其出现又为重大灾难的预兆。

⑩骨鲠：鱼、肉等的小骨。比喻刚直的人。耆艾：尊长，师长。魁垒：
　　形容高超特出。

⑪论议：指思想认识、境界。

⑫敦：厚，厚爱。

⑬公门：官署，衙门。省户：宫门，禁门。

⑭共：通"恭"。承：顺承，承奉。

⑮尧放四罪：四罪，指共工、驩兜、三苗、鲧四凶。按，据古史记载，放
　　四罪者是舜。

⑯除：拜授官职。

⑰请寄：请托。

⑱残贼：残忍暴虐。

【译文】

鲍宣，字子都，是渤海郡人，担任谏大夫。因为太后丁氏、傅氏的子弟同时进用，董贤尊贵宠幸，上书劝谏说："我私下见到成帝时，外戚把持政权，人人引荐自己的私人，用来充塞朝廷，妨碍贤人进用的道路，搅乱天下，奢侈无度，使百姓穷困，因此发生日食将近十次，彗星出现四起。这都是危亡的征兆，是陛下亲眼看到的，现今为什么反而比以前更严重呢？朝臣中没有忠直的大儒、白发的尊长、特别突出的士人。魁垒，是雄壮的样子。认识见解贯通古今，感慨令众人感动，担忧国家如同自己饥渴难耐，这样的人，我没有看见过。只看到陛下厚爱的外戚年轻人，以及宠幸的董贤等臣子，在官署宫禁门中。陛下想要与他们一起恭承天地，安定海内，那是太难了。现今习俗认为没有智慧是有能耐，认为智慧的人是无能之辈。从前尧、舜治共工、驩兜、三苗、鲧四凶之罪而天下服从，现今任命一个小官众人都要疑惑；古时用刑法惩治人们还是服从，现今奖赏人们反而疑惑。请托引发奸邪，众多小人天天进用；国家空虚，用度不足，百姓流亡，离开家乡；盗贼一起兴起，官吏残忍暴虐，每年都比以前增加。

"凡民有七亡^①：阴阳不和，水旱为灾，一亡也；县官重责^②，更赋租税^③，二亡也；贪吏并公^④，受取不已，三亡也；豪强大姓^⑤，蚕食无厌^⑥，四亡也；苛吏繇役，失农桑时，五亡也；部落鼓鸣，男女遮列^⑦，六亡也；盗贼劫略^⑧，取民财物，七亡也。七亡尚可，又有七死：酷吏驱杀，一死也；治狱深刻^⑨，二死也；冤陷无辜，三死也；盗贼横发^⑩，四死也；怨仇相残，五死也；岁恶饥饿^⑪，六死也；时气疾疫^⑫，七死也。民有七亡而无一得，欲望国安诚难。民有七死而无一生，欲望刑措诚难。此非公卿守相贪残成化之所致邪^⑬？群臣幸得居尊官，食重禄，岂有肯加恻隐于细民^⑭，助陛下流教化者邪？志但在营私家，称宾客^⑮，为奸利而已^⑯。以苟容曲从为贤^⑰，以拱默尸禄为智^⑱，谓如臣宣等为愚。陛下擢臣岩穴^⑲，诚冀有益豪毛^⑳，岂徒欲使臣美食大官，重高门之地哉^㉑！ 高门，殿名。

【注释】

①亡：指民众失去赖以生存的工作。

②县官：朝廷，官府。责：索取。

③赋：征收赋税。租税：旧时国家征收田赋和各种税款的总称。

④并公：依靠公职。并，依，傍。

⑤豪强：指有权势而强横的人。大姓：大族。

⑥蚕食：蚕食桑叶，喻逐渐侵占。无厌：没有满足。

⑦部落鼓鸣，男女遮列：听到敲鼓的声音，以为有盗贼，都遮拦追捕。部落，由若干血缘相近的宗族、氏族结合而成的集体。遮列，列队遮拦。

⑧劫略：抢劫掠夺。

⑨治狱：审理案件。深刻：严峻苛刻。

⑩横（hèng）发：突然发生。

⑪岁恶：灾年歉收。

⑫时气：时疫。

⑬守相：郡太守与诸侯国国相，均为二千石俸禄。成化：形成风气。

⑭恻隐：同情，怜悯。细民：平民。

⑮称（chèn）宾客：满足宾客的需求。称，符合。

⑯奸利：指非法谋取的利益。

⑰苟容：屈从附和以取容于世。

⑱拱默尸禄：做官不办事而白得俸禄。拱默，拱手缄默。尸禄，指空食俸禄而不尽其职，无所事事。

⑲擢（zhuó）：举拔，提升。

⑳豪毛：细毛。形容微小。豪，通“毫”。

㉑重：疑为“踵”。踵，践踏。高门：殿名，在未央宫中。

【译文】

“民众总计有七种失去自己生业的情况：阴阳不和，水旱形成灾害，是第一种；官府加重索求，增加征收租税，是第二种；贪官用公家名义，向民众索取没有止境，是第三种；豪强大姓蚕食兼并小民土地，贪得无厌，是第四种；苛刻的酷吏滥征徭役，耽误农时，是第五种；发现盗贼，村落鸣鼓示警，男女追捕清剿，列队拦截，是第六种；盗贼抢劫，夺取民众财物，是第七种。七种失去生业的情况还算可以忍受，又有七种陷于死亡的情况：酷吏驱逐杀死，是第一种；入狱被虐致死，是第二种；无辜被冤枉陷害而死，是第三种；盗贼突然发生被杀，是第四种；怨恨仇杀，是第五种；荒年歉收饥饿而死，是第六种；时疫流行染病而死，是第七种。民众有七失而没有一得，想要国家平安真的很难。民众有七死而没有一生，想要无人犯法，废弃刑罚真的很难。这不是公卿郡守国相贪婪残暴形成风气所导致的吗？群臣有幸得到尊贵的官位，享有丰厚的俸禄，谁还肯对平民加以同情怜悯，帮助陛下流布教化呢？他们的志向在于经营私产，满足宾客要求，取得非法利益罢了。把屈从附和取容于世当成贤能，把拱手默然白吃俸禄当成智慧，认为像我鲍宣这样的人是愚蠢。陛下把我从山野平民里提拔出来做官，实在是希望我能做出毫毛般微小的贡献，难道是白白地想让我吃好的、当大官，践踏高门殿的地面吗！高门，是殿名。

"天下，乃皇天之天下也①。陛下上为皇天子，下为黎庶父母②，为天牧养元元③，视之当如一，合《尸鸠》之诗④。今贫民菜食不厌⑤，衣又穿空⑥，父子夫妇不能相保，诚可为酸鼻。陛下不救，将安所归命乎⑦？奈何独私养外亲与幸臣董贤，多赏赐以大万数⑧，使奴从宾客，浆酒霍肉⑨，视酒如浆，视肉如霍也。苍头庐儿⑩，皆用致富，非天意也。汉名奴为苍头。诸给殿中者，所居为庐，苍头侍从，因呼庐儿。及汝昌侯傅商⑪，无功而封。夫官爵，非陛下之官爵，乃天下之官爵也。陛下取非其官⑫，官非其人⑬，而望天悦民服，不亦难乎！治天下者，当用天下之心为心，不得自专快意而已也⑭。上之，皇天见谴⑮；下之，黎庶恨怨。"上以宣名儒，优而纳之⑯。宣复上书言："陛下父事天，母事地，子养黎民；即位以来，父亏明，母震动，子讹言⑰，相惊恐。今日蚀于三始⑱，正月一日为岁之朝，月之朝，日之朝。始，犹朝也。诚可畏惧。小民正月朔日尚恐毁败器物⑲，何况于日亏乎！"

【注释】
①皇天：对天及天神的尊称。

②黎庶：黎民，民众。

③牧养：治理，统治。元元：百姓，庶民。

④《尸鸠》：《诗经·曹风》的一篇。诗里说尸鸠鸟养了七只小鸟，平
　　均如一，善人君子布施恩德，也应当这样。

⑤菜食：吃蔬菜。此指食物低劣。厌：满足。

⑥穿空：犹穿孔，形容破烂。

⑦归命：让生命有所归附。

⑧大万：等于说巨万，指数极多。

⑨浆：古代一种微酸的饮料。这里用如动词，看成浆。藿：通"蘿"，
　　豆叶。这里用如动词，看成豆叶。

⑩苍头：奴仆。庐儿：家奴，仆从。

⑪傅商：汉哀帝祖母傅太后之子。

⑫非其官：不是应该居官的。

⑬官：任命当官。

⑭自专：一任己意，独断专行。

⑮见（xiàn）谴：显示谴责。见，同"现"。

⑯优：宽容。

⑰讹言：谣传。

⑱三始：三朝，指正月一日。

⑲朔日：初一。

【译文】

"天下，是皇天的天下。陛下对上是皇天的儿子，对下是黎民的父
母，替皇天治理民众，看待他们应该一视同仁，这才符合《尸鸠》诗里所
说的平均如一的意思。现今贫民吃糠咽菜都吃不饱，衣裳又破烂穿孔，
父子夫妇不能互相保护，真的让人心酸流泪。陛下不去挽救，将让他们
到哪里去讨生路呢？怎么能单单只供养外亲和弄臣董贤，赏赐多到要用
亿来计算，使家奴仆从宾客，把酒看成浆水，把肉看成豆叶，是指把酒看成

浆水，把肉看成豆叶。奴仆仆从，都因此致富，这不是上天意愿。汉朝人把奴仆叫做苍头，那些在殿中使唤的官奴，居住的地方叫庐，苍头服侍跟从，于是叫庐儿。还有汝昌侯傅商，没有功劳就封侯。官爵，不是陛下私人的官爵，乃是天下的官爵。陛下选取之人不配受此官，此官也不应授予此人，却希望皇天喜悦、民众服从，不也太困难了吗？治理天下，就应当把天下人的心意作为自己的心意，不能够独断专行自己快意。对上，皇天将显示谴责；对下，黎民将产生怨恨。"哀帝认为鲍宣是名儒，宽容采纳了他的建议。鲍宣又上书说："陛下对天应该像侍奉父亲，对地应该像侍奉母亲，对待黎民应该像供养子女；您即位以来，天亏蚀不明，地震动不安，黎民谣传，相互惊吓。现今在正月初一发生日食，正月一日是一年的朝，是月的朝，日的朝。始，等于说朝。真的应该畏惧。小民正月初一还恐怕毁坏器物，何况对于太阳亏蚀呢！"

魏相①，字弱翁，济阴人也，为丞相。宣帝与后将军赵充国等议②，欲因匈奴衰弱，出兵击其右地③，使不敢复扰西域。相上书谏曰："臣闻救乱诛暴，谓之义兵，兵义者王；敌加于己，不得已而起者，谓之应兵，兵应者胜；争恨小故④，不胜愤怒者，谓之忿兵，兵忿者败；利人土地货宝者，谓之贪兵，兵贪者破；恃国家之大，矜民人之众，欲见威于敌者⑤，谓之骄兵，兵骄者灭。此五者，非但人事，乃天道也。间者匈奴常有善意，所得汉民，辄奉归之，未有犯于边境，虽争屯田车师⑥，不足致意中⑦。今闻诸将军欲兴兵入其地，臣愚不知此兵何名者也⑧。今边郡困乏，父子共犬羊之裘，食草莱之实⑨，常恐不能自存，难以动兵。'军旅之后，必有凶年'，言民以其愁苦之气，伤阴阳之和也。出兵虽胜，犹有后忧，恐灾害之变，因此以生。今郡国守相，多不实选^⑩，风俗尤薄，水旱不时^⑪。案今年计，子弟杀父兄、妻杀夫者，凡二百二十二人，臣愚以为此非小变也。今左右不忧此，乃欲发兵报纤介之忿于远夷，殆孔子所谓'吾恐季孙之忧不在颛臾而在萧墙之内'者也^⑫。愿陛下与有识者详议乃可^⑬。"上从相言而止。

【注释】

①魏相：本段节录自《魏相丙吉传·魏相传》。

②赵充国：字翁孙，原为陇西上邽（今甘肃天水）人，后移居湟中（今青海西宁地区）。武帝时，随贰师将军李广利出击匈奴，拜为中郎，历任车骑将军长史、大将军都尉、中郎将、水衡都尉、后将军等职。与大将军霍光定策尊立宣帝，封营平侯。又与羌人作战，屯田西北，对巩固边防多有贡献。历事武、昭、宣三帝。谥壮侯。

③右地：西部地区。对左地而言。

④恨：用同"狠"。

⑤见（xiàn）威：呈现威力，显现威风。见，同"现"。

⑥屯田：利用戍卒或农民、商人垦殖荒地。车师：古西域国名。汉宣帝时分为车师前、后国及北山六国，属西域都护府。车师前国都交河城（今新疆吐鲁番西北交河故城）；车师后国都务涂谷（今新疆吉木萨尔南）。山北六国即且弥东、西国、卑陆前、后国及蒲类前、后国。汉设戊己校尉屯田车师前王庭。

⑦致意中：犹言在意、介意。致，放置。

⑧名：名号，名义。

⑨草莱：杂生的草。莱，草名。其叶可食。

⑩实选：根据德行才学选拔。

⑪不时：随时，临时。

⑫吾恐季孙之忧不在颛臾而在萧墙之内：语出《论语·季氏》。意谓国家之忧不在外夷而在内忧。季孙，春秋时鲁国的权臣贵族。颛臾，当时鲁国的附属国。萧墙，宫室中作为屏障的矮墙。里面是国君，臣子到了这里要肃然起敬，所以叫萧墙。萧，通"肃"。

⑬详议：审议。

【译文】

魏相，字弱翁，是济阴人，担任丞相。汉宣帝与后将军赵充国等商议，想要趁匈奴衰弱，出兵攻击他的西部地区，让他们不敢再扰乱西域。魏相上书劝谏说："我听说拯救混乱诛除残暴，叫做义兵，出兵正义的称王；敌人侵略自己，不得已起兵出战，叫做应兵，应战的军队胜利；为了小事而凶狠相争，忍不住愤怒的心情而起兵，叫做忿兵，忿恨出兵的军队失败；夺取别人土地财宝获取利益的，叫做贪兵，贪婪的军队被击破；依靠国家强大，仗着人口众多，企图靠武力在别人面前逞威风的，叫做骄兵，骄傲的军队被消灭。这五种，不仅仅是人事，乃是天道。近来匈奴常表现善意，获得汉民就奉还，没有侵犯边境，虽然在车师与我们争夺屯田，这不值得放在心上。现今听说各位将军想要兴兵进入他们的领地，我愚笨不知道这次出兵是什么名义。现今边郡困乏，父子同穿一件羊皮或狗皮衣，吃着野草的果实，经常害怕自己不能存活，难以动兵打仗。'军队征战后，必定是灾年'，这说的就是民众因为愁苦怨气，会伤害阴阳和谐。出兵即使胜利，以后还有忧虑，恐怕灾变会因此发生。现今郡守国相，多半不是根据真才实学选拔，社会风俗特别浇薄，水旱灾害时时发生。就拿今年来说，儿子弟弟杀害父亲哥哥、妻子杀害丈夫的，总共有二百二十二人，我愚笨地认为这不是小的变故。现今皇上的左右近臣不忧虑这些，竟然想发兵对远方的蛮夷报细微的仇怨，这大概就是孔子所说的'我担忧季孙氏的忧虑不在颛臾那里而是在萧墙之内'啊。希望陛下与有见识的人审议再决定。"宣帝听从魏相的话停止了原计划。

　　丙吉^①，字少卿，鲁国人也，代魏相为丞相。吉本起狱法小吏^②，及居相位，尚宽大，好礼让。尝出，逢清道群斗者^③，死伤横道，吉过之不问，掾史独怪之^④。吉前行，逢人逐牛，牛喘。吉止驻，使骑吏问^⑤："逐牛行几里矣？"掾史谓丞相前后失问，或以讥吉。吉曰："民斗相杀伤，长安令、京兆尹职所当禁备逐捕^⑥，岁竟丞相课其殿最^⑦，奏行赏罚而已。宰相不亲小事^⑧，非所当于道路问也。方春少阳用事^⑨，未可以热，恐牛近行用暑故喘，此时气失节^⑩，恐有所伤害也。三公典调和阴阳^⑪，职所当忧，是以问之。"掾史乃服，以吉知大体^⑫。

【注释】

①丙吉：本段节录自《魏相丙吉传·丙吉传》。丙吉，一作邴吉，字少卿。鲁国（今山东曲阜）人。因对汉宣帝有恩，封博阳侯，神爵三年（前59）任丞相，为人隐恶扬善，政尚宽大，世称贤相。

②起：起家，出身。

③尝出，逢清道群斗者：丞相出当清道，却有人此时在路上打架。清道，又称净街，旧时常于帝王、官员出行时清除道路，驱散行人。

④掾史：官名。汉以后中央及各州县皆置掾史，分曹治事，多由长官自行辟举。

⑤骑吏：出行时随侍左右的骑马的吏员。

⑥长安令：长安县的县令。西汉高祖五年（前202）始置长安县，此时属京兆尹。禁备：戒备。

⑦岁竟：年末。课：考核，考查等级。殿最：古代考核政绩，下等称为殿，上等称为最。

⑧亲：躬亲，亲自做。

⑨少阳：东方之神，亦春天之神。用事：当令。

⑩时气：气候，天气。失节：失去控制，失于调节。

⑪典：掌管，主持。

⑫大体：重要的义理，有关大局的道理。

【译文】

丙吉，字少卿，是鲁国人，代替魏相担任丞相。丙吉从监狱小吏出身，等到做了丞相，崇尚宽大，喜好礼让。他有一次出门，碰上清道时一伙群殴的人，死伤横在道路上，丙吉经过连问也不问，手下的掾史独自奇怪。丙吉往前走，看见有人驱赶牛，牛喘息不已。丙吉停车驻足，让随侍骑马的吏员去问："赶牛赶了几里了？"掾史认为丞相不问前面斗殴而问后面的牛喘不对，有人用这些来讥笑丙吉。丙吉说："民众争斗互有死伤，该当戒备追捕，是长安令、京兆尹的职守，到了年末，丞相考核政绩等级次序，上奏施行奖惩罢了。宰相不亲自过问小事，是不该在道路上询问这种事的。现在正是春季少阳当令，还不应天热，恐怕牛没走多远因为暑热喘息，这是天气与季节不合，恐怕会有所伤害。三公主管调和阴阳，这是职守所应当忧虑的，因此询问牛喘之事。"掾史于是心服，认为丙吉明白大局。

京房①，字君明，东郡人也，以孝廉为郎。是时中书令石显专权②，显友人五鹿充宗为尚书令③，与房同经，论议相非。二人用事，房尝宴见④，问上曰⑤："幽、厉之君何以危⑥？所任者何人也？"上曰："君不明，而所任巧佞⑦。"房曰："知其巧佞而用之耶？将以为贤也？"上曰："贤之⑧。"房曰："然则今何以知其不贤也？"上曰："以其时乱而君危知之。"房曰："若是，任贤必治，任不肖必乱，必然之道也。幽、厉何不觉寤而更求贤，曷为卒任不肖，以至于是？"上曰:"临乱之君,各贤其臣,令皆觉寤,天下安得危亡之君?"房曰:"齐桓公、秦二世,亦尝闻此君而非笑之⑨,然则任竖刁、赵高⑩,政治日乱,盗贼满山,何不以幽、厉卜之而觉寤乎?"上曰:"唯有道者⑪,能以往知来耳。"

【注释】

① 京房:本段节录自《眭两夏侯京翼李传·京房传》。京房,本姓李,以推算历律而改姓京。字君明,东郡顿丘(今河南清丰西南)人。精通《周易》,汉元帝初元四年(前45),举孝廉为郎,曾奏行"考功课吏法"(即以官吏业绩定升贬),朝臣多以为不可行。又多次与元帝言灾异,意指天变由于任用宦官石显等。又与治《易》的权贵五鹿充宗学说相非,被石显与五鹿充宗以试行考功法为名,奏调他外任魏郡太守。旋诬以"诽谤政治,归恶天子",下狱死。

② 中书令:中尚书令省称,宦官主尚书事称中书令。帮助皇帝在宫廷处理政务,负责直接向皇帝上奏的密奏"封事",责任重要。石显:字君房。汉元帝时期权宦。

③ 五鹿充宗:姓五鹿,名充宗,字君孟。为人锋芒毕露,与石显为友,同为汉元帝的宠臣,先为尚书令,后来官至少府。权倾一时。精通齐《论语》和梁丘《易》。成帝建始元年(前32),石显失势免官,他也遭贬左迁,为玄菟太守。尚书令:本为少府的属官,负责管理少府文书和传达命令,汉武帝时,设内朝官,任用少府尚书处理天下章奏,遂涉及国家政治中枢。

④ 宴见:在皇帝公余时被召见。有别于朝见。

⑤ 上:指汉元帝刘奭。

⑥ 幽、厉之君:周幽王、周厉王,都是昏君、暴君。

⑦巧佞：奸诈机巧，阿谀奉承。

⑧贤之：认为他们贤明。

⑨非笑：讥笑。

⑩竖刁：春秋时齐桓公的宦官寺人貂。谍事桓公，颇受宠信。桓公卒，诸公子争立，寺人貂等结党争权，杀群吏，立公子无亏，齐国因此发生内乱。

⑪有道者：有道德的人。

【译文】

京房，字君明，是东郡人，因被推举孝廉担任郎官。当时中书令石显专权，石显的友人五鹿充宗担任尚书令，他跟京房同治《易经》，但是解释不同。石显与五鹿充宗二人当权，京房曾在元帝公余时被召见，问元帝说："周幽王、周厉王为什么让国家陷入危险？他们任用的是什么样的人？"元帝说："君主不明，任用的是奸诈机巧、阿谀奉承的人。"京房说："他们是知道这些人奸诈机巧、阿谀奉承而任用呢？还是认为他们贤明而任用呢？"元帝说："是认为他们贤明。"京房说："既然如此，那么今天怎么知道他们不贤明呢？"元帝说："根据他们的时代混乱君主危险而知道的。"京房说："如果是这样，那么任用贤能必然能治理好国家，任用不贤的必然导致国家混乱，这是必然的道理。周幽王、周厉王他们为什么不醒悟去寻求贤能，为什么最终还是任用不贤的人，以至于弄到这个地步呢？"元帝说："乱世的君主，都认为自己的臣子贤能，假如他们都醒悟，天下哪里还有危亡的君主？"京房说："齐桓公、秦二世也曾经听说过这些君主而讥笑他们，但是却任用竖刁、赵高，政治一天天混乱，盗贼遍布山岭，为什么不根据周幽王、周厉王的事情而醒悟呢？"皇帝说："只有有道德的人，才能根据往事预知将来呀。"

房因免冠顿首①，曰："《春秋》纪二百四十二年灾异②，以示万世之君。今陛下即位以来，日月失明，星辰逆行；山崩泉涌，地震石陨③；夏霜冬雷，春凋秋荣④；水旱螟虫⑤，民人饥疫；盗贼不禁，刑人满市⑥。《春秋》所记灾异尽备。陛下视今，为治耶，乱耶？"上曰："亦极乱耳，尚何道⑦！"房曰："今所任用者谁与？"上曰："然幸其愈于彼⑧，又以为不在此人也。"房曰："夫前世之君，亦皆然矣。臣恐后之视今，犹今之视前也。"上良久乃曰："今为乱者谁哉？"房曰："明主宜自知之。"上曰："不知也。如知之，何故用之？"房曰："上最所信任，与图事帷幄之中⑨，进退天下之士者是矣⑩。"房指谓石显，上亦知之，谓房曰："已谕。"房罢出⑪，后石显、五鹿充宗皆疾房⑫，欲远之⑬，建言宜试以房为郡守⑭。元帝于是以房为魏郡太守⑮。显告房与张博通谋⑯，非谤政治⑰，归恶天子，诖误诸侯王⑱。房、博皆弃市⑲。

【注释】

①房因免冠顿首：本段节录自《眭两夏侯京翼李传·京房传》。免冠，脱帽。顿首，磕头，旧时礼节之一。以头叩地即举而不停留。

②灾异：指自然灾害或某些异常的自然现象。

③石陨：陨石。

④荣：开花。

⑤螟虫：泛指食禾的害虫。

⑥刑人：受刑的人。

⑦何道：说什么。

⑧愈：强，胜过。

⑨帷幄：指室内悬挂的帐幕，帷幔。借指天子近侧或朝廷。

⑩进退：升降，任免。

⑪罢出：退出。

⑫疾：厌恶，憎恨。

⑬远之：让他远离。

⑭建言：指对国事有所建议及陈述。

⑮魏郡：汉郡名，西汉郡治邺县（今河北临漳西南邺镇）。

⑯张博：宣帝张倢伃之兄，淮阳宪王刘钦之舅，京房岳父。以元帝数召见京房言事，他为向淮阳王炫耀，具记下京房诸所说灾异及召见密语。京房为宦官石显等诬害下狱后，他亦以导诸侯王以邪意、漏泄禁中语罪名腰斩。

⑰非谤：诽谤，议论是非，指责过失。政治：政事的治理。

⑱诖（guà）误：贻误，连累。

⑲弃市：专指死刑。

【译文】

京房于是脱帽磕头，说："《春秋》记载了二百四十二年间灾害怪异的事，是为了给万代的君主看。现今陛下即位以来，太阳月亮失去光明，星辰逆向运行，山岭崩塌泉水涌出，大地震动陨石落下；夏季下霜，冬季打雷，植物春天凋谢，秋天开花；水灾旱灾加上虫灾，民众饥饿瘟病；盗贼不能禁止，受刑的人满市场都是。《春秋》所记载的灾害怪异现在全都具备。陛下看今天，是太平呢？还是混乱呢？"元帝说："已经乱到极点了，这还用问！"京房说："现今任用的是谁呢？"元帝说："不过幸运的是他比前代强。而且我认为责任不在他身上。"京房说："前代的君主，也都是这么认为的。我恐怕后来的人看今天，就像今天的人看前代一样啊。"元帝很久之后才说："现今造成混乱的是谁呢？"京房说："陛下应该知道。"元帝说："不知道。如果知道，为什么还用他？"京房说："陛下最信任，跟他在帐幕之中共商国家大事，决定天下士人进用或罢免的就是这个人了。"京房指的是石显，元帝也知道，对京房说："我已经明白了。"京房退出，后来石显、五鹿充宗都怨恨京房，想要让他远离朝廷，进言说应该尝试任命京房当郡守。汉元帝于是任命京房当魏郡太守。石显诬告京房跟张博合谋,诽谤政治,把邪恶归于天子,连累了诸侯王。京房、张博都被处死。

　　盖宽饶①,字次公,魏郡人也。为司隶校尉②,刺举无所回避③。公卿贵戚,及郡国吏,繇使至长安④,莫敢犯禁,京师为清。为人刚直高节⑤,志在奉公⑥。以言事不当意而为文法吏所诋挫⑦。大夫郑昌上书颂宽饶曰⑧:"臣闻山有猛兽,藜藿为之不采⑨;国有忠臣,奸邪为之不起。司隶校尉宽饶,居不求安,食不求饱,进有忧国之心,退有死节之义⑩,上无许、史之属⑪,许伯,宣帝后父也。史高,宣帝外家也。下无金、张之托⑫,金日磾、张安世也。职在司察,直道而行⑬,多仇少与⑭。上书陈国事,有司劾以大辟⑮。臣幸得从大夫之后,官以谏为名⑯,不敢不言。"上不听,遂下宽饶吏。宽饶引佩刀自刭北阙下⑰,众莫不怜之。

【注释】

①盖宽饶:本段节录自《盖诸葛刘郑孙毋将何传·盖宽饶传》。盖宽饶,字次公,为汉宣帝太中大夫,擢为司隶校尉。宽饶刚直奉公,正色立朝,上书言事,宣帝信谗不纳,神爵二年(前60)九月,宽饶引佩刀自杀。

②司隶校尉:汉武帝置,掌京畿七郡(京兆尹、左冯翊、右扶风、河南郡、弘农郡、河东郡、河内郡)督捕奸猾、察举百官以下犯法者。

③刺举:检举。

④繇:徭,徭役。使:出使。

⑤高节：高其节操，坚守高尚的节操。

⑥奉公：奉行公事，不徇私。

⑦言事：专指向君王进谏或议论政事。当意：称意，合意。文法吏：通晓法令、执法严峻的官吏。诋挫：诋毁折挠。

⑧郑昌：字次卿。明晓经籍，精通法律，敢于直言。汉宣帝时，曾任太原、涿郡太守和谏议大夫，曾上书请改刑法。颂：称赞。

⑨藜藿：野菜。藜，灰藋、灰菜。嫩叶可食。藿，豆叶。

⑩死节：为保全节操而死。

⑪许、史之属：指像许伯、史高那样有外戚的恩泽。许，指汉宣帝嫡妻许平君的娘家，这里指汉宣帝的岳父许广汉。史，汉宣帝祖母史良娣家，曾抚养宣帝。这里指史良娣的兄弟史恭的长子史高。属，亲属。

⑫金、张之托：指像金日䃅、张安世那样自托于近臣。金，金日䃅（mìdī），字翁叔。深受汉武帝宠信，为汉武帝托孤重臣。张，张安世，字子儒。性谨慎，历仕汉武、昭、宣三朝，累官至大司马卫将军、领尚书事，集军政大权于一身，以为官廉洁著称。

⑬直道：正道，指确当的道理、准则。

⑭少与：指朋友少。

⑮劾：审理，判决。大辟：指死刑。

⑯官以谏为名：郑昌时任谏大夫。

⑰北阙：古代宫殿北面的门楼。是臣子等候朝见或上书奏事之处。

【译文】

　　盖宽饶，字次公，是魏郡人。他担任司隶校尉，检举没有任何顾忌。公卿与帝王的亲族，以及各郡、诸侯国的官吏，出使到长安，没有谁敢违犯禁令，京师因此清静。盖宽饶为人刚直坚守节操，立志奉行公事绝不徇私。因为进言不合宣帝心意而被执法严峻的官吏诋毁挫折。大夫郑昌上疏称颂盖宽饶说："我听说山中有猛虎，灰菜豆叶因此无人采摘；国家有忠臣，奸邪因此不能出现。司隶校尉盖宽饶，居住不追求安逸，吃饭不追求吃饱，在朝做官有忧虑国事的忠心，离开朝廷有为保全节操而死的义气，往上说不是许伯、史高这样的外戚可以获得皇恩，许伯，是宣帝皇后的父亲。史高，是宣帝祖母史家的人。往下说不是金日磾、张安世这样的近臣可以有所依托，金指金日磾、张指张安世。他的职责是主管监察，他坚持按道义行事，仇人多朋友少。上书陈述国事，被有关官员判决处以死刑。我有幸跟从在大夫的行列之后，官职称为谏官，不敢不说。"皇帝不听，于是把盖宽饶交给狱吏。盖宽饶拿起佩刀在北阙下自刎，众人没有不怜悯他的。

诸葛丰①，字少季，琅邪人也。为司隶校尉，刺举无所避。侍中许章奢淫不奉法度②，宾客犯事，与章相连③。丰按劾章④，欲收之⑤。章迫窘，驰车去，得入宫门自归。于是收丰节⑥。丰上书谢曰⑦："臣丰驽怯⑧，文不足以劝善，武不足以执邪⑨。陛下拜为司隶校尉，未有以自效⑩，故常愿捐一旦之命而断奸臣之首⑪，悬于都市，编书其罪⑫，使四方明知为恶之罚，然后却就斧钺之诛，诚臣所甘心也。夫以布衣，尚犹有刎颈之交，今以四海之大，曾无伏节死义之臣⑬，率尽苟合取容⑭，阿党相为⑮，念私门之利，忘国家之政。邪秽溷浊之气⑯，上感于天，是以灾变数见，百姓困乏。此臣下不忠之效也，臣诚耻之无已。凡人情莫不欲安存而恶危亡，然忠臣直士不避患害者，诚为君也。臣窃不胜愤懑⑰，愿赐清宴⑱，唯陛下裁幸⑲。"上不许。是后所言益不用。丰复上书言："臣闻伯奇孝而弃于亲⑳，子胥忠而诛于君㉑，隐公慈而杀于弟㉒，叔武弟而杀于兄㉓。夫以四子之行，屈平之材㉔，然犹不能自显而被刑戮,岂不足以观哉! 使臣杀身以安国,蒙诛以显君,臣诚愿之。独恐未有云补㉕,而为众邪所排,令谗夫得遂㉖,正直之路壅塞㉗,忠臣沮心㉘,智士杜口㉙,此愚臣之所惧也。"

【注释】

①诸葛丰:本段节录自《盖诸葛刘郑孙毋将何传·诸葛丰传》。诸葛丰,字少季,琅邪诸县(今山东诸城)人。诸葛亮的先祖。曾为御史大夫贡禹属官,举侍御史。刚正不阿,元帝时,曾为司隶校尉,持节享"刺举无所避"特权,加秩光禄大夫。后因弹劾权臣,被降为城门校尉;复以忤元帝,免为庶人,老死家中。

②侍中:职官名,为正规官职外的加官之一,侍从皇帝左右,出入宫廷,与闻朝政。许章:汉元帝之母许平君的亲戚。

③相连:有关联。

④按劾:查验弹劾。

⑤收:拘捕。

⑥节:符节。

⑦谢:谢罪。

⑧驽怯:驽下怯弱。

⑨执:拘捕。

⑩自效:愿为朝廷贡献自己的力量或生命。

⑪一旦:有朝一日。

⑫编书其罪:整理记录他们的罪行。

⑬伏节:殉节。指为维护某种事物或追求理想而死。死义:为了正义而死。

⑭苟合取容:苟且迎合,取悦于人。

⑮阿党:逢迎上意,徇私枉法,比附于下,结党营私。

⑯邪秽：邪恶污秽。溷（hùn）浊：混浊，混乱污浊。

⑰愤懑：抑郁烦闷。

⑱清宴：清闲。

⑲裁幸：少幸。指少幸从之。

⑳伯奇孝而弃于亲：伯奇为周宣王时重臣尹吉甫长子，后母欲立己子伯封为太子，乃诬陷伯奇，吉甫怒，放伯奇于野。后来吉甫感悟，遂求伯奇，射杀后妻。

㉑子胥：伍子胥。

㉒隐公慈而杀于弟：鲁惠公死时太子允还年幼，其长庶子息姑摄国君之位，是为隐公。隐公十一年（前712），欲将国君之位还给弟弟允，而允则听公子翚之言，杀了隐公，自己继位，是为鲁桓公。

㉓叔武弟而杀于兄：叔武是卫成公的弟弟。成公出奔陈，使大夫元咺奉叔武以居守；后成公在晋人帮助下回国复位，当时叔武正准备洗头，闻成公回来，高兴地握着头发跑出来迎接，被成公的前驱射杀。

㉔屈平：屈原。

㉕云：能。

㉖遂：如愿。

㉗雍塞：阻塞。

㉘沮心：灰心失望。

㉙杜口：闭口不发言。

【译文】

　　诸葛丰，字少季，是琅邪人。担任司隶校尉，检举从不有所避忌。侍中许章奢侈淫佚不遵守法令，他的宾客犯法，与他有关联。诸葛丰查验弹劾许章，想要拘捕他。许章窘迫，驾着车疾驰，凭侍中身份得以进入皇宫大门自己去见元帝。于是元帝收回了诸葛丰的符节。诸葛丰上书谢罪说："臣诸葛丰驽下怯弱，文不能鼓励向善，武不能拘捕奸邪。陛下任命我当司隶校尉,没有能报效朝廷,所以常常希望有朝一日能捐弃生命来斩断奸臣的首级,把它悬挂在国都的市场,整理记录他们的罪行,使四方民众明白知晓这是对他作恶的惩罚,然后我接受死刑,也是心甘情愿的。就是一个布衣平民,尚且还有抹脖子的交情,现今凭借四海的阔大,竟然没有一个为了节义而死、为了正义牺牲的臣子,大致都是苟且迎合,取悦于人,逢迎比附,互相结党营私,只想着私家的利益,忘掉了国家大政的人。邪恶污秽混乱污浊的气息,被上天感应,因此灾难怪异屡次发生,百姓穷困。这都是臣子不忠的效验呀,我真的感到无尽的羞耻。凡是人之常情没有不是想要平安生存而厌恶危险死亡,但是忠诚的臣子正直的士人不躲避患难危害,实在是为了君主。我私下有不尽的抑郁烦闷,希望能赐给我一点空闲,请陛下圣意裁择稍听臣言。”元帝不允许。此后诸葛丰的进言更不采用。诸葛丰又上书说:“我听说伯奇孝顺却被父亲抛弃,伍子胥忠贞却被国君诛杀,鲁隐公是慈爱的兄长却被弟弟杀害,叔武尊重兄长却被兄长杀戮。凭着这四位的品行,凭着屈平的才干,但是不能让自己显贵却受刑被杀,难道还不足以借鉴吗?假如我被杀死能让国家平安,遭受诛戮能让国君显荣,我真的愿意。只恐怕还不能有什么补益,就被那群邪恶臣子排挤,让进谗之人称心,正直的道路被堵塞,忠臣灰心失望,智者闭口不言,这就是我所恐惧的呀。”

刘辅①,河间人也,为谏大夫。会成帝欲立赵倢伃为皇后②,辅上封事曰:“今乃触情纵欲③,倾于卑贱之女,欲以母天下,不畏乎天,不愧于人,惑莫大焉。里语曰④:‘腐木不可以为柱,卑人不可以为主。’天人之所不与,必有祸而无福,市道皆共知之⑤,朝臣莫肯一言,臣窃伤心。自念得以同姓拔擢⑥,尸禄不忠⑦,污辱谏争之官⑧,不敢不尽死,唯陛下察焉。”书奏,上使侍御史收缚辅⑨,系掖庭秘狱⑩,群臣莫知其故。

【注释】

①刘辅：本段节录自《盖诸葛刘郑孙毋将何传·刘辅传》。刘辅，河间献王刘德后裔。举孝廉，任襄贲令，上书言得失，成帝美其材，召拜为谏大夫。因谏成帝立婕妤赵飞燕为皇后事，被收捕。虽得左将军辛庆忌、光禄勋师丹等上疏援救免死，但终身不复起用。

②赵婕妤：赵飞燕，为汉成帝第二任皇后。原为阳阿主家官婢，以善歌舞，体轻舞美，人称"飞燕"。成帝时召入宫，先封婕妤，许后废，她被立为皇后。与妹赵昭仪专宠十余年，因皆无子，遂害死皇子，使成帝绝嗣。哀帝立，她被尊为皇太后。平帝即位，她被废为庶人，自杀。婕妤，也作"婕好"，宫中女官名。汉武帝时始置，位视上卿，秩比列侯。

③触情：触动情欲。

④里语：俗谚。

⑤市道：指市井及道路之人，普通人。

⑥拔擢：选拔提升。

⑦尸禄：空食俸禄而不尽其职，无所事事。

⑧谏争：直言规劝。

⑨侍御史：在御史大夫之下的监察官员。如果高级官员犯法，一般由侍御史报告御史中丞然后上报给皇帝；低级官员可以直接弹劾。

⑩掖庭：宫中官署名。掌后宫贵人采女事，以宦官为令丞。秘狱：指由掖庭令丞宦者主持的秘密监狱。

【译文】

刘辅，是河间人，担任谏大夫。恰逢汉成帝要立赵婕妤为皇后，刘辅呈上密奏说："现今陛下触动并放纵情欲，倾情于卑贱的女子，想要让她做皇后母仪天下，不畏惧上天，不愧对世人，迷惑没有比这个更大的了。

俗谚说：'腐朽的木头不能做柱子，卑贱的人不能当主人。'上天和世人都不赞同，必定有祸没有福，这是普通人都知道的，朝廷臣子却没有谁肯说一句话，我私下伤心。我自己想到因为是同姓宗亲而得到提拔，白吃俸禄无所事事不尽忠做事，是对谏官这个官职的侮辱，所以不敢不尽死来报效，希望陛下明察。"密奏呈上之后，成帝让侍御史拘捕了刘辅，关押在掖庭令主管的秘密监狱中，群臣没人知道缘故。

于是①，左将军辛庆忌、右将军廉褒、光禄勋师丹、太中大夫谷永②，俱上书曰："臣闻明主垂宽容之听，崇谏争之官，广开忠直之路，不罪狂狷之言③。然后百僚在位，竭忠尽谋，不惧后患，朝廷无诌谀之士，元首无失道之愆④。窃见谏大夫刘辅，前以县令求见，擢为谏大夫，此其言必有卓诡切至当圣心者⑤，故得拔至于此。旬日之间，收下秘狱。臣等愚，以为辅幸得托公族之亲⑥，在谏臣之列，新从下土来，未知朝廷体，独触忌讳，不足深过。小罪宜隐忍而已⑦，如有大恶，宜暴治理官⑧，与众共之⑨。今天心未豫，豫，悦豫也⑩。灾异屡降，水旱迭臻⑪，方当隆宽广问、褒直尽下之时也。而行惨急之诛于谏争之臣⑫，震惊群下，失忠直心。假令辅不坐直言，所坐不著⑬，天下不可户晓，同姓近臣，本以言显，其于治亲养忠之义⑭，诚不宜幽囚于掖庭狱。公卿以下，见陛下进用辅亟，而折伤之暴，人有惧心，莫敢尽节正言，非所以昭有虞之听⑮，广德美之风也。臣等窃深伤之，唯陛下留神省察。"上乃减死罪。

【注释】

①于是：本段节录自《盖诸葛刘郑孙毋将何传·刘辅传》。

②左将军：位仅次于上卿，职务或典京师兵卫、或屯兵边境。辛庆忌：字子真。元帝时累迁张掖、酒泉太守。成帝初年，征为光禄大夫，执金吾，后拜左将军。右将军：职权与左将军相似。廉褒：字子上。宣帝时为西域都护。勇武，以恩信称。成帝永始三年（前14），由金城太守为执金吾，次年迁右将军。光禄勋：九卿之一，秦汉负责守卫宫殿门户的宿卫，后演变为总领宫内事物。师丹：字仲公。成帝时以“议论博深，廉正守道”荐，征为光禄大夫、丞相司直，累官为光禄勋、侍中，迁为太子太傅。代王莽为大司马，封高乐侯，月余，徙为大司空。哀帝时数十次上书谏夺王莽权，提出“限田限奴”的主张，但均未能实行。太中大夫：掌论议。谷永：字子云。汉成帝召谷永做太中大夫，升任光禄大夫给事中，出京任安定太守，迁为凉州刺史，北地太守，入京做大司农。后因病死在家中。曾以天变而切谏成帝勿近幸小臣、微服外游。

③罪：怪罪，认为有罪。狂狷：狂妄褊急。

④元首：君主。失道：失去准则，违背道义。愆（qiān）：罪过，过失。

⑤卓诡：高超奇异。切至：贴切恰当。

⑥公族：指皇族。

⑦隐忍：克制忍耐。

⑧暴（pù）：公布，披露。理官：治狱之官。

⑨与众共之：让众人知道他的罪状而惩罚他。

⑩悦豫：喜悦，愉快。

⑪迭臻：接连而至。

⑫惨急：严刻峻急。

⑬所坐：指所判的罪。不著：不显扬。指不可显扬的罪行。

⑭治亲：古代指依礼法端正亲属之间的关系。养忠：指培养忠贞

之臣。

⑮有虞之听：传说舜设立敢谏之鼓，因此叫有虞之听，指勇于纳谏。有虞，古部落名，其首领为舜。这里指舜。

【译文】

于是，左将军辛庆忌、右将军廉褒、光禄勋师丹、太中大夫谷永，都上书说："我们听说圣明的主上宽容地倾听意见，推崇劝谏的官员，广开忠诚刚直的道路，不怪罪狂妄褊急的言论。此后百官就能各司其职，竭尽忠诚为国谋划，不惧怕以后的祸患，朝廷没有谄谀的人，君主没有违背道义的罪责。私下见到谏大夫刘辅，以前凭县令身份请求召见，被提拔为谏大夫，这是他的言论必定有高超奇异深切符合陛下心意之处，所以才能提拔到这个职位。十天之内，却被关进秘狱。我们愚笨，认为刘辅有幸托身为皇族亲属，处在劝谏臣子的行列，新从下面小地方上来，不知晓朝廷的大体，自己触犯了忌讳，不值得深入追究过失。如果他犯的是小罪应该克制忍耐，如果是大罪，应该披露让持法官员审理，让众人知道他的罪状而惩罚他。现今上天不高兴，豫，是喜悦的意思。灾害变异屡次降临，水灾旱灾相继发生，正应当是广开言路、褒奖正直竭尽臣下忠心的时候。但是却对直言劝谏的臣子实行严苛峻急的诛责，震惊群臣，让忠直之士失望。假使刘辅不因为直言劝谏，所犯罪行不可显扬，不可以让天下家喻户晓，但刘辅是陛下同姓亲近的臣子，原本因为进言荣显，从端正亲属关系培养忠贞之臣的意义来说，实在不应该囚禁在掖庭的监狱里面。公卿以下的臣子，看见陛下进用刘辅这样迅疾，而挫折伤害又这样突然，人人都有恐惧之心，没有谁敢于捐生赴义说实话，这不是用来明昭天子像舜那样听取劝谏的做法，推广德行美好的风尚啊。我们私下深深感伤，希望陛下注意审察。"成帝于是把刘辅的死罪减了一等。

郑崇①，字子游，本高密人也，哀帝擢为尚书仆射②。数求见谏争，上初纳用之。每见曳革履③，上笑曰："我识郑尚书履声。”久之，上欲封祖母傅太后从弟商④，崇谏曰：“孝成皇帝封亲舅五侯⑤，天为赤黄昼昏，日中有黑气。今祖母从昆弟二人已侯：孔乡侯⑥，皇后父；高武侯以三公封⑦，尚有因缘⑧。今无故欲复封商，坏乱制度⑨，逆天人心，非傅氏之福也。臣愿以身命当咎⑩。”崇因持诏书案起⑪。持当受诏书案起去。傅太后大怒曰：“何有为天子乃反为一臣所专制邪⑫！”上遂下诏封商为汝昌侯。崇又以董贤贵宠过度，数谏，由是重得罪，数以职事见责，发疾颈痈⑬，欲乞骸骨⑭，不敢。尚书令赵昌佞谄⑮，素害崇，知其见疏，因奏崇与宗族通，疑有奸⑯，请治。上责崇曰：“君门如市，何以欲禁切主上⑰？”崇对曰：“臣门如市，臣心如水⑱。愿得考覆⑲。”上怒，下崇狱，穷治⑳，死狱中。

【注释】

①郑崇：本段节录自《盖诸葛刘郑孙毋将何传·郑崇传》。郑崇，字子游。少为郡文学史，至丞相大车属，哀帝擢为尚书仆射；数求见谏争，上初纳用，后因忤帝意而下狱，死于狱中。

②哀帝：汉哀帝刘欣。元帝庶孙，定陶恭王刘康之子。成帝无子，遂于绥和元年（前8）被立为太子。次年，即帝位。在位七年（前7—前1）。因宠任外戚及男宠董贤，政治更加腐败。尚书仆射（yè）：尚书省的副官，尚书令为虚职后，尚书仆射成为尚书省的长官。

③曳（yè）：拖，牵引。

④傅太后：汉元帝妃、哀帝祖母。元帝时甚有宠，生子即定陶恭王刘康，尊为昭仪。元帝卒，随子归国，称定陶太后。刘康卒，子刘欣尚幼小，由她亲自带养。刘欣入嗣即位后，尊其为恭皇太后，后又更号太皇太后。既尊，尤骄。卒称孝元傅皇后。哀帝卒，王莽专

权,追贬其号称定陶共王母。从弟商:傅商,后被封为汝昌侯。

⑤孝成皇帝封亲舅五侯:汉成帝在河平二年(前27)六月,封几个舅
　舅为侯:王谭为平阿侯,王商为成都侯,王立为红阳侯,王根为曲
　阳侯,王连时为高平侯,五人在同一天受封,时称"五侯"。

⑥孔乡侯:傅晏。哀帝为定陶王时,由傅太后做主将其女嫁与哀帝。

⑦高武侯以三公封:哀帝建平元年(前6),傅晏之子、傅皇后之弟傅
　喜以外戚、大司马封为高武侯。大司马为三公之一。

⑧因缘:依据。

⑨坏乱:败坏,混乱。

⑩咎:灾祸。

⑪诏书案:指已经写好的诏书草稿。案,文案。

⑫专制:控制,掌管。

⑬痈:肿疡,一种皮肤和皮下组织化脓性的炎症,多发于颈、背,常伴
　有寒热等全身症状,严重者可并发败血症。

⑭乞骸骨:古代官吏自请退职,意谓使骸骨得归葬故乡。

⑮尚书令:尚书省的长官。赵昌:《太平御览·人事部·心》作"尚
　书令赵彩碟"。佞谄:谄媚奉承。

⑯奸:指不忠于国家。

⑰禁切(jīn qiè):控制,制约。

⑱臣门如市,臣心如水:指交往虽多,但很清白。

⑲考覆:考查审察。

⑳穷治:彻底查办。

【译文】

郑崇,字子游,本来是高密人,汉哀帝提拔他当了尚书仆射。他屡
次求见直言劝谏,哀帝起初采纳他的意见。每次召见,郑崇拖着生皮鞋
子走近,哀帝笑着说:"我听得出郑尚书鞋子的声音。"过了很久,哀帝想
要封他祖母傅太后的从弟傅商为侯,郑崇劝谏说:"成帝封五个亲舅舅为

侯,上天因此变成红黄色,白天跟黄昏一样,太阳上出现黑气。现今陛下您的祖母两个堂兄弟已经封侯:孔乡侯傅宴,是皇后的父亲;高武侯傅喜,因为是三公而封侯,尚且还算是有道理。现今无缘无故又要封傅商为侯,破坏扰乱制度,违背上天和世人的心愿,不是傅氏的福气呀。我愿意用自身性命来阻挡灾祸。”郑崇于是拿起已经写好的诏书草稿起身离开。拿着应该接受的已写好的诏书草稿起身离开。傅太后大怒说:“哪里有作为天子竟然反被一个臣子给控制了的!”哀帝于是下诏封傅商为汝昌侯。郑崇又因为哀帝过度推尊宠爱董贤,多次劝谏,因此重重得罪了哀帝。他屡次因为职责上的事被谴责,颈部长了痈疮,想要退职回家,又不敢。尚书令赵昌谄媚逢迎,平常就嫉恨郑崇,知道他被疏远,于是上奏说郑崇跟某刘姓宗亲勾结,怀疑有不忠的行为,请求审理治罪。哀帝责备郑崇说:“你的大门口像市场一样热闹,为什么要制约主上?”郑崇回答说:“我的门口像市场,我的内心如清水。希望能得到考察审理。”哀帝发怒,把郑崇下狱,彻底查办,郑崇死在监狱中。

　　荀悦《纪论》曰①:“夫臣下之所以难言者何也? 言出乎口,则咎悔及之矣②。故举过扬非,则刺上之讥。言而当,则耻其胜己也③;言而不当,则贱其愚也④。先己而同⑤,则恶其夺己之明也;后己而同,则以为顺从也。违下从上,则以为谄谀也;违上从下,则以为雷同也⑥。与众共言,则以为顺负也⑦;违众独言,则以为专美也⑧。言而浅露,则简而薄之⑨;深妙弘远⑩,则不知而非之。特见独知,则众共盖之⑪,虽是而不见称;与众同智,则以为附随也,虽得之,不以为功。据事尽理,则以为专必⑫;谦让不争,则以为易穷⑬。言而不尽,则以为怀隐⑭;进说竭情,则谓之不知量⑮。言而不效,则受其怨责;言而事效,则以为固当也⑯。或利于上,不利于下;或便于右,不便于左;或合于前,而忤于后⑰。夫能应事当理,决疑定功,发情起意,值所欲闻⑱,不害上下,无妨于时,言立而策成,始无咎悔,若此之比⑲,百不一遇,又智之所见,万不一及也。且犯颜冒死⑳,下之所难言也;拂旨忤情㉑,上之所难闻也。以难言之臣,忤难闻之主,以万不一及之智,求百不一遇之时,此下情所以常不通也㉒。非唯君臣而已,凡言亦皆如之,是乃仲尼所以发愤嗟叹㉓,称'吾欲无言'者也㉔。"

【注释】

①荀悦《纪论》曰:本段引自荀悦《汉纪》。

②咎悔:灾祸,灾患。

③耻:认为羞耻。

④贱:鄙视,看不起。

⑤同:指话语、见解相同。

⑥雷同:随声附和。

⑦顺负:依顺,人云亦云。

⑧专美:独享美名。

⑨简:轻贱,怠慢。薄:轻视,鄙薄。

⑩深妙:深奥微妙。弘远:广大深远。

⑪共:天明本眉批:"旧作'其',改之。"盖:遮盖。

⑫专必:专擅执拗,刚愎自用。必,坚持。

⑬穷:穷尽。

⑭怀隐:谓知而不言,言而不尽。

⑮量:限度。

⑯固当:原本就应该这样。

⑰忤:逆。

⑱值:遇到。

⑲比:类。

⑳犯颜：冒犯君上的威严。

㉑拂：逆，违背。

㉒下情：指下级或群众的情况或心意。

㉓发愤：发泄愤懑。

㉔吾欲无言：语见《论语·阳货》。意思是我打算不再说什么了。

【译文】

荀悦《纪论》说："臣下之所以难以进言的原因是什么呢？话从口中说出，灾祸就已经降临了。所以举出过失宣扬错误，那就是对君上的讽刺讥笑。说的对，君主就为对方胜过自己感到羞耻；说的不对，君主就觉得对方愚蠢看不起他。与自己意见相同而先于自己说出，那就厌恶他夺去了自己的明见；与自己意见相同而后于自己说出，那就认为他是顺从自己；违背下层顺从上层，那就认为他谄媚；违背上层顺从下层，那就认为他随声附和没主见。跟众人的意见相同，那就认为他是人云亦云；违背众人坚持己见，那就认为他是要独享美名。言语浅薄鄙陋，那就轻贱鄙薄他；言语玄妙深远，那就因为不了解而要反对他。见解独特，那么就共同掩盖他的意见，即使说的对也不称赞他；跟众人的认识相同，那就认为是附和追随，即使有所获得，也不认为是他的功绩。据理力争，那就认为他执拗刚愎；谦让不争，那就认为他易被说服。说话留有余地，那就认为是怀有隐秘不说明白；进言竭尽情意，那就认为是不知道限度。说了却没有效果，那就要受到怨恨责怪；说了事情见效，那就认为本来就应当这样。有的话对上有利，对下不利；有的对右边便利，对左边不便；有的符合前面的心意，却违逆后面的心意。能够对相应的事用正当的方法加以处理，决定疑难建立功业，说的话正好符合他的心意，正是他想听到的，上上下下都不妨害，与时机无所妨碍，话语一出计策就能成功，从始至终没有灾祸，像这样的情况，一百次也碰不上一次，而具有这种见解智慧的，一万个人里也没有一个。况且冒犯君上的威严、冒着死亡的危险，臣下是很难开口说话的；违逆自己的意见心情的话，君上是很不愿意倾听的。让很难开口说话的臣子，去违逆很不愿意倾听的君主，用一万个人里也没有一个人具有的智慧，去寻求一百次也遇不上一次的机会，这就是下情经常不通达的原因。不仅仅君臣是这样，凡是言语都和这一样，这就是孔子要发泄愤懑感慨长叹,说道'我打算不再说什么了'的原因吧。"

萧望之^①,字长倩,东海人也,为谏大夫。出为平原太守^②。上疏曰:"陛下哀愍百姓^③,恐德化之不究^④,悉出谏官,以补郡吏,所谓忧其末而忘其本者也。朝无争臣^⑤,则不知过;国无达士^⑥,则不闻善。愿陛下选明经术,温故知新,通于几微谋虑之士^⑦,以为内臣,与参政事。诸侯闻之,则知国家纳谏忧政,无有阙遗^⑧。若此不怠,成康之道,其庶几矣^⑨!外郡不治,岂足忧哉?"书闻,征入守少府^⑩,为御史大夫^⑪。

【注释】

①萧望之:本段节录自《萧望之传》。萧望之,字长倩,东海兰陵(今山东临沂兰陵镇)人,徙居杜陵(今陕西西安东南)。主治《齐诗》,兼学诸经,是汉代《鲁论语》的传人,其学识为京师诸儒所称道。汉宣帝时,曾被丙吉推荐给大将军霍光,以儒家经典教授太子(汉元帝)。历任太守、大鸿胪、御史大夫、太傅等。参加甘露三年(前51)在长安未央宫北石渠阁讲解评议五经同异。元帝即位,倍受尊宠。后遭宦官弘恭、石显排挤陷害,于初元二年(前47)饮鸩自杀。

②平原:西汉平原郡,治所在今山东平原西南。

③哀愍:怜惜,同情。

④究:周遍。

⑤争臣:能直言诤谏的大臣。

⑥达士:见识高超、不同于流俗的人。

⑦几微:隐微。

⑧阙遗:缺失遗漏。阙,残缺,不完善。

⑨庶几：差不多。

⑩守：暂时署理职务。多指官阶低而署理较高的官职。少府：为皇室管理私财和生活事务的职能机构，职掌其一是征课山泽税和收藏贡献，以备宫廷之用；其二是负责宫廷衣食起居、游猎玩好等的供给和服务。

⑪御史大夫：汉三公之一。秩中二千石。其内承朝廷风化，外佐丞相统理天下，为丞相副贰，主管图籍秘书、四方文书，握有考课、监察和弹劾百官之权。皇帝制书、诏书下达，多由御史大夫承转，然后才下达丞相。丞相缺位，亦多由御史大夫递补。

【译文】

萧望之，字长倩，是东海郡人，担任谏大夫。离开朝廷出任平原郡太守。上疏说："陛下哀怜百姓，恐怕德化不能普遍施行，把谏官都放出朝廷，补任郡的官吏，这是人们所说的忧虑事物的末节而忘记事物的根本啊。朝廷里没有能直言谏诤的大臣，那就不能知道过失；国家没有见识高超的士人，那就听不见善言。希望陛下选择通明经术，温故知新，通晓隐微预兆和谋略的士人，作为朝廷内的臣子，参与政事。诸侯听到，就能知道国家采纳劝谏担忧政事，没有缺失遗漏。像这样不懈怠，周成王、周康王的世道，或许就差不多能达到了。外面的郡得不到治理，难道还值得忧虑吗？"奏疏被宣帝看到，征召他入朝，暂时署理少府，担任御史大夫。

五凤中①，匈奴大乱②，议者多曰，匈奴为害日久，可因其坏乱，举兵灭之。诏问望之，对曰："《春秋》晋士匄帅师侵齐，闻齐侯卒而还③，君子大其不伐丧④，以为恩足以服孝子，谊足以动诸侯⑤。前单于慕化乡善⑥，遣使请求和亲，海内欣然，夷狄莫不闻。不幸为贼臣所杀⑦，今而伐之，是乘乱而幸灾也,彼必奔走远遁。不以义动兵,恐劳而无功。宜遣使者吊问⑧,辅其微弱,救其灾患。四夷闻之,咸贵中国之仁义,必称臣服从,此德之盛也。"上从其议。

【注释】

①五凤中:本段节录自《萧望之传》。五凤,汉宣帝刘询的年号(前57—前54)。

②匈奴大乱:指汉宣帝年间,匈奴遭邻国多次攻击,人口、畜产大量损失,属国解体,又因内部五单于争立,战乱不已。

③晋士匄(gài)帅师侵齐,闻齐侯卒而还:鲁襄公十九年(前554),晋国大臣士匄率军侵齐,军队行至谷地(今河南南部东阿镇),闻齐灵公卒,遂还师。士匄,祁姓,士氏,按封地又为范氏,名匄,谥宣,又称范宣子。

④大:赞美,称扬。

⑤谊:义。

⑥前单于:当指握衍朐鞮单于。神爵四年(前58)遣弟伊酉若王胜之入汉复修和亲。后败于呼韩邪单于,自杀。慕化:向慕归化。乡:通"向"。

⑦幸:庆幸。

⑧吊问:吊祭死者,慰问其家属。

【译文】

汉宣帝五凤年间,匈奴大乱,谋划的人大多认为,匈奴为害已经很久了,可以趁着它崩坏混乱,起兵消灭它。宣帝下诏询问萧望之,萧望之回答说:"《春秋》记载晋国大夫士匄率领军队入侵齐国,听到齐灵公去世就撤军回去,君子赞美他不进攻遭逢丧事的齐国,认为恩惠足以让孝子佩服,道义足以让诸侯感动。前任匈奴单于向慕归化大汉,派遣使者请求和亲,海内欢欣,夷狄没有谁不知道。他不幸被作乱的臣子杀害,现今如果我们去讨伐，这是趁乱打劫幸灾乐祸啊，他们必定逃跑到遥远的地方去。不凭借正义而起兵，恐怕是徒劳无功。应该派遣使者吊祭慰问，在他们微小势弱时辅助他们，挽救灾祸。四方部族听到，都会认为中国仁义可贵，必定称臣服从，这是德行隆盛啊。"宣帝听从了这一建议。

宣帝寝疾[①]，选大臣可属者，引外属侍中史高、太子太傅望之、少傅周堪至禁中[②]，拜高为车骑将军、望之为前将军、堪为光禄大夫[③]，皆受遗诏辅政。孝元皇帝即位，望之、堪本以师傅见尊重，数宴见，言治乱，陈王事[④]。望之选白宗室明经达学刘更生与金敞[⑤]，并拾遗左右[⑥]。四人同心谋议，多所匡正。

【注释】

①宣帝寝疾：本段节录自《萧望之传》。寝疾，卧病。

②外属：外家亲属。史高：汉宣帝祖母史良娣的兄弟史恭的长子，也就是宣帝的表舅。宣帝即位，召为侍中，赐爵关内侯。又因参与平定大司马霍禹等谋叛有功，地节四年（前66）封乐陵侯，食二千三百户。黄龙元年（前49）拜大司马，车骑将军，领尚书事。周堪：字少卿。事夏侯胜治《尚书》。宣帝时以儒学入仕，任译官令。曾参与石渠阁讲论五经异同。后为太子少傅。元帝即位，拜光禄大夫，同前将军萧望之共领尚书事。

③车骑将军：位次于大将军及骠骑将军，而在卫将军及前、后、左、右将军之上，位次上卿，或比三公。典京师兵卫，掌宫卫，第二品，是战车部队的统帅。

④王事：重大的国家事务。

⑤白：告语，禀报。达学：通晓各种学问。刘更生：即刘向。金敞：字

幼孺,金日磾弟金伦之子。

⑥拾遗:补正别人的缺点过失。

【译文】

宣帝卧病,选择可以嘱托的大臣,招外戚侍中史高、太子太傅萧望之、太子少傅周堪到宫中,任命史高为车骑将军、萧望之为前将军、周堪为光禄大夫,都接受遗诏辅政。元帝即位,萧望之、周堪本来就是太子的师傅因而被尊重,多次在元帝公余时间被召见,谈论国家治乱,王朝大事。萧望之选拔推荐了明白经术、通晓各种学问的宗室刘更生和金敞,一起在元帝身边补正过失。四个人同心谋划,对朝政有很多匡正。

中书令弘恭、石显久典枢机①,与车骑将军高为表里②,论议常持故事③,不从望之等。望之以为中书政本,宜以贤明之选,自武帝游宴后庭④,故用宦者,非国旧制,又违古不近刑人之义,白欲更置士人,由是大与高、恭、显忤。恭、显令郑朋、华龙二人告望之等谋欲罢车骑将军⑤,疏退许、史状⑥,候望之出休日,令朋、龙上之。事下弘恭。恭、显奏:"之、堪、更生朋党相称举⑦,数谮大臣,毁离亲戚,欲以专擅权势。为臣不忠,诬上不道,请召致廷尉。"时上初即位,不省召致廷尉为下狱也⑧,可其奏⑨。后上召堪、更生,曰:"系狱。"上大惊,责恭、显,皆叩头谢。上曰:"令出视事。"恭、显因使高言:"上新即位,而先验师傅⑩,既下狱,宜因决免⑪。"于是望之、堪、更生皆免为庶人。后数月,赐望之爵关内侯、给事中⑫。

【注释】

①中书令弘恭、石显久典枢机：本段节录自《萧望之传》。中书令，中尚书令省称，宦官主尚书事称中书令。帮助皇帝在宫廷处理政务，负责直接向皇帝上奏的密奏"封事"，责任重要。弘恭，西汉宦官。初任中黄门，选为中尚书。宣帝时任中书官，明习法令故事，善为请奏，能称其职，为宣帝所信任，任为中书令。元帝即位，他与中书仆射石显、外戚史高互相勾结，操纵朝事。石显：字君房。初坐法受腐刑，为中黄门。后代弘恭为中书令。元帝病，政事无大小，都由他决定，贵幸倾朝，百官皆敬事之。典，掌管，主持。枢机，指中央政权的机要部门或职位。

②表里：呼应，补充。

③故事：先例，旧日的典章制度。

④后庭：后宫。

⑤郑朋：为人品行邪佞。元帝初，萧望之以帝师受敬重，郑朋知望之素恶外戚、宦官弄权，欲附之，上疏言外戚许、史子弟罪过，得荐为待诏。后望之知其品行，与其绝交，他遂投靠外戚许、史，诬谮望之有大罪一、小过五。宦官中书令弘恭、仆射石显借此诬陷望之，望之免官下狱自杀，他得任黄门郎。华龙：汉宣帝时，奉召与高材刘向、张子侨、柳褒等待诏金马门。元帝时，欲附萧望之、周堪以求进，以行污秽，为萧、周所拒。华龙遂与郑朋相结，附于弘恭、石显。

⑥状：情状，情况。

⑦称举：称誉举荐。

⑧省（xǐng）：知晓，懂得。

⑨可：认可，允许。

⑩验：检验，考查。

⑪决：判决。免：免官。

⑫给事中：官名，秦汉为加官，侍从皇帝左右，备顾问应对，参议政

事，因执事于殿中，故名。

【译文】

中书令弘恭、石显长久主持中央机要部门，与车骑将军史高内外廷互相呼应，在朝廷发表意见经常按旧的典章制度处理，不听从萧望之等人的意见。萧望之认为中书是政令的根本，应该任用贤明的人，从武帝流连后宫游乐，所以任用宦官，不是国家原来的典章制度，又违背了古人不能接近受过刑的人的教义，禀报元帝想要更换为士人，因此大大得罪了史高、弘恭、石显。弘恭、石显让郑朋、华龙二人上告萧望之等人阴谋罢黜车骑将军史高，使圣上疏远许氏、史氏两家外戚等情况，等到萧望之出朝休息的日子，让郑朋、华龙呈上奏章。事情交给弘恭、石显处理。弘恭、石显上奏说："萧望之、周堪、刘更生结成朋党互相称誉推许，多次诋毁国家重臣，离间陛下的骨肉至亲，图谋控制朝廷，独揽权势。作为臣子不忠，污蔑君上是大逆不道，请将他们交给廷尉。"当时元帝刚即位，不明白交给廷尉是送进监狱的意思，就同意了他们的奏请。后来元帝召见周堪、刘更生，左右禀告说："他们都被关在监狱里。"元帝大惊，责备弘恭、石显。他们都叩头谢罪。元帝说："让他们出来办公。"弘恭、石显于是让史高说："皇上刚即位，先依照法律处理师傅，既然已经把他们关进监狱，应该按照判决免官。"于是萧望之、周堪、刘更生都罢免成为平民。过了几个月，赐给萧望之关内侯、给事中。

恭、显等知望之素高节①，不诎辱②，白："望之前辅政，欲专权擅朝③。幸得不坐④，复赐爵邑，与闻政事，不悔过服罪，深怀怨望，自以托师傅，怀终不坐⑤。非颇诎望之于牢狱⑥，塞其怏怏心⑦，则圣朝无以施恩厚⑧。"上曰："萧太傅素刚，安肯就吏？"显等曰："人命至重，望之所坐⑨，语言薄罪，必无所忧。"上乃可其奏。显等封以付谒者，因急发车骑驰围其第⑩。使者至,召望之。望之仰天叹曰:"吾尝备位将相⑪,年逾六十矣! 老入牢狱,苟求生活,不亦鄙乎!"竟自杀。天子闻之惊,拊手曰⑫:"果杀吾贤傅!"是时太官方上昼食⑬,上乃却食⑭,为之涕泣,哀恸左右⑮。显等免冠谢,良久然后已。

【注释】

①恭、显等知望之素高节:本段节录自《萧望之传》。

②诎(qū)辱:委屈和侮辱。

③擅朝:独揽朝政。

④坐:定罪。

⑤怀终不坐:自认为无论怎样都不会给自己定罪。

⑥颇:略微,稍微。

⑦快快:不服气或闷闷不乐。

⑧圣朝:旧时尊称本朝。亦作为皇帝的代称。

⑨坐:触犯法律。

⑩第:宅第,住所。

⑪备位:居官的自谦之语。谓愧居其位,不过聊以充数。

⑫拊手:拍手,表示惊讶。

⑬太官:官名,有太官令、丞,属少府,掌皇帝膳食及燕享之事。昼食:午饭。

⑭却:指撤去,收掉。

⑮哀恸:悲痛至极。

【译文】

弘恭、石显知道萧望之平素气节高尚,不会忍受委屈侮辱,禀告说:"萧望之以前辅佐政务,想要专权独揽朝政。侥幸没有定罪,又赐予爵位食邑，参与政事，不悔过认罪，却深怀怨恨，自以为是皇帝的师傅，无论怎样都不会治罪。如果不把他关进监狱稍微折辱一下，打消他不服气的心理，那么皇上就没办法对臣下施予厚恩了。"元帝说："萧太傅一向刚直，哪里肯到狱吏那里去？"石显等人说："人命最重，萧望之所触犯的，不过是言语之类的轻罪，必定不会有任何意外。"元帝于是同意了奏请。石显等人封好诏书交付给谒者，于是立即调发部队迅速包围了萧望之的住所。使者到，召见萧望之。萧望之仰天长叹说："我曾经当过将相，年纪已在六十多岁了！老了进监狱，苟且求活命，不也太鄙陋了吗！"最终自杀了。天子听说后大惊，拍手说："果然杀害了我的好师傅！"这时掌管膳食的太官刚奉上午饭，皇帝就撤去食物，为他哭泣，悲痛至极感动左右。石显等脱帽谢罪，很久才罢休。

汉书(八)

原缺

后汉书（一）

【题解】

《后汉书》是一部由南朝宋的历史学家范晔编撰的记载东汉历史的纪传体史书，与《史记》《汉书》《三国志》合称"前四史"。全书主要记述了上起王莽新朝灭亡（23），下至汉献帝建安二十五年（220）曹丕废汉建魏，共197年的历史。全书纪十卷，列传八十卷。范书无志，梁刘昭取司马彪《续汉书》八志补入。唐高宗时，章怀太子李贤为范书作注，并把若干篇幅较长的卷分为上下，共一百卷；宋仁宗时将八志三十卷与李贤注合刊，成为今本《后汉书》。《群书治要》成书在今本之前，故无八志及李贤注。东汉历史，原有刘珍奉敕编修的《东观汉记》、司马彪的《续汉书》等，范书综其所长，沿袭《史记》《汉书》的体例，但又有所创新变动，如改《史记》的《外戚世家》与《汉书》的《外戚传》为《皇后纪》；记人叙事，以类相从，创立《党锢列传》《宦者列传》《文苑列传》《方术列传》《独行列传》《逸民列传》《列女传》等七种类传，多为后世史书继承。《后汉书》结构谨严，内容丰富，文辞优美流畅，叙事简洁，笔势纵放，时有新意，故此书一出，大家争相传诵，除了袁宏《后汉书》外，之前各家后汉历史著作便逐渐销声匿迹，至于亡佚。

范晔（398—445），字蔚宗，南朝顺阳（今河南淅川西南）人，是安北将军范汪曾孙、豫章太守范宁之孙、侍中范泰之子，出继从伯弘之，袭封武兴县五等侯。范晔自幼酷爱读书，博览藏书，善文章，能隶书，晓音律。辟为刘裕相国掾，转刘义康参军。入宋，为尚书外兵郎，出为荆州别驾从事，寻召入为秘书丞。后为征南大将军檀道济司马，领新蔡太守，因触怒彭城王刘义康，迁宣城太守。在郡数年，成《后汉书》。迁尚书吏部郎、豫州刺史、长沙王刘义欣镇军长史。元嘉十七年（440），范晔投靠始兴王刘濬，历任后军长史、南下邳太守、左卫将军。刘濬年幼，政事尽委于范晔。累迁至太子詹事，后人因习称"范詹事"。元嘉二十二年（445），范晔因参与孔熙先、彭城王刘义康的政变阴谋，事败被处斩，死时年48岁。

本卷选录《后汉书》部分本纪及列传的内容。本纪部分节录卷一至卷四汉光武帝刘秀、明帝刘庄、章帝刘炟、和帝刘肇，以及卷十《皇后纪》中明德马皇后、和熹邓皇后的事迹。四位帝王纪主要表达帝王应勤政爱民、自我约束、远外戚而近贤人的思想。两位皇后纪，则主要表现皇后应带头节俭、约束外戚、不干朝政。列传则选自卷十七至卷二十四，节录冯异、岑彭、臧官、祭遵、马武、马援、卓茂、鲁恭等八人的言论事迹。这八人中除了鲁恭，都是辅佐刘秀登上帝位的功臣。书中节录主要表达了对他们辅弼君主、克己奉公精神的赞美。在《马武传》后，特别选录了范晔的评论，对汉初君臣关系予以总结，尤其称赞了光武帝的保全功臣、明帝在云台为二十八位功臣画像以"追感前世功臣"。《马援传》是八人传记中最长的，主要节录了马援不顾年迈出征五溪蛮夷病逝军前，却被陷害而夺爵不得安葬的悲惨结局，表达了对马援的深切同情与不平。卓茂、鲁恭可以视为"循吏"的典范，他们以道德教化百姓，治理地方，为稳定社会秩序，促进社会发展做出了贡献。

本纪

世祖光武皇帝讳秀①，字文叔，南阳人，高祖九世孙也。更始元年②，遣世祖行大司马事③，北渡河④，镇慰州郡⑤。进至邯郸⑥，故赵缪王子林以卜者王郎为天子⑦，都邯郸。二年，进围邯郸，拔其城，诛王郎，收文书，得吏民与郎交关谤毁者数千章⑧。世祖为不省⑨，会诸将烧之，曰："令反侧子自安⑩。"更始立世祖为萧王⑪。世祖击铜马、高湖、重连⑫，悉破降之，封其渠帅为列侯⑬。降者犹不自安，世祖敕令各归营勒兵⑭，乃自乘轻骑案行部陈⑮。降者更相语曰："萧王推赤心置人腹中⑯，安得不投死乎⑰？"由是皆服。

【注释】

①世祖光武皇帝讳秀：本段节录自《光武帝纪》。世祖光武皇帝讳秀，即汉光武帝刘秀，字文叔，南阳郡蔡阳（今湖北枣阳西南）人。是东汉王朝的建立者，庙号世祖，谥号光武皇帝。25—57年在位。

②更始元年：23年。更始，更始帝刘玄年号（23—25）。刘玄，刘秀的族兄。自称是汉景帝刘启之子长沙定王刘发之后。新莽末，参加绿林起义军。23年，刘玄被绿林军在淯水之滨拥立为皇帝，年号更始，称更始帝。

③行：指兼摄官职。大司马：汉承秦制，置丞相、御史大夫、太尉，为三公，汉武帝罢太尉置大司马。东汉延置。

④河：黄河。

⑤镇慰：安抚慰问。州郡：州和郡都是古代的行政区划，也泛指地方上。

⑥邯郸：既是郡名，又是城邑名。汉邯郸郡，治邯郸（今河北邯郸）。

⑦赵缪王子林：刘林，西汉景帝八世孙。好术数，任侠于赵、魏间。更始元年（23），诈以卜者王郎为西汉成帝之子，立王郎为天子，刘林自为丞相，割据于邯郸。后为光武帝军队所灭。赵缪王，刘元，景帝七代孙。《汉书》曰："元坐杀人，为大鸿胪所奏。谥曰缪。"王郎：一名王昌，赵国邯郸（今河北邯郸）人。善占卜看相，

明星历。常以为河北有天子气,与刘林友善。王莽篡位,长安城中有自称成帝子舆者,莽杀之,王郎乃诈称己为真子舆。刘林与赵国大豪李育、张参等通谋,更始元年（23）十二月,拥立王郎为皇帝,定都邯郸,史称赵汉。更始二年（24）五月,刘秀联军攻破邯郸,兵败被杀。

⑧交关:串通,勾结。

⑨不省:不察看。

⑩反侧子:惶恐不安的人。

⑪萧:沛郡萧县,今属安徽宿州。更始元年（23）,封刘秀为萧王即此。

⑫铜马、高湖、重连:皆新莽末年河北的农民起义军。当时河北起义军有铜马、大肜、高湖、重连、铁胫、大抢、尤来、上江、青犊、五校、檀乡、五幡、五楼、富平、获索等,或以山川土地为名,或以军容强盛为号,共数百万人,其中以铜马军为最强大,领袖有东山荒秃、上淮况等。24年起义军被刘秀陆续击破,铜马部众多被收编。后来铜马、青犊、尤来余众共立孙登为帝,不久失败。

⑬渠帅:首领。列侯:爵位名,秦汉制爵分二十级,彻侯位最高;为避汉武帝刘彻讳,改彻侯为通侯,或称列侯。

⑭敕令:命令。勒兵:治军,指挥军队。

⑮案行:巡视。部陈:军伍行阵。陈,同“阵”。

⑯赤心:赤诚的心。

⑰投死:效死。

【译文】

世祖光武皇帝名秀,字文叔,是南阳人,汉高祖九代孙。更始元年,刘玄派刘秀兼摄大司马的事务,向北渡过黄河,安抚慰问地方州郡。行进到邯郸,已故的赵缪王的儿子刘林拥立卜卦的王郎当天子,建都邯郸。更始二年,刘秀进攻包围了邯郸,攻下城池,诛杀王郎,收取文书,获得官吏民众与王郎勾结毁谤的书信几千篇。刘秀都不查看,会同将领们一起烧掉，说："让惶恐不安的人安心。"更始帝立刘秀为萧王。刘秀攻击铜马、高湖、重连等起义军，击败他们并让他们投降，封他们的首领为列侯。投降的人自己不安心，刘秀下令让他们各自回归营中指挥军队，自己单骑乘马巡视军队。投降的人互相说道："萧王对我们推心置腹，我们怎么能不效死呢？"从此都心悦诚服。

即皇帝位^①，封功臣皆为列侯，大国四县，余各有差^②。博士丁恭等议曰^③："古帝王封诸侯，不过百里，强干弱枝，所以为治也，今封诸将四县，不合法制。"帝曰："古之亡国者皆以无道，未尝闻封功臣地多而灭亡者也。"乃遣谒者，即授印绶^④。建武十三年^⑤，诏曰："往年已敕郡国，异味不得有所献御^⑥，今犹未止，非徒有豫养导择之劳^⑦，至乃烦扰道上，疲费过所^⑧，其令大官勿复受^⑨。明敕宣下。若远方口实可以荐宗庙^⑩，自如旧制。"时兵革既息^⑪，天下少事，文书调役，务从简寡，至乃十存一焉。十七年^⑫，幸章陵^⑬，修园庙^⑭，祠旧宅^⑮，观田庐^⑯，置酒作乐^⑰，赏赐焉。时宗室诸母因酺悦^⑱，相与语曰："文叔少时谨信^⑲，与人不款曲^⑳，唯直柔耳^㉑。今乃能如此！"帝闻之，大笑曰："吾治天下，亦欲以柔道行之。"二十一年^㉒，鄯善王、车师王等十六国遣子入侍^㉓，愿请都护^㉔。帝以中国初定，未遑外事^㉕，乃还其侍子，厚加赏赐。

【注释】
①即皇帝位：本段节录自《光武帝纪》。
②有差：不一，有区别。

③博士：官名。掌教授经学，国有疑事，掌承问对。丁恭：字子然。习
　《公羊严氏春秋》，学生数百人。光武建武初，为谏议大夫、博士、封
　关内侯。世称大儒。二十年（44）拜侍中祭酒、骑都尉。后卒于官。

④印绶：印信和系印信的丝带。据记载，诸侯王，金玺盭（黄绿色）
　绶；列侯，金印紫绶。

⑤建武十三年：37年。建武，东汉皇帝汉光武帝年号（25—57）。

⑥献御：指进献食物给皇上。

⑦豫养：先行养育。导择：精选。

⑧过所：所过之处。

⑨大官：即太官。官名，掌皇帝膳食及燕享之事。

⑩口实：食物。荐：进献，送上。

⑪兵革：兵器和甲胄的总称，这里指战争。

⑫十七年：41年。

⑬章陵：县名。光武帝改西汉舂陵县为章陵县。以其父陵墓章陵得
　名。治所在今湖北枣阳南。

⑭园庙：帝王墓地所建的宗庙。

⑮祠：建祠堂。

⑯田庐：田地和房屋。

⑰作乐：行乐，取乐。

⑱时：当时。母：称家族、亲戚中之女性长辈。

⑲谨信：恭谨诚信。

⑳款曲：殷勤酬应。

㉑直柔：坦率柔和。

㉒二十一年：45年。

㉓鄯善、车师：皆古西域国名。遣子入侍：派儿子入朝奉侍。即做人质。

㉔都护：官名。汉宣帝置西域都护，总监西域诸国，并护南北道，为
　西域地区最高长官。

㉕遑：闲暇。

【译文】

刘秀即位后，把功臣都封为列侯，大的封国有四个县，其余各有等差。博士丁恭等议论说："古代帝王分封诸侯，不过方圆百里，加强主干削弱旁支，所以天下太平，现今封给各个将领四个县，不符合法制。"皇帝说："古代亡国的原因都是不行正道，不曾听说过封给功臣土地多而灭亡的。"于是派遣谒者，立即授予功臣侯爵印绶。建武十三年，下诏说："往年已经敕令郡国，所有异常的美味不得进献给皇帝，但到今天还是没有停止，不但有先行养育和精挑细选的操劳，还要搅扰沿路各地，所过之处疲惫破费，现命令太官不再接收。公开的敕令宣布各地。倘若远方的膳食能够敬献宗庙，自然如同以前的制度去办。"当时战争已经停息，天下事情很少，发文书征调徭役，务必以减省为原则，甚至达到十个只剩下一个的程度。十七年，驾临章陵县，修理墓地所建的宗庙，在旧宅建祠堂，观看田地房屋，置办酒宴取乐，进行赏赐。当时宗室中的老太太们因为酒喝得畅快高兴，相互说道："文叔年轻时恭谨诚信，为人处事不会殷勤应酬，只是坦率柔和罢了。现今竟然能够这样！"皇帝听到，大笑着说："我治理天下，也想要用柔和的方法进行。"二十一年，鄯善王、车师王等十六个国家派遣王子入朝奉侍，希望能有都护管理。皇帝认为中原刚刚平定，没有闲暇处理外部事务，于是让他们前来奉侍的儿子回去，给予优厚的赏赐。

中元二年①，帝崩。遗诏曰："朕无益百姓，皆如孝文皇帝制度，务从约省。"初，帝在兵间久，厌武事，且知天下疲耗②，思乐息肩③。自陇蜀平后④，非儆急⑤，未尝复言军旅。皇太子尝问攻战之事，帝曰："昔卫灵公问陈，孔子不对⑥，此非尔所及也。"每旦视朝⑦，日晏乃罢⑧。数引公卿郎将讲经论治⑨,夜分乃寐⑩。皇太子见帝勤劳不怠,承间谏曰⑪:"陛下有禹汤之明,而失黄老养生之福⑫,愿颐养精神⑬,优游自宁⑭。"帝曰:"我自乐此,不为疲也。"虽身济大业⑮,兢兢如不及⑯,故能明慎政体⑰,总揽权纲⑱,量时度力,举无过事。退功臣而进文吏⑲,戢弓矢而散马牛⑳,虽道未方古㉑,斯亦止戈之武焉㉒。

【注释】

①中元二年:本段节录自《光武帝纪》。中元二年,57年。中元,光武帝年号(56—57)。

②疲耗:困顿耗损。

③息肩:卸去负担。

④陇蜀平:指建武十年(34)平定陇西隗嚣和建武十二年(36)平定川蜀的公孙述两股割据势力。

⑤儆(jǐng)急:紧急事件,一般指军情。

⑥卫灵公问陈,孔子不对:《论语·卫灵公》:"卫灵公问陈于孔子。孔子对曰:'俎豆之事,则尝闻之矣;军旅之事,未之学也。'明日遂行。"陈,同"阵",军伍行列,引申为战争。

⑦视朝:指临朝听政。

⑧晏:晚,迟。

⑨引:领,招来。郎将:武官名,主宿卫、车骑。即郎中令所辖三署的五官中郎将、左中郎将、右中郎将,汉属光禄勋。

⑩夜分:夜半。

⑪承间:趁机会。

⑫黄老:黄帝、老子,后世道家奉为始祖。讲究养生全性,无为而治。

⑬颐养:保养。

⑭优游:悠闲自得。

⑮济:成功,成就。

⑯兢兢:小心谨慎的样子。

⑰明慎:明察审慎。政体:为政的要领。

⑱权纲:朝政大权。

⑲文吏:文职官吏。

⑳戢(jí):收藏兵器。散马牛:《史记·周本纪》记周武王灭商后,"纵马于华山之阳,放牛于桃林之虚,偃干戈,振兵释旅,示天下不复用也",意谓不再作战。

㉑方古:与古代相媲美。

㉒止戈之武:语见《左传·宣公十二年》:"夫文,止戈为武。"小篆武字从止从戈,意思是说能平息战乱,停止使用武器,才是真正的武功。

【译文】

中元二年,世祖刘秀去世。遗诏说:"我没有对百姓做多少好事,一切都如同文帝的制度,务必要节省。"当初,世祖在军队中久了,厌恶战斗,而且知道天下困顿耗损,渴望安定,休养生息。自从陇右、蜀郡平定之后,不是军情紧急,不再谈论军事。皇太子曾经询问用兵作战的事,世祖说:"从前卫灵公向孔子询问战阵之事,孔子不回答,这个事情不是你应该问的。"每天早上临朝听政,天很晚才结束。他多次领着公卿郎将讲解经术议论治国,半夜才睡觉。皇太子看到世祖勤劳不懈怠,找机会劝谏说:"陛下有夏禹、商汤的圣明,却失去了黄帝、老子的养生福气,希望能保养精神,悠游岁月自求安宁。"世祖说:"我自己乐意这样,不会疲倦。"虽然自己成就了皇朝大业,但谨慎小心就像总也做不好一样,所以能够清醒谨慎地制定国策,大权总揽,审时度势,量力而为,措施得当。并不重用有功的武将,反而提拔文官,将弓箭兵器收藏起来,把运粮草辎重的马牛放开,表明不再作战,虽然治道还不能跟古代相媲美,这也是制止武力的武德。

　　孝明皇帝讳庄①，世祖第四子也。永平二年春②，宗祀光武皇帝于明堂③，礼毕登灵台④，诏曰："朕以暗陋⑤，奉承大业，亲执珪璧⑥，恭祀天地。仰惟先帝受命中兴⑦，拨乱反正，以宁天下，封泰山⑧，建明堂，立辟雍⑨，起灵台，恢弘大道⑩，被之八极⑪。而胤子无成康之质⑫，群臣无吕旦之谋⑬，盥洗进爵⑭，踧踖惟惭⑮。其令天下自殊死以下⑯，谋反大逆⑰，皆赦除之⑱。"冬，幸辟雍。初行养老礼，诏曰："三老李躬⑲，年耆学明⑳；五更桓荣㉑，授朕《尚书》。《诗》曰：'无德不报㉒。'其赐荣爵关内侯㉓，食邑五千户㉔。三老五更，皆以二千石禄㉕，养终厥身。其赐天下三老酒人一石，肉四十斤。有司其存耆耋㉖，恤幼孤，惠鳏寡，称朕意焉。"

【注释】

①孝明皇帝讳庄：本段节录自《显宗孝明帝纪》。孝明皇帝，汉明帝刘庄，初名刘阳。58—75年在位。在位期间，吏治清明，境内安定，刘庄及其子章帝刘炟在位时期，被称为明章之治。庙号显宗，谥号孝明皇帝，葬于显节陵。

②永平二年：59年。永平，汉明帝年号（58—75）。

③宗祀：指对祖宗的祭祀。明堂：古代帝王宣明政教的地方。凡朝会、祭祀、庆赏、选士、养老、教学等大典，都在此举行。

④灵台：古时帝王观察天文星象、妖祥灾异的建筑。

⑤暗陋：愚昧鄙劣。

⑥珪璧：古代帝王、诸侯祭祀或朝聘时所用的一种玉器。

⑦中兴：拨乱反正，转衰为盛。

⑧封泰山：刘秀在建武三十二年（56）春二月在泰山封禅。古代帝王祭天地时在泰山上筑土为坛，报天之功，称为封。

⑨辟（bì）雍：本为西周天子所设大学，校址圆形，围以水池，前门外
　有便桥；东汉以后，历代皆有辟雍，均为行乡饮、大射或祭祀之礼
　的地方。辟，通"璧"。

⑩恢弘：发扬，扩大。

⑪被：覆盖。八极：八方极远之地。

⑫胤子：子嗣，嗣子。

⑬吕：吕尚，即姜太公。旦：周公旦。

⑭盥洗：洗手洗爵。古代仪礼形式之一，用水使手及酒器洁净，以示
　恭敬。进爵：等于说敬酒。

⑮踧踖（cù jí）：恭敬而不安的样子。

⑯殊死：指殊死刑，斩首的死刑。

⑰大逆：封建时代称危害君父、宗庙、宫阙等罪行为大逆，是十恶之一。

⑱赦除：赦免。

⑲三老：此指国三老，为掌教化之官，多推举当时认为有修养的长者
　充任。据说是知天地之事的老人，天子用父礼供养。李躬：常山
　元氏（今河北元氏西北）人，因年老博学被推为三老。

⑳年耆（qí）：年老，古代年六十曰耆。

㉑五更：官职名。据说是知五行更代事的老人，天子用兄之礼供养。
　更或作叟。古代帝王为示天下孝悌，特选三老五更，以父兄之礼
　养之。桓荣：字春卿，沛郡龙亢县（今安徽怀远）人。六十多岁时
　方为光武帝刘秀所赏识，被任命为议郎，后授博士，太子少傅，太
　常。明帝即位后拜桓荣为五更，不久后受封关内侯。

㉒无德不报：语见《诗经·大雅·抑》。

㉓关内侯：爵位名，是秦汉二十等爵位中第十九等，仅低于彻侯（即
　列侯，亦称通侯），有其号，但无封国。

㉔食邑：指古代君主赐予臣下作为世禄的封地。

㉕二千石禄：汉朝九卿、郡守、诸侯国国相的俸禄。

㉖存：慰问，问候。耆耊（qí dié）：老年。耆，六十岁。耊，六十到八十岁的高龄。

【译文】

汉明帝名庄，是世祖刘秀第四个儿子。永平二年春天，在明堂祭祀光武皇帝，礼仪结束登上灵台，下诏说："我以愚昧鄙陋的天资，继承皇统大业，亲自手持珪璧，恭敬祭祀天地。抬头想到先帝承受天命中兴大汉，治理混乱的局面，使它恢复正常，使天下安宁，在泰山封禅，建立明堂，设立辟雍，建起灵台，发扬大道，恩泽覆盖遥远的四面八方。而作为继承人，我没有周成王、周康王的资质；群臣也没有吕尚、周公旦的谋略，举行洗手洗爵的礼仪后酌酒，恭敬不安只有惭愧。命令天下凡是被判斩首以下的犯人，包括谋反和大逆罪，全部予以赦免。"冬天，驾临辟雍。开始实行养老礼，下诏说："三老李躬，年老通晓学问；五更桓荣，教授我《尚书》。《诗经》说：'没有德行是不回报的。'赏赐桓荣关内侯爵位，食邑五千户。三老五更，都给予二千石俸禄，供养他们终身。还赐给天下三老每人一石酒，四十斤肉。官员还要慰问老人，抚恤年幼孤儿，给予鳏夫寡妇恩惠，让我称心如意。"

六年①，诏曰："先帝诏书，禁民上事言圣②，而间者章奏颇多浮辞③，自今若有过称虚誉，尚书皆宜抑而勿省④，示不为谄子嗤也⑤。"八年⑥，日有蚀之。诏曰："朕以无德奉承大业⑦，而下贻民怨⑧，上动三光⑨。日蚀之变，其灾尤大。永思厥咎⑩，在予一人⑪。群司勉修职事⑫，极言无讳⑬。"于是在位者皆上封事，各陈得失。帝览章，深自引咎⑭，乃以所上班示百官⑮。诏曰："群寮所言⑯，皆朕之过。人冤不能理⑰，吏黠不能禁⑱，而轻用民力，缮治室宇，出入无节，喜怒过差⑲。永览前戒，竦然兢惧⑳。徒恐薄德，久而致怠耳。"

【注释】

①六年:本段节录自《显宗孝明帝纪》。六年,永平六年,63年。

②上事:向朝廷上书言事。

③浮辞:虚饰浮夸的言辞。

④尚书:原属少府,在皇帝左右办事,掌管文书奏章,东汉时正式成
　　为协助皇帝处理政务的官员。

⑤谄子:逢迎拍马的人。嗤:讥笑,嘲笑。

⑥八年:永平八年,65年。

⑦奉承:继承。

⑧贻:遗留,致使。

⑨三光:日、月、星。

⑩永思:长思,长念。

⑪予(yú)一人:古代帝王的自称。

⑫群司:百官。司,官吏。

⑬极言:指直言规劝。

⑭引咎:归过失于自己。

⑮班示:颁示,指颁布出来,使人知道。

⑯寮:百官,官吏。后多作"僚"。

⑰理:申诉,辩白。

⑱黠:狡猾。

⑲过差:过分,失度。

⑳悚然:惶恐不安的样子。兢惧:戒慎恐惧,惶恐。

【译文】

　　永平六年,明帝下诏说:"先帝诏书,禁止民众向朝廷上书进言称圣,
但是近来奏章有很多虚饰浮夸的言辞,从今往后假如还有过分称颂虚夸
赞誉的,尚书都应该压下不看,表示不被谄媚的人嗤笑。"永平八年,发
生日食。明帝下诏说:"我没有德行却继承皇朝大业,因而对下致使民众

怨恨,对上使日、月、星三光动摇。发生日食,灾害尤其巨大。深思罪过,就在我一个人身上。众位官员努力做好职责要求的事务,直言规劝不要有什么忌讳。"于是众官员都上密奏,各自陈述朝政得失。皇帝浏览奏章,深深地思考自己的过错,于是把所上的奏章颁布出来让百官知道。下诏说:"官员们所说的,都是我的过错。人民受冤枉不能申理,官吏狡猾不能禁止,轻易使用民力,修缮宫室,出入没有节制,喜怒失去分寸。仔细观览前述的警戒,我惶恐不安深以为惧。唯恐自己德行薄弱,时间一长就会懈怠。"

　　十二年①,诏曰:"昔曾、闵奉亲②,竭欢致养③;仲尼葬子,有棺无椁④。丧贵致哀,礼存宁俭⑤。今百姓送终之制,竞为奢靡。生者无担石⑥,而财力尽于坟土;伏腊无糟糠⑦,而牲牢兼于一奠⑧。糜破积世之业⑨,以供终朝之费⑩。子孙饥寒,终命于此,岂祖考之意哉⑪!又车服过制,恣极耳目;田荒不耕,浮食者众⑫。有司其申明科禁宜于今者⑬,宣下郡国⑭。"

【注释】

①十二年:本段节录自《显宗孝明帝纪》。十二年,永平十二年,69年。

②曾、闵:曾,曾参,字子舆。闵,闵损,字子骞。二人都是孔子弟子,而且是孝子。

③致养:奉养亲老。

④仲尼葬子,有棺无椁:《论语·先进》:"子曰:'鲤也死,有棺而无椁。'"椁,古代套于棺外的大棺,可称外棺。

⑤丧贵致哀,礼存宁俭:《论语·八佾》:"子曰:'大哉问!礼,与其奢也,宁俭;丧,与其易也,宁戚。'"

⑥担石：一担一石之粮，比喻微小。担，容器名。引申为一石或一百斤之量。

⑦伏腊：指伏祭和腊祭之日。伏在夏季伏日，腊在农历十二月。

⑧牲牢：牲畜。兼：尽，竭尽。奠：设置祭品祭祀亡灵。

⑨靡：浪费。积世：累代，世代。

⑩终朝：早晨。

⑪祖考：祖先。

⑫浮食：多指不事耕作而食。

⑬科禁：戒律，禁令。

⑭宣下：向下级宣布诏令。

【译文】

永平十二年，明帝下诏说："从前曾参、闵损侍奉父母，竭尽欢乐尽心奉养；孔子埋葬儿子有内棺而没有外棺。丧礼贵在尽哀，礼仪宁可节俭。现今百姓办理丧事的规矩，竞相奢侈靡费。活着的人没有一担一石的存粮，财力都在葬礼上用尽；伏腊祭祀连酒渣谷皮都没有，而牲畜全用在对死者的一次祭奠上。浪费花光几代人积累的家业，来供给一个早晨的耗费。子孙饥寒交迫，就这样终结生命，这难道是祖先的意愿吗？再说车辆服饰超过礼制规定，恣意放纵，只图声色享乐；田地荒芜不耕种，不种地吃饭的人众多。主管官员要申明适用于现状的禁令，向郡国宣布。"

十八年①，帝崩。遗诏："无起寝庙②，藏主于光烈皇后更衣别室③。"帝遵奉建武制度④，事无违者。后宫之家，不得封侯与政⑤。馆陶公主为子求郎⑥，不许而赐钱千万，谓群臣曰："郎官上应列宿，出宰百里⑦，有非其人，则民受其殃，是以难之。"故吏称其官，民安其业，远近肃服⑧，户口滋殖焉⑨。

【注释】

①十八年：本段节录自《显宗孝明帝纪》。十八年，永平十八年，75年。

②寝庙：古代宗庙的正殿称庙，后殿称寝，合称寝庙。孔颖达曰："庙是接神之处，其处尊，故在前；寝，衣冠所藏之处，对庙为卑，故在后。"

③主：旧时为死者立的牌位。光烈皇后：阴丽华，光武帝刘秀原配，汉明帝刘庄的生母。刘秀称帝后，让皇后位于郭圣通，自为贵人。建武十七年（41），郭皇后废，乃立为后。明帝即位，尊为皇太后。永平七年（64）卒。更衣：指帝王陵寝的便殿。一说更换衣服。

④建武：光武帝刘秀年号（25—57），这里指光武帝。

⑤与政：参与国政。

⑥馆陶公主：刘红夫，汉光武帝刘秀之女，母郭圣通。

⑦宰：主宰，治理。

⑧肃服：肃然服从，有安定之意。

⑨滋殖：增加，增长。

【译文】

永平十八年，明帝去世。遗诏说："不要建寝庙，把牌位收藏在我母亲光烈皇后便殿侧室中。"明帝尊奉父皇光武帝的所有制度，没有丝毫违背。后妃的家族，不能封侯参政。馆陶公主为儿子求当郎官，明帝没有答应而是赐给一千万钱，对群臣说："郎官上应天上的星宿，出去就是方圆百里的主管官员，假如任用的人不合适，民众就要受到灾殃，因此我难以答应这一请求。"所以官员各称其职，民众安于自己的事业，远近部族都肃然敬服，户口也大量增加了。

论曰①：明帝善刑理②，法令分明，日晏坐朝③，幽枉必达④。外内无倖曲之私⑤，在上无矜大之色⑥。断狱得情，号居前世十二⑦。故后之言事者，莫不先建武、永平之政⑧。

【注释】

①论曰：本段节录自《显宗孝明帝纪》。论，《后汉书》作者范晔所作的评论。

②刑理：刑法，法律。

③坐朝：君主临朝听政。

④幽枉：冤屈。

⑤倖曲：宠幸偏袒。

⑥矜大：骄矜尊大。

⑦号居前世十二：意谓只有西汉成帝、哀帝年间决狱数的十分之二。

⑧建武：借指光武帝。永平：借指明帝。

【译文】

评论说：明帝擅长刑律，法令明确清楚，每天临朝听政到很晚，冤屈一定弄清。朝廷内外没有宠幸偏袒的私爱，在上位没有骄矜自大的容色。审理案件能得到实情，刑狱减少，号称只有前汉成帝、哀帝年间的十分之二。所以后来谈论政事的，没有不先提到建武、永平年间的治政的。

孝章皇帝讳炟①，明帝第五子也。少宽容，好儒术，显宗器重之②。建初元年③，诏曰："朕以无德，奉承大业，夙夜栗栗④，不敢荒宁⑤，而灾异仍见，与政相应。朕既不明，涉道日寡⑥，又选举乖实⑦，俗吏伤民⑧，官职耗乱⑨，刑罚不中，可不忧与！昔仲弓季氏之家臣⑩，子游武城之小宰⑪，孔子犹诲以贤才⑫，问以得人⑬。明政之小大，以人为本；乡举里选⑭，必累功劳。今刺史守相⑮，不明真伪，茂才、孝廉⑯，岁以百数，既非能显，而当授之政事⑰，甚无谓也。每寻前世举人贡士⑱，或起畎亩⑲，不系阀阅⑳。敷奏以言㉑，则文章可采；明试以功㉒，则治有异迹㉓。文质彬彬㉔，朕甚嘉之。其令太傅、三公、中二千石、二千石、郡国守相举贤良方正能直言极谏之士各一人㉕。"

【注释】

①孝章皇帝讳炟（dá）：本段节录自《肃宗孝章皇帝纪》。孝章皇帝，汉章帝刘炟，75—88年在位。即位后励精图治，注重农桑，事从宽厚，平徭简赋，删减惨酷刑律五十余条，使得东汉经济、文化得到很大的发展；其统治与汉明帝共称明章之治。死后葬于敬陵（今河南洛阳东南），庙号肃宗。汉章帝还是一位书法家，他的草书非常有名，被称为章草。

②显宗：汉明帝。

③建初元年：76年。建初，汉章帝年号（76—84）。

④夙夜：日夜，早晚。栗栗：戒惧的样子。栗，通"慄"。

⑤荒宁：荒废懈怠，贪图安逸。

⑥道：指治国之道。

⑦选举：指选拔举用贤能。乖实：名不副实，失实。

⑧俗吏：才智凡庸的官吏。

⑨耗（mào）乱：昏乱。耗，通"眊"。

⑩仲弓：冉雍，字仲弓，春秋末期鲁国人。孔子弟子。孔子曾称许他的德行，并谓"雍也可使南面（言任诸侯治）"。曾为季氏宰。季氏：鲁国的权臣季孙氏。家臣：春秋时各国卿大夫的臣属。卿大夫家的总管叫宰，宰下又有各种官职，总称为家臣。

⑪子游武城之小宰：子游，言偃，字子游，春秋末吴国人。孔子弟子。以文学见称。明于礼，提倡以礼乐教民。曾为武城宰，境内有弦歌之声，为孔子所赞许。武城，春秋时鲁国城邑，在今山东费县西南。

⑫诲以贤才：指孔子教诲仲弓为政要举贤才。《论语·子路》："仲弓为季氏宰，问政。子曰：'先有司，赦小过，举贤才。'"

⑬问以得人：指孔子问子游有没有寻访贤人。《论语·雍也》："子游为武城宰。子曰：'女得人焉尔乎？'"

⑭乡举里选：古代中央命地方选荐人才的制度。

⑮刺史：汉武帝时，分全国为十三部（州），部置刺史。成帝改称州牧，哀帝时复称刺史。守相：郡太守与诸侯国国相，均为二千石俸禄。

⑯茂才：即秀才。汉时开始与孝廉并为举士的科名，东汉时避光武帝讳改称茂才。

⑰当：还，尚。

⑱寻：考察。贡士：地方向朝廷荐举人才。

⑲畎（quǎn）亩：田地，田野。畎，同"畖"，田间小水沟。

⑳阀阅：祖先有功业的世家、巨室。

㉑敷奏：陈奏，向君上报告。

㉒明试：明白考验。按，敷奏以言，明试以功，引自《尚书·舜典》。

㉓异迹：优异的政绩。

㉔文质斌斌：亦作"文质彬彬"，形容人既有文采又很质朴。后多指人举止文雅，态度从容。文，文采质，本质。斌斌，文质兼备的样子。

㉕中（zhòng）二千石：汉制九卿秩皆中二千石，故又用为九卿的代称。汉制，秩二千石者，一岁得一千四百四十石，实不满二千石；中二千石者，一岁得二千一百六十石，举成数言之，故曰中二千石。中是满的意思。二千石：汉制，郡守俸禄为二千石，世因称郡守为二千石。贤良方正：汉代选拔统治人才的科目之一。被举者对政治得失应直言极谏，如表现特别优秀，则授予官职；武帝时复诏举贤良或贤良文学，名称时有不同，性质无异。

【译文】

孝章皇帝名炟，是汉明帝第五个儿子。他年少时宽容，喜好儒术，明帝器重他。建初元年，章帝下诏说："我没有德行，却继承皇朝大业，日夜戒惧，不敢荒废懈怠贪图安逸，但灾害怪异仍然出现，跟国政相应。我既不明智,涉猎治国之道的日子少,再加上选拔举荐名不副实,才智凡庸的官吏伤害民众,官吏职守昏乱,刑罚不当,能够不忧虑吗! 从前仲弓是季氏的家臣,子游是武城的小城长官,孔子尚且教诲他们要举荐贤才,询问他们是否得到人才。说明政事无论大小,要把人才当作根本;各乡各里选拔推荐人才,必须要看积累的功劳。现今刺史、郡太守、诸侯国国相,不能分辨被荐人能力的真伪,推举的茂才、孝廉,每年都有几百人,他们既没有显著才能,还要把政事交给他们,非常没有意义。每当考察前代向朝廷举荐的人才,有的出身于田亩之间,不属于有功业的世家巨室。他们向君主进言,那文章就可以采用;明白考察实际的功绩,那从政方面必有过人之处。文采和质朴相配合宜,我非常赞赏。命令太傅、三公、中二千石、二千石、郡守、国相举荐贤良方正、能直言劝谏尽力规劝的士人各一人。"

四年①,诏于是下太常、将、大夫、博士、议郎、郎官及诸生、诸儒会白虎观②,讲议五经同异③,帝亲称制临决焉④。七年,诏曰:"车驾行秋稼⑤,观收获,因涉郡界,皆精骑轻行⑥,无他辎重⑦。不得辄修道桥,远离城郭,遣吏逢迎⑧,刺探起居⑨,出入前后,以为烦扰也。动务省约,但患不能脱粟瓢饮耳⑩。所过欲令贫弱有利⑪,无违诏书。"

【注释】

①四年:本段节录自《肃宗孝章皇帝纪》。四年,建初四年,79年。

②太常:官名。掌宗庙礼仪,兼掌选试博士。将:将军。汉置大将军、骠骑将军、车骑将军、卫将军名号,位比公。其他将军之名亦甚多,凡高级武官,皆有将军之号。大夫:为任官职者之称。秦汉以后,中央要职有御史大夫,备顾问者有谏大夫、中大夫、光禄大

夫等。博士：官名。掌教授经学，国有疑事，掌承问对。议郎：郎
中令的属官，郎官中地位较高者。掌顾问应对。郎官：泛指中郎、
侍郎、郎中等官。执掌护卫陪从、随时建议等。诸生：太学生。白
虎观：汉宫观名，在未央宫中。

③五经：五部儒家经典，即《诗经》《尚书》《周易》《礼记》《春秋》。

④称制：发布命令。制，帝王的命令。临决：亲自裁决。

⑤车驾：帝王所乘的车。亦用为帝王的代称。行：巡视。

⑥轻行：轻装疾行。

⑦辎重：外出时携载的物资。

⑧逢迎：迎接，接待。

⑨刺探：探听，侦察。起居：指饮食寝兴等一切日常生活状况。

⑩脱粟：糙米，只去皮壳、不加精制的米。瓢饮：原指用瓢勺饮水，后
用以喻生活简朴。

⑪贫弱：穷苦弱小的人。

【译文】

建初四年，在这个时候给太常、将军、大夫、博士、议郎、郎官以及诸
生、诸儒颁下诏令，聚会于白虎观，讲究论议五经的相同与不同，皇帝亲
临发布制令予以决断。建初七年，章帝下诏说："我巡视秋季庄稼，观看
收获情况，因此跨越郡界，一路都是轻装前行，没有别的辎重。不要为此
修建道路桥梁，不要在离城郭很远的地方，派遣官吏迎接，不要打听日常
生活情况，出出入入，跑前跑后，成为麻烦纷扰。举动务必节省，朕只恨
自己不能食糙米之饭，饮瓢中之水罢了。经过的地方想要让贫苦弱小的
百姓得利，不要违背诏令。"

元和二年①，诏曰："《令》云：'民有产子者复②，勿筭三
岁③。'今诸怀妊者，赐胎养谷人三斛④，复其夫勿筭一岁，著
以为令。"又诏曰："方春生养，万物莩甲⑤，宜助萌阳⑥，以育

时物[7]。其令有司罪非殊死且勿案验[8],及吏民条书相告不得听受[9],冀以息事宁民,敬奉天气[10]。立秋如故。夫俗吏矫饰外貌[11],似是而非[12],揆之人事则悦耳[13],论之阴阳则伤化[14],朕甚餍之[15],甚苦之。安静之吏[16],悃愊无华[17],日计不足,月计有余。如襄城令刘方[18],吏民同声谓之不烦,虽未有他异,斯亦殆近之矣。间敕二千石,各尚宽明,而今富奸行赂于下[19],贪吏枉法于上[20],使有罪不论而无过被刑[21],甚大逆也。夫以苛为察,以刻为明,以轻为德,以重为威,四者或兴,则下有怨心。吾诏书数下,冠盖接道[22],而吏不加治,民或失职,其咎安在?勉思旧令[23],称朕意焉。"又诏曰:"律,十二月立春,不以报囚[24]。《月令》[25]:冬至之后,有顺阳助生之文[26],而无鞠狱断刑之政[27]。朕咨访儒雅[28],稽之典籍[29],以为王者生杀,宜顺时气。其定律无以十一月、十二月报囚。"

【注释】

①元和二年:本段节录自《肃宗孝章皇帝纪》。元和二年,85年。元和,汉章帝年号(84—87)。

②《令》:此指《胎养令》。复:指免除徭役或赋税。

③筭:同"算",此指征收成年人的丁口税。汉代丁口税是每人一百二十钱。

④斛:计量单位,用于粮食,一斛等于十斗。

⑤莩(fú)甲:指草木种子分裂发芽,萌芽。莩,叶里白皮。甲,草木初生时所带种子的皮壳。

⑥萌阳:新生的阳气。

⑦时物:应季节的作物。

⑧殊死：殊死刑，斩首的死刑。案验：查询验证。

⑨条书：分条书写。

⑩天气：天命，气数。

⑪矫饰：造作夸饰，掩盖真相。外貌：表面文章。

⑫似是而非：指事物似真而实假，或似正确而实错误。

⑬揆：度量，揣度。

⑭伤化：损害教化。

⑮餍（yàn）：厌恶。

⑯安静：指沉静稳重。

⑰悃愊（kǔn bì）无华：诚朴而不浮华。

⑱襄城：县名。在今河南襄城。

⑲富奸：奸诈险恶的富人。

⑳枉法：指歪曲和破坏法律。

㉑论：定罪。

㉒冠盖：特指使者。

㉓勉：尽力，努力。

㉔报囚：判决囚犯。

㉕《月令》：《礼记·月令》。

㉖顺阳：指顺从阳气，顺应天道。

㉗鞫狱：审理案件。鞫，通"鞠"，审问。断刑：判刑。

㉘谘访：咨询访问。谘，同"咨"。儒雅：指博学的儒士。

㉙稽：查考。

【译文】

元和二年，章帝下诏说："《令》规定：'生孩子的百姓免除三年人头税。'现今所有怀孕的妇女，赐给胎养谷每人三斛，免除她丈夫一年人头税，记录下来作为法令。"又下诏说："正当春季万物复苏、萌芽破土的时节，国家政事要辅助世间阳气，来养育应季的作物。命令主管官员不是斩首的死刑犯暂且不要查询验证，还有官吏百姓报告的案子也一律不得受理，希望用这些息事安民，敬奉天命。立秋后恢复原来的规定。凡庸官吏造作夸饰，掩盖真实面貌，似是而非，用人情世故揣度那就悦耳中听，但要用阴阳正理衡量那就损害教化，我非常厌恶，非常苦恼。沉静稳重的官吏，诚朴而不浮华，每日事功可能不多，但日积月累，就会很多了。像襄城县令刘方，官民异口同声说他不烦苛，虽然没有别的特殊贡献，但也差不多近似了。近来敕令二千石官员，都要崇尚宽厚清明，但现今奸诈险恶的富人在下面行贿，贪污的官吏在上面歪曲破坏法律，让有罪的人不被定罪而没过失的人却遭受刑罚，这是很严重的背逆。把苛细当作审察，把刻薄当作精明，把从轻处置当作恩德，把从重处置当作威风，这四个方面只要有一样在执法过程中发生，那么下面的百姓就有怨恨之心。我几次颁下诏书，使者接连在道路上奔走，可官吏不励精图治，有的百姓更是失去营生，问题在哪里？要努力思考原来的诏令，能够符合我的心意。"又下诏说："律令规定，十二月立春，不能判决囚犯。《月令》：冬至之后，有顺从阳气帮助生长的条文，而没有审理案件判刑的政事。我咨询访求博学的儒士，查考典籍，认为君王的生杀政事，应该顺应季节气候。定下律条，不要在十一月、十二月判决囚犯。"

三年春①，北巡狩②，敕侍御史、司空曰③："方春，所过无得有所伐杀④。车可引避⑤，引避之；骓马可辍解⑥，辍解之。《诗》云：'敦彼行苇，牛羊勿践履⑦。'《礼》：人君伐一草木不时，谓之不孝⑧。俗知顺人，莫知顺天⑨。其明称朕意⑩。"

【注释】

①三年春：本段节录自《肃宗孝章皇帝纪》。三年，元和三年，86年。

②巡狩：指天子出行，视察邦国州郡。

③侍御史：御史大夫属官，秩六百石，其中十五人由御史中丞领录，

给事殿中,职掌监察、检举非法或奉使出外执行指定任务。司空:
西汉御史大夫,东汉改称司空,为三公之一。位高禄重,但无实
权,名义上部按宗正、少府、大司农三卿,掌检查四方水土功课、奏
殿最行赏罚,然仅受成而已。

④伐杀:杀戮。

⑤引避:让路,躲避。

⑥骈(fēi)马:夹辕的马是辕马,辕马外是骈马,俗称边套。辍解:舍
弃不用。

⑦敦(tuán)彼行苇,牛羊勿践履:语见《诗经·大雅·行苇》。敦,
聚集的样子。行,道路。践履,踩踏。

⑧人君伐一草木不时,谓之不孝:《礼记·祭义》:"曾子曰:树木以时
伐焉,禽兽以时杀焉。夫子曰:'断一树、杀一兽不以其时,非孝
也。'"

⑨顺天:遵循天道,顺从天的意旨。

⑩明称:清楚明白地执行以符合。

【译文】

元和三年春天,章帝向北视察邦国州郡,敕令侍御史、司空说:"正当
春天,经过的地方不要有所杀戮。车辆可以绕行便绕行,拉边套的马能
解开不用就解开不用。《诗经》言道:'路上聚集的芦苇呀,牛羊不要去踩
踏。'《礼记》说:君主不按季节砍伐一棵草木,就叫做不孝。凡俗只知道
顺从人,没人知道顺从天道。要清楚明白地执行以符合我的意图。"

论曰①:魏文帝称②:"明帝察察③,章帝长者④。"章帝素
知民厌明帝苛切⑤,事从宽厚。感陈宠之议⑥,除惨狱之科⑦;
深元元之爱⑧,著胎养之令。割裂名都,以崇建周亲⑨;平徭
简赋,而民赖其庆⑩。又体之以忠恕⑪,文之以礼乐⑫。故乃

蕃辅克谐⑬,群后德让⑭。谓之长者,不亦宜乎! 在位十三年,郡国所上符瑞⑮,合于图书者数百千所⑯。呜呼懋哉⑰!

【注释】

①论曰:本段节录自《肃宗孝章皇帝纪》。

②魏文帝:曹丕,字子桓,豫州沛国谯县(今安徽亳州)人,魏武帝曹操之子。代汉称帝,都洛阳,国号魏。卒后谥文帝,庙号高祖。

③察察:苛察,烦细。

④长者:有德行的人。

⑤苛切:苛刻严峻。

⑥陈宠:字昭公。初为州郡吏,司徒鲍昱辟为辞曹,掌天下狱讼,决案甚平。撰《辞讼比》七卷,公府奉以为法。章帝初为尚书,政尚宽厚。和帝初出为太山、广汉太守,擢为大司农,转廷尉。理案务从宽恕,又省减苛刑条文。后为大鸿胪,升为司空,为时所称。陈宠在做尚书时,认为吏政严切,于是上书除惨酷规定五十余条。

⑦惨狱:残酷的刑狱。科:条款。

⑧元元:百姓,庶民。

⑨崇建周亲:汉章帝建初四年(79)立皇太子,并大封子弟为王。周亲,至亲。

⑩庆:福泽。

⑪体:施行,实行。忠恕:忠,谓尽心为人;恕,谓推己及人。

⑫文:修饰,文饰。

⑬蕃辅:诸侯辅臣。克谐:能和谐。

⑭群后:泛指公卿。德让:礼让。

⑮符瑞:吉祥的征兆。

⑯图书:图谶。古代方士或儒生编造的关于帝王受命征验一类的书,多为隐语、预言。始于秦,盛于东汉。所:量词。

⑰懋（mào）：美好。

【译文】

评论说：魏文帝说过："明帝苛察烦细，章帝是有德长者。"章帝平素就知道民众厌恶明帝的苛刻严峻，所以事情从宽处理。他有感于陈宠的建议，废除了残酷的刑狱条款；深爱百姓，发布《胎养令》。分割著名的城邑，封赏给宗亲；均平徭役减轻赋税，百姓依赖他的福泽。又施行忠恕之道，用礼乐来修饰教化。所以诸侯辅臣相处和谐，众位公卿互相礼让。称他为长者，不也合适吗！章帝在位十三年，郡国献上的吉祥征兆，与图谶相合的有数百上千条。啊，真美好啊！

　　孝和皇帝讳肇①，章帝第四子也，在位十七年而崩。齐民岁增②，辟土日广。每有灾异，辄延问公卿③，极言得失。前后符瑞八十一所，自称德薄，皆抑而不宣。旧南海献龙眼、荔支④，十里一置⑤，五里一候⑥，奔腾阻险⑦，死者继路⑧。时临武长汝南唐羌县接南海⑨，乃上书陈状。帝下诏曰："远国珍羞⑩，本以奉宗庙。苟有伤害，岂爱民之本耶？其敕太官勿复受献⑪。"由是遂省。

【注释】

①孝和皇帝讳肇：本段节录自《孝和孝殇帝纪·孝和帝纪》。孝和皇帝，汉和帝刘肇，汉章帝之子。88—105年在位。即位时年仅十岁，窦太后临朝，外戚窦氏专权。永元四年（92）与宦官郑众定计，诛灭窦氏。亲政后使东汉国力达到极盛，时人称之为永元之隆。同时从此宦官跋扈，皇室内乱加剧。去世后葬于慎陵，庙号穆宗。

②齐民：平民。

③延问：请教询问。

④南海：南海郡。故治番禺，即今广东广州。辖境相当今福建厦门、
　　广东连江、九连山以南、珠江三角洲及绥江流域以东至海的广大
　　地区。荔支：荔枝。

⑤置：驿站。

⑥候：驿站，驿馆。

⑦奔腾：飞奔急驰。

⑧继路：不绝于路。

⑨临武：县名，属桂阳郡。治所在今湖南临武东。唐羌：字伯游，汝
　　南（今河南平舆）人，辟公府，补临武长。

⑩远国：远方。珍羞：珍美的肴馔。

⑪太官：官名。掌皇帝饮食宴会。东汉秩六百石，隶少府。

【译文】

　　孝和皇帝名肇，是汉章帝第四子，在位十七年去世。在位期间百姓
人口年年增加，开辟国土天天扩大。每逢有灾害怪异，就请教询问公卿，
让他们直言得失。前后获得吉祥征兆八十一条，和帝却自称德行浅薄，
都按下不宣布。旧时南海郡进献龙眼、荔枝，十里一个驿站，五里一个驿
馆，在艰难险阻中飞奔疾驰，死的人一路相连不绝。当时临武县长是汝
南人唐羌，临武县跟南海郡接境，于是上书陈述情状。和帝下诏说："远
方珍美的肴馔，本是用来供奉宗庙的。如果有所伤害，难道是爱民的本
心吗？敕令太官不要再接受奉献。"从此之后这一贡献就裁撤了。

皇后纪序

　　夏殷以上①，后妃之制，其文略矣②。周礼王者立后，三
夫人，九嫔，二十七世妇，八十一女御③，以备内职焉④。后
正位宫闱⑤，同体天王⑥。夫人坐论妇礼⑦，九嫔掌教四德⑧，

世妇主知丧祭宾客⑨，女御序于王之燕寝⑩。颁官分务，各有典司⑪。女史彤管⑫，记功书过。居有保阿之训⑬，动有环佩之响⑭。进贤才以辅佐君子，哀窈窕而不淫其色⑮。所以能述宣阴化⑯，修成内则⑰，闺房肃雍⑱，险谒不行者也⑲。

【注释】

①夏殷以上：本段节录自《皇后纪》。

②文：文献。

③"周礼王者立后"几句：《礼记·曲礼下》："天子有后，有夫人，有世妇，有嫔，有妻，有妾。"夫人之于后，就像三公对于王一样。九嫔好比朝廷的九卿一样。世妇，宫中女官。好比二十七大夫。妇，服，服事君子。女御，宫中女官。好比八十一元士。御，进御于王。

④内职：指嫔妃等在宫中所尽的职守。

⑤宫闱：帝王的后宫，后妃的住所。

⑥同体：结为一体，地位相当。天王：天子。

⑦妇礼：女性在各个阶段要遵守的礼仪规范，如三从四德等。

⑧四德：指妇德、妇言、妇容、妇功。

⑨世妇主知丧祭宾客：据《周礼》，世妇掌管祭祀、宾客、丧纪等事项。

⑩女御序于王之燕寝：据《周礼》，女御掌管王的燕寝，按一年四季献功等事。燕寝，古代帝王居息的宫室。序，御叙，谓按时日、尊卑侍寝于王。

⑪典司：主管，主持。

⑫女史：古代女官名。用知书妇女充任，掌管有关王后礼仪等事。或为世妇下属，掌管书写文件等事。彤管：杆身漆朱的笔，古代女史记事用。

⑬保阿：古代抚养教育贵族子女的妇女。

⑭环佩：古人所系的佩玉，后多指女子所佩的玉饰。

⑮进贤才以辅佐君子，哀窈窕而不淫其色：语本《毛诗序》："是以
《关雎》乐得淑女，以配君子，忧在进贤，不淫其色。哀窈窕，思贤
才，而无伤善之心焉。"君子，指天子。哀，爱。窈窕，指娴静美貌
的女子。淫，惑乱。

⑯述宣：继承和发扬。阴化：古称妇女的教化。

⑰内则：妇女在家庭内必须遵守的规范和准则。借指妇职、妇道。

⑱肃雍：庄严雍容，整齐和谐。

⑲险谒：不正当的请托。

【译文】

　　夏朝、殷朝以上，王后妃嫔的制度，有关文献太简略了。周代的礼
制规定，王立后，三位夫人，九位嫔，二十七位世妇，八十一位女御，用来
完备宫中的职守。王后居于后宫的正位，同天子地位相当。夫人与王后
讨论妇女的礼仪，九嫔执掌教导妇德、妇言、妇容、妇功四德，世妇主管丧
礼祭祀、宾客等事项，女御掌管天子的日常生活起居。颁布官职划分任
务，各有主管。女史手持朱笔，记录功劳书写过失。后妃居住有保阿的
教导，举动时身上佩玉响声不乱。引进贤淑女子以辅佐天子，爱慕幽娴
的女子而不沉溺于美色。所以能够弘扬女子的教化，树立妇女的言行准
则，后宫内部雍容和谐，不正当的请托不能实行。

　　故康王晚朝①，《关雎》作讽②；宣后晏起，姜氏请愆③。
及周室东迁④，礼序凋缺⑤，诸侯僭纵⑥，轨制无章⑦。齐桓有
如夫人者六人⑧，晋献升戎女为元妃⑨，终于五子作乱⑩，家
嗣遘屯⑪。爰逮战国⑫，风宪愈薄⑬，适情任欲，颠倒衣裳⑭，
以至破国亡身，不可胜数。斯固轻礼弛防、先色后德者也⑮。
秦并天下，多自骄大，宫备七国⑯，爵列八品⑰。汉兴，因循

其号^⑱，而妇制莫鳌^⑲。高祖帏薄不修^⑳，孝文衽席无辨^㉑，然而选纳尚简^㉒，饰玩少华^㉓。自武、元之后^㉔，世增淫费，至乃掖庭三千^㉕，增级十四^㉖，妖倖毁政之符^㉗，外姻乱邦之迹，前史载之详矣^㉘。

【注释】

① 故康王晚朝：本段节录自《皇后纪》。康王，指周康王姬钊。

②《关雎》作讽：传说周康王晚起影响早朝，大臣作《关雎》以讽谏。见《关雎》之《鲁诗》说。

③ 宣后晏起，姜氏请愆：传说周宣王曾晚起，姜后出来之后，去掉首饰，待罪于永巷，向宣王请罪，说是由于自己的淫心使宣王失礼晚起。宣王知道过在于己，从此勤于政事。宣后，周宣王。后，帝王。晏，晚。姜氏，周宣王的王后，齐侯之女，姜姓。请愆，请罪。

④ 周室东迁：指周平王将都城由镐京东迁到洛邑。

⑤ 凋缺：残缺，受损。

⑥ 僭纵：越礼放纵。

⑦ 轨制：法则制度。

⑧ 齐桓：齐桓公。如夫人：指同于夫人的宠妾。

⑨ 晋献升戎女为元妃：晋献公伐骊戎，得骊姬，爱幸，立以为夫人。晋献，晋献公，姬姓，名诡诸。春秋时期的晋国君主。戎女，指骊姬，春秋时期骊戎国君之女。元妃，嫡夫人。

⑩ 五子作乱：齐桓公无嫡子，如夫人六人，生六子，桓公欲立公子昭，于是其余五公子都争立。齐桓公刚死，五公子遂相攻伐，以致桓公尸在床上六十七日不得入棺，尸虫出于户外。公子昭逃奔宋国。

⑪ 冢嗣遘屯（gòu zhūn）：指晋献公的太子申生遭骊姬谗害而自杀。冢嗣，嫡长子。遘屯，遭难。遘，遭遇。屯，艰难，困顿。

⑫逮：至，到。

⑬风宪：风纪法度。

⑭颠倒衣裳：急促惶遽中不暇整衣，用来比喻伦常失秩。

⑮轻礼：轻视礼制。弛防：解除防备。

⑯宫备七国：指秦始皇破六国，在咸阳北坡上模仿各国样式修建宫室，加上秦国本国一共七个，所得诸侯美人，都放置其中。

⑰爵列八品：秦制，后宫正嫡称皇后，妾都称为夫人，又有美人、良人、八子、七子、长使、少使共八种称号。

⑱因循：沿袭，承袭。

⑲釐：改变，改正。

⑳高祖帷薄不修：指周昌入奏时，汉高祖刘邦拥抱戚姬一事。高祖，汉高祖刘邦。帷薄不修，家门淫乱的讳语。帷薄，帷幕和帘子，引申指男女欢合。

㉑孝文衽席无辨：指汉文帝宠幸慎夫人，经常让她与皇后同坐，不加区别。孝文，汉文帝刘恒。衽席，床褥与莞簟，引申为寝处之所。

㉒选纳：选择纳娶。

㉓饰玩：指装饰品、玩赏品。

㉔武、元：汉武帝刘彻、汉元帝刘奭。

㉕掖庭：宫中妃嫔居住的地方。

㉖增级十四：原有皇后至少使八级；武帝又增婕妤、娙娥、傛华，位居美人之上，增充依，位居七子之上；元帝增昭仪，位居婕妤之上；皇后不与昭仪等并论，夫人成为泛称，另有五官、顺常，位居少使之后；又有无涓等六官品秩同为一等。自昭仪至无涓等，共十四级。

㉗妖倖：指以姿色得幸于君的嫔妃美人。符：征兆。

㉘前史：指《汉书》。

【译文】

所以周康王上朝晚了，《关雎》进行讽刺；周宣王起来晚了，王后姜

氏自请惩处。等到周平王东迁洛邑，礼制秩序残缺，诸侯越礼放纵，法规
制度混乱没有章法。齐桓公有与夫人平起平坐的六个宠妾，晋献公宠爱
戎女骊姬把她升为夫人，结果是齐国五个公子作乱逼迫齐桓公的继承人
出逃，晋献公的嫡长子太子申生遭难被杀。到了战国，风纪法度更加薄
弱，放纵情欲，颠倒伦常，以至于国家残破自身灭亡的，数也数不尽。这
本来就是轻视礼制放松防备，先看美色后看德行的结果。秦朝兼并天
下，自己骄傲自大，齐备七国的宫殿美女，后宫的爵位共有八种。汉朝兴
起，因袭秦朝后妃的名号，后妃的制度没有更改。高祖拥抱宠妃见周昌，
文帝皇后跟慎夫人的座席没有分别，但是他们选纳美女为数不多，服饰
玩物不算华美。从武帝、元帝之后，多余的花费一代代增加，甚至妃嫔居
住的掖庭有三千所，后宫品级增加到十四级，靠姿色邀宠的妃嫔毁坏国
政的征兆，外戚搅乱国家的行迹，《汉书》已经记载得很详细了。

　　及光武中兴^①，斫雕为朴，六宫称号^②，唯皇后、贵人；贵
人金印紫绶，俸不过粟数十斛。又置美人、宫人、采女三等，
并无爵秩，岁时赏赐充给而已^③。明帝聿遵先旨^④，宫教颇
修^⑤，登建嫔后^⑥，必先令德^⑦，内无出阃之言^⑧，权无私溺之
授^⑨，可谓矫其弊矣。虽御已有度，而防闲未笃^⑩，故孝章以
下，渐用色授^⑪，恩隆好合^⑫，遂忘淄蠹^⑬。

【注释】

①及光武中兴：本段节录自《皇后纪》。光武，即汉光武帝刘秀。

②六宫：皇后有一座正寝，五座燕寝，这就是六宫，后用来称后妃或
　其所居之地。

③充给：供给。

④聿（yù）遵：遵循。聿，循。

⑤宫教：皇宫中的礼教。

⑥登建：进立，升封。

⑦令德：美德。

⑧出阃（kǔn）：指后宫越职参与官政。阃，古代妇女居住的内室。

⑨私溺：偏爱。

⑩防闲：防备和禁阻。闲，圈栏，用来控制兽类。

⑪色授：谓因溺爱其色，而授之以政权。

⑫好合：情投意合。

⑬淄蠹：污染侵蚀。淄，通"缁"，黑色，引申为染黑、污染。蠹，蛀虫。

【译文】

　　到了光武帝中兴，除去雕琢恢复质朴，六宫称号，只有皇后、贵人；贵人授予金印紫色绶带，俸禄不过小米几十斛。又设置美人、宫人、采女三等，全都没有爵位俸禄，逢年过节给予赏赐衣食供给充足而已。汉明帝遵循先帝的意旨，后宫教化颇为修治，进用妃嫔封立皇后，必定先看美德，后宫没有参与政事的言论，也不把政权交给私相溺爱的人，可以说是矫正以前的弊端了。虽然明帝约束自己确有法度，但是防备不严密，所以到了章帝以后，逐渐因为溺爱后妃而授之以权，恩义深重情投意合，终于忘了她们侵害礼制毁坏基业的教训。

　　自古虽主幼时艰①，王家多釁②，必委成冢宰③，简求忠贤④，未有专任妇人，断割重器⑤。唯秦芈太后始摄政事⑥，故穰侯权重于昭王⑦，家富于嬴国⑧。汉仍其谬⑨，知患莫改。东京皇统屡绝⑩，权归女主，外立者四帝⑪，临朝者六后⑫，莫不定策帷帟⑬，委事父兄，贪孩童以久其政，抑明贤以专其威。任重道悠，利深祸速。身犯雾露于云台之上⑭，家婴缧绁于图圄之下⑮。湮灭连踵⑯，倾辀继路⑰，而赴蹈不息⑱，燋烂为期⑲，终于陵夷大运⑳，沦亡神宝㉑。《诗》《书》所叹㉒，略同一揆㉓。故考列行迹，以为《皇后本纪》云。

【注释】

① 自古虽主幼时艰：本段节录自《皇后纪》。

② 衅（xìn）：同"衅"，过失。

③ 委成：委以重任而责以成功。冢宰：周代六卿之首，后用以指首相或执政官。

④ 简：简拔，简选。

⑤ 断割：砍截切割。重器：祭祀所用神器，多用以象征国家、社稷。

⑥ 秦芈（mǐ）太后：即宣太后，芈姓，称芈八子。战国时秦惠文王之妾，秦昭襄王之母。秦昭襄王即位之初，宣太后以太后之位主政，攻灭义渠国，一举灭亡了秦国的西部大患。死后葬于芷阳骊山。

⑦ 穰侯：宣太后同母弟魏冉，被太后任命为将军，任政，封为穰侯。昭王：即秦昭襄王。

⑧ 嬴国：秦国。

⑨ 仍：沿袭。

⑩ 东京：代指东汉。皇统：世代相传的帝系。

⑪ 外立者四帝：指汉安帝刘祜、汉质帝刘缵（一名刘续）、汉桓帝刘志、汉灵帝刘宏。他们都非嫡嗣，而是外封诸侯入而为帝，故称"外立者"。

⑫ 临朝者六后：指汉章帝后窦太后、和帝后邓太后、安帝后阎太后、顺帝后梁太后、桓帝后窦太后、灵帝后何太后。

⑬ 帷幄（yì）：泛指室内各种帷幔。借指宫闱或后妃。

⑭ 身犯雾露于云台之上：汉灵帝时，中常侍曹节矫诏迁太后于云台；大臣谢弼上封事曰："皇太后援立明圣，幽居空宫，如有雾露之疾，陛下当何面目以见天下！"雾露，疾病的婉辞。云台，汉宫中高台

名，汉光武帝时，用作召集群臣议事之所。

⑮家婴缧绁于圄犴（àn）之下：指外戚等被诛。婴，遭受。缧绁，捆绑犯人的绳索。圄犴，牢狱。

⑯湮灭：消灭。连踵：接连不断。

⑰倾辀（zhōu）：翻倒的车，比喻失败的前事。

⑱赴蹈：径直前行。

⑲燋烂：崩溃灭亡。燋，通"焦"。

⑳陵夷：由盛到衰，衰落。大运：天命，上天的旨意。

㉑神宝：指帝位。

㉒《诗》《书》所叹：《诗经·小雅·正月》："赫赫宗周，褒姒威之。"《尚书·牧誓》："牝鸡之晨，惟家之索。"前例感叹幽王宠幸褒姒带来西周的灭亡；后例以母鸡代雄鸡报晓比喻妇女执国政，这是国家将亡的征兆。

㉓一揆：同一道理，一个模样。

【译文】

　　自古以来，即使主上幼小时世艰难，帝王之家多有祸患，也必定委托责成太宰，简选寻求贤才，没有只听任妇人，让她们裁决社稷大事的。只有秦国的宣太后开始代国君处理国政，所以穰侯的权力比秦昭王更重，太后家比秦国更富。汉朝沿袭了这一谬误，知道是祸患却没有更改。东汉皇朝的世系屡屡中绝，权力归属女主，并非嫡嗣而立为皇帝的有汉安帝、汉质帝、汉桓帝、汉灵帝四位皇帝，临朝摄政称制的有章帝后窦太后、和帝后邓太后、安帝后阎太后、顺帝后梁太后、桓帝后窦太后、灵帝后何太后六位太后，没有哪一个不是在宫闱之中定策，将政事委托给父亲兄长，贪图孩童皇帝幼小自己能长久主政，抑制贤才好让自己专擅权威。执掌朝政责任重大路途悠远，以此牟得的利益越深厚祸患来得就迅速。有如何太后生病被软禁在云台之上，全家被关押于监狱之中。毁灭的接连不断，倾覆的相继而来，但她们还是径直前行不停息，直到一败涂地才肯休止,最终导致天命衰颓,帝位沦亡。这与《诗经》《尚书》所感叹的,大概是同一个道理。所以考察罗列她们的事迹,写成《皇后本纪》。

　　明德马皇后^①,伏波将军援之小女也^②。永平三年^③,立为皇后。既正位宫闱,愈自谦肃^④。能诵《易经》^⑤,好读《春秋》《楚辞》,尤善《周官》^⑥。常衣大练^⑦,裙不加缘^⑧。诸姬主朝请^⑨,望见后袍衣疏粗,反以为绮縠^⑩,就视,乃笑。后辞曰:"此缯特宜染色^⑪,故用之耳。"六宫莫不叹息。

【注释】

①明德马皇后:本段节录自《皇后纪·明德马皇后纪》。明德马皇后,汉明帝刘庄的皇后。扶风茂陵(今陕西兴平东南)人,史失其名。谥法:"忠和纯淑曰德。"

②伏波将军援:马援,字文渊。初为郡督邮,新莽末为新成大尹(即汉中太守)。莽败,隗嚣用为绥德将军,他劝隗嚣归附光武帝,后隗嚣发兵拒汉,马援建策破之,后归顺光武帝刘秀。拜陇西太守,击破先零羌于临洮,又击破武都参狼羌,于是陇右清静。征入为虎贲中郎将。旋拜伏波将军,南平交阯蛮夷,封新息侯。其后,数度出击匈奴、乌桓犯边者。六十余岁时又请缨南击武陵五溪蛮夷,次年卒于军中。遭谗言而被夺爵。章帝建初三年(78),追谥为忠成侯。其老当益壮、马革裹尸的气概甚得后人的崇敬。

③永平三年:60年。永平,汉明帝年号(58—75)。

④谦肃:谦恭庄敬。

⑤诵:背诵。

⑥《周官》:《周礼》。

⑦大练:粗帛。

⑧缘（yuàn）：衣服边上的镶边。

⑨主：公主的简称。朝请：朝见。

⑩绮縠（hú）：绫绸绉纱之类。

⑪辞：告诉。缯：古代丝织品的总称。

【译文】

明德马皇后，是伏波将军马援的小女儿。永平三年，立为皇后。她成为皇后之后，更加谦恭庄敬。她能背诵《易经》，喜好读《春秋》《楚辞》，尤其擅长《周官》。她常穿着粗帛衣服，裙子不加边饰。各位妃嫔公主朝见时，望见皇后衣袍粗疏，反而认为是绫绸绉纱之类，走近去看是粗帛，就笑起来。皇后告诉她们说："这种丝织品很容易染色，所以用它做衣袍。"后宫的人没有不感慨叹息的。

　　时楚狱连年不断①，囚相证引，坐系者甚众。后虑其多滥②，乘间言及③，恻然④。帝感之，多有所降宥⑤。每于侍执之际⑥，辄言及政事，多所毗补⑦，而未尝以家私干欲⑧。宠敬日隆，始终无衰。自撰《显宗起居注》⑨，削去兄防参医药事⑩。帝请曰⑪："黄门舅旦夕供养且一年⑫，既无褒异⑬，又不录勤劳，无乃过乎？"太后曰⑭："吾不欲令后世闻先帝数亲后宫之家，故不著也。"帝欲封爵诸舅，太后不听。

【注释】

①时楚狱连年不断：本段节录自《皇后纪·明德马皇后纪》。楚狱，东汉楚王刘英因为图谋取代汉明帝被废去王位的案件。

②滥：不加节制，不加选择。

③乘间：利用机会，趁空子。

④恻然：哀怜悲伤的样子。

⑤降宥：减罪宽宥。

⑥侍执：侍执巾栉。拿着手巾、梳子伺候，形容妻妾服事夫君。

⑦毗（pí）补：增益补阙。

⑧干欲：贪求。

⑨显宗：即汉明帝。起居注：皇帝的言行录。两汉时由宫内修撰。

⑩防：马防，字江平，马援次子，明帝时担任黄门侍郎。汉章帝继位后，任命马防为中郎将，后升任城门校尉。

⑪帝：汉章帝刘炟。

⑫黄门舅：汉章帝称马防，马防当时是黄门侍郎。供养：侍奉。

⑬襃异：褒奖。

⑭太后：指马皇后。明帝去世后为太后。

【译文】

当时楚王刘英谋反的案件一连几年还结不了案，因犯互相证明牵连，因此被收监的很多。皇后考虑到其中多有未加辨明含冤受屈的，找机会跟明帝说到此事，流露出哀怜悲伤的神色。明帝感动，很多人得到了减罪宽恕。她每当服侍明帝的时候，就会谈到政事，多有增益补缺，但不曾为私家贪图什么。明帝对她的宠爱敬重一天天隆盛，始终没有衰减。明帝去世后，马太后亲自撰写《显宗起居注》，删去了哥哥马防参与侍奉医药的事情。汉章帝说："舅舅早晚侍奉先帝将近一年，既没有襃奖，又不录入他的辛劳，恐怕有些过分吧？"太后说："我不想让后代人知道先帝多次亲近后宫的家族，所以不著录。"章帝想要给各位舅舅封爵，太后不准。

　　明年夏①，大旱。言事者以为不封外戚之故②，有司因此上奏，宜依旧典。太后诏曰："凡言事者，皆欲媚朕以要福耳③。昔王氏五侯④，同日俱封，其时黄雾四塞，不闻澍雨之应⑤。又，田蚡、窦婴⑥，宠贵横恣⑦，倾覆之祸，为世所传。

故先帝防慎舅氏^⑧，不令在枢机之位^⑨。诸子之封，裁令半楚、淮阳诸国^⑩。常谓：'我子不当与先帝子等！'今有司奈何欲以马氏比阴氏乎^⑪！吾为天下母，而身服大练，食不求甘，左右但著皂布，无香薰之饰者，欲身率下也。以为外亲见之，当伤心自敕^⑫，但笑言太后素好俭。前过濯龙门上^⑬，见外家问起居者，车如流水，马如游龙，苍头衣绿褠^⑭，领袖正白^⑮，顾视御者，不及远矣。故不加谴怒^⑯，但绝岁用而已^⑰，冀以默愧其心，而犹懈怠，无忧国忘家之虑。知臣莫若君，况亲属乎？吾岂可上负先帝之旨，下亏先人之德，重袭西京败亡之祸哉^⑱！"固不许。

【注释】

①明年夏：本段节录自《皇后纪·明德马皇后纪》。明年，汉章帝建初二年，77年。

②言事者：向君王进谏或议论政事的人。

③要（yāo）福：祈求福禄。

④王氏五侯：指汉成帝封太后弟王谭、王商、王立、王根、王逢时等为关内侯。

⑤澍（shù）雨：时雨。澍，雨。多指时雨。

⑥田蚡：汉景帝王皇后同母异父弟，封武安侯，为丞相，贪骄。窦婴：汉文帝窦皇后堂侄，封魏其侯，为丞相，因为得罪田蚡被处死。

⑦横恣：专横放肆。

⑧防慎：谨慎防备。舅氏：后妃的母家亲戚。

⑨枢机：关键。

⑩半楚：东汉时，汉光武帝封子刘英为楚王，建楚国，仅有西汉的一半。淮阳诸国：淮阳国为汉初同姓九国之一，因在淮河之北，故

名。淮阳国辖境相当今河南淮阳、太康、扶沟、柘城、鹿邑等地;东
汉章和二年(88),淮阳国改为陈国。

⑪阴氏:指光武帝皇后阴丽华的家族。

⑫自敕:告诫自己。

⑬濯龙门:洛阳城门。

⑭苍头:指奴仆。褠(gōu):臂衣。犹今之袖套。

⑮正白:纯白。

⑯谴怒:谴责。

⑰岁用:一年的费用。

⑱西京:代指西汉。

【译文】

第二年夏天,大旱。进言的人认为是不封外戚的缘故,主管官员因
此上奏,说应该依照旧的典制封外戚为侯。太后下诏说:"凡是进言的
人,都是想要对我献媚来祈求福分罢了。从前成帝太后王氏五侯,在同
一天受封,那时黄色的迷雾四面堵塞,没听说有时雨下降的应验。又,
田蚡、窦婴,宠幸尊贵专横放肆,家族倾覆的祸患,流传于世。所以先帝
谨慎防备外戚家族,不让他们在关键机构任职。光武帝给各位皇子的封
地,才有原来楚国、淮阳等国的一半。先帝经常说:'我的儿子不应当跟
先帝的儿子相等。'现今主管官员怎么能让马家跟阴家相比呢!我作为
国母,身穿粗帛衣服,吃的不追求甘美,左右侍从只穿着黑布衣,没有熏
香饰品,这是想要自己带头给下面做榜样。认为娘家亲人见到,应当伤
心地告诫自己,但他们只是笑着说太后一向喜好俭朴。前些日子经过濯
龙门,见到问候起居的外戚,他们车辆像流水一样不断,马匹像游龙一样
矫健,奴仆穿着绿色的套袖,衣领袖口纯白色,回头看看自己的车夫,比
人家差得太远了。之所以对他们不加谴责,只是断绝一年的费用,是希
望他们能默默地在内心忏悔反省,但他们还是懈怠,没有忧虑国家忘掉
自家的心思。知道臣子没有比得上君王的,何况亲属呢?我怎么能对上

辜负先帝的意旨,对下亏损先人的德行,重复西汉败亡的祸患呢!"坚决不允许。

帝省诏悲叹^①,复重请曰:"汉兴,舅氏之封侯,犹皇子之为王也。太后诚存谦虚,奈何令臣独不得加恩三舅乎?且卫尉年尊^②,两校尉有大病^③,如令不讳^④,使臣长抱刻骨之恨。宜及吉时,不可稽留^⑤。"太后报曰:"吾反覆念之,思令两善。岂徒欲获谦让之名,而使帝受不外施之嫌哉^⑥!昔窦太后欲封王皇后之兄^⑦,丞相条侯言^⑧,受高祖约,无军功,非刘氏不侯。今马氏无功于国,岂得与阴、郭中兴之后等耶^⑨?常观富贵之家,禄位重叠,犹再实之木^⑩,其根必伤。且人所以愿封侯者,欲上奉祭祀,下求温饱耳。今祭祀则受四方之珍,衣食则蒙御府之余资^⑪,斯岂不足,而必当得一县乎^⑫?吾计之熟矣^⑬,勿有疑也。夫至孝之行,安亲为上^⑭。今数遭变异,谷价数倍,忧惶昼夜^⑮,不安坐卧,而欲先营外封,违慈母之拳拳乎^⑯!吾素刚急^⑰,有胸中气,不可不顺也。若阴阳调和,边境清静^⑱,然后行子之志。吾但当含饴弄孙^⑲,不能复关政矣^⑳。"

【注释】

①帝省(xǐng)诏悲叹:本段节录自《皇后纪·明德马皇后纪》。省,阅读。

②卫尉:马太后的兄长马廖,字敬平。明帝卒,受遗诏典掌门禁,为卫尉。年尊:年高,年长。

③两校尉:马太后的兄长马防、马光。章帝即位,拜马防城门校尉。马光在明帝时为越骑校尉。

④不讳：死亡的婉辞。

⑤稽留：延迟，停留。

⑥外施：对外家施恩泽。

⑦窦太后：汉文帝皇后。王皇后之兄：汉景帝王皇后的兄长王信，封
　　为盖侯。

⑧丞相条侯：周亚夫，汉初功臣名将绛侯周勃的次子，西汉时期名将。
　　历仕汉文帝、汉景帝两朝，曾平定七国之乱，官至丞相，封条侯。

⑨郭：指光武郭皇后郭圣通娘家。

⑩再实：结两次果实。

⑪御府：帝王的府库。

⑫当得：承受。一县：汉代侯国封地多为一县。

⑬熟：周密，程度深。

⑭安亲：使父母心安。

⑮忧惶：忧愁惶恐。

⑯拳拳：诚挚的样子。

⑰刚急：刚厉褊急。

⑱清静：等于说安定，太平。

⑲含饴弄孙：含着饴糖逗小孙子，形容老人自娱晚年，不问他事的乐趣。

⑳关政：参与政事。

【译文】

　　章帝阅读诏书悲哀叹息，又请求说："汉朝兴起，母舅封侯，就像皇子封王一样。太后确实存心谦虚，怎么能让我单单不能给三位舅舅施加恩惠呢？况且卫尉马廖年老，马防、马光两位校尉都有重病，如果发生什么难以避讳的事情，就会让我长久怀有深入骨髓的遗憾。应该趁着吉时封侯，不可停留。"太后回答说："我反复思考，想要让双方都好。难道仅仅是想要自己获得谦让的名声，而让皇帝蒙受不对外家施恩的埋怨吗！从前窦太后想要封王皇后的兄长，丞相条侯周亚夫说，高祖有约定，没有军

功，不是刘家人不能封侯。现今马家对国家没有军功，哪里能跟阴家、郭家这些有中兴之功的皇后家族相同呢？经常看到那些富贵人家，官禄职位一重又一重，就像两次结果的树木，它的根必然受伤。况且人们愿意封侯的原因，是想为祖先奉献祭祀，为子孙求得温饱罢了。现今他们祭祀会接受四方的珍奇，吃穿有皇家府库的剩余物资，这难道还不够，还必须得到一个县的封邑吗？我考虑得很周密了，别再有怀疑了。最孝顺的行为，是让母亲心安为上。现今国家屡次遭受灾变异常，谷价涨了几倍，让人日夜忧愁惶恐，坐卧不安，这时却想要先给外戚封侯，违背慈母的诚挚之心吗！我一向刚厉褊急，胸中有气，不能不顺。假如阴阳调和，边境太平无事，然后再实施你的想法。那时我就只管含饴弄孙，安享天伦之乐，不再参与政事了。"

其外亲有谦素义行者①，辄假借温言②，赏以财位。如有纤介③，则先见严恪之色④，然后加谴。其美车服、不轨法度者，便绝属籍⑤，遣归田里。广平、钜鹿、乐成王车骑朴素⑥，无金银之饰，太后即赐钱各五百万。于是内外从化⑦，被服如一⑧，诸家惶恐，倍于永平世⑨。乃置织室⑩，蚕于濯龙中⑪，数往观视，以为娱乐。常与帝旦夕言道政事，及教授诸小王，论议经书，述叙平生，雍和终日⑫。天下丰稔⑬，方垂无事⑭，帝遂封三舅廖、防、光为列侯。并辞让，愿就关内侯⑮。太后闻之曰："圣人设教⑯，各有其方，知人情性莫能齐也。吾日夜惕厉⑰，思自降损⑱，居不求安，食不念饱，冀乘此道，不负先帝，所以化导兄弟，共同斯志，欲令瞑目之日，无所复恨，何意老志复不从哉！"廖等不得已，受封爵而退位归第焉。

【注释】

①其外亲有谦素义行者:本段节录自《皇后纪·明德马皇后纪》。谦素,谦恭恬淡。义行,忠义或节义的行迹。

②假借:授予,给予。

③纤介:细微。此指细微错误。

④严恪:庄严恭敬。严,通"俨",庄严的样子。

⑤属籍:指宗室谱籍。

⑥广平、钜鹿、乐成王:皆汉明帝之子。广平王刘羡,钜鹿王刘恭,乐成王刘党。

⑦内外:泛指男女尊卑长幼。

⑧被服:指被褥衣履等服用之物。

⑨永平世:指汉明帝时代。永平是汉明帝的年号。

⑩织室:汉代宫中掌管丝帛礼服等织造之机构。

⑪蚕:养蚕。濯龙:汉代宫苑名,在洛阳西南角。

⑫雍和:融洽,和睦。

⑬丰稔(rěn):丰收。

⑭方垂:边陲。垂,通"陲"。

⑮关内侯:比列侯低一等的爵位,有其号,但无封国。

⑯设教:实施教化。

⑰惕厉:警惕谨慎,警惕激励。

⑱降损:指谦恭自下。

【译文】

马太后娘家亲属中那些谦恭恬淡忠义的,马太后就以温和的言辞对待他们,赏赐给他们钱财官位。如果犯了小错,那就先显出庄严恭敬的神色,然后加以谴责。那些车辆衣服华美、不遵守法度的,就把他们从宗室谱籍中除名,遣送回乡。广平王、钜鹿王、乐成王车马朴素,没有金银饰品,太后就赐给每人五百万钱。于是内外亲属全都接受太后的教导和影响，被褥等服用物品都同样朴素，其他外戚家族则感到不安，比明帝时更加倍惶恐。于是马太后设置掌管丝绸织造的织室，在濯龙宫中养蚕，几次前去观看，作为娱乐。太后常跟章帝早晚一起谈论政事，教授诸位年幼的小王，讨论研究经书，叙述平生往事，终日和睦欢洽。天下丰收，边陲平静无事，章帝于是封三位舅舅马廖、马防、马光为列侯。三人一起辞让，只愿意当关内侯。太后听说后说："圣人实施教化，各有各的方法，是知道人的性情不一样。我日夜警惕谨慎，想着谦恭自下，居住不求安逸，饮食不求吃饱，希望奉行此道，不辜负先帝，因此教化引导兄弟，共同具有这样的志向，想要让自己在闭上眼睛的时候，不再有什么遗憾，不料我这老人的愿望还是不能实现！"马廖等人不得已，接受封爵便立即辞去职位返回府邸家居。

　　和熹邓皇后讳绥①，太傅禹之孙也。选入宫为贵人②，恭肃小心③，动有法度，帝深嘉爱焉。及后有疾④，特令后母兄弟入亲医药⑤，不限以日数。后言于帝曰："宫禁至重⑥，而使外舍久在内省⑦，上令陛下有幸私之讥，下使贱妾获不知足之谤，上下交损，诚不愿也。"帝曰："人皆以数入为荣，贵人反以为忧，深自抑损⑧，诚难及也。"每有宴会，诸姬贵人竞自修整⑨，簪珥光彩⑩，袿裳鲜明⑪，而后独省素⑫，装服无饰。阴后以巫蛊事废⑬，立为皇后。是时方国贡献⑭，竞求珍丽之物，自后即位，悉令禁绝，岁时但供纸墨而已。

【注释】

①和熹邓皇后讳绥：本段节录自《皇后纪·和熹邓皇后纪》。邓皇后，邓绥，汉和帝的皇后。邓绥的祖父正是云台二十八将之首的太傅高密侯邓禹。熹，按谥法，有功安人叫熹。

②贵人：女官名，后汉光武帝始置，地位次于皇后。

③恭肃：恭敬严肃。

④后：皇后，这时邓绥还是贵人，史书用后来成为皇后的名分来称呼。下文同。

⑤亲：亲自侍奉。

⑥宫禁：汉以后称皇帝居住、视政的地方。宫中禁卫森严，臣下不得任意出入，故称。

⑦外舍：外戚。内省：指宫中。

⑧抑损：谦逊，谦让。

⑨修整：修饰。

⑩簪珥：发簪和耳饰，古代多为高贵妇女的首饰。

⑪袿（guī）裳：即袿衣，古代妇女的上等长袍。

⑫省素：朴素。省，天明本眉批："省作著。"今本《后汉书·和熹邓皇后纪》作"著"。

⑬阴后：名讳不详。光烈皇后阴丽华之兄执金吾阴识曾孙女，汉和帝刘肇的第一任皇后。巫蛊：古代称巫师使用邪术加害于人为巫蛊。

⑭方国：指四方诸侯之国。

【译文】

和熹邓皇后名叫绥，是太傅邓禹的孙女。被选入宫成为贵人，恭敬严肃谨慎小心，举止有法度，和帝深深嘉许喜爱她。后来邓皇后生病，和帝特别下令让她的母亲和兄弟入宫亲自侍奉医药，不限制天数。邓皇后对和帝说："皇宫是最重要的禁地，却让外戚长久在宫中，对上让陛下有宠幸私人的讥刺，对下让我得到不知足的攻击，上下都要受损，我实在不愿意。"和帝说："别人都以亲属屡次进入宫中作为荣耀，贵人反而把它当成忧虑，深深地自我谦逊，真的难以企及啊。"每逢聚会，宫中妃嫔贵人争着修饰打扮自己，发簪耳饰光彩夺目，上等袍服颜色鲜明，而邓皇后独自穿着素衣，装束没有饰物。阴皇后因为巫蛊的事情被废，邓绥被立为皇后。当时四方诸侯国进贡，争着奉献珍贵华丽的物品，自从邓绥即皇后位，下令全部禁止杜绝，逢年过节只是进献纸墨罢了。

列传

　　冯异①，字公孙，颍川人也。建武三年②，为征西大将军，大破赤眉③，屯兵上林苑，威行关中。六年④，朝京师，帝谓公卿曰："是我起兵时主簿也⑤，为吾披荆棘⑥，定关中。"既罢，使中黄门赐以珍宝、衣服、钱帛⑦。诏曰："仓卒芜蒌亭豆粥，呼沱河麦饭⑧，厚意久不报。"异稽首谢曰⑨："臣闻管仲谓桓公曰：'愿君无忘射钩，臣无忘槛车⑩。'齐国赖之。臣今亦愿国家无忘河北之难⑪，小臣不敢忘巾车之恩⑫。"

【注释】

①冯异：本段节录自《冯岑贾列传·冯异传》。冯异，字公孙，颍川父城（今河南宝丰东）人，云台二十八将之一。冯异归顺刘秀后，大破赤眉、平定关中。刘秀称帝后，冯异被封为征西大将军、阳夏侯。建武十年（34）病逝于在军中，谥曰节侯。

②建武三年：27年。建武，汉光武帝年号（25—57）。

③赤眉：指汉末以樊崇等为首的农民起义军，用赤色涂眉作为标志。

④六年：建武六年，30年。

⑤主簿：官名。汉代中央及郡县官署多置之。其职责为主管文书，办理事务。

⑥披荆棘：比喻在前进道路上或创业过程中扫除障碍，克服困难。披，折断，割断。荆棘，比喻纷乱。

⑦中黄门：汉宦者名。在禁中黄门之内办事的人，秩比百石，后增至

比三百石。

⑧芜蒌亭豆粥，呼沱河麦饭：刘玄更始二年（24），刘秀在蓟，闻王郎
　等入邯郸称帝，与邓禹、冯异等昼夜急驰南下，至饶阳芜蒌亭，天
　寒饥疲，冯异上豆粥。明旦，光武对诸将说曰："昨得公孙豆粥，
　饥寒俱解。"到南宫县，遇大风雨，冯异又进麦饭兔子腿，于是再
　渡过呼沱河至信都（今河北冀州）。芜蒌亭，在今河北饶阳东北。
　呼沱河，水名，又叫滹沱河。源出雁门戌夫山，穿割太行山脉东
　流，经今河北正定、藁城、饶阳、武强、青县，在天津东南入海。河
　北深泽以西今称滹沱河，以东在今滹沱河南。

⑨稽首：古时一种跪拜礼，叩头至地，是九拜中最恭敬的。

⑩愿君无忘射钩，臣无忘槛车：齐襄公被弑，齐公子纠与公子小白争
　入以求立。管仲辅佐公子纠，领兵拦截小白，射中小白带钩。小
　白装死，误导管仲放慢行程，自己迅速赶回齐国即位，是为齐桓
　公。事后命令后鲁国给管仲戴上桎梏关在囚车中送到齐国，桓公
　不计前嫌，任管仲为相。槛车，用栅栏封闭的车，用于囚禁犯人或
　装载猛兽。

⑪国家：等于说官家，指皇帝。

⑫巾车之恩：指刘秀在父城巾车乡（今河南平顶山南）俘虏冯异而
　赦免了他。

【译文】

　　冯异，字公孙，是颍川人。建武三年，担任征西大将军，大破赤眉军，
驻扎在上林苑，威震关中。建武六年，冯异到京师朝见，光武帝刘秀对公
卿们说："这是我起兵时候的主簿，为我披荆斩棘，平定关中。"朝见结束
后，皇帝让中黄门赐给冯异珍宝、衣服、金钱绸帛。下诏说："匆忙急迫中
芜蒌亭的豆粥，滹沱河畔的麦饭，深厚的情意长久没有报答。"冯异叩头
辞谢说："我听说管仲对齐桓公说：'希望您不要忘记射中带钩，我不要忘
记囚禁在槛车。'齐国就靠着这强大。我今天也希望皇帝不要忘记当年

河北的危难,小臣我也不敢忘记巾车乡的恩情。"

　　岑彭①,字君然,南阳人也。拜廷尉②,行大将军事③。与大司马吴汉等围洛阳数月④,朱鲔等坚守不肯下⑤。帝以彭尝为鲔校尉,令往说之。鲔曰:"大司徒被害时⑥,鲔与其谋,又谏更始无遣萧王北伐⑦。诚自知罪深。"彭还,具言于帝⑧。帝曰:"夫建大事者,不忌小怨。鲔今若降,官爵可保,况诛罚乎? 河水在此⑨,吾不食言。"彭复往告鲔,鲔乃面缚⑩,与彭俱诣河阳。帝即解其缚,拜鲔为平狄将军,封扶沟侯⑪。建武八年⑫,彭与吴汉围隗嚣于西城⑬。公孙述将李育守上邽⑭,盖延、耿弇围之⑮。敕彭曰:"两城若下,便可将兵南击蜀虏⑯。人苦不知足,既平陇⑰,复望蜀,每一发兵,头须为白。"

【注释】

①岑彭:本段节录自《冯岑贾列传·岑彭传》。岑彭,字君然,南阳棘阳(今河南新野)人,云台二十八将之一。历任刺奸大将军,廷尉,行大将军事,迁征南大将军,封舞阴侯。逼降朱鲔,平定荆州,灭亡隗嚣。讨伐蜀郡公孙述时被公孙述派遣刺客乘夜刺死。

②廷尉:官名,九卿之一,掌刑狱。

③行:指兼摄官职。大将军:为将军最高称号,多由贵戚担任,统兵征战并掌握政权,职位极高。

④大司马:原名太尉,掌邦政,东汉初为三公之一。吴汉:字子颜,云台二十八将之一。归附刘秀后,助刘秀消灭王郎割据势力,被授偏将军,赐号建策侯。刘秀称帝,以为大司马。更封舞阳侯。率兵击破檀乡农民起义军,收降十余万人,定封广平侯。率军讨伐

公孙述,八战八克。

⑤朱鲔:字长舒。绿林军首领之一,分兵之后号新市兵。后拥立刘玄为帝,朱鲔为大司马。刘秀称帝,攻打朱鲔镇守的洛阳,朱鲔坚守数月,后投降。下:屈服,投降。

⑥大司徒:指刘縯,字伯升,光武帝刘秀长兄。更始政权建立后,任大司徒,封汉信侯,因绿林军将领和刘玄猜忌,被刘玄和李轶、朱鲔设计杀害。

⑦萧王:指刘秀,更始二年(24),刘玄封刘秀为萧王。

⑧具言:详细告诉。

⑨河水在此:这是发誓用语,意思是对着面前的黄河水发誓,黄河就是见证。

⑩面缚:双手反绑于背而面向前,古代用以表示投降。

⑪扶沟:县名。治所在今河南扶沟东北。

⑫建武八年:32年。

⑬隗(wěi)嚣:字季孟。更始政权建立后,隗嚣趁机占领平襄(今甘肃通渭西),被推为上将军,割据一方。后归顺更始,封为右将军,御史大夫。受汉封为西州大将军,专制凉州、朔方事。光武欲从陇道伐蜀,嚣惧,乃发兵拒之,并称臣于公孙述,为朔宁王。嚣退保西城,又退至冀(今甘肃甘谷东南),后为汉军所败,忧愤而死。西城:在今甘肃天水西南。

⑭公孙述:字子阳。新莽时受任为导江卒正(蜀郡太守)。新莽末年,自称辅汉将军兼领益州牧。建武元年(25),称帝于蜀,国号成家,年号龙兴。后大司马吴汉攻破成都,尽诛公孙氏,灭其国。上邽(guī):县名。在今甘肃清水。

⑮盖延:字巨卿,云台二十八将之一。归附刘秀后,拜偏将军,号建功侯,从平河北。光武立,以延为虎牙将军,封安平侯。率马武等南伐刘永,又击苏茂、周建,进与董宪战,皆破之。隗嚣死,盖延西

击街泉、略阳、清水诸屯，皆定。拜左冯翊。耿弇（yǎn）：字伯昭，云台二十八将之一。刘秀略地河北，耿弇往投之，拜偏将军，从拔邯郸。刘秀即位，拜建武大将军，封好畤侯。击平齐地割据者张步，攻击城阳等十二郡。从光武帝平隗嚣。此后，又平定郡县若干。后上大将军印绶，以列侯奉朝请。

⑯蜀虏：指公孙述。

⑰陇：今甘肃一带。

【译文】

岑彭，字君然，是南阳人。刘秀任命他为廷尉，兼摄大将军的事务。岑彭与大司马吴汉围攻洛阳几个月，朱鲔等坚守不肯投降。刘秀因为岑彭曾经在朱鲔手下当过校尉，让他前去说服朱鲔。朱鲔说："大司徒被害，我参与了这一阴谋，又劝谏更始帝不要派萧王北伐。我知道自己罪过实在太深重了。"岑彭回来，详细告诉了刘秀。刘秀说："建树大事业的人，不能顾忌小的怨恨。朱鲔今天如果投降，官爵都可以保住，何况免于惩罚呢？让黄河作为见证，我不会言而无信的。"岑彭又前去告诉朱鲔，朱鲔双手反绑出来投降，与岑彭一起到河阳。刘秀便解开他的捆绑，任命朱鲔为平狄将军，封扶沟侯。建武八年，岑彭与吴汉在西城围困隗嚣。公孙述的将领李育守上邽，盖延、耿弇围攻他。刘秀命令岑彭说："两座城如果攻下，就可以领兵向南攻击蜀地敌人。人的痛苦就在于不知足，已经平定了陇地，又希望得到蜀地，每次发兵，头发胡须都要变白。"

臧宫①，字君翁，颍川人也。匈奴饥疫，自相分争②，帝以问宫③，宫曰："愿得五千骑以立功。"帝笑曰："常胜之家④，难与虑敌，吾方自思之。"建武二十七年⑤，宫与杨虚侯马武上书曰⑥："匈奴人畜疫死，旱蝗赤地⑦，疫困之力，不当中国一郡。万里死命⑧，悬在陛下。福不再来，时或易失，岂

宜固守文德⑨，而堕武事乎？"诏报曰："《黄石公记》曰⑩：'柔
能制刚，弱能制强。'柔者德也⑪，刚者贼也⑫；弱者仁之助
也，强者怨之归也。舍近谋远者，劳而无功⑬；舍远谋近者，
逸而有终。逸政多忠臣⑭，劳政多乱民⑮。故曰：务广地者
荒⑯，务广德者强；有其有者安，贪人有者残。残灭之政⑰，
虽成必败。今国无善政，灾变不息，百姓惊惶，人不自保，而
复欲远事边外乎？孔子曰：'吾恐季孙之忧，不在颛臾⑱。'
且传闻之事，恒多失实。苟非其时，不如息民⑲。"自是诸将
莫敢复言兵事者。

【注释】

①臧宫：本段节录自《吴盖陈臧列传·臧宫传》。臧宫，字君翁，颍
　川郏县（今河南郏州）人，云台二十八将之一。少为县亭长、游
　徼。后率宾客入下江兵中为校尉。光武即位，为侍中、骑都尉。
　将兵至中卢，又出秭归，拔绵竹，破涪城，逼成都，与吴汉共灭蜀王
　公孙述，升任广汉太守。先后受封为成安侯、期思侯、鄟侯，定封
　朗陵侯。后迁城门校尉，转左中郎将。

②分争：争斗，争夺。

③帝：光武帝。

④家：汉时列侯称家，也可指某人。

⑤建武二十七年：51年。

⑥马武：字子张，云台二十八将之一。先入绿林军，为新市兵将领。
　更始二年（24）归顺刘秀，随刘秀征战，常为前锋。刘秀称帝，以
　马武为侍中、骑都尉，征伐刘永，参与征伐庞萌、隗嚣之役，有功。
　定封杨虚侯。后以中郎将将兵击武陵蛮夷。明帝初，西羌寇陇
　右，复拜武为捕虏将军，将兵击破之。

⑦赤地：空无所有的地面，指遭受严重旱灾、虫灾后庄稼颗粒无收的景象。

⑧死命：生死。

⑨文德：指礼乐教化，与武功相对。

⑩《黄石公记》：旧题秦黄石公撰，三卷。为古代兵书，已佚。或云即《三略》。

⑪德：指文德。

⑫贼：贼害，伤害。

⑬劳而无功：指花费了力气，却没有收到成效。

⑭逸政：使人民安居乐业的政治。

⑮劳政：指劳累繁重之政治。

⑯务：致力于。广：扩大，扩张。

⑰残灭：残杀毁灭。

⑱吾恐季孙之忧，不在颛臾：语见《论语·季氏》。意谓国家之忧不在外敌而在内忧。季孙，当时鲁国贵族三桓中最强大的权臣。颛臾，鲁国的附属国。

⑲息民：指使人民得到休养生息。

【译文】

臧宫，字君翁，是颍川人。匈奴发生饥荒疫病，自己相互争斗，光武帝询问臧宫，臧宫说："希望能得到五千骑兵来建立功劳。"光武帝笑着说："常打胜仗的人，很难跟他谋划对付敌人，我还是自己思考吧。"建武二十七年，臧宫与杨虚侯马武上书说："匈奴人畜因疾病而死，旱灾蝗灾后成为不毛之地，疫病灾害的力量，使得匈奴顶不上中国一个郡。万里之外那些人的生死，就悬于陛下之手。福运不会第二次到来，时机容易失去，怎么能固守礼乐教化，而放弃使用武力呢？"诏令回复说："《黄石公记》说：'柔能克制刚，弱能克制强。'柔就是文德，刚就是贼害；弱是仁的佑助，强是怨的归宿。舍弃近处谋求远方的利益，会是白费辛劳而没有成效；舍弃远方谋求近旁的利益，就会安逸而有好的结果。使民众安逸的政治多出忠臣，使民众劳累的政治多出乱民。所以说：致力于扩大地盘的就会精疲力尽，致力于扩大德行的就会壮大强盛；拥有应该拥有的会得到安宁，贪图别人拥有的会变得残暴。残暴毁灭的政治，即使一开始能够成功最后也必定失败。现今国家没有好的政策，灾害变异不断出现，百姓惊慌失措，人们不能自保，还要再去远征边境之外吗？孔子说：'我担忧季孙氏的忧患，不是在颛臾那里。'况且传闻的事情，经常是失实的。假如不是合适的时机，不如让人民得到休养生息。"从此之后，将领们没有谁再敢谈用兵的事。

祭遵①，字弟孙，颍川人也。从征河北②，为军市令③。世祖舍中儿犯法④，遵格杀之⑤。世祖怒，命收遵⑥。时主簿陈副谏曰："明公常欲众军整齐⑦，今遵奉法不避，是教令行也⑧。"世祖乃贳之⑨，以为刺奸将军⑩，谓诸将曰："当备祭遵！吾舍中儿犯令尚杀之，必不私诸卿也⑪。"河北平，拜征虏将军。

【注释】

①祭（zhài）遵：本段节录自《铫期王霸祭遵列传·祭遵传》。祭遵，
　字弟孙，颍川颍阳（治今河南许昌西南）人，云台二十八将之一。
　外柔而内刚。后从刘秀征河北，执法如山，刘秀称帝后，任征虏将
　军，封颍阳侯。征弘农、厌新等地，身先士卒，受伤而不退。引兵
　击邓终、张丰，克之。后受诏北拒彭宠，进定其地。与诸将征隗
　嚣，数败之，及公孙述遣兵救嚣，吴汉、耿弇等皆奔还，祭遵独不
　退。卒于军中。
②河北：泛指黄河以北地区。
③军市：军中市场。

④世祖：刘秀的庙号。此指刘秀。舍中儿：家中子弟。

⑤格杀：击杀。

⑥收：拘捕。

⑦明公：旧时对有名位者的尊称。

⑧教令：教戒，命令。

⑨贳（shì）：赦免，宽纵。

⑩刺奸：官名，汉大将军属员，与外刺同主军中罪法。

⑪私：偏爱。

【译文】

祭遵，字弟孙，是颍川人。跟从刘秀征战河北，担任军中市场长官。刘秀家中子弟犯法，祭遵击杀了他。刘秀发怒，拘捕了祭遵。当时军中主簿陈副劝谏说："明公经常想让军队号令整齐，现今祭遵奉行法令没有避忌，这是您的教戒命令得到推行啊。"刘秀于是赦免祭遵，让他担任主管军法的刺奸将军，对各位将领说："你们应当小心祭遵！我家中子弟违犯法令尚且被他杀了，必定不会对你们有所偏爱。"河北平定后，任命祭遵为征虏将军。

遵为人廉约小心①，克己奉公②，赏赐辄尽与士卒，家无私财，身衣韦裤布被③，夫人裳不加缘④，帝以是重焉。及卒，愍悼之尤甚⑤。遵丧至河南县⑥，诏遣百官，先会丧所，车驾素服临之⑦，望哭哀恸⑧。还幸城门，过其车骑⑨，涕泣不能已。丧礼成，复亲祠以太牢⑩，如宣帝临霍光故事⑪。至葬，车驾复临，赠以将军、侯印绶，朱轮容车⑫，介士军陈送葬⑬，谥曰成侯。既葬，车驾复临其坟，存见夫人室家⑭。其后朝会⑮，帝每叹曰："安得忧国奉公之臣如祭征虏者乎？"遵之见思若此。

【注释】

①遵为人廉约小心：本段节录自《铫期王霸祭遵列传·祭遵传》。廉约，廉洁俭约。

②克己奉公：约束自己，以公事为重。

③韦裤：皮套裤。

④缘：衣服边上的镶边。

⑤愍悼：哀悼，哀怜。

⑥河南县：属河南郡，在洛阳以西。

⑦车驾：帝王所乘的车，代称帝王。素服：本色或白色的衣服，居丧或遭遇凶事时所穿。

⑧哀恸：悲痛至极。

⑨车骑：指祭遵送葬的车马。

⑩太牢：古代祭祀，牛、羊、豕三牲具备谓之太牢。是最高等级的祭品。

⑪宣帝临霍光故事：霍光死后，汉宣帝与上官太后一同到场治丧，使太中大夫任宣、侍御史五人持节护丧事。

⑫容车：送葬时载运死者衣冠、画像之车。

⑬介士：甲士。军陈：列成军阵。陈，同"阵"。

⑭存见：探望慰问。室家：泛指家庭或家庭中的人，如父母、兄弟、妻子等。

⑮朝会：指诸侯、臣属及外国使者朝见天子。

【译文】

祭遵为人廉洁俭约小心谨慎，约束自己，以公事为重，得到赏赐就全分给士兵，家里没有私人的钱财，身穿皮套裤盖麻布被，夫人衣裳没有镶边，光武帝因此器重他。在他去世时，哀悼得特别厉害。祭遵的丧车到了河南县，光武帝下诏派遣百官，先到丧礼场所会合，光武帝身着白色丧服前来吊唁，望灵痛哭，悲伤至极。回程走到城门，见祭遵送丧的车马经过，光武帝泪流不止。丧礼结束，光武帝又亲自用牛羊猪三牲祭奠，就像汉宣帝给霍光治丧一样。到了下葬时，光武帝再次驾临，赠给祭遵将军、侯的印信绶带，正红车轮的载运死者衣冠、画像的容车，让甲士列成军阵送葬，给他谥号叫成侯。安葬之后，光武帝又来到他的坟前，慰问他的夫人家属。之后朝会时，光武帝每每感叹说："哪里能得到像征虏将军祭遵这样忧虑国家以公事为重的臣子啊？"光武帝思念祭遵就像这样。

　　马武①，字子张，南阳人也。封为扬虚侯②。为人嗜酒，阔达敢言③，时醉在御前，面折同列④，言其短长⑤，无所避忌。帝故纵之⑥，以为笑乐⑦。帝虽制御功臣⑧，而每能回容⑨，宥其小失⑩。远方贡珍甘⑪，必先遍列侯，而大官无余⑫。有功辄增邑赏⑬，不任以吏职⑭，故皆保其福禄，终无诛谴者⑮。

【注释】

①马武：本段节录自《朱景王杜马刘傅坚马列传·马武传》。

②扬虚侯：即杨虚侯。今本《后汉书·马武传》作"杨虚侯"。史料记载西汉杨虚侯国国都在今山东茌平东北，东汉或沿袭。

③阔达：豁达。气量大，性格开朗。

④面折：当面批评、指责。同列：同僚。

⑤短长：优劣，短处和长处。

⑥纵：放纵。

⑦笑乐：嬉笑玩乐。

⑧制御：统治，控制。

⑨每：每每，往往。回容：曲法宽容。

⑩宥：宽赦，原谅。

⑪珍甘：指珍贵甘美的食品。

⑫大官：太官。太官令，掌皇帝膳食及燕享之事。

⑬邑赏：封地和赏赐。

⑭吏职：指官职。

⑮诛谴：诛杀贬谪。

【译文】

马武，字子张，是南阳人。封为杨虚侯。他为人非常喜欢喝酒，气量大、性格开朗敢于直言，时常在皇帝面前喝醉，当面批评同僚，说他们的短处长处，没有什么回避和顾忌。光武帝故意放纵他，作为玩笑取乐。光武帝虽然控制功臣，但是往往能曲法宽容，原谅他们的小失误。远方进贡珍贵甘美的食品，必定先遍赐列侯，而皇家太官却留不下什么。大臣有功劳就会增加封地赏赐，不任命官职，所以功臣们都能保住幸福与爵禄，最终没有遭到诛杀贬谪。

论曰①：光武中兴二十八将②，前世以为上应二十八宿③，未之详④。然咸能感会风云⑤，奋其智勇，称为佐命⑥，亦各志能之士也。议者多非光武不以功臣任职，至使英姿茂绩⑦，委而勿用⑧。然原夫深图远筹⑨，固将有以焉尔。若乃王道既衰⑩，降及霸德⑪，犹能授受惟庸⑫，勋贤兼序⑬，如管、隰之迭升桓世⑭，先、赵之同列文朝⑮，可谓兼通矣⑯。降自秦汉，世资战力⑰，至于翼扶王运⑱，皆武人屈起⑲。亦有鬻缯屠狗轻猾之徒⑳，或崇以连城之赏㉑，或任以阿衡之地㉒，故势疑则隙生㉓，力侔则乱起。萧、樊且犹缧绁㉔，信、越终见菹戮㉕，不其然乎！自兹以降，迄于孝武，宰辅五世㉖，莫非公侯。遂使搢绅道塞㉗，贤能蔽雍㉘，朝有世及之私㉙，下多抱关之怨㉚。其怀道无闻，委身草莽者㉛，亦何可胜言哉！故光武鉴前事之违㉜，存矫枉之志，虽寇、邓之高勋㉝，耿、贾之洪烈㉞，分土不过大县数四，所加特进、朝请而已㉟。

【注释】

①论曰：本段节录自《朱景王杜马刘傅坚马列传》。他书引用称《后汉书·朱景王杜等传论》或《后汉书二十八将传论》。以下几段皆出自此文。

②中兴二十八将：即云台二十八将，是指汉光武帝刘秀麾下能力最强、功劳最大的二十八员大将。东汉明帝永平三年（60），汉明帝刘庄在洛阳南宫云台阁命人画了二十八位大将的画像，称为云台二十八将。

③二十八宿：我国古代天文学家把周天黄道（太阳和月亮所经天区）的恒星分成二十八个星座。

④详：清楚知道。

⑤感会：感应会合。风云：比喻时势。

⑥佐命：指辅助帝王创业的功臣。

⑦茂绩：丰功伟绩。

⑧委：舍弃，丢弃。

⑨原：推究。远算：深远的谋划。算，同"算"。

⑩王道：儒家提出的一种以仁义治天下的政治主张，与霸道相对。

⑪霸德：霸道。指君主凭借武力、刑法、权势等进行统治，与王道相对。

⑫庸：用。

⑬勋贤：有功勋有才能的人。序：同"叙"，指按等级次第授官或依照功绩给予奖励。

⑭管、隰（xí）之迭升桓世：指齐桓公时管仲、隰朋先后为政。管，管仲。隰，隰朋。二人皆为齐桓公时的贤臣。

⑮先、赵之同列文朝：指晋文公时先轸、赵衰同时在朝效力。先，先轸，春秋时晋人。采邑在原，又称原轸。晋楚城濮之战中，大破楚

军,佐晋文公称霸。赵,赵衰,春秋时晋人。从晋文公出亡十九
年,归国后佐文公定霸。文,晋文公。

⑯兼通:指一齐显达。

⑰资:凭借,依靠。战力:勇力,战斗能力。

⑱翼扶:辅佐,扶助。

⑲屈(jué)起:崛起,兴起。屈,通"崛"。

⑳鬻缯:卖缯。指灌婴,本是睢阳卖缯的商贩。屠狗:指樊哙,原本
以屠狗为职业。轻猾:轻佻奸猾。

㉑崇:推崇,使尊崇。连城:指毗邻的诸城。

㉒阿衡:商代官名,商王辅弼。引申为主持国政,辅佐帝王。又用以
指执政大臣。

㉓势疑:权势与帝王相似。疑,通"拟",相类。

㉔萧、樊且犹缧绁:萧,指萧何。萧何为丞相,请求允许百姓入上林
苑荒地樵采,刘邦大怒,于是把他投入监狱。樊,指樊哙。他是刘
邦的连襟。燕王卢绾反,樊哙以相国身份攻击燕,有人诬告樊哙,
刘邦大怒,让陈平赶到军中斩樊哙。陈平畏惧吕氏,把樊哙抓回
长安。缧绁,捆绑犯人的绳索。引申为牢狱。

㉕信、越终见菹(zū)戮:信,指韩信。越,指彭越。两人都是帮助刘
邦打败项羽建立汉朝的大功臣,后都被诬以谋反而被夷族。《刑
法志》:"夷三族者枭其首,菹其骨肉。"菹,古代一种酷刑,把人剁
成肉酱。

㉖宰辅五世:从汉高祖至汉武帝一共五代的宰相。

㉗搢绅:插笏于绅带间,旧时官宦的装束,这里是借指士大夫。

㉘蔽雍:阻塞障隔。雍,通"壅",遮蔽,壅塞。

㉙世及:父子相继。

㉚抱关:谓守门者。借指职位卑微。

㉛草莽:草野,民间。与朝廷、廊庙相对。

㉜违：过失。

㉝寇：寇恂，字子翼，云台二十八将之一。初为郡功曹，为太守耿况所重。归依刘秀，拜偏将军，号承义侯。刘秀定河内，邓禹荐寇恂为太守，行大将军事。为刘秀筹措军需。朱鲔来犯，大破之。拜颍川太守，以击斩贾期封雍奴侯。次年，拜汝南太守。刘秀称帝后，寇恂任执金吾，封雍奴侯。邓：邓禹，字仲华，云台二十八将第一位。邓禹与刘秀交好。刘秀巡行河北，邓禹前往追随，被刘秀"恃之以为萧何"。从刘秀平定河北，击破铜马农民起义军。为前将军，率军入河东，击破赤眉军王匡、成丹等部。刘秀称帝后，封邓禹为大司徒、酂侯。邓禹渡河入关，为攻击赤眉军之主力。更封梁侯。击破割据者延岑，定封高密侯。明帝即位，拜太傅。

㉞耿：耿弇。贾：贾复，字君文，云台二十八将之一。绿林兵起，聚众数百人于羽山，自号将军。更始立，归汉中王刘嘉，为校尉。后往河北依刘秀，从征河北，历偏将军、都护将军。遇战身先士卒，数破农民起义军青犊、五校等部。光武立，拜执金吾，封冠军侯。战功赫赫，出任左将军。降赤眉。定封胶东侯。后自解兵权，敦儒学，加位特进。为人刚毅正直，有大节。洪烈：伟大的功业。

㉟特进：官名，始设于西汉末，授予列侯中有特殊地位的人，位在三公下，东汉至南北朝仅为加官，无实职。朝请：汉制诸侯朝见天子，春曰朝，秋曰请。奉朝请者，仅奉朝会请召而已，无定员，亦非官位。汉时三公、外戚、皇室、诸侯多有"奉朝请"之名。

【译文】

评论说：光武帝中兴二十八将，前代认为与天上二十八宿相应，我们不清楚详细情况。但是他们都能感应会合时势变化，发挥他们的智慧勇气，被称为辅助帝王创业的功臣，也都是贤能有志的人士。很多议论的人非议光武帝不让功臣担任重要官职，使得英俊豪壮功绩卓著的人，遭到委弃不被任用。但探究光武帝深远的思考筹划，本来就是其缘由的。

至于说王道已经衰微，下至霸道盛行的春秋时代，尚能做到看其是否适用而擢拔人才，功臣与贤才都依次进用，比如管仲、隰朋在齐桓公时期先后辅政，先轸、赵衰在晋文公一朝共同为官，可以说是功臣与贤士都显达了。此后到秦汉时期，世代依靠战争武力，至于辅佐帝王开国创业，都是靠着武将崛起。其中也有贩卖丝织品的灌婴、杀狗的樊哙这样轻薄狡猾的人，有的得到相连数城封地的赏赐，有的得到宰相职位受到重用，所以威势与君王类似就会引起嫌隙，力量与君王相当就会导致祸乱。萧何、樊哙尚且被囚禁，韩信、彭越最终被灭族剁成肉酱，不就是这样吗！从此往下，到了汉武帝，五代的宰相，没有不是公侯的。于是使得士大夫晋升的道路阻塞，贤才能人的举用途径被阻隔，朝廷都是父子相继的私属官员，下面多有才高位卑者的怨气。那些胸怀道义却默默无闻，只能居住在民间草野的人，又哪里能够说得尽呢！所以光武帝鉴于前代行事的过失，胸怀矫正错误的志向，即使像寇恂、邓禹那样功勋卓著，耿弇、贾复那样功业巨大，封邑不超过四个大县，加官也不过是特进、朝请罢了。

　　观其治平临政①，课职责咎②，将所谓"导之以法，齐之以刑"者乎③？若格之功臣④，其伤已甚。何者？直绳则亏丧恩旧⑤，挠情则违废禁典⑥，选德则功不必厚，举劳则人或未贤，参任则群心难塞⑦，并列则其弊未远。不得不校其胜否⑧，即以事相权⑨。故高秩厚礼⑩，允答元功⑪；峻文深宪⑫，责成吏职⑬。建武之世，侯者百余，若夫数公者，则与参国议，分均休咎⑭，其余并优以宽科⑮，完其封禄⑯，莫不终以功名⑰，延庆于后⑱。昔留侯以为高祖悉用萧、曹故人⑲，而郭伋亦讥南阳多显⑳，郑兴又戒功臣专任㉑。夫崇恩偏授，易启私溺之失㉒；至公均被，必广招贤之路。意者不其然乎！

【注释】

①治平：治国平天下。

②课：考核。咎：过失。

③导之以法，齐之以刑：语出《论语·为政》："道之以政，齐之以刑，民免而无耻。"道，同"导"。政，法教。齐，整治。

④格：作为标准来要求。

⑤直绳：以法制裁。亏丧：损伤，损失。恩旧：称旧交。

⑥挠情：曲徇私情。禁典：指朝廷法令。

⑦参任：参差杂用。意谓不论功高者还是贤能者，皆一并任用。塞：满足。

⑧校：考核，考察。

⑨权：权衡。

⑩秩：官吏的俸禄。

⑪元功：元勋，大功臣。

⑫峻文：指苛细的法令条文。深宪：严法。

⑬责成：指令专人或机构负责完成任务。

⑭"若夫数公者"几句：光武帝把政事交给公卿，不用功臣，当时列侯只有高密侯邓禹、固始侯李通、胶东侯贾复三侯与公卿参议国家大事，恩遇甚厚。休咎，吉凶，善恶。

⑮优：予以优待。宽科：宽松之法。

⑯完：使完整，保全。

⑰功名：功业名声。

⑱延庆：延续福祚。

⑲留侯以为高祖悉用萧、曹故人：据《汉书》记载，刘邦望见将领们往往私下议论，张良说："这是要谋反。陛下从布衣兴起成为天子，而封赏的都是萧何、曹参这些故人，所以他们相聚谋反。"

⑳郭伋亦讥南阳多显：武帝任命郭伋为并州牧，郭伋于是进言选补

官职,应当简选天下贤俊,不应该专用南阳人。按,汉光武帝为南
阳人,随他起事者多南阳人。

㉑郑兴又戒功臣专任:郑兴被征召为太中大夫,上疏说:"道路流言,
咸曰'朝廷欲用功臣',功臣用则人位谬矣。"

㉒私溺:偏爱。

【译文】

观察他治国平天下临朝执政,考核官员职守、责罚过失等情况,大
概就是孔子所说的"用强权法令来引导管理,用严酷刑罚来约束整治"
吧? 倘若把这些作为标准来要求功臣,那么伤害就很严重了。为什么
呢? 用法律制裁那就会损伤旧交,曲徇私情那就会违反法令,按德行选
拔那么功劳不一定很大,按功劳推举那么他或许并不贤明,德行功勋掺
杂任用那就会导致众人各怀欲望难以满足,所有功臣一并任用那前代的
弊端并不遥远。不得不考核他们能否胜任,就要用具体事务来衡量。所
以丰厚的俸禄和礼遇,用来报答元勋大功;苛细严峻的法条和法令,用来
要求官吏恪尽职守。光武帝建武年间,封侯的有一百多位,只有邓禹等
几位,可以参与国事,与君王共同分担祸福,其余的列侯,一并用宽松的
政策予以优待,保全他们的封爵禄位,都到死也拥有功业名声,福禄延
续到后代。从前,留侯张良认为汉高祖刘邦重用的全都是萧何、曹参这
些旧人,郭伋也讥刺显达者往往是光武帝刘秀的南阳老乡,郑兴又告诫
不能专门任用功臣。崇厚的恩惠授予有偏私,很容易导致私相溺爱的过
失;大公无私恩泽广布,必定会扩大招揽贤才的道路。想来不就是这个
样子吗!

　　永平中①,显宗追感前世功臣②,乃图画二十八将于南
宫云台③,其外又有王常、李通、窦融、卓茂,合三十二人④。
故依其本第系之篇末⑤,以志功臣之次云尔⑥:

太傅高密侯邓禹

中山太守全椒侯马成⑦

大司马广平侯吴汉

河南尹阜成侯王梁⑧

左将军胶东侯贾复

琅邪太守祝阿侯陈俊⑨

建威大将军好畤侯耿弇

骠骑大将军参遽侯杜茂⑩

执金吾雍奴侯寇恂

积弩将军昆阳侯傅俊⑪

征南大将军舞阳侯岑彭

左曹合肥侯坚镡⑫

征西大将军阳夏侯冯异

上谷太守淮阳侯王霸⑬

建义大将军鬲侯朱祐⑭

信都太守阿陵侯任光⑮

征虏将军颍阳侯祭遵

豫章太守中水侯李忠⑯

骠骑大将军栎阳侯景丹⑰

右将军槐里侯万修⑱

虎牙大将军安平侯盖延

大常灵寿侯邳彤⑲

卫尉安成侯铫期⑳

骁骑将军昌成侯刘植㉑

东郡太守东光侯耿纯^㉒

横野大将军山桑侯王常

城门校尉朗陵侯臧宫

大司空固始侯李通

捕虏将军杨虚侯马武

大司空安丰侯窦融

骠骑将军慎侯刘隆^㉓

大傅宣德侯卓茂^㉔

【注释】

①永平：汉明帝年号（58—75）。

②显宗：汉明帝刘庄的庙号。

③图画：绘画。南宫：东汉洛阳皇宫有南宫、北宫之分，光武帝居南宫，明帝时营建北宫。光武帝定都洛阳幸驾的第一座宫殿即是南宫。云台：汉宫中高台名，光武帝时，用作召集群臣议事之所。

④王常：字颜卿，颍川郡舞阳（今河南舞阳）人。曾加入绿林军，后归汉。更始立，为廷尉、大将军，封知命侯。与刘秀共击破王寻、王邑，行南阳太守事，封邓王，赐姓刘氏。光武建武初，封山桑侯。又迁为汉忠将军，以功拜横野大将军。李通：字次元，南阳宛（今河南南阳）人。新莽末与刘秀密谋起兵于南阳。更始立，从至长安，拜大将军，封西平王。刘秀即位，征李通为卫尉。建武二年（26），封固始侯，拜大司农。刘秀征讨四方，令李通居守京师。后拜大司空。又数年，听上司空印绶，以特进奉朝请。窦融：字周公，扶风平陵（今陕西咸阳西北）人。王莽时，以军功封建武男、拜波水将军。莽败，率军降刘玄，任钜鹿太守，转张掖属国都尉。光武即位，乃归汉，授凉州牧。以从破隗嚣功，封安丰侯。又拜为

冀州牧,迁大司空。加位特进。行卫尉事,兼领将作大匠。卓茂:
字子康,南阳宛(今河南南阳)人。是位通儒,曾在汉元帝、新莽、
更始等时任职,后告老回家。光武帝即位,先访求卓茂,卓茂前往
河阳觐见,拜太傅,封襄德侯。建武四年(28)去世,光武帝身着丧
服送葬。

⑤本第:本来的等第。即南宫云台功臣肖像的顺序。

⑥志:通"识",记住,记载。次:名次。

⑦马成:字君迁,南阳棘阳(今河南南阳南)人。从刘秀起兵,刘秀
称帝,拜护军都尉。建武四年(28),迁扬武将军。斩李宪,以功
封平舒侯。从征破隗嚣,任天水太守。为中郎将,平定武都。率
军屯驻常山、中山以守卫北部边境。在事五六年,勤于职守,拜中
山太守。南击武溪蛮族,以无功而上太守印绶。定封全椒侯。

⑧王梁:字君严,渔阳要阳(治今河北丰宁东)人。初为郡吏,太守
彭宠以王梁守狐奴令,拜偏将军。以拔邯郸功,赐爵关内侯。从
平河北,拜野王令。刘秀即位,擢拜其为大司空,封武强侯。后为
中郎将,行执金吾事。拜前将军,因战功拜山阳太守,代欧阳歙为
河南尹。又为济南太守,定封阜成侯。

⑨陈俊:字子昭,南阳西鄂(今河南南阳北)人。少为郡吏,从更始
为长史,后随刘秀循河北,从击铜马军,拜强弩将军。以平五校
功,封列侯。克匡城,封新处侯。又随大司马吴汉破金门、白马军
于河内,拜太山太守,行大将军事,大破张步,遂定太山。后徙琅
邪太守,诏陈俊专征青、徐。定封祝阿侯。

⑩杜茂:字诸公,南阳郡冠军县(今河南邓州西北)人。随刘秀平定
河北,刘秀即位,拜大将军,封乐乡侯。北击五校于真定,进降广
平。更封苦陉侯,平定魏郡、清河、东郡。拜为骠骑大将军,击沛
郡,拔芒,进攻西防,屯田晋阳、广武,以备北胡,筑亭侯,修烽燧,
边境安定。更封修侯。定封参蘧(qú)侯。

⑪傅俊：字子卫，颍川襄城（今河南襄城）人。初为亭长，迎刘秀，拜
　　为校尉，刘秀使率颍川兵，从征伐。参加了昆阳大战、河北之战、
　　南征之战，平定了江东六郡。定封昆阳侯。

⑫坚镡：字子伋，颍川襄城（今河南襄城）人。投奔刘秀后，拜偏将
　　军，从平河北，拜扬化将军，封澭强侯。攻克洛阳，平内黄。巡南
　　阳诸县。定封合肥侯。

⑬王霸：字元伯，颍川颍阳（今河南许昌西南）人。少为狱吏，从刘
　　秀参加昆阳之战。因追斩王郎功，封王乡侯。刘秀即位，拜偏将
　　军，更封富波侯。为讨虏将军，屯田新安、函谷关。迁上谷太守，
　　更封向侯。与匈奴、乌桓大小数十百战，多次上书言宜与匈奴结
　　和亲。后南单于、乌桓降服，北边无事。在上谷二十余年。定封
　　淮陵侯。

⑭朱祐：字仲先，南阳宛（今河南南阳）人。自幼与刘縯和刘秀相
　　识，自起兵就一直跟随左右。刘秀为大司马征讨河北，以祐为护
　　军。常力战陷阵，以为偏将军，封安阳侯。刘秀称帝，又拜为建义
　　大将军。更封堵阳侯。屡建战功，定封鬲侯。后上大将军印绶，
　　因留奉朝请。

⑮任光：字伯卿，南阳宛（今河南南阳）人。原为宛城小吏，随刘縯
　　参与了昆阳之战，后被封为信都太守，次年，随刘秀攻城略地，拜
　　左大将军，封武成侯。定封阿陵侯。

⑯李忠：字仲都，东莱黄（今山东龙口东）人。更始二年（24），李忠
　　等迎接刘秀入信都，拜为右大将军、封武固侯，刘秀称帝后，李忠
　　任五官中郎将，更封中水侯。天下一统之后，李忠担任丹阳太守
　　多年，境内安宁，开办学校，重视礼教。三公奏课为天下第一。迁
　　豫章太守，因病去官。

⑰景丹：字孙卿，冯翊栎阳（今陕西临潼东北）人。更始政权建立之
　　后被任命为上谷长史，拒王郎。与耿弇、寇恂等率兵南归刘秀，拜

偏将军,号奉义侯。刘秀河北之战时,景丹等率领上谷、渔阳的精锐骑兵去支援刘秀。刘秀即位,拜骠骑大将军。定封栎阳侯。与吴汉、耿弇等从击破五校,刘秀令景丹带病领弘农郡事拒敌,卒于军中。

⑱万修:亦写作万脩、万休。字君游,扶风茂陵(今陕西兴平东北)人。刘秀宣慰河北之时,万修等人据守信都郡迎接刘秀,拜偏将军,封造义侯。及破邯郸,拜右将军,从平河北。改封槐里侯。后征南阳,病死军中。

⑲邳彤:字伟君,信都(今河北冀州)人。刘玄称帝,拜和成太守,刘秀平定河北时,邳彤举城降,复以为太守。旋拜后大将军。随同刘秀平定王朗之乱,封武义侯。刘秀即位,更封灵寿侯,行大司空事。定都洛阳后,拜太常,月余转少府。后为左曹侍中,常从征伐。后回封国,不久去世。

⑳铫(tiáo)期:字次况,颍川郏(今属河南郏州)人。铫期在冯异的举荐下投到刘秀门下,成为少数心腹之一。后来随刘秀平定河北,任虎牙大将军。又镇压铜马、青犊等农民起义军。刘秀即位后,封安成侯,为魏郡太守,行大将军事。后为太中大夫,又拜卫尉。

㉑刘植:字伯先,钜鹿昌城(今河北丰南西北)人。王郎起兵时,据昌城自守,后归顺刘秀,为骁骑将军,封列侯。协助招降刘扬,平定河北。刘秀称帝后,封昌城侯。平定密县叛乱时候阵亡。

㉒耿纯:字伯山。钜鹿宋子(今河北赵县东北)人。耿纯曾先后担任过王莽、刘玄的官员,后投奔刘秀,拜前将军,封耿乡侯。从平邯郸,又破铜马起义军。刘秀即位,封高阳侯。真定王刘扬谋反,耿纯奉命破斩之。拜东郡太守,视事数月,境内清宁。定封东光侯。征拜太中大夫,讨东郡农民起义军,起义军皆诣降,复为东郡太守,吏民悦服。卒于官。

㉓刘隆:字元伯,南阳蔡阳(今湖北枣阳西南)人。汉宗室,后投奔

刘秀。封元父侯。拜诛虏将军,屯田武当。守南郡太守,更封竟
陵侯。后因罪贬为庶人。复封扶乐乡侯,以中郎将辅助伏波将军
马援击交阯蛮夷,有功,更封长平侯。大司马吴汉卒,以刘隆为骠
骑将军,行大司马事。视事八年,辞归乡里。定封慎侯。

㉔大傅:即太傅。

【译文】

永平年间,汉明帝追念前代的功臣,于是就在南宫的云台画了二十
八位将领的肖像,此外又有王常、李通、窦融、卓茂四人,合计三十二人。
所以依照他们肖像原本的次序附在篇末,用来记载功臣的名次。

太傅高密侯邓禹

中山太守全椒侯马成

大司马广平侯吴汉

河南尹阜成侯王梁

左将军胶东侯贾复

琅邪太守祝阿侯陈俊

建威大将军好畤侯耿弇

骠骑大将军参遽侯杜茂

执金吾雍奴侯寇恂

积弩将军昆阳侯傅俊

征南大将军舞阳侯岑彭

左曹合肥侯坚镡

征西大将军阳夏侯冯异

上谷太守淮阳侯王霸

建义大将军鬲侯朱祐

信都太守阿陵侯任光

征虏将军颍阳侯祭遵

豫章太守中水侯李忠

骠骑大将军栎阳侯景丹

右将军槐里侯万修

虎牙大将军安平侯盖延

太常灵寿侯邳彤

卫尉安成侯铫期

骁骑将军昌成侯刘植

东郡太守东光侯耿纯

横野大将军山桑侯王常

城门校尉朗陵侯臧宫

大司空固始侯李通

捕虏将军杨虚侯马武

大司空安丰侯窦融

骠骑将军慎侯刘隆

太傅宣德侯卓茂

马援①，字文渊，扶风人也。建武九年②，拜为太中大夫③。十七年④，交阯女子徵侧及女弟徵贰反⑤，攻没其郡，九真、日南、合浦蛮夷皆应之⑥，寇略岭外六十余城⑦，侧自立为王。于是拜援伏波将军⑧，督楼船将军段志等南击交阯⑨，斩徵侧、徵贰，传首洛阳。封援为新息侯。援尝有疾，梁松来候之⑩，独拜床下，援不答。松去后，诸子问曰："梁伯孙帝婿，贵重朝廷，公卿已下，莫不惮之，大人奈何独不为礼⑪？"援曰："我松父友也。虽贵，何得失其序乎⑫？"松由是恨之。

【注释】

①马援：本段节录自《马援列传》。马援，字文渊。扶风茂陵（今陕西兴平东北）人。马援开始是隗嚣的属下，后归顺光武帝刘秀，天下统一之后，马援虽已年迈，仍西破羌人，又拜伏波将军南征交趾，因功封新息侯。六十余岁时又请缨南击武陵五溪蛮夷，次年，卒于军中。遭谗言而被夺爵。汉章帝建初三年（78），追谥为忠成侯。其老当益壮、马革裹尸的气概甚得后人的崇敬。

②建武九年：33年。

③太中大夫：官名。秦始置，掌论议，汉以后各代多沿置。

④十七年：41年。

⑤交阯女子徵侧及女弟徵贰反：徵侧是交阯麓泠（今越南河内一带）雒将（部族首领）的女儿，嫁给朱鸢（今越南海兴快州附近）人诗索为妻，非常雄勇。对诗索因犯法为太守所杀极为不满，于是和她妹妹徵贰反叛。自立为徵王。交阯，郡名。汉武帝所置十三刺史部之一。辖境相当今广东、广西的大部和越南承天以北之北部、中部等地。先秦泛指五岭以南地区。西汉故治嬴陵，即今河内西北。东汉移治龙编，即今河内东北。

⑥九真：郡名。西汉置。故治胥浦，即今越南清化省清化西北东山县阳舍村。辖境相当今越南清化、河静两省及义东省东部地区。东汉同。日南：郡名。秦象郡，武帝更名。西汉武帝元鼎六年（前111）置。故治西卷，治所在今越南广治省广治河与甘露河合流处。东汉同。合浦：郡名。元鼎六年（前111）置。东汉时治合浦，即今广西合浦东北旧州。辖境约当今广东开平、阳江以西、亲兴、信宜与广西容县、玉林、横州、十万大山以南至海，包括雷州半岛在内的广大地区。

⑦寇略：侵犯劫掠。岭外：指五岭以南地区。

⑧伏波将军：杂号将军之一。所率为水军，故冠以伏波名号。

⑨楼船将军：杂号将军之一。以所率为楼船战舰，故以为名号。

⑩梁松：字伯孙，安定乌氏（今宁夏固原东南）人。梁统之子。少为
　郎，尚光武帝女舞阴长公主，再迁虎贲中郎将，宠幸无比。光武帝
　崩，受遗诏辅政，永平元年（58），迁太仆。候：拜访，探望。

⑪大人：对父亲的称呼。

⑫序：指长幼秩序。

【译文】

马援，字文渊，是扶风人。建武九年，被任命为太中大夫。建武十七
年，交阯郡女子徵侧和她妹妹徵贰造反，攻陷交阯郡，九真、日南、合浦各
郡的土著部族一起响应，侵犯劫掠南岭外六十多座城池，徵侧自立为王。
于是任命马援为伏波将军，督领楼船将军段志等向南攻击交阯，斩杀了
徵侧、徵贰，首级传到洛阳。封马援为新息侯。马援有一次生病时，梁松
来探望他，在床下跪拜，马援没有答礼。梁松离开后，孩子们问："梁伯孙
是皇帝的女婿，是朝廷显贵，公卿以下，没有不忌惮他的，父亲大人为什
么却不礼待他？"马援说："我是梁松父亲的朋友。他虽然尊贵，怎么能
失去长幼的次序呢？"梁松因此恨他。

二十四年①，武威将军刘尚击武陵五溪蛮夷②，军没③，
援因复请行。遂遣援率中郎将马武、耿舒等征五溪④。援
夜与送者诀⑤，谓友人谒者杜愔曰⑥："吾受厚恩，年迫余日
索⑦，常恐不得死国事，今获所愿，甘心瞑目。但畏长者家儿
或在左右⑧，或与从事⑨，殊难得调，独恶是耳。"初，军次下
隽⑩，有两道可入，从壶头则路近而水崄⑪，从充道则涂夷而
运远⑫，帝初以为疑。及军至，耿舒欲从充道，援以为弃日费
粮⑬，不如进壶头，扼其喉咽，充贼自破。以事上之⑭，帝从
援策。进营壶头，贼乘高守隘，水疾，船不得上。会暑甚，士

卒多疫死，援亦中病，遂困⑮。乃穿岸为室，以避炎气⑯。贼每升险鼓噪⑰，援辄曳足以观之⑱，左右哀其壮意⑲，莫不为之流涕。耿舒与兄好畤侯弇书曰："前舒上言，当先击充，粮虽难运，而兵马得用，军人数万，争欲先奋。今壶头竟不得进，大众怫郁行死⑳，诚可痛惜。"弇得书奏之。帝乃使虎贲中郎将梁松㉑，乘驿责问援，因代监军。会援病卒，松宿怀不平，遂因事陷之。帝大怒，追收援新息侯印绶。

【注释】

①二十四年：本段节录自《马援列传》。二十四年，建武二十四年，48 年。

②刘尚：建武初，为武威将军，四出征伐，参加过讨伐公孙述、隗嚣等主要战役。建武十九年（43），诛杀谋叛的越巂太守任贵。二十一年（45），讨平益州夷。二十三年（47），讨破南郡蛮人，将其族人迁于江夏。不久进讨武陵蛮，战死于沅水。武陵：郡名。秦昭王置黔中郡，汉高祖五年（前 202）改置为武陵郡，东汉治临沅（今湖南常德）。辖境相当今湖南沅江及其上游贵州清水江流域与其各支流流域地区，约当今湖南安乡、汉寿、雪峰山以西，澧县与湖北鹤峰、咸丰以南，贵州芙蓉江、施秉、凯里以东，广西三江以北的广大地区。五溪蛮夷：秦汉时南方少数民族中蛮族中的一支，为盘瓠蛮的分支。五溪，是熊（雄）溪、横（朗）溪、酉溪、沅（武）溪、辰溪的合称，在今湘西及黔、渝、鄂三省市交界地沅水上游。

③没：败亡，覆灭。

④耿舒：耿况之子，耿弇之弟，随父兄归顺刘秀之后，因功封为牟平侯。

⑤诀：将远离或久别而告别。

⑥谒者：掌宾赞受事，是替天子传达的官员。

⑦索：尽。

⑧长者家儿：指权贵子弟等。

⑨与从事：共事。此指耿舒。

⑩次：军队驻扎。下隽：县名，故治在今湖北通城西北。

⑪壶头：山名。在今湖南沅陵东北。崄（xiǎn）：同"险"。

⑫充：县名。故治即今湖南桑植县城。

⑬弃日：耗费时日，虚度光阴。

⑭上：上报，呈报。

⑮困：陷入困境。

⑯炎气：暑气。

⑰鼓噪：擂鼓呐喊，喧嚷。

⑱曳足：拖着脚。意指强撑病体。

⑲壮意：豪壮的意气。

⑳怫（fú）郁：忧郁，心情不舒畅。

㉑虎贲中郎将：官名。掌宿卫侍从，秩比二千石。

【译文】

　　建武二十四年，武威将军刘尚攻击武陵五溪土著部族，军队覆灭，马援于是又请求前往。皇帝就派遣马援率领中郎将马武、耿舒等征伐五溪。马援在夜里跟送行的人诀别，对友人谒者杜愔说："我身受厚恩，年纪已大剩下的日子不多了，常常害怕不能为国事而死，现今能实现我的愿望，我也心满意足可以瞑目了。只是畏惧那些权贵子弟，有的随侍皇帝左右，有的要与之共事，非常难以协调，所忧虑的只有这个罢了。"当初，军队驻扎在下隽，有两条道路可以进军，从壶头山走路近但水路危险，从充县走道路平坦但运输路远，光武帝开始对此也感到疑惑。等到军队抵达，耿舒想从充县进军，马援认为耗时长浪费粮食，不如从壶头前进，扼住敌人咽喉，充县的贼人可以不攻自破。把这一情况上报光武帝，光武帝听从了马援的计策。大军进驻壶头，贼人登高把守险要隘口，水流湍急，船只难以前进。赶上暑天太热，许多士兵得了流行疫病死亡，马援也得了病，于是大军陷入困境。就在河岸上挖洞作为屋子，来躲避暑气。贼人每次登上险要之地擂鼓呐喊，马援就拖着病体出来观看，左右侍从为他的豪壮情怀而悲哀，都为他流下了眼泪。耿舒给他哥哥好畤侯耿弇写信说："此前我进言说，应当先攻击充县，粮食虽然难运，但是兵马能用，几万士兵，都准备奋起争先。现今在壶头始终不能前进，大家郁闷等死，真让人痛惜。"耿弇得到书信上奏。光武帝于是让虎贲中郎将梁松，乘着驿车去责问马援，就此代替马援督领军队。正值马援病故，梁松长久以来心怀不平，于是借此事端陷害马援。皇帝大怒，追回了马援新息侯的印绶。

　　初，援在交阯①，常饵薏苡实②，用能轻身省欲③，以胜瘴气④。南方薏苡实大，援欲以为种，军还，载之一车。时人以为南土珍怪⑤，权贵皆望之。援时方有宠，故莫以闻。及卒，后有上书谮之者⑥，以为前所载还，皆明珠文犀⑦。马武、於陵侯侯昱等⑧，皆以章言其状⑨，帝益怒。援妻孥惶惧⑩，不敢以丧还旧茔，裁买城西数亩地稿葬而已⑪。宾客故人，莫敢吊会。援兄子严，与援妻子草索相连，诣阙请罪⑫。帝乃出松书以示之，方知所坐，上书诉冤，前后六上，辞甚哀切，然后得葬。

【注释】

①初，援在交阯：本段节录自《马援列传》。

②饵：吃，吞食。薏苡实：薏苡仁，是植物薏苡的果实，富含淀粉。供食用、酿酒，并入药。中医认为，薏苡味甘，微寒，主风湿痹下气，除筋骨邪气，久服轻身益气。

③轻身：指使身体轻健而能轻举。

④瘴气：指南部、西南部地区山林间湿热蒸发能致病之气。

⑤珍怪：珍贵奇异之物。

⑥譖（zèn）：谗毁，诬陷。

⑦文犀：有纹理的犀角。

⑧侯昱：东汉侯霸之子，袭爵则乡侯，后徙封於陵侯，官至太仆。

⑨章：臣下给君主的奏本。

⑩妻孥：妻子和儿女。

⑪裁：才，只，仅。稾葬：草草埋葬。

⑫诣阙：指赴朝堂。

【译文】

当初，马援在交阯，经常吃薏苡仁，因其能使身体轻健减少欲望，对抗瘴气。南方薏苡果实大，马援想引入作为种子，军队返回时，装了一车。当时人认为是南方的珍贵奇异宝物，权贵们都怨恨他。马援当时受皇帝宠信，所以没人敢告诉皇帝。等到马援死后，后来有人上书诬陷马援，认为之前用车运回来的，都是夜明珠和有纹理的犀角。马武、於陵侯侯昱等人，都上奏章说当时情状，光武帝更加愤怒了。马援的妻子儿女惶恐害怕，不敢把马援的灵柩葬入原来选好的墓地，只在城西买了几亩地草草埋葬了。马援的宾客和老朋友，没有人敢去吊唁。马援哥哥的儿子马严，跟马援的妻子儿子把自己用草绳捆起来连接在一起，到朝堂请罪。光武帝拿出梁松的上书给他们看，这才知道得罪的原因，他们上书鸣冤，前后六次上书，言辞非常悲哀恳切，然后马援才得以安葬。

又，前云阳令同郡朱勃诣阙上书曰①："臣闻王德圣政不忘人之功，采其一美，不求备于众。故高祖赦蒯通②，而以王礼葬田横③，大臣旷然④，咸不自疑。夫大将在外，谗言在内，微过辄记，大功不计，诚为国之所慎也⑤。故章邯畏口而奔楚^⑥,燕将据聊而不下^⑦,岂其甘心末规哉^⑧! 悼巧言之伤类也^⑨。

【注释】

①又,前云阳令同郡朱勃诣阙上书:本段节录自《马援列传》。云阳,县名,治所在今陕西淳化西北。朱勃,字叔阳,扶风(治今陕西兴平东南)人。年十二能诵《诗经》《尚书》,与马援、马况(马援之兄)相识,年未二十,试守渭城宰,后位不过县令。上书,按,此即《诣阙上书理马援》,以下几段皆出自此书。

②高祖赦蒯(kuǎi)通:蒯通本名蒯彻,因为避汉武帝刘彻的名讳而改为通。蒯通曾为韩信谋士,向韩信献与刘邦、项羽三分天下之计,未被采纳。韩信死后,被汉高祖刘邦捉拿,后释放。

③以王礼葬田横:田横本齐国贵族,陈胜起义后,田横与兄田儋、田荣也反秦自立。后汉高祖刘邦统一天下,田横不肯对汉称臣,率五百门客逃往海岛。刘邦派人招抚,田横在途中距洛阳三十里的偃师首阳山自杀,海岛五百部属闻田横死,亦全部自杀。刘邦发卒二千人,以王者礼葬田横。

④旷然:形容豁然通晓,谓宽心。

⑤所慎:指慎重处理的对象。

⑥章邯畏口而奔楚:章邯是秦朝著名将领,秦二世时任少府,率军屡败义军。钜鹿之战中被项羽击败后,赵高让二世派人责让章邯,章邯使长史欣至咸阳请示申辩,赵高不见,有不信之心。长史欣还报,章邯恐惧,在长史欣与陈馀相劝后投降项羽。

⑦燕将据聊而不下:战国时燕将攻克齐国聊城,聊城人在燕王面前说燕将的坏话,燕将害怕被诛杀,就据守聊城不敢回去。田单攻打聊城一年多,也攻不下,名士鲁仲连就写了一封信,射进城给燕将分析形势,燕将阅后自杀。

⑧末规：下策。

⑨巧言：表面上好听而实际上虚伪的话。类：美好。

【译文】

又，前云阳县县令、马援同郡的朱勃到朝廷上书说："我听说君王的美德圣明的政治不会忘记别人的功劳，取他一方面的优点，不要求他具备所有优点。所以汉高祖赦免了蒯通，用君王之礼埋葬了田横，大臣都放宽了心，不再心怀疑虑。现在大将在外面作战，谗言在朝廷之内兴起，微小的过失就被记住，再大的功劳却不被认可，这真是国家要慎重处理的呀。所以章邯畏惧谗言而投奔项羽，燕将据守聊城而拒不投降，难道是他们甘心出此下策吗？是哀伤谗言伤害善良的人啊。

"窃见故伏波将军马援，拔自西州①，钦慕圣义②，间关险难③，触冒万死④，孤立群贵之间，傍无一言之佐，驰深渊，入虎口，岂顾计哉！宁自知当要七郡之使⑤，徼封侯之福耶⑥？八年⑦，车驾西讨隗嚣，国计狐疑⑧，众营未集⑨，援建宜进之策，卒破西州。及吴汉下陇，冀路断隔，唯独狄道为国坚守。士民饥困，寄命漏刻⑩。援奉诏西使，镇慰边众⑪，乃招集豪杰，晓诱羌戎，谋如涌泉，势如转规⑫，遂救倒悬之急⑬，存几亡之城，兵全师进，因粮敌人，陇、冀略平，而独守空郡，兵动有功，师进辄克。诛锄先零⑭，缘入山谷，猛怒力战⑮，飞矢贯胫⑯。又出征交阯，土多瘴气，援与妻子生诀⑰，无悔吝之心⑱，遂斩灭徵侧，克平一州⑲。间复南讨⑳，立陷临乡㉑，师已有业，未竟而死。吏士虽疫，援不独存。夫战或以久而立功，或以速而致败，深入未必为得㉒，不进未必为非。人情岂乐久屯绝地㉓，不生归哉！惟援得事朝廷二十二年,北出塞漠,南渡江海,触冒害气^㉔,僵死军事^㉕,名灭爵绝,国土不传^㉖。海内不知其过,众庶未闻其毁,卒遇三夫之言^㉗,横被诬罔之谗^㉘,家属杜门^㉙,葬不归墓,怨隙并兴,宗亲怖栗^㉚。死者不能自列,生者莫为之讼,臣窃伤之。

【注释】

①西州:地区名。秦、汉、魏时称凉州、朔方(一说不包括朔方地)为西州,以在中原之西得名。

②钦慕:敬慕。

③间关:辗转。

④触冒:冒着,接触。

⑤当要七郡之使:指马援平岭南之事。七郡,指汉武帝岭南九郡去掉海南岛的儋耳、珠崖的七郡:南海、郁林、苍梧、合浦、交阯、九真、日南。

⑥徼(yāo):通"邀",求取,招致。

⑦八年:建武八年,32年。

⑧国计:国家的方针大计。

⑨营:谋虑,思虑。集:集中,统一。

⑩"及吴汉下陇"几句:指吴汉随刘秀西征隗嚣,不遵刘秀告诫,后来果然粮食短缺,士卒逃亡,吴汉终以军粮不继而告败退。冀,冀县,治所大约在今甘肃天水甘谷。狄道,故治即今甘肃临洮。漏刻,古计时器,即漏壶。因漏壶的箭上刻符号表时间。这里借指顷刻。

⑪镇慰:安抚慰问。

⑫转规:转动圆形器物。比喻毫无阻难。

⑬倒悬:指人头脚倒置地或物上下倒置地悬挂着。比喻处境极其困苦或危急。

⑭先零:先零羌,部族名。为汉时西羌中的一大支。主要分布在今甘肃临夏以西和青海东北等地。汉武帝时移居西海(今青海湖)盐池地区。以游牧为生,常出入黄河、湟水一带,屡进扰金城、陇西等郡。东汉初,马援任陇西太守将其征服,迁徙至天水、陇西、扶风一带。

⑮猛怒:强烈的样子。

⑯胫:指小腿。

⑰生诀:诀别。

⑱悔吝:悔恨。

⑲一州:指交州。南海、苍梧、郁林、合浦、交阯、日南、九真七郡都属于交州。

⑳间:顷刻,不久。

㉑临乡:县名。在今湖南常德古城山上沅南县故城。

㉒得:成功。

㉓绝地:指极险恶而无出路的境地。

㉔害气:邪气,有害之气。

㉕僵死:指倒地死亡。

㉖国土:指封国。

㉗三夫之言:三人接连说同样的假话,源自三人成虎的故事。

㉘横:意外,突然。诬罔:诬陷毁谤。

㉙杜门:闭门。

㉚宗亲:同宗的亲属。怖栗:害怕得发抖。栗,通"慄"。

【译文】

"我私下看已故的伏波将军马援,从西州被选拔出来,敬慕陛下的圣明,历经艰难险阻,出生入死,独立在众多权贵之中,没有人为他说一句话,他驰骋深渊,闯入虎口,哪里为自己考虑过?难道他自己知道他会去平定岭南七郡,得到封侯的福气吗?建武八年,陛下西征隗嚣,国家大计犹豫不决，各种意见没有统一，马援提出应该进取的计策，最终击破西州。等到吴汉进攻陇地，冀县道路断绝，只有狄道县为国坚守，士民饥饿困苦，命在顷刻之间。马援奉诏令向西出使，安抚慰问边境的军民，于是招集豪杰，晓谕诱导羌民归附，谋略像泉水一样涌出，扭转形势有如转动圆球一样毫无阻碍，于是挽救了极端危险的局面，保存了几乎丢失的城池，保全士兵挥师前进，从敌人那里获取粮食，陇、冀大略平定，而他自己独自守卫空空的郡城，军队出动就建立功勋，师旅前进就能取胜。消灭先零，进入山谷，勇猛激战，飞箭贯穿了他的小腿。又出征交阯，当地多瘴气，马援跟妻子儿女诀别，没有后悔之心，于是斩杀徵侧，收复平定了交州。不久又征讨南方，迅速攻陷临乡，军队已立下功劳，但战争还未结束他就死了。官兵虽然生了疫病，马援也不独自存活。战争有的是因为持久而胜利，有的是因为速战而招致失败，深入不一定能成功，不前进不一定就错误。人情难道乐意长久驻扎在凶险没有出路的绝地，不想活着回去吗？马援为朝廷效力二十二年，向北出塞进入荒漠，向南渡过长江大海，冒着瘟疫邪气，倒毙在战场上，名声被毁爵位断绝，封地不能传给子孙。海内没人知道他有什么过失，民众也没听到对他的指控，最终遇到谣言，意外遭到诬陷，家属闭门不出，遗体也不能归葬原来的墓地，对马援的怨恨和嫌隙一时并起，马氏家族震恐战栗。死人不能自己剖白，活着的人没有谁替他辩冤，我私下里对此感到悲伤。

"夫明主酌于用赏①，约于用刑。高祖尝与陈平金四万斤，以间楚军，不问出入所为②，岂复疑以钱谷间哉？夫操孔父之忠，不能自免于谗，此邹阳之所悲也③。惟陛下留思竖儒之言④，无使功臣怀恨黄泉⑤。臣闻《春秋》之义，罪以功除⑥；圣王之祀，臣有五义⑦。若援，所谓以死勤事者也⑧。愿下公卿，平援功罪⑨，宜绝宜续，以厌海内之望⑩。臣年已六十，常伏田里，窃感栾布哭彭越之义^⑪，冒陈悲愤，战栗阙庭^⑫。"书奏，报^⑬，归田里。

【注释】

①酭（nóng）：浓厚。

②出入：支出与收入。

③"夫操孔父之忠"几句：邹阳《狱中上书自明》："昔者，鲁听季孙之说而逐孔子，宋信子冉之计囚墨翟。夫以孔、墨之辩，不能自免于谗谀。"操，持。孔父，指孔子。

④留思：等于说留心，关心。竖儒：对儒生的鄙称。朱勃用以谦称自己。

⑤恨：遗憾。

⑥臣闻《春秋》之义，罪以功除：《春秋公羊传·僖公十七年》对于《春秋》经文记载的"夏，灭项"解释说：齐桓公虽然灭了项国，但"桓公尝有继绝存亡之功，故君子为之讳也"，所以不记载为"齐灭项"。

⑦圣王之祀，臣有五义：《礼记》说：圣王制祀，"法施于民则祀之，以死勤事则祀之，以劳定国则祀之，能御大灾则祀之，能捍大患则祀之"。

⑧勤事：尽心尽力于职事。

⑨平：公平地评论。

⑩厌：满足。

⑪栾布哭彭越：栾布是彭越旧交，后在彭越的梁国任大夫，当栾布出使齐国时，刘邦诛灭了彭越，把他的头悬挂示众，并不许人收殓。这时栾布从齐国返回，便在彭越的头下面汇报有关情况，收殓起来祭祀哭泣。

⑫阙廷：朝廷。

⑬报：特指皇帝对臣下所上条陈、奏章等的批复。

【译文】

"英明的君主赏赐丰厚，用刑简约。高祖曾经给了陈平四万斤黄金来离间楚军，不过问账目与用途，又岂能疑心那些钱谷的开销呢？具有孔子一样的忠诚，却不能使自己免于谗害，这是当年邹阳的悲伤啊。只希望陛下留心我这个鄙陋儒生的话，不要让功臣在黄泉下怀有遗憾。我听说《春秋》的大义，罪过是可以用功劳抵销的；圣明君王制定祭祀制度，臣子具有五种功劳之一就可以受到祭祀。像马援，就是所说的为国效力至死不渝的人啊。希望把此事交给公卿，公平议论马援的功罪，他的爵位到底是应该断绝还是接续，以此来满足天下人的愿望。我已经六十岁了，长期处在草野田间，私下感动于栾布哭彭越的义气，冒险陈述自己的悲愤之情，站立朝堂，诚惶诚恐。"书奏上，皇帝批复让他回乡去。

子廖①，字敬平，少以父任为郎②，肃宗甚尊重之③。时皇太后躬履节俭④，事从简约。廖虑美业难终，上疏长乐宫⑤，以劝成德政⑥。曰："臣案前世诏令⑦，以百姓不足，起于世尚奢靡。故元帝罢服官⑧，成帝御浣衣⑨，哀帝去乐府⑩。然而侈费不息⑪，至于衰乱者，百姓从行不从言也。夫改政移风⑫，必有其本。传曰⑬：'吴王好剑客，百姓多瘢疮⑭；楚王好细腰，宫中多饿死⑮。'长安语曰⑯：'城中好高髻，四方高一尺⑰；城中好广眉，四方且半额；城中好大袖，四方用匹帛。'斯言如戏，有切事实⑱。前下制度未几⑲，后稍不行，虽或吏不奉法，良由慢起京师⑳。今陛下躬服厚缯㉑，斥去华饰，素简所安，发自圣情，此诚上合天心，下顺民望，浩大之福，莫尚于此。陛下既已得之自然，犹宜加以勉勖㉒，法大宗之隆德㉓，戒成、哀之不终㉔。《易》曰：'不恒其德，或承之羞㉕。’诚令斯事一竟㉖,则四海诵德,声熏天地,神明可通,金石可勒,而况于人心乎! 况于行令乎㉗! 愿置章坐侧,以当瞽人夜诵之音㉘。”太后深纳之。

【注释】

①子廖:本段节录自《马援列传附马廖列传》。子廖,马援之子马廖。

②父任:指以父荫而任官职。

③肃宗:汉章帝刘炟。

④皇太后:明德马皇后,马廖的妹妹。躬履:亲身履行。

⑤长乐宫:西汉太后住在长乐宫,此因以指太后。

⑥德政:指有仁德的政治措施或政绩。

⑦案:通“按”,查考,考核。

⑧元帝:汉元帝刘奭。服官:官名。汉齐郡临淄产纨縠,陈留郡产锦缎,各设置服官,专掌宫廷衣着供应。在临淄者也称三服官,因供应春、夏、冬三季衣服而得名。

⑨成帝:汉成帝刘骜。御:用。浣衣:多次洗过的衣服,指旧衣。

⑩哀帝去乐府:哀帝即位后,诏令罢郑卫之音,减郊祭及武乐等人数。哀帝,汉哀帝刘欣。乐府,指乐府官署所采制的诗歌。

⑪侈费:奢侈浪费。息:止息,停息。

⑫移风:转变风气。

⑬传:书传。

⑭瘢疮:疮瘢,创伤或疮疡的疤痕。

⑮楚王好细腰,宫中多饿死:事见《墨子·兼爱中》:“楚灵王好细腰,而国多饿人也。”

⑯长安语:指西汉时谣谚。

⑰四方:指京城以外的地区。

⑱切:切中。

⑲未几：不久。

⑳慢：怠慢，懈怠。

㉑厚缯：古代一种粗厚的丝织品。

㉒勉勖（xù）：勉励。

㉓法：效法。大宗：即太宗，汉文帝的庙号。

㉔成、哀：汉成帝刘骜、汉哀帝刘欣，两人皆奢侈荒淫，国政腐败。

㉕不恒其德，或承之羞：语见《周易·恒卦》九三爻辞。意谓不能持久保持自己的美德，时或受到别人的羞辱。

㉖竟：自始至终。

㉗行令：发布命令。

㉘瞽人：古代盲乐师。古代瞽师教国子诵六诗。夜诵：其辞或许秘密，不可宣布外露，所以在夜中唱诵。

【译文】

马援的儿子马廖，字敬平，少年时因父荫而当了郎官，汉章帝很尊重他。当时皇太后亲身履行节俭，事事求简约。马廖担心美好的功业难以坚持到底，上疏给皇太后，劝免成就德政。疏中说："我考察前代的诏令，百姓贫困的原因，是因为世上崇尚奢侈靡费。所以元帝撤销了服官，成帝穿着旧衣服，哀帝裁撤了乐府。但是奢侈浪费并没有停止，以致最后衰乱的原因，是民众跟从实际行动而不是言论。要改变政治转移风气，必须要有根本的措施。书传说：'吴王喜好剑客，百姓舞刀弄剑搞得很多人身上瘢痕累累；楚王喜好细腰，宫中女子节食甚至很多人饿死。'当时的谚语说：'京城喜欢高发髻，乡下发髻一尺高；京城喜欢画阔眉，乡下画眉半额头；京城喜欢大袖子，乡下就用整匹帛。'这话好像是开玩笑，但切中事实。以前制度颁布不久，后来就逐渐不能实行了，即使有时是因为官吏不能奉行法令，但怠慢确实是由京城开始的。现今陛下亲身穿着缯绨，除去华丽的装饰，安于朴素简单，这是发自圣上您的天性，这真的是上合天的意旨，下顺民众的愿望，福气没有比它更大的了。陛下已经从天性获得，就还应该加以勉励，要效法文帝的盛德，警戒成帝、哀帝的不能坚持到底。《周易》说：'不能持久保持自己的美德，时或受到别人的羞辱。'果真能将节俭朴素坚持到底，那就会四海传颂美德，歌颂之声弥漫天地，可以沟通神明，可以刻镂金石，何况人心呢！何况发布命令呢！希望能把奏章放置在座位旁边，用来让瞥师夜里诵读。"太后认真采纳了他的意见。

　　卓茂①，字子康，南阳人也。以儒术举，迁密令②。视民如子，举善而教③，口无恶言，吏民亲爱而不忍欺之。民常有言部亭长受其米肉遗者④，茂避左右问之曰⑤："亭长为从汝求乎？为汝有事属之而受乎？将平居自以恩意遗之乎⑥？"民曰："往遗之耳⑦。"茂曰："遗之而受，何故言邪？"民曰："窃闻贤明之君，使民不畏吏、吏不取民⑧。今我畏吏，是以遗之，吏既卒受⑨，故来言耳。"茂曰："汝为弊民矣⑩。凡人所以贵于禽兽者，以有仁爱，知相敬事也⑪。今邻里长老尚致馈遗⑫，此乃人道所以相亲⑬，况吏与民乎？吏顾不当乘威力强请求耳⑭。凡人之生，群居杂处，故有经纪礼义⑮，以相交接。汝独不欲修之，宁能高飞远走，不在人间邪？亭长素善吏，岁时遗之⑯，礼也。"民曰："苟如此，律何故禁之？"茂笑曰："律设大法⑰，礼顺人情。今我以礼教汝，必无怨恶⑱；以律治汝，何所厝其手足乎⑲？一门之内⑳，小者可论，大者可杀也，且归念之。"于是人纳其训，吏怀其恩。治密数年，教化大行，道不拾遗。平帝时㉑，天下大蝗，河南二十余县，皆被其灾，独不入密界。王莽居摄㉒，以病免归。世祖即位㉓，乃下诏曰："前密令卓茂，束身自修㉔，执节淳固㉕，诚能为人所不能为。夫名冠天下，当受天下重赏。今以茂为太傅，封褒德侯，食邑二千户。"

【注释】

①卓茂：本段节录自《卓鲁魏刘列传·卓茂传》。

②密：密县，治所在今河南新密东南。

③举善：推荐德才兼优的人。

④常：通"尝"，曾。部：古时行政区域名。遗（wèi）：馈送。

⑤避左右：让左右避开。

⑥平居：平日，平素。

⑦往：指自己前往。

⑧取民：取于民，向民众求取。

⑨卒：最终，最后。

⑩弊民：德行不高的人。

⑪敬事：恭敬奉事。

⑫长老：老年人。

⑬人道：为人之道。

⑭乘：利用，凭借。

⑮经纪：纲常，法度。

⑯岁时：每年一定的季节或时间，逢年过节。

⑰大法：基本法则。

⑱怨恶：怨恨憎恶。

⑲厝：措，放置。

⑳门：指官府大门。

㉑平帝：汉平帝刘衍。

㉒居摄：因皇帝年幼不能亲政，由大臣代居其位处理政务，叫做居摄。

㉓世祖：汉光武帝刘秀，庙号世祖。

㉔束身:约束自己,谓不放纵。

㉕执节:坚守节操。淳固:敦厚坚毅。

【译文】

卓茂,字子康,是南阳人。因为精通儒学被举荐,迁升为密县县令。他看待民众像自己子女一样,选拔德才兼备的人教导他们,口中没有恶言恶语,官员民众亲近喜爱不忍心欺骗他。曾有个人说他的亭长接受了他送的米和肉,卓茂让左右避开后问他:"是亭长主动向你索取的吗?还是因为你有事托他去办他才接受的呢?或是平日你自认为他对你有恩德而送给他的呢?"那人说:"是我自己送去的。"卓茂说:"你送他收,为什么还要跟我说呢?"那人说:"我私下里听说,贤明的君主,让民众不畏惧官吏,让官吏不向民众索取。现今我畏惧官吏,因此送东西给他,官吏最终接受了,所以前来报告此事。"卓茂说:"你是一个不道德的人啊。一个人之所以比禽兽高贵,就是有仁爱,知道相处时彼此恭敬相待。现今邻居老人尚且还要有所馈赠,这就是为人之道互相亲近的道理,何况官吏与民众呢?只不过官吏当然不应该借助威权强求强要罢了。人生下来,就是群居生活在一起,所以要有纲常法度礼义,用来互相交往。你却不想修习这些纲常礼法,难道能远走高飞,脱离人间吗?亭长平素是一位好官吏,逢年过节送东西,是礼节。"那人说:"如果是这样,律条为什么禁止?"卓茂笑着说:"法律是设置基本的法则,礼节是顺应人情。现今我用礼节来教导你,你必定没有怨恨;如果用法律惩治你,你就该手足无措了。一座官府门内,小的可以论罪,大的可以杀人,姑且回去想想吧。"于是那人接纳他的训导,官吏心怀他的恩德。他治理密县几年间,教化盛行,路不拾遗。汉平帝时,天下闹大蝗灾,河南二十多个县,都遭受灾害,唯独没有进入密县县界。王莽居摄时,卓茂因病免职回家。光武帝即位,就颁下诏书说:"前任密县县令卓茂,自我约束勤加修养,坚守节操敦厚坚毅,确实能做到别人做不到的。名冠天下,应该受到最高奖赏。现今任命卓茂为太傅,封褒德侯,赐给食邑二千户。"

　　鲁恭①,字仲康,扶风人也。太傅赵熹举恭直言②,拜中牟令③。恭以德化为治,不任刑罚。民许伯等争田累年,守令不能决,恭为平理曲直④,皆退而自责⑤,辍耕相让⑥。亭长从民借牛而不肯还之,牛主讼于恭。恭召亭长,敕令归牛者再三⑦,犹不从。恭叹曰:"是教化不行也。"欲解印绶去⑧。掾史泣涕共留之⑨,亭长乃惭悔,还牛,诣狱受罪⑩,恭贳不问⑪。于是吏民信服。建初七年⑫,郡国螟伤稼⑬,犬牙缘界⑭,不入中牟。河南尹袁安闻之⑮,疑其不实,使仁恕掾肥亲往廉之⑯。恭随行阡陌⑰,俱坐桑下。有雉过⑱,止其傍,傍有童儿。亲曰:"儿何不捕之?"儿言:"雉方将雏⑲。"亲瞿然而起⑳,与恭诀曰:"所以来者,欲察君之治迹耳。今虫不犯境,此一异也;化及鸟兽,此二异也;竖子有仁心㉑,此三异也。久留徒扰贤者耳。"还府,具以状白安㉒。是岁,嘉禾生中牟㉓,安上书言状,帝异之。

【注释】

①鲁恭:本段节录自《卓鲁魏刘列传·鲁恭传》。鲁恭,字仲康,陕西扶风平陵(今陕西兴平东北)人。建初初年,鲁恭被授予《鲁诗》博士,升任乐安相,后任中牟县令,八十一岁时,在家中去世。

②赵熹:字伯阳,南阳宛(今河南南阳)人。少任侠。参加绿林起义军,在昆阳之战中有战功。后归刘秀,累官平林侯相、平原太守,安抚地方,诛锄奸恶。入为太仆,拜太尉。明帝即位,封节乡侯。章帝初,进位太傅。

③中牟:县名。故治在今河南中牟东。

④平(pián)理:评断。

⑤退：指撤诉。

⑥辍耕：中止耕种。

⑦敕令：诫令，命令。

⑧解印绶：指辞官。去：离开。

⑨掾史：官府中佐助官吏的通称。

⑩诣：到。

⑪贳（shì）：赦免，宽纵。

⑫建初七年：82年。建初，汉章帝刘炟年号（76—84）。

⑬螟：螟蛾的幼虫，一种蛀食稻心的害虫。

⑭犬牙：像犬牙般交错，多指地形、地势。缘：绕着，沿着。

⑮河南尹：建武元年（25），刘秀建立东汉，定都洛阳，为突出原西汉
　河南郡作为京畿之地的地位，于建武十五年（39）将河南郡改称
　河南尹，属司隶校尉部。同时亦以为官名。故治洛阳，在今河南
　洛阳东北。袁安：字邵公，汝南汝阳（今河南商水西北）人。为人
　庄重有威，见敬于州里。被举为孝廉，任阴平县长、任城县令，楚郡
　太守，征为河南尹，政号严明。后历任太仆、司空、司徒，敢于言事。

⑯仁恕掾：官名，东汉置，属河南尹，掌治狱。廉：察看。

⑰阡陌：指田间小路。

⑱雉：野鸡。

⑲将雏：养育幼禽。

⑳瞿（jù）然：惊喜的样子。

㉑竖子：指小孩。

㉒具：详细。白：陈述，禀告。

㉓嘉禾：生长得特别苗壮的禾稻，或特指一茎多穗的禾。古人认为
　是吉祥的象征。

【译文】

鲁恭，字仲康，是扶风人。太傅赵熹举荐鲁恭直言敢谏，任命其为

中牟县县令。鲁恭用道德感化来治理，不用刑罚。百姓许伯等人争田产好几年，郡守县令都不能判决，鲁恭给他们评断是非曲直，他们都撤诉自我责备，停下耕作互相谦让。亭长从居民那里借牛却不肯还他，牛的主人到鲁恭那里告状，鲁恭召见亭长，再三命令他还牛，还是不听。鲁恭叹息说："这是我没能教化好造成的呀。"想要解下印绶辞官离开。手下属吏流泪共同挽留他，亭长于是羞惭后悔，还了牛，到监狱领受罪责，鲁恭宽恕他不问罪。从此官吏民众都信任服从他。建初七年，各郡和诸侯国发生了螟虫毁伤庄稼的灾害，中牟和邻县边界犬牙交错，螟虫沿着边界，不进入中牟。河南尹袁安听说后，怀疑有假，派遣仁恕掾肥亲前去察看。鲁恭跟随他走在田间小路上，一起坐在桑树下。有野鸡飞过，停在他们旁边，旁边有个小孩儿。肥亲说："孩子你为什么不抓它？"小孩儿说："野鸡正在养育小鸟呢。"肥亲惊喜地站起来，与鲁恭道别说："我到这里来的原因，是想要察看您的治理情况。现今螟虫不侵犯县境，这是第一种奇异；教化遍及鸟兽，这是第二种奇异；小孩子有仁心，这是第三种奇异。我久留在这里只是白白打扰贤人罢了。"肥亲回府后，把情况详细报告给袁安。这一年，中牟田中长出嘉禾，袁安上疏说明情况，皇帝也深感奇异。

卷二十二

后汉书（二）

【题解】

　　本卷选录自《后汉书》列传部分，从卷二十六到卷五十二。收录了从东汉光武帝到顺帝年间二十几位忠臣良士的事迹言行，他们是：宋弘、韦彪、杜林、桓谭、冯衍、申屠刚、鲍永、郅恽、郭伋、樊宏、阴识（附：阴兴）、朱浮、陈元、桓荣、第五伦、锺离意、宋均、寒朗、东平王刘苍、朱晖、袁安、郭躬、陈宠（附：陈忠）、杨终、庞参、崔骃。他们基本上生活在东汉国力最盛的时期，史书称为"光武中兴""明章之治"，政治较为清明，民众生活有所改善，按惯例，应该是明君贤臣共同努力的结果。但从本卷选录的人物事迹来看，皇帝也有缺点错误，如光武帝迷信谶纬，桓谭险些为此送命；明帝、章帝时有短视褊急的行为，法令不免苛刻。本卷褒扬了阴氏外戚，也从侧面批评了窦氏外戚。有意思的是，节录了一位诸侯王——东平王的事迹，书写了皇帝兄弟叔侄间的情谊，作为编者的魏徵，或许是心有所感。

传

　　宋弘字仲子[①]，长安人也。世祖尝问弘通博之士[②]，弘荐沛国桓谭[③]，才学洽闻[④]，几能及扬雄、刘向父子[⑤]。于是召谭，拜议郎给事中⑥。帝每谠⑦，辄令鼓琴，好其繁声⑧。
弘闻之不悦，悔于荐举。伺谭内出⑨，正朝服，坐府上，遣吏
召之。谭至，不与席而让之曰⑩："吾所以荐子者，欲令辅国
家以道德也⑪。而今数进郑声⑫，以乱《雅》《颂》，非忠正者
也。能自改耶？将令相举以法乎⑬？"谭顿首辞谢，良久乃
遣之。后大会群臣，帝使谭鼓琴，谭见弘，失其常度⑭。帝
怪而问之，弘乃免冠谢曰："臣所以荐桓谭者，望能以忠正
导主，而令朝廷耽悦郑声，臣之罪也。"帝改容谢之⑮，使反
服⑯。其后遂不复令谭给事中。弘推进贤士三十余人，或相
及为公卿者。

【注释】

①宋弘字仲子：本段节录自《伏侯宋蔡冯赵牟韦传·宋弘传》。宋
　弘，字仲子，京兆长安（今陕西西安）人。西汉少府宋尚之子，为
　人正直，做官清廉，直言敢谏。光武帝刘秀即位后，历任太中大
　夫、大司空，封宣平侯，以品行清雅获得称誉。宋弘后因弹劾上党
　太守没有证据而获罪，罢官，数年后在家中去世。弘，天明本作
　"宏"，据今本《后汉书》改。

②世祖：汉光武帝刘秀的庙号。

③桓谭：字君山，沛国相（今安徽淮北西北）人。十七岁入朝，后因
　在刘秀面前公开批评图谶怪诞非经，几乎被下狱处死，后死于贬
　谪途中，官至议郎、给事中、郡丞，著有《新论》二十九篇。

④洽闻：多闻博识。

⑤扬雄：字子云，西汉蜀郡成都（今属四川成都）人。年四十余，始
　游京师长安，以文见召，成帝时任给事黄门郎。王莽时任大夫，校
　书天禄阁。是继司马相如之后西汉最著名的辞赋家。刘向父子：

刘向,字子政,原名更生,沛县（今属江苏）人。刘邦异母弟楚元王刘交四世孙,刘歆之父。汉宣帝时,为谏大夫。汉元帝时,任宗正。汉成帝即位后,任光禄大夫,改名为向,官至中垒校尉。曾奉命领校秘书,所撰《别录》,是我国最早的图书分类目录,原书已亡佚。著有《新序》《说苑》《列女传》等。刘歆,字子骏,后改名秀,字颖叔,刘向之子,古文经学家,后因谋诛王莽事泄自杀。

⑥议郎:官名。汉代设置。为光禄勋所属郎官之一,掌顾问应对,无常事,汉秩比六百石。多征贤良方正之士任之。给事中:官名。秦汉为列侯、将军、谒者等职位的加官,侍从皇帝左右,备顾问应对,参议政事。

⑦讌（yàn）:聚饮。同"宴"。

⑧繁声:指浮靡的音乐。

⑨伺:等到。

⑩让:责备。

⑪国家:指皇帝。

⑫郑声:原指春秋战国时郑国的地方音乐,因与孔子提倡的雅乐不同,故被儒家斥为"乱世之音"。此后,凡与雅乐相违背的音乐,均被斥为郑声。

⑬举:指摘,检举。

⑭常度:常态。

⑮改容:面容变得严肃,以示敬意。

⑯反服:此指反冠,把帽子重新戴上。反,同"返"。

【译文】

宋弘,字仲子,长安人。光武帝曾询问他,谁是通达渊博的士人,宋弘举荐了沛国人桓谭,说他很有才学、多闻博识,几乎能赶得上扬雄和刘向、刘歆父子。于是光武帝召见桓谭,封他为议郎、给事中。光武帝每逢宴饮,就让桓谭弹琴,喜欢听他演奏出的浮靡之音乐。宋弘听说了,很不高兴，后悔荐举了他。他等到桓谭从宫里面出来，就端正朝服，坐在府上，派小吏把桓谭召来。桓谭到了，宋弘不给他让座，而是责备他说："我之所以推荐你，是想要让你用道德来辅佐皇帝。可如今你屡次演奏不雅的郑声，用来扰乱《雅》《颂》这样的雅乐，这不是忠诚正直者所为。你是能够自己改正呢，还是让我用法令检举你呢？"桓谭磕头谢罪，很久之后宋弘才放他走。后来光武帝大会群臣，让桓谭弹琴。桓谭见到宋弘，就失去了常态。光武帝觉得奇怪，就问他是怎么回事，宋弘摘下帽子谢罪说："臣之所以举荐桓谭，是希望他能用忠诚正直辅佐主上，而今他却让您沉溺于不雅的靡靡之音，这是臣的罪过。"光武帝表情严肃地向他道歉，让他戴好帽子。后来就不再让桓谭任给事中了。宋弘推荐的贤才有三十多人，有的相继成为公卿。

弘当谠见①，御坐新施屏风②，图画列女，帝数顾视之③。弘正容言曰④："未见好德如好色者⑤。"帝即为彻之⑥，笑谓弘曰："闻义则服⑦，可乎？"对曰："陛下进德⑧，臣不胜其喜。"时帝姊湖阳公主新寡⑨，帝与共论朝臣，微观其意⑩。主曰："宋公威容德器⑪，群臣莫及。"帝曰："方且图之⑫。"后弘被引见，帝令主坐屏风后，因谓弘曰："谚言'贵易交，富易妻'，人情乎⑬？"弘曰："臣闻'贫贱之知不可忘，糟糠之妻不下堂⑭'。"帝顾谓主曰："事不谐矣⑮。"

【注释】

①弘当谠见：本段节录自《伏侯宋蔡冯赵牟韦传·宋弘传》。谠见，在皇帝公务之余暇时被召见。

②御坐：也作"御座"，皇帝的宝座。施：设置，安放。

③顾视：回头看。

④正容:端正容颜,正色。

⑤未见好德如好色者:此语《论语》两见,分别在《论语·子罕》和
《论语·卫灵公》。

⑥彻:通"撤",撤去。

⑦闻义则服:见于《管子·弟子职》。意为听到合乎道义的事就服膺
力行。

⑧进德:增进道德。

⑨湖阳公主:汉光武帝刘秀的长姐,名刘黄。建武二年(26)被封为
湖阳公主。

⑩微观:指以言挑之,窥其意愿。

⑪威容:庄重的仪容。德器:道德修养与才识度量。

⑫图:图谋。

⑬人情:人之常情。

⑭糟糠:酒滓、谷皮等粗劣食物,贫者以之充饥。后喻贫贱时曾共患
难的妻子。下堂:指妻子被丈夫遗弃或和丈夫离异。

⑮不谐:不成。

【译文】

宋弘在光武帝公务之余暇时被召见,光武帝的座位旁新设了屏风,
上面画有仕女图像,光武帝几次回头看它。宋弘端正容颜,严肃地说:
"没有见过喜好美德像喜好美色一样的人。"光武帝就撤掉了屏风,笑着
对宋弘说:"听到合乎道义的事就去做,可以吗?"宋弘回答说:"陛下美
德增进了,臣不胜欢喜。"当时,光武帝的长姐湖阳公主新近守寡,光武
帝跟她议论朝中臣子,用言语试探她的意愿。公主说:"宋公仪容庄重,
德高才博,群臣没有谁能赶得上。"光武帝说:"让我慢慢地想办法。"后
来宋弘被引见,光武帝让公主坐在屏风后面,对宋弘说:"谚语说'高贵
了就要换朋友,富裕了就要换妻子',这是人之常情吗?"宋弘说:"臣听
说'贫贱时的交情是不能忘记的,共患难的妻子是不能抛弃的'。"光武

帝回头对公主说:"事情不好办了。"

　　韦彪字孟达^①,扶风人也^②。拜大鸿胪^③。是时陈事者,多言郡国贡举^④,率非功次^⑤,故守职益懈,而吏事浸疏^⑥,咎在州郡^⑦。彪上议曰:"孔子曰:'事亲孝,故忠可移于君。'^⑧是以求忠臣必于孝子之门。夫人才行^⑨,少能相兼,是以孟公绰优于赵、魏老,不可以为滕、薛大夫^⑩。忠孝之人,持心近厚^⑪;锻练之吏^⑫,持心近薄。三代之所以直道而行者^⑬,在其所以磨之故也^⑭。士宜以才行为先,不可纯以阀阅^⑮。然其要归^⑯,在于选二千石^⑰。二千石贤,则贡举皆得其人矣。"帝深纳之^⑱。

【注释】

①韦彪字孟达:本段节录自《伏侯宋蔡冯赵牟韦传·韦彪传》。韦彪,字孟达,扶风平陵(今陕西咸阳西北)人。西汉丞相韦贤玄孙,被称为儒学宗师。光武帝建武末,举孝廉,除郎中。明帝时,召拜谒者,后迁为魏郡太守。章帝即位,以病免。后征为左中郎将、长乐卫尉。历奉车都尉、太常、大鸿胪。章和二年(88),以病求免。

②扶风:政区名。即右扶风。西汉于京畿地区设京兆尹、左冯翊、右扶风,合称"三辅",辖境相当于今陕西关中地区。

③大鸿胪:官名。《周礼》官名有大行人之职,秦及汉初称典客,景帝时,更名为大行令,武帝时,改称大鸿胪,主掌接待宾客之事。东汉以后,主要掌诸侯王和边疆民族首领使臣入京朝见诸礼仪。

④贡举:古时官吏向朝廷荐举人才。

⑤功次:指以功绩的大小决定官阶升迁的次序。

⑥吏事:政事,官务。浸疏:逐渐荒疏。

⑦州郡：指州郡的长官。

⑧"孔子曰"几句：语本《孝经·广扬名章》："子曰：'君子之事亲孝，故忠可移于君。'"

⑨才行：才能德行。

⑩是以孟公绰优于赵、魏老，不可以为滕、薛大夫：《论语·宪问》："孟公绰为赵、魏老则优，不可以为滕、薛大夫。"孟公绰做赵、魏的家臣很从容，但滕、薛政务烦杂，他不能胜任两国大夫。孟公绰，春秋时鲁国大夫。赵、魏，当时都是晋卿。老，指大夫的臣子，即家臣。优，优裕，从容。滕、薛，当时鲁国附近的小国。

⑪持心：指处事所抱的态度。

⑫锻练：今本《后汉书》作"锻炼"。罗织罪名，陷人于罪。

⑬直道：正道。

⑭磨：磨炼。

⑮阀阅：功绩与资历。也指世家门第。

⑯要归：要点所在。

⑰二千石：此处指郡守与诸侯国国相，因为按汉制，郡守国相俸禄都是二千石，即月俸百二十斛。

⑱帝：此处指汉章帝。

【译文】

韦彪，字孟达，扶风人。任大鸿胪。当时上书进言的人，很多人说郡国向朝廷举荐人才，大都没有按照功绩来决定升迁的次序，所以官员在各自的岗位上日益松懈，政务日渐荒疏，过错在于州郡的长官。韦彪上书说："孔子说：'侍奉父母孝顺，这种忠诚就可以转移到君主身上。'因此寻求忠臣，必须到孝子家里去找。人的才能与德行，很少有能够兼备的，因此孟公绰做赵氏魏氏的家臣，会很从容，但却不可以做滕国薛国的大夫。忠诚孝顺的人，心地厚道；罗织罪名的官吏，心肠刻薄。夏商周三代能够沿着正道前行的原因，就在于人才都经过选拔磨砺。士人应该首先看德行才能,不可以单纯从以前的功绩和门第家世出发。但是最重要的,在于选择郡守和国相。他们贤明,那么向朝廷荐举的就都是德才兼备之人了。"章帝深深赞同他的话。

　　彪以世承二帝吏治之后①,多以苛刻为能,又置官选职,不必以才,上疏谏曰:"农民急于务②,而苛吏夺其时③;赋发充常调④,而贪吏割其财。此其巨患也。夫欲急民所务,当先除其所患。天下枢要,在于尚书⑤,尚书之选,岂可不重?而间者多从郎官超升此位⑥,虽晓习文法,长于应对,然察察小惠⑦,类无大能⑧。宜简尝历州宰素有名者,虽进退舒迟⑨,时有不逮,然端心向公⑩,奉职周密。宜鉴嗇夫捷急之对⑪,深思绛侯木讷之功也⑫。往时楚狱大起⑬,故置令史以助郎职⑭,而类多小人,好为奸利。今者务简,可皆停省。又谏议之职⑮,应用公直之士,通才謇正⑯,有补益于朝者。今或从征试辈为大夫。又御史外迁⑰,动据州郡。并宜清选其任⑱,责以言绩。其二千石视事虽久,而为吏民所便安者⑲,宜增秩重赏⑳,勿妄迁徙,惟留圣心。"书奏,帝纳之。

【注释】
①彪以世承二帝吏治之后:本段节录自《伏侯宋蔡冯赵牟韦传·韦彪传》。二帝,指光武帝与明帝。
②务:操劳。
③时:农时。
④发:交付。常调:定额赋税。
⑤尚书:官名。始置于战国时,或称掌书,尚即执掌之义。秦为少府

属官,汉武帝提高皇权,因尚书在皇帝左右办事,掌管文书奏章,地位逐渐重要,汉成帝时设尚书五人,开始分曹办事,东汉时正式成为协助皇帝处理政务的官员,从此三公权力大大削弱。

⑥间者:近来。郎官:泛指中郎、侍郎、郎中等官。超升:越级提升。

⑦察察:分别,辨析。惠:通"慧"。

⑧类:大抵。

⑨进退:举止行动。舒迟:舒缓迟慢。

⑩端心:专心,一心。

⑪宜鉴啬夫捷急之对:汉文帝出游上林苑,登虎圈,向上林尉询问禽兽的数目,上林尉答不出来。虎圈啬夫在旁边代答,对答如流。汉文帝于是想任命啬夫为上林令。张释之说:"绛侯周勃、东阳侯张相如都不善言辞,哪里都能像这个啬夫这样喋喋不休、伶牙俐齿? 如果陛下因啬夫口才而破格提拔,臣担心天下争相效仿,重视口才多过实干。"文帝于是没有任命。事见《史记·张释之冯唐列传》。啬夫,官名。汉时小吏的一种。

⑫绛侯:指周勃。西汉开国功臣,为人朴质敦厚。木讷(nè):质朴,不善辞令。

⑬楚狱:汉明帝永平十三年(70),楚王刘英被告制作图谶,图谋反叛,被废去王位,在流放地自杀。案件累年,牵连处死流徙者数以千计。

⑭令史:官名。汉代设有兰台令史、尚书令史,居郎之下,掌文书事务。

⑮谏议:即谏议大夫。官名。掌侍从规谏之职。

⑯通才:学识广博,兼备多种才能。謇(jiǎn)正:忠贞正直。

⑰御史:官名。汉以后,专司举发弹劾。外迁:旧时指京官调任地方官。

⑱清选:精选。

⑲便安:便利安适。

⑳增秩:增加俸禄。

【译文】

　　韦彪认为当时社会承接光武帝和明帝两代皇帝吏治之风,大多把苛刻当成能力,而且设置官职选拔人才,不一定依据才能,于是上疏劝谏说:"农民急着操劳农事,但苛刻的官吏却侵夺农时;他们按常规上交了赋税,而贪官污吏截取了这些钱财。这是巨大的祸害呀。要想让民众以农事为急务,应当先除去民众的忧患。天下至为重要的官职,就在尚书,尚书的人选,难道能说不重要吗?然而近来尚书多是从郎官中越级提升上来的,虽说他们熟悉法令条文、擅长应对,但这只是分析明辨的小聪明,大抵都没有什么大能耐。因此应该选择曾经做过州刺史、平素有名望的官员,虽然他们行动迟缓,时有不尽如人意之处,但是一心为公,履职周密。陛下应该以文帝听闻虎圈啬夫敏捷应答就想提拔他的事为戒,深思楚王绛侯周勃质朴木讷却立有大功的前例。以前楚王刘英谋反案件兴起,所以设置令史来辅助郎官处理事务,而所任者大多是小人,喜好非法谋利。现今政务应当从简,可以将这些职务裁撤。再就是谏议大夫的职务,应该任用公平正直之士,要选用通达多能、刚直忠贞、对朝廷有补益的人。现在或可从征召考试的人中来选拔大夫。再者,御史到地方任职,动辄就是州郡长官。这些一并应该精选任职人员,对他们的进言和政绩提出要求。如果郡守在一个地方任职时间虽然长点,但只要吏民感到便利安适的,就应该增加俸禄,重重赏赐,但不要随便调动,这些事情都请陛下留心。"奏疏递上,章帝采纳了。

　　杜林字伯山^①,扶风人也,为光禄勋^②。建武十四年^③,群臣上言:"古者肉刑严重^④,则民畏法令。今宪章轻薄^⑤,故奸轨不胜^⑥。宜增科禁^⑦,以防其源。"诏下公卿。林奏曰:"夫人情挫辱,则义节之风损;法防繁多^⑧,则苟免之行兴^⑨。孔子曰:'导之以政,齐之以刑,民免而无耻;导之以德,齐之以礼,有耻且格⑩。'古之明王,深识远虑,动居其厚,不务多辟⑪。周之五刑⑫,不过三千⑬。大汉初兴,详览失得,故破矩为圆⑭,斫雕为朴⑮,蠲除苛政⑯,更立疏网,海内欢欣,人怀宽德。及至其后,渐以滋章,吹毛索疵⑰,诋欺无限⑱。果桃菜茹之馈⑲,集以成赃;小事无妨于义,以为大戮⑳。故国无廉士,家无完行。至于法不能禁,令不能止,上下相遁㉑,为弊弥深。臣愚以为宜如旧制。"帝从之。

【注释】

①杜林字伯山:本段节录自《宣张二王杜郭吴承郑赵传·杜林传》。杜林,字伯山,扶风茂陵(今陕西兴平)人。光武帝时,征拜侍御史,迁光禄勋、少府,官至大司空。博洽多闻,时称通儒。

②光禄勋:官名。九卿之一,秦汉负责守卫宫殿门户的宿卫之臣,后逐渐演变为总领官内事务之官。

③建武十四年:38年。建武,汉光武帝刘秀的年号(25—56)。

④肉刑:残害肉体的刑罚,古指墨、劓、刖、宫等。

⑤宪章:法令规章。轻薄:轻靡,浅薄。

⑥奸轨:违法作乱的人。不胜:不尽。

⑦科禁:戒律,禁令。

⑧法防:法禁。

⑨苟免:以不正当的手段求免。

⑩"导之以政"几句:引自《论语·为政》。政,政令,禁令。齐,使整齐。格,归正。

⑪辟:法。

⑫五刑:五种轻重不等的刑法。秦以前为墨(黥面刺字)、劓(挖去鼻子)、刖(断足)、宫(去势)、大辟(死刑)。

⑬三千:据《尚书·吕刑》记载:"五刑之属三千。"

⑭破矩为圆:把方的改成圆的,比喻将刑法去严从简。矩,曲尺,画直角方形的工具,这里指方。

⑮斫(zhuó)雕为朴:指去掉雕饰,回归质朴。斫,砍削。朴,质朴。

⑯蠲(juān):除去,减免。

⑰吹毛索疵(cī):吹开皮上的毛,寻找里面的毛病。比喻刻意挑剔过失或缺点。

⑱诋欺:毁谤丑化。

⑲茹:蔬菜的总名。

⑳大戮:处死而陈尸示众。

㉑遁:欺瞒。

【译文】

杜林,字伯山,扶风人。担任光禄勋。建武十四年,群臣进言:"古代实行严酷的肉刑,民众就畏惧法令。现今法度浅薄,所以违法作乱者无穷无尽。应该增加法规禁令,来从根源上防止犯罪。"光武帝下诏让公卿商议。杜林上奏说:"人的感情受到挫折侮辱,那么大义有节操的风气就会受到损害;法禁繁多,那么只求侥幸免于刑罚而不知羞耻的行为就会兴起。孔子说:'用政令去引导民众,用刑罚去整齐他们,虽然民众能暂时避免犯罪,但是会缺乏羞耻心;若是用道德来引导,再用礼来教化,民众不但会有廉耻心,而且人心归正。'古代英明的君王,深谋远虑,本着厚道之心去行动,不推行苛政繁法。周代的五刑,总条目不过三千。大汉刚刚兴起的时候,详细考察历代得失,所以将刑法去严从简,去掉雕饰,回归质朴,除去苛刻的法令,改立宽松的法律,海内欢欣鼓舞,人人怀有宽仁之德。到了后来,法令逐渐繁多,吹毛求疵,挑剔过失,毁谤丑化,没有限度。把生活中果桃蔬菜之类的馈赠,集中起来问成贪赃之罪;把不妨害道义的小事,当成要处死示众的重罪。所以国家没有了廉洁的士人,家庭没有了完美的操行。直到有法也不能禁,有令也不能止,上下互相欺骗,造成的弊病更加深重。臣愚笨地认为应该沿袭旧制。"光武帝听从了。

　　桓谭字君山^①,沛国人也。拜议郎给事中,因上疏陈时政所宜,曰:"臣闻国家之废兴,在于政事;政事得失,由乎辅佐。辅佐贤明,则俊士充朝,而治合世务;辅佐不明,则论失时宜,而举多过事^②。夫有国之君,俱欲兴化建善^③,然而治道未理者,其所谓贤者异也。盖善治者,视俗而施教,察失而立防,威德更兴,文武迭用,然后政调于时,而躁人可定^④。昔董仲舒言^⑤:'治国譬若琴瑟,其不调者,则解而更张^⑥。'夫更张难行,而咈众者亡^⑦。是故贾谊以才逐^⑧,而晁错以智死^⑨。世虽有殊能,而终莫敢谈者,惧于前事也。且设法禁者,非能尽塞天下之奸,皆合众人之所欲也,大抵取便国利事多者^⑩,则可矣。又见法令决事,轻重不齐,或一事殊法,同罪异论^⑪,奸吏得因缘为市^⑫。所欲活,则出生议^⑬;所欲陷,则与死比^⑭。是为刑开二门也^⑮。今可令通义理、明习法律者,校定科比^⑯,一其法度,班下郡国^⑰,蠲除故条。如此,天下知方^⑱,而狱无怨滥矣。"书奏,不省。

【注释】

①桓谭字君山:本段节录自《桓谭冯衍传·桓谭传》。

②过事:过错,错事。

③兴化:振兴教化。

④躁人:私议国政的人。

⑤董仲舒:广川(今河北景县)人。西汉思想家、哲学家、教育家,今

文经学大家。

⑥ "治国譬若琴瑟" 几句：引自《汉书·董仲舒传》。意为治理国家譬如弹奏琴瑟，琴瑟没有调好，音律不可调和的琴弦，就要取下，重新换上新的。

⑦ 咈（fú）：违背，违逆。

⑧ 贾谊：洛阳（今河南洛阳）人。西汉政论家、文学家。受大臣周勃、灌婴排挤，谪为长沙王太傅。

⑨ 晁错：颍川（今河南禹州）人，西汉政治家。晁错进言削藩，以吴王刘濞为首的七国诸侯以"请诛晁错，以清君侧"为名，举兵反叛。景帝听从爰盎之言，腰斩晁错于东市。

⑩ 便国：对国家便利。

⑪ 论：判决。

⑫ 市：做买卖。引申为进行交易以达成某种目的。

⑬ 生议：指律例中死罪以外的条款。

⑭ 死比：与死罪案件相比照，以构成死罪。

⑮ 刑开二门：刑法标准不一，对不同的人实行不同标准。

⑯ 科比：指附具事例，援引律令条文，类推比较。

⑰ 班：颁布。

⑱ 方：法。

【译文】

桓谭，字君山，沛国人。担任议郎给事中，于是上疏陈述当时政治应该采取何种举措为宜，说："臣听说国家的兴盛衰亡，在于政事；政事是否得当，在于辅佐的大臣。辅佐大臣贤明，那么才智杰出的人就会充满朝廷，治理就会符合治世的实际；辅佐大臣不贤明，那么朝中的议论就会不符合时势的需要，其举措就会有很多错误。当政的君主，都想要振兴教化、建立善政，但是治理之道没能理清，就在于所任用的辅佐大臣不一定贤明啊。善于治理的人，根据不同的风俗来实施教化，纠察过失而设立防范的办法，威势和恩德交互实行，文德和武力交叠使用，这样，国家政治就跟时势相协调，性情急躁而喜欢私议国政的人也可以安定下来。从前董仲舒说过：'治理国家譬如弹奏琴瑟，琴瑟没有调好，音律不可调和的琴弦，就要取下，重新换上新的。'然而改弦更张是难以实行的，而违背众意者往往灭亡。所以，贾谊因为有才能而被放逐，晁错因为有智慧而被处死。世上虽然不乏才能出众之人，可最终也没有谁敢谈论政事，就是因为对以前发生的事情感到惧怕，担心重蹈贾谊、晁错的覆辙啊。况且设置法禁，并不能完全杜绝天下的奸邪，也不能完全符合众人的欲望，大抵采取对国家、对事情较为有利的措施，那就可以了。另外臣又看到官府现在依据法令判决案件，有轻重不一致的情况，有时一样的案件使用不一样的法令，同样的罪过对应不一样的判决，奸滑的官吏因而互相勾结进行交易。想要让他活，那就判他能活下来；想要陷害他，那就把案件跟死刑案件相比附，来构成死罪。这就是量刑使用了双重标准，导向了不同结局。现今可以命令通晓义理、熟悉法律的人，核定法律条文，附上案例，便于类推比较，统一法度，颁布给地方郡国，废除旧的条文。这样做，天下都知道法律标准，而监狱中就不会有怨恨和滥刑了。"书奏上，光武帝没有理会。

是时帝方信谶①，多以决定嫌疑②。谭复上疏曰："今诸巧慧小才伎数之人③，增益图书，矫称谶记④，以欺惑贪邪⑤，诖误人主⑥，焉可不抑远之哉⑦！其事虽有时合，譬犹卜数只偶之类⑧。陛下宜垂明听，发圣意，屏群小之曲说⑨，述五经之正义，略雷同之俗语⑩，详通人之雅谋。"帝省奏，愈不悦。其后有诏，会议灵台所处⑪。帝谓谭曰："吾欲以谶决之，何如？"谭默然良久曰："臣不读谶。"帝问其故，谭复极言谶之非经⑫。帝大怒曰："桓谭非圣无法⑬，将下斩之。"谭叩头流血，良久得解。出为六安郡丞^⑭，意忽忽不乐^⑮，道病卒。

【注释】

①是时帝方信谶（chèn）：本段节录自《桓谭冯衍传·桓谭传》。谶，预
　　言吉凶的文字、图箓。

②嫌疑：疑惑难辨的事理。

③伎数：方伎、术数。

④谶记：即谶书。内容多为假托神意，预言未来吉凶。

⑤贪邪：贪婪奸邪。

⑥诖（guà）误：贻误，连累。

⑦抑远：抑制远离。

⑧只偶：单数和双数。

⑨曲说：邪曲之说。

⑩雷同：随声附和。

⑪灵台：古时帝王观察天文星象、妖祥灾异的建筑。

⑫极言：竭力陈说，直言规劝。

⑬非（fěi）圣：诋毁圣人之道。非，通"诽"。

⑭六（lù）安：地名。汉武帝置六安国。东汉归扬州刺史部管辖，今
　　属安徽六安。郡丞：郡守的副职。

⑮忽忽：失意的样子。

【译文】

这时光武帝正相信谶纬之说，多用它来决断疑惑难明之事。桓谭又上疏说："现今那些耍小聪明、凭着小有才能学习了方伎术数之人，增改古书内容，假托为预言，来欺骗迷惑贪婪奸邪的人，连累迷惑了君主，怎么能不拒而远之呢！那些谶言即使有时和事实相合，也就跟卜算单双之类一样总有巧合。陛下应该听取正确意见，发布圣明的旨意，摒弃那群小人的邪说，遵循《诗经》《书经》《礼记》《易经》《春秋》五经正道，削弱

那些随声附和的俗言,清楚地理解学识渊博通经之士的高明见解。"光武帝看了奏疏,更加不高兴。后来下诏令,召集大臣商议灵台选址。光武帝对桓谭说:"我想用符谶来决定这事,怎么样?"桓谭沉默了很久说:"臣不读符谶之书。"光武帝问他缘故,桓谭又力陈图谶之说背离正道,不可奉为经典。光武帝大怒说:"桓谭诋毁圣人之道,目中没有法度,推下去问斩。"桓谭叩头直至流血,很久才得以免去死罪。他被贬为六安郡丞,心中失意,闷闷不乐,在赴任路上生病去世。

冯衍字敬通①,京兆人也。更始二年②,遣尚书仆射鲍永行大将军事③,安集北方④。乃以衍为立汉将军,与上党太守田邑等缮甲养士⑤,捍卫并土⑥。及世祖即位,遣宗正刘延攻天井关⑦,与田邑连战十余合⑧。后邑闻更始败,乃遣使诣洛阳献璧马⑨,即拜为上党太守。因遣使者招永、衍,永、衍等疑不肯降,而忿邑背前约⑩。衍乃遗邑书曰:"衍闻之,委质为臣⑪,无有二心;挈瓶之智,守不假器⑫。是以晏婴临盟,拟以曲戟,不易其辞⑬;谢息守郫,胁以晋、鲁,不丧其邑⑭。由是言之,内无钩颈之祸,外无桃莱之利,而被畔人之声⑮,蒙降城之耻,窃为左右羞之⑯。"

【注释】

①冯衍字敬通:本段节录自《桓谭冯衍传·冯衍传》。冯衍,字敬通,京兆杜陵(今陕西西安)人。博通群书,投更始帝部下,后降光武帝,任曲阳令,转迁司隶从事。建武末年曾上疏自陈,犹不被任用,作《显志赋》以自励。

②更始二年:24年。更始,更始帝刘玄的年号(23—25)。

③尚书仆射(yè):官名。秦、西汉为尚书令副职。东汉为尚书台次

官,职权益重。职掌拆阅封缄章奏文书,参议政事,谏诤驳议,监察百官。鲍永:字君长。上党屯留(今山西长治屯留)人。司隶校尉鲍宣之子。曾为绿林军重要将领。更始帝即位后,获授尚书仆射。刘秀即位后,他又成为地方官。后来官至东海国国相。行:指兼摄官职。

④安集:安定辑睦。

⑤上党:郡名。治今山西长子。太守:官名。秦置郡守,汉景帝时改名太守,是一郡最高行政长官。缮甲:整治武器装备。

⑥并(bīng)土:即并州,古九州之一,其地约相当于今山西大部、河北西部和内蒙古东南部。

⑦宗正:官名。掌管王室亲族的事务,汉以后,皆由皇族担任。天井关:也叫雄定关,位于今山西晋城境内,晋豫边境雄关,历来为兵争要地。

⑧合:指古代交战的回合或次数。

⑨诣:到。璧马:璧玉和良马。

⑩背前约:据《东观汉记》:"衍与邑素誓刭颈,俱受重任。"

⑪委质:人臣拜见人君时,屈膝而委体于地。

⑫挈(qiè)瓶之智,守不假器:见于《左传·昭公七年》:"虽有挈瓶之知,守不假器。"虽然仅有汲水的小智,也能谨慎地守住汲器,不借给别人。

⑬"晏婴临盟"几句:春秋时,齐大夫崔杼弑齐庄公,胁迫诸大夫跟他盟誓,有敢不盟誓的就用曲戟杀掉,这样杀了七人,轮到晏子。晏子义正辞严,反对崔杼,表示宁愿当一个有勇有义的君子,直面武器,心志绝不改变。事见《晏子春秋·内篇杂上》。拟,比划,用兵器作杀人的样子。曲戟,因戟有曲钩刃,故称。

⑭"谢息守郕(chéng)"几句:春秋时,楚灵王建章华台,邀各国君主观礼。当时正值晋、楚争霸时期,晋极力反对诸侯去楚国。鲁

昭公仍由大夫孟僖子陪同赴楚。晋遂派人到鲁国边境去划定杞
界，以寻衅生事。鲁大夫季孙害怕晋国，打算把郈邑让给杞国，
受到孟僖子家臣郈邑宰谢息的抵制。于是，季孙劝说谢息暂时交
出郈邑，先将桃地授予谢息，等以后收回郈邑再归还。谢息提出桃
地无山，季孙又答应赏给莱山和柞山。谢息这才让出郈邑，迁到桃
地。事见《左传·昭公七年》。后成为因效忠主上而获利的典故。

⑮被：蒙受，遭受。畔：通"叛"。

⑯左右：敬称对方。

【译文】

　　冯衍，字敬通，京兆人。更始二年，刘玄派尚书仆射鲍永兼摄大将军
事务，安定北方。鲍永于是任命冯衍为立汉将军，和上党太守田邑等人
修整军备，供养士兵，捍卫并州。等到光武帝登上皇位，派遣宗正刘延进
攻天井关，跟田邑连续交战十几回合。后来田邑听说更始帝被击败，就
派遣使者到洛阳给光武帝献上玉璧好马，随即被任命为上党太守。田邑
于是派遣使者招降鲍永、冯衍，鲍永、冯衍等心存疑虑，不肯投降，又对田
邑背叛了以前的约定而深感愤怒。冯衍于是写信给田邑说："我听说，献
身成为臣子，就应没有二心；即使只有提瓶汲水般的智慧，但是也能守住
汲器不外借。所以晏婴被崔杼劫持盟誓，即使遭到曲戟钩颈的威胁，也
不改变自己的言辞；谢息守郈，尽管季孙用晋鲁两国的国力相威胁，也不
丧失城邑。从这些历史事实来看，你内没有面临钩颈杀身之祸患，外没
有获得桃地莱山之利益，而背上了叛主的名声，蒙受了降城的耻辱，我私
下替您感到羞愧。"

　　时讹言更始随赤眉在北地①，永、衍信之，故屯兵界休②，
方移书上党，云皇帝在雍③，以惑百姓。审知更始已殁④，乃
共罢兵⑤，幅巾降于河内⑥。帝怨衍等不时至⑦，永以立功得
赎罪，遂任用之，而衍独见黜⑧。永谓衍曰："昔高祖赏季布

之罪^⑨，诛丁固之功^⑩。今遭明主，亦何忧哉！"衍曰："记有之^⑪：人有挑其邻之妻者，挑其长者，长者詈之^⑫，挑其少者，少者报之^⑬，后其夫死而取其长者^⑭。或谓之曰：'夫非骂尔者耶？'曰：'在人欲其报我，在我欲其骂人也。'夫天命难知^⑮，人道易守，守道之臣^⑯，何患死亡？"顷之，帝以衍为曲阳令^⑰，诛斩剧贼郭胜等^⑱，降五千余人，论功当封，以谗毁^⑲，故赏不行。

【注释】

①时讹言更始随赤眉在北地：本段节录自《桓谭冯衍传·冯衍传》。讹言，虚假、谣传的话。赤眉，汉末以樊崇等为首的农民起义军。

②界休：地名。汉属并州刺史部太原郡，北魏改名介休，今属山西晋中。

③雍：雍州，古九州之一。在今陕西、甘肃二省和青海东部地区。

④审知：确知。殁：死。

⑤罢兵：停战。

⑥幅巾：古代男子以绢束发，称为幅巾。这里是说不加冠帻，只用幅巾裹头。河内：郡名。在今河南武陟西南。

⑦时至：按时到来。

⑧黜（chù）：罢免。

⑨季布：曾为项羽部将，几次使刘邦受窘。但刘邦即位，召拜季布为郎中。

⑩丁固：季布母弟，曾是项羽部将，也使刘邦受窘，但私下又放过刘邦。刘邦即位，丁固来见，被刘邦斩杀。

⑪记：指典籍、著作。此处指《战国策》。"人有挑其邻之妻者"至"在我欲其骂人也"，事见《战国策·秦策一》。

⑫詈（lì）：骂。

⑬报：答应。

⑭取：今作娶。

⑮天命：自然的规律、法则。

⑯守道：坚守某种道德规范。

⑰曲阳：县名。治今河北晋州西。

⑱剧贼：大盗，强悍的贼寇。

⑲谗毁：进谗毁谤。

【译文】

　　当时谣言说更始帝随着赤眉军在北方，鲍永、冯衍相信了，所以驻军界休，发布公文给上党，说更始帝在雍州，来迷惑百姓。后来确知更始帝已经去世，这才共同停战，挽着头巾去河内投降刘秀。光武帝怪冯衍等人没有及时来降，鲍永因为立了功能够赎罪，于是得到任用，而冯衍独被免职。鲍永安慰冯衍说："从前汉高祖奖赏季布，没有计较他曾经的罪过；诛杀丁固，没有因为他曾立功就放过。现今得遇明主，又有什么忧虑呢！"冯衍说："古书里有记载说，有人引诱邻居的妻子，引诱年纪大的，大的骂了他；引诱年纪小的，小的答应了他。后来邻人死了，这人就娶了年纪大的那个。有人问他说：'你娶的那个女人不是骂过你吗？'回答说：'在她属于别人时，希望她顺从我；在她属于我时，我想要她骂挑逗她的人。'天命是难以知晓的，人道还是容易坚守的。坚守道义的臣子，还担忧什么死亡呢？"不久，光武帝任命冯衍为曲阳令，冯衍斩杀了大盗郭胜等人，有五千人投降，论功应当封赏，由于遭受毁谤，所以赏赐没有实行。

　　建武六年①，日食，衍上书陈八事：其一曰显文德，二曰褒武烈②，三曰修旧功，四曰招俊杰，五曰明好恶，六曰简法令，七曰差秩禄，八曰抚边境。书奏，帝将召见。初衍为浪孟长③，以罪摧陷大姓令狐略④，是时略为司空长史⑤，谗之于尚书令王护、尚书周生丰曰⑥："衍所以求见者,欲毁君也。"护等惧之,即共排间⑦,衍遂不得入。后卫尉阴兴、新阳侯阴就以外戚贵显⑧,深敬重衍,衍遂与之交结⑨,由是为诸王所聘请,寻为司隶从事⑩。帝惩西京外戚宾客⑪,故以法绳之,大者抵死徙⑫,其余至贬黜⑬。衍由此得罪,尝自诣狱,有诏赦不问。归故郡,闭门自保,不敢复与亲故通⑭。

【注释】

①建武六年:本段节录自《桓谭冯衍传·冯衍传》。建武六年,30年。

②武烈:武功。

③浪孟:今本《后汉书》作"狼孟",译文从之。 地名。汉时属太原郡,故城在今山西阳曲。

④摧陷:打击陷害。

⑤司空长史:官名。司空属官,幕僚之长。

⑥尚书令:官名。秦置,汉沿置,本为少府属官,掌章奏文书,武帝后职权渐重。到东汉,政务皆归尚书,尚书令成为总揽政令的长官。

⑦排间:排挤离间。

⑧卫尉:官名。九卿之一,统率卫士守卫宫禁。阴兴、阴就:光烈皇后阴丽华同母之弟。新阳侯:建武九年(33),阴就被封新阳侯,封地在今安徽界首。

⑨交结:往来交际,使彼此关系密切。

⑩寻:不久,随即。司隶从事:官名。汉置,又称司隶从事史,属司隶校尉,共十二人,分掌司隶校尉所主诸事。

⑪惩:鉴戒。西京:西汉都长安,故称长安为西京。

⑫死徙:处死和流放。

⑬贬黜:降职或免去官爵。

⑭亲故:亲戚故旧。

【译文】

建武六年发生日食,冯衍上书陈述了八件事情:第一是彰显礼乐教化,第二是褒奖武威功绩,第三是修治汉家旧功,第四是招揽英俊豪杰,第五是区分善恶,第六是简化法律条令,第七是区别俸禄等级,第八是安抚边境。书奏上,光武帝将要召见。当初,冯衍担任狼孟县长,曾经以罪名惩治过当地大姓令狐略,这时令狐略在朝中担任司空长史,对尚书令王护、尚书周生丰进谗言说:"冯衍之所以求见皇上,是想要诋毁你们呀。"王护等人害怕,就共同排挤冯衍,冯衍最终未能入朝见光武帝。后来卫尉阴兴、新阳侯阴就以外戚的身份显贵于朝廷,他们十分敬重冯衍,于是冯衍也跟他们交往密切,从此被诸侯王聘请,不久担任司隶从事。光武帝打击西京外戚家中的宾客,依法制裁他们,罪行重的判处死刑或放逐,其余的降职或免官。冯衍因此获罪,曾经自己请罪求入监狱,光武帝下诏赦免,不问他的罪。冯衍回到原来的郡里,关起门来自我保护,不敢再跟亲戚故旧来往。

建武末①,上疏自陈曰:"臣伏念高祖之略而陈平之谋,毁之则疏,誉之则亲②。以文帝之明而魏尚之忠,绳之以法则为罪,施之以德则为功③。逮至晚世④,董仲舒言道德,见妒于公孙弘⑤;李广奋节于匈奴⑥,见排于卫青⑦,此臣之常所为流涕也。臣衍自惟微贱之臣,上无无知之荐⑧,下无冯唐之说,乏董生之才,寡李广之势,而欲免谗口,济怨嫌⑨,岂不难哉!臣衍之先祖,以忠贞之故,成私门之祸⑩。而臣衍复遭扰攘之时⑪,值兵革之际,不敢回行求世之利⑫,事君无倾邪之谋⑬,将帅无虏掠之心。卫尉阴兴,敬慎周密,内自修敕⑭,外远嫌疑,故与交通⑮。兴知臣之贫,数欲本业之⑯。

臣自惟无三益之才，不敢处三损之地^⑰，固让而不受之。昔在更始，太原执货财之柄^⑱，居仓卒之间^⑲，据位食禄二十余年，而财产岁狭^⑳，居处日贫，家无布帛之积，出无舆马之饰。于今遭清明之世^㉑，敕躬力行之秋^㉒，而怨仇丛兴，讥议横世^㉓。盖富贵易为善，贫贱难为工也。疏远垄亩之臣^㉔，无望高阙之下^㉕，惶恐自陈，以救罪尤。"书奏，犹以前过不用。

【注释】

①建武末：本段节录自《桓谭冯衍传·冯衍传》。

②"高祖之略而陈平之谋"几句：楚汉相争时，陈平被魏无知推荐给刘邦，任都尉。刘邦手下将领诋毁陈平，说他居家盗嫂，军中受贿。刘邦在魏无知劝说下，厚赏陈平，任命他为护军中尉，监督全体将领。将领们就不再说什么了。事见《史记·陈丞相世家》。

③"以文帝之明而魏尚之忠"几句：魏尚在汉文帝时为云中守，匈奴不近云中。后来因为错报多杀敌六人，下狱受罚。冯唐劝谏说："我认为陛下法太明，罚太重，赏太轻。"于是文帝当日命令冯唐持节赦免魏尚，重新任命为云中守。事见《史记·张释之冯唐列传》。

④晚世：近世。

⑤公孙弘：名弘，字季，一字次卿，菑川薛（今山东滕州南）人。汉武帝时，征为博士。十年之中，从待诏金马门擢升为三公之首，封平津侯。先后被任为左内史、御史大夫、丞相之职。自奉甚俭，然性外宽内忌，睚眦必报。

⑥李广：陇西成纪（今甘肃秦安）人。西汉名将。因从军击匈奴有功为中郎，先后任北部边域七郡太守，后为未央宫卫尉，任骁骑将军，后任右北平太守。元狩四年（前119），李广从卫青击匈奴，因迷失道路被责，愤愧自杀。奋节：以英勇、壮烈行为表现其节操。

⑦卫青：字仲卿，河东平阳（今山西临汾）人。西汉名将。汉武帝第二任皇后卫子夫的弟弟，汉武帝在位时官至大将军，封长平侯。先后七次出击匈奴，战功卓著。

⑧无知：指魏无知，曾向刘邦引荐陈平。

⑨怨嫌：怨恨，嫌隙。

⑩"臣衍之先祖"几句：冯衍先祖冯参为人忠正，后遭构陷牵连，被迫自杀，亲族死了十七人。

⑪扰攘：混乱，骚乱。

⑫回行：邪行，不走正道。

⑬倾邪：指为人邪僻不正。

⑭修敕：整饬。

⑮交通：来往。

⑯本业：指资助他人建立基本生业。

⑰三益、三损：出自《论语·季氏》："益者三友，损者三友。友直，友谅，友多闻，益矣。友便辟，友善柔，友便佞，损矣。"三益是指正直、诚信、知识广博，三损是指谄媚逢迎、表面奉承而背后诽谤、善于花言巧语。

⑱太原：地名。秦置，治今山西太原西南。东汉同。

⑲仓卒：非常事变。

⑳狭：变小，减少。

㉑清明：指政治有法度，有条理。

㉒敕躬：敕身，警饬自身。力行：竭力而行。

㉓讥议：讥评非议。

㉔垄亩：田亩，田野。指民间。

㉕高阙之下：借指朝廷。高阙，高大的官阙。

【译文】

建武末年，冯衍上疏表明心志说："臣思量当年，凭高祖的大略、陈平的奇谋,仍然在有人毁谤时,陈平就被疏远,有人赞誉时,君臣就会亲近。凭文帝的圣明、魏尚的忠诚,仍然在文帝要按法条去衡量时,魏尚就有罪,要施加恩德时,魏尚就有功。到了近世,董仲舒谈论道德,被公孙弘嫉妒;李广跟匈奴作战英勇,被卫青排挤,这就是臣常常为他们流泪的原因啊。臣冯衍自知身份微贱,既没有魏无知那样的人推荐,也没有冯唐那样的人为臣说话,缺乏董仲舒那样的才能,没有李广那样的威势,却想要避免谗言,平息怨恨,难道不是难事吗?臣冯衍的先祖,因为忠贞的缘故,造成家门的惨祸。臣又赶上混乱的时代,碰上战乱纷纷之际,不敢以邪行求取世上的利益,侍奉君上,没有邪僻不正的计谋,担任将帅,也没有劫掠的心思。卫尉阴兴,为人恭敬谨慎,周到细密,对内修养自己,对外远离嫌疑,所以臣敢于跟他来往。阴兴知道臣贫困,几次想资助臣建立基本生计之业。臣想到自己没有正直、诚信、知识广博三种有益朋友的才能,也不敢处在谄媚逢迎、表面奉承背后毁谤、花言巧语三种有害朋友的境地,就坚决推辞,没有接受。从前在更始帝的时候,臣在太原郡执掌财货大权,又处在兵荒马乱的时代,然而在这个位置任职二十多年,自己的财产却日渐减少,生活一天天贫困,家中没有布帛的积累,出门没有车马的装饰。今天遇上政治清明的世道,正是修正自身、力行正道的时候,但是仇家迭起,对臣议论纷纷。这大概是因为富贵者容易行事,贫贱者难于把事情做得精巧啊。作为被疏远在民间草野的臣子,不敢指望到朝廷之中,只好惶恐不安地陈述,来补救自己的罪过。"书奏上,还是因为以前的过失不被任用。

论曰①:冯衍之引挑妻之譬得矣②。夫纳妻,皆知取晉己者,而取士则不能,何也?岂非反妒情易,而恕义情难?光武虽得之于鲍永,犹失之于冯衍。夫然,义直所以见屈于既往③,守节故亦弥阻于来情④。呜呼!

【注释】

①论曰：本段节录自《桓谭冯衍传·冯衍传》。

②得：适宜，得当。

③义直：坚持正义，牢守正直。

④来情：指将来的情况。

【译文】

评论说：冯衍引用挑逗邻居妻子的譬喻是得当的。娶妻，都知道娶骂自己的那一位，但是选用士人却不能坚持这个原则，为什么呢？难道不是反感男女妒忌之情容易，宽恕正直的大臣却很难？光武帝虽然在鲍永身上体现了情谊，但对待冯衍的问题上却并不得当。这样的话，以往坚持忠义正直的人受了冤屈，将来坚守节操的人还会遭遇更多坎坷。可叹啊！

申屠刚字巨卿①，扶风人也，迁尚书令。世祖尝欲出游，刚以陇蜀未平②，不宜晏安逸豫③。谏不见听，遂以头轫乘舆轮④，帝遂为止。时内外群官，多帝自选举，加以法理严察⑤，职事过苦，尚书近臣，至乃捶扑牵曳于前⑥，群臣莫敢正言。刚每辄极谏，又数言皇太子宜时就东宫⑦，简任贤保⑧，以成其德。

【注释】

①申屠刚字巨卿：本段节录自《申屠刚鲍永郅恽传·申屠刚传》。申屠刚，字巨卿，扶风茂陵（今陕西兴平）人。秉性正直，初仕郡功曹，后被光武帝征召，拜侍御史，迁尚书令，官至太中大夫。

②陇蜀：今甘肃、四川一带。

③晏安：安乐，安定。逸豫：安闲愉乐。

④轫（rèn）：本是用来阻止车轮滚动的木头，这里是阻止的意思。

⑤严察：严厉苛察。

⑥捶扑：杖击，鞭打。牵曳：牵拉，拖带。

⑦东宫：太子所居之宫。

⑧简任：经过选择而任用官员。保：古代辅导天子和诸侯子弟的官员。

【译文】

申屠刚，字巨卿，扶风人，升任尚书令。光武帝曾想出外游览，申屠刚认为陇蜀尚未平定，不应该享受安乐。劝谏没被听从，他就用头顶住光武帝座驾的车轮来阻止，光武帝于是打消了念头。当时内外官员，多数是光武帝自己选拔的，加上法律严厉苛察，职事过于辛苦，尚书近臣，甚至也在光武帝面前被鞭打杖击拉扯，臣子们没有谁敢直言劝谏。申屠刚每每尽力规劝，又多次进谏说皇太子应当按时送入东宫，选择任用贤明的师保，来帮助太子培养美德。

鲍永字君长①，上党人也。父宣为王莽所杀②。事后母至孝，妻尝于母前叱狗，而永即去之③。莽以宣不附己，欲灭其子孙，太守苟谏拥护④，召以为吏。更始二年征，再迁尚书仆射，行大将军事⑤，持节将兵，安集河东、并州、朔部⑥。世祖即位，遣谏议大夫储大伯持节征永，永乃收系大伯⑦，遣使驰至长安。既知更始已亡，乃发丧，出大伯等，封上将军列侯印绶⑧，悉罢兵⑨，但幅巾与诸将及同心客百余人诣河内。帝见永，问曰："卿众所在⑩？"永离席叩头曰："臣事更始，不能令全⑪，诚惭以其众幸富贵，故悉罢之。"帝曰："卿言大⑫！"而意不悦。

【注释】

①鲍永字君长:本段节录自《申屠刚鲍永郅恽传·鲍永传》。

②父宣为王莽所杀:鲍宣在汉哀帝时担任司隶校尉,因不依附王莽被杀。

③去:赶走,此指休弃。

④拥护:扶助,保护。

⑤行:兼摄。大将军:官名。始于战国,是将军的最高封号,汉代沿置,职掌统兵征战。

⑥河东:黄河流经山西省境,自北而南,故称山西省境内黄河以东的地区为河东。朔部:指塞北地区。

⑦收系:拘禁。

⑧印绶:印信和系印信的丝带。

⑨罢:遣散。

⑩众:军众,部下。

⑪全:保全。

⑫大:过分。

【译文】

鲍永,字君长,上党人。父亲鲍宣被王莽杀害。他侍奉后母极其孝顺,妻子曾经在后母面前骂狗,鲍永就把她休弃。王莽因为鲍宣不依附自己,想要灭绝他的子孙,太守苟谏保护鲍永,就招他来当吏员。更始二年被征召,两次升迁担任尚书仆射,兼摄大将军职事,持节率领军队,安定河东、并州、塞北地区。刘秀登上皇位,派遣谏议大夫储大伯拿着符节征召鲍永,鲍永就拘禁了储大伯,派遣使者驰骋到长安去。确知更始帝已死之后,鲍永于是发丧,放出储大伯等人,封存了上将军列侯的印绶,把部队遣散,只以幅巾裹头,和诸将及同心的宾客一百多人来到河内。光武帝见到鲍永,问他说:"你的部队在哪里?"鲍永离开席位叩头说:"臣侍奉刘玄,却不能保全他,实在羞愧于利用他的部众来谋求富贵,所以把他们全都遣散了。"光武帝说:"你的话太过分了!"脸上显得不高兴。

　　为司隶校尉^①,行县到霸陵^②,路经更始墓,引车入陌^③,从事谏止之^④。永曰:"亲北面事人^⑤,宁有过墓不拜? 虽以获罪,司隶所不避也^⑥。"遂下拜,哭尽哀而去。西至扶风,椎牛上谏冢^⑦。帝闻之,意不平^⑧,问公卿曰:"奉使如此何如^⑨?"太中大夫张湛对曰^⑩:"仁者行之宗,忠者义之主也。仁不遗旧,忠不忘君,行之高者也。"帝意乃释^⑪。

【注释】

①为司隶校尉:本段节录自《申屠刚鲍永郅恽传·鲍永传》。司隶校尉,官名。汉武帝时置,监督京师和周边地方。

②行县:指巡行所主之县。霸陵:古县名。治所在今陕西西安东北。

③陌:田间小路。

④从事:官名。汉以后三公及州郡长官皆自辟僚属,多以从事为称。

⑤北面:面向北,按古礼,臣拜君,面向北行礼,因而居臣下之位叫北面。事人:侍奉人。

⑥司隶:鲍永自称。

⑦椎牛:杀牛。谏:苟谏,当年保护鲍永的上党太守。

⑧不平:不满。

⑨奉使:奉命出巡。

⑩太中大夫:官名。秦始置,掌论议,汉以后各代多沿置。

⑪释:开解。

【译文】

　　鲍永担任司隶校尉,巡行下面的县到了霸陵,路过更始帝的墓地,驱车进入田间小路,手下的从事劝阻他。鲍永说:"我自己曾处在臣子的地位侍奉人家,难道还能经过墓地而不祭拜吗? 即使因此获罪,我是不会避开的。"于是下拜,尽情痛哭后才离开。他向西到了扶风,杀牛祭祀了荀谏的坟墓。光武帝听说,心中不满,问公卿说:"他奉命出巡,这样行事,如何评价?"太中大夫张湛回答说:"仁是行为的根本,忠是道义的主宰。行仁义,就不能遗忘故旧;讲忠诚,就不能忘记君主。这种行为是高尚的了。"光武帝的不满之意这才消解。

论曰①:鲍永守义于故主②,斯可以事新主矣。耻以其众受宠,斯可以受大宠矣。若乃言之者虽诚,而闻之者未譬,岂苟进之悦易以情纳③,持正之忤难以理求乎④? 诚能释利以循道,居方以从义,君子之概也⑤。

【注释】

①论曰:本段节录自《申屠刚鲍永郅恽传·鲍永传》。

②守义:保守节义。

③苟进:苟且进取,以求禄位。

④持正:持守公正。

⑤概:气度,节操。

【译文】

评论说:鲍永忠于故主,这才可以侍奉新主。把凭借故主的军队投降邀宠当成耻辱,这才可以拥有新主的大宠。至于言者虽然心怀诚意,但听者却没有理解,岂不是说明讨人欢心的取悦之言,在感情上容易被接纳,持守公正的逆耳忠言,难以被主上接纳吗? 如果能够放弃私利来遵循正道,存心方正而坚持大义,这是君子的节操。

郅恽字君章①,汝南人也。举孝廉②,为上东城门候③。

帝常出猎④,车驾夜还⑤,恽拒关不开。帝令从者见面于门间⑥,恽曰:"火明辽远。"遂不受诏。帝乃回⑦,从东中门入⑧。明日,恽上书谏曰:"陛下远猎山林,夜以继昼,其如社稷宗庙何⑨?暴虎冯河⑩,未至之诚,诚小臣所窃忧也。"书奏,赐布百匹,贬东中门候为参封尉⑪。

【注释】

①郅恽(zhì yùn)字君章:本段节录自《申屠刚鲍永郅恽传·郅恽传》。郅恽,字君章,汝南西平(今河南西平)人。光武帝时,郅恽为皇太子教书,后任长沙太守。

②孝廉:孝,指孝悌者。廉,清廉之士。分别为统治阶级选拔人才的科目,始于汉代,在东汉尤为求仕者必由之途,后往往合为一科。亦指被推选的士人。

③上东城门候:官名。东汉洛阳城门除北宫门属卫尉,余十二门皆属城门校尉管理。每门置门候一人,掌按时开闭城门,其中有上东城门候。

④帝:此指光武帝刘秀。常:通"尝",曾经。

⑤车驾:皇帝的座驾,也指皇帝。

⑥间:空隙、缝隙。

⑦回:回车。

⑧东中门:东面中间的门。

⑨社稷宗庙:指江山祖先。

⑩暴虎冯河:空手搏虎,徒步渡河。比喻冒险行事,有勇无谋。冯,通"凭",蹚水过河。

⑪参封:县名。西汉置,属琅邪郡(治所在今山东诸城)。

【译文】

郅恽,字君章,汝南人。选举为孝廉,担任上东城门候。光武帝曾经出去打猎,夜里才回来,郅恽据守城门,不打开。光武帝命令随从通过门缝与郅恽见面交涉,郅恽说:"火光太遥远了,看不清是谁。"于是不接受诏令。光武帝只好绕道,从东中门进去了。第二天,郅恽上书劝谏说:"陛下到远处的山林打猎,夜以继日,对江山社稷和宗庙祖先如何交代?空手搏虎,徒步过河,尽管未发生值得警戒的意外,但小臣私下实在太担忧了。"书奏上,光武帝赐给郅恽一百匹布,把东中门候贬职为参封县尉。

　　郭伋字细侯[1],扶风人也。王莽时,为并州牧[2]。建武九年[3],拜颍川太守[4]。十一年,调为并州刺史。引见谦语[5],伋因言选补众职,当简天下贤俊[6],不宜专用南阳人。帝纳之。伋前在并州,素结恩德,及后入界,所到县邑[7],老幼相携,逢迎道路[8]。所过问民疾苦[9],聘求耆德雄俊[10],设几杖之礼[11],朝夕与参政事[12]。始至行部[13],到西河美稷[14],有童儿数百,各骑竹马[15],于道次迎拜[16]。伋问曰:"儿曹何自远来[17]?"对曰:"闻使君到[18],喜,故来奉迎[19]。"伋辞谢之。及事讫,诸儿复送至郭外,问使君何日当还。伋计日告之。既还,先期一日,伋为违信于诸儿,遂止于野亭[20],须期乃入[21]。

【注释】

①郭伋(jí)字细侯:本段节录自《郭杜孔张廉王苏羊贾陆传·郭伋传》。郭伋,字细侯,扶风茂陵(今陕西兴平)人。游侠郭解玄孙。初为渔阳都尉,王莽时,任上谷大尹(太守)、并州牧。刘玄任为左冯翊。建武五年(29),为渔阳太守,在职五年,户口倍增。十一年,任并州牧。

②州牧:官名。古代指一州之长,汉成帝时改刺史为州牧,后废置不常,东汉灵帝时,再设州牧,掌一州军政大权。

③建武九年:33年。

④颍川:郡名。在今河南禹州。

⑤谦语:闲谈。

⑥简:选择。

⑦县邑:县城。

⑧逢迎:迎接,接待。

⑨问:慰问。

⑩聘求:以礼聘请征召贤能。耆(qí)德:年高德劭、素孚众望的人。

⑪几杖:凭几和手杖,皆老者所用,古常用为敬老者之物。

⑫朝夕:时时。与参:参与。

⑬行部:指巡视部属,考核政绩。部,指州刺史部。

⑭西河美稷:在今内蒙古准格尔旗西北。

⑮竹马:儿童游戏时当马骑的竹竿。

⑯道次:路边。

⑰儿曹:儿辈,孩子们。

⑱使君:汉时称刺史为使君。

⑲奉迎:恭迎。

⑳野亭:野外供人休息的亭子。

㉑须:等待。

【译文】

郭伋,字细侯,扶风人。王莽时,担任并州牧。建武九年,担任颍川太守。建武十一年,调为并州刺史。郭伋被召见入朝,与光武帝闲谈,乘机进言,认为挑选增补官职时,应当选择天下才德出众的人,不应当只用南阳人。光武帝采纳了他的建议。郭伋以前在并州,平素施行许多恩德,等到后来进入州界,所到的县城,百姓们扶老携幼,夹道欢迎。经过的地方,他都要慰问民间疾苦,以礼聘请德高年长的长者和英雄俊杰,为他们设几杖以示敬意,请他们时时参与政事。郭伋开始巡行下属地区,到了西河美稷，有几百个儿童，各骑竹马，在路边迎接拜见。郭伋问他们说："孩子们为什么这么远赶来呢？"孩子们回答说："听说刺史大人来到，我们很高兴，所以前来恭迎。"郭伋向他们道谢。等到事情完毕，小孩们又把他送到城外，问他什么时候才能回来。郭伋算好返回的日子告诉他们。等郭伋回来时，比约定的日子早了一天，郭伋为了不失信于孩子们，就在野外休息的亭子里住下来，等约定的日期到了才进城。

　　樊宏字靡卿①，南阳人，世祖之舅也。宏为人谦柔畏慎②，不求苟进。常戒其子曰："富贵盈溢③，未有能终者④。吾非不喜荣势也⑤，天道恶满而好谦。前代贵戚⑥，皆明戒也。保身全己，岂不乐哉？"宗族染其化⑦，未尝犯法。帝甚重之。

【注释】

①樊宏字靡卿：本段节录自《樊宏阴识传·樊宏传》。樊宏，字靡卿，

　南阳湖阳（今河南唐河）人。光武帝之舅，以仁义厚道著称。

②谦柔：谦虚平和。畏慎：戒惕谨慎。

③盈溢：指放纵，无所顾忌。

④终：指善终。

⑤荣势：显贵有权势。

⑥前代：指西汉。

⑦染其化：受到他的熏陶教化。

【译文】

　　樊宏，字靡卿，南阳人，是光武帝刘秀的舅舅。樊宏为人谦虚平和、戒惕谨慎，于禄位不想以不正当手段谋求。他经常告诫他的儿子说："富贵放纵毫不顾忌，没有能够善终的。我不是不喜欢显贵有权势，但是天理是厌恶盈满而喜好谦退的。前代外戚的结局，都是明显的鉴戒啊。保全自身，难道不快乐吗？"宗族的人受到他的熏陶教化，不曾有人犯法。

光武帝很看重他。

　　阴识字次伯^①，南阳人，光烈皇后之兄也^②。以征伐军功增封，识叩头让曰："天下初定，将帅有功者众，臣托属掖庭^③，仍加爵邑，不可以示天下。"帝甚美之。

【注释】

①阴识字次伯：本段节录自《樊宏阴识传·阴识传》。阴识，字次伯，南阳新野（今河南新野）人。光烈皇后阴丽华异母兄。

②光烈：光武帝皇后阴丽华的谥号。

③掖庭：宫中旁舍，妃嫔居住的地方，这里指皇后阴丽华。

【译文】

　　阴识，字次伯，南阳人，是光烈皇后阴丽华的哥哥。因为征伐军功而增赏封邑，阴识叩头谦让说："天下刚刚安定，将帅中有功劳的很多，我有幸依靠皇后的亲属关系，还要增加爵位和封邑，不足以向天下表明朝廷的公正无私。"光武帝很赏识他。

　　兴字君陵^①，识弟也。帝召兴，欲封之，置印绶于前。兴固让曰："臣未有先登陷陈之功^②，而一家数人，并蒙爵土，令天下觖望^③，诚为盈溢。臣蒙陛下、贵人恩泽至厚^④，富贵已极，不可复加。至诚不愿^⑤。"帝嘉兴之让，不夺其志。贵人问其故，兴曰："贵人不读书记耶^⑥？'亢龙有悔'^⑦，外戚家苦不知谦退，嫁女欲配侯王，取妇眄睐公主^⑧，愚心实不安也。富贵有极，人当知足。夸奢^⑨，益为观听所讥^⑩。"贵人感其言，深自降挹^⑪，卒不为宗族求位。帝后复欲以兴代吴汉为大司马^⑫，兴叩头流涕，固让曰："臣不敢惜身，诚亏损圣德,不可苟冒^⑬。"至诚发中,感动左右,帝遂听之。

【注释】

①兴字君陵:本段节录自《樊宏阴识传·阴识传附阴兴传》。兴,阴兴,字君陵,南阳新野（今河南新野）人。光烈皇后阴丽华同母弟。

②先登:先于众人而登。陷陈:攻入敌人的营垒或阵地。陈,今作"阵"。

③觖（jué）望:因不满而怨恨。

④贵人:女官名。汉光武帝始置,地位次于皇后。这里指阴丽华,当时为贵人。

⑤至诚:极忠诚,极真诚。

⑥书记:指文字、书籍、文章等。

⑦亢（kàng）龙有悔:出自《周易·乾卦》,龙飞到了过高的地方,必将会后悔。意谓居高位者要以骄傲自满为戒,否则有败亡之患。亢,极。

⑧眄睨（miǎn nì）:眼睛盯住,看着。

⑨夸奢:浮华奢侈。

⑩观听:看的和听的人。引申为舆论。

⑪降挹（yì）:谦退损抑。

⑫吴汉:字子颜,南阳宛县（今河南南阳）人。新莽末年,以贩马为业。后归刘秀,屡立战功。封偏将军、建策侯。刘秀称帝后,吴汉任大司马、广平侯。死后,谥忠侯。

⑬苟冒:贪求职位。

【译文】

阴兴,字君陵,是阴识的弟弟。光武帝召见阴兴,想要封赏他,把印信绶带放在他面前。阴兴坚决推辞说:"臣没有首先登城攻入敌阵的功绩,而家中的几个人,都蒙受爵位封邑,让天下不满而怨望,确实是富贵过甚了。臣蒙受陛下、贵人的厚恩，富贵已经到了极点，不可以再增加了。臣极其真诚地不愿再受封赏。"光武帝嘉许阴兴的谦让，不强迫他改变志向。阴贵人问他这样做的缘故，阴兴说："贵人不是读过古书上的话吗？'龙飞过高，必会后悔'，外戚家苦于不知谦退，女儿出嫁想要配侯王，儿子娶媳妇就盯着公主，我心中实在不安啊。富贵有尽头，人应当知足。浮华奢侈，更会被众人讥刺。"贵人被他的言词所触动，严格地约束自己，始终也不给家族谋求爵位。光武帝后来想要用阴兴代替吴汉当大司马，阴兴叩头流泪，坚决推让说："臣不敢顾惜自身，实在担心有损圣德，不敢贪求高位。"他的话非常诚恳，发自肺腑，感动了光武帝左右近臣，光武帝于是听从了。

朱浮字叔元①，沛国人也，为幽州牧②。渔阳太守彭宠败③，后世祖以二千石长吏多不胜任④，时有纤微之过者⑤，必见斥罢，交易纷扰⑥，百姓不宁。建武六年⑦，有日蚀之异，浮因上疏曰："臣闻日者众阳之宗、君上之位也⑧。凡居官治民，据郡典县⑨，皆为阳为上，为尊为长。若阳上不明，尊长不足，则干动三光⑩，垂示王者。陛下哀愍海内新离祸毒⑪，保宥生民⑫，使得苏息⑬。而今牧民之吏⑭，多未称职，小违治实，辄见斥罢，岂不粲然黑白分明哉⑮！然以尧舜之盛，犹加三考⑯。大汉之兴，亦累功效，吏皆积久，养老于官，至名子孙因为氏姓⑰。当时吏职何能悉治？论议之徒，岂不喧哗？盖以为天地之功不可仓卒，艰难之业当累日也。

【注释】

①朱浮字叔元：本段及以下几段均出自《朱冯虞郑周列传·朱浮传》。朱浮，字叔元，沛国萧（今安徽萧县）人，光武帝时，官至大

司马、司空。

②幽州：州名。古九州之一，亦为汉武帝所置十三刺史部之一。东
　汉同。治所在蓟县（今北京西南）。

③渔阳：郡名。治所在渔阳（今北京密云西南）。彭宠：字伯通，南
　阳郡宛县（今河南南阳）人。王莽时曾任大司空士，更始帝刘玄
　任命他为渔阳太守。后归顺刘秀，立下大功，因朱浮构陷，又自负
　有功而不满，逐渐失去了刘秀的信任，起兵反汉，后被家奴杀死。

④长吏：泛指郡县长官。

⑤纤微：细微。

⑥交易：指官吏的更替。纷扰：混乱。

⑦建武六年：30年。

⑧宗：指某一类事物中有统领楷模作用或为首者。

⑨据：占有，占据。典：掌管，主持。

⑩干：干犯，冒犯。三光：日、月、星。

⑪哀愍（mǐn）：怜惜，同情。离：今作罹，遭受。

⑫保宥：爱护宽待。宥，宽。生民：人民。

⑬苏息：休养生息。

⑭牧民：治民。

⑮粲然：分明的样子。

⑯三考：古代官吏考绩制度，指经三次考核决定升降赏罚。

⑰名：命名。

【译文】

朱浮，字叔元，沛国人，担任幽州牧。渔阳太守彭宠败亡，后来光武
帝认为食禄二千石的州郡长官多数不能胜任，当时有细微过失的人，必
定被罢免，官吏更替混乱，百姓不得安宁。建武六年，发生了日食这一异
变，朱浮因此上疏说："臣听说，太阳是众多阳气的主宰，处在君上的位
置。凡是治理民众、掌管郡县的官员，都代表阳刚，是上位，是尊长。假

如在上者阳气不明，尊长不足，那么就会冲犯太阳月亮星辰三光，发生变异，显示给帝王看。陛下怜悯天下刚刚遭受战乱毒害，爱护宽待民众，使他们能够休养生息。而现今治理民众的官吏，多数不够称职，理事才能稍微欠缺，就被罢免，难道这不是黑白分明吗！但是就是尧舜的盛世，还要进行三次考核以决定升降。大汉的兴起，也是让官员不断积累功劳，官吏都是积年久任，在职任上养老送终，以至于子孙后代都用官职来命名姓氏。当时的官吏，难道能够完全治理好天下之事？那些喜欢发表意见的人，难道不会议论纷纷？大概是认为天地的功业不可以匆忙急迫而就，艰难的事业需要日积月累才成呀。

"间者守宰数见换易^①，迎新相代，疲劳道路^②。寻其视事日浅^③，未足昭见其职，既加严切^④，人不自保，各相顾望^⑤，无自安之心。有司或因睚眦以骋私怨^⑥，苟求长短^⑦，求媚上意。二千石及长吏迫于举劾，惧于刺讥，故争饰诈伪，以希虚誉^⑧。斯皆群阳骚动、日月失行之应^⑨。夫物暴长者必夭折，功卒成者必亟坏^⑩；如摧长久之业^⑪，而造速成之功，非陛下之福也。天下非一时之用也^⑫，海内非一旦之功也^⑬。愿陛下游意于经年之外^⑭，望化于一世之后，天下幸甚。"帝下其议，群臣多同于浮。自是牧守易代颇简。

【注释】

①守宰：指地方长官。

②疲劳：劳苦困乏。

③视事：就职治事。

④严切：严厉切责。

⑤顾望：犹豫观望。

⑥睅眦：瞋目怒视，瞪眼看人。借指微小的怨恨。

⑦长短：是非，得失。

⑧希：谋求。

⑨失行：不按轨道运行。

⑩卒：今作猝。

⑪摧：抑制，挫败。

⑫一时：暂时，一会儿。

⑬一旦：一天之间。

⑭游意：留意。经年：经历多年，指长期。

【译文】

"近来地方长官屡次被更换，送旧迎新，劳苦困乏，奔波路上。究其原因，他们任职时间太短，不足以充分履行其职责，就已遭到严厉的责备，个人不能自我保全，互相观望，没有自安的心思。主管官员有的因为和他们有微小的仇恨，趁机发泄私怨，吹毛求疵，竭力讨好上意。郡守及其辅佐官员害怕被检举弹劾，惧怕流言讥讽，所以争着弄虚作假，沽名钓誉。这都是各种阳气骚动、日月不能正常运行的原因。事物迅猛成长的必定夭折，功业仓猝完成的必定速亡；如果摧残长久的大业，去造就速成的功劳，不是陛下的福分。天下不是一时就能治理好的，海内治理好也不是一日之功。希望陛下高瞻远瞩，考虑长远，留意多年之后的收效，寄天下教化的希望于一世之后，那才是天下的幸事。"光武帝把朱浮的意见交给下面议论，群臣大都表示赞同。从此，州牧郡守更换的次数就减少了。

旧制①，州牧奏二千石长吏不任位者，事皆先下三公②，三公遣掾史案验③，然后黜退④。帝时用明察⑤，不复委任三府⑥，而权归刺举之吏⑦。浮复上疏曰："陛下清明履约⑧，率礼无违⑨，自宗室诸王，外家后亲，皆奉绳墨⑩，无党势之名。

斯固法令整齐⑪,下无作威者也⑫。求之于事,宜以和平,而灾异犹见者,而岂徒然哉⑬? 天道信诚⑭,不可不察。窃见陛下疾往者上威不行,下专国命,即位以来,不用旧典,信刺举之官,黜鼎辅之任⑮,至于有所劾奏⑯,便加退免,覆案不关三府,罪谴不蒙澄察。陛下以使者为腹心⑰,而使者以从事为耳目⑱,是为尚书之平,决于百石之吏⑲。故群下苛刻,各自为能。兼以私情,容长憎爱⑳,在职皆竞张空虚以要时利㉑。故有罪者心不厌服㉒,无咎者坐被空文㉓,不可经盛衰、贻后王也。夫事积久则吏自重㉔,吏安则民自静。传曰:'五年再闰㉕,天道乃备。'夫以天地之灵,犹五载以成其化,况人道哉!"

【注释】

①旧制:本段节录自《朱冯虞郑周列传·朱浮传》。

②三公:古代中央三种最高官衔的合称。东汉以太尉、司徒、司空为三公。

③掾(yuàn)史:官府中佐助官吏的通称。案验:考察验证。

④黜退:罢免。

⑤明察:严峻苛察。

⑥三府:汉制,三公皆可开府,因称三公为三府。

⑦刺举之吏:此指刺史。

⑧清明:清察明审。

⑨率礼:遵循礼法。

⑩绳墨:木工画直线用的工具,比喻规矩、法度。

⑪整齐:有秩序,有条理。

⑫作威:指利用威权滥施刑罚。

⑬徒然：偶然，指无因。

⑭信诚：诚实不欺。

⑮鼎辅：得力辅臣，此指三公。

⑯劾奏：向皇帝检举官吏的过失或罪行。

⑰使者：这里指州刺史。

⑱从事：官名。汉以后三公及州郡长官皆自辟僚属，多以从事为称。

⑲百石之吏：州刺史从事史别名。

⑳容长：宽容。

㉑要：探求，求取。时利：一时的功利。

㉒厌服：信服，心服。

㉓空文：有名无实的法律规章。此指无根据的罪状。

㉔自重：谨言慎行，爱护自己的名声。

㉕五年再闰：逸《礼》："五岁再闰，天道大备。"逸《礼》，指《仪礼》十七篇以外的古文《礼经》，今佚。传统历法为了调节太阳年与太阴月，所以五年内设置两个闰月。

【译文】

按旧制，州牧上奏说郡国守相、县令长不能胜任职位的，事情先交给三公，三公派掾属考察验证，然后才能罢免。光武帝当时使用严峻苛察的办法，不再委任给三公，而权力落到刺史手中。朱浮又上疏说："陛下英明而遵守法度，遵行礼法而没有违背，从宗室诸王到外戚家族，都奉公守法，没有结党蓄势的名声。这正是法令上下一致，下面才没有作威作福的人。按事理来说，应该是上下平和安宁的，但灾害异变还是出现了，难道是无缘无故发生的吗？天道是诚实不欺的，不可以不察觉。臣私下见到陛下您对以往君上没有权威、臣下专擅国家命运的现象痛心疾首，登基以来，不沿用旧的典章，信任重用刺史，减少三公辅政之权限，只要有人来弹劾举奏，被弹劾者就遭退免，复核案件不通过三府，官员的罪过不会仔细清查。陛下把刺史当作心腹，而刺史又把手下的从事当作耳目,这样等于尚书评议决定的事,到了俸禄百石的吏员手里。所以那群下吏办事苛刻,各自逞能。再加上以私情宽容,办事带着个人好恶,都争着虚张声势,来求取一时的利益。所以有罪的人心中不服,没有过错的人被一纸空文判罪,这种情况是不能应付时势变化、遗留给后世的啊。官吏在位时间长久,那么自然会谨言慎行,爱惜声名,官吏安定,那么民众就会安宁。《礼经》上说:'五年中有两个闰月,天道运行才会完备。'以天地的灵性,都还要用五年来完善它们的自然变化,何况人道呢?"

　　陈元字长孙①,苍梧人也,以父任为郎②。时大司农江冯上言③,宜令司隶校尉督察三府。元上疏曰:"臣闻师臣者帝④,宾臣者霸⑤。故武王以大公为师⑥,齐桓以夷吾为仲父⑦。孔子曰:'百官总己,听于冢宰⑧。'近则高帝优相国之礼⑨,大宗假宰辅之权⑩。及亡新王莽,遭汉中衰,专操国柄,以偷天下⑪,况己自喻,不信群臣。夺公辅之任⑫,损宰相之威,以刺举为明,徼讦为直⑬。至乃陪仆告其君长,子弟变其父兄⑭,网密法峻,大臣无所措手足⑮。然不能禁董忠之谋⑯,身为世戮⑰。故人君患在自骄,不患骄臣;失在自任⑱,不在任人。是以文王有日昃之劳⑲,周公执吐握之恭⑳,不闻其崇刺举、务督察也。方今四方尚扰,天下未一,百姓观听,咸张耳目。陛下宜循文、武之圣典,袭祖宗之遗德,劳心下士,屈节待贤,诚不宜使有伺察公辅之名。"帝从之。

【注释】

①陈元字长孙:本段节录自《郑范陈贾张传·陈元传》。陈元,字长孙,苍梧广信(今广西苍梧)人。被誉为岭海儒宗,以研究《左

传》闻名。

②以父任为郎：因父兄功绩，可保举子弟一人为郎官。

③大司农：官名。秦置治粟内史，汉景帝时改称大农令，武帝时更名大司农。掌管国家财政。

④师臣：把臣子当老师。

⑤宾臣：把臣子当贵宾。

⑥武王：周武王姬发。大公：即太公。指太公望。

⑦齐桓：齐桓公，春秋五霸之一。夷吾：即管仲。

⑧百官总己，听于冢宰：见于《论语·宪问》："君薨，百官总己以听于冢宰三年。"原句谓君王去世，三年之间，朝廷百官各司其职，听命于冢宰。冢宰，周官名，为六卿之首，亦称太宰。

⑨高帝优相国之礼：高帝，汉高祖刘邦。当时萧何为相国，刘邦赐他剑履上殿，入朝不趋。

⑩大宗假宰辅之权：大宗，即太宗，此处指汉文帝。宰辅，此处指丞相申屠嘉。申屠嘉曾惩治文帝宠臣邓通，文帝派人拿着信物前去召回邓通，同时向丞相表示歉意，邓通这才被释放。

⑪偷：窃夺。

⑫公辅：古代三公、四辅，均为天子之佐。借指宰相一类的大臣。

⑬徼讦（jiāo jié）：揭露别人的隐私并予以攻击。

⑭变：上变，指向朝廷告人谋反等非常事件。

⑮无所措手足：不知如何安放手足。形容没有办法，不知如何是好。

⑯董忠：王莽的大司马，跟刘歆等密谋诛杀王莽，事发被处死。

⑰世：世间，天下。

⑱自任：自信，自用。

⑲文王有日昃（zè）之劳：据说周文王从清晨忙到太阳偏斜，没工夫吃饭。日昃，太阳偏西。

⑳周公执吐握之恭：据说周公洗一次头三次握发停下不洗，吃一顿

饭三次吐哺停下不吃，来接待士人。

【译文】

陈元，字长孙，苍梧人，因父亲的荫庇当了郎官。当时大司农江冯上书说，应该让司隶校尉督察三公。陈元上疏说：“臣听说把臣子当老师的能够称王，把臣子当贵宾的能够称霸。所以周武王以姜太公为老师，齐桓公把管仲尊为仲父。孔子说：‘所有官员都各司其职，听从冢宰的命令。’近世高祖以礼优待相国萧何，文帝授予宰相申屠嘉大权。到了新莽时期，汉室中衰，王莽专持国家权柄，窃取天下，只相信自己，不信任群臣。夺去了三公四辅的职权，损害了宰相的威严，把检举揭发当作明察，把攻击过失当作正直。甚至于奴仆告发主人，儿子弟弟告发父亲兄长，法令密集，刑法严苛，大臣们手足无措。就是这样，也不能禁止董忠的叛变，王莽自身也遭受杀戮。所以君主的祸患在于自己骄横，不必担忧使臣子骄横；失误在于太自信，不在于任用他人。因此周文王忙到太阳偏斜吃不上饭，周公握发吐哺，谦恭对待士人，没听说过他们有崇尚检举揭发、致力于督察的行为。当今各处还存在骚乱，天下还没有统一，百姓都张大了耳朵眼睛在观看形势，打听消息。陛下应该遵循周文王、周武王的英明法制，沿袭祖宗留下的美德，操劳心力，礼贤下士，降低身份对待贤人，确实不应当让自己落下监督公卿宰辅的名声。”光武帝听从了他的意见。

桓荣字春卿①，沛郡人也，以明经入授太子②。每朝会③，辄令荣于公卿前敷奏经书④。帝称善曰：“得卿几晚⑤。”建武二十八年⑥，大会百官，诏问谁善可傅太子者⑦，群臣承望上意⑧，皆言太子舅执金吾阴识可⑨。博士张佚正色曰⑩：“今陛下立太子，为阴氏乎？为天下乎？即为阴氏，则阴侯可；为天下，则固宜用天下之贤才。”帝称善，曰：“欲置傅者，以辅太子也。今博士不难正朕，况太子乎？"即拜佚为太子太傅^⑪，而以荣为少傅^⑫，赐以辎车乘马^⑬。

【注释】

①桓荣字春卿：本段节录自《桓荣丁鸿传·桓荣传》。桓荣，字春卿。沛郡龙亢（今安徽怀远西北）人。六十多岁时方为光武帝赏识，被任命为议郎，后被授任为博士，升任太子少傅，授为太常。明帝即位，尊以师礼，封关内侯。

②明经：通晓经学。太子：即后来的汉明帝刘庄。

③朝会：指诸侯、臣属及外国使者朝见天子。

④敷奏：陈奏，向君上报告。

⑤几：时机，机会。

⑥建武二十八年：52年。

⑦傅：辅佐，教导。

⑧承望：迎合，逢迎。

⑨执金吾（yù）：官名。秦始置，名中尉。汉武帝时，改名执金吾。东汉沿置，为京师宫外之警卫及防非常水火之事。皇帝出行，任仪仗护卫。

⑩博士：官名。春秋战国前，已有博士之号，但非官名，泛指博学之士。六国时已出现博士官。秦统一，置博士官，掌通古今，备顾问。汉承秦制，置博士官。汉武帝时，设五经博士，掌教授经学，国有疑事，掌承问对。东汉因置。正色：指神色庄重、态度严肃。

⑪太子太傅：官名。三师（太子太师、太傅、太保）之一，太子对其执弟子之礼。

⑫少傅：官名。即太子少傅，是太子太傅的副职，与太傅均负责教习太子。

⑬辎车：古代有帷盖的车子，既可载物，又可作卧车。乘（shèng）

马：指四匹马。

【译文】

桓荣，字春卿，沛郡人，因为通晓经学，入朝教授太子。每当朝会的时候，光武帝就让桓荣在公卿面前陈奏经书。光武帝称赞道："得见你的时机太晚了。"建武二十八年，光武帝大会百官，下诏问谁可以教导太子，群臣迎合皇帝的意图，都说太子的舅舅执金吾阴识可以。博士张佚严肃地说："现今陛下立太子，是为阴氏，还是为天下？如果是为阴氏，那么阴侯可以；要是为天下，那么本来就应该任用天下的贤才。"光武帝称赞他，说："想要设置师傅，是为了辅佐太子。现今博士不以纠正我为难事，何况对待太子呢？"就任命张佚当太子太傅，任用桓荣当太子少傅，赐给辎车乘马。

第五伦字伯鱼^①，京兆人也，举孝廉。帝问以政事，大悦，与语至夕^②。帝谓伦曰："闻卿为吏簿妇公^③，不过从兄饭^④，宁有之耶？"伦对曰："臣三娶妻，皆无父母。少遭饥乱，实不敢妄过人餐^⑤。"帝大笑，拜会稽太守^⑥。会稽俗多淫祀^⑦，好卜筮，人常以牛祭神，百姓财产以之困匮^⑧。其有自食牛肉而不以荐祠者^⑨，发病且死，先为牛鸣，前后郡将莫敢禁^⑩。伦到官，移书属县^⑪，晓告百姓。其巫祝有依托鬼神诈怖愚民^⑫，皆案验之^⑬；有妄屠牛者，吏辄行罚。民初恐惧，或祝诅妄言^⑭，伦案之愈急，后遂断绝，百姓以安。

【注释】

① 第五伦字伯鱼：本段节录自《第五锺离宋寒传·第五伦传》。第五伦，字伯鱼。京兆长陵（今陕西咸阳）人。初为淮阳国医工长，受到光武帝的赏识。后历任会稽、蜀郡太守。章帝时，擢为司空。

②至夕：到晚上。

③篣（péng）：通"搒"，笞击。妇公：妻父。

④过从兄饭：前往从兄家吃饭。从兄，堂兄。

⑤妄：胡乱，随便。

⑥会（kuài）稽：郡名。秦置。秦、西汉治所在吴县（今江苏苏州）。东汉顺帝时于北部另置吴郡，治所移到山阴（今浙江绍兴）。

⑦淫祀：不合礼制的祭祀。

⑧困匮：贫乏，贫困。

⑨荐：祭祀时献牲。

⑩郡将：郡守，因郡守兼领武事，故称。

⑪移书：发送公文。

⑫巫祝：古代称事鬼神者为巫，祭主赞词者为祝。后连用以指掌占卜祭祀的人。诈怖：欺骗恐吓。

⑬案验：查询验证。

⑭祝（zhòu）诅：祝告鬼神，使加祸于别人。

【译文】

第五伦，字伯鱼，京兆人，举孝廉。光武帝问他政事，大喜，跟他一直谈到晚上。光武帝对第五伦说："听说你做郡吏时曾拷打你的岳父，又不去堂兄家里吃饭，难道有这回事吗？"第五伦回答说："臣先后娶过三次妻，但妻子都没有父母。年少时遭逢饥荒混乱，实在不敢随便到人家家里吃饭。"光武帝大笑，任命他当会稽太守。会稽风俗有很多不合礼制的祭祀，喜欢占卜预测吉凶，人们经常杀牛来祭祀神灵，百姓财产因而匮乏。那些自己吃牛肉而不把牛肉用于祭祀的人，发病将死前，先像牛那样鸣叫，先后到此任职的郡守都不敢禁止陋俗。第五伦到任，给下属各县发送公文，明确告知百姓，如果有巫师神汉假借鬼神欺骗恐吓愚弄民众的，都要依法查处；有随便杀牛的人，官吏就要实施处罚。民众起初有些害怕，有的人祝告鬼神，发出诅咒，大放厥词，第五伦处理得更加严厉，后来这些陋俗就断绝了,百姓因而平安。

　　肃宗初①,为司空。及马防为车骑将军②,当出征西羌③,伦上疏曰:"臣愚以为,贵戚可封侯以富之,不当职事以任之。何者? 绳以法则伤恩,私以亲则违宪。伏闻马防今当西征,臣以太后恩仁,陛下至孝,恐卒有纤介④,难为意爱也⑤。"伦虽峭直⑥,然常疾俗吏苛刻。及为三公,值帝长者,屡有善政,乃上疏褒称盛美,因以劝成风德⑦,曰:"陛下即位,躬天然之德,体晏晏之姿⑧,以宽弘临下,出入四年,前岁诛刺史、二千石贪残者六人,斯皆明圣所鉴,非群下所及。然诏书每下宽和而政急不解,务存节俭而奢侈不止者,咎在俗弊,群下不称故也。世祖承王莽之余,颇以严猛为治,后世因之,遂成风化⑨。郡国所举,类多办职俗吏,殊未有宽博之选⑩,以应上求者也。

【注释】

①肃宗初:本段及以下几段均出自《第五锺离宋寒传·第五伦传》。肃宗,汉章帝刘炟(dá)的庙号。

②马防:字江平,扶风茂陵(今陕西兴平)人。名将马援次子,明德马皇后的哥哥。车骑(jì)将军:官名。汉制,位次大将军、骠骑将军之后,金印紫绶,地位相当于上卿或比三公,典京师兵卫,掌宫卫。

③西羌:东汉时羌人内徙的一支。定居在金城(今甘肃兰州西北)、陇西(今甘肃临洮南)、汉阳(今甘肃甘谷东)等郡。

④纤介:细小的草芥,这里指细小的过失。

⑤意爱:情谊。

⑥峭直：严峻刚正。

⑦风德：指德化。

⑧晏晏：和悦的样子。

⑨风化：风教，风气。

⑩宽博：心胸开阔，能容人。

【译文】

汉章帝初年，第五伦担任司空。当时马防担任车骑将军，准备出征西羌，第五伦上疏说："臣认为，贵重的外戚可以封侯让他富贵，不应当委任他职务。为什么呢？用法律来约束制裁，那就伤害皇恩；因为是亲属而偏私，那就违犯国法。听说马防现今要西征，臣认为太后慈祥仁爱，陛下特别孝顺，恐怕一旦发生细微的过失，陛下处理起来难以顾全情谊。"第五伦虽然严峻刚直，但是经常痛恨俗吏的苛刻。到他成为三公，赶上皇帝仁德，屡有善政，于是上疏称赞美好的盛世，借此来鼓励养成良好的美德教化，说："陛下登上皇位以来，体现出天生的美德，表现出温和的姿态，用宽宏对待臣下，到现今前后四年，前年才诛杀刺史、郡守中贪污残暴者六人，这都是圣明帝王所能审察识别的，非群臣所能及。但是每次颁下的诏书都很宽和，而政事却急迫不得缓解；致力于存心节俭，但是奢侈没有停息，其原因就在于风俗凋敝、群臣不称职。世祖承接王莽之后的余风，采用严厉的治理手段，后代相继，成为风气。郡国举荐的，大多是仅能办事的平庸官吏，根本没有心胸开阔者来满足朝廷的需求。

"陈留令刘豫、冠军令驷协①，并以刻薄之姿，临民宰邑，专念掠杀②，务为严苦③，吏民愁怨，莫不疾之，而今之议者，反以为能。违天心，失经义，诚不可不慎也。非徒应坐豫、协，亦当宜谴举者。务进仁贤，以任时政，不过数人，则风俗自化矣。臣尝读书记，知秦以酷急亡国，又目见王莽亦以苛法自灭，故勤勤恳恳，实在于此。又闻诸王主贵戚^④，骄奢逾制，京师尚然，何以示远？故曰：'其身不正，虽令不行^⑤。'以身教者从，以言教者讼^⑥。夫阴阳和，岁乃丰；君臣同心，化乃成也。其刺史、太守以下拜除京师^⑦，及道出洛阳者，宜皆召见，可因博问四方，兼以观察其人。诸上书言事有不合者，可但报归田里，不宜过加喜怒，以明在宽也。"

【注释】

①陈留：郡名。治所在今河南开封东南。冠军：县名。治所在今河南邓州西北。

②掠杀：掠夺杀害。

③严苦：严酷。

④王主：诸侯王之女。

⑤其身不正，虽令不行：语本《论语·子路》："其身正，不令而行；其身不正，虽令不从。"

⑥讼：争论，喧嚷。

⑦拜除：拜授官职。

【译文】

"陈留县令刘豫，冠军县令驹协，都用刻薄的姿态，统治人民，主宰县邑，只想着掠夺杀害，务求严酷，吏民愁苦怨恨，没有不痛恨的，但是现今评论的人，反而认为他们有才能。这真是违背天意，丢弃大义，确实不能不谨慎啊。不但应该治刘豫、驹协的罪，也应该责备举荐他们的人。务必要进用仁德贤能的人，来担任朝政的治理工作，用不了几个人，就能使风俗自然发生变化。臣曾经读过有关书籍，知道秦朝因为严酷峻急而亡国，又眼见王莽也因为法令苛刻而自取灭亡，所以勤恳地陈述，实在是由于这个原因。又听说诸位王主、皇室的亲属，骄横奢侈超越制度，京师尚且这样，拿什么来给远方做示范？所以说：'自身不端正，即使颁布命令，别人也不服从。'用自身行为教导别人，别人就会服从；只用言辞教导别人，别人就会产生争论。阴阳调和，年岁就丰饶；君臣同心，教化就成功。那些刺史、太守以下的官员，不论是在京师任职，还是离开洛阳外任的，都应该召见，可以借此广泛了解四方情况，同时观察他们。那些上书言事有不合适之处的，可以仅是放他们回乡，不应过分表达喜怒，用来表明陛下的宽大为怀。"

伦奉公尽节①，言事无所依违②。或问伦曰："公有私乎③？"对曰："昔人有与吾千里马者，吾虽不受，每三公有所选举，心不能忘，而亦终不用也。吾兄子常病，一夜十往，退而安寝；吾子有疾，虽不省视④，而竟夕不眠。若是者，岂谓无私乎？"

【注释】

①伦奉公尽节：本段节录自《第五锺离宋寒传·第五伦传》。尽节，尽心竭力，保全节操。

②依违：迟疑。

③私：私心。

④省（xǐng）视：探望。

【译文】

第五伦奉行公事，尽心竭力保全节操，进言没有任何迟疑。有人问第五伦说："您有私心吗？"他回答说："以前有人送我千里马，我虽然没有接受，但是每逢三公推荐人选的时候，心中总是不能忘记这个送马人，虽说最终也没有举荐他。我哥哥的儿子曾经生病，我一夜去看了十次，回来能安然睡觉；我的儿子生了病，虽然没有去看望，但是整夜没有睡着。像这样,难道能说无私吗?"

　　锺离意字子阿①,会稽人也。显宗即位②,征为尚书③。时交阯太守坐臧千金④,征还伏法⑤,以资物簿入太司农⑥,诏班赐群臣⑦。意得珠玑⑧,悉以委地而不拜赐⑨。帝怪而问其故,对曰:"臣闻孔子忍渴于盗泉之水,曾参回车于胜母之间⑩,恶其名也。此臧秽之宝⑪,诚不敢拜。"帝嗟叹曰:"清乎尚书之言!"乃更以库钱三十万赐意,转为尚书仆射。

【注释】

①锺离意字子阿:本段节录自《第五锺离宋寒传·锺离意传》。锺离意,字子阿,会稽山阴(今浙江绍兴)人。历光武、明帝两朝,一生清正廉洁,勇于直谏,且能体恤民情。

②显宗:汉明帝刘庄的庙号。

③征:征召,征聘。

④交阯:郡名。汉武帝所置十三刺史部之一。一作交趾。辖境相当今广东、广西的大部和越南北部、中部。后泛指五岭以南。太守:指张恢。坐臧:犯贪赃罪。臧,通"赃"。

⑤伏法:依法被处死刑。

⑥簿:记入册籍。太司农:即大司农。

⑦班赐:颁赐,分赏。

⑧珠玑:珠宝,珠玉。

⑨委地:委弃于地。拜赐:拜谢赏赐。

⑩孔子忍渴于盗泉之水,曾参回车于胜母之间:见《尸子》:"(孔子)过于盗泉,渴矣而不饮,恶其名也。"《淮南子·说山训》:"曾子立孝,不过胜母之间。"

⑪臧秽:指贪污等秽行。

【译文】

锺离意,字子阿,会稽人。汉明帝登上皇位,征召他当了尚书。当时交阯太守张恢犯了贪污千金的罪,被召入京师依法处以死刑,他家里的资财物品被登记载入大司农的册簿,诏令分赏给群臣。锺离意得到了珠宝,全都丢在地上而不拜谢赏赐。明帝感到奇怪,问他缘故,他回答说:"臣听说孔子在名为'盗泉'的泉水面前忍住口渴不去喝,曾子到名为'胜母'的里巷时便把车赶回去,这是厌恶它们的名称啊。这些都是贪赃污秽的珠宝,确实不敢拜受。"明帝叹息说:"尚书的言语真是清明啊!"于是改以库钱三十万赐给锺离意,转升他为尚书仆射。

车驾数幸广成苑①,意常当车陈谏般乐游田之事②,天子即时还宫。永平三年夏旱③,而大起北宫④。意诣阙免冠上疏曰⑤:"伏见陛下以天时小旱,忧念元元⑥,降避正殿⑦,躬自克责⑧,而比日密云⑨,遂无大润⑩,岂政有未得应天心者耶?昔成汤遭旱⑪,以六事自责曰:'政不节耶?使民疾耶?宫室荣耶⑫?女谒盛耶⑬?苞苴行耶⑭?谗夫昌耶?'窃见北宫大作,民失农时,此所谓'宫室荣'也。自古非苦宫室小狭⑮,但患民不安宁。宜且罢止,以应天心⑯。"帝策诏报曰:"汤引六事,咎在一人⑰。其冠履勿谢⑱。今又敕大匠止作诸宫⑲,减省不急,庶消灾谴⑳。"诏因谢公卿百僚,遂应时澍雨焉㉑。时诏赐降胡子缣㉒,尚书案事,误以十为百。帝见簿,大怒,召郎将笞之㉓。意因入叩头曰:"过误之失㉔,常人所容。若以慢慢为愆㉕,则臣位大,罪重;郎位小,罪轻。咎皆在臣,臣当先坐。"乃解衣就格㉖。帝意解,使复冠而贳郎㉗。

【注释】

①车驾数幸广成苑：本段节录自《第五锺离宋寒传·锺离意传》。车驾，指皇帝。广成苑，供狩猎游乐的皇家禁地，位于今河南汝州。

②般（pán）乐：游乐，娱乐。游田：出游打猎。

③永平三年：60年。永平，汉明帝刘庄的年号（58—75）。

④北宫：东汉洛阳的皇宫主要分为南、北两宫。两宫之间以有屋顶覆盖的复道连接，南北长七里，南宫的北门与北宫的南门两阙相对。

⑤诣阙：赴朝堂。

⑥元元：百姓，庶民。

⑦降避：退避。

⑧克责：责备。

⑨比日：连日。

⑩大润：大雨。

⑪成汤：即商汤，商朝开国君主。

⑫荣：盛多。

⑬女谒：指通过宫中嬖宠的女子干求请托。

⑭苞苴（jū）：本指以苇或以茅裹鱼肉。引申为行贿。

⑮苦：以……为苦。

⑯天心：天意。

⑰咎：过失。

⑱冠履：帽与鞋，用如动词，戴帽，穿鞋。谢：谢罪。

⑲大匠：官名。将作大匠的别称，掌管宫室建筑营建。

⑳灾谴：指上天降灾示罚。

㉑澍（shù）：降。

㉒胡子：胡人奴仆。缣（jiān）：双丝织的浅黄色细绢。

㉓郎：指尚书郎，古官名。东汉始置，选拔孝廉中有才能者入尚书台，在皇帝左右处理政务，初从尚书台令史中选拔，后从孝廉中选取。

初入台称守尚书郎中,满一年称尚书郎,三年称侍郎。答:用鞭、杖或竹板打人。

㉔过误:过失,错误。

㉕懈慢:懈怠轻慢。愆(qiān):罪过,过失。

㉖格:拘执。

㉗贳(shì):赦免,宽纵。

【译文】

明帝几次驾临广成苑,钟离意曾经挡住车辆进谏出游田猎娱乐的事情,明帝立即就回到宫中。永平三年夏天大旱,但明帝将大力修建北宫。钟离意到朝堂摘下冠冕上疏说:"臣看见陛下因为天有小旱,悯念百姓,走下正殿,躬身自责,而连日阴云,就是没有大雨,难道是政务还有没能让天意满意之处? 从前成汤遭遇旱灾,用六件事情自责说:'政事不节制吗? 役使民众急迫了吗? 宫室建筑太奢华了吗? 通过受宠女子求官的请托太多了吗? 贿赂盛行了吗? 进谗的人得志了吗?'臣私下见到北宫大力兴建,民众失去了农时,这就是所谓'宫室建筑奢华'啊。自古以来君王不担心宫室狭小,只是担忧民众不得安宁。应该停止兴建,来顺应天意。"明帝下诏回复说:"成汤所引的六件事,过错在我一个人。你还是戴好官帽,不用谢罪。现在命令大匠停止修建宫殿,减省不急办的事务,应该可以消除上天降下的灾祸。"下诏令向公卿百官道歉,于是应时降下了雨水。当时,明帝下诏赐予投降的胡人奴仆细绢,负责经办的尚书把十误写为百。明帝看到簿册,大怒,召来尚书郎,准备鞭打他。钟离意于是入宫叩头说:"过错失误,常人都能容忍,如果是因为懈怠轻慢造成失误,那么臣的职位高,罪责重;尚书郎职位低,罪责轻,错误全在臣一人,臣应当先受罚。"于是解开衣服接受处罚。明帝怒意消除,让钟离意戴好帽子,并赦免了尚书郎。

帝性褊察①,好以耳目隐发为明②,故公卿大臣数被诋毁,近臣尚书以下至见提拽③。常以事怒郎药崧,以杖撞之④。崧走入床下⑤,帝怒甚,疾言曰⑥:"郎出! 郎出!"崧曰:"天子穆穆,诸侯煌煌⑦。未闻人君自起撞郎。"帝乃赦之。朝廷莫不悚慄⑧,争为严切⑨,以避诛责,唯意独敢谏争⑩,数封还诏书⑪。臣下过失,辄救解之⑫。帝虽不能用,然知其至诚。亦以此故,不得久留,出为鲁相⑬。后德阳殿成⑭,百官大会,帝思意言,谓公卿曰:"锺离尚书若在,此殿不立。"意卒,遗言上书,陈升平之世难以急治⑮,宜少宽假⑯。帝感伤其意,下诏嗟叹,赐钱二十万。

【注释】

①帝性褊(biǎn)察:本段节录自《第五锺离宋寒传·锺离意传》。褊察,褊狭苛察。

②隐发:指揭发隐私。

③提拽:控持,执持。

④撞:敲击。

⑤走:跑。

⑥疾言:急遽地说话。

⑦天子穆穆,诸侯煌煌:引自《礼记·曲礼》。穆穆,仪容或言语和美。煌煌,显耀。

⑧悚慄(sǒng lì):恐惧战栗。

⑨严切:严峻,严厉。

⑩谏争:直言规劝。

⑪封还:缄封退还。

⑫救解:予以援助,使脱离危险或困难。

⑬鲁:东汉诸侯国,治所鲁县(今山东曲阜)。

⑭德阳殿：洛阳北宫主殿。

⑮升平：太平。

⑯宽假：宽容，宽纵。

【译文】

　　明帝性子褊狭苛察，喜欢派耳目探听他人揭发隐私，以此作为明察。所以公卿大臣屡次被诋毁，尚书以下的左右近臣甚至被抓住殴打。明帝曾经因事对郎官药崧发怒，拿起木杖打他。药崧跑到床底下，明帝很愤怒，急促地喊道："郎出来！郎出来！"药崧说："天子庄严和美，诸侯显耀大度。没听说天子亲自起来敲打郎官的。"明帝才赦免了他。朝廷上没有谁不害怕，争着从严办事，来躲避责罚。只有锺离意一个人敢于直言规劝，屡次封还诏书不执行，解救有过错的臣下。明帝虽然不能采用他的意见，但是知道他心中至诚。也因为这一原因，锺离意不能长久留在朝廷，外派当了鲁国国相。后来德阳殿落成，百官大规模聚会，明帝想起锺离意的话，对公卿说："锺离尚书倘若在的话，这座殿就建不起来。"锺离意去世，遗言上书，陈述太平盛世很难用急切的治理办法，应该稍微宽容。明帝对他的心意有所感触而悲伤，下诏感叹，赐给二十万钱。

　　宋均字叔庠①，南阳人也，迁九江太守②。郡多虎暴，数为民患，常募设槛阱③，而犹多伤害。均到，下记属县曰④："夫虎豹在山，鼋鼍在水⑤，各有所托。且江淮之有猛兽⑥，犹北土之有鸡豚也⑦。今为人患，咎在残吏⑧，而劳勤张捕⑨，非忧恤之本也⑩。其务退奸贪⑪，思进忠善，可一去槛阱，除削课制⑫。"其后传言，虎相与东游渡江。

【注释】

　　①宋均字叔庠（xiáng）：本段节录自《第五锺离宋寒传·宋均传》。

宋均,字叔庠,南阳安众(今河南镇平东南)人。光武帝时为九江
太守。明帝时拜尚书令。

②九江:郡名。秦置。治所在寿春(今安徽寿县)。东汉移治阴陵,
故址在今安徽定远西北。

③槛阱:捕捉野兽的机具和陷坑。

④下记:上级给下级的文书。

⑤鼋鼍(yuán tuó):大鳖和扬子鳄。

⑥江淮:长江和淮河。

⑦鸡豚:鸡和猪。

⑧咎:罪过。残吏:残虐百姓的官吏。

⑨劳勤:勤劳。

⑩忧恤:顾恤。

⑪奸贪:指邪恶贪贿的官吏。

⑫课制:赋税。

【译文】

宋均,字叔庠,南阳人,升任九江太守。郡里有凶暴猛虎,屡次祸害
民众,官府经常招人设置机关陷阱,但还是有很多人受到伤害。宋均到
了郡里,给属县发下公文说:"老虎豹子在山上,大鳖鳄鱼在水中,各自
有自己的托身之处。况且长江淮河一带有猛兽,就像北方中原有鸡猪一
样。现在老虎成为人的祸患,罪过在残虐的官吏,而劳师动众张网捕捉,
不是顾恤百姓的根本。应该清退邪恶贪贿的官吏,考虑提拔忠诚善良的
官员,可以一并去掉机关陷阱,减除赋税。"其后传说,老虎互相成群结
伴,向东游过长江。

中元元年①,山阳、楚、沛多蝗②,其飞至九江界者,辄东
西散去,由是名称远近。浚遒县有唐、后二山③,民共祠之,
众巫遂取百姓男女以为山姬④,岁岁改易,既而不敢嫁娶,前

后守令莫敢禁断⑤。均乃下书曰⑥："自今以后，为山娶者，皆娶巫家，勿扰良人。"于是遂绝。征拜尚书令，尝删翦疑事⑦，帝以为有奸，大怒，收郎⑧，即缚格之⑨。诸尚书惶恐，皆叩头谢罪。均顾厉色曰："盖忠臣执义⑩，无有二心⑪。若畏威失正，均虽死，不易志也。"小黄门在傍⑫，入具以闻⑬。帝善其不挠⑭，即令贳郎，迁均司隶校尉。

【注释】

①中元元年：本段节录自《第五锺离宋寒传·宋均传》。中元元年，即建武中元元年，56年。中元，汉光武帝刘秀的年号（56—57）。

②山阳：郡名。西汉始置，郡治昌邑（今山东巨野东南）。楚：东汉诸侯国，治所在彭城（今江苏徐州）。沛：东汉诸侯国，治所在相县（今安徽濉溪西北）。

③浚遒（qiú）县：汉置，故治在今安徽肥东。

④山姁：今本《后汉书》作"公姁"，即山公山姁，古代指代表山神受享祭的男女。从前后文来看，应从《后汉书》。

⑤禁断：禁止，禁绝。

⑥下书：下发文书。

⑦删翦：删除。

⑧收：拘捕。

⑨缚格：捆绑拷打。

⑩执义：坚持合理的该做的事。

⑪二心：异心，不忠实。

⑫小黄门：汉代低于黄门侍郎一级的宦官。

⑬具：尽，完全。闻：使之闻，告诉。

⑭不挠：不弯曲，形容刚正不屈。

【译文】

中元元年,山阳、楚、沛多发生蝗灾,蝗虫飞到九江边界,都向东西方向散去,从此宋均远近闻名。浚遒县有唐、后两座山,民众共同立祠祭祀,巫师们就选取百姓家的儿女作为山公山姬,年年换人,不久,百姓家就不敢嫁女娶妇,前后几任郡守县令都不敢禁止。宋均于是下发文书说:"从今往后,给山娶媳妇,都娶巫师家的,不得骚扰良家百姓。"于是这个陋俗就断绝了。宋均被征任尚书令,曾经削删一些可疑之事,明帝认为其中有诈,大怒,拘捕尚书郎,捆绑起来拷打。众尚书惶恐不安,都叩头谢罪。宋均回头厉声说:"忠臣秉持正义做该做的事,绝无二心。倘若害怕威势而失去公正,我宋均即使死了,也不改变志向。"当时小黄门在旁边,入宫把所见所闻详细报告给明帝。明帝赞赏他刚正不屈,就下令赦免了尚书郎,提拔宋均当了司隶校尉。

寒朗字伯奇^①,鲁国人也。守侍御史^②,与三府掾属共考案楚狱颜忠、王平等^③,辞连及隧乡侯耿建、朗陵侯臧信、护泽侯邓鲤、曲成侯刘建^④。建等辞未尝与忠、平相见^⑤。是时显宗怒甚,吏皆惶恐,诸所连及,率一切陷入^⑥,无敢以情恕者^⑦。朗心伤其冤,试以建等物色^⑧,独问忠、平,而二人错忤不能对^⑨。朗知其诈,乃上言建等无奸,专为忠、平所诬,疑天下无辜,类多如此^⑩。帝乃召朗入,问曰:"建等即如是,忠、平何故引之^⑪?"朗对曰:"忠、平自知所犯不道^⑫,故多有虚引,冀以自明^⑬。"帝曰:"即如是,四侯无事,何不早奏,而久系至今耶^⑭?"朗对曰:"臣虽考之无事^⑮,然恐海内别有发其奸者,故未敢时上。"帝怒骂曰:"吏持两端^⑯,促提下。"左右方引去^⑰,朗曰:"愿一言而死。小臣不敢欺,欲助国耳,诚冀陛下一觉悟而已^⑱。臣见考囚在事者,咸共言妖恶大故^⑲,臣子所宜同疾,今出之^⑳,不如入之^㉑,可无后责。是以考一连十^㉒,考十连百。又公卿朝会,陛下问以得失,皆长跪言^㉓,旧制大罪祸及九族,陛下大恩,裁止于身,天下幸甚。及其归舍,口虽不言,而仰屋窃叹,莫不知其多冤,无敢忤陛下者。臣今所陈,诚死无悔。"帝意解,诏遣朗出。后二日,车驾自幸洛阳狱,录囚徒^㉔,理出千余人。

【注释】

①寒朗字伯奇:本段节录自《第五锺离宋寒传·寒朗传》。寒朗,字伯奇,鲁国薛(治今山东滕州南)人。好经学,博通书传,以《尚书》教授,举孝廉。

②守(shòu):摄,暂时署理职务。多指官阶低而署理较高的官职。侍御史:官名。周有柱下史,秦改称侍御史。汉因之,为御史大夫属官。

③掾属:佐治的官吏,汉代自三公至郡县,都有掾属,人员由主官自选,不由朝廷任命。考案:拷问查究。楚狱:指楚王刘英谋反案件。

④辞:诉讼的供词。连及:牵连涉及。隧乡:县名。故隧国,在今山东肥城南。朗陵:县名。在今河南确山南。护泽:疑当作濩泽(一作获泽),县名。在今山西阳城。曲成:县名。西汉置,故治在今山东莱州东北。东汉治改为侯国,后复为县。

⑤建等:指刘建等人。

⑥陷入:指落在不利的境地。

⑦情:实情。

⑧物色:形貌。

⑨错忤:矛盾,错乱。

⑩类:类似,类同。

⑪引:牵连,攀供。

⑫不道:大逆不道。

⑬自明:自我开脱。

⑭系:拘囚,拘禁。

⑮考:按问,刑讯。

⑯两端:指游移于两者之间的态度。

⑰引去:拉走。

⑱冀:冀求,希望。

⑲大故:重大的变故。多指对国家、社会有重大影响的祸患,如灾
　　害、兵寇、国丧等。

⑳出:放出去。

㉑入:抓进来。

㉒连:牵连。

㉓长跪:直身而跪。古时席地而坐,坐时两膝据地,臀部落在足跟
　　上。跪则伸直腰股,以示庄敬。

㉔录:甄别。

【译文】

　　寒朗,字伯奇,鲁国人。以侍御史身份,跟三公属下官吏共同审理
楚狱案件中的颜忠、王平等人,供词牵连到隧乡侯耿健、朗陵侯臧信、护
泽侯邓鲤、曲城侯刘建。刘建等人辩解说不曾与颜忠、王平相见。当时
明帝极其愤怒,官吏都十分害怕,那些牵连涉及的人,都一概落入不利的
境地,没有人敢为他们说情。寒朗为他们的冤枉而哀伤,试着单独盘问
颜忠、王平,刘建等人的外貌如何,而两人说法矛盾错乱答不上来。寒朗
知道其中有诈,于是进言说刘建等人没有奸诈不忠,只是被颜忠、王平诬
陷,怀疑天下还有很多这样无辜的人。明帝于是召寒朗入朝,问道:"刘
建等人既然这样,颜忠、王平为什么要检举他们?"寒朗回答说:"颜忠、

王平自己知道犯的是大逆不道之罪，所以有很多虚假的攀供，希望用来开脱自己。"明帝说："就算是这样，四侯没有犯罪，为什么不早点上奏，而把他们长久地关到现在呢？"寒朗回答说："臣虽然经过审问知道他们没有犯事，但是恐怕天下还有别处揭发他们有罪的，所以没敢及时上报。"明帝发怒，骂道："你两头都有理，快拉下去。"左右正要把寒朗拉下去，寒朗说："希望说一句话再死。小臣我不敢欺骗，只是想帮助国家啊，实在希望陛下马上就明白。臣看见审讯这些囚犯的官员，都说谋逆罪大恶极，臣子都应当一起痛恨，将他们放出去，不如关起来，可以免于后边的追责。因此拷问一个牵连十个，拷问十个牵连一百个。又见公卿朝会的时候，陛下问他们处理是否得当，他们都长跪着说，按照旧制，大罪要牵连九族，陛下大恩，只处罚到他本身，天下太幸运了。等到回到家里，口中虽然不说，私下却仰天长叹，没有谁不知道有很多冤案，就是不敢触怒陛下。臣现今能陈述这些，死了也不后悔。"明帝怒气才消，下诏让寒朗出来。两天后，明帝亲自到洛阳监狱，审查甄别囚徒，释放了一千多人。

　　论曰[1]：左丘明有言："仁人之言，其利博哉[2]！"晏子一言，齐侯省刑[3]。若锺离意之就格请过，寒朗之廷争冤狱，笃矣乎，仁者之情也！

【注释】

①论曰：本段节录自《第五锺离宋寒传》。

②仁人之言，其利博哉：引自《左传·昭公三年》。

③晏子一言，齐侯省刑：齐景公刑法严苛，受刑被砍去脚的人很多，所以市面上假肢生意兴旺。景公问晏子，市场上什么贵什么贱，晏子故意说："假肢贵，鞋子贱。"景公于是减轻了刑罚。事见《晏子春秋·内篇杂下》。

【译文】

评论说:左丘明说过:"仁人的话语,它带来的利益真大呀!"晏子一句话,使得齐景公减轻了刑罚。像锺离意接受拘执请求处罚,寒朗在朝廷为冤狱争辩,真是忠诚啊,真有仁者情怀啊!

东平王苍①,显宗同母弟也。少好经书,雅有智思②,显宗甚爱重之。及即位,拜骠骑将军③,位在三公上。在朝数载,多所隆益④,而自以至亲辅政,声望日重,意不自安,数上疏,乞上印绶,退就藩国⑤。诏不听⑥。其后数陈乞⑦,辞甚恳切,乃许还国,而不听上将军印绶。加赐钱五千万⑧,布十万匹。永平十一年⑨,苍与诸王朝京师,月余还国,帝临送,归宫,凄然怀思⑩,乃遣使手诏告诸国中傅曰⑪:"辞别之后,独坐不乐,因就车归,伏轼而吟⑫,瞻望永怀⑬,实劳我心⑭,诵及《采菽》⑮,以增叹息。日者问东平王⑯,处家何等最乐,王言为善最乐。其言甚大,副是腰腹矣⑰。"

【注释】

①东平王苍:本段节录自《光武十王传·东平宪王苍传》。苍,刘苍,光武帝刘秀之子,汉明帝刘庄同母弟。于建武十五年(39)受封为东平公,十七年进封为东平王,定都无盐(今山东东平东),汉明帝永平元年(58),为骠骑将军,在朝辅政,七年归国。汉章帝建初八年(83)去世。

②智思:智慧,才智。

③骠骑将军:汉武帝始置,以霍去病为之,金印紫绶,位同三公。东汉沿置。

④隆益:建树。

⑤藩国：古称分封及臣服之国。

⑥不听：不允许。

⑦陈乞：陈述请求。

⑧加赐：增加赏赐。

⑨永平十一年：68年。永平，汉明帝刘庄的年号（58—75）。

⑩凄然：凄凉悲伤的样子。怀思：思念。

⑪傅：师傅，指负辅佐责任的官员或负责教导的人。

⑫轼：古代设在车厢前供立乘者凭扶的横木。

⑬瞻望：远望，展望。永怀：长久思念。

⑭劳：忧愁，愁苦。

⑮《采菽》：《诗经·小雅》篇名，记述诸侯朝见天子的情景。

⑯日者：往日，从前。

⑰副是腰腹：据《后汉书》本传，刘苍"要（腰）带八围"。

【译文】

　　东平王刘苍，是明帝同母胞弟。从小喜欢经书，很有智慧，明帝很喜爱和重视他。等到明帝登上皇位，任命他做骠骑将军，地位在三公之上。刘苍在朝廷几年，有很多建树，但是自己认为凭借至亲的身份辅佐政事，声望一天天隆重，心中感到很不安，屡次上疏，请求交出印绶，退出朝廷回到封国。明帝下诏，不听从他的请求。后来刘苍屡次陈情请求，言辞非常恳切。明帝才允许他回到封国，但不允许交回将军印绶。另外赐给钱五千万，布十万匹。永平十一年，刘苍和诸王到京师朝见，一个多月后回到自己的封地，明帝亲临送行，回到宫中，凄凉悲伤，很是思念，于是派遣使者拿着手书诏书送给东平国中傅，诏书上说："分别之后，独自坐着，很不快乐，于是乘车而归，伏在车轼上低吟，远远望去，长长思念，我的心中实在愁苦，念诵《采菽》，更增叹息。前些日子问东平王，居家做什么事最快乐，东平王说做好事行善最快乐。这话口气甚大，真是和他的腰围肚量相符合啊。"

　　肃宗即位①,尊重恩礼②,逾于前世,诸王莫与为比。建初元年③,地震,苍上便宜④。后帝欲为原陵、显节陵起县邑⑤,苍闻之,遽上疏谏,帝从而止。自是朝廷每有疑政,辄驿使咨问⑥,苍悉心以对,皆见纳用。帝飨卫士于南宫⑦,因从皇太后周行掖庭池阁⑧,乃阅阴太后旧时器服⑨,怆然动容⑩。乃命留五时衣各一袭及常所御衣⑪,余悉分布诸王主及子孙在京师者。特赐苍及琅耶王京书曰⑫:"岁月骛过⑬,山陵浸远⑭,孤心凄怆⑮,如何如何! 间飨卫士于南宫,因阅视旧时衣物⑯,闻于师曰:'其物存,其人亡,不言哀而哀自至。'信矣! 惟王孝友之德⑰,亦岂不然? 今送光烈皇后假髻帛巾各一⑱,及衣一箧⑲,可时奉瞻,以慰《凯风》寒泉之思⑳,又欲令后生子孙,得见先后衣服之制㉑。愿王宝精神㉒,加供养。苦言至戒㉓,望之如渴。"

【注释】

①肃宗即位:本段节录自《光武十王传·东平宪王苍传》。肃宗,汉章帝刘炟的庙号。

②恩礼:指尊上对下的礼遇。

③建初元年:76年。建初,汉章帝刘炟的年号(76—84)。

④便宜:指有利国家、合乎时宜之事。

⑤原陵:汉光武帝刘秀和光烈皇后阴丽华的合葬陵墓。在今河南洛阳东。显节陵:汉明帝陵墓。在今河南洛阳东北。

⑥咨问:咨询,请教。

⑦飨:宴请,以酒食犒劳、招待。

⑧皇太后:此指明德马皇后。周行:巡行。掖庭:宫中旁舍,妃嫔居

住的地方。池阁:池苑楼阁。

⑨阴太后:光武帝的皇后阴丽华。

⑩动容:内心有所感动而表现在脸上。

⑪五时衣:古代分别在五个时节所穿的五种不同颜色的衣服。御:
　　指阴太后使用。

⑫琅耶王:今本《后汉书》作"琅邪王",译文从之。

⑬骛:疾速行进,驰骋。

⑭山陵:指帝王或皇后的坟墓,这里主要指原陵。

⑮凄怆:悲伤,悲凉。

⑯阅视:查看。

⑰孝友:事父母孝顺,对兄弟友爱。

⑱假髻:假发所作之髻,供妇女装饰用。

⑲箧(qiè):小箱子。

⑳《凯风》:出自《诗经·邶风》,是一首孝子感念母爱的诗歌,其诗
　　句说:"爰有寒泉,在浚之下,有子七人,母氏劳苦。"后以"寒泉之
　　思"指子女对母亲的思念之情。

㉑制:衣服的形制,式样。

㉒宝:珍爱,珍视。

㉓苦言:诤言,逆耳之言。至戒:最恳切的告诫。

【译文】

　　章帝登上皇位,对刘苍尊重礼遇,超过前代,诸王没有谁能跟他相
比。建初元年,发生地震,刘苍上书谈有利于国家的事情。后来章帝想
要在光武帝的原陵、明帝的显节陵设县邑,刘苍听说,急忙上疏劝谏,章
帝听从,停止了兴建。从此朝廷每当遇到疑难的政事,就派遣使者前去
咨询,刘苍尽心回答,都被采纳使用。章帝在南宫宴请卫士,跟随皇太后
在披庭池阁巡游,看到阴太后过去的器用衣服,悲伤之情溢于言表。章
帝便命令留下五时衣各一套以及阴太后生前平常所穿的衣服,剩下的全

都分给在京师的诸王公主及其子孙。章帝特别赐给刘苍及琅邪王刘京书信说："岁月迅疾飞驰,山陵逐渐远去,我的内心凄怆,奈何啊奈何！近来在南宫宴请卫士,因而看到旧时的衣物,从老师那里听说:'那人的物品还在,那个人已经去世,不说哀伤而哀伤自会到来。'的确是这样啊！想到您孝悌友爱的品德,难道不也是如此吗？现送去光烈皇后用过的假髻和帛巾各一套,还有一小箱衣服,可以随时观瞻,来慰藉《凯风》孝子之思,同时想让子孙后代,能看见先后的衣服式样。希望您能保养精神,注意饮食起居。逆耳之言是最恳切的告诫,我如饥似渴地盼望它。"

建初六年冬①,请朝②。明年正月,帝许之。后有司奏遣诸王归国,帝特留苍。八月,饮酎毕③,有司复奏遣,乃许之。手诏赐苍曰:"骨肉天性④,诚不以远近为亲疏,然数见颜色⑤,情重昔时。念王久劳,思得还休,欲署大鸿胪奏⑥,不忍下笔。顾授小黄门,中心恋恋⑦,恻然不能言⑧。"于是车驾祖送⑨,流涕而诀。苍薨后⑩,帝东巡守⑪,幸东平宫,追感念苍,谓其诸子曰:"思其人,至其乡。其处在,其人亡。"因泣下沾襟,遂幸苍陵,祠以大牢⑫,亲拜祠坐⑬,哭泣尽哀,赐御剑于陵前而去。

【注释】

①建初六年冬:本段节录自《光武十王传·东平宪王苍传》。建初六年,81年。建初,汉章帝刘炟的年号(76—84)。

②请朝:请求到京师朝见。

③饮酎(zhòu):喝反复多次酿成的醇酒,一种正尊卑的古礼。

④骨肉:比喻至亲,指父母兄弟子女等亲人。

⑤颜色:面容,面色。

⑥署:签署。

⑦恋恋:指依依不舍之情。

⑧恻然:悲伤的样子。

⑨祖送:祖饯送行。

⑩薨(hōng):死的别称。自周代始,人之死亡,有尊卑之分,"薨"以
　　称诸侯之死。

⑪巡守:天子出行,视察邦国州郡。

⑫大牢:即太牢。古代祭祀,牛羊猪三牲具备谓之太牢。

⑬坐:居留,停留。

【译文】

　　建初六年冬天,刘苍请求到京师朝见。第二年正月,章帝批准了。
后来主管官员上奏请令诸王回归封国,章帝特意留下刘苍。八月,酎礼
完毕,主管官员又上奏请求让刘苍回国,章帝这才允许。章帝赐手诏给
刘苍说:"骨肉至亲之情是天性,真不因距离远近来论关系亲疏,然而屡
次看到您的面容,情谊比以前更重。想到您长久劳苦,本应让您回去得
以休息,要批准大鸿胪的奏请,又不忍心下笔。回头交给小黄门,心中涌
起恋恋不舍的感情,悲伤得不能说话。"于是章帝亲自饯行,流着眼泪送
别。刘苍去世后,章帝东巡,驾临东平宫,追思往事怀念刘苍,对刘苍的
几个儿子说:"思念其人,来到其乡。他的处所还在,他本人已死亡。"流
下眼泪打湿了衣襟,就亲至刘苍的陵墓前,用牛羊猪三牲祭祀,在祠堂亲
自拜祭停留,哭泣竭尽哀思,把自己的剑放在陵墓前才离开。

　　朱晖字文季①,南阳人也②,为尚书仆射。是时谷贵,
县官经用不足③,朝廷忧之④。尚书张林上言:"谷所以贵,
由钱贱故也。可尽封钱⑤,一取布帛为租⑥,以通天下之用。
又盐,食之急者,虽贵,民不得不须,官可自鬻⑦。又宜因交

趾、益州上计吏往来⑧,市珍宝⑨,收采其利⑩,武帝时所谓均输者也⑪。"帝然之,有诏施行。晖独奏曰:"王制⑫,天子不言有无,诸侯不言多少,食禄之家不与百姓争利。今均输之法,与贾贩无异⑬,盐利归官,则下人穷怨⑭;布帛为租,则吏多奸盗⑮。诚非明主所宜行也。"帝卒以林等言为然,得晖重议,因发怒,切责诸尚书⑯。晖因称病笃⑰,不肯复署议⑱。尚书令以下惶怖⑲,谓晖曰:"今临得谴让⑳,奈何称疾,其祸不细㉑!"晖曰:"行年八十㉒,蒙恩得在机密㉓,当以死报。若心知不可,而顺旨雷同㉔,负臣子之义。今耳目无所闻见,伏待死命㉕。"遂闭口不言。诸尚书不知所为,乃共劾奏晖。帝意解,寝其事㉖。

【注释】

①朱晖字文季:本段节录自《朱乐何传·朱晖传》。朱晖,字文季,南阳宛(今河南南阳)人。果敢而有魄力,任卫士令,升迁临淮太守,后召拜为尚书仆射。

②南阳:郡名。战国秦置。故治宛县,在今河南南阳。东汉同。

③县官:朝廷。

④朝廷:借指帝王。

⑤封:引申为敛藏。

⑥一取:指独取。租:田赋,泛指赋税。

⑦鬻(yù):卖。

⑧益州:古地名。汉武帝设置的十三州(十三刺史部)之一,东汉同。治所在雒县(今四川广汉北)。上计:地方官于年终将境内户口、赋税、盗贼、狱讼等项编造计簿,遣吏逐级上报,奏呈朝廷,借资考绩。

⑨市：买卖。

⑩收采：收取，采纳。

⑪均输：汉武帝实行的一项经济措施，在大司农属下置均输令、丞，统一征收、买卖和运输货物。

⑫王制：指王朝原有的制度。

⑬贾（gǔ）贩：商贩。

⑭下人：百姓，人民。

⑮奸盗：奸人盗贼。

⑯切责：严词斥责。

⑰病笃：病势沉重。

⑱署议：指上书议事。因上书须署名，故云。

⑲惶怖：恐惧。

⑳谴让：谴责，责备。

㉑细：小。

㉒行年：指将到的年龄。

㉓机密：掌管机要大事的部门、职务。

㉔雷同：随声附和。

㉕死命：效死，献身。

㉖寝：止息，废置。

【译文】

朱晖，字文季，南阳人，担任尚书仆射。当时谷物昂贵，朝廷用度不足，章帝为之忧虑。尚书张林进言说："谷贵，是因为钱贱的缘故。可以把钱全都封藏起来，只取布帛作为赋税，流通天下以代货币之用。还有，盐，是食物中最急需的，即使贵，民众也不能不买，可以官营专卖。还应该利用交趾、益州上计吏之往来，买卖珍宝，收取税利，这就是武帝时期所说的均输法。"章帝认为他说得对，下诏实施。朱晖单独上奏说："按照帝王之制，天子不谈有无，诸侯不谈多少，靠俸禄吃饭的人不跟百姓争夺利益。现今的均输法令，跟商贩没什么区别，食盐的利益归属官府，那么民众会因穷困而怨恨；用布帛当作赋税，那么官吏中就会产生很多奸人盗贼。这确实不是英明的君主所应该实行的呀。"章帝最终认为张林的话对，由于朱晖提出重新商议，因此发怒，严厉斥责诸位尚书。朱晖于是声称病重，不肯再上书议事。尚书令以下的官员都害怕了，对朱晖说："现今面临谴责，怎么能称病呢，祸患可不小！"朱晖说："我将到八十了，蒙受皇恩，能参与尚书机密，应当以死相报。如果心中认为不可以，而顺承皇上的旨意随声附和，违背了臣子的道义。现今耳朵听不到眼睛看不见，只等待效死献身。"于是闭上口不再说话。尚书们不知如何是好，于是就一同上书弹劾朱晖。章帝怒气已平，就废置了这件事。

　　袁安字邵公^①，汝南人也。为司徒时^②，和帝幼弱^③，太后临朝^④。安以天子幼弱，外戚擅权，每朝会进见，及与公卿言国家事，未尝不噫呜流涕^⑤。自天子及大臣皆倚赖之。章和四年薨^⑥，朝廷痛惜焉。后数月，窦氏败，帝始亲万机^⑦，追思前议者邪正之节，乃除安子赏为郎。

【注释】

①袁安字邵公：本段节录自《袁张韩周传·袁安传》。袁安，字邵公。汝南汝阳（今河南商水西南）人。被举为孝廉，任阴平县长、任城县令，汉明帝时，任楚郡太守、河南尹，后历任太仆、司空、司徒，其后代汝南袁氏，与弘农杨氏并为东汉"四世三公"的世家大族。

②司徒：官名。周时为六卿之一，掌管国家的土地和人民的教化。汉哀帝时，改丞相为大司徒，与大司马、大司空并列三公。东汉时改称司徒。

③和帝：即汉和帝刘肇。

④太后：即章德窦皇后，扶风平陵（今陕西咸阳西北）人，大司空窦融曾孙女，汉章帝刘炟的皇后。临朝：指太后摄政称制。

⑤噫呜：感慨悲叹的样子。

⑥章和：汉章帝刘炟的年号。袁安于92年去世，实为汉和帝永元四年，此处当为"永元"，译文从之。

⑦万机：指帝王日常处理的纷繁政务。

【译文】

袁安，字邵公，汝南人。担任司徒的时候，汉和帝年幼弱小，窦太后摄政称制。袁安因为天子年幼弱小，外戚专擅大权，每当朝会进见，以及跟公卿谈到国家大事的时候，未曾不感叹流泪。从天子到大臣，都信赖依靠他。永元四年，袁安去世，朝廷为之悲痛惋惜。几个月之后，窦氏势败，和帝才开始亲自处理政务，回想以前参与议政者的正邪品节，就任命袁安的儿子袁赏为郎官。

郭躬字仲孙①，颍川人也，明法律。有兄弟共杀人者，而罪未有所归②。帝以兄不训弟③，故报兄重④，而减弟死⑤。中常侍孙章宣诏⑥，误言两报重。尚书奏章矫制⑦，罪当腰斩⑧。帝复召躬问之，躬对："章应罚金⑨。"帝曰："章矫诏杀人，何谓罚金？"躬曰："法令有故误⑩，章传命之谬，于事为误，误者其文则轻。"帝曰："章与囚同县，疑其故也。"躬曰："'周道如砥，其直如矢⑪'，君子不逆诈⑫。君王法天，刑不可以委曲生意⑬。"帝曰："善！"迁躬廷尉正⑭。

【注释】

①本段节录自《郭陈传·郭躬传》。郭躬，字仲孙，颍川阳翟（今河南禹州）人。为郡吏，征辟公府，章帝元和三年（86）官至廷尉。

曾奏改重刑为轻刑四十一条,皆为朝廷采纳,颁布施行。

②所归:属于谁。

③帝:此指汉明帝。训:教诲,教导。

④报:根据犯罪者罪行的轻重大小,依法判处相应的刑罚。重:重罪,指死刑。

⑤减:免去。

⑥中常侍:官名。秦置。西汉中常侍为加官,加此官者得入禁中。东汉以宦者为之,隶少府,掌侍天子左右,从入内宫,顾问应对。

⑦矫制:指假托君命行事。制,制书。

⑧腰斩:古时酷刑,将犯人从腰部斩为两截。

⑨罚金:纳金赎罪。

⑩误:失误。

⑪周道如砥,其直如矢:引自《诗经·小雅·大东》。意为大道平坦有如磨石,它笔直就如箭杆。周道,周王朝的大道,后指大路。砥,磨刀石。

⑫逆诈:事先即猜疑别人存心欺诈。

⑬委曲:隐晦曲折。生意:外加别的意思。

⑭廷尉正:官名。秦置,汉沿置,廷尉属官,主决疑难案件。

【译文】

郭躬,字仲孙,颍川人,通晓法律。有一次有兄弟共同杀人的案件,但是罪责归谁尚未清楚。明帝认为兄长没能教好弟弟,所以判决兄长死刑,而弟弟免去死刑。中常侍孙章宣读诏书时,误念成两人同判重刑死罪。尚书上奏说孙章假传诏令杀人,罪当判决腰斩。明帝又召见郭躬询问这件事,郭躬回答说:"孙章应该处以罚金。"明帝说:"孙章假传诏令杀人,怎么能仅处以罚金呢?"郭躬说:"法令规定有故意和失误两种情形,孙章传诏发生错误,在事情属性上是失误,而失误依法律为从轻处理。"明帝说:"孙章跟囚犯是同一个县,怀疑他是故意的。"郭躬说:"'大道平坦有如磨石，它笔直就犹如箭杆'，君子是不能事先就猜疑别人存心欺诈的。君王效法上天，刑法不能隐晦曲折外加别的意思。"明帝说："好!"升郭躬为廷尉正。

　　陈宠字昭公①，沛国人也。章帝初为尚书。是时承永平故事②，吏治尚严切③，尚书决事，率近于重④。宠乃上疏曰："臣闻先王之政，赏不僭⑤，刑不滥，与其不得已，宁僭不滥。陛下即位，数诏群僚⑥，弘崇晏晏⑦。而有司执事，犹尚深刻⑧。治狱者急于箠格酷烈之痛⑨，执宪者烦于诋欺放滥之文⑩。或因公行私，逞纵威福⑪。夫为政犹张琴瑟⑫，大弦急者小弦绝⑬。故子贡非臧孙之猛法，而美郑乔之仁政⑭。《诗》云：'不刚不柔，布政优优⑮。'方今圣德充塞⑯，假于上下⑰，宜隆先王之道，荡涤烦苛之法⑱，轻薄棰楚⑲，以济群生⑳。"帝敬纳宠言，每事务于宽厚。其后遂诏有司，绝诸惨酷之科㉑，解妖恶之禁㉒，除文致之请谳五十余事㉓，定著于令。是后民俗和平，屡有嘉瑞㉔。

【注释】

①陈宠字昭公：本段节录自《郭陈传·陈宠传》。陈宠，沛国洨县（今安徽固镇）人。初为州郡吏，后辟司徒府，掌狱讼，迁尚书，因得罪外戚窦宪，和帝初出为太山、广汉太守。又历廷尉、司空等。

②故事：先例，旧日的典章制度。

③吏治：官吏的作风和治绩。

④率：大概，一般。

⑤僭（jiàn）：超越本分。

⑥群僚：百官。

⑦弘崇：推崇。晏晏：和悦的样子。

⑧深刻：严峻苛刻。

⑨治狱：审理案件。笒（péng）格：拷打。笒，通"搒"，笞击。

⑩执宪：司法，执行法令。烦：烦多，纷乱。诋欺：毁谤丑化。放滥：
　　没有节制。

⑪逞纵：放纵。

⑫张：指拉紧乐器上的弦。

⑬大弦：弦乐器的粗弦，也叫老弦。急：紧，缩紧。小弦：弦乐器的细弦。

⑭子贡非臧孙之猛法，而美郑乔之仁政：春秋时，鲁大夫臧孙施行严
　　酷的政治，子贡非议他，说他有贼心，并赞许推行仁政的郑国贤相
　　子产。事见《新序》。郑乔，即子产，郑国人，公孙氏，名侨，乔通
　　"侨"，所以称郑乔。

⑮不刚不柔，布政优优：引自《诗经·商颂·长发》。优优，宽和的样子。

⑯充塞：充满塞足。

⑰假（gé）：至，到。

⑱荡涤：冲洗，清除。

⑲棰楚：杖击，鞭打。为古代刑罚之一。

⑳群生：百姓。

㉑惨酷：极其残酷，极其刻薄。科：法律条文。

㉒妖：指反常、怪异的事物。

㉓文致：舞文弄法，致人于罪。请谳（yàn）：下级官吏遇到疑难案件
　　不能决断，请求上级部门审核定案。

㉔嘉瑞：祥瑞。

【译文】

　　陈宠，字昭公，沛国人。章帝初年担任尚书。当时承接明帝永平年
间的先例，官吏的作风崇尚严厉，尚书所作裁决，大多从重。陈宠就上

疏说:"臣听说古代贤君为政,赏赐不过度,刑罚不滥施,如果不得已,宁可过度奖赏也不滥用刑罚。陛下登上皇位以来,屡次诏告百官,推崇温和之风。但是有关官员处理事务,还是崇尚严峻苛刻。审案官急于采取严刑拷打的残暴手段,执法者纠缠在肆意诬陷的文书中。有的人借公行私,作威作福。处理政事就像拉紧琴瑟上的弦,粗弦太紧了,细弦就断了。所以子贡非议臧孙的严酷政治,而赞美郑国子产的仁德政治。《诗经》言道:'既不刚硬也不柔弱,施政始终从容宽裕。'当今圣德充塞,达到上下四方,应该尊崇先代君王的道理,清除繁琐苛刻的法令,减轻鞭笞苦刑,以拯救苍生。"章帝采纳了陈宠的进言,每逢处理政务都务求宽厚。后来诏令执法官员,废除残酷的法条,解除那些反常的禁令,去除陷人入罪、需请示上级审核的律令五十几条,定为法令。此后民风和平,屡次出现祥瑞。

　　宠子忠字伯始①,擢拜尚书②。安帝始亲朝事③,连有灾异,诏举有道④。公卿百僚,各上封事⑤。忠以诏书既开谏争,虑言事者必多激切⑥,或致不能容,乃上疏豫通广帝意⑦,曰:"臣闻仁君广山薮之大⑧,纳切直之谋⑨;忠臣尽謇谔之节⑩,不畏逆耳之害。是以高祖舍周昌桀纣之譬⑪,孝文嘉爰盎人豕之讥⑫,世宗纳东方朔宣室之正⑬,元帝容薛广德自刭之切⑭。昔者晋平公问于叔向曰⑮:'国家之患孰为大?'对曰:'大臣重禄不极谏⑯,小臣畏罪不敢言,下情不上通,此患之大者。'今明诏崇高宗之德⑰,推宋景之诚⑱,引咎克躬⑲,咨访群吏。言事者见杜根、成翊世等⑳,新蒙表录㉑,显列二台㉒,必承风响应㉓,争为切直㉔。若嘉谋异策㉕,宜辄纳用。如其管穴㉖,妄有讥刺,虽苦口逆耳,不得事实,且优游宽容㉗，以示圣朝无讳之美。若有道之士，对问高者，宜垂省览，特迁一等㉘，以广直言之路。"

【注释】

①宠子忠字伯始：本段节录自《郭陈传·陈宠传附陈忠传》。忠，陈忠，字伯始，沛国洨县（今安徽固镇）人。安帝永初年间，受征召入司徒府，后任廷尉属官。才能突出，颇有声誉。

②擢（zhuó）：提升，举拔。

③安帝：指汉安帝刘祜（hù）。

④有道：指有才艺或有道德的人。

⑤封事：密封的奏章。古时臣下上书奏事，防有泄露，用皂囊封缄呈进。

⑥激切：激烈直率。

⑦豫：预先。广：扩展。

⑧山薮（sǒu）：山林与湖泽。

⑨切直：恳切率直。

⑩謇谔（jiǎn è）：正直敢言。

⑪高祖舍周昌桀纣之譬：周昌为御史大夫时，曾经在高祖刘邦闲暇时入奏，刘邦正拥着戚姬。周昌跑出去，刘邦追上他，骑在他脖子上问："我是什么样的君主？"周昌仰面说："陛下是桀纣之主。"刘邦笑了，没有加罪。事见《史记·张丞相列传》。

⑫孝文嘉爰（yuán）盎人豕（shǐ）之讥：汉文帝宠爱慎夫人，慎夫人经常跟皇后平起平坐。后来文帝驾临上林苑，皇后、慎夫人跟从，爰盎时为中郎将，将慎夫人的坐席往下撤。慎夫人怒，不坐，文帝也起身。爰盎上前说："陛下为慎夫人好，却是会给她带来灾祸。单单不见人豕吗？"文帝大悦，把这话告诉慎夫人，慎夫人赐爰盎金五十斤。事见《汉书·爰盎晁错传》。爰盎，一作袁盎。人豕，即人彘。吕后在高祖刘邦死后，将刘邦宠妾戚夫人斩去手足，去

眼熏耳,饮喑药,置厕中。

⑬世宗纳东方朔宣室之正:汉武帝为馆陶公主的私宠董偃在宣室置办酒宴,东方朔劝谏说:"不行。宣室,是先帝处理政务的地方,不是讨论事关法度的政务的人都不能进去。"于是武帝把酒宴换到别的地方去。事见《汉书·东方朔传》。世宗,汉武帝刘彻的庙号。

⑭元帝容薛广德自刭之切:汉元帝用醇酒祭宗庙,从便门出去,想乘坐楼船。御史大夫薛广德挡住车摘下帽子劝谏说:"请走河桥。"元帝让他戴上帽子。薛广德说:"陛下不听,我就自刭,让血污染车轮。"元帝于是走桥。事见《汉书·薛广德传》。

⑮叔向:即羊舌肸(xī),姬姓,羊舌氏,名肸,字叔向。春秋时期晋国大夫、政治家,与郑国的子产、齐国的晏婴齐名。

⑯极谏:尽力规劝。

⑰高宗之德:殷高宗武丁在祭祀时,有野鸡登上鼎耳鸣叫,武丁恐惧,修政兴德,天下一片幸福安宁。事见《史记·殷本纪》。

⑱宋景之诚:春秋宋景公时,荧惑守心(火星侵入心宿),司星子韦请把灾祸转移给大臣、国人和年成,景公都不听。天感其诚,火星当晚就离开了心宿。事见《史记·宋微子世家》。

⑲引咎:归过失于自己。

⑳杜根、成翊世:永初时,杜根为郎中。当时,邓太后执政,外戚专权。杜根认为应该还政于安帝,上书进谏,被太后下令杖杀。杜根装死逃难。等到邓太后去世,汉安帝以公车特征杜根入朝,拜为侍御史。平原郡吏成翊世起初也因为劝说太后还政而获罪,和杜根一起提升为尚书郎。

㉑表:表彰。录:录用。

㉒二台:尚书台与御史台。

㉓承风:迎合风气。

㉔切直:恳切率直。

㉕异策：奇策。

㉖管穴：比喻狭隘的识见。

㉗优游：从容，不急迫。

㉘特迁：破格晋升。

【译文】

陈宠的儿子陈忠，字伯始，提拔任尚书。汉安帝开始亲自处理朝事，接连发生灾害异变，下诏举荐有才艺道德的人士。公卿百官各自奏上密封的奏章。陈忠认为诏书既然公开征求意见，恐怕提意见的人必然会多有激烈直率的言辞，或许皇帝不能容忍，于是上疏预先疏通皇帝的心意，说："臣听说仁德的君主胸怀广阔如大山湖泽，能容纳恳切率直的批评；忠臣竭尽正直敢言的职责，不畏惧讲出逆耳之言而遭到祸害。因此高祖不计较周昌把自己比作桀纣，文帝嘉奖爱盎警惕'人豕'再现的讥刺，武帝采纳东方朔关于错用宣室殿招待公主宠臣的批评，元帝宽容薛广德以自刎相逼的切直。从前晋平公问叔向说：'国家的祸患，以何为大？'叔向说：'大臣看重禄位而不竭力劝谏，小臣怕获罪而不敢说话，下情不能上达，这是祸患里最大的。'现今公开下诏，尊崇武丁的德行，推广宋景公的诚意，把过失归于自己，自身加以克制，向官吏们征求批评。上书言事的见到杜根、成翊世等人新蒙表彰录用，荣列御史台、尚书台的显著位置，必定闻风响应，争着贡献恳切率直的意见。如果是良谋奇策，应该马上就采用。如果是狭隘的偏见、有误的讥刺，尽管难以吸取，不顺耳，与事实不符，也请暂且大度宽容，用来显示圣明之朝无所忌讳的美德。如遇有道之士，在对答时有高明的见解，则应留意查看，特别提升一级任用，以此来广开直谏之路。"

杨终字子山①，蜀郡人。征诣兰台②，拜校书郎③。建初元年④，大旱谷贵，终以为广陵、楚、淮阳、济南之狱⑤，徙者万数⑥，又远屯绝域⑦，吏民怨旷⑧，乃上疏曰："臣闻'善善及子孙,恶恶止其身'⑨,百王常典,不易之道也。秦政酷烈,违忤天心⑩,一人有罪,延及三族。高祖平乱,约法三章⑪;太宗至仁⑫,除去收孥⑬。万姓廓然⑭,蒙被更生⑮,泽及昆虫,功垂万世。陛下圣明,德被四表⑯。今以比年久旱⑰,灾疫未息,躬自菲薄⑱,广访得失⑲。三代之隆⑳,无以加焉。

【注释】

①杨终字子山:本段及以下几段均出自《杨李翟应霍爰徐传·杨终传》。杨终,字子山,蜀郡成都(今属四川)人。明帝时,征诣兰台,拜校书郎。章帝时,曾上疏论宽刑狱。

②兰台:汉代宫内收藏典籍之处。

③校书郎:官名。掌校雠典籍,订正讹误。

④建初元年:76年。

⑤广陵狱:广陵王刘荆谋反未遂畏罪自杀的案件。楚狱:楚王刘英谋反案件。淮阳狱:淮阳王刘延私作图谶及与其子密谋造反的案件。济南狱:济南王刘康图谋不轨的案件。

⑥徙:贬谪,流放。

⑦屯:戍守,驻守。绝域:极远之地。

⑧怨旷:长期别离。

⑨善善及子孙,恶恶止其身:引自《春秋公羊传·昭公二十年》。意为褒扬善行延及子孙,憎恶邪恶止于本人。善善,褒扬善行。恶恶,憎恶邪恶。

⑩违忤:违背。天心:天意。

⑪约法三章:汉高祖攻入关中,跟父老约定三章法令,"杀人者死,伤人及盗抵罪"。

⑫太宗:汉文帝刘恒的庙号。

⑬收孥(nú)：古时，一人犯法，妻子连坐，没为官奴婢。

⑭万姓：万民。廓然：空阔，阻滞尽除的样子。

⑮更生：新生，重新获得生命。

⑯被：覆盖，充满。四表：指四方极远之地，亦泛指天下。

⑰比年：连年。

⑱菲薄：刻苦俭约。

⑲访：咨询。

⑳三代：指夏商周三朝。

【译文】

杨终，字子山，蜀郡人。被征召到兰台，担任校书郎。建初元年，发生大旱，谷物昂贵，杨终认为广陵、楚、淮阳、济南等案件，贬谪流放的人数以万计，又驻屯在边远地区，官吏民众和家人处在长期分离的境地，于是上疏说："臣听说'褒扬善行延及子孙，憎恶邪恶止于本人'，这是百代君王的常规，是不会变易的道理。秦国政治残酷暴烈，违背天意，一人有罪，祸连三族。高祖平定祸乱，约法三章；文帝极有仁德，去除了把罪犯妻儿收为奴婢的法令。万民心中舒坦，就像重获新生，恩泽遍及虫鱼鸟兽，功劳流传万代。陛下圣明，恩德远播四方。现今连年久旱，灾疫不止，陛下自身力行俭约，广泛询问朝政得失。三代的盛恩，也不能超过当下。

"臣窃案《春秋》水旱之变①，皆应暴急②，惠不下流③。自永平以来④，仍连大狱⑤，有司穷考⑥，转相牵引，掠治冤滥⑦，家属徙边。加以北征匈奴，西开三十六国⑧，又远屯伊吾、楼兰、车师、戊己⑨，人怀土思，怨结边域。昔殷民近迁洛邑⑩，且犹怨望，何况去中土之肥饶，寄不毛之荒极乎⑪？且南方暑湿，障毒互生⑫。愁困之民⑬，足以感动天地、移变阴阳矣。惟陛下留念省察⑭，以济元元⑮。孝元弃珠崖之郡⑯,光武绝西域之国⑰,不以介鳞易我衣裳⑱。今伊吾之役、楼兰之屯,久而不还,非天意也。"帝从之,听还徙者,悉罢边屯。

【注释】

①案:查考。

②暴急:残暴急刻。

③下流:向下流去,此指及于百姓。

④永平:汉明帝刘庄的年号(58—75)。

⑤仍:接续,连续。

⑥穷考:深究,彻底追查。

⑦掠治:拷打讯问。冤滥:指断狱冤枉失实。

⑧三十六国:指汉时西域诸国。

⑨伊吾:古地名。汉伊吾卢地区,故址在今新疆哈密。楼兰:古西域国名。在今新疆东南部一带。车师:古西域国名。原名姑师。在今新疆吐鲁番西北交河故城。戊己:即戊己校尉,汉代官名。掌管西域屯田事务。

⑩殷民:殷商遗民。洛邑:即洛阳。

⑪荒极:极远之地。

⑫障毒:瘴气。障,通"瘴"。互生:并生,交互发生。

⑬愁困:忧愁困苦。

⑭留念:留意。省察:仔细考察。

⑮元元:庶民,百姓。

⑯孝元弃珠崖之郡:西汉元帝时,珠崖郡反,待诏贾捐之以为宜弃珠崖,先救要地之饥荒,于是撤珠崖郡。珠崖,郡名。西汉置,故治瞫都,即今海南琼山东南。汉元帝初元三年(前46)废。

⑰光武绝西域之国:光武时,鄯善、车师王等十六国皆遣子入侍,请都

护。光武帝认为中国刚刚安定，无暇处理外交，还其子，厚加赏赐。

⑱介鳞：鱼鳖，用来比喻远方非华夏部族。衣裳：指中国。

【译文】

"臣私下里查考《春秋》，水旱灾害的变化，都验证着暴政严刑，恩惠不能及于百姓的结果。从明帝永平年间以来，接连兴起大的案件，主管官员深究彻查，犯人辗转牵连，由于拷问而产生很多冤案，家属被流放边境。加上北征匈奴，向西开拓西域三十六国，又远屯伊吾、楼兰、车师、戊己，人们怀念故土，仇怨在边地纠结。从前殷的遗民迁移到洛邑这么近的地方，尚且不满意，何况离开肥沃的中原，寄居在不毛之边远荒地呢？而且南方暑热湿重，瘴毒交互发生。忧愁困苦的民众，足够感动天地，改换阴阳二气了。希望陛下留意考察，来救济民众。元帝撤除珠崖郡，光武帝绝弃西域之国，这是不要为了小事而损伤大局。现今伊吾之兵役、楼兰之屯驻，长久不回还，这不是上天的意志啊。"章帝听从他的建议，让被放逐的人返回，把屯边的兵马全部撤除。

庞参字仲达①，河南人也，顺帝以为大尉②。是时三公之中，参名忠直，数为左右所陷③。以所举用忤帝旨，司隶承风案之④。时会茂才孝廉⑤，参以被奏，称疾不得会。上计掾广汉段恭⑥，因会上疏曰："伏见道路行人、农夫织妇，皆曰：'太尉庞参，竭忠尽节，徒以直道⑦，不能曲心⑧，孤立群邪之间，自处中伤之地。'臣犹冀在陛下之世，当蒙安全，而复以谗佞伤毁忠正⑨，此天地之大禁、人主之至诫。昔白起赐死⑩，诸侯酌酒相贺；季子来归⑪，鲁人喜其纾难⑫。夫国以贤治，君以忠安。今天下咸欣陛下有此忠贤，愿卒宠任⑬，以安社稷。"书奏，诏即遣小黄门视参疾，太医致羊酒⑭，复为太尉。

【注释】

①庞参字仲达：本段节录自《李陈庞陈桥传·庞参传》。庞参，字仲达，河南缑氏（今河南缑氏）人。青年时被河南尹推举为孝廉，朝廷委任为左校令。后拜汉阳太守，迁护羌校尉，入为鸿胪，并官至太尉、录尚书事。因遭他人陷害一度免官，阳嘉四年（135）复为太尉。次年病逝。

②顺帝：即汉顺帝刘保。大尉：即太尉。官名。秦始设，汉沿置。为全国军政首脑。东汉时与司徒、司空并称三公。

③左右：近臣，侍从。

④司隶：即司隶校尉。汉武帝时置，监督京师和周边地方。承风：指迎合上官的意图。

⑤会：会见，会面。茂才：即秀才，因避汉光武帝名讳，改秀为茂。

⑥上计掾：指古代佐理州郡上计事务的官吏。

⑦直道：正道，指确当的道理、准则。

⑧曲心：昧心。

⑨谗佞：谗邪奸佞之言。

⑩白起赐死：战国时，秦名将白起由于跟宰相范雎不和，激怒了秦昭襄王而被赐死。事见《史记·白起王翦列传》。

⑪季子来归：春秋鲁闵公之时，权臣作乱，国家多难，因为鲁公子季友贤良，为了稳住民心，闵公请齐桓公帮助逃难在陈国的季友回国。齐桓公同意闵公请求，派人从陈国接回季友。事见《左传·闵公元年》。

⑫纾（shū）：解除。

⑬宠任：宠爱重用。

⑭太医：古代宫廷中掌管医药的官员。羊酒：羊和酒，也泛指赏赐或

馈赠的物品。

【译文】

庞参,字仲达,河南人。顺帝任命他为太尉。三公之中,庞参以忠直闻名,屡次被皇帝身边的近臣诋毁。正好庞参举荐的人违背了顺帝的旨意,司隶迎合上司的意图弹劾他。这时正当朝廷会见茂才、孝廉,庞参因为被弹劾,称病没有参与。上计掾广汉人段恭借集会之机上疏说:"臣听到路上的行人、农夫、织妇,都说:'太尉庞参竭尽忠节,只因为奉行正直之道,不能昧着良心,孤立于那群奸邪小人之间,自己处在被中伤的地位。'臣还是希望在陛下当政的时期,他能受到陛下的庇护,如果再有奸佞中伤诋毁忠良正直之人,这是天地之大忌、君主最应警戒之事。从前白起被赐死,各国国君举起酒杯庆贺;公子季友归来,鲁国人庆祝他来解救国难。国家要用贤人来治理,君王凭借忠良而平安。现今天下都欣喜陛下有这样忠良的贤才辅佐,希望陛下最终还是重用他,以使江山社稷安定。"奏疏送上,顺帝下诏,立即派遣小黄门到庞参那里探望病情,派太医送上羊和酒,庞参恢复了太尉官职。

崔骃字亭伯①,涿郡人也②。窦太后临朝③,窦宪以重戚出内诏命④。骃献书戒之曰⑤:"生而富者骄,生而贵者傲。生富贵而能不骄傲者,未之有也。今宠禄初隆,百僚观行,当尧舜之盛世,处光华之显时⑥,岂可不'庶几夙夜,以永终誉'⑦,宏申伯之美⑧,致周、邵之事乎⑨?《语》曰:'不患无位,患所以立⑩。'昔冯野王以外戚居位⑪,称为贤臣;近阴卫尉克己复礼⑫,终受多福。郏氏之宗非不尊也⑬,阳侯之族非不盛也⑭,重侯累将,建天枢⑮,执斗柄⑯,其所以获讥于时,垂衍于后者⑰,何也? 盖在满而不挹⑱,位有余而仁不足也。汉兴以后,迄于哀、平⑲,外家二十,保族全身,四人而已⑳。

《书》曰:'鉴于有殷㉑。'可不慎哉！夫谦德之光,《周易》所美㉒;满溢之位,道家之所戒㉓。故君子福大而愈惧,爵隆而益恭,远察近览,俯仰有则㉔,铭诸机杖㉕,刻诸槃杅㉖。矜矜业业㉗,无斁无荒㉘。如此,则百福是荷㉙,庆流无穷矣㉚。"及宪为车骑将军㉛,辟骃为掾㉜。宪擅权骄恣㉝,骃数谏之。及出击匈奴,道路愈多不法,骃为主簿㉞,前后奏记数十㉟,指切长短㊱。宪不能容,稍疏之㊲。因察骃高第㊳,出为长岑长㊴。骃自以远去,不得意,遂不之官而归。卒于家。

【注释】

① 崔骃(yīn)字亭伯:本段节录自《崔骃传》。崔骃,字亭伯,涿郡安平(今河北安平)人。汉章帝时,撰写《四巡颂》,受到重视。窦太后当政时,大将军窦宪以为主簿。窦宪骄横,他屡次劝谏,窦宪不能容忍,拜长岑长。弃而不任,返归家园,病逝于家中。

② 涿郡:郡名。汉置。治所在涿县(今河北涿州)。

③ 窦太后:即章德窦皇后,扶风平陵(今陕西咸阳西北)人,大司空窦融曾孙女,窦宪之妹,汉章帝刘炟的皇后。临朝:特指太后摄政称制。

④ 内诏命:不经过外朝,直接由宫中发出的皇帝的诏命。

⑤ 献书:奉上书札,上书。

⑥ 光华:光荣,荣耀。

⑦ 庶几夙夜,以永终誉:出自《诗经·周颂·振鹭》。意为希望从早到晚都勤恳小心,来保持终身的声誉。庶几,希望,但愿。夙夜,朝夕,日夜。永,长。

⑧ 申伯:周宣王的母舅。西周贤臣。

⑨ 周、邵:周公和邵公,都是辅佐周室的亲戚大臣。邵公,亦称召公。

⑩不患无位，患所以立：出自《论语·里仁》。意为不担心没有职位，而应忧心自己用什么胜任其位。

⑪冯野王：字君卿，妹妹是汉元帝昭仪。冯野王担任左冯翊，当时御史大夫缺人，皇帝让尚书选中二千石的官员充任，而冯野王德行能力第一。

⑫阴卫尉：光烈皇后阴丽华的同母弟阴兴，因为谨慎自饬被皇帝亲近信任。克己复礼：约束自我，使言行合乎先王之礼。

⑬郯（tán）氏之宗：指西汉大臣史丹，封在郯，故云郯氏。史丹祖父史恭有个妹妹，汉武帝时成为卫太子的良娣，是汉宣帝的祖母。后来汉成帝即位，提拔史丹为长乐尉，迁右将军，封武阳侯，把东海郯之武疆聚封赏给他，褒赏累计千金。

⑭阳侯之族：阳侯即阳平侯，指阳平侯王禁的家族。王禁次女即孝元皇后王政君，一生历四帝，享国六十余载。王氏出五将十侯，郡守侍中不计其数，达到外戚家族之极盛。王莽即其后裔。

⑮天枢：北斗七星的第一颗星。

⑯斗柄：北斗第五至第七星玉衡、开阳、摇光是杓，即柄。据说"斗运中央，制临四海"。

⑰衍：通"愆"，罪过。

⑱挹（yì）：抑制。通"抑"。

⑲哀：汉哀帝刘欣。平：汉平帝刘衎（kàn）。

⑳四人：据《后汉书集解》，指汉哀帝母丁姬，汉景帝王皇后，汉宣帝许皇后、王皇后，她们的家族都得以保全。

㉑鉴于有殷：出自《尚书·召诰》。意为要以殷朝灭亡为借鉴。

㉒谦德之光，《周易》所美：《周易·谦卦·象》："谦尊而光，卑而不可逾。"

㉓满溢之位，道家之所戒：《老子》第九章："富贵而骄，自遗其咎。功成名遂而身退，天之道也。"

㉔俯仰：一举一动。

㉕机杖：几杖。机，通"几"。

㉖槃杅（pán yú）：同"盘盂"。盛物的器皿。

㉗矜矜业业：小心谨慎的样子。形容做事谨慎、勤恳。

㉘无殆无荒：不要怠慢和松懈下来。

㉙荷（hè）：承受，承蒙。

㉚庆：福泽。

㉛车骑（jì）将军：官名。汉制，位次大将军、骠骑将军之后，金印紫绶，地位相当于上卿或比三公，典京师兵卫，掌宫卫。

㉜辟（bì）：征召。掾：官府中佐助官吏。

㉝骄恣：骄傲放纵。

㉞主簿：官名。汉代中央及郡县官署多置之，其职责为主管文书，办理事务。

㉟奏记：汉时向公府等长官陈述意见的文书。

㊱指切：指摘，指责。长短：偏指短处、错误之处。

㊲疏之：疏远了他。

㊳高第：经过考核，成绩优秀，名列前茅。

㊴长岑：县名。西汉置，故治在今朝鲜黄海南道长渊。东汉同。

【译文】

崔骃，字亭伯，涿郡人。窦太后摄政称制，窦宪以显贵的外戚身份从宫中发布诏令。崔骃上书劝诫他说："生下来就富足的人会骄横，生下来就有权势的人会傲慢。生下来既富裕又尊贵的人而不骄傲的，不曾有过啊。现在陛下对您的宠爱刚刚降临，百官都在观察您的言行，正当尧舜的盛世，处在光荣显赫的时刻，怎能不'希望从早到晚都勤恳小心，来保持终身的声誉'，弘扬申伯的美德，让周公、召公辅政的事情重现呢？《论语》说：'不担心没有位置，而应忧心自己用什么胜任其位。'从前冯野王以外戚的身份官居重要位置，被称为贤臣；近来卫尉阴兴约束自我，使言行合乎先王之礼,终于享有很多福分。封在郊地的史丹宗族不是不尊贵,阳平侯王禁的家族不是不兴盛,多人封侯拜将,就像北斗,建天枢,掌斗柄,就可以执掌四海,但是他们当时被讥笑,罪过被后人指摘,这是为什么呢?在于权势太盛而不抑制,官位有余而仁德不足啊。从汉朝兴起以来,直至哀帝、平帝,外戚家族共计二十个,能够保全家族的,不过四家罢了。《尚书》说道:'要以殷朝灭亡为借鉴。'能够不谨慎吗?谦让的德行,是《周易》所赞美的;居官自傲的盈满,是道家所戒惧的。所以君子福分大了就愈加畏惧,爵位隆盛了就更加恭顺,做事要远观近览,一举一动都有准则,将铭文铭刻在几杖上,刻铸在盘盂上。兢兢业业,不要怠慢和松懈。像这样,那就承蒙百福,恩泽无穷了。"待到窦宪担任车骑将军,征召崔骃为掾属。窦宪专擅权力骄傲放纵,崔骃屡次劝谏。等到窦宪出击匈奴时,沿途出现了越来越多不法之事,崔骃担任主簿,前后陈述意见数十次,指出其不足之处。窦宪不能容忍,逐渐疏远了他。由于考察崔骃成绩优异,派他担任长岑县长。崔骃自认为被疏远,心中不得意,于是未赴任就回家了。最后终老于家。